1 MONTH OF
FREE
READING

at

www.ForgottenBooks.com

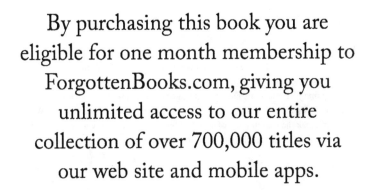

By purchasing this book you are eligible for one month membership to ForgottenBooks.com, giving you unlimited access to our entire collection of over 700,000 titles via our web site and mobile apps.

To claim your free month visit:
www.forgottenbooks.com/free637021

ISBN 978-0-267-25227-5
PIBN 10637021

This book is a reproduction of an important historical work. Forgotten Books uses
state-of-the-art technology to digitally reconstruct the work, preserving the original format
whilst repairing imperfections present in the aged copy. In rare cases, an imperfection in
the original, such as a blemish or missing page, may be replicated in our edition. We do,
however, repair the vast majority of imperfections successfully; any imperfections that
remain are intentionally left to preserve the state of such historical works.

Wieland's Werke.

Erster Theil.

Geschichte des Agathon.

Erster Theil.

Nebst

der Biographie Wieland's.

Berlin.

Gustav Hempel.

15902
30/9/9'

Druck von Breitkopf und Härtel in Leipzig.

Inhalt

des ersten Theils.

Christoph Martin Wieland.

(Geb. 1733, gest. 1813.)

1. Im Vaterhause, 1733—1747.

An der Eisenbahn, welche heute von Ulm an die Ufer des
Bodensee's führt, liegt die ehemalige freie Reichsstadt Biberach,
in welcher seit der Mitte des sechzehnten Jahrhunderts Wieland's
Vorfahren ansehnliche öffentliche Aemter verwaltet hatten.

Als Christoph Martin Wieland am 5. September 1733
das Licht der Welt erblickte, war sein Vater, Matthäus Wieland,
Prediger in Ober-Holzheim, einem zum Gebiete Biberachs gehörigen, vier Stunden von der Stadt gelegenen Dorfe, wurde
jedoch bald darauf nach Biberach versetzt, um zuerst als Prediger
an der Marien-Magdalenenkirche, dann als Senior des geistlichen
Ministeriums sich der Reihe seiner Ahnen, welche seit Jahrhunderten den Ruhm braver und edelmüthiger Leute in ihrer Vaterstadt behauptet hatten, würdig anzuschließen. Bei dem großen
Einflusse, den des Vaters Persönlichkeit und religiöse Anschauungen
auf die Richtung der ersten schriftstellerischen Thätigkeit Wieland's
unverkennbar gehabt haben, sei es gestattet, ein Wenig bei dem
Bildungsgange des Predigers Matthäus Wieland zu verweilen.

Derselbe studirte in Tübingen die Rechte, als sein älterer
Bruder 1717 starb, und er nun berufen war, ein Gelübde seiner
Mutter, welches einen ihrer zwei Söhne für den geistlichen Stand
bestimmt hatte, einzulösen. Er begab sich nach der Universität in
Halle, wo damals zwischen den Anhängern Spener's, an deren
Spitze Hermann August Franke und Joachim Lange standen, und
dem berühmten Philosophen Christian Wolff ein leidenschaftlicher
Kampf, der bekanntlich mit der Amtsentsetzung des Letzteren endete,
entbrannt war. Obgleich Matthäus Wieland die Verdienste der
Wolff'schen Partei hochschätzte, fühlte er sich doch mehr zur theolo-
gischen Schule hingezogen und blieb, wiewol er sich sein ganzes
Leben als ein Muster von Duldsamkeit bewies, doch stets in den
Zauberkreis der in Halle eingesogenen Ideen gebannt. Er war
ein Pietist in der edelsten Bedeutung des Wortes und fern von

jeder Heuchelei; aber sein der Welt und den unschuldigen Genüssen der Gesellschaft abgewendetes Leben trug das Gepräge des
Ernstes, welcher bei dem leicht empfänglichen Sinne unsers Dichters Wieland dessen vorherrschende Stimmung in der ersten Zeit
seines Lebens wurde.

Auch einer trefflichen Mutter, die als eine Frau von sanfter
Gemüthsart und als eine kluge und sparsame Wirthin gerühmt
wird, erfreute sich Wieland; und ihr mag seine frühe Neigung
zur Reinlichkeit zuzuschreiben sein, für welche die Geschichte den
Beleg giebt, daß, als ihm einst sein Dreier, für den er auf dem
Gange zur Schule sein Frühstück einzukaufen pflegte, in den Rinn-
stein gefallen, er sich nicht entschließen konnte, ihn herauszuholen,
sondern lieber hungern als sich beschmutzen wollte.

Mit großen Glücksgütern war die Familie nicht gesegnet,
und vielleicht eben deßhalb war die Sorgfalt, welche Wieland's
Vater auf seine Erziehung wendete, um so größer. Noch hatte
der körperlich etwas schwächliche Knabe nicht sein drittes Lebens-
jahr zurückgelegt, als sein Vater ihm schon Unterricht zu ertheilen
anfing und eifrigst damit fortfuhr, weil er zu seiner Freude bemerkte, daß sich die größte Lernbegier mit der schnellsten Fassungs-
kraft in dem Sohne vereinigte. Die Anlagen waren wie sein
Fleiß ausgezeichnet, und schon von seinem elften Jahre an zeigte
sich bei ihm eine leidenschaftliche Liebe zur Poesie. Im 12. Jahre
schrieb er nicht nur einzelne lateinische Verse, sondern ein Gedicht
in 600 Versen von der Echo, und ein größeres von den Pyg-
mäen, in welchem der schelmische junge Dichter zuerst seine
satirische Laune offenbarte, indem er die kleine Frau seines lang-
gewachsenen Herrn Rectors zum Gegenstand der Satire machte.
Aber auch in deutschen Versen versuchte er sich, und nach vielen
kleineren Arbeiten wagte er sich im 13. Jahre an ein Heldengedicht:
die Zerstörung Jerusalems. Die meisten dieser „saubern Werklein"
verbrannte er selbst schon damals, weil er nicht zufrieden mit ihnen
war; was seine Mutter in ihrer Zärtlichkeit und Liebe gerettet, warf
er später, als sie ihm die Schätze zeigte, ebenfalls ins Feuer.

So verflossen ihm 13 glückliche Jahre der Kindheit, welche
ihm im Vaterhause vergönnt waren. Wie werth ihm die Erinnerung an jene Zeit blieb, bekundet eine Stanze seines Oberon:

Du kleiner Ort, wo ich das erste Licht gesogen,
Den ersten Schmerz, die erste Lust empfand,
Sei immerhin unscheinbar, unbekannt,
Mein Herz bleibt ewig doch vor allen Dir gewogen,
Fühlt überall nach Dir sich heimlich hingezogen,
Fühlt selbst im Paradies sich doch aus Dir verbannt;
O, möchte wenigstens mich nicht die Ahnung trügen,
Bei meinen Vätern einst in Deinem Schooß zu liegen!

über welche er im Jahre 1780 an eine Freundin schrieb: „Ich habe diese Stanze zwar nicht mir selbst, sondern einem gewissen Scherasmin, der mich gar nichts angeht, in den Mund gelegt; aber sie kam nichts desto weniger warm aus meinem Herzen."

2. Schulzeit in Klosterbergen und Erfurt, 1747—1750.

Die großen Hoffnungen, welche der Sohn erregte, und seine ungewöhnlichen Fortschritte in den Sprachen und Wissenschaften bewogen den Vater, kein Opfer zu scheuen und ihn einer höhern Lehranstalt zu übergeben, an deren Wahl natürlich seine religiösen Ansichten keinen geringen Antheil hatten. Aus der Spener'schen theologischen Schule war auch ein neuer Geist der Pädagogik ausgegangen, und eins der blühendsten Institute in diesem Geiste war die von dem Abt Steinmetz geleitete Schule zu Klosterbergen im Magdeburgischen. Dorthin ging der noch nicht vierzehnjährige Wieland 1747 und fand dort beinah nur eine Fortsetzung des Lebens im väterlichen Hanse, dieselbe stille Natur, dieselbe liebe Einsamkeit, dieselbe Einfachheit der Lebensart, und für die Reinheit seiner Sitten, wie bisher, nichts Störendes; nur die Frömmigkeit war nicht ganz so einfach und anspruchslos als im väterlichen Hanse. Der Abt Steinmetz, nach Wieland's Ausdruck bis zur Schwärmerei devot, suchte auf alle mögliche Art den Halle'schen Pietismus in seine Anstalt zu verpflanzen, auch dadurch, daß er die meisten Lehrer aus der Halle'schen Schule wählte, wobei er zum Unglück nicht selten auf Heuchler und Schwärmer traf. Die Gefahr der Heuchelei hatte nun zwar bei dem so offenen und aufrichtigen Gemüthe Wieland's nichts zu bedeuten; aber desto mehr neigte er zur Schwärmerei hin, welche nur dadurch ein Gegengewicht erhielt, daß sich Wieland mit brennendem Eifer zu den Classikern des heidnischen Alterthums wendete, unter denen Cicero als philosophischer Schriftsteller sein Liebling wurde. Ueberhaupt währte es nicht lange, so verlor er sich, insbesondere seit der Bekanntschaft mit den Schriften Wolff's und dem Dictionnaire Bayle's, ganz in die Philosophie; aber der Widerspruch zwischen den durch sie angeregten Ideen und seinen pietistischen Vorstellungen beunruhigte ihn aufs Aeußerste, und er litt oft die grausamsten Seelenschmerzen, wenn ihm über dem Bestreben, die Wahrheit zu finden, sein Glaube zu wanken schien, und sich ihm dann die ewigen Höllenstrafen vorstellten. Trotz dieser Angst ließ er sich doch bald durch französische Schriftsteller noch weiter in das Labyrinth hineinlocken, und er kam namentlich durch Fontenelle und Voltaire immer tiefer in die Freidenkerei, welche damals der Gottlosigkeit geradezu gleichgeachtet wurde. Wieland selbst

machte sehr bald die Erfahrung solch trauriger Auffassung; denn
ein philosophischer Aufsatz, in welchem er die Möglichkeit zeigen
wollte, wie Venus gar wohl, ohne Zuthun eines Gottes, durch
die innern Gesetze der Bewegung der Atome aus dem Schaum
des Meeres habe entstehen, und sich auf gleiche Weise das ganze
Universum ohne einen Gott aus ewigen Elementen habe bilden
können, zog ihm, obgleich er gleichzeitig zu beweisen suchte, daß
Gott nichtsdestoweniger als die Seele dieser Welt existire, das
größte Mißfallen seiner Lehrer zu und hätte die übelsten Folgen
für ihn gehabt, wenn man nicht billiger Weise sein tadelloses,
rein sittliches Leben in die andere Wagschale gelegt hätte.

In dem innern Zwiespalt, der Wieland zu verzehren drohte,
brachten die Griechen, insbesondere Xenophon's Cyropädie und
die Denkwürdigkeiten des Sokrates einige Beruhigung; und die
damals allgemein gelesenen englischen Wochenschriften Spectator,
Tattler und Guardian entwickelten diesen Keim weiter.

Versenkt in philosophische und philologische Studien, dichtete
Wieland in Klosterbergen nur wenig; sein Enthusiasmus für die
Poesie war aber der alte, und er erhielt eine vorzügliche Anregung zur theoretischen Beschäftigung mit deutscher Dichtkunst
durch Breitinger's kritische Schriften, Haller's Gedichte und die
damals berühmten sogenannten „Bremer Beiträge". In diesen
erschienen auch die drei ersten Gesänge der Messiade Klopstock's,
über welche Wieland in Entzücken gerieth.

Im Frühjahr 1749 verließ Wieland Klosterbergen, wo er
manche heitre Stunde dem ihm mit wohlwollender Liebe zuge-
thanen Conventualen Gracter verdault hatte, und lebte ein Jahr
lang in Erfurt bei einem Verwandten, Dr. Banmer, der ihn
in der Philosophie vervollkommnen und zur Universität vorbereiten sollte. Wieland muß sich bei ihm nicht sehr glücklich
gefühlt haben, denn noch 20 Jahre später schreibt er: „daß er
das Glück oder Unglück hatte, das ganze Jahr 1749 unter seinen
Augen zu leben, an seinem Tische zu hungern (von Essen war
nicht viel die Rede) und von seiner Philosophie eine abscheuliche
Menge Seelenblähungen zu bekommen." Banmer, ein philosophischer, heller und witziger Kopf, mochte es nicht für rathsam halten,
sich ganz offen gegen den sechzehnjährigen Jüngling auszusprechen,
und es vorziehen, ihn indirect und durch sich selbst vorwärts zu
bringen. Am Dankbarsten hat Wieland es anerkannt, daß Banmer
ihm ein Privatissimum über den Don Quixote las; „daraus"
— sagt W. — „lehrte er mich zuerst Menschen- und Weltkenntniß.
Banmer lachte darüber, wenn man glaubte, Cervantes habe blos
die spanische Chevalerie lächerlich machen wollen. Don Quixote

und sein Sancho seien vielmehr die wahren Repräsentanten des Menschengeschlechts, Schwärmer oder Tölpel." Auch in Erfurt vergaß Wieland die Poesie nicht; er fing ein Epos an, ließ es aber, nachdem er einen großen Theil ausgearbeitet hatte, wieder liegen, „weil das Sujet eine Götterfabel war." Noch trug die Frömmigkeit den Sieg über seinen poetischen Genius davon. Uebrigens lebte er hier so einsam wie auf der Schule; er erwähnt nirgends eines Jugendfreundes; der tiefe Ernst seines Wesens zog ihn immer nur zu älteren Personen hin.

Reich an Kenntnissen, unverdorben an Sitten, kehrte er als siebzehnjähriger Jüngling 1750 ins Vaterhaus zurück. Seltsam gährten in ihm die widerstreitendsten Elemente: Mysticismus und Freigeisterei, heidnische Philosophie und christliche Dogmatik, Wolff und Bayle, Sokrates und Cervantes. Doch wie einst nach einer sinnigen griechischen Sage Eros das alte Chaos zu einer harmonischen Welt bildete, so wurde auch das Chaos in Wieland's Innern durch die Liebe zu einer prächtigen Welt umgestaltet, durch die Liebe zu Sophie von Gutermann, der später allgemein gefeierten Sophie von La Roche. Mit Recht betrachtete Wieland den Sommer 1750 als die merkwürdigste Epoche seines Lebens.

3. Sophie von Gutermann.

Sophie von Gutermann, die Tochter eines Augsburger Patriciers und gelehrten Arztes, war ein nach Geist und Gemüth so seltenes Wesen als Wieland selbst, und hatte bei den ausgezeichnetsten Anlagen die sorgfältigste gelehrte Bildung erhalten. Sie stand in ihrem 17. Lebensjahre, als Bianconi, damals fürstbischöflicher Leibarzt, sich um die Hand der liebenswürdigen Jungfrau bewarb und geneigte Aufnahme bei den Eltern wie bei der Tochter fand. Da er die Talente seiner Geliebten zu schätzen wußte, hatte er kein angenehmeres Geschäft, als zur immer größeren Ausbildung derselben beizutragen. Durch ihn wurde sie mit Italiens Dichtern und Geschichtsschreibern und den Abbildungen antiker Kunstwerke bekannt; er munterte sie zur Ausbildung ihrer schönen Altstimme auf und unterrichtete sie in der Mathematik und manchem andern Wissenszweige. Da starb ihre Mutter, als Sophie achtzehn Jahre alt war. Ihre Verbindung mit Bianconi mußte um ein Jahr verschoben werden und wurde in Folge eines zwischen dem lutherischen Vater und dem katholischen Bräutigam entstandenen Streites vom Vater gewaltsam aufgehoben. Ja, der erbitterte Vater war grausam genug, die unglückliche Tochter zu zwingen, daß sie alle von dem Geliebten empfangenen Briefe, Arien und sorgfältig gearbeiteten mathematischen

Zeichnungen zerreißen und verbrennen, sein Bildniß mit der
Scheere in tausend Stücke zerschneiden und einen Brillantring
mit Bianconi's Namenszug mit zwei entgegengesteckten Eisen
zerbrechen mußte. Da that sie, im Innersten empört über die
Art, wie man das Andenken des Mannes, dem ihr Geist so viel
Schönes und Gutes verdankte, und dem ihr Herz mit inniger,
heißer Liebe ergeben war, aus ihrer Seele reißen wollte, schwei-
gend das Gelübde: „Ich bin losgerissen von dem Manne, von
dem ich das Beste, was ich weiß, gelehrt wurde; ich kann nichts
mehr für ihn thun, nicht für ihn leben; er wird keine Frucht
von der verehrungsvollen, zarten Bemühung genießen, seiner künftigen Gattin Kenntnisse und Ausbildung der Talente zu geben:
nun denn! so soll auch Niemand mehr jemals meine Stimme,
mein Klavierspiel, die italienische Sprache oder irgend etwas
von dem, was er mich lehrte, von mir hören oder nur in mir
vermuthen!" — Und Sophie hielt Wort, streng und buchstäblich
und lebenslang. Man schließe daraus auf ihren Charakter!

In der Wieland'schen Familie, die der Gutermann'schen
nahe verwandt war, mochten diese Vorfälle oft genug Gegenstand
des Gesprächs gewesen sein, und der junge Wieland zollte seiner
Cousine bereits aus der Ferne eine große Hochachtung, als im
Sommer 1750 Sophie zu ihrem Großvater nach Biberach reiste
und nach dessen Tode in das Wieland'sche Haus selbst zog. Kein
Wunder, daß Wieland und Sophie, Beide so ähnlich an früher
Reise und an Begeisterung für das Wahre, Gute und Schöne,
bei persönlicher Bekanntschaft sich schnell befreundeten, und daß
aus der Freundschaft Liebe wurde. Wieland's Ernst, seine Abneigung gegen die Eitelkeiten der Welt, seine Gutmüthigkeit, seine
frische, lebhafte Phantasie, sein ganzes dichterisches Naturell nahmen
sie für ihn ein; für ihn war Sophie eine wahre Himmels-
erscheinung; was von Zärtlichkeit und Hingebung in seiner Seele
war, wendete er ihr mit aller Leidenschaft einer ersten Liebe zu,
und alle Blüthen seines Geistes erschlossen sich zu einem reichen
Frühling der Liebe. Selbst das, worin sie ungleich waren, diente
zur Beförderung ihrer Liebe; denn hatte Wieland einen größern
Umfang an Kenntnissen und einen festern Grund in den Wissenschaften, so war die zwei Jahre ältere Sophie, überdies durch
harte Prüfungen des Schicksals bereits gefestigt, ihm an vollen-
deter Bildung und innerer Haltung weit voraus. —

Eines Sonntags, als er eine Predigt seines Vaters über
den Text „Gott ist die Liebe" angehört, wandelte er mit der
Geliebten ins Freie. Er begriff nicht, wie man über solchen Text
so kalt predigen könnte; voll innerster Bewegung, mit enthusiasti-

scher Beredsamkeit, mit überströmenden Gefühlen sprach er von
der Bestimmung und Würde der menschlichen Seele, von der
Ewigkeit und himmlischen Liebe. Sophie war bewegt, bewunderte den jungen Schwärmer und äußerte den Wunsch, er möge
dies Alles niederschreiben. Die Frucht dieses Spazierganges war
das philosophische Lehrgedicht: „Die Natur der Dinge oder
die vollkommenste Welt", welches Wieland in den folgenden Wintermonaten verfaßte. Gewiß war Wieland ein seltener
Liebhaber, der, voll poetischen Feuers, der Geliebten sein Herz
in einem ernsten philosophischen Lehrgedicht von sechs Gesängen
ausschüttete, und Sophie eine noch seltenere Geliebte, der sich
der junge Poet damit zu empfehlen hoffen durfte.

4. Universitätszeit in Tübingen, 1750—1752.

Die süße, anmuthige Idylle im stillen Pfarrhause zu Biberach ging mit den Sommermonaten 1750 zu Ende; der Herbst
trennte die Liebenden, indem Sophie nach Augsburg zurückkehrte,
Wieland die Universität in Tübingen bezog, um die Rechtswissen-
schaft zu studiren. Der junge Student fand wenig Geschmack an
der Jurisprudenz und hatte noch weniger Sinn für das sogenannte akademische Leben. Der neben seiner Liebe ihn völlig
beherrschende Gedanke war das rüstige Streben nach Ausbildung
seines Geistes und Herzens, wie seines poetischen Talentes: er
wollte die schönsten Geistesblüthen seines Genius zu einem duftenden Kranz um das Haupt der Geliebten winden und dabei
als Jüngling ehrenvoll in den damals eben nicht vollen Kreis
deutscher Dichter eintreten.

In dieser Zeit wirkte besonders Klopstock auf ihn ein; die
Messiade und die in derselben enthaltenen Liebes-Schilderungen
machten den ergreifendsten Eindruck auf ihn, und aufs Lebendigste
interessirte er sich für Klopstock's Persönlichkeit und dessen Liebe
zu Fanny, die mit seiner Liebe zu Sophien manches Aehnliche hatte.
In Tübingen schrieb Wieland außer dem oben erwähnten Lehrgedicht,
„die Natur der Dinge", welches er später als „unreife Probe"
und „als einen seltsamen Zwitter von metaphysischem Schul-
gewäsche und von der besten Poesie, welche der Gott der Liebe jemals
einem jungen Menschen von 17 Jahren eingehaucht hat", bezeichnete, einen „Lobgesang auf die Liebe", den Entwurf zu einem
Epos „Arminius" (beide von W. als werthlos verworfen), die
an Sophie gerichteten, in Alexandrinern abgefaßten „moralischen Briefe", zu denen ihm die Epîtres diverses des Herrn
v. Bar die Anregung gaben; den „Anti-Ovid", in dem er
zeigen wollte, „wie Anakreontische Scherze beschaffen sein müßten,

wenn sie unschuldig sein sollten", den „Frühling", der schon durch die gewählte Form der durch die Messiade in das Deutsche eingeführten und zu hohen Ehren gebrachten Hexameter den An- klang an Klopstock verräth, und die „Moralischen Erzäh- lungen", welche, weit entfernt, Nachahmungen der Contes moraux von Marmontel oder der berühmten Contes von Lafontaine zu sein, eher auf die Episoden in Thomson's Jahreszeiten zurück- zuführen sind.

In allen diesen Gedichten, in denen Sophie uns als „gött- liche Doris" entgegentritt, malte Wieland idyllische Unschulds- welten, beklagte das verlorne Paradies, hob satirisch den Contrast hervor, in welchem die Thorheiten und Fehler der Wirklichkeit mit dem Lebens-Ideale stehen, und suchte belehrend letzteres dar- zustellen; nur fehlte freilich dem jungen Dichter dabei das Beste, das durch kein Genie zu ersetzen ist: Menschen- und Weltkenntniß; denn er lebte nur in Idealen und kannte die Welt nur aus Büchern. Zwar liegen bereits alle Züge seines Charakters, wie er sich in seinen Schriften ausgeprägt hat, im Keime erkennbar vor, und deutlich zeigt sich besonders schon jene feine Ironie, der Grundzug seines Stils; aber noch wurde der Geist der Laune und Satire vom supranaturalistischen Ernst und der metaphysi- schen Schwärmerei niedergehalten; ja, diese Elemente erhielten sogar in seinen nächstfolgenden Lebensjahren noch mehr das Uebergewicht.

Im Sommer 1752 verließ Wieland Tübingen und kehrte zum zweiten Male nach Biberach zurück, voll der schönsten Hoff- nungen, voll süßester Sehnsucht nach der Geliebten. Es handelte sich jetzt um einen Plan für seine Zukunft; ihm selbst wäre eine Professur an einem Gymnasium das Liebste gewesen, und beson- ders war sein Augenmerk auf das 1745 von Herzog Karl gestiftete Carolinum in Braunschweig gerichtet; allein da sich in dieser Beziehung keine Aussicht zeigte, so beschloß er, der dringenden Einladung Bodmer's, mit dem er bereits in literarischem Verkehr stand, nach Zürich zu folgen, um dort eine Hauslehrerstelle zu suchen.

Aber er konnte Biberach nicht verlassen, ohne Sophien ge- sehen zu haben. Während Wieland's Aufenthalt in Tübingen lebte sie, nachdem ihr Vater sich zum zweiten Male verheirathet hatte, in Biberach im Wieland'schen Hause; aber grade jetzt hatte er sie nach Augsburg zurückgerufen, weil ihm das aussichtslose Liebes- verhältniß nicht zusagte. In banger Sorge verschob Wieland von Tag zu Tag seine Abreise nach der Schweiz, bis endlich im October 1752 Sophie wieder bei seinen Eltern eintraf, und die Liebenden sich einige Tage des Zusammenseins erfreuen konnten.

— Erst nach zehnjähriger Trennung führte sie ein freundliches
Geschick wieder zusammen, nachdem Sophie längst die Gattin
eines Andern geworden war!

5. Wieland in Bodmer's Hause in Zürich, 1752—1754.

Der Zustand unserer Sprache und Literatur war in jener
Zeit ein sehr unerfreulicher. Einerseits hatte der Einfluß Frank-
reichs auf die deutschen Höfe der französischen Sprache ein großes
Uebergewicht in der vornehmen Welt gegeben; andererseits verachteten die Gelehrten noch immer voll Schuldünkels ihre Muttersprache und pfropften ihr, wenn sie sich ihrer beim Schreiben
überhaupt bedienten, so viel Latein als möglich ein, „um ihr
wenigstens einige Annehmlichkeiten zu geben". Das unerquicklichste
Bild aber bot der seit 1740 in offene Feindseligkeit ausgebrochene
Streit der beiden poetischen und kritischen Schulen, der Leipziger
unter Gottsched und der Schweizerischen oder Züricher unter
Bodmer und Breitinger. Beide Parteien waren anfänglich mit
redlichem Streben denselben Zielen zugewandt, durch persönliche
Zänkereien und Anfeindungen jedoch in den schroffsten Gegensatz
gerathen, der auch darin seinen Ausdruck fand, daß die Leipziger
Nachahmer und Verehrer der Franzosen, die Schweizer dagegen
der Engländer waren.

Von all diesen Bewegungen und Kämpfen auf dem deut-
schen Parnaß hatte Wieland bei seinem einsiedlerischen Leben nur
wenig Kenntniß genommen; er war aber bei seiner schon erwähnten
Verehrung für Klopstock und bei den hohen Begriffen, die er von
Bodmer hatte, keinen Augenblick in Zweifel, daß er sich den
Schweizern anzuschließen habe. Denn in Bodmer sah er einen
Weisen, einen Dichter ersten Ranges, einen Kunstrichter vom
reinsten Geschmack und den vielumfassenden Kenner alter und
neuer Literatur. Mit diesen Gefühlen betrat er im Herbste 1752
Bodmer's Haus, voll reinen Eifers für Weisheit und Tugend,
mit Vorliebe für moralische und religiöse Poesie, mit entschiedener
Neigung zum Studium des Menschen, und doch mit dem Vorsatze, sich auf wenige Freunde zu beschränken und Andersmeinende
gar nicht kennen zu lernen, schwankend zwischen Enthusiasmus
und kalter Prüfung, bereits als Schriftsteller von einigem Namen,
aber unzufrieden mit den eignen Leistungen, und voll Drang,
Vorzüglicheres zu liefern.

Das Verhältniß zwischen Bodmer und Wieland war ein
höchst glückliches; Herz und Seele gingen Wieland noch in der
spätern Zeit seines Lebens auf, wenn er sich in jene Tage zu-
rückträumte, in denen er an Bodmer's Arbeitstische saß. Die

Aehnlichkeit ihrer religiösen, moralischen und ästhetischen Anschauungen, dieselbe Vorliebe für ein stilles, häusliches Leben und
Studiren, der gleiche strenge Eifer gegen alle unsittliche und
heidnische Poesie, der Beiden gemeinschaftliche Glaubensartikel,
„daß sich die Poesie auf der olympischen Höhe halten müsse, in
die sie Klopstock erhoben" — machten die gegenseitige Zuneigung
immer inniger.

Wieland's literarische Arbeiten in Zürich wurden zunächst
von dem Verlangen bestimmt, dem verehrten Manne seine Liebe
und Dankbarkeit zu beweisen. Er vollendete 1753 eine „Abhandlung von den Schönheiten des epischen Gedichtes „Noah", veranstaltete eine „Sammlung der Zürcherischen Streitschriften zur
Verbesserung des Deutschen Geschmacks wider die Gottsched'sche
Schule 1741—1744", und begleitete sie mit einer Vorrede. Hatte
er hierbei nur Bodmer's Ruhm im Auge, so dichtete er zur
weitern Begründung des eigenen die „Briefe Verstorbener
an ihre noch lebenden Freunde", im Geschmack der englischen Dichterin Elise Rowe, und das kleine Epos aus der Patri-
archenzeit „die Prüfung Abraham's", zu dem ihm auf seinen
Wunsch Bodmer das Thema, „das mit keiner heidnischen Mythologie besudelt sei", gegeben hatte, und in dem er mit dem Sänger
des „Noah" wetteiferte.

Mitten unter diesen seinen Arbeiten erhielt Wieland im
December 1753 die erschütternde Nachricht, seine angebetete Sophie
sei Frau von La Roche, die Gattin eines kurmainzischen Beamten
geworden. — Wer möchte es wagen, den Schleier zu heben, der
über den Gefühlen und Beweggründen ruht, welche Sophien veranlaßten, das Band, das sie mit Wieland verknüpfte, zu lösen!
Wer will heute bestimmen, wieweit äußere Verhältnisse einen
Druck auf sie ausübten! Der Charakter Sophiens gestattet nur
die Annahme der edelsten Motive, und so wollen wir uns der
Thatsache freuen, daß Sophie bis ans Lebensende die zärtlichste,
innigste Freundin Wieland's und in gewissem Sinne auch seine
Muse blieb; denn erst mit ihrem Wiedersehen beginnt die Periode
in Wieland's Schaffen, der wir seine Meisterwerke verdanken.
Die Briefe Wieland's an Sophie und ihren Gatten aus dem
Anfang des Jahres 1754 sind rührende Documente von dem
Seelenadel aller drei Betheiligten.

So männlich Wieland aber auch den Verlust der Geliebten
zu ertragen suchte, so brachte dieser erste große Schmerz seines
Lebens doch eine gewaltige Wirkung auf sein Gemüth hervor;
er hatte mit Sophien das Wesen, das ihn begeisterte, und mit
ihr seine ganze Haltung verloren. Da seine Sehnsucht auf Erden

kein Ziel mehr hatte, wendete sie sich ausschließlich dem Himmel
zu, und er gerieth in einen Seelenzustand, in welchem alle religiösen Eindrücke seiner Kindheit wieder lebendig wurden. Sein
wankender Glaube, seine Anwandlungen von Zweifelsucht in
religiösen Dingen erschienen ihm jetzt als abzubüßende Verbrechen.
In keinem Zeitraum seines Lebens war er sich so wenig klar als
jetzt, und immer mehr fühlte er sich zu christlicher Ascese hingezogen.

Diese Stimmung erklärt vollkommen den Charakter der
theils poetischen, theils philosophischen Schriften, welche er 1754
und in den folgenden Jahren verfaßte. Zu jenen gehören die
„Erinnerungen an eine Freundin", die später „Psalmen"
benannten „Empfindungen eines Christen" und die
„Hymnen", von denen der Dichter nur den „Hymnus auf
Gott" beibehalten hat; zu den philosophischen: „Timoklea",
ein Gespräch über scheinbare und wahre Schönheit, die „Sympathien" und die „Platonischen Betrachtungen über
den Menschen". Derselbe halb platonische, halb christliche,
mystisch-ascetische Geist weht auch in den zwei Aufsätzen, die er
selbst als Visionen bezeichnete, in dem „Gesicht des Mirza" und
in dem „Gesicht von einer Welt unschuldiger Menschen".

In den „Sympathien" geberdete sich Wieland wie ein
fanatischer Mönch; er verdammt nicht nur Ovid, Anakreon, Tibull,
sondern tadelt auch Gleim wegen „seines frivolen Lobes einer
erdichteten Phyllis"; er bedauert Petrarca, weil er von einer
Laura mit einem Entzücken spreche, in welches uns keine menschliche Vortrefflichkeit versetzen soll; ja, er erklärt, mit Verleugnung
alles ästhetischen Gefühls, gradezu: „Wer in der Gleichgiltigkeit
gegen die Religion keine Ehre suche, müsse das schlechteste Kirchen-
lied dem reizendsten Lied eines Uz unendlich vorziehen" — In
der die „Empfindungen eines Christen" begleitenden Zuschrift an
den Ober-Consistorialrath Sack in Berlin denuncirte er sogar
förmlich in den heftigsten Ausdrücken „die schwärmenden Anbeter
des Bacchus und der Venus", und ganz besonders die lyrischen
Poesien von Uz als unchristlich und sittenlos.

Uebrigens war Wieland's Ausfall gegen Uz, den er später
bitter bereute, nicht blos die Frucht seiner damaligen Stimmung,
sondern vielmehr ein Freundschaftsdienst, den er dem von Uz
angegriffenen Bodmer leistete — wie denn Bodmer auch sonst
Wieland's fromme Schwärmerei zu benutzen wußte und ihn um
eben jene Zeit in einem kritischen Feldzug spornte. Noch in demselben
Jahre, 1755, schrieb auch Wieland die „Ankündigung einer
Dunciade für die Deutschen", ein Sündenregister Gottsched's,
der es freilich durch eine grobe literarische Fälschung verdient hatte.

Doch Dank den Olympiern! auch aus blesem Extrem hat sich Wieland glücklich gerettet, und nach einigen Jahren konnte Lessing den dreiundsechzigsten seiner Literaturbriefe mit den Worten beginnen: „Freuen Sie Sich mit mir! Herr Wieland hat die ätherischen Sphären verlassen und wandelt wieder unter den Menschenkindern." —

6. Wieland's fernerer Aufenthalt in der Schweiz, 1754—1760.

Der eben bezeichnete leidenschaftliche, gereizte Zustand führte zu einer Art Abspannung, in der Wieland eine schriftstellerische Panse von einigen Jahren machte, und in welcher er allmählig seine natürliche Stimmung wiederfand. Am Meisten trug wol dazu bei, daß er den Vorsatz aufgab, ausschließlich Bodmern und dessen Freunden zu leben. Er fing an, auch andere Bekanntschaften zu machen, fühlte sich zu jüngern Männern, ja zu zahlreichen lieben Freundinnen hingezogen und wurde so allmählig aus der Welt der Ideale auf den Boden der Wirklichkeit geleitet.

Am 24. Juni 1754 verließ er mit den Gefühlen der zärtlichsten Dankbarkeit das Haus Bodmer's, dessen Gastfreundschaft er, mit Ausnahme einiger in Winterthur verlebter Frühlingsmonate, anderthalb Jahre genossen hatte, und zog in das Haus des Herrn von Grebel, dessen Söhne er vier Jahre (1754 bis 1758) unterrichtete. Hier emancipirte er sich von Bodmer's Einfluß, und durch die größere Abwechselung, die in sein Leben kam, erhielt sein Geist eine andere Richtung, sein Gemüth eine andere Stimmung. Die Festtage brachte er abwechselnd auf einer Besitzung des Fabeldichters Meyer von Knonau oder in Altstetten bei dem Pfarrer Schinz, seinem alten Freunde, zu; zu den neuerworbenen Freunden gehörten namentlich der gemüthvolle Idyllendichter Salomo Geßner, der bekannte Kunstkenner Fueßli und der damals zu Brugg (im Canton Bern) als Stadtarzt lebende, nachher so berühmt gewordene Johann Georg Zimmermann.

Auch die Liebe lehrte im lebenslustigen Zürich wieder bei Wieland ein. Er äußerte später scherzhaft: „Im siebzehnten Jahre habe er eine Maitresse gehabt, dergleichen sich kein König rühmen könne; in Zürich aber habe er sich ein Serail gehalten." Er fühlte sich in dem Kreise geistreicher, liebenswürdiger Frauen auf das Verschiedenartigste angezogen, und die an die Stelle seiner Serena-Doris getretenen Selima, Diotima, Melissa, Cyane, Ismene, Arete, Eulalia, Sachariffa sind alle keine bloßen Gebilde seiner Phantasie. Seine Neigung zog ihn besonders zu älteren, geistig völlig ausgebildeten Frauen hin; ja, er faßte

eine sehr ernstliche Zuneigung zu einer Wittwe, die um das
Doppelte älter als er war, und Wieland hatte es, nach seinem
eignen ehrlichen Geständniß, das er als Greis einer vortrefflichen
deutschen Fürstin ablegte, nur der Besonnenheit der Freundin,
welche durch ihre Verheirathung mit einem sechsundfunfzigjährigen
Zürcher Patricier dem Verhältniß ein Ende machte, zu danken,
daß sich „trotz der ihm anklebenden Schüchternheit die platonische
Liebe nicht unvermerkt in eine rein menschliche Art zu lieben ver=
wandelte." Für diese „Favoritsultanin" schrieb er auch „Araspes
und Panthea", die schöne Episode aus der ihm schon in
Klosterbergen lieb gewordenen Cyropädie Xenophon's, und später
das Fragment „Theages oder über Schönheit und Liebe."

Das Werk aber, welches Lessing zu der obigen Aeußerung
veranlaßte, war das Trauerspiel „Lady Johanna Gray",
Wieland's erster dramatischer Versuch und das erste deutsche
Drama, welches in fünffüßigen Jamben geschrieben war. Es
wurde im Juni 1758 von der damals berühmten Ackermann'schen
Schauspieler=Gesellschaft in Winterthur aufgeführt und fand hier
und auf andern deutschen Bühnen großen Beifall. Hatte Wieland
bei dieser Arbeit den Engländer Nicolas Rowe etwas stark benutzt
— er war noch von Bodmer an den Gedanken gewöhnt, daß
solche Plünderung keine Sünde, sondern ein Verdienst sei, weil
dadurch auch die Literaturen andrer Völker den Deutschen bekannt
würden — so entwarf er, völlig unabhängig von fremdem Ein=
fluß, 1757 den Plan zu einem umfassenden Epos, als dessen
Helden er den Xenophontischen „Cyrus" wählte. Dieser mensch=
liche Held sollte nach so vielen idealischen Gestalten, mit denen er
sich bisher beschäftigt, die Hauptfigur eines eigentlich „menschlichen"
Heldengedichts werden, das er in achtzehn Gesängen ausführen
wollte. Es ist kein Zweifel, daß ihm bei dem Entwurf des
Ideals der größte König des vorigen Jahrhunderts vorschwebte,
der, eben damals im Kampfe gegen halb Europa begriffen, ein
solches Genie, eine solche Geistesgröße bewies, daß selbst seine
Feinde seine Bewunderer sein mußten.

Obgleich der „Cyrus" ein Fragment von fünf Gesängen
geblieben ist, hat doch grade dies Werk und die Vorarbeiten zu
demselben Wieland in der Entwickelung seines eigentlichen Wesens
mächtig gefördert. Denn er vertiefte sich jetzt in das Studium
der Geschichte und Politik und wurde dadurch immer vertrauter
mit der wirklichen Welt. Durch den grellen Contrast derselben
mit den Unschuldswelten, in denen er sich bisher so sehr gefallen,
mußte in einem Kopfe wie dem seinigen, insbesondere auch durch
die genaue Bekanntschaft mit Lucian's Schriften, nothwendiger=

2*

weise die Satire und Ironie geweckt werden, die sich durch fast alle seine Werke hindurchzieht, nicht jene romantische Ironie, deren ganzes Spiel auf Selbstvernichtung ausgeht, sondern jene attische Ironie, die an seinen geistigen Fäden die Thorheit ad absurdum führt, und die er, wie kein Andrer, den Alten abgelernt hat.

Inzwischen hatten seine bisherigen Zöglinge eine andere Bestimmung erhalten, und er mußte 1759, um eine ähnliche Stelle in Bern als Hauslehrer des Landvogts v. Sinner zu übernehmen, dem schönen Zürich, für dessen anmuthige Lage am schimmernden See und in der reizendsten Landschaft er in Bern keinen Ersatz fand, Lebewohl sagen.

In Bern verschaffte ihm sein Ruf die beste Aufnahme, und auch seine äußere Lage verbesserte sich bald, indem er nach kurzer Zeit die Stelle bei Herrn v. Sinner aufgab und einigen jungen Leuten philosophischen Unterricht ertheilte, wodurch er Freiheit und Muße gewann. Was ihn aber in Bern am Meisten fesseln sollte, war eine Frau, die zu den gebildetsten und bedeutendsten ihrer Zeit gehörte, und bei der er seine Zürcher „flüchtigen Attachements" bald vergaß.

Julie Bondeli, die Tochter eines Berner Geistlichen, die nach dem Ausspruch ihres späteren Freundes Rousseau „das Genie von Leibnitz mit der Feder von Voltaire vereinigte", lehrte Wieland die Liebe von einer neuen Seite kennen. Obgleich ihr die Gabe der Schönheit versagt war, beugten sich die ausgezeichnetsten Männer vor dem Zepter dieser Königin des Geistes, und auch Wieland fühlte sich in ihrer Nähe so glücklich und von ihren geistigen Reizen so bezaubert, daß er sie ihrem schon früh gefaßten Entschlusse, nie zu heirathen, beinah untreu gemacht hätte. Er sah sich zur Verwirklichung seiner Heirathsgedanken bereits nach einer festen Anstellung um und war lebhaft mit dem Plane beschäftigt, eine Buchhandlung und Buchdruckerei in Zofingen anzulegen, als er die Nachricht erhielt, er sei durch einstimmige Wahl in den Magistrat seiner Vaterstadt berufen. Aus Pietät gegen seinen Vater entschloß er sich, dem Rufe zu folgen; aber es geschah mit schwerem Herzen, denn er fürchtete, durch die öden, seiner Persönlichkeit widerstrebenden Amtsgeschäfte den Musen gänzlich entrissen zu werden.

Nach achtjähriger Abwesenheit zog er 1760 wieder nach seiner Vaterstadt, mit dem festen Entschlusse, ihr in dem ihm angewiesenen Wirkungskreise so nützlich als möglich zu werden. — Das Einzige, was Wieland während seines kaum einjährigen Aufenthalts in Bern geschrieben hat, war das Trauerspiel „Clementine von Porretta", welches einen Stoff aus Richardson's „Geschichte Grandison's" behandelte und schon durch diese Wahl den Einfluß der Philosophin Julie bezeugt.

Die Abreise aus der Schweiz geschah so eilig, daß er nicht einmal Zeit behielt, von Julien, die grade von Bern abwesend war, Abschied zu nehmen; in seinen Briefen versicherte er ihr wiederholt seine „unwandelbare Liebe."

7. Wieland's erste Jahre in Biberach, 1760—1762. Wiederseſhen von Sophie von La Roche im Hauſe des Grafen Stadion.

Alle Verhältniſſe des kleinen Biberacher Gemeinweſens, deſſen ſehr complicirter Organismus dadurch, daß Katholiken und Proteſtanten gleichen Antheil an der Regierung der Duodez-Republik hatten, noch verwickelter wurden, waren ſo unerquicklich, daß Wieland, deſſen Neigungen ohnehin nicht zu einer ſolchen Amtsthätigkeit paßten, ſich in ſeiner Stellung bald ſehr unglücklich fühlte. Sein Amt zwang ihn, in den politiſchen Intriguen Biberachs eine Rolle zu ſpielen, die ihm ebenſo neu als widrig war; und er mußte den Cabalen der katholiſchen Partei gegenüber froh ſein, daß er die Stelle des ſtädtiſchen Kanzleidirectors, welche ihm neben freier Wohnung ein Gehalt von tauſend Gulden einbrachte, wenigſtens vorläufig erhielt. Erſt 1764 wurde ſeine proviſoriſche Anſtellung in eine definitive verwandelt. Unter dieſer Unſicherheit der äußern Lage und den ewigen Chicanen ſeiner Mitbürger und Vorgeſetzten litt Wieland unſäglich, und ſelbſt ſeine Gewandtheit in den Geſchäften hatte nur zur Folge, daß man ihm immer mehr aufbürdete.

Noch mehr wurden ihm ſeine erſten Jahre in Biberach durch ſein Verhältniß zu Julien getrübt. Trotz aller Philoſophie ſcheint ſie nicht ohne Eiferſucht geweſen zu ſein, worüber Wieland ärgerlich wurde. Julie ſetzte ihm Stolz und Kälte entgegen; Wieland wurde leidenſchaftlich heftig, und ſo erfolgte zwiſchen Beiden ein Bruch. War dabei vielleicht das größere Unrecht auf Wieland's Seite, ſo ſpricht es gewiß für ſein edles Herz, daß er 1761, als Juliens Vater ſtarb und ſie ohne alles Vermögen zurückließ, eine Verſöhnung verſuchte und die frühern Beziehungen — freilich erfolglos — wieder anknüpfen wollte.

Da trat 1762 ein Ereigniß ein, welches für Wieland's Lebensweg entſcheidend wurde. In Warthauſen, eine kleine Stunde von Biberach entfernt, ließ ſich Graf Stadion, der erſte Miniſter des Kurfürſten von Mainz, nieder, um dort den Reſt ſeines Lebens zuzubringen, und ſein Begleiter war der kurmainziſche Hofrath von La Roche, der Gatte der einſt ſo zärtlich

geliebten Sophie, die Wieland die innigste Freundschaft treu bewahrt hatte und ihn herzlich willkommen hieß.

Graf Stadion verband mit großen Vorzügen des Geistes
und Herzens die feinsten Sitten eines Weltmanns; La Roche war
ein Mann von seltenster Bildung, und dabei von der heitersten
satirischen Laune, die er auch durch seine bekannten „Briefe über
das Mönchswesen" weitern Kreisen bekundet hat. Im Umgang
mit diesen Männern und der geistreichen Sophie, losgekettet von
den ärgerlichen Geschäften des Actentisches, wurde Wieland erst
ganz der heiter scherzende, freisinnige Wieland, als den ihn die
deutsche Literatur feiert. Warthausen wurde für ihn eine Schule
höherer geselliger Bildung; neue Lebensansichten eröffneten sich dem
ehemaligen Klausner, als er den Ton der großen Welt von seiner
gefälligsten Seite durch liebenswürdige Frauen kennen lernte,
und zwei vorzügliche, ihm durch Freundschaft eng verbundene
Männer zur Berichtigung und Erweiterung seiner Welt- und
Menschenkenntniß so unendlich viel beitrugen.

Wieland's bereits in der Schweiz begonnene Umstimmung
wurde durch diesen Umgang vollendet. Was er vor wenigen
Jahren noch für unmöglich gehalten hätte, sah er in Warthausen
wirklich: Religiosität ohne Andächtelei und Aberglauben — Philosophie, welche Metaphysik als Träumerei verachtet, dafür aber
die Verhältnisse des Lebens und der Gesellschaft desto richtiger
zu bestimmen sucht — Tugend ohne Geringschätzung der Menschen
— Lebensgenuß und Fröhlichkeit, an denen nichts Verwerfliches
war — Sinnlichkeit, die sich recht gut mit Sittlichkeit vertrug —
Liebe, die ohne eine Spur von platonischer Schwärmerei beglückt.
Diese Eindrücke wurden noch verstärkt, als er sich in der reichen
modernen Bibliothek des Grafen umsah. Denn eben war die
Periode der sogenannten Aufklärung mit Macht hereingebrochen:
Vernichtung all der zahllosen verderblichen Vorurtheile, Erhebung
der „gesunden Vernunft" auf den ihr gebührenden Thron war
das Losungswort des Zeitgeistes; der religiöse Glaube sollte jetzt
der Vernunft weichen, alles Uebernatürliche, Geheimniß- und
Wundervolle vom Christenthum abgestreift werden, und dieses
nicht mehr als Offenbarung, sondern nur als reine Sittenlehre
gelten. Wieland fing jetzt an, die Schriften von Shaftesbury,
Condillac, Helvetius, Voltaire zc., die ihm früher so viel Aergerniß und Anfechtung bereitet, mit ganz andern Augen anzusehen,
und kam bald dahin, seine frühere supranaturalistische Richtung
zu belächeln; sein unendlich geschmeidiger Geist fand sich mit
überraschender Leichtigkeit und Sicherheit in den Ton des Zeit-

alters, wie er in der höhern Gesellschaft und in der Literatur herrschte.

In der Atmosphäre von Warthausen entfalteten sich die
Schwingen seines Genius immer freier und glänzender, und bei
seinem unermüdlichen Fleiße erschienen bald in schneller Folge
seine von Laune übersprudelnden und gleichzeitig von der aus-
gebreitetsten Gelehrsamkeit zeugenden Dichtungen, die bald den
Ruhm des Biberach'schen „Stadtschreibers" in Deutschland und
über seine Grenzen hinaus verbreiteten.

8. Wieland's Dichtungen in Biberach bis zu seiner Verheirathung, 1762—1765.

Schon das kleine Gedicht „Nadine" (1762), ein Erzeugniß
muthwilliger Laune, und die komischen poetischen Erzählungen
aus der heitern Welt der Griechen, „Diana und Endymion",
„das Urtheil des Paris" und „Aurora und Cephalus",
beweisen, wie gut der Dichter in der Schule eines Boccaccio
und Lafontaine Scherz verstehen gelernt hatte. Aber die Haupt-
schöpfung seines Geistes war die „Geschichte des Agathon",
zu der ihm der „Jon" des Euripides die erste Idee gegeben hatte.
Er sah in demselben eine liebliche und zarte Vereinigung jugend-
lich-reiner Einfalt und Unschuld mit leisem Bewußtsein oder Vor-
gefühl einer über seinen Stand und Beruf erhabenen Natur,
und es reizte ihn, nachzudenken, wie dieser im Lorbeerhaine des
Delphischen Gottes aufgewachsene, unsträfliche, fromme, jungfräu-
lich-unschuldige und doch hochherzige Jüngling, begabt mit solcher
Empfindsamkeit, solchem Feuer der Einbildung, solcher Schwärmerei, in dem Leben der Welt sich entwickeln würde. Es war
dem philosophirenden Dichter das innigste Bedürfniß, den Agathon
zu schreiben und philosophisch zu entwickeln, wie sich die Wider-
sprüche in unsrer sittlichen und sinnlichen Natur im Leben versöhnen. Denn sein Jon-Agathon ist nach Gruber's trefflicher
Analyse nicht blos dem Charakter, sondern auch den Haupt-
Situationen und dem ganzen Streben nach Er selbst. Agathon's
Delphi war Wieland's väterliches Haus; mit Liebe beginnt der Bil-
dungsgang Beider; Agathon's Psyche ist Wieland's Sophie; die
Liebe macht Beide zu Schwärmern, die im Anschauen des Schönen
und Göttlichen das Irdische aus dem Gesichte verlieren und sich
gegen die Regungen ihrer sinnlichen Natur mit strenger Moral
waffnen. Beide leben in einer von dichterischer Einbildungskraft
selbstgeschaffenen Welt, deren überirdischer Glanz ein falsches Licht
auf die Wirklichkeit ausbreitet. Agathon verliert seine Psyche,
Wieland seine Sophie, und die Tugend Beider wird auf gleiche
Weise geprüft in neuen Liebesabenteuern. Der Kampf wird

verstärkt durch die Elemente der Philosophie; was der Sophist Hippias dem Agathon zuruft, las Wieland vielfach in den Werken der obengenannten Vernunftphilosophen und Glückseligkeitslehrer. Beide werden ins politische Leben verschlungen, prüfen und finden, daß sie lange nicht mehr so erhaben von der menschlichen Natur denken als damals, wo sie, mit den wirklichen Menschen noch wenig bekannt, ihre erste Jugend unter Göttern und Halbgöttern zubrachten. Nun bleibt Beiden nichts übrig, als „durch unerschütterliche Gründung des Gedankensystems über das, was die wesentlichste Angelegenheit des moralischen Menschen ausmacht, den Kopf und das Herz auf ewig ins Einverständniß zu setzen." Und so entsteht endlich bei Jedem die Ueberzeugung, daß die Seligkeit nicht an die Haine von Delphi gebunden sei, sondern daß die Quellen wahrer Glückseligkeit in ihm selbst liegen. Das Streben nach jener Weisheit, die sich weder schwärmerisch im Uebersinnlichen, noch wollüstig im Sinnlichen verliert, stimmt endlich die zwei Naturen im Menschen zu reiner Harmonie und gleicht die Ansprüche aus, welche die zwei Welten, denen er angehört, an ihn haben.

Der einzige Vorwurf, der diesem vortrefflichen Werk treuster Selbstschilderung vielleicht mit Recht gemacht werden kann, ist der, daß Licht und Schatten nicht ganz gleichmäßig vertheilt, daß die Sophistik zu glänzend ausgemalt und deren Blendwerke mit zu schwachen Waffen bestritten sind, ja „daß die verlockenden Ausführungen des Hippias und die verführerischen Reize der Danae mehr imponiren als der moralische Niederschlag, der zuletzt aus dieser pädagogischen Retorte herauskommt"; allein die Antwort, welche Diogenes einst dem Metaphysiker gab, welcher leugnete, daß eine Bewegung sei, ist doch auch eine Antwort. Der Metaphysiker führte seinen Beweis durch Distinctionen und Schlußreden; Diogenes widerlegte ihn, indem er, ohne ein Wort zu sagen, davonging.

Gleichzeitig mit dem „Agathon", und gewissermaßen zur Erholung, schrieb Wieland in Erinnerung seines alten Erfurter Freundes Don Quixote „die Abenteuer des Don Sylvio von Rosalva." Dieser satirische, an Cervantes anklingende Roman, welcher „den Sieg der Natur über die Schwärmerei" feiert, sollte vorzugsweise den Geschmack des Zeitalters an sinnlosen Feenmärchen, wie sie damals in Menge aus Frankreich kamen, züchtigen, geißelt jedoch auch in ergötzlichster Weise manche andre Thorheit seiner Zeit.

Aber der Grundton seiner Schriften, das unerschöpfliche Thema, das er von allen Seiten auffaßte, blieb die mächtigste

und einflußreichste aller menschlichen Leidenschaften, die schon bisher sein ganzes Leben beherrscht hatte: die Liebe. Wieland
wurde Erotiker in einem Sinn, wie es vor ihm kein andrer
Schriftsteller gewesen war: der Philosoph, der Natur- und Ge-
schichtsforscher der Liebe, der alle möglichen Conflicte und Probleme, die in dieses Gebiet einschlagen, vor sein Forum zog
und seine Sentenzen mit allen Reizen, die dem Dichter und
Philosophen zu Gebote standen, ausstattete. Sein Grundgedanke
war, die Sinnlichkeit in ihre von Phantasterei und Senti-
mentalität gleich sehr wie von Frömmigkeit und Ascetik ver-
kannten Rechte wieder einzusetzen, ohne jedoch der sinnlichen Liebe
vorzugsweise das Wort zu reden oder ihre gegen Sittenreinheit
gerichteten Uebergriffe zu begünstigen; vielmehr erklärte er sich
entschieden für die Liebe des Herzens, welche allein in den
Zustand einer schönen Menschheit versetze und Geist und Gemüth
in wohlthätiges Gleichgewicht bringe. —

9. **Wieland's fernere (erotische) Werke. Beleuchtung des ihm gemachten Vorwurfs der Frivolität.**

Wieland war jetzt definitiv als Kanzleidirector in Biberach
angestellt, einunddreißig Jahr alt und nicht abgeneigt, dem
Wunsche seiner Eltern gemäß, deren einziges Kind er nach dem
Tode seines Bruders war, sich zu verheirathen. Er fand seine
Lebensgefährtin in der Tochter eines Augsburger Kaufmanns,
Dorothea Hillenbrand, mit der er sich im Herbste 1765
vermählte. Der Geliebte einer Sophie v. Gutermann, einer
Julie Bondeli, glänzender weiblicher Geister, wählte ein anspruchs-
loses Mädchen, welches weder schön noch ein bel esprit war,
und der lebensweise Mann wußte sehr gut, was er that. Seine
glückliche, mit Kindern reich gesegnete Ehe ist als mustergiltig
bekannt; und der galante Schriftsteller, der alle Lebens- und
Liebesverhältnisse bis auf die bedenklichsten Situationen mit
leichter, sicherer Hand malte, war gleichzeitig der Familienvater
von der einfachsten, schlichtesten Sitte, dessen ganzes Herz an
Frau und Kindern hing.

Die Frucht der Rosenmonate seiner Ehe war das romantische Gedicht „Idris und Zenide", welches in zehn Gesängen
die verschiedenen Arten von Liebe gegenüberstellen und eine Art
Philosophie der Liebe ausmachen sollte. Leider blieb es Fragment, nicht weil, wie er bei der Ausgabe der ersten fünf Gesänge
scherzend sagte, es Fragment bleiben sollte, bis ihn drei Kunstrichter und drei Spröden in einer gemeinschaftlichen Bittschrift
um die Fortsetzung ersuchen würden, sondern weil eine unglück-

liche Niederkunft der geliebten Gattin und der Tod des erst-
gebornen Kindes ihm Lust und Stimmung raubten, an diesem
Gedichte fortzuarbeiten. Auch später, nach mancher andern Arbeit,
und nachdem er das gleichfalls Fragment gebliebene Gedicht
„Psyche", eine allegorische Geschichte der Seele, geschrieben hatte,
setzte er nicht den „Idris" fort, sondern nahm den Stoff in dem
„Neuen Amadis" wieder auf, dessen achtzehn Gesänge die
Abenteuer der Töchter des Schach Bambo erzählen und den
endlichen Triumph der geistigen Schönheit über die körperliche
zum Gegenstande haben. Entzückt von Sterne's Tristram Shandy,
den er um diese Zeit kennen lernte, ließ er in diesem Gedichte
seiner Laune den Zügel schießen und gestattete dem Geiste Capriccio
die tollsten Sprünge.

Das wichtigste metrische Werk dieser Epoche, klein von Umfang,
aber vor vielen seiner Schriften berühmt geworden, war „Musarion", durch Anmuth, Leichtigkeit und Harmonie der Darstellung eine wahre Philosophie der Grazien. Hier stellte er die
Liebe des Herzens, weder von stoischer Apathie, noch von pytha-
goräisch-platonischen Verzückungen verdunkelt, ins reinste Licht.
Die einige Jahre später erschienenen „Grazien" beschäftigen
sich mit der Aufgabe, der edleren Liebe gegen den rohen Trieb,
der nur gemeiner Sinnlichkeit fröhnt, das Wort zu reden.

Es kann nicht auffallen, daß Wieland durch diese Werke,
welche zu den köstlichsten Perlen unserer Literaturschätze gehören,
bei einem Theil des Publikums trotz der Reinheit seines Lebens-
wandels in den Ruf der Frivolität und unsittlicher Tendenzen
kam, und daß das „gefährliche Gift" seiner erotischen Werke bis
auf unsere Zeit ein herkömmliches Stichwort geblieben ist. Es
ist ja allerdings auch nicht zu leugnen, daß Wieland gewisse
Scenen einer eben nicht seraphischen Liebe mit sehr warmen
Farben gemalt hat; allein wenn es nach seiner genialen Selbst-
vertheidigung, die sich poetisch zum „Verklagten Amor" gestaltete, noch eines Wortes darüber bedarf, so lassen sich doch
unschwer auch andere Gesichtspunkte für eine weniger zelotische
Beurtheilung finden.

Zunächst haßte Wieland alle Heuchelei und Gleißnerei, und
da er jetzt anders dachte als in Zürich, so wollte er dies auch
ebenso ehrlich wie früher durch seine Dichtungen aussprechen;
dann waren ihm bei seiner eignen Aufrichtigkeit und Wahrheits-
liebe alle Schein-Spröden, alle Schein-Sittlichen, alle Schein-
Keuschen gründlich zuwider, und er freute sich ihrer Entlarvung;
natürlich mußte er dabei diese scheinbaren Tugendhelden, wenn
die Darstellungen psychologisch wahr werden sollten, in Situa-

tionen bringen, die eine wirkliche Versuchung enthielten, und je stärker die Versuchung geschildert wurde, um so mehr mußte die Verirrung motivirt erscheinen.

Außerdem hatte Wieland an sich selbst früher bei seinem platonisch-christlichen Mysticismus, bei welchem das Religiöse, Moralische, Aesthetische und Sinnliche so sehr in einander gewebt war, die Erfahrung gemacht, wie sehr auch der redlich Strebende in Gefahr steht, die Elemente zu verwechseln und sich zu vergreifen; und wenn er daher schildert, wie der übersinnliche Rausch der hohen Schwärmerei meist sinnlich endigt, so sind dies „Warnungstafeln", nicht im Gefühl allzu großer Sicherheit die Vorsicht außer Augen zu lassen. In diesem Sinne ruft er in der „Musarion":

> — — — Ihr mächtigen Besieger
> Der Menschlichkeit, die Ihr dem Sternenfeld
> Euch nahe glaubt, — das Herz ist ein Betrüger!
> Erkennet Euer Bild in Phanias und bebt!

Eine im poetischen Gewande uns entgegentretende Moral hat eben eine andre Form und klingt anders als die Moral einer Predigt; rechten wir daher wegen dieser Verschiedenheit der Form nicht mit dem Dichter und seiner Sinnlichkeit, die denselben olympischen Ursprung hat wie die Sinnlichkeit, die den Meißel eines Phidias und Praxiteles und den Pinsel eines Tizian belebte.

Man denke an den frechen Cynismus der heutigen Demimonde-Literatur des zweiten französischen Kaiserreichs, die ihre funkelnden, verwirrenden Lichter in die Abgründe des Moders und der Verwesung wirft, uns in die Höhlen des Lasters führt und unter totaler Umkehrung aller moralischen Gesichtspunkte und Verhältnisse die ekelerregendsten Themata mit prickelnden Ingredienzen zu würzen sucht, und dann prüfe man, ob eine einzige Zeile Wieland's uns derartiges zumuthet. Wieland konnte mit Recht an Geßner schreiben, „daß man in seinem Endymion trotz der Schlüpfrigkeit des Süjets wenigstens so viel Retenüe und Bescheidenheit finden werde, als in der Io des Correggio."

Wenn Wieland z. B. in seiner dem Don Sylvio eingeflochtenen Episode vom Prinzen Biribinker und der Entzauberung der schönen Fee Krystalline mit großartiger Keckheit das Aeußerste wagte, so mochte ihn im Gefühl seiner meisterhaften Sprachgewandtheit die Schwierigkeit reizen, solche Dinge decent und graziös zu besprechen — ein Wagstück, welches das Genie von jeher unter seine Gerechtsame gezählt hat.

Zum Schlusse dieser Erwägungen noch eine Stelle aus dem 1775 geschriebenen „Unterredungen Wieland's mit dem

Pfarrer von***": „Sie irren sehr, lieber Herr Pfarrer, wenn Sie deuken, daß ich die komischen Erzählungen oder den Jdris deswegen für verdammenswürdig hatte, weil ich nicht für gut finde, daß sie von jungen Mädchen gelesen werden. Der Grund, warum ich diese Gedichte und alle andern Bücher dieser Art aus der sehr kleinen Büchersammlung junger unverehelichter Frauenzimmer ausschließe, ist der nämliche, warum ich), bei aller schuldigen Ehrerbietung, die ich für die Bibel hege, nicht wollte, daß meine Tochter oder irgend eines ehrlichen Mannes Tochter das hohe Lied Salomonis oder gewisse Capitel in den Büchern Mose. im Buche der Richter und im Propheten Ezechiel zum Gegenstand ihrer Meditation machen oder nur jemals — bis sie ohne Schaden Alles lesen darf — zu Gesichte bekommen sollte. Denn wahrlich, so lange ihr die Abenteuer des Ritters Jtifall und der irrenden Prinzessin Schatullose schädlich sein können, werden die Galanterien der Dame Athala und ihrer Schwester Ahaliba (ungeachtet ihrer allegorischen Deutung) wenig zur Verschönerung ihrer Seele beitragen".

10. Wieland Professor an der Universität in Erfurt, 1769—1772.

Neben all den bereits erwähnten Werken beschäftigte sich Wieland in Biberach noch mit einer Uebersetzung der dramatischen Werke Shakspeare's, welche er in den Jahren 1762—1768 in acht Bänden herausgab. Wenn Wieland's anders gearteter Geist auch den britischen Genius nicht vollständig erfaßte, so war es doch ohne Zweifel ein großartiges literarisches Unternehmen und von wichtiger Bedeutung, indem Shakspeare durch diese erste deutsche lesbare Uebersetzung in Deutschland eigentlich erst bekannt wurde. Wieland leistete für seine Zeit in dieser schwierigen Arbeit sehr viel und brach die Bahn, auf der seine Nachfolger leichter fortschreiten konnten.

So trefflich nun auch Wieland verstanden hatte, seine Muse und seine Amtsgeschäfte in Einklang zu setzen, — ein lebendiges Beispiel, daß die Verse

„Keiner gehe, wenn er einen Lorbeer tragen will davon,
„Morgens zur Kanzlei mit Acten, Abends auf den Helikon!"

welche später Graf Platen gegen Immermann schleuderte, nicht immer zutreffen, — so war es doch eine glückliche Fügung, daß Wieland aus diesen beengenden Verhältnissen, in denen er nur späte und sparsame Kunde von dem Leben der Literatur erhielt, wieder herauskam. Der Aufenthalt in Biberach wurde um so trostloser, als Graf Stadion im Alter von 77 Jahren 1768 starb, und dadurch das nun auch von La Roche und seiner Gattin ver lassene Warthausen, welches Wieland so sehr gefördert hatte, für ihn verödet war.

Am 1. Juni 1769 traf Wieland in Erfurt ein und übernahm die Stelle als erster Professor der Philosophie an der dortigen, damals kurmainzischen Universität mit einem jährlichen Gehalt von 600 Thalern und dem Charakter als Regierungsrath. Obgleich es bei dieser Vocation mehr auf den Glanz der Hochschule abgesehen war, als daß man von ihm Vorträge verlangt hätte, so widmete er sich doch seinem Berufe sehr eifrig, hielt mit großem Beifall viele philosophische und literarhistorische Vorlesungen und verschaffte der Universität eine sehr vermehrte Frequenz. Nichtsdestoweniger vereinigte sich Vieles, was geeignet war, Wieland seine neue Lage zu verleiden, und namentlich waren es verdrießliche Beziehungen zu seinen Collegen, die theils mit Unwillen seine Schriften betrachteten, theils mit Neid auf die ihn auszeichnende Protection des Kurfürsten von Mainz, Emmerich Joseph, sahen. Nur an den ihm schon früher befreundeten Professor Riedel schloß er sich näher an und zog sich übrigens von allem gesellschaftlichen Leben in Erfurt zurück.

Außer mehreren bereits im vorigen Capitel besprochenen Werken schrieb Wieland hier den „Nachlaß des Diogenes von Sinope", eine Art Rechtfertigung seiner eigenen Lebensansichten und philosophischen Meinungen. Er untersuchte bei diesem von den Anekdotenkrämern bis zum Unkenntlichen verunstalteten Charakter, wie ein Mann wol hätte sein können, von dem man so seltsame und einander so widersprechende Gerüchte erzählte. Er ermittelte nicht als Geschichtsschreiber durch kritische Sondirung der Quellen, was als das Wahrscheinlichste anzunehmen sei, sondern wählte als Dichter unter mehreren möglichen Gestalten die seinem Zweck zusagendste aus, indem er ihn zwar als Sonderling, aber mit weniger Cynismus und mehr Weisheit, als gewöhnlich geschah, schilderte.

In dieselbe Zeit fällt auch das berüchtigt gewordene Gedicht „Kombabus", in dem Wieland den verfänglichsten Stoff so züchtig als möglich behandelte. Vergleicht man es mit Lucian's „Syrischer Göttin" und dem Machwerk eines Franzosen, der eine Erzählung im Geschmack Grecourt's daraus machte, so tritt es recht augenfällig zu Tage, wie Wieland in der ihm eigenthümlichen Art fremde Stoffe verarbeitete.

Die philosophischen Studien, in welche sich Wieland in Erfurt vertiefte, veranlaßten ihn zunächst, mehrere Abhandlungen gegen Rousseau und seine über den Naturzustand des Menschen und über die Schädlichkeit der Wissenschaften und Künste aufge-

stellten Paradoxen zu richten. Er bekämpfte die Anschauung: daß
Entfernung von der ersten Einfalt der Natur Entfernung von
der Natur selbst sei, daß es der Natur gemäß gewesen wäre, wenn
wir auf immer in dem Zustande glücklicher Unwissenheit geblieben
wären, daß die Erweiterung unserer Bedürfnisse die Mutter unserer
Laster sei, und daß der Genuß der Geschenke der Natur und die
Verfeinerung der Künste den Untergang der Staaten am Meisten
befördern. — Um das Naturwidrige in den Ideen Rousseau's zu
zeigen, schrieb er die „Reisen und Bekenntnisse des Prie-
sters Abulfauaris" und den kleinen Roman „Koxkox und
Kikequetzel", den er mit den Worten schließt: „Die Unschuld
des goldnen Alters, wovon die Dichter aller Völker so reizende
Gemälde machen, ist unstreitig eine schöne Sache; aber sie ist im
Grunde weder mehr noch weniger als — die Unschuld der ersten
Kindheit. Wer erinnert sich nicht mit Vergnügen der schuldlosen
Freuden seines kindischen Alters? Aber wer wollte darum ewig
Kind sein? Die Menschen sind nicht dazu gemacht, Kinder zu
bleiben; und wenn es nun einmal in ihrer Natur ist, daß sie
nicht anders als durch einen langen Mittelstand von Irrthum,
Selbsttäuschung, Leidenschaften und daher entspringendem Elend
zur Entwickelung und Anwendung ihrer höhern Fähigkeiten gelangen
können — wer will mit der Natur darüber hadern?"

Das Ergebniß von Wieland's Forschungen über die Natur
des Menschen, „der eine organische Einheit von Leib und Seele
und kein unnatürlicher Centaurischer Zwitter von Thier und Geist
sei", war: „daß die möglichste Benutzung des Erdbodens und die
möglichste Vervollkommnung und Verschönerung des menschlichen
Lebens das große Ziel aller Bestrebungen, welche die Natur in
den Menschen gelegt hat, sei, also der Natur ebenso gemäß als
die ursprüngliche Einfalt. Es sei widersinnig, zu fordern, daß
die Knospe ein Apfel werden soll, ohne durch alle dazwischen
liegenden Verwandlungen zu gehen."

In dieser Richtung wirkte Wieland als Philosoph, und
trug nicht wenig zu dem damaligen Umschwunge der Philosophie
in Deutschland bei. Er verlor sich dabei nicht in vage Abstractionen und Grübeleien, sondern er hielt sich an das Wolff'sche
Moralprincip, daß „nur die Vervollkommnung unsrer selbst und
das Streben, alles Gute außer uns zu befördern, unserm Dasein
Wahrheit, Würde und innerlichen Werth verleihen könne."

> „Der große Punkt, in welchem, wie ich denke,
> Wir Alle einig sind, ist der: Ein Biedermann
> Zeigt seine Theorie im Leben.
> So schön und gut sie immer heißen kann,
> So wollt' ich keine Nuß um Eure Tugend geben,
> Wofern sie Euch im Kopfe sitzt."

Da in monarchischen Staaten das Wohl der Staatsbürger zum großen Theil von der Persönlichkeit und den Gesinnungen des Monarchen abhängt, wollte Wieland in seinem Eifer für Menschenwohl den Regenten den „goldnen Spiegel" der Selbst-erkenntniß vorhalten und schrieb, angeregt durch Kaiser Joseph's II. Begeisterung für die edlern Zwecke des Staates, „die Könige von Scheschian," nach seiner eignen Bezeichnung „eine Art von summarischem Auszuge des Nützlichsten, was die Großen und Edlen einer gesitteten Nation aus der Geschichte der Menschheit zu lernen haben". Mit unerschrockenem Freimuth deckte er darin Mißbräuche aller Art auf und „stellte unter dem Behikel einer ergetzlichen Erzählung den Großen der Erde kühne Wahrheiten unter die Augen."

Die Bewältigung aller dieser Arbeiten war nur bei dem angestrengtesten Fleiße möglich, und die einzige Erholung, die sich Wieland gönnte, war eine im Frühjahr 1771 unternommene Reise nach Ehrenbreitenstein, wo damals La Roche als Geheimer Confe-renzrath des Trierschen Hofes mit seiner Familie lebte. Eine Beschreibung der rührenden Scene dieses neuen Wiedersehens von Wieland und Frau von La Roche besitzen wir von Friedrich Jacobi, der ihr als Augenzeuge beigewohnt.

Bei seinen kleinen Ausflügen nach Weimar hatte er das Glück, der verwittweten Herzogin Amalia vorgestellt zu werden, und der vortheilhafte Eindruck, den er machte, hatte die wichtigste Veränderung seiner äußern Lage zur Folge. Er erhielt von der Herzogin den ehrenvollen Auftrag, Erzieher ihrer Söhne, des Erbprinzen und nachmaligen Herzogs Karl August und des Prin-zen Constantin, mit einem Gehalte von 1000 Thalern zu werden. Wieland nahm freudig die Stelle an und vertauschte 1772 Erfurt, das er mit einem freudenleeren Chaos von alten Steinhaufen, welches die Grazien nie angeblickt, verglich, mit Weimar, um dort ein Glied des schönen Vereins zu werden, der später die edelsten Geister unserer Nation umsaßte.

11. Wieland als Prinzen-Erzieher in Weimar, 1772—1775.

Die Seele des in der Entwickelung unserer Literatur hoch-wichtigen „Musenhofes in Weimar", dessen Details aus den be-redten Schilderungen der beliebtesten Schriftsteller der Gegenwart allseitig bekannt sind, war die Herzogin Anna Amalia aus dem Hause Braunschweig, seit 1758 Wittwe, in jeder Beziehung eine Zierde ihres Geschlechts und des Thrones, auf dem sie sich als Regentin-Vormünderin unter schwierigen Umständen große Ver-dienste erwarb. Ihr reger Geist hatte außerdem das lebhafteste

Interesse für Kunst und Wissenschaft, und ihre liebenswürdige Persönlichkeit fesselte die ersten Talente und Genie's ihrer Zeit. Ihr Verhältniß zu Wieland gestaltete sich zu einer innigen Freundschaft, die sie ihm bis zu ihrem Tode unwandelbar bewahrte.

Die beiden mit vortrefflichen Anlagen ausgestatteten Prinzen waren bisher sehr sorgfältig erzogen worden, und auch zu ihnen stand Wieland, der es sich angelegen sein ließ, in der Pflege und Ausbildung so edler Keime die Principien seines goldnen Spiegels praktisch zu verwerthen, in den erfreulichsten Beziehungen. Zur Feier des Geburtstages des Erbprinzen, der ihm mit besonderer Liebe zugethan war, schrieb er 1773 „die Wahl des Herkules", ein kleines lyrisches Drama, welchem die von Xenophon erzählte Dichtung des Sophisten Prodikos, „Herkules am Scheidewege", zu Grunde liegt. In demselben Jahre dichtete er auch das Singspiel „Alceste", welches mit der Composition von Schweizer bald überall in Deutschland mit dem lautesten Beifall aufgeführt wurde und, als das erste seiner Gattung, in unserer musikalisch-dramatischen Literatur eine neue Epoche bezeichnet. Daß Wieland mit den dabei angewendeten und in der Abhandlung „Versuch über das Deutsche Singspiel" theoretisch entwickelten Grundsätzen das Richtige getroffen, beweist die Aufforderung Gluck's, eine Oper ähnlicher Art zu schreiben, die er in Musik setzen wolle. — In Weimar fand Wieland auch endlich, was er so lange vergeblich ersehnt hatte — mehr Muße für seine schriftstellerische Thätigkeit; und so entstanden noch 1773 die „Geschichte des weisen Danischmend", ein Nachhall der Könige von Scheschian, und die originelle, vielgerühmte „Geschichte der Abderiten". Wieland verlegte den Schauplatz darin zwar nach Abdera, dem griechischen Schilda, geißelte aber den beschränkten Horizont deutscher Kleinstädter und Thorheiten und Verkehrtheiten seiner Zeit so wahr, daß man sich an vielen Orten, deren Persönlichkeiten Wieland völlig unbekannt waren, getroffen fühlte und sich über die Portraitirung beschwerte. Daß ihm die Intriguen seiner Vaterstadt und die Bornirtheiten seiner ehemaligen Vorgesetzten und Mitbürger, die ihm einst so vielen Verdruß bereitet, manche Züge zu den Abderiten geliefert haben, läßt sich noch heute nachweisen. — In ähnlichem Stile, wenngleich überwiegend ernster, ist auch „Stilpon", das patriotische Gespräch über die Wahl eines Oberzunftmeisters von Megara, abgefaßt. —

Außerdem begann er 1773 die Herausgabe des „Deutschen Merkurs", einer Monatsschrift, in welcher er fortan nicht nur seine eigenen Geistesproducte zu veröffentlichen versprach, sondern auch ein kritisches Organ schuf, welches alle interessanten Erschei-

nungen auf den verſchiedenſten Gebieten beſprechen ſollte. Obgleich
das Project im Publikum großen Anklang fand, und die Zahl
der Abonnenten Wieland's kühnſte Hoffnungen überſtieg, machte
ihm doch das Unternehmen zuerſt nach verſchiedenen Richtungen
viele Sorge. Von der Laſt der eigentlichen buchhändleriſchen
Geſchäftsführung erlöſte ihn zwar der in jeder Beziehung dafür
geeignete, vielſeitig gebildete Bertuch; aber die Schwierigkeit,
paſſende Mitarbeiter zu finden, war groß, und vor Allem verſetzte ihn die Oppoſition, welche die Schriftſteller aller Orten den
Kritiken des Deutſchen Merkurs zu Theil werden ließen, in pein-
liche Lagen. So wurde Wieland's friedliche, gutherzige Natur in
eine ärgerliche Polemik hineingeriſſen, und nur ſeinem großen
Tacte iſt es zuzuſchreiben, daß er allen ſeinen Gegnern gegenüber
eine würdige Stellung behauptete.

Mit ſeinen beſten Freunden, Gleim und Fr. Jacobi, wurde
zuerſt das Verhältniß ein geſpanntes, und das Zerwürfniß mit
Gleim drohte dauernd zu werden, als Letzterer allzu parteiiſch
für Heinſe Partei nahm. Der Feuerkopf Heinſe, ein enthuſiaſti-
ſcher Verehrer Wieland's, war zwar von dieſem ſelbſt an Gleim
empfohlen worden; als er aber ſeine „Laidion" ſchrieb, das ob-
ſcöne Satyrikon Petron's überſetzte, und ſich zur Rechtfertigung
ſeiner lasciven Dichtungen auf Wieland's komiſche Erzählungen
berief, mußte derſelbe unwillig werden. Allmählig glich ſich jedoch
die Disharmonie zwiſchen Wieland und Gleim wieder aus, als
ſie ſich offen und aufrichtig in Briefen und bei einem perſönlichen
Zuſammenſein gegen einander ausgeſprochen hatten.

Die Spannung mit Fr. Jacobi vermehrte ſich, als Wieland im Deutſchen Merkur Nikolai's „Leben und Meinungen des
Herrn Magiſter Sebaldus Nothanker" lobend erwähnte. Obgleich
es Wieland unbekannt geweſen, daß der „Säugling" im Sebaldus
eine Karrikatur auf Georg Jacobi ſein ſollte, fühlte ſich der Bruder
Fr. Jacobi doch durch ihn verletzt, und es bedurfte vieler freund-
ſchaftlicher Briefe, ehe er ſich wieder beruhigte. — Noch feind-
ſeliger ſtellten ſich zu Wieland die Göttinger Dichter Bürger,
Hölty, Voß, die Stolberge und Boie. Der ſogenannte „Hainbund",
der Klopſtock's Muſe vergötterte und für Teutſche Bardengeſänge
ſchwärmte, verbrannte ſogar, bei einer Feier des Geburtstages
Klopſtock's, Wieland's komiſche Erzählungen und ſein Bildniß, und
der Göttinger Almanach vom Jahre 1775 brachte das Aergſte
gegen Wieland's „Buhler-Romane und ländervergiftende Schand-
geſänge". Er nahm von dieſen Neckereien wenig Notiz und verſetzte den Göttingern nur gelegentlich einige Seitenhiebe in Form
eines heitern Scherzes.

Während der Göttinger Dichterverein vorzugsweise für lyrische Poesie wirkte, strebten die Frankfurter auf einem andern Wege nach Nationalpoesie, indem sie, Shakspeare als Muster vor Augen, ein vaterländisches Drama zu schaffen bemüht waren. Unter den dortigen „Stürmern und Drängern", zu denen Lenz, Klinger u. A. gehören, ragte vor Allen G o e t h e hervor, und es schien, als sollte er Wieland's gefährlichster Gegner werden. Wieland mochte hundertmal versichern, daß die im Deutschen Merkur ausgespro- chenen Urtheile keineswegs allezeit auch die seinigen seien, ja, er besavouirte sogar eine zwar anerkennende, aber ungeschickt geschrie- bene Recension seines Mitarbeiters Schmid über den „Götz von Berlichingen" am Schlusse der Kritik; er hatte sie aber doch drucken lassen. Außerdem hatte Wieland durch die Noten zu seiner S hak- speare-Uebersetzung bei den Anbetern des britischen Dichters Anstoß erregt, und sie verziehen es ihm nicht, daß er bei Falstaff's Späßen ausgerufen hatte: „Man muß ein Engländer sein, diese Scenen von Engländern spielen sehen und eine gute Portion Punsch dazu im Kopfe haben, um den Geschmack daran zu finden, den Shak- speare's Landsleute größtentheils noch heutigen Tages an diesen Gemälden des untersten Grades von pöbelhafter Ausgelassenheit des Humors und der Sitten finden sollen." Endlich aber war, weil Wieland bei Entwickelung der Gründe, warum er in seiner Alceste in den Motiven und Charakteren von Euripides abgewichen sei, die Meinung geäußert: „ein neuerer Dichter müsse Alles ver- meiden, was s e i n e m Publikum anstößig sein würde, auch wenn der beste griechische Dichter es nicht zu vermeiden brauchte", in dem Goethe'schen Kreise die Ansicht verbreitet, Wieland habe die griechischen Götter und Helden modernisirt und sich dadurch an den Alten versündigt. Goethe hat nun zwar diesen Grundsatz später selbst in seinem vorzüglichsten Meisterwerke, „Iphigenia", ange- wendet; aber damals (1774) dachte er noch anders, und er folgte eines Sonntags Nachmittags bei einer Flasche Burgunder der An- wandlung seiner Laune, die Aristophanische Farce „Götter, Helden und Wieland" niederzuschreiben, welche er ursprünglich übrigens nur zur Belustigung seines Freundeszirkels bestimmt hatte. So derb der Angriff war und eines Dichters Empfindlichkeit wohl hätte reizen können, so wollte der erfahrene und besonnene Wie- land doch keinen Krieg und zog sich auf die feinste Art aus der Affaire, indem er im Deutschen Merkur den Scherz „allen Lieb- habern der pasquinischen Manier als ein Meisterstück von Persi- flage und sophistischem Witz" empfahl. Ueberhaupt war der scharf- sichtige Wieland weit entfernt, Goethe mit dem ihn umgebenden Troß zu verwechseln; und indem er mit einer des geistreichen

Weltmanns würdigen heitern Wendung diese „Kraftgenies" ab=
fertigte und „sie ruhig toben ließ", bewies er Goethe von Anfang
an volle Gerechtigkeit und zeigte durch seine aufrichtig anerken=
nenden Recensionen über Götz, Clavigo und Werther's Leiden, daß
er zu den Wenigen gehörte, die den richtigen Gesichtspunkt für
die Schöpfungen des Goethe'schen Genius hatten.

So glücklich nun auch Wieland in diesen literarischen Fehden
seine Position einzunehmen und zu behaupten wußte, so vereinigten
sich doch mancherlei Umstände, um ernste Besorgnisse für seine
Zukunft in ihm wach zu rufen.

12. Wieland's poetische Werke der letzten Periode, 1775—1783.

Mit Ende des Jahres 1774 hatte eigentlich Wieland's Amt
als Erzieher der Prinzen, welche Anfangs 1775 eine Reise nach
Paris unternahmen, aufgehört; der Erbprinz Karl August sollte
nach seiner Volljährigkeitserklärung die Regierung antreten und
sich mit einer Prinzessin vermählen, über deren Gesinnungen
gegen sich Wieland keineswegs sicher war. Er konnte außerdem
mit Gewißheit nur auf die ihm zustehende Pension von 600
Thalern rechnen und machte sich bereits mit dem Gedanken ver=
traut, sich auf ein kleines Dörfchen zurückzuziehen, da seit dem
1772 erfolgten Tode seines Vaters auch seine Mutter bei ihm
lebte, und ihm bereits vier Töchter heranwuchsen.

Goethe, dessen Werther mit unerhörter Gewalt auf die Ge=
müther wirkte und ihn zum Liebling des Publikums machte, war
dem Erbprinzen auf dessen Reise bekannt und lieb geworden und
folgte seiner Aufforderung, nach Weimar überzusiedeln. Er traf
daselbst am 7. November 1775 ein und wurde bald der Liebling
und Vertraute des jungen Fürsten, dem Wieland früher näher
gestanden hatte. Von Goethe's Frankfurter Genossen fand sich auch
Lenz und Klinger ein. Herder, den sich Wieland gleichfalls abge=
neigt glaubte, kam als Generalsuperintendent nach Weimar, und
so schien Wieland's Existenz von vielen Seiten gefährdet.

Indessen es gestaltete sich Alles wider Erwarten glücklich:
Wieland, dessen große Seele nie auf Goethe's Ruhm eifersüchtig
gewesen ist, gab sich unbefangen dem Zauber von Goethe's persön=
licher Liebenswürdigkeit hin; die Mißverständnisse waren bald
beseitigt, und Wieland trat mit Goethe und Herder in die freund=
schaftlichsten Beziehungen. Karl August blieb Wieland, der klug
genug war, um nach keinerlei Einfluß auf die Staatsgeschäfte zu
streben, freundlich gewogen und stellte seine Zukunft sicher, indem
er ihm sein volles Gehalt als Pension beließ. Bei der jungen,
hochsinnigen Herzogin Luise fand er eine huldreiche Aufnahme. —

Dem „tollen Treiben", welches jetzt unter dem jungen Herzog seit Goethe's Ankunft in Weimar begann, fern stehend, verwendete Wieland seine Muße auf das Allergewissenhafteste, und die Vielseitigkeit seiner Studien und Beschäftigungen ist staunenerregend.

Wenden wir uns zunächst zu den dichterischen Productionen, so sind der im edelsten, würdevollsten Ton gehaltene „Geron der Adelige", „Gandalin oder Liebe um Liebe", und „Klelia und Sinibald oder die Bevölkerung von Lampeduse", beide über das alte Lieblingsthema der Kasuistik der Liebe und voll ironischer Streiflichter auf die weinerliche Empfindsamkeit des Liebesjammers, und die launigen „poetischen Erzählungen und Märchen": Sixt und Klärchen, das Wintermärchen, das Sommermärchen, Pervonte, der Vogelsang, Schach Lolo, Hann und Gulpenheh, aus den Jahren 1775—1783 zu erwähnen, denen später nur noch die „Wasserkufe" folgte. Sie unterscheiden sich von den in Biberach entstandenen komischen Erzählungen dem Stoffe nach dadurch, daß sie, während diese sich an Fabeln der griechischen Mythologie anlehnen, in das Gebiet des Romantischen gehören, der Schreibart nach dadurch, daß die erotischen Auftritte mit größerer Zurückhaltung geschildert sind, und daß Wieland in ihnen mehr den feinen Hofton als Maßstab des Schicklichen nahm.

Weniger aus Neigung, als aus Gefälligkeit gegen den Kurfürsten Maximilian Joseph schrieb er 1778 für die Mannheimer Bühne das von Schweizer componirte Singspiel „Rosamunde", mit dem er vom Drama für immer Abschied nahm, weil er fühlte, daß er von Natur vorzugsweise für die epische Poesie bestimmt sei. — Als Hauptwerk glänzt der „Oberon", der 1780 erschien, und der wol keinem Leser dieser Zeilen unbekannt geblieben ist. Mag der künstlerischen Composition des Ganzen und der bis zur gegenseitigen Unentbehrlichkeit durchgeführten Verschlingung der drei Haupthandlungen (der Abenteuer, welche Hüon auf Befehl des Kaisers Karl zu bestehen hat, der Liebesgeschichte von Hüon und Rezia und des Zwistes von Oberon und Titania), auf welche Wieland selbst den Hauptwerth legte, als ein Verstoß gegen die Einheit des Planes entgegengestellt werden, daß an der einen Stelle die keusche Enthaltsamkeit der Liebenden vor der kirchlichen Weihe diese, so wie Oberon und Titania an das ersehnte Ziel bringen soll, an der andern aber Oberon die sich in allen Prüfungen und Gefahren bewährende, feste, unverbrüchliche Treue des Liebespaares zur Bedingung seiner Wiedervereinigung mit Titania macht; mag man es als Widerspruch betrachten, daß Oberon das strenge Gebot der Enthaltsamkeit giebt, während grade das Uebertreten desselben die Veranlassung werden muß, daß die Bedingung, von der die Aussöhnung mit Titania abhängig gemacht ist, in Erfüllung geht; mag ein Mißverhältniß darin liegen, daß die treue Liebe eines Paares wie Hüon und Rezia die Untreue eines Paares wie Gangolf und Rosette ausgleichen soll, während eine streng mathematische Consequenz etwa die Bedingung erwartet, daß Rezia's treue Liebe auch ausdaure, wenn Hüon in eine ähnliche Lage wie Gangolf versetzt würde — was will dies Alles gegen die unvergleichlichen Schönheiten und Vorzüge des Gedichts?

In der Schilderung der innigsten Gattenliebe, der zärtlichsten Elternliebe, der lieblichsten Weiblichkeit, in der Zeichnung des edeln Greises Alfonso, der voll süßesten Seelenfriedens „aus dem Traume des Erdenlebens ins wahre Sein hinüberschwebt", tritt Wieland's sittlicher Adel mit strahlendem Glanze hervor; und wie weiß er das Interesse durch eine Welt voll Abenteuer und die spannendsten Situationen zu fesseln! Welche Naturwahrheit in der Darstellung ruhmvoller Thaten, in der Verherrlichung des Heldenmuthes, der Standhaftigkeit in Leiden, der Freundschaft und des Vertrauens auf die Vorsehung! Welcher bunte Wechsel in den poetischen Gemälden von ländlicher Einfachheit und orientalischer Pracht, von städtischem Gewimmel und einsiedlerischem Leben, von furchtbaren Wüsteneien und paradiesischen Fluren, von Rittergefechten und Zaubertänzen, von Freudenfesten und Seestürmen, von Meereswellen und Feuerflammen! Welches Leben in der ganzen Scala der Empfindungen von Wonne, Bekümmerniß, Hoffnung und Verzweiflung! Wohl konnte Goethe an Lavater schreiben: „So lange Poesie Poesie, Gold Gold und Krystall Krystall bleiben wird, wird Oberon als ein Meisterstück poetischer Kunst geliebt und bewundert werden." — Für Solche, welche auch bei poetischen Werken gern das Thema präcisirt sehen, hat Gervinus als die dem Oberon zu Grunde liegende Maxime angegeben: „daß ein Mensch, der einer Schwäche unterliege, deshalb noch kein schlechter Mensch zu sein brauche und sich ein ander Mal ebenso stark beweisen könne, als vorher schwach."

Nach Wieland's eigner Angabe hat er für die sogenannte „Fabel" des Gedichts das alte Ritterbuch des Huon de Bordeaux benutzt, und die Figur des Oberon aus Chaucer's Merchant's Tale und Shakspeare's Sommernachtstraum entnommen; und da er vielfach auch sonst fremde Stoffe bearbeitet hat, so ist ihm auch dies zum Vorwurfe gemacht worden. Eine schlagende Entgegnung darauf finden wir bei Wieland selbst: „Das, was den

wahren Meister macht, ist nicht die Erfindung eines unerhörten
Sujets, unerhörter Sachen, Charaktere, Situationen u. s. w.,
sondern der lebendige Odem und Geist, den er seinem Werke ein-
zuathmen vermag, und die Schönheit und Anmuth, die er
darüber auszugießen weiß. Es ist mit den Dichtern hierin wie
mit den Malern und andern Künstlern. Alle vortrefflichen Maler
im christlichen Europa haben „Marienbilder" und „heilige Familien" gemalt: der Inhalt ist der nämliche, die Charaktere sind
die nämlichen, die Farben auf der Palette sind's auch; gleichwol
hat Jeder ebendenselben Gegenstand auf eine ihm eigne Art behandelt, und so viele vortreffliche Madonnen schon da sind, so
wird sich doch gewiß kein künftiger großer Maler dadurch abschrecken lassen, auch die seinige hinzuzuthun."

Ja, wahrlich! danken wir es Wieland, daß er die unbekannten, halbvergessenen Schätze gehoben und Blumen des Auslandes
in unsere Gärten verpflanzt hat. Unter seiner gewandten Bearbeitung erhielt doch Alles das Gepräge von Originalwerken!

13. Wieland's Bedeutung als Prosaiker. Deutscher Merkur.

Wieland war nicht nur Meister im Versbau und in der vortrefflichen Behandlung des Reims, sondern hat auch durch seine
Prosa einen gewaltigen Einfluß auf die Ausbildung unserer
Sprache gehabt. Die Sorgfalt, welche er auf die Musik der
Verse und auf den reinen Klang der Reime verwendete, zeigte
sich ebenso unermüdlich im Satzbau und in der Abwägung der
einzelnen Ausdrücke; durch seinen leichten und gefälligen Stil bildete sich erst unsere feinere Umgangssprache und verdrängte allmählig die französische aus den höhern Cirkeln der Gesellschaft;
„er setzte Muskeln und Gelenke der Sprache in Bewegung, die
bei den Zeitgenossen steif und todt zu sein schienen."

Aber nicht allein für die Sprache, sondern auch für die
Sitten und gesellschaftlichen Zustände, so wie für die Anschauungen
seines Zeitalters, war Wieland's literarisches Schaffen von höch-
ster Bedeutung. Er schickte, um einen treffenden Ausdruck R. Gott-
schall's zu gebrauchen, gegen die Reifröcke und Frisurthürme seine
nackten hellenischen Grazien ins Feld, gegen Gellert's steife Moralität und hausbackene Spießbürgerlichkeit die Schüler Epikur's,
gegen Gottsched's regelrechte und hölzerne Aesthetik jene freibeweg-
lichen Musen, die mit seltener Anmuth unter die erstaunten Pedanten hintraten.

Im Deutschen Merkur, den Wieland von 1773—1789 herausgab und seit 1790 als „Neuen Deutschen Merkur" fortsetzte, legte
er die Resultate seiner vielseitigen Studien über Philosophen, Ge-

schichtschreiber und Dichter aller Völker und Zeiten nieder; und
wie er nach Verbreitung der richtigen Erkenntniß und Beurtheilung von Zuständen und Personen der Vergangenheit strebte, so
regte er auch das Interesse für alles Wichtige an, was sich in
der Gegenwart ereignete und mit der Fortbildung des menschlichen
Geschlechts in näherer oder entfernterer Beziehung stand. Mit
gleicher Theilnahme umfaßte er jede neue Entdeckung, folgte dem
Forscher in die Gebiete des Wissens und der Kunst und begleitete
den Weltumsegler auf seinen Reisen. Fast alle diese Mittheilun-
gen und Aufsätze, in denen er überall dem Irrthum und der
Verfinsterung des menschlichen Verstandes bald mit lachendem
Spott, bald mit edler Entrüstung entgegentrat und für Aufklärung in der edelsten Bedeutung des Wortes wirkte, sind uns
unter dem Gesammtnamen „Miscellaneen" aufbewahrt, oder
unter die „vermischten Schriften" aufgenommen. Um die Wichtigkeit dieser Arbeiten zu ermessen und den richtigen Gesichtspunkt zu gewinnen für Erzählungen wie „der Stein der Weisen",
„die Salamandrin und die Bildsäule" und für Aufsätze wie
„Ueber den Hang der Menschen, an Magie und Geistererschei-
nungen zu glauben", „Ueber das Geheimniß des Kosmopoliten-
ordens", vergegenwärtige man sich, welcher alchymistische Unfug
zur Zeit des Grafen St. Germain, Joseph Balsamo's und andrer
Geisterbeschwörer mit dem Stein der Weisen und mit dem Lebens-
elixir getrieben wurde. — Moralische Probleme und zweideutige
Charaktere hatten stets für Wieland eine besondere Anziehungskraft. So beantwortete er die Frage, ob man ein Heuchler sein
könne, ohne es selbst zu wissen, in der „Jugendgeschichte Bonifaz
Schleicher's"; und seine „Briefe über eine Anekdote aus Rousseau's
geheimer Geschichte seines Lebens", in denen er zeigen wollte, mit
welcher Behutsamkeit und Zartheit man im Urtheilen über die
Triebfedern, Absichten und innere Moralität einzelner Personen
und Handlungen verfahren müsse, legten Zeugniß ab für die
psychologische Entwicklungskunst des mit den Labyrinthen des
Herzens vertrauten Menschenkenners; denn die später erschienenen
Confessions rechtfertigten Wieland's Hypothese und sein ganzes
Raisonnement, mit welchem er Rousseau vertheidigt hatte. Er
hielt es für eine Pflicht gegen die Menschheit, die man auch in
einer einzelnen Person beleidigen köune, nicht eher in ein Verdammungsurtheil einzustimmen, als bis man nach sorgfältigster
Erwägung aller Umstände durchaus dazu genöthigt wäre. Bei
solchen Gesinnungen des Wohlwollens und der Gerechtigkeit wurde
er, da ihm bei seinen Kenntnissen viele Personen und Handlungen
in einem ganz andern Lichte erschienen, als man sie gewöhnlich

faß, zum Advocaten mancher übelberufenen Persönlichkeit, wie
z. B. in der „Ehrenrettung dreier berühmter Frauen des Alterthums, der Aspasia, Julia und der jüngern Faustina"; ebenso
unparteiisch entzog er aber auch Andern, wenngleich seltener, den
Nimbus, der sie mehr als billig umgeben hatte. —

Der durch die Herausgabe der Wolfenbüttel'schen Fragmente und
die sich daran anschließende Polemik Lessing's nett belebte und erweiterte Kampf der Orthodoxie und des Rationalismus hatte allmählig
eine veränderte Gestalt angenommen und charakterisirte sich besonders als Gegensatz des supranaturalistischen Mysticismus und
des völligen Unglaubens. Wieland betheiligte sich dabei zunächst
durch seinen Aufsatz: „Ueber den freien Gebrauch der Vernunft
in Glaubenssachen", in welchem er die ächte Gottesverehrung von
allem magischen und theurgischen Aberglauben gereinigt und auf
Redlichkeit des Herzens, auf Liebe zu Gott und den Menschen
und auf Ausübung aller moralischen Tugenden zurückgeführt zu
sehen wünschte. Daß dieser Aufsatz 1788, im Jahre des Wöll-
ner'schen Religionsedicts, erschien, beweist denselben Freimuth,
mit welchem er einige Jahre vorher in dem Aufsatz: „Ueber die
Rechte und Pflichten der Schriftsteller, in Absicht ihrer Nachrichten
und Urtheile über Nationen, Regierungen und andre öffentliche
Gegenstände" seine unumwundene Meinung über die Freiheit der
Presse als „das wahre Palladium der Menschheit, von dessen
Erhaltung alle Hoffnung einer bessern Zukunft abhänge, dessen
Verlust hingegen eine lange und schreckliche Folge unabsehbarer
Uebel nach sich ziehen würde", geäußert hatte.

So war er als Manu, dem die Sache der Menschheit am
Herzen liegt, unablässig bemüht, für die Rechte der Vernunft, für
Wahrheit und Licht zu kämpfen, unbekümmert, ob es die Gewal-
tigen der Erde gern hörten oder nicht. —

14. Wieland's Uebersetzungen und letzte Werke in Prosa.

In den Jahren 1782—1789 arbeitete Wieland seine Uebersetzungen der Horazischen Episteln und Satiren, so wie der
sämmtlichen Werke Lucian's und schuf bei der geistigen Verwandtschaft, die er mit Horaz und Lucian hat, und bei der Geschmeidigkeit seines Geistes, sich in die Ideen Anderer hineinzuleben,
die vollendetsten Meisterwerke dieser Gattung. Natürlich wählte
Er, der stets nach vollkommenster Klarheit, Deutlichkeit und Ver-
ständlichkeit gestrebt, von den beiden Uebersetzungsmaximen, von
denen die eine die Beibehaltung der strengen Form und das
buchstäblich wörtliche Wiedergeben des Originals auf Kosten des
Genius unserer Muttersprache erkauft, die andere den Geist des

Originals in geschmackvoller Form zur Geltung bringt, die letztere und löste die schwierige Aufgabe in gelungenster Weise.
Seine erläuternden Einleitungen und erklärenden Anmerkungen
erleichtern nicht uhr dem Laien das Verständniß der Autoren,
sondern haben auch für den Gelehrten einen hohen Werth, indem
Wieland's feines Gefühl und eignes dichterisches Talent auch den
Sinn dunkler Stellen und versteckter Anspielungen richtig heraus-
fand. Seine Commentare gaben ihm Gelegenheit, über dieselben
Gegenstände seine eignen Ansichten zu äußern, und so sagte er
mit Recht, daß seine ganze Individualität am Genausten aus
seiner Horaz=Uebersetzung erkannt werde.

Das gewaltige Ereigniß der französischen Revolution nahm
Wieland's Interesse in solchem Maße in Anspruch, daß er sich
mehrere Jahre fast ausschließlich mit derselben beschäftigte und
in vielen Aufsätzen über die Begebenheiten in Frankreich aus-
sprach. In allen herrscht der Geist der Unparteilichkeit, Billigkeit und Mäßigung; aber freilich grade dadurch, daß es ihm nicht
möglich war, „eine Partei gleichsam zu heirathen und ein Fleisch
mit ihr zu werden", erregte er das Mißfallen der einen und der
andern und erfuhr noch heftigere Angriffe, als er, empört über
die blutigen Gräuel des Convents, der Revolution ihre durch
den Erfolg zwar vollkommen bestätigte, aber unwillkommene Zukunft prophezeite, und sogar mit seinem politischen Scharfblick
den Franzosen als einziges Rettungsmittel einen Dictator — in
der Person Bonaparte's — vorschlug. — Es lag für Wieland
stets ein Reiz darin, einem Schriftsteller, der ihn sympathisch ergriff, nachzuschaffen, und so bewirkte auch die jahrelange Beschäftigung mit Lucian's Schriften, daß er gleichfalls in der Manier
der Lucian'schen Dialoge schrieb und diese Form für seine „Gespräche im Elysium", seine „Göttergespräche" und seine „Gespräche
unter vier Augen" wählte. Die letztern besprechen Epochen der französischen Revolution; die erstern sind theils ebenfalls politischen In-
halts, theils sind es freie „Spiele des Geistes" über Personen des
Alterthums, theils geißeln sie das Unwesen des christlichen Aberglau-
bens und der christlichen Priesterherrschaft. Aehnliche theologisch=reli-
giöse Tendenzen behandeln im größern Rahmen „Peregrinus
Proteus" und „Agathodämon." Man kann beide Werke Ehren-
rettungen zweier Schwärmer nennen; in ersterem gilt es, das
Räthsel des Lebens und Todes eines seltsamen und excentrischen
Phantasten zu erklären, von dem Lucian erzählt, daß er freiwillig
und feierlich auf einem Scheiterhaufen starb, den er vor einer
großen Menge von Zuschauern in der Gegend von Olympia
mit eigner Hand angezündet hatte; der Agathodämon ist jener

merkwürdige Apollonius von Thyana, der im ersten Jahrhundert nach Christus lebte.

Allen diesen vielfachen Arbeiten setzte Wieland durch „Aristipp und seine Zeitgenossen", das Hauptwerk seiner letzten Periode, die Krone auf. In trefflich geschriebenen Briefen resümirt er die Quintessenz aller Lebensweisheit und lehrt den verständigen Gebrauch des Lebens, das Geheimniß menschlicher Glückseligkeit. Er versteht unter der den Tadlern des Cyrenaikers so unbillig verhaßten erstrebenswerthen Hedone keineswegs nur angenehme Gefühle der Sinne oder den Genuß wollüstiger Augenblicke, sondern „den dauernden Zustand eines angenehmen Selbstgefühls, in welchem Zufriedenheit und Wohlgefallen am Gegenwärtigen mit angenehmer Erinnerung des Vergangenen und heiterer Aussicht in die Zukunft ein so harmonisches Ganzes ausmacht, als das gemeine Loos der Sterblichen, das Schicksal, über welches wir gar nichts, und der Zufall, über den wir nur wenig vermögen, nur immer gestatten will." Ihm ist Philosophie die Kunst, in guten und bösen Tagen des Daseins so froh zu werden und so wenig zu leiden als möglich; er betrachtet Vergnügen und Schmerz als einen von der Natur gegebenen Rohstoff, den der Mensch zu bearbeiten hat; die Kunst ist, jenem die schönste, diesem die erträglichste Form zu geben, jenes zu reinigen, zu veredeln, zu erhöhen, diesen, wenn er nicht gänzlich zu stillen ist, wenigstens zu besänftigen, ja (was in manchen Fällen angeht) sogar zu Vergnügen umzuschaffen. Zu diesem Zwecke und um uns die gezwungene Unterwerfung unter das eiserne Gesetz der Nothwendigkeit erträglicher zu machen, will er, daß sich der Mensch des großen Vorrechts bediene, mit dem ihn die Natur vor allen andern lebenden Wesen begabt hat, daß es nämlich in seiner Macht stehe, blos durch eine willkürliche Anwendung seiner Denkkraft, wo nicht allen, doch gewiß dem größten Theil der Uebel, die ihm zustoßen, den Stachel zu benehmen, indem er sie aus dem düstern Lichte, worin sie ihm erscheinen, in ein freundlicheres versetzt und sie so lange auf alle möglichen Seiten wendet, bis er eine findet, die ihm einen tröstlichen Anblick gewährt. — Solche Weisheit überrascht allerdings in Wieland's Munde nicht; aber fast ans Wunderbare grenzt es, daß der siebenzigjährige Greis noch die Frische und Elasticität des Geistes besaß, um ein so großartiges Werk wie Aristipp zu schreiben; daß ihm die Phantasie noch zur Seite stand, um uns in buntestem Scenenwechsel mit derselben Lebendigkeit der Farben die Rosenlaube der Lais, wie den Kerker des Sokrates darzustellen; daß es ihm noch nicht an Kraft mangelte, einen so schwierigen und spröden Stoff

wie die Episode über Plato's Republik zu bewältigen. Das claſ-
ſiſche Alterthum wurde ihm in Wahrheit zu einer fontaine de
juvence. — Durch geiſtreiche Gelehrte, wie Hermann und Böckh, durch
vielfache Bereiſung der altclaſſiſchen Stätten, durch Ausgrabungen
antiker Kunſtwerke iſt freilich ſeit Wieland die philologiſche Wiſſen-
ſchaft und Alterthumskunde ſo gewaltig gefördert worden, daß
wir heute ein beſſeres Verſtändniß mancher antiken Staatsein-
richtungen und einen tiefern Einblick in die Sitten und das Privatleben der alten Culturvölker haben; aber der Vorwurf, daß
Wieland nur die Oberfläche griechiſchen Lebens geſtreift, und nicht
dieſes, ſondern eigentlich nur franzöſiſches Leben mit griechiſchen
Masken geſchildert habe, wird dadurch nicht gerechtfertigt. —

In Form und Inhalt ſchließen ſich an Ariſtipp noch zwei
kleinere, auf das Zierlichſte ausgearbeitete Werke an: „Menander und Glycerion" und „Krates und Hipparchia",
die in derſelben Zeit (1803 und 1804) erſchienen. — „Das Hexa-
meron von Roſenhain" iſt ein Kranz von ſechs annmuthigen kleinen Erzählungen. — Bedeutungsvoll, gewiſſermaßen als Abſchieds-
gruß, ſchließt die lange Reihe der Wieland'ſchen Werke ſeine
„Euthanaſia" oder „Geſpräche über das Leben nach dem Tode."
Die äußere Veranlaſſung gab die viel Aufſehen erregende Schrift
eines Dr. Wötzel „Meiner Gattin wirkliche Erſcheinung nach dem
Tode." Natürlich erklärte ſich Wieland gegen die Möglichkeit der
körperlichen Geiſtererſcheinungen und führte die Illuſionen darüber auf das Gefühl oder den gefühlähnlichen Wahn einer
geiſtigen Nähe zurück; er erörterte darin aber auch die Frage über
Unſterblichkeit und perſönliche Fortdauer der Seele noch dem
Tode. Weit entfernt, das ewige Leben unſers Geiſtes zu leugnen,
hatte er eine zu hohe Auffaſſung von der Religion, „um deren
himmliſche Geſtalt Aberglauben, Schwärmerei, Magie, Dämonis-
mus, Möncherei und jede Verfinſterung, durch welche das Men-
ſchengeſchlecht hindurchgegangen, einen düſtern Nebel gezogen habe,
der ihre Ausſtrahlung von Licht und Wärme hindere", als daß
er nicht gewiſſe Anwendungen von dem moraliſchen Glaubens-
grunde an Unſterblichkeit hätte für unwürdig und ſogar ſchädlich
halten ſollen. Er hielt es für unwürdig, daß man wegen zu
hoffender Vergeltung der Tugend an ein künftiges Leben glaube,
weil die reine Tugend ſich ſelbſt Lohn ſei, und vielleicht kaum die
reinſte Tugend einen Lohn verdiene; er hielt es für ſchädlich, daß
man die Vervollkommnung der Menſchheit in eine Zeit hinaus-
ſchiebe, in der der Menſch aufgehört habe, Menſch zu ſein, während Vervollkommnung der Menſchheit als Zweck des gegenwär-

tigen Lebens, auf den alles Wirken und Streben der menschlichen
Kräfte zu richten sei, betrachtet werden müsse; die Anweisungen
auf eine Glückseligkeit im Jenseits erklärte er daher als einen
schändlichen Mißbrauch, den die Gewaltigen der Erde von dem
Unsterblichkeitsglauben gemacht hätten, die es gar bequem und
trefflich gefunden, für die geraubten Freuden dieses Lebens mit
Anweisungen auf ein künstiges zu zahlen. Für das sicherste,
einzige Mittel, um mit Ruhe und fröhlichen Erwartungen an
den Tod denken zu können, erklärte er „das Bewußtsein eines
wohlgeführten Lebens."

In solcher Weise bereitete er sich auf die eigene Todes-
stunde vor. —

15. Wieland's Lebensabend.

Wieland's äußere Lage blieb während der zweiten Hälfte
seines Lebens ziemlich dieselbe; er lebte glücklich im Kreise seiner
Familie, glücklich in der Freundschaft mit den großen Männern,
die der Hof von Weimar um sich versammelte, glücklich in dem
immer zwangloser werdenden Verkehr mit seiner fürstlichen Gön-
nerin, der von ihm als Olympia gefeierten Herzogin Amalia.

Durch zahlreiche Versicherungen seines ehelichen Glückes, die
sich in vielen seiner Briefe an befreundete Personen finden, hat
er seiner Frau, als „einem Muster von weiblichen und häuslichen
Tugenden", einen Ehrenkranz ums Haupt geflochten. Seine vierzehn Kinder, bei denen, so weit sie in Weimar geboren wurden,
die Herzogin Amalia, der Herzog Karl August, die Herzogin
Luise und der Prinz Constantin Pathenstellen übernahmen, waren
seine größte Herzensfreude, und mit dem Entzücken einer zärtlichen Vaterseele betrachtete er „das ganze Häufchen der kleinen
krabblichten Mitteldinge von Äffchen und Engelchen." Seine
Lebensweise war einfach und sehr mäßig; als sorgsamer Haus-
vater war er sparsam, aber doch gastfrei und gern bereit, auf-
keimende Talente zu unterstützen. Drei Söhne und sechs Töchter, die er die Freude hatte, an würdige Männer verheirathet zu
sehen, blieben ihm am Leben.

Der freundschaftlichen Beziehungen, welche Wieland mit
Goethe und Herder verbanden, ist bereits gedacht. Seit 1787
lebte auch Schiller in Weimar, und wenngleich Wieland Schil-
lern nicht sofort in dem Maße huldigte, wie er Goethen gehul-
digt hatte, und ihm insbesondere die Lyrik und das dithyram-
bische Pathos in Schiller's ersten Dramen, im Gegensatze zur
Einfachheit einer Sophokleischen Tragödie, nicht recht behagte,
so verkannte er doch keineswegs den außerordentlichen Genius

Schiller's und kam ihm freundlich entgegen. Seit 1788 lieferte ihm Schiller sogar Beiträge für den Deutschen Merkur, welche später nur aufhörten, weil Schiller 1789 die Professur in Jena übernahm. Selbst die in Schiller's Musen-Almanach 1797 erschienenen Xenien und deren Terrorismus auf ästhetischem Gebiete riefen kaum eine vorübergehende Spannung hervor, da Wieland in den Xenien nur leise getroffen war, und andrerseits sein Urtheil über die Xenien dadurch, daß er sich stellte, als glaube er nicht an die Autorschaft Goethe's und Schiller's, nichts persönlich Verletzendes haben konnte. Noch weniger störenden Einfluß hatte die Sanscülotte-Polemik der Gebrüder Schlegel, welche im Athenäum Goethe auf Wieland's Kosten Weihrauch streuten. — Wieland unterbrach sein Leben im „Schneckenhäuschen" nur selten. Außer einer 1778 nach Mannheim aus Veranlassung der beabsichtigten Aufführung seiner Rosamunde unternommenen Reise, auf der er in Frankfurt Goethe's Mutter, Frau Aja, kennen lernte, und einer kleinen Excursion nach Dresden, 1794, ist nur die Reise nach der Schweiz, dem theuern Lande seiner Jugend, 1796, zu erwähnen, auf der ihm überall Liebe und Verehrung begegnete, und die für ihn ein wahrer Triumphzug wurde.

Eine große Freude machte ihm die durch den Buchhändler Göschen veranstaltete Herausgabe seiner sämmtlichen Werke in verschiedener, mehr oder minder luxuriöser Ausstattung; die Prachtausgabe erschien sogar mit Kupfern. Mit unverdrossenem Fleiße feilte er zehn Jahre lang nochmals an seinen Werken, von denen er einzelne, wie den neuen Amadis, völlig umarbeitete.

Das Honorar dieser Gesammt-Ausgabe ermöglichte es Wieland, einen lang' gehegten Lieblingswunsch zu befriedigen. Er kaufte das zwei Stunden von Weimar entfernte Gut Osmannstädt und bezog es im Frühjahr 1797. Er wollte im Genuß der Natur den Rest seines Lebens zubringen; das idyllische Leben dauerte aber nur wenige Jahre, die neben seligen, heitern Tagen ihm auch viel Kummer und Trübsal brachten. Im Jahre 1799 besuchte ihn die nun achtundsechzigjährige Geliebte seiner Jugend, jetzt verwittwete Frau von La Roche, die mit der alten Innigkeit an Wieland hing, in treuster Freundschaft an seinem Wohle Theil nahm und in ihren „Schattenrissen abgeschiedener Stunden" die Eindrücke dieses Zusammenseins, welches das letzte auf Erden sein sollte, geschildert hat. Fast funfzig Jahre waren seit jener ersten Begegnung in Biberach, achtundzwanzig seit den sonnigen Tagen von Ehrenbreitstein verflossen. Sie war in Begleitung ihrer in jugendlicher Schönheit aufblühenden Enkelin Sophie Brentano, welche sich so nach Osmannstädt zurücksehnte, daß sie schon im Mai 1800 dort wieder eintraf. Wieland liebte sie wie eine Tochter, und ihr im September desselben Jahres erfolgter Tod war der erste harte Schlag, der ihn in Osmannstädt heimsuchte, und dem schon am 8. November 1801 der Verlust seiner geliebten Gattin, die ihm in sechsunddreißigjähriger Ehe eine treue Lebensgefährtin gewesen war, folgen sollte.

Mit der Ergebung des Weisen suchte er Trost in unermüdlicher Arbeit, indem er neben dem oben erwähnten Aristipp auch eifrig thätig für das Attische Museum war, in welchem er 1796 bis 1803, ebenso wie in dem 1805—1809 in Gemeinschaft mit Jacobs und Hottinger herausgegebenen Neuen Attischen Museum, Uebersetzungen von Werken alter griechischer Redner und Dichter veröffentlichte. Auf Wieland's Antheil fallen die Acharner, die Wolken, die Ritter und die Vögel des Aristophanes, Jon und Helena des Euripides und das Gastmahl des Xenophon — für ihre Zeit höchst bedeutende Leistungen und die schablonenhafte Fabrikwaare, als welche viele Uebersetzungen unserer Tage bezeichnet werden müssen, noch immer weit überragend. —

Der Genuß seines lieben Osmantinum war theuer erkauft durch viele quälende materielle Sorgen, die ihm große Verlegenheit bereiteten und immer drohendere Gestalt annahmen. Er „spann bei der Landwirthschaft keine Seide" und ging mit dem Plane um, das Gut zu parcelliren und sich nur das Wohnhaus nebst dem Garten und einer Hufe Ackerland zu reserviren, war aber schließlich noch glücklich, als er einen Käufer für das ganze Grundstück fand. Nicht ohne Wehmuth schied er von allen den durch mannichfache Erinnerungen geheiligten Plätzen; doch sei es zur Ehre des neuen Besitzers gesagt, daß derselbe die Stätten, wo die von Wieland geliebten Todten ruhten, als heilig und unantastbar betrachtete, und daß später auch Wieland's Wunsch, neben sie gebettet zu werden, Erfüllung fand.

Im Frühjahr 1803 zog er wieder nach Weimar, von Hof und Stadt mit Herzlichkeit und Liebe empfangen; er wurde nun der tägliche Gesellschafter der Herzogin Amalia, nahm Theil an ihren Sommeraufenthalten in Tiefurt und erhielt im Theater einen Ehrenplatz in der herzoglichen Loge. Allseitig hochgeehrt, im Genusse einer noch immer kräftigen Gesundheit, im Kreise seiner Kinder und Enkel verlebte er noch ein Jahrzehnd, während dessen neben manchen Freuden auch bitteres Leid auf ihn einstürmte. Der Tod raubte ihm 1803 seinen alten Freund Herder, 1805 Schiller, mit dem er jetzt wieder in die innigsten Beziehungen getreten war, und nach den Schreckenstagen der Schlacht bei Jena, nach welcher auch in den Straßen Weimars der Kriegslärm tobte, im Anfang des Jahres 1807 die Herzogin Amalia und Sophie von La Roche. Da galt es, sich mit philosophischer Standhaftigkeit zu wappnen. — Aufs Tiefste bekümmert über die Schmach Deutschlands, unternahm er die Uebersetzung der Briefe Cicero's, jener wichtigen Documente aus einer der bedeutendsten Perioden der römischen Geschichte, die durch die Parallelen, welche er von einem großen historischen Gesichtspunkte aus mit den politischen Zuständen der Gegenwart zog, ein besonderes Interesse gewann. Die Arbeit, auf welche er den sorgfältigsten Fleiß verwendete, beschäftigte ihn bis ans Ende seines Lebens und steht in ihrer Vortrefflichkeit seiner Horaz- und Lucian-Uebersetzung nicht nach. Cicero's witzige Laune, seiner Atticismus und graziöse Diction fanden in Wieland den getreusten Dolmetscher.

Als im October 1807 der Congreß in Erfurt versammelt war, besuchte Napoleon auch Weimar und ließ sich Wieland vorstellen. Er unterhielt sich mit ihm „zum großen Erstaunen aller Anwesenden" anderthalb Stunden lang, bis sich Wieland die Freiheit nahm, um seine Entlassung zu bitten, weil er sich nicht stark genug fühle, das Stehen länger auszuhalten. Napoleon sandte ihm einige Tage später den Orden der Ehrenlegion, dem der Kaiser von Rußland den St. Annen-Orden folgen ließ.

Weil Tiefurt seit dem Tode der Herzogin Amalia für Wieland verödet war, der Herzog ihn aber - seine liebste Erholung nicht entbehren lassen wollte, ließ er ihn aus drei Lustschlössern eins zum Sommeraufenthalt wählen, und Wieland entschied sich für Belvedere. — Eine andere zarte Aufmerksamkeit bereitete ihm Goethe: Bei der ersten Vorstellung erblickte man, als der Vorhang emporrollte, im Garten von Belriguardo statt der Büsten Virgil's und Ariosto's die Büsten Schiller's und Wieland's.

Eine hohe Freude empfand das für Menschenwohl stets rege Herz Wieland's, als er bei seiner Aufnahme in die Loge Amalia, am 4. April 1809, diesen auf die höchsten geistigen Interessen der Menschheit gerichteten Bund kennen lernte; und es ist wichtig, davon Act zu nehmen, daß Wieland, der sein ganzes Leben lang alles Mysteriöse bekriegt hatte, sich im Kreise der Freimaurer wohl fühlte und an ihren Bestrebungen durch Vorträge thätigen Antheil nahm, wie aus der von Goethe „zum Andenken des edlen Dichters, Bruders und Freundes Wieland" bei Gelegenheit der von der Loge veranstalteten Trauerfeier gehaltenen Rede deutlich hervorgeht.

Wir stehen am Schluß unsrer Skizze. Am 20. Januar 1813 entschlummerte Wieland im Alter von achtzig Jahren sanft nach

kurzem Krankenlager. In den letzten Stunden gingen Bilder
aus der classischen Zeit an seiner Seele vorüber; italienische Worte
ließen eine Erinnerung an Ariost vermuthen, und Hamlet's
„Sein oder Nichtsein" vernahmen seine Kinder zuletzt aus seinem
Munde. Bei seinem Leichenbegängniß gab sich die theilnehmende
Hochachtung kund, in der „Vater Wieland" überall gestanden hatte.

Die irdische Hülle des Verklärten wurde in Osmannstädt
beigesetzt, neben den Ruhestätten seiner Gattin und der Enkelin
seiner Jugendfreundin. Eine in der Mitte der drei Gräber auf-
gerichtete dreiseitige Pyramide mit den Sinnbildern einer von
einem Rosenkranze umgebenen Psyche (für Sophie Brentano),
zweier verschlungenen Hände in einem Eichenkranz (für Wieland's
Gattin) und einer geflügelten Lyra (für Wieland selbst) trägt
das Epitaph, welches er am 6. December 1806, dem letzten Ge-
burtstage, den Sophie von La Roche erlebt, gedichtet hatte:

„Lieb' und Freundschaft umschlang die verwandten Seelen im Leben,
Und ihr Sterbliches deckt dieser gemeinsame Stein." —

Gleichzeitig mit dem Rietschel'schen Goethe-Schiller-Denkmal
wurde 1857 auch das von Gasser gefertigte Standbild Wieland's
in Weimar errichtet. Schon früher setzte Gruber seinem literarischen Wirken und liebenswürdigen Charakter ein biographisches
Ehrendenkmal, für welches er mit dem Bienenfleiße eines deutschen Gelehrten unschätzbares Material zur richtigen Würdigung
des Dichters gesammelt und mit liebevollem Eingehen in seine
Werke — das von Wieland selbst geschaffne monumentum aere
perennius — verwerthet hat.

Geſchichte des Agathon.

Quid Virtus et quid Sapientia possit
Utile proposuit nobis exemplum.

Vorbericht zur ersten Ausgabe vom Jahre 1767.

Der Herausgeber der gegenwärtigen Geschichte sieht so wenig Wahrscheinlichkeit vor sich, das Publikum zu überreden, daß sie in der That aus einer alten griechischen Handschrift gezogen sei, daß er am Besten zu thun glaubt, über diesen Punkt gar nichts zu sagen und dem Leser zu überlassen, davon zu denken, was er will.

Gesetzt, daß wirklich einmal ein Agathon gelebt hätte, daß sich aber von diesem Agathon nichts Wichtigeres sagen ließe, als was gewöhnlich den Inhalt des Lebenslaufs aller alltäglicheren Menschen ausmacht: was würde uns bewegen können, seine Geschichte zu lesen, wenngleich gerichtlich erwiesen werden könnte, daß sie in den Archiven des alten Athens gefunden worden sei?

Die Wahrheit, welche von einem Werke, wie dasjenige ist, so wir den Liebhabern hiermit vorlegen, gefordert werden kann, besteht darin: daß Alles mit dem Laufe der Welt übereinstimme; daß die Charaktere nicht blos willkürlich nach der Phantasie oder den Absichten des Verfassers gebildet, sondern aus dem unerschöpflichen Vorrathe der Natur selbst hergenommen seien; daß in der Entwicklung derselben sowol die innere als die relative Möglichkeit, die Beschaffenheit des menschlichen Herzens, die Natur einer jeden Leidenschaft mit allen den besondern Farben und Schattirungen, welche sie durch den Individualcharakter und die Umstände jeder Person bekommen, aufs Genaueste beibehalten, das Eigene des Landes, des Ortes, der Zeit, in welche die Geschichte gesetzt wird, niemals aus den Augen gesetzt, und, kurz, daß Alles so gedichtet sei, daß sich kein hinlänglicher Grund angeben lasse, warum es nicht gerade so, wie es erzählt wird, hätte geschehen können. Diese Wahrheit allein kann ein Buch, das den Menschen schildert, nützlich machen, und diese Wahrheit getraut sich der Herausgeber den Lesern der Geschichte des Agathon zu versprechen.

Seine Hauptabsicht war, sie mit einem Charakter, welcher genau gekannt zu werden würdig wäre, in einem mannichfaltigen Lichte und von allen seinen Seiten bekannt zu machen. Ohne Zweifel giebt es wichtigere als derjenige, auf den seine Wahl gefallen ist. Allein, da er selbst gewiß zu sein wünschte, daß

4*

er der Welt keine Hirngespenster für Wahrheit verkaufe, so
wählte er denjenigen, den er am Genaueſten kennen zu lernen
Gelegenheit gehabt hat. Aus dieſem Grunde kann er ganz zuverläſſig verſichern, daß Agathon und die meiſten übrigen Perſonen, welche in ſeine Geſchichte eingeflochten ſind, wirkliche
Perſonen ſind, und daß (die Nebenumſtände, die Folge und beſondere Beſtimmung der zufälligen Begebenheiten, und was
ſonſt blos zur willkürlichen Auszierung gehört, ausgenommen)
Alles, was das Weſentliche derſelben ausmacht, eben ſo hiſtoriſch
und vielleicht noch um manchen Grad gewiſſer ſei als die neun
Muſen des Vaters der Geſchichte Herodot, die römiſche Hiſtorie
des Livius, oder die franzöſiſche des Jeſuiten Daniel.

Es iſt etwas Bekanntes, daß im wirklichen Leben oft weit
unwahrſcheinlichere Dinge begegnen, als der ausſchweifendſte Kopf
zu erdichten ſich getrauen würde. Es würde alſo ſehr übereilt
ſein, die Wahrheit des Charakters unſers Helden deswegen in
Verdacht zu ziehen, weil es zuweilen unwahrſcheinlich ſein mag,
daß Jemand ſo gedacht oder gehandelt habe wie er. Da es aber
wol unmöglich ſein und bleiben wird, zu beweiſen, daß ein
Menſch unter den beſondern Beſtimmungen, unter welchen ſich
Agathon von ſeiner Kindheit an befunden, nicht ſo denken oder
handeln könne wie er, oder wenigſtens es nicht ohne Wunderwerk oder Bezauberung hätte thun können: ſo glaubt der Verfaſſer mit Recht erwarten zu können, daß man ihm auf ſein
Wort glaube, wenn er zuverſichtlich verſichert, daß Agathon
wirklich ſo gedacht oder gehandelt habe. Zu gutem Glücke finden
ſich in den beglaubteſten Geſchichtsſchreibern und ſchon allein
in den Lebensbeſchreibungen des Plutarch Beiſpiele genug, daß es
möglich ſei, ſo edel, ſo tugendhaft, ſo enthaltſam, oder (in einer
Sprache des Hippias und einer anſehnlichen Klaſſe von Menſchen
ſeines Schlages zu reden) ſo ſeltſam, eigenſinnig und albern zu
ſein, als es unſer Held in einigen Gelegenheiten ſeines Lebens iſt.

Man hat an verſchiedenen Stellen des gegenwärtigen Werkes
die Urſache angegeben, warum man aus dem Agathon kein Modell
eines vollkommen tugendhaften Mannes gemacht hat. Es iſt im
Grunde die nämliche, warum Ariſtoteles nicht will, daß der Held
eines Trauerſpiels von allen Schwachheiten und Gebrechen der
menſchlichen Natur frei ſein ſolle. Da die Welt mit ausführ-
lichen Lehrbüchern der Sittenlehre angefüllt iſt, ſo ſteht einem
Jeden frei (und es iſt nichts leichter), ſich einen Menſchen vor-
zubilden, der von der Wiege bis ins Grab, in allen Umſtänden

und Verhältnissen des Lebens, allezeit und vollkommen so empfindet
und handelt wie eine Moral. Aber damit Agathon das Bild
eines wirklichen Menschen wäre, in welchem Viele ihr eigenes und
Alle die Hauptzüge der menschlichen Natur erkennen möchten,
durfte er (wir behaupten es zuversichtlich) nicht tugendhafter vor=
gestellt werden, als er ist; und wofern Jemand hierin anderer
Meinung sein sollte, so wünschten wir, daß er uns denjenigen
nenne, der unter allen nach dem natürlichen Lanse Gebornen,
in ähnlichen Umständen und Alles zusammen genommen, tugend=
hafter gewesen wäre als Agathon.

Es ist möglich, daß irgend ein junger Taugenichts, wenn er
sieht, daß ein Agathon den reizenden Verführungen der Liebe
und einer Danae endlich unterliegt, eben den Gebrauch davon
machen könnte, den der junge Chärea beim Terenz von einem
Gemälde machte, welches eine von den Schelmereien des Vaters
der Götter vorstellte. Wir möchten nicht dafür stehen, daß ein
solcher, wenn er mit herzlicher Freude gelesen haben wird, wie
ein so vortrefflicher Mann habe fallen können, nicht zu sich selbst
sagen könnte: Ego homuncio hoc non tacerem? ego vero illud
faciam ac lubens. Eben so möglich ist es, daß ein übelge=
sinnter und ruchloser Mensch den Discurs des Sophisten Hippias
lesen und sich einbilden könnte, die Rechtfertigung seines Un=
glaubens und seines lasterhaften Lebens darin zu finden. Aber
alle rechtschaffnen Leute werden mit uns überzeugt sein, daß dieser
Ruchlose und jener Unbesonnene Beides gewesen und geblieben
wären, wenngleich keine Geschichte des Agathon in der Welt wäre.

Dies letztere Beispiel führt uns auf eine Erläuterung, wodurch
wir der Schwachheit gewisser gutgesinnter Leute, deren Wille
besser ist als ihre Einsichten, zu Hilfe zu kommen und sie vor
unzeitig genommenem Aergerniß oder ungerechten Urtheilen zu
verwahren, uns verbunden glauben.

Diese Erläuterung betrifft die Einführung des Sophisten
Hippias in unsere Geschichte und die Rede, wodurch er den
jungen Agathon von seinem liebenswürdigen Enthusiasmus zu
heilen sucht, um ihn zu einer Denkungsart zu bringen, welche er
(nicht ohne Grund) für geschickter hält, sein Glück in der Welt
zu machen. Leute, welche aus gesunden Augen gerade vor sich
hinsehen, würden ohne unser Erinnern aus dem ganzen Zusam=
menhange dieses Werkes und aus der Art, wie darin bei aller
Gelegenheit von diesem Sophisten und seinen Grundsätzen ge=
sprochen wird, ganz deutlich eingesehen haben, wie wenig der

Verfasser dem Manne und dem System günstig sei; und wiewol
es sich für den Ton und die Absicht dieses Buches keineoweges
geschickt hätte, mit dem heftigen Eifer gegen ihn auszubrechen,
welcher einen jungen Candidaten treibt, wenn er, um sich seinem
Consistorio zu einer guten Pfründe zu empfehlen, gegen die
Tindal und Volingbroke zu Felde zieht, so hofft der Verfasser
doch bei vernünftigen und ehrlichen Lesern keinen Zweifel übrig
gelassen zu haben, daß er den Hippias für einen schlimmen und
gefährlichen Mann und sein System (insofern als es den ächten
Grundsätzen der Religion und der Rechtschaffenheit widerspricht)
für ein Gewebe von Trugschlüssen ansehe, welches die mensch=
liche Gesellschaft zu Grunde richten würde, wenn es moralisch
möglich wäre, daß der größere Theil der Menschen darein verwickelt
werden könnte. Er glaubt also, vor allem Verdacht über diesen Punkt
sicher zu sein. Indessen, da doch unter den Lesern dieses Buchs einige
sein können, welche ihm wenigstens Unvorsichtigkeit zur Last legen
und dafür halten möchten, daß er diesen Hippias entweder gar nicht
einführen, oder, wenn der Plan seines Werkes es ja erfordert hätte,
wenigstens seine Lehrsätze ausführlich hätte widerlegen sollen: so
sieht man für billig an, ihnen die Ursachen zu sagen, warum
das Erste geschehen und das Andre unterlassen worden sei.

Weil vermöge des Plans der Charakter Agathon's auf ver=
schiedene Proben gestellt werden sollte, durch welche seine Denkart
und seine Tugend geläutert und dasjenige, was darin unächt
war, nach und nach von dem reinen Golde abgesondert würde:
so war es um so viel nöthiger, ihn auch dieser Probe zu unter=
werfen, da Hippias eine historische Person ist und mit den
übrigen Sophisten derselben Zeit sehr viel zur Verderbniß der
Sitten unter den Griechen beigetragen hat. Ueberdem diente
er, den Charakter und die Grundsätze unsers Helden durch den
Contrast, den er mit ihm macht, in ein helleres Licht zu setzen.
Und da es nur gar zu gewiß scheint, daß der größte Theil der=
jenigen, welche die sogenannte große Welt ausmachen, wie Hippias
denkt oder doch nach seinen Grundsätzen handelt, so war es
auch den moralischen Absichten dieses Werkes gemäß, zu zeigen,
was für eine Wirkung diese Grundsätze thun, wenn sie in den
gehörigen Zusammenhang gebracht werden.

Eine ausführliche Widerlegung dessen, was in seinen Grund=
sätzen irrig und gefährlich ist (denn in der That hat er nicht
immer Unrecht), wäre im Plan dieses Werks ein wahres Hors
d'oeuvre gewesen und schien auch selbst in Rücksicht auf die

Leser überflüssig, indem nicht nur die Antwort, welche ihm Agathon giebt, in der That das Beste enthält, was man dagegen sagen kann, sondern auch das ganze Werk als eine Widerlegung desselben anzusehen ist. Agathon widerlegt den Hippias beinahe auf die nämliche Art, wie Diogenes den Metaphysiker, welcher leugnete, daß eine Bewegung sei. Der Metaphysiker führte seinen Beweis durch Distinctionen und Schlußreden, und Diogenes widerlegte ihn, indem er, ohne ein Wort zu sagen, davon ging. Dies war unstreitig die einzige Antwort, die der Sonderling verdiente.

Vorbericht zu der Ausgabe der sämmtlichen Werke vom Jahre 1794.

Die Geschichte des Agathon, welche der Verfasser schon lange zuvor, ehe er sich der Ausarbeitung unterzog, in seinem Kopf entworfen hatte, wurde in den Jahren 1764, 65, 66 und 67 nach und nach, unter sehr ungleichen Einflüssen von außen und in sehr verschiedenen Gemüthsverfassungen zu Papier gebracht, während der Verfasser in der Reichsstadt Biberach, seiner Vater= stadt, ein öffentliches Amt verwaltete, dessen mannichfaltige, mit seinen Lieblingsstudien kaum verträgliche Beschäftigungen einer solchen Unternehmung wenig günstig waren und die Ausführung hätten unmöglich machen müssen, wenn seine ganze Seele nicht so voll von ihr gewesen wäre, und wenn er nicht alle seine Neben= stunden und einen Theil der Nächte auf sie verwendet hätte.

Demungeachtet konnte er damals nicht dazu gelangen, weder seinen ganzen Plan, noch die zweite Hälfte des Werkes (die den zweiten Theil oder das 8te, 9te, 10te und 11te Buch der Züricher Ausgabe von 1767 ausmacht) so gut auszuführen, daß die Wenigen, welche damals in Deutschland Geisteswerke dieser Art scharf zu be= urtheilen fähig waren, nicht Ungleichheit des Tons, ästhetische Lücken und eine ziemlich auffallende Bestrebung, die Lücken im psychologi= schen Gange der Geschichte mit Raisonnements auszustopfen oder zu überkleistern, in dem zweiten Theile hätten wahrnehmen müssen, welches Alles sie gewissermaßen zu der Frage berechtigte:

— Amphora coepit
Institui, currente rota cur urceus exit?

Jene fatalen Umstände enthalten den Grund der Nothwendigkeit der beträchtlichen Veränderungen, die im letzten Theile des Werkes vorgenommen werden mußten, wiewol es in der ersten Ausgabe mit allen seinen Mängeln und Gebrechen eine sehr günstige Auf-

nahme fand; wie es denn auch in der That zur damaligen Zeit
für eine ungewöhnliche Erscheinung in unfrer literarischen Welt
gelten konnte, so wußte doch der Verfasser selbst am Besten, was
ihm fehlte und warum es fehlte: und da die Ursache mehr in
zufälligen Umständen und dem physischen Einflusse derselben auf
seine Phantasie und innere Stimmung lag als in einer wesent=
lichen Veränderung der Denkart, worin die Idee des Werkes in
seiner Seele empfangen wurde, so blieb es immer sein Vorsatz,
sobald er die dazu nöthige Muße und innere Ruhe finden würde,
jenen Mängeln abzuhelfen und den Agathon Demjenigen, was
er nach dem ursprünglichen Plane hätte werden sollen, so nahe
zu bringen, als ihm möglich wäre. Dies würde denn auch bei
der zweiten Ausgabe von 1773 schon geschehen sein, wenn nicht
eine abermalige große Veränderung der Lage und Umstände des
Verfassers ihn daran verhindert hätte. Die geheime Geschichte
der Danae, welche bei dieser Ausgabe hinzu kam, war also (außer
einer Menge kleiner Veränderungen, die sich hauptsächlich auf
Sprache, Ton und Styl bezogen, einer andern Eintheilung der
Bücher und Kapitel und einem ganz neuen Schluß) Alles, was der
Verfasser damals für seinen Liebling thun konnte, und Agathon blieb,
wider seinen Willen, über 20 Jahre lang noch immer unvollendet.

　　Diesem Gebrechen hofft der Verfasser nunmehr in der Aus=
gabe von der letzten Hand abgeholfen zu haben. Er hat weder
Zeit noch Fleiß gespart, alle Flecken, die er in Rücksicht auf die
Reinigkeit der Sprache, die Harmonie des Styls, die Richtigkeit
der Gedanken, die Schicklichkeit des Ausdrucks und alle andern
Erfordernisse dieser Art noch entdecken konnte, sorgfältig abzu=
wischen. Aber seine hauptsächlichste Bemühung war darauf
gerichtet, die Lücken, die den reinen Zusammenhang der Seelen=
geschichte Agathon's bisher noch unterbrochen hatten, zu ergänzen,
einige fremdartige Auswüchse dafür wegzuschneiden, dem morali=
schen Plane des Werkes durch den neu hinzu gekommenen Dialog
zwischen Agathon und Archytas (der den größten Theil des 16ten
Buches ausmacht) die Krone aufzusetzen und vermittelst Alles
dieses das Ganze in die möglichste Uebereinstimmung mit der
ersten Idee desselben zu bringen, um es der Welt mit dem
innigsten Bewußtsein hinterlassen zu können, daß er wenigstens
sein Möglichstes gethan habe, es der Aufschrift

　　　　　quid Virtus et quid Sapientia possit

würdig zu machen.

Geschichte des Agathon.

Erster Theil.

Aeber das Historische im Agathon.

Wiewol beim erſten Anblick Agathon weniger in die Klaſſe des berühmten Fielding'ſchen Findlings (wie Einige gemeint haben) als in die Klaſſe der Cyropädie des Xenophon zu gehören ſcheint, — mit dem Unterſchiede jedoch, daß in dieſer das Erdichtete in die hiſtoriſche Wahrheit, in jenem hingegen das Hiſtoriſch=wahre in die Erdichtung eingewebt iſt: ſo iſt doch, von einer andern Seite, nicht zu leugnen, daß unſer Held ſich in einem ſehr weſentlichen Stücke von dem Xenophontiſchen eben ſo weit ent= fernt, als er dem Fielding'ſchen näher kommt. Xenophon hatte (wenn wir einem Kenner von großem Anſehen glauben dürfen) die Abſicht, in ſeinem Cyrus das Ideal eines vollkommnen Regenten aufzuſtellen, in welchem die Tugenden des beſten Fürſten mit den angenehmen Eigenſchaften des liebenswürdigſten Mannes vereinigt ſein ſollten, oder, wie ein ſpäterer Schrift= ſteller ſagt, es war ihm weniger darum zu thun, den Cyrus zu ſchildern, wie er geweſen war, als wie er hätte ſein ſollen, um als König ein Sokratiſcher $\varkappa\alpha\lambda o\varsigma$ $\varkappa\alpha\iota$ $\alpha\gamma\alpha\vartheta o\varsigma$ zu ſein. Hingegen war die Abſicht des Verfaſſers der Geſchichte des Agathon nicht ſowol, in ſeinem Helden ein Bild ſittlicher Vollkommenheit zu entwerfen, als ihn ſo zu ſchildern, wie, vermöge der Geſetze der menſchlichen Natur, ein Mann von ſeiner Sinnesart geweſen wäre, wenn er unter den vorausgeſetzten Umſtänden wirklich gelebt hätte. In dieſer Rückſicht hat er den Horaziſchen Vers: Quid Virtus et quid Sapientia possit, zum Motto ſeines Buches gewählt: nicht als ob er an Agathon hätte zeigen wollen, was Weisheit und Tugend an ſich ſelbſt ſind, ſondern, „wie weit es ein Sterblicher durch die Kräfte der Natur in beiden bringen könne; wie viel die äußerlichen Umſtände an unſrer Art zu denken, an unſern guten Handlungen oder Vergehungen, an unſrer Weisheit oder Thorheit Antheil haben, und wie es natürlicher Weiſe nicht wohl möglich ſei, anders als durch Erfahrung, Fehl= tritte, unermüdete Bearbeitung unſrer ſelbſt, öftere Veränderungen in unſrer Art zu denken, hauptſächlich aber durch gute Beiſpiele und Verbindung mit weiſen und guten Menſchen ſelbſt ein

weiſer und guter Menſch zu werden." Und aus dieſem Geſichts=
punkte hofft der Verfaſſer von den Kennern der menſchlichen
Natur das Zeugniß zu erhalten, daß ſein Buch (ob es gleich in
einem andern Sinn unter die Werke der Einbildungskraft gehört)
des Namens einer Geſchichte nicht unwürdig ſei.

Da aber gleichwol der Ort und die Zeit der Begebenheiten
ſowol als verſchiedene in dieſelbe verflochtene Perſonen wirklich
hiſtoriſch ſind: ſo hat man dem größern Theil der Leſer, die
vielleicht in dem alten Gräcien niemals ſehr bewandert geweſen,
oder Manches, was ſie davon wußten, wieder vergeſſen haben,
einen kleinen Dienſt zu erweiſen geglaubt, wenn man einige aus
alten Schriftſtellern gezogene Nachrichten vorausſchickte, vermittelſt
welcher beſagte Leſer ſich deſto leichter in dieſe Geſchichte hinein
denken und von der Uebereinſtimmung des erdichteten Theils
mit dem hiſtoriſchen richtiger urtheilen könnten.

Um alſo zuvörderſt die Zeit, in welcher dieſe Geſchichte
ſich zugetragen haben ſoll, feſtzuſetzen, ſo kann man ungefähr
die fünfundneunzigſte und hundertundzehnte Olympiade oder
das dreihundertachtundneunzigſte und dreihundertachtunddreißigſte
Jahr vor unſrer gemeinen Zeitrechnung als die beiden äußerſten
Punkte annehmen, in welche die Begebenheiten Agathon's ein=
geſchloſſen ſind. Erweislichermaßen haben alle in dieſelben
eingeflochtene Perſonen innerhalb dieſes Zeitraumes gelebt. Und
dennoch wollen wir lieber offenherzig geſtehen, als erwarten, bis
es einem Gelehrten einfallen möchte, uns deſſen zu überweiſen,
daß es eine beinahe unmögliche Sache wäre, die Zeitrechnung
im Agathon von einigen merklichen Abweichungen von der hiſto=
riſchen frei zu ſprechen. Die größte Schwierigkeit (wenn die
Sache etwas zu bedeuten haben könnte) würde von dem Sophiſten
Hippias und der ſchönen Danae entſtehen. Der erſte war un=
ſtreitig ein Zeitgenoſſe des Sokrates; und da dieſer in einem
Alter von ſiebzig im erſten Jahre der fünfundneunzigſten
Olympiade getödtet wurde, Agathon aber nach den Umſtänden,
welche in ſeiner Geſchichte angegeben werden, nicht wol vor
der fünfundneunzigſten Olympiade hätte geboren werden können:
ſo ließe ſich ziemlich genau berechnen, daß in der hundertund=
zweiten (welches ungefähr die Zeit iſt, worin Agathon und
Hippias zuſammengekommen) dieſer Sophiſt, wenn wir auch
annehmen, daß er zwanzig Jahre junger als Sokrates geweſen
ſei, entweder gar nicht mehr gelebt haben, oder wenigſtens viel
zu betagt geweſen ſein müßte, um die Schönen zu Smyrna im

Bade zu beſuchen. Bei Danae wird die nämliche Schwierigkeit noch beträchtlicher. Denn geſetzt auch, daß ſie nicht über drei= zehn Jahre gehabt habe, da ſie mit dem Alcibiades bekannt wurde, der, wie man glaubt, im erſten Jahre der vierund= neunzigſten Olympiade umkam: ſo müßte ſie doch, als ſie dem Agathon eine ſo außerordentliche Liebe einflößte, bereits eine Frau von funfzig geweſen ſein. Es iſt wahr, das Beiſpiel der ſchönen Lais, welche wenigſtens ebenſo alt war, als ſie die Unhöflichkeit hatte, dem großen Demoſthenes zweitauſend Thaler für einen Kuß abzufordern; das weit ältere Beiſpiel der ſchönen Helena, welche damals, da die alten Räthe des Königs Priamus durch die Magie ihrer Schönheit einen Augenblick lang in Jüng= linge verwandelt wurden, ſechzig volle Jahre zählte; das Beiſpiel der Flötenſpielerin Lamia, welche den König Demetrius feſſelte, wiewol ſie alt genug war, ſeine Mutter zu ſein, und die neueren der Ninon Lenclos und der Marquiſe von Maintenon könnten mit gutem Fug zur Verminderung der Unwahrſcheinlichkeit einer ſolchen Dichtung angeführt werden. Aber alle möglichen Bei= ſpiele dieſer Art würden doch das Unſchickliche derſelben nicht vermindern, und das Beſte iſt alſo, den Leſer zu erſuchen, daß er ſich die ſchöne Danae, der Chronologie zu Trotz, nicht älter vorſtelle, als man ſein muß, um ohne Wunder oder Zauberei noch einen Liebhaber zu haben, wie Agathon war. Wenn wir bei der Dido des Virgil oder Metaſtaſio ohne Mühe vergeſſen können, daß ſie dreihundert Jahre nach dem frommen Aeneas, ihrem Verführer, erſt geboren wurde: warum ſollten wir uns nicht ebenſo leicht vorſtellen können, daß Alcibiades einige Jahre ſpäter das Opfer ſeiner Feinde und ſeines unruhigen Geiſtes geworden ſei, als uns die griechiſchen Geſchichtſchreiber, deren Zeitrechnung ohnehin äußerſt verworren iſt, berichtet haben?

Von den verſchiedenen Orten, wohin die Scene im Agathon verlegt wird, wird in dieſem Werke immer nach den Begriffen geſprochen, welche die Alten davon gaben. Die Gelehrten werden beim erſten Anblick in dem Tempel von Delphi, wo Agathon erzogen wurde, eben denſelben Delphiſchen Tempel erkennen, den uns Euripides in ſeinem Jon, und Pauſanias in ſeiner Be= ſchreibung von Gräcien ſchildert; in dem Syrakus, wo die Tugend des armen Agathon eine ebenſo ſtarke Verdunkelung erlitt, als ſeine Weisheit zu Smyrna erlitten hatte, daſſelbe Syrakus, welches uns Plutarch im Leben Dion's und Timoleon's, und Plato in einem ſeiner Briefe charakteriſirt; und in dem Smyrna, welches

Hippias und Danae aus allen andern griechischen Städten zum
Aufenthalt erkoren, dieses Smyrna, von welchem auf den Oxfor-
dischen Marmorn gesagt wird, daß es die schönste und glänzendste
aller asiatischen Städte sei, und welches uns der Redner Aristides
und der Sophist Philostratus als den Sitz der Musen und der
Grazien und aller Annehmlichkeiten des Lebens anpreisen. Eben
dies gilt auch von den Sitten, von dem Costume und von
Allem, was Zeit, Völker und Personen unterscheidend bezeichnet.
Die Athener, welche Agathon beschreibt, sind das nämliche Volk,
welches wir aus dem Aristophanes, Xenophon, Demosthenes u. s. w.
kennen; die Sophisten nicht viel besser, als sie Plato (wiewol
selbst in seiner Art kaum weniger Sophist als jene in der ihrigen)
in seinen Dialogen schildert. Lebensart, Ergetzungen, Beschäftigungen und Spiele, Alles ist griechisch, und das Unterschei-
dende der Griechen in Jonien von den Griechen in Achaja, und
dieser von denen in Sicilien und Italien, ist überall mit keun-
baren Zügen ausgedrückt und dem Begriffe gemäß, den das
Lesen der Alten in unserm Gemüthe davon zurückläßt — wie-
twol zu der Zeit, da Agathon geschrieben wurde, der gelehrte
und im alten Gräcien so ganz einheimische Abbé Barthelemy
seinen jungen Anacharsis noch nicht hatte reisen lassen.

Was die in dieser Geschichte vorkommenden Personen, und
zwar für's Erste den Agathon selbst betrifft, so müssen wir unverhohlen gestehen, daß man ihn vergebens in irgend einem
Geschichtsschreiber suchen würde. Gleichwol finden wir unter
den Freunden des Sokrates einen Agathon, der einige Grundzüge zu dem Bilde unsers Helden hergegeben haben könnte.

Dieser Agathon war, wie es scheint, aus einem guten Hause
in Athen und einer der liebenswürdigsten Leute seiner Zeit.
Plato, der von ihm als einem noch sehr jungen Manne redet,
schreibt ihm die schönste Gestalt und eine natürliche Anlage zu
einem edeln und tugendhaften Charakter zu. Er that sich unter
den dramatischen Dichtern der besten Zeit hervor, und es gereicht ihm zur Ehre, daß ein Kunstrichter wie Aristoteles ihn
seines Lobes sowol als seines Tadels gewürdigt hat. Der
Vorwurf selbst, der ihm wegen seiner zu großen Neigung zu
Gegensätzen gemacht wurde, beweist seinen Ueberfluß an Witz,
einen schönen Fehler, der ihn bei der guten Sinnesart, die man
ihm beilegt, nur zu einem desto liebenswürdigern Gesellschafter
machen mußte. Dies ist es auch, was Aristophanes, welcher
selten rühmt und auch dieses Agathon's nicht geschont hat,

gleichwol an ihm lobt; wobei einer ſeiner Scholiaſten (ver=
muthlich um dieſes Lob deſto begreiflicher zu machen) anmerkt,
daß der Dichter Agathon einen guten Tiſch geführt habe. Als
ein Beiſpiel davon pflegt man das berühmte Gaſtmahl anzu=
führen, welches er bei Gelegenheit eines Sieges gab, den er in
einem öffentlichen Wettſtreite der tragiſchen Dichter davon ge=
tragen, und von welchem Plato Gelegenheit zu einem ſeiner
ſchönſten Dialoge genommen hat. Der Umſtand, daß er einen
Theil ſeines Lebens an dem Hofe des Königs Archelaus von
Macedonien zngebracht, dem ſeine Liebe zu den ſchönen Künſten
und die Achtung, die er einem Euripides zu beweiſen fähig war,
einen Platz in dem Andenken der Nachwelt erworben hat, ſcheint
den Beweis, daß dieſer Agathon unter die ſchönen Geiſter des
Sokratiſchen Jahrhunderts zu zählen ſei, vollkommen zu machen;
und Alles dies erhöht das Bedauern über den Verluſt ſeiner
Tragödien und Luſtſpiele, aus denen nur wenige unbedeutende
Fragmente bis zu uns gekommen ſind.

Wiewol nun dieſer hiſtoriſche Agathon einige Züge zu dem
Charakter des erdichteten geliehen haben mag, ſo iſt doch gewiß,
daß der Verfaſſer das eigentliche Modell zu dem letztern in dem
Jon des Euripides gefunden hat. Beide wachſen unter den
Lorbeern des Delphiſchen Gottes in gänzlicher Unwiſſenheit ihrer
Abkunft auf; Beide gleichen ſich an körperlicher und geiſtiger
Schönheit; die nämliche Empfindſamkeit, daſſelbe Feuer der Ein=
bildung, dieſelbe ſchöne Schwärmerei bezeichnet den Einen und
den Andern. Es würde zu weitläufig ſein, die Aehnlichkeit um=
ſtändlich zu beweiſen; genug, daß wir den jungen Freunden der
Literatur einen Fingerzeig gegeben haben, wofern ſie die nähere
Vergleichung ſelbſt vornehmen wollen. Der Verfaſſer des Agathon
hatte in ſeinen jüngern Jahren den Euripides vorzüglich aus
dem Geſichtspunkt und in der Abſicht ſtudirt, woraus und
womit junge Künſtler den Laokoon, die Gruppe der Niobe, den
Vaticaniſchen Apollo, die Mediceiſche Venus und andere Werke
der höchſten Kunſt ſtudiren ſollten, — und er hat ſich, ob er
gleich kein Euripides geworden iſt, nicht übel dabei befunden.

Auch von der ſchönen Danae finden wir nicht blos in der
poetiſchen Welt, ſondern unter den griechiſchen Schönen von
derjenigen Klaſſe, die unter dem unmittelbaren Schutze der
Liebesgöttin ſtanden, eine Art von Gegenbild gleiches Namens.
Leontium, berühmt durch ihre Freundſchaft für den Philoſophen
Epikur und durch die Aehnlichkeit, welche St. Evremond zwiſchen

ihr und seiner Freundin Ninon Lenclos saub, war die Mutter
dieser historischen Danae, welche (nach dem Berichte des Athenäus)
die Profession ihrer Mutter mit so gutem Erfolge trieb, daß sie
zuletzt die Beischläferin eines gewissen Sophron, Statthalters
von Ephesus, und die Vertraute der berüchtigten Königin Laodice
von Syrien wurde. Doch weder dieser Umstand, noch dasjenige,
was der angezogene Autor von ihrem tragischen Tod erzählt,
scheint hinlänglich, ihr die Ehre (wofern es eine ist) zuzuwenden,
das Modell der liebenswürdigen Verführerin unsers Helden
gewesen zu sein. Richtiger werden wir es in der schönen Glycera,
welche Alciphron so reizende Briefe an ihren geliebten Menander
schreiben läßt, und in einigen, mit der wollüstigsten Schwärmerei
der Liebe ausgemalten Schilderungen finden, welche den ersten,
zweiten, zwölften und sechsundzwanzigsten der Briefe, oder
vielmehr Erzählungen, die dem Aristänet zugeschrieben werden,
auszeichnen.

Bei dem Sophisten Hippias sind die Nachrichten zum Grunde
gelegt worden, welche man im Plato, Cicero, Philostratus und
andern alten Schriftstellern von ihm antrifft; aber sein Auf=
enthalt in Smyrna, und was dahin gehört, ist vermuthlich eine
bloße Erdichtung; wenigstens finden sich dazu keine historischen
Zeugen. Dieser Hippias war von Elis, einer Stadt in einer
im Peloponnesus gelegenen Provinz gleiches Namens, gebürtig.
Er war ein Zeitgenosse des Protagoras, Prodikus, Gorgias,
Theodorus von Byzanz und anderer berühmter Sophisten des
Sokratischen Jahrhunderts und that sich durch seine Beredsam=
keit und Geschicklichkeit in Geschäften so sehr hervor, daß er
häufiger als irgend ein Anderer Seinesgleichen in Gesandtschaften
und Unterhandlungen gebraucht wurde. Da er überdies, nach
dem Beispiele des Gorgias, seine Kunst um Geld lehrte, so
brachte er ein Vermögen zusammen, welches ihn in den Stand
setzte, die prächtige und wollüstige Lebensart auszuhalten, die
man ihn im Agathon führen läßt. In der That, wenn man
sagen kann, daß es jemals Leute gegeben habe, welche das Ge=
heimniß besaßen, Materien von wenigem Werth in Gold zu
verwandeln, so läßt es sich von den Sophisten sagen: und
Hippias wußte sich desselben so gut zu bedienen, daß er, seiner
eigenen Versicherung nach, mehr damit gewann, als zwei Andere
von seiner Profession zusammen genommen.

Ueberhaupt wurden die Sophisten in der Zeit, wovon hier
die Rede ist, für Leute gehalten, die Alles wußten. Der vor=

erwähnte Gorgias soll der Erste gewesen sein, der so viel Zu=
versicht zu sich selbst oder vielmehr eine so geringe Meinung
von seinen Zuhörern hegte, daß er einst bei den olympischen
Spielen die ganze griechische Nation herausgefordert haben soll,
ihm welche Materie sie wollten zu einer Rede aus dem Stegreif
aufzugeben. Eine Prahlerei, die damals für einen vollständigen
Beweis einer ganz außerordentlichen Geschicklichkeit galt und
dem Redekünstler Gorgias nichts Geringeres als eine Bildsäule
von gediegenem Golde im Delphischen Tempel erwarb, in der
Folge aber etwas so Gemeines wurde, daß schon zu Cicero's
Zeiten kein auf der Profession des Bel-esprit herumirrender
Graeculus war, der nicht alle Augenblicke bereit gewesen wäre,
einer geneigten Zuhörerschaft über alles Wirkliche und Mögliche,
Große und Kleine, Alte und Neue stehenden Fußes Alles, was
sich davon sagen lasse, vorzuschwatzen. Auch in diesem Stücke
ließ Hippias seine übrigen Professionsverwandten hinter sich.
Er ging so weit, daß er (wie ihm der Platonische Sokrates ins
Angesicht sagt) die Dreistigkeit hatte, zu Olympia vor allen
Griechen aufzutreten und zu prahlen: es gebe keinen Zweig der
menschlichen Erkenntniß, den er nicht verstehe, und keine Kunst,
deren Theorie sowol als Ausübung er nicht in seiner Gewalt
habe. „Meine Herren," habe er gesagt, „ich verstehe mich nicht
nur vollkommen auf Gymnastik, Musik, Sprachkunst und Poetik,
Geometrie, Astronomie, Physik, Ethik und Politik, ich verfertige
nicht nur Heldengedichte, Tragödien, Komödien, Dithyramben
und alle Arten von Werken in Prosa und in Versen; sogar,
wie Ihr mich hier seht (und er war sehr prächtig gekleidet), hab'
ich mich mit eigener Hand ausstaffirt: Unterkleid, Kaftan, Gürtel,
Mantel, Alles hab' ich selbst gemacht; den Siegelring an meinem
Finger hab' ich selbst gestochen; sogar diese Halbstiefel sind von
meiner eigenen Arbeit." Ich weiß nicht, ob alle Achtung, die
wir dem Plato und seinem Sokrates (der dem Sohne des
Sophroniskus nicht immer ähnlich sieht) schuldig sind, hinlänglich
sein kann, uns von einem Manne wie Hippias (einem Welt=
manne, welcher Geschicklichkeit und Klugheit genug besaß, sich
bei seinen Zeitgenossen in das größte Ansehen zu setzen) einen
Zug, der den Aufschneidereien eines Marktschreiers in einem
Cirkel von Austernweibern und Sackträgern so ähnlich sieht,
glauben zu machen. Platons Zuverlässigkeit in demjenigen, was
er zum Nachtheil des Hippias sagt, scheint ohnehin um so ver=
dächtiger, da er in den beiden Dialogen, welche dessen Namen

führen, den armseligen Kunstgriff gebraucht, diesen Sophisten, um ihn desto lächerlicher zu machen, so unausstehlich dumm und unwissend vorzustellen, ihn so erbärmliche Antworten geben und am Ende, nachdem er ihn ohne Mühe zu Boden geworfen hat, gleichwol so abgeschmackt prahlen zu lassen, daß entweder die Griechen zu Platons Zeiten wenig besser als Topinambus gewesen sein müßten, oder Hippias unmöglich der elende Tropf sein konnte, wozu ihn Plato erniedrigt. Indessen läßt sich doch aus jener Stelle und überhaupt aus Allem, was der Philosoph und seine Abschreiber von unserm Hippias sagen, so viel ableiten: daß der Verfasser des Agathon hinlänglichen Grund vor sich gehabt habe, diesen Sophisten als einen Prätendenten an allge= meine Gelehrsamkeit, Geschmack, Weltkenntnisse und seine Lebens= art abzuschildern.

Alles, was von Perikles, Aspasia und Alcibiades im Agathon gesagt wird, ist den Nachrichten gemäß, die uns Plutarch, ein Schriftsteller, der in Jedermanns Händen ist oder sein soll, in den Lebensbeschreibungen des ersten und des letzten hinterlassen hat. Eben dies gilt auch von dem jüngern Dionysius zu Sy= rakus, von Philistus, seinem Minister und Vertrauten, und von Dion, seinem Verwandten und Antagonisten. Denn wiewol die Rolle, die man den Agathon an dem Hofe dieses Fürsten spielen läßt, und verschiedene Begebenheiten, in welche er zu diesem Ende eingeflochten werden mußte, ohne historischen Grund sind, so hat man sich gleichwol zum Gesetz gemacht, die an diesem philosophischen Roman Antheil habenden historischen Per= sonen weder besser noch schlimmer, als wir sie aus der Geschichte kennen, vorzustellen; und man hat der Erdichtung nicht mehr verstattet, als die historischen Begebenheiten näher zu bestimmen und völliger auszumalen, indem man diejenigen Umstände und Ereignisse hinzu dichtete, welche am Geschicktesten schienen, sowol die Hauptperson der Geschichte als den bekannten Charakter der vorbenannten historischen Personen in das beste Licht zu stellen und dadurch den Endzweck des moralischen Nutzens, um dessent= willen das ganze Werk da ist, desto vollkommner zu erreichen.

Diejenigen, welchen es vielleicht scheinen möchte, daß der Verfasser den Philosophen Aristipp zu sehr verschönert, dem Plato hingegen nicht hinlängliche Gerechtigkeit erwiesen habe, werden die Gründe, warum jener nicht häßlicher und dieser nicht vollkommner geschildert worden, dereinst in einer ausführ= lichen Geschichte der Sokratischen Schule (wenn wir anders Muße

gewinnen werden, ein Werk von diesem Umfang auszuführen)
entwickelt finden. Hier mag es genug sein, wenn wir versichern,
daß Beides nicht ohne sattsame Ursachen geschehen ist. Aristipp,
bei aller seiner Aehnlichkeit mit dem Sophisten Hippias, unter=
schied sich unstreitig durch eine bessere Sinnesart und einen
ziemlichen Theil von Sokratischem Geiste. Ein Mann wie Aristipp
wird der Welt immer mehr Gutes als Böses thun; und wiewol
seine Grundsätze, ohne das Laster eigentlich zu begünstigen, von
einer Seite der Tugend nicht sehr beförderlich sind, so erfordert
doch die Billigkeit, zu gestehen, daß sie auf der andern als ein
sehr wirksames Gegengift gegen die Ausschweifungen der Ein=
bildungskraft und des Herzens gute Dienste thun und dadurch
jenen Nachtheil reichlich wieder vergüten können. Aber wir
besorgen sehr, daß Plato, anstatt einige Genugthuung an den
Verfasser des Agathon fordern zu können, bei genauester Unter=
suchung ungleich mehr zu verlieren als zu gewinnen haben dürfte.

Der edelste, ehrwürdigste und lehrreichste Charakter in dem
ganzen Werke ist unstreitig der alte Archytas, und um so viel
angenehmer ist uns, zur Ehre der Menschheit versichern zu können,
daß dieser Charakter ganz historisch ist. Archytas, der beste
Mann, den die Pythagorische Schule hervorgebracht, vereinigte
wirklich in seiner Person die Verdienste des Philosophen, des
Staatsmannes und des Feldherrn; was Plato scheinen wollte,
das war Archytas, und wenn jemals ein Mann verdient hat,
als ein Muster von Weisheit und Tugend aufgestellt zu werden,
so war es dieser Vorsteher der Tarentinischen Republik. Da er
ein Zeitgenosse der hauptsächlichsten Personen in unserer Ge=
schichte war, so schien er sich dem Verfasser gleichsam selbst zu
dem Gebrauch anzubieten, den er von ihm macht. Wen hätte
er mit besserm Grund und Erfolg einem Hippias entgegenstellen
können als diesen wahren Weisen, dessen Grundsätze das gewisseste
Gegengift gegen die verführerischen Trugschlüsse des Sophisten
enthielten, und dessen ganzes Leben die vollständigste Wider=
legung derselben gewesen war?

Erstes Buch.

Agathon wird durch cilicische Seeräuber aus einem gefährlichen Abenteuer gerettet und in Smyrna zum Sklaven verkauft.

Erstes Capitel.

Erster Auftritt unsers Helden.

Die Sonne neigte sich zum Untergang, als Agathon, der sich in einem unwegsamen Walde verirrt hatte, abgemattet von der vergeblichen Bemühung, einen Ausgang zu finden, an dem Fuß eines Berges anlangte, welchen er noch zu ersteigen wünschte, in Hoffnung, von dem Gipfel desselben irgend einen bewohnten Ort zu entdecken, wo er die Nacht zubringen könnte. Er schleppte sich mit Mühe durch einen Fußweg hinauf, den er zwischen den Gesträuchen gewahr ward; allein, da er ungefähr die Mitte des Berges erreicht hatte, fühlte er sich so entkräftet, daß er den Muth verlor, den Gipfel erreichen zu können, der sich immer weiter von ihm zu entfernen schien, je mehr er ihm näher kam. Er warf sich also ganz athemlos unter einen Baum, hin, der eine kleine Terrasse umschattete, und beschloß, die einbrechende Nacht daselbst zuzubringen.

Wenn sich jemals ein Mensch in Umständen befand, die man unglücklich nennen kann, so war es dieser Jüngling in der Lage, worin unsere Bekanntschaft mit ihm sich anfängt. Vor wenigen Tagen noch ein Günstling des Glücks und der Gegenstand des Neides seiner Mitbürger, sah er sich durch einen plötzlichen Wechsel seines Vermögens, seiner Freunde, seines Vaterlandes beraubt, allen Zufällen des widrigen Glücks und selbst der Ungewißheit ausgesetzt, wie er das nackte Leben, das ihm übrig gelassen war, erhalten möchte. Und dennoch, wiewol so viele Widerwärtigkeiten sich vereinigten, seinen Muth niederzuschlagen, versichert uns die Geschichte, daß Derjenige, der ihn in diesem Augenblicke gesehen hätte, weder in seiner Miene noch in seinen Geberden einige Spur von Verzweiflung, Ungeduld oder nur von Mißvergnügen hätte bemerken können.

Vielleicht erinnern sich Einige hierbei an den Weisen der Stoiker, von welchem man ehemals versicherte, daß er in dem glühenden Ochsen des Phalaris zum Wenigsten so glücklich sein würde als ein morgenländischer Bassa in den Armen einer schönen Circassierin. Da sich aber in dem Laufe dieser Geschichte verschiedene Proben einer nicht geringen Ungleichheit unsers Helden mit dem Weisen des Seneca zeigen werden, so halten wir für wahrscheinlicher, daß seine Seele von der Art derjenigen gewesen sei, welche dem Vergnügen immer offen stehen, und bei denen eine einzige angenehme Empfindung hinlänglich ist, sie alles vergangenen und künftigen Kummers vergessen zu machen. Eine Oeffnung des Waldes zwischen zwei Bergen zeigte ihm — die untergehende Sonne. Es brauchte nichts mehr als diesen Anblick, um das Gefühl seiner widrigen Umstände zu unterbrechen. Er überließ sich der Begeisterung, in welche dieses majestätische Schauspiel empfindliche Seelen zu setzen pflegt, ohne sich eine Zeit lang seiner dringendsten Bedürfnisse zu erinnern. Endlich weckte ihn das Rauschen einer Quelle, die nicht weit von ihm aus einem Felsen hervorsprudelte, aus dem angenehmen Staunen, worin er sich selbst vergessen hatte; er stand auf und schöpfte mit der hohlen Hand von diesem Wasser, dessen fließenden Krystall, seiner Einbildung nach, eine wohlthätige Nymphe ihm aus ihrem Marmorkrug entgegen goß; und, anstatt die von Cyprischem Weine sprudelnden Becher der gewohnten Athenischen Gastmähler zu vermissen, däuchte ihm, daß er niemals angenehmer getrunken habe. Er legte sich wieder nieder, entschlief unter dem sanft betäubenden Gemurmel der Quelle und träumte, daß er seine geliebte Psyche wiedergefunden habe, dereu Verlust das Einzige war, was ihm von Zeit zu Zeit einige Seufzer auspreßte.

Zweites Capitel.
Etwas ganz Unerwartetes.

Wenn es seine Richtigkeit hat, daß alle Dinge in der Welt in der genauesten Beziehung auf einander stehen, so ist nicht minder gewiß, daß diese Verbindung unter einzelnen Dingen oft ganz unmerklich ist; und daher scheint es zu kommen, daß die Geschichte zuweilen viel seltsamere Begebenheiten erzählt, als

ein Romanschreiber zu dichten wagen- dürfte. Dasjenige, was
unserm Helden in dieser Nacht begegnete, giebt eine neue Be-
kräftigung dieser Bemerkung ab. Er genoß noch die Süßigkeit
des Schlafs, welchen Homer für ein so großes Gut hält, daß
er ihn auch den Unsterblichen zueignet, als er durch ein lärmendes
Getöse plötzlich aufgeschreckt wurde. Er horchte gegen die Seite,
woher es zu kommen schien, und glaubte in dem vermischten
Getümmel ein seltsames Heulen und Jauchzen zu unterscheiden,
welches von den entgegenstehenden Felsen fürchterlich widerhallte.
Agathon, der nur im Schlaf erschreckt werden konnte, beschloß,
diesem Getöse muthig entgegen. zu gehen. Er bestieg den obern
Theil des Berges mit so vieler Eilfertigkeit, als er konnte, und
der Mond, dessen voller Glanz die ganze Gegend weit umher
aus den dämmernden Schatten hob, begünstigte sein Unternehmen. Das Getümmel nahm immer zu, je näher er dem
Rücken des Berges kam. Er unterschied jetzt den Schall von
Trommeln und ein schmetterndes Getön von Schalmeien und
Pfeifen, mit einem wilden Geschrei weiblicher Stimmen vermischt, die ihn nicht länger ungewiß ließen, was dieser Lärm
bedeuten möchte, als sich ihm plötzlich ein Schauspiel darstellte,
worüber der oben erwähnte Weise selbst seiner Göttlichkeit auf
einen Augenblick hätte vergessen können. Ein schwärmender Hanse
von jungen thracischen Frauen war es, welche sich in dieser
Nacht versammelt hatten, die unsinnigen Gebräuche zu begehen,
die das heidnische Alterthum zum Andenken des berühmten Zuges
des Bacchus aus Indien eingesetzt hatte. Ohne Zweifel könnte
eine ausschweifende Einbildungskraft oder der Griffel eines
La Fage von einer solchen Scene eine ziemlich verführerische
Abbildung machen; allein die Eindrücke, die der wirkliche Anblick auf unsern Helden machte, waren nichts weniger als von
der reizenden Art. Das stürmisch fliegende Haar, die rollenden
Augen, die beschäumten Lippen, die aufgeschwollenen Muskeln,
die wilden Geberden und die rasende Fröhlichkeit, womit diese
Unsinnigen in tausend frechen Stellungen ihre mit Epheu und
zahmen Schlangen umwundnen Spieße schüttelten, ihre Klapperbleche zusammenschlugen oder abgebrochene Dithyramben mit
lallender Zunge stammelten: alle diese Ausbrüche einer fanati-
schen Wuth, die ihm nur desto schändlicher vorkam, weil sie den
Aberglauben zur Quelle hatte, machten seine Augen unempfindlich
und erweckten in ihm einen Ekel vor Reizungen, welche mit der
Schamhaftigkeit alle Macht über seine Sinne verloren hatten.

Er wollte zurückfliehen, aber es war unmöglich, weil er in dem nämlichen Augenblicke von ihnen bemerkt wurde. Der Anblick eines Jünglings, an einem Ort und an einem Feste, welche von keinem männlichen Aug' entweihet werden durften, hemmte plötzlich den Lauf ihrer lärmenden Fröhlichkeit, um alle ihre Aufmerksamkeit auf diese Erscheinung zu wenden.

Hier können wir unsern Lesern einen Umstand nicht länger verhehlen, der in diese ganze Geschichte keinen geringen Einfluß hat. Agathon war von einer so wunderbaren Schönheit, daß die Zeuxis und Alkamenes seiner Zeit, weil sie die Hoffnung aufgaben, eine vollkommnere Gestalt zu erfinden oder aus den zerstreuten Schönheiten der Natur zusammenzusetzen, die seinige zum Muster zu nehmen pflegten, wenn sie den schönen Apollo oder den jungen Bacchus darstellen wollten. Niemals hatte ihn ein weibliches Auge erblickt, ohne die Schuld ihres Geschlechtes zu bezahlen, welches für die Schönheit so empfindlich gemacht zu sein scheint, daß diese einzige Eigenschaft den Meisten unter ihnen die Abwesenheit aller übrigen verbirgt. Agathon hatte der seinigen in diesem Augenblicke noch mehr zu danken: sie rettete ihn von dem Schicksal des Pentheus und Orpheus. Seine Schönheit setzte diese Mänaden in Erstaunen. Ein Jüngling von einer solchen Gestalt, an einem solchen Orte, zu einer solchen Zeit! Konnten sie ihn für etwas Geringeres halten als für den Bacchus selbst? In dem Taumel, worin sich ihre Sinne befanden, war nichts natürlicher als dieser Gedanke; auch gab er ihrer Phantasie plötzlich einen so feurigen Schwung, daß sie zur Gestalt dieses Gottes, welche sie vor sich sahen, alles Uebrige hinzu dichtete, was ihm zu einem vollständigen Bacchus mangelte. Ihre bezauberten Augen stellten ihnen die Silenen vor und die ziegenfüßigen Satyrn, die um ihn her schwärmten, und Tiger und Leoparden, die mit liebkosender Zunge seine Füße leckten; Blumen, so däucht' es sie, entsprangen unter seinen Fußsohlen, und Quellen von Wein und Honig sprudelten von jedem seiner Tritte auf und rannen in schäumenden Bächen die Felsen hinab. Auf einmal erschallte der ganze Berg, der Wald und die benachbarten Felsen von ihrem lauten Evan, Evoe! mit einem so entsetzlichen Getöse der Trommeln und Klapperbleche, daß Agathon, von Entsetzen und Erstaunen gefesselt und wie eine Bildsäule stehen blieb, indeß die entzückten Bacchantinnen gaukelnde Tänze um ihn her wanden und durch tausend unsinnige Geberden ihre Freude über die vermeinte Gegenwart ihres Gottes ausdrückten.

Allein auch die unmäßigſte Schwärmerei hat ihre Grenzen und muß endlich der Obermacht der Sinne weichen. Zum Unglück für den Helden unſerer Geſchichte kamen dieſe Unſinnigen allmälig aus einer Entzückung zurück, worüber ſich vermuthlich ihre Einbildungskraft gänzlich abgemattet hatte, und bemerkten immer mehr Menſchliches an demjenigen, den ſeine ungewöhnliche Schönheit in ihren trunkenen Augen vergöttert hatte. Etliche, die das Bewußtſein ihrer eignen ſtolz genug machte, die Ariadnen dieſes neuen Bacchus zu ſein, näherten ſich ihm und ſetzten ihn durch die Lebhaftigkeit, womit ſie ihre Empfindungen ausdrückten, in eine beſto größere Verlegenheit, je weniger er geneigt war, ihre ungeſtümen Liebkoſungen zu erwidern. Vermuthlich würde unter ihnen ſelbſt ein grimmiger Streit entſtanden ſein, und Agathon zuletzt das tragiſche Schickſal des Orpheus erfahren haben, wenn nicht die Unſterblichen, die das Gewebe der menſchlichen Zufälle leiten, ein unverhofftes Mittel ſeiner Errettung in dem nämlichen Augenblicke herbei gebracht hätten, da weder ſeine Stärke, noch ſeine Tugend ihn zu retten hinlänglich war.

Drittes Capitel.
Unterbrechung des Bacchusfeſtes.

Eine Schaar ciliciſcher Seeräuber, welche, um friſches Waſſer einzunehmen, bei nächtlicher Weile an dieſer Küſte gelandet, hatten von fern das Getümmel der Bacchantinnen gehört und es für einen Aufruf zu einer anſehnlichen Beute angenommen. Sie erinnerten ſich, daß die vornehmſten Frauen dieſer Gegend die geheimnißvollen Orgien um dieſe Zeit zu begehen und dabei in ihrem ſchönſten Putz aufzuziehen pflegten; wiewol ſie vor Beſteigung des Berges ſich deſſen gänzlich entledigten und Alles bis zu ihrer Wiederkunft von einer Anzahl Sklavinnen bewachen ließen. Die Hoffnung, außer dieſen Frauen, von denen ſie die ſchönſten für die Gynäceen aſiatiſcher Fürſten und Satrapen beſtimmten, eine Menge von koſtbaren Kleidern und Juwelen zu erbeuten, ſchien ihnen wol werth, ſich etwas länger aufzuhalten. Sie theilten ſich alſo in zwei Haufen, wovon der eine ſich der Sklavinnen bemächtigte, welche die Kleider hüteten, indeſſen die Uebrigen den Berg beſtiegen und, mit großem Geſchrei unter die Thracierinnen einſtürmend, ſich von ihnen Meiſter machten, ehe ſie Zeit oder Muth hatten, ſich zur Wehre zu ſetzen. Die Um=

stände waren allerdings so beschaffen, daß sie sich allein mit den
gewöhnlichen und anständigen Waffen ihres Geschlechts ver=
theidigen konnten. Allein diese Cilicier waren allzu sehr See=
räuber, um auf die Thränen und Bitten, ja selbst auf die
Reizungen dieser Schönen einige Achtung zu geben, wiewol sie
in diesem Augenblicke, da Schrecken und Zagheit ihnen den
sanften Zauber der Weiblichkeit wiedergegeben hatte, selbst dem
sittsamen Agathon so verführerisch vorkamen, daß er für gut
befand, seine nicht gern gehorchenden Augen an den Boden zu
heften. Die Räuber hatten jetzt andre Sorgen und waren nur
darauf bedacht, wie sie ihre Beute aufs Schleunigste in Sicherheit
bringen möchten. Und so entging Agathon — für etliche nicht
allzu feine Scherze über die Gesellschaft, worin man ihn gefun=
den hatte, und für seine Freiheit — einer Gefahr, aus welcher
er, seinen Gedanken nach, sich nicht zu theuer loskaufen konnte.
Der Verlust der Freiheit schien ihn in den Umständen, worin
er war, wenig zu bekümmern. In der That, da er Alles ver=
loren, was die Freiheit schätzbar macht, so hatte er wenig
Ursache, sich wegen eines Verlustes zu kränken, der ihm wenig=
stens eine Veränderung im Unglück versprach.

Nachdem die Cilicier mit ihrer gesammten Beute wieder zu
Schiffe gegangen, und die Theilung derselben mit größerer Ein=
tracht, als womit die Vorsteher mancher kleinen Republik sich in
die öffentlichen Einkünfte zu theilen pflegen, geendigt hatten,
brachten sie den Rest der Nacht mit einem Schmause zu, bei
welchem sie nicht vergaßen, sich für die Unempfindlichkeit zu
entschädigen, die sie bei Eroberung der thracischen Schönen
bewiesen hatten. Unterdessen aber, daß das ganze Schiff be=
schäftigt war, das angefangene Bacchusfest zu vollenden, hatte
sich Agathon unbemerkt in einen Winkel zurückgezogen, wo er
vor Müdigkeit abermals einschlummerte und gern den Traum
fortgesetzt hätte, aus welchem ihn das Evan Evoe der berauschten
Mänaden geweckt hatte.

Viertes Capitel.

Unverhoffte Zusammenkunft zweier Liebenden. Erzählung der Psyche.

Als die aufgehende Sonne das jonische Meer mit ihren
ersten Strahlen vergoldete, fand sie alle Diejenigen (mit Virgil
zu reden) von Wein und Schlaf begraben, welche die Nacht

durch dem Bacchus und ſeiner Göttin Schweſter geopfert hatten. Nur Agathon, gewohnt mit der Morgenröthe zu erwachen, wurde von den erſten Strahlen geweckt, die in horizontalen Linien an ſeiner Stirne hinſchlüpften. Indem er die Augen aufſchlug, ſah er einen jungen Menſchen in Sklavenkleidung vor ſich ſtehen, welcher ihn mit großer Aufmerkſamkeit betrachtete. Wie ſchön Agathon war, ſo ſchien er doch von dieſem liebenswürdigen Jüngling an Feinheit der Geſtalt und Farbe übertroffen zu werden. In der That hatte dieſer in ſeiner Geſichtsbildung und in ſeiner ganzen Figur etwas ſo Jungfräuliches, daß er, gleich dem Horaziſchen Gyges in weiblicher Kleidung unter eine Schaar von Mädchen gemiſcht, gar leicht das Auge des ſchärfſten Kenners betrogen haben würde.

Agathon erwiderte den Anblick des jungen Sklaven mit einer Aufmerkſamkeit, in welcher ein angenehmes Erſtaunen nach und nach ſich bis zur Entzückung erhob. Eben dieſe Bewegungen enthüllten ſich auch in dem anmuthigen Geſichte des jungen Sklaven: ihre Seelen erkannten einander zugleich und ſchienen durch ihre Blicke ſchon in einander zu fließen, ehe ihre Arme ſich umfangen, ehe die von Entzückung bebenden Lippen — Pſyche — Agathon — ausrufen konnten.

Sie ſchwiegen eine lange Zeit. Dasjenige, was ſie empfanden, war über allen Ausdruck. Und wozu hätten ſie auch der Worte bedurft? Der Gebrauch der Sprache hört auf, wenn ſich die Seelen einander unmittelbar mittheilen, ſich unmittelbar an- ſchauen und berühren und in einem Augenblicke mehr empfinden, als die Zunge der Muſen ſelbſt in ganzen Jahren auszuſprechen vermöchte. Die Sonne würde vielleicht unbemerkt über ihrem Haupte weg und wieder in den Ocean hinabgeſtiegen ſein, ohne daß ſie in dem fortdauernden Momente der Entzückung den Wechſel der Stunden bemerkt hätten, wenn nicht Agathon (dem es allerdings zukam, hierin der Erſte zu ſein) ſich mit ſanfter Gewalt aus den Armen ſeiner Pſyche losgewunden hätte, um von ihr zu erfahren, durch was für einen Zufall ſie in die Gewalt der Seeräuber gekommen ſei. „Die Zeit iſt koſtbar, liebe Pſyche," jagte er, „wir müſſen uns der Augenblicke bemächtigen, da dieſe Barbaren, von der Gewalt ihres Gottes bezwungen, zu Boden liegen. Erzähle mir, durch was für einen Zufall Du von meiner Seite geriſſen wurdeſt, ohne daß es mir möglich war zu erfahren, wie, oder wohin? Und wie finde ich Dich jetzt in dieſem Sklavenkleide und in der Gewalt dieſer Seeräuber?"

„Du erinnerst Dich," antwortete ihm Psyche, „jener unglücklichen
Stunde, da die eifersüchtige Pythia unsre Liebe, so geheim wir
sie zu halten vermeinten, entdeckte. Nichts war ihrer Wuth
zu vergleichen, und es fehlte nur, daß ihre Rache mein Leben
selbst zum Opfer verlangte; denn sie ließ mich einige Tage Alles
erfahren, was verschmähte Liebe erfinden kann, um eine glück=
liche Nebenbuhlerin zu quälen. Wiewol sie es nun in ihrer
Gewalt hatte, mich Deinen Augen gänzlich zu entziehen, so hielt
sie sich doch niemals sicher, so lange ich zu Delphi sein würde.
Sie machte bald ein Mittel ausfindig, sich meiner zu entledigen,
ohne Argwohn zu erwecken; sie schenkte mich einer Verwandten,
die sie zu Syrakus hatte, und weil sie mich an diesem Orte weit
genug von Dir entfernt hielt, säumte sie nicht, mich in der größten
Stille nach Sicilien bringen zu lassen. Die Thörin! die nicht
wußte, daß keine Scheidung der Leiber Deine Psyche verhindern
könne, über Länder und Meere wegzufliegen und gleich einem
liebenden Schatten über Dir zu schweben! Oder hoffte sie etwa
reizender in Deinen Augen zu werden, wenn Du mich nicht mehr
neben ihr sehen würdest? Wie wenig kannte sie Dich und mich! —

„Ich verließ Delphi mit zerrissenem Herzen. Als ich den
letzten Blick auf die bezauberten Haine heftete, wo Deine Liebe
mir ein neues Wesen, ein neues Dasein gab, wogegen mein
voriges Leben eine ekelhafte Abwechslung von einförmigen Tagen
und Nächten, ein ungefühltes Pflanzenleben war, — als ich
diese geliebte Gegend endlich ganz aus den Augen verlor —
nein, Agathon, ich kann es nicht beschreiben! ich hörte auf, mich
selbst zu fühlen. Man brachte mich ins Leben zurück. Ein
Strom von Thränen erleichterte mein gepreßtes Herz. Es war
eine Art von Wollust in diesen Thränen, ich ließ ihnen freien
Lauf, ohne mich zu bekümmern, daß sie gesehen wurden. Die
Welt schien mir ein leerer Raum, alle Gegenstände um mich
her Träume und Schatten; Du und ich waren allein; ich sah
nur Dich, hörte nur Dich, ich lag an Deiner Brust, legte meinen
Arm um Deinen Hals, zeigte Dir meine Seele in meinen Augen.
Ich führte Dich in die heiligen Schatten, wo Du mich einst die
Gegenwart der Unsterblichen fühlen lehrtest; ich saß zu Deinen
Füßen, und meine an Deinen Lippen hangende Seele glaubte
den Gesang der Musen zu hören, wenn Du sprachst. Wir wan=
delten Hand in Hand beim sanften Mondscheine durch elysische
Gegenden, oder setzten uns unter die Blumen, stillschweigend,
indem unsre Seelen in ihrer eignen geistigen Sprache sich ein=

auber enthüllten, lauter Licht und Wonne um sich her sahen und nur unsterblich zu sein wünschten, um sich ewig lieben zu können. Unter diesen Erinnerungen, deren Lebhaftigkeit alle äußeren Empfindungen verdunkelte, beruhigte sich mein Herz allgemach. Ich, die sich selbst nur für einen Theil Deines Wesens hielt, konnte nicht glauben, daß wir immer getrennt bleiben würden. Diese Hoffnung machte nun mein Leben aus und bemächtigte sich meiner so sehr, daß ich wieder heiter wurde. Denn ich zweifelte nicht, ich wußte es, daß Du nicht aufhören könntest, mich zu lieben. Ich überließ Dich der glühenden Leidenschaft einer mächtigen und reizenden Nebenbuhlerin, ohne sie einen Augenblick zu fürchten. Ich wußte, daß, wenn sie es auch so weit bringen könnte, Deine Sinne zu verführen, sie doch unfähig sei, Dir eine Liebe einzuflößen wie die unsrige, und daß Du Dich bald wieder nach Derjenigen sehnen würdest, die Dich allein glücklich machen kann, weil sie allein Dich lieben kann, wie Du geliebt zu sein wünschest. —

„Unter tausend solchen Gedanken kam ich endlich zu Syrakus an. Die vorsichtige Priesterin hatte Anstalten gemacht, daß ich nirgend Mittel finden konnte, Dir von meinem Aufenthalte Nachricht zu geben. Meine neue Gebieterin war von der guten Art von Geschöpfen, welche gemacht sind, sich selbst zu gefallen und sich Alles gefallen zu lassen. Ich wurde zu der Ehre bestimmt, den Aufputz ihres schönen Kopfes zu besorgen, und die Art, wie ich dieses Amt verwaltete, erwarb mir ihre Gunst so sehr, daß sie mich beinahe so zärtlich liebte wie — ihren Schooßhuud. In diesem Zustande hielt ich mich für so glücklich, als ich es ohne Deine Gegenwart in einem jeden andern hätte sein können. Aber die Ankunft des Sohnes meiner Gebieterin veränderte die Scene.

„Narciffus (so hieß der junge Herr) war von seiner Mutter nach Athen geschickt worden, die Weisen daselbst zu hören und die feinen Sitten der Athener an sich zu nehmen. Allein er hatte keine Zeit gefunden, weder das Eine noch das Andre zu thun. Einige junge Leute, welche sich seine Freunde nannten, machten jeden Tag eine neue Lustbarkeit ausfindig, die ihn verhinderte, die schwermüthigen Spaziergänge der Philosophen zu besuchen. Ueberdieß hatten ihm die artigsten Blumenhändlerinnen von Athen gesagt, daß er ein sehr liebenswürdiger junger Herr wäre; er hatte es ihnen geglaubt und sich also keine Mühe gegeben, erst zu werden, was er nach einem so vollgiltigen Zeugnisse schon war. Er hatte sich mit nichts beschäftigt, als seine Person in das gehörige Licht zu setzen; Niemand in Athen konnte sich rühmen, lächerlicher geputzt zu sein, weißere Zähne und sanftere Hände zu haben als Narcissus. Er war der Erste in der Kunst, sich in einem Augenblick zweimal auf einem Fuße herum zu dreben oder ein Blumensträußchen an die Stirne einer Schönen zu stecken. Mit solchen Vorzügen glaubte er einen natürlichen Beruf zu haben, sich dem weiblichen Geschlecht anzubieten. Die Leichtigkeit, womit seine Verdienste über die zärtlichen Herzen der Blumenmädchen gesiegt hatten, machte ihm Muth, sich an die Kammermädchen zu wagen, und von den Nymphen erhob er sich endlich zu den Göttinnen selbst. Ohne sich zu bekümmern, wie sein Herz aufgenommen wurde, hatte er sich angewöhnt zu glauben, daß er unwiderstehlich sei; und wenn er nicht allemal Proben davon erhielt, so machte er sich dafür schadlos, indem er sich der Gunstbezeigungen am Meisten rühmte, die er nicht genossen hatte. — Wunderst Du Dich, Agathon, woher ich so wohl von ihm unterrichtet bin? Von ihm selbst. Was meine Augen nicht an ihm entdeckten, sagte mir sein Mund. Denn er selbst war der unerschöpfliche Inhalt seiner Gespräche, so wie der einzige Gegenstand seiner Bewunderung. Ein Liebhaber von dieser Art sollte dem Ansehen nach wenig zu bedeuten haben. Eine Zeit lang belustigte mich seine Thorheit; aber endlich fand er es unanständig, daß eine Aufwärterin seiner Mutter unempfindlich gegen ein Herz bleiben sollte, um welches die Blumenhändlerinnen und Flötenspielerinnen zu Athen einander beneidet hatten, und ich sah mich genöthigt, meine Zuflucht zu seiner Mutter zu nehmen. Allein eben diese leutselige Sinnesart, welche sie gütig gegen sich selbst, gegen ihr Schooßhündchen und gegen alle Welt machte, machte sie auch gütig gegen die Thorheiten ihres Sohnes. Sie schien es sogar übel zu nehmen, daß ich von den Vorzügen eines so liebreizenden Jünglings nicht stärker gerührt würde. Die Ungeduld über die Anfälle, denen ich beständig ausgesetzt war, gab mir tausendmal den Gedanken ein, mich heimlich wegzustehlen. Allein, da ich keine Nachricht von Dir hatte, wohin hätte ich fliehen sollen? Ein Reisender von Delphi hatte uns zwar gesagt, daß Du daselbst unsichtbar geworden, aber Niemand konnte sagen, wo Du seist. Diese Ungewißheit stürzte mich in eine Unruhe, die meiner Gesundheit nachtheilig zu werden anfing, als eben dieser Narcissus, dessen lächerliche Liebe — zu sich selbst mich so lange gequält hatte, mir ohne seine

Absicht das Leben wieder gab, indem er erzählte: daß ein gewisser Agathon von Athen, nach einem Sieg über die aufrührerischen Einwohner von Euböa, diese Insel seiner Republik wieder unterworfen habe. Die Umstände, die er von diesem Agathon hinzufügte, ließen mich nicht zweifeln, daß Du es seist. Eine gutherzige Sklavin beförderte meine Flucht. Sie hatte einen Liebhaber, der sie beredet hatte, sich von ihm entführen zu lassen. Ich half ihr dieses Vorhaben ausführen und begleitete sie; der junge Sicilianer verschaffte mir zur Dankbarkeit dieses Sklavenkleid und brachte mich auf ein Schiff, welches nach Athen bestimmt war. Ich wurde für einen Sklaven ausgegeben, der seinen Herrn zu Athen suchte, und überließ mich zum zweiten Mal den Wellen, aber mit ganz andern Empfindungen als das erste Mal, da sie nun, anstatt mich von Dir zu entfernen, uns wieder zusammenbringen sollten.

„Unsere Fahrt war einige Tage glücklich, außer daß ein widriger Wind unsre Reise ungewöhnlich verlängerte. Allein am Abend des sechsten Tages erhob sich ein heftiger Sturm, der uns in wenigen Stunden wieder einen großen Weg zurück machen ließ; unsre Schiffer waren endlich so glücklich, eine von den unbewohnten Cykladen zu erreichen, wo wir uns vor dem Sturm in Sicherheit setzten. Wir fanden in der Bucht, wohin wir uns geflüchtet hatten, ein Schiff liegen, worin sich eben diese Cilicier befanden, denen wir jetzt zugehören. Sie hatten eine griechische Flagge aufgesteckt, sie grüßten uns, sie kamen zu uns herüber, und weil sie unsre Sprache redeten, so hatten sie keine Mühe, uns so viele Märchen vorzuschwatzen, als sie nöthig fanden, uns sicher zu machen. Nach und nach wurde unser Volk vertraulich mit ihnen; sie brachten etliche große Krüge mit cyprischem Weine, wodurch sie in wenig Stunden alle unsre Leute wehrlos machten. Sie bemächtigten sich hierauf unsers ganzen Schiffes und begaben sich, sobald sich der Sturm in etwas gelegt hatte, wieder in die See. Bei der Theilung wurd' ich einmüthig dem Hauptmanne der Räuber zuerkannt. Man bewunderte meine Gestalt, ohne mein Geschlecht zu muthmaßen. Allein diese Verborgenheit half mir nicht so viel, als ich gehofft hatte. Der Cilicier, den ich für meinen Herrn erkennen mußte, verzog nicht lange, mich mit einer ekelhaften Leidenschaft zu quälen. Er nannte mich seinen kleinen Ganymed und schwur bei allen Tritonen und Nereiden, daß ich ihm sein müßte, was dieser Trojanische Prinz dem Jupiter gewesen sei. Wie er sah, daß seine Schmeicheleien ohne Wirkung waren, nöthigte er mich zuletzt, ihm zu zeigen, daß ich mein

Leben gegen meine Ehre für nichts halte. Dies verschaffte mir einige Ruhe, und ich fing an, auf ein Mittel meiner Befreiung zu deuten. Ich gab dem Räuber zu verstehen, daß ich von einem ganz andern Stande sei, als mein sklavenmäßiger Anzug zu erkennen gäbe, und bat ihn aufs Inständigste, mich nach Athen zu führen, wo er für meine Erledigung erhalten würde, was er nur fordern wollte. Allein über diesen Punkt war er unerbittlich, und jeder Tag entfernte uns weiter von diesem geliebten Athen, welches, wie ich glaubte, meinen Agathon in sich hielt. Wie wenig dachte ich, daß eben diese Entfernung, über die ich untröstbar war, uns wieder zusammenbringen würde! Aber ach! in was für Umständen finden wir uns beide wieder! Beide der Freiheit beraubt, ohne Freunde, ohne Hilfe, ohne Hoffnung befreit zu werden, verurtheilt, ungesitteten Barbaren dienstbar zu sein. Die unsinnige Leidenschaft meines Herrn wird uns sogar des einzigen Vergnügens berauben, welches unsern Zustand erleichtern könnte. Seitdem ihm meine Entschlossenheit die Hoffnung benommen hat, seinen Endzweck zu erreichen, scheint sich seine Liebe in eine wüthende Eifersucht verwandelt zu haben, welche sich bemüht, dasjenige, was man selbst nicht genießen kann, wenigstens keinem Andern zu Theil werden zu lassen. Der Barbar wird Dir keinen Umgang mit mir verstatten, da er mir kaum sichtbar zu sein erlaubt. Doch, die ungewisse Zukunft soll mir nicht einen Augenblick von der gegenwärtigen Wonne rauben. Ich sehe Dich, Agathon, und bin glücklich. Wie begierig hätte ich vor wenigen Stunden einen Augenblick wie diesen mit meinem Leben erkauft!"

Indem sie dieses sagte, umarmte sie den glücklichen Agathon mit einer so rührenden Zärtlichkeit, daß die Entzückung, die ihre Herzen einander mittheilten, eine zweite sprachlose Stille hervorbrachte. Und wie sollten wir beschreiben können, was sie empfanden, da der Mund der Liebe selbst nicht beredt genug war, es auszudrücken?

Fünftes Capitel.
Wie Psyche und Agathon wieder getrennt werden.

Nachdem unsre Liebenden aus ihrer Entzückung zurückgekommen waren, verlangte Psyche von Agathon eben dieselbe Gefälligkeit, die sie durch Erzählung ihrer Begebenheiten für seine Neugierde

gehabt hatte. Er meldete ihr also, auf welche Weise er von
Delphi entflohen, wie er mit einem angesehenen Athener bekannt
geworden, und wie sich entdeckt habe, daß dieser Athener sein
Vater sei; wie er durch einen Zufall in die öffentlichen Ange=
legenheiten verwickelt und durch seine Beredsamkeit dem Volke
angenehm geworden; die Dienste, die er der Republik geleistet;
durch was für Mittel seine Neider das Volk wider ihn auf=
gebracht, und wie er vor wenigen Tagen mit Verlust aller seiner
väterlichen Güter und Ansprüche lebenslänglich aus Athen ver=
bannt worden; wie er den Entschluß gefaßt, eine Reise in die
Morgenländer vorzunehmen, und durch was für einen Zufall
er in die Hände der Cilicier gerathen.

Sie fingen nun auch an, sich über die Mittel ihrer Be=
freiung zu berathschlagen; allein die Bewegungen, welche die
allmälig erwachenden Räuber machten, nöthigten Psychen, sich
aufs Eilfertigste zu verbergen, um einem Verdacht zuvorzukom=
men, wovon der Schatten genug war, ihrem Geliebten das
Leben zu kosten. Jetzt beklagten sie bei sich selbst, daß sie nach
dem Beispiel der Liebenden in Romanen eine so günstige Zeit
mit unnöthigen Erzählungen verloren hatten, da sie doch vor=
aussehen konnten, daß ihnen künftig wenig Gelegenheit würde
gegeben werden, sich zu sprechen. Allein, was sie hierüber hätte
trösten können, war, daß alle ihre Berathschlagungen und Er=
findungen vergeblich gewesen wären. Denn an eben diesem
Morgen erhielt der Hauptmann Nachricht von einem reichbe=
ladenen Schiffe, welches im Begriff sei, von Lesbos nach Korinth
abzugehen, und nach den Umständen, die der Bericht angab, unter=
wegs aufgefangen werden könnte. Diese Zeitung veranlaßte
eine geheime Berathschlagung unter den Häuptern der Räuber,
wovon der Ausschlag war, daß Agathon mit den gefangenen
Thracierinnen und einigen andern jungen Sklaven unter einer
Bedeckung in eine Barke gesetzt wurde, um ungesäumt nach
Smyrna geführt und verkauft zu werden, indessen die Galeere
mit dem größten Theil der Seeräuber sich fertig machte, der
reichen Beute, die sie schon in Gedanken verschlangen, entgegen
zu gehen. In diesem Augenblicke verlor Agathon die Gelassen=
heit, womit er bisher alle Stürme des widrigen Glücks aus=
gehalten hatte. Der Gedanke, von seiner Psyche wieder getrennt
zu werden, setzte ihn außer sich selbst. Er warf sich zu den Füßen
des Ciliciers, er schwur ihm, daß der verkleidete Ganymed sein
Bruder sei; er bot sich selbst zu seinem Sklaven an, er flehte,

er weinte. — Aber umsonst. Der Seeräuber hatte die Natur des Elements, welches er bewohnte; die Sirenen selbst hätten ihn nicht bereden können, seinen Entschluß zu ändern. Agathon erhielt nicht einmal die Erlaubniß, von seinem geliebten Bruder Abschied zu nehmen; die Lebhaftigkeit, die er bei diesem Anlaß gezeigt, hatte ihn dem Hauptmann verdächtig gemacht. Er wurde also, von Schmerz und Verzweiflung betäubt, in die Barke getragen und befand sich schon eine geraume Zeit außer dem Gesichtskreise seiner Psyche, eh' er wieder erwachte, um den ganzen Umfang seines Elends zu fühlen.

Sechstes Capitel.
Ein Selbstgespräch.

Da wir uns zum unverbrüchlichen Gesetze gemacht haben, in dieser Geschichte Alles sorgfältig zu vermeiden, was gegen die historische Wahrheit derselben einigen gerechten Verdacht erwecken könnte, so würden wir uns ein Bedenken gemacht haben, das Selbstgespräch, welches wir hier in unsrer Handschrift vor uns finden, mitzutheilen, wenn der Verfasser nicht die Vorsicht gebraucht hätte, uns zu melden, daß seine Erzählung sich in den meisten Umständen auf eine Art von Tagebuch gründe, welches (sichern Anzeichen nach) von der eignen Hand des Agathon sei, und wovon er durch einen Freund zu Krotona eine Abschrift erhalten habe. Dieser Umstand macht begreiflich, wie der Geschichtschreiber wissen konnte, was Agathon bei dieser und andern Gelegenheiten mit sich selbst gesprochen, und schützt uns vor den Einwürfen, die man gegen die Selbstgespräche machen kann, worin die Geschichtschreiber den Poeten so gern nachzuahmen pflegen, ohne sich, wie sie, auf die Eingebung der Musen berufen zu können.

Unsre Urkunde meldet also, nachdem die erste Wuth des Schmerzes (welche allezeit stumm und gedankenlos zu sein pflegt) sich gelegt, habe Agathon sich umgesehen, und da er von allen Seiten nichts als Luft und Wasser um sich her erblickt, habe er, seiner Gewohnheit nach, also mit sich selbst zu philosophiren angefangen:

„War es Täuschung, was mir begegnet ist, oder sah ich sie wirklich? Hört' ich wirklich den rührenden Klang ihrer süßen Stimme, und umfingen meine Arme keinen Schatten? Wenn es mehr als ein Traumgesicht war, warum ist mir von einem

Gegenſtande, der alle andern aus meiner Seele auslöſchte, nichts
als die Erinnerung übrig? — Wenn Ordnung und Zuſammen=
hang die Kennzeichen der Wahrheit ſind, o, wie ähnlich dem
ungefähren Spiele der träumenden Phantaſie ſind die Zufälle
meines ganzen Lebens! — Von Kindheit an unter den heiligen
Lorbeern des Delphiſchen Gottes erzogen, ſchmeichle ich mir, unter
ſeinem Schutz, in Beſchauung der Wahrheit und im geheimen
Umgange mit den Unſterblichen, ein ſtilles und ſorgenfreies Leben
zuzubringen. Tage voll Unſchuld, einer dem andern gleich,
fließen in ruhiger Stille wie Augenblicke vorbei, und ich werde
unvermerkt ein Jüngling. Eine Prieſterin, deren Seele eine
Wohnung der Götter ſein ſoll, wie ihre Zunge das Werkzeug
ihrer Ausſprüche, vergißt ihre Gelübde und bemüht ſich, meiner
unerfahrnen Jugend Netze zu ſtellen. Ihre Leidenſchaft beraubt
mich Derjenigen, die ich liebe; ihre Nachſtellungen treiben mich
endlich aus dem geheiligten Schutzorte, wo ich, ſeitdem ich mich
ſelbſt empfand, von Bildern der Götter und Helden umgeben,
mich einzig beſchäftigt hatte, ihnen ähnlich zu werden. In eine
unbekannte Welt ausgeſtoßen, finde ich unvermuthet einen Vater
und ein Vaterland, die ich nicht kannte. Ein ſchneller Wechſel
von Umſtänden ſetzt mich ebenſo unvermuthet in den Beſitz
des größten Anſehens in Athen. Das blinde Zutrauen eines
Volkes, das in ſeiner Gunſt ſo wenig Maß hält als in ſeinem
Unwillen, nöthigt mir die Anführung ſeines Kriegsheeres auf;
ein wunderbares Glück kommt allen meinen Unternehmungen ent=
gegen und führt meine Anſchläge aus; ich kehre ſiegreich zurück.
Welch ein Triumph! Welch ein Zujauchzen! Welche Vergötte=
rung! Und wofür? Für Thaten, an denen ich den wenigſten
Antheil hatte. Aber kaum ſchimmert meine Bildſäule zwiſchen
den Bildern des Kekrops und Theſeus, ſo reißt mich eben dieſer
Pöbel, der vor wenig Tagen bereit war, mir Altäre aufzurichten,
mit ungeſtümer Wuth vor Gericht hin. Die Mißgunſt derer,
die das Uebermaß meines Glücks beleidigte, hat ſchon alle Ge=
müther wider mich eingenommen, alle Ohren gegen meine Ver=
theidigung verſtopft; Handlungen, worüber mein Herz mir Beifall
giebt, werden auf den Lippen meiner Ankläger zu Verbrechen;
mein Verdammungsurtheil wird ausgeſprochen. Von Allen ver=
laſſen, welche ſich meine Freunde genannt hatten, kurz zuvor
die Eifrigſten geweſen waren, neue Ehrenbezeugungen für mich
zu erfinden, fliehe ich aus Athen, fliehe mit leichterem Herzen,
als womit ich vor wenigen Wochen unter dem Zujauchzen einer

unzählbaren Menge durch ihre Thore eingeführt wurde, und entschließe mich, den Erdboden zu durchwandern, ob ich einen Ort finden möchte, wo die Tugend, vor auswärtigen Beleidigungen sicher, ihrer eigenthümlichen Glückseligkeit genießen könnte, ohne sich aus der Gesellschaft der Menschen zu verbannen. Ich nehme den Weg nach Asien, um an den Ufern des Oxus die Quellen zu besuchen, aus denen die Geheimnisse des Orphischen Gottes= dienstes zu uns geflossen sind. Ein Zufall führt mich unter einen Schwarm rasender Bacchantinnen, und ich entrinne ihrer verliebten Wuth blos dadurch, daß ich in die Hände seeräube= rischer Barbaren falle. In diesem Augenblicke, da mir von Allem, was man verlieren kann, nur noch das Leben übrig ist, finde ich meine Psyche wieder; aber kaum fange ich an, meinen Sinnen zu glauben, daß sie es sei, die ich in meinen Armen umschlossen halte, so verschwindet sie wieder, und hier bin ich auf diesem Schiffe, um zu Smyrna als Sklave verkauft zu werden. — Wie ähnlich ist Alles dies einem Fiebertraume, wo die schwärmende Phantasie, ohne Ordnung, ohne Wahrscheinlich= keit, ohne Zeit oder Ort in Betrachtung zu ziehen, die betäubte Seele von einem Abenteuer zu dem andern, von der Krone zum Bettlersmantel, von der Wonne zur Verzweiflung, vom Tartarus ins Elysium fortreißt! — Und ist denn das Leben ein Traum, ein bloßer Traum, so eitel, so unwesentlich, so unbedeutend als ein Traum? Ein unbeständiges Spiel des blinden Zufalls oder unsichtbarer Geister, die eine grausame Belustigung darin finden, uns zum Scherze bald glücklich, bald unglücklich zu machen? Oder ist es diese allgemeine Seele der Welt, deren Dasein die ge= heimnißvolle Majestät der Natur ankündigt, ist es dieser Alles belebende Geist, der die menschlichen Sachen anordnet: warum herrscht in der moralischen Welt nicht eben diese unveränder= liche Ordnung und Zusammenstimmung, wodurch die Elemente, die Jahres= und Tageszeiten, die Gestirne und die Kreise des Himmels in ihrem gleichförmigen Lauf erhalten werden? Warum leidet der Unschuldige? Warum siegt der Betrüger? Warum verfolgt ein unerbittliches Schicksal den Tugendhaften? Sind unsre Seelen den Unsterblichen verwandt, sind sie Kinder des Himmels: warum verkennt der Himmel sein Geschlecht und tritt auf die Seite seiner Feinde? Oder, hat er uns die Sorge für uns selbst gänzlich überlassen: warum sind wir keinen Augenblick unsers Zustandes Meister? Warum vernichtet bald Nothwendig= keit, bald Zufall die weisesten Entwürfe?"

Hier hielt Agathon eine Zeit lang ein. Sein in Zweifeln verwickelter Geist arbeitete, ſich loszuwinden, bis ein neuer Blick auf die majeſtätiſche Natur, die ihn umgab, eine andre Reihe von Vorſtellungen in ihm entwickelte. — „Was ſind,“ fuhr er mit ſich ſelbſt fort, „meine Zweifel anders als Eingebungen der eigennützigen Leidenſchaft? Wer war dieſen Morgen glücklicher als ich? Alles war Wolluſt und Wonne um mich her. Hat ſich die Natur binnen dieſer Zeit verändert, oder iſt ſie minder der Schauplatz einer grenzenloſen Vollkommenheit, weil Agathon ein Sklave und von Pſyche getrennt iſt? Schäme Dich, Klein= müthiger, Deiner trübſinnigen Zweifel und Deiner unmännlichen Klagen! Wie kannſt Du Verluſt nennen, deſſen Beſitz kein Gut war? Iſt es ein Uebel, Deines Anſehens, Deines Vermögens, Deines Vaterlandes beraubt zu ſein? Alles deſſen beraubt, warſt Du in Delphi glücklich und vermißteſt es nicht. Und warum nenneſt Du Dinge Dein, die nicht zu Dir ſelbſt gehören, die der Zufall giebt und nimmt, ohne daß es in Deiner Willkür ſteht, ſie zu erlangen oder zu erhalten? — Wie ruhig, wie heiter und glücklich floß mein Leben in Delphi hin, eh' ich die Welt, ihre Geſchäfte, ihre Sorgen, ihre Freuden und ihre Abwechslungen kannte; eh' ich genöthigt war, mit den Leidenſchaften anderer Menſchen, oder mit meinen eigenen zu kämpfen, mich ſelbſt und den Genuß meines Daſeins einem undankbaren Volk aufzuopfern und unter der vergeblichen Bemühung, Thoren oder Laſterhafte glücklich zu machen, ſelbſt unglücklich zu ſein! Meine eigene Erfahrung widerlegt die ungerechten Zweifel des Mißvergnügens am Beſten. Es gab Augenblicke, Tage, lange Reihen von Tagen, da ich glücklich war, glücklich in den frohen Stunden, wenn meine Seele, vom Anblick der Natur begeiſtert, in tiefſinnigen Betrachtungen und ſüßen Ahnungen, wie in den bezauberten Gärten der Heſperiden irrte; glücklich, wenn mein befriedigtes Herz in den Armen der Liebe aller Bedürfniſſe, aller Wünſche vergaß und nun zu verſtehen glaubte, was die Wonne der Götter ſei; glücklicher, wenn in Augenblicken, deren Erinnerung den bitterſten Schmerz zu verſüßen genug iſt, mein Geiſt in der großen Betrachtung des Ewigen und Unbegrenzten ſich verlor. — Ja Du biſt's, Alles beſeelende, Alles regierende Güte — ich ſah, ich fühlte Dich! Ich empfand die Schönheit der Tugend, die Dir ähnlich macht; ich genoß die Glückſeligkeit, welche Tagen die Schnelligkeit der Augenblicke, und Augenblicken den Werth von Jahrhunderten giebt. Die Macht der Empfindung zerſtreut meine

Zweifel; die Erinnerung der genossenen Glückseligkeit heilt den gegenwärtigen Schmerz und verspricht eine bessere Zukunft. Diese allgemeinen Quellen der Freude, woraus alle Wesen schöpfen, fließen wie ehmals um mich her; meine Seele ist noch eben dieselbe, wie die Natur, die mich umgiebt. — O Ruhe meines Delphischen Lebens, und Du, meine Psyche! Euch allein, von Allem, was außer mir ist, nenne ich mein! Wenn Ihr auf ewig verloren wäret, dann würde meine untröstbare Seele nichts auf Erden finden, das ihr die Liebe zum Leben wiedergeben könnte. Aber ich besaß beide, ohne sie mir selbst gegeben zu haben, und die wohlthätige Macht, welche sie gab, kann sie wiedergeben. Theure Hoffnung, Du bist schon ein Anfang der Glückseligkeit, die Du versprichst! Es wäre zugleich gottlos und thöricht, sich einem Kummer zu überlassen, der den Himmel beleidigt, und uns selbst der Kräfte beraubt, dem Unglück zu widerstehen, und der Mittel, wieder glücklich zu werden. Komm denn, Du süße Hoffnung einer bessern Zukunft und sänfte meine Seele mit Deinen schmeichelnden Bezauberungen! Ruhe und Psyche — dies allein, Ihr Götter! Lorbeerkränze und Schätze gebet, wem Ihr wollt!"

Siebentes Capitel.

Agathon wird zu Smyrna verkauft.

Das Wetter war unsern Seefahrern so günstig, daß Agathon gute Muße hatte, seinen Betrachtungen so lange nachzuhängen, als er wollte, zumal da seine Reise von keinem der Umstände begleitet war, womit eine poetische Seefahrt ausgeschmückt zu sein pflegt. Denn man sah da weder Tritonen, die aus krummen Ammonshörnern bliesen, noch Nereiden, die auf Delphinen, mit Blumenkränzen gezäumt, über den Wellen daher ritten, noch Sirenen, die, mit halbem Leib aus dem Wasser hervorragend, die Augen durch ihre Schönheit und das Ohr durch die Süßigkeit ihrer Stimme bezauberten. Die Winde selbst waren etliche Tage lang so zahm, als ob sie es mit einander abgeredet hätten, uns keine Gelegenheit zur Beschreibung eines Sturms oder eines Schiffbruchs zu geben; kurz, die Reise ging so glücklich von Statten, daß die Barke am Abend des dritten Tages in den Hafen von Smyrna einlief, wo die Räuber, nunmehr unter dem Schutze des großen Königs gesichert, sich nicht säumten, ihre Gefangenen ans Land zu

ſetzen, in der Hoffnung, auf dem Sklavenmarkte keinen geringen
Vortheil aus ihnen zu ziehen. Ihre erſte Sorge war, ſie in eines
der öffentlichen Bäder zu führen, wo man nichts vergaß, was
ſie des folgenden Tages verkäuflicher machen konnte. Agathon
war noch zu ſehr mit Allem, was mit ihm vorgegangen war,
angefüllt, als daß er auf das Gegenwärtige aufmerkſam hätte
ſein können. Er wurde gebadet, abgerieben und mit Salben und
wohlriechenden Waſſern begoſſen, mit einem Sklavenkleide von
vielfarbiger Seide angethan, mit Allem, was ſeine Geſtalt erheben
konnte, ausgeſchmückt, und von Allen, die ihn ſahen, bewundert,
ohne daß ihn etwas aus der tiefen Unempfindlichkeit erwecken
konnte, welche in gewiſſen Umſtänden eine Folge der übermäßigen
Empfindlichkeit iſt. Auf das, was in ſeiner Seele vorging, geheftet, ſchien er weder zu ſehen noch zu hören, weil er nichts
ſah noch hörte, was er wünſchte; und nur der Anblick, der ſich
ihm auf dem Sklavenmarkte darſtellte, war vermögend, ihn aus
dieſer wachenden Träumerei aufzurütteln. Dieſe Scene hatte
zwar das Abſcheuliche nicht, das ein Sklavenmarkt zu Barbados
ſogar für einen Europäer haben könnte, dem die Vorurtheile
der geſitteten Völker noch einige Ueberbleibſel des angebornen
menſchlichen Gefühls gelaſſen hätten; allein ſie hatte doch genug,
um eine Seele zu empören, welche ſich gewöhnt hatte, in den
Menſchen mehr die Schönheit ihrer Natur als die Erniedrigung
ihres Zuſtandes, mehr das, was ſie nach gewiſſen Vorausſetzungen
ſein könnten, als was ſie wirklich waren, zu ſehen. Eine Menge
von traurigen Vorſtellungen ſtieg in gedrängter Verwirrung bei
dieſem Anblick in ihm auf; und indem ſein Herz von Mitleiden
und Wehmuth zerfloß, brannte es zugleich von einem zürnenden
Abſcheu vor den Menſchen, deſſen nur Diejenigen fähig ſind,
welche die Menſchheit lieben. Er vergaß über dieſen Empfindungen ſeines eignen Unglücks, als ein Mann von edlem Anſehen, welcher ſchon bei Jahren zu ſein ſchien, im Vorübergehen
ſeiner gewahr ward, ſtehen blieb und ihn mit beſondrer Aufmerkſamkeit betrachtete. „Wem gehört dieſer junge Leibeigene?“
fragte der Mann einen von den Ciliciern, der neben ihm ſtand.
„Dem, der ihn von mir kaufen wird,“ verſetzte dieſer. „Was ver-
ſteht er für eine Kunſt?“ fuhr Jener fort. „Das wird er Dir ſelbſt
am Beſten ſagen können,“ erwiderte der Cilicier. — Der Mann
wandte ſich alſo an Agathon ſelbſt und fragte ihn, ob er nicht
ein Grieche ſei? ob er ſich in Athen aufgehalten, und ob er in
den Künſten der Muſen unterrichtet worden? Agathon bejahte

diese Fragen. — „Kannst Du den Homer lesen?" — „Ich kann
lesen, und ich meine, daß ich den Homer empfinden könne." —
„Kennst Du die Schriften der Philosophen?" — „Gut genug, um
nichts darin zu verstehen." — „Du gefällst mir, junger Mensch!
Wie hoch haltet Ihr ihn, mein Freund?" — „Er sollte, wie die
Andern, durch den Herold ausgerufen werden," antwortete der
Cilicier; „aber für zwei Talente ist er Euer." — „Begleite mich
mit ihm in mein Haus," erwiderte der Alte; „Du sollst zwei Talente
haben, und der Sklave ist mein." — „Dein Geld muß Dir sehr
beschwerlich sein," sagte Agathon; „woher weißt Du, daß ich Dir
für zwei Talente nützlich sein werde?" — „Wenn Du es auch
nicht wärest," versetzte der Käufer, „so bin ich unbesorgt, unter
den Damen von Smyrna zwanzig für eine zu finden, die mir
auf Deine bloße Miene wieder zwei Talente für Dich geben." —
Mit diesen Worten befahl er dem Agathon, ihm in sein Haus
zu folgen.

Zweites Buch.

Agathon im Hause des Sophisten Hippias.

Erstes Capitel.

Wer der Käufer des Agathon war.

Der Mann, der sich für zwei Talente das Recht erworben hatte, den Agathon als seinen Leibeigenen zu behandeln, war einer von den merkwürdigen Lenten, welche unter dem Namen der Sophisten in den griechischen Städten umherzogen, sich der edelsten und reichsten Jünglinge zu bemächtigen und durch die Annehmlichkeiten ihres Umgangs und das prächtige Versprechen, ihre Schüler zu vollkommnen Rednern, Staatsmännern und Feldherren zu machen, das Geheimniß gefunden hatten, welches die Alchymisten bis auf den heutigen Tag vergeblich gesucht haben. Der Name, den sie sich selbst beilegten, bezeichnet in der Sprache der Griechen eine Person, welche von der Weisheit Profession macht oder, wenn man so sagen kann, einen Virtuoso in der Weisheit; und dies war es auch, wofür sie von dem größten Theil ihrer Zeitgenossen gehalten wurden. Indessen muß man gestehen, daß diese Weisheit, von der sie Profession machten, von der Sokratischen (die durch einige ihrer Verehrer so berühmt geworden ist) sowol in ihrer Beschaffenheit als in ihren Wirkungen unendlich unterschieden, oder besser zu sagen, die völlige Antipode derselben war. Die Sophisten lehrten die Kunst, die Leidenschaften andrer Menschen zu erregen; Sokrates die Kunst, seine eigenen zu dämpfen. Jene lehrten, wie man es machen müße, um weise und tugendhaft zu scheinen; dieser lehrte, wie man es sei. Jene munterten die Jünglinge von Athen auf, sich der Regierung des Staats anzumaßen; Sokrates bewies ihnen, daß sie vorher die Hälfte ihres Lebens anwenden müßten, sich selbst regieren zu lernen. Jene spotteten der Sokratischen Weisheit, die nur in einem schlechten Mantel aufzog und sich

mit einer Mahlzeit für sechs Obolen begnügte, da die übrige in
Purpur schimmerte und offne Tafel hielt. Die Sokratische Weis=
heit war stolz darauf, den Reichthum entbehren zu können; die
ihrige wußte ihn zu erwerben. Sie war gefällig, einschmeichelnd
und nahm alle Gestalten an; sie vergötterte die Großen, kroch
vor ihren Dienern, tändelte mit den Schönen und schmeichelte
Allen, welche dafür bezahlten. Sie war allenthalben an ihrem
rechten Platze, beliebt bei Hofe, beliebt am Putztische, beliebt bei
den Großen, beliebt sogar bei der Priesterschaft. Die Sokratische
war weit entfernt, so liebenswürdig zu sein. Sie war trocken
und langweilig; sie wußte nicht zu leben; sie war unerträglich,
weil sie Alles tadelte und immer Recht hatte; sie wurde von dem
geschäftigen Theile der Welt für unnützlich, von dem müßigen
für abgeschmackt und von dem andächtigen gar für gefährlich
erklärt. Wir würden nicht fertig werden, wenn wir diese Gegen=
sätze so weit treiben wollten, als sie gingen. Dies ist gewiß,
die Weisheit der Sophisten hatte einen Vorzug, den ihr die
Sokratische nicht streitig machen konnte. Sie verschaffte ihren
Besitzern Reichthum, Ansehen, Ruhm und ein Leben, das von
Allem, was die Welt glücklich nennt, überfloß; und man muß
gestehen, daß dies ein verführerischer Vorzug war.

Hippias, der neue Herr unsers Agathon, war einer von
diesen Glücklichen, dem die Kunst, sich die Thorheiten andrer
Leute zinsbar zu machen, ein Vermögen erworben hatte, wodurch
er sich im Stande sah, die Ausübung derselben aufzugeben und
die andere Hälfte seines Lebens in den Ergetzungen eines be=
güterten Müßiggangs zuzubringen, zu deren angenehmstem Ge=
nuß das zunehmende Alter geschickter scheint als die ungestüme
Jugend. In dieser Absicht hatte er Smyrna zu seinem Wohnort
ausersehen, weil die Schönheit des jonischen Himmels, die glück=
liche Lage dieser Stadt, der Ueberfluß, der ihr durch die Handlung
aus allen Theilen des Erdbodens zuströmte, und die Verbindung
des griechischen Geschmackes mit der wollüstigen Ueppigkeit der
Morgenländer, welche in ihren Sitten herrschte, ihm diesen Auf=
enthalt vor allen andern vorzüglich machte. Hippias stand in
dem Rufe, daß ihm in den Vollkommenheiten seiner Profession
Wenige den Vorzug streitig machen könnten. Ob er gleich über
funfzig Jahre zählte, so hatte er doch von der Gabe zu gefallen,
die ihm in seiner Jugend so nützlich gewesen war, noch so viel
übrig, daß sein Umgang von den artigsten Personen des einen
und andern Geschlechts gesucht wurde. Er besaß Alles, was die

Art von Weisheit, die er ausübte, verführerisch machen konnte:
eine edle Gestalt, eine einnehmende Gesichtsbildung, einen an=
genehmen Ton der Stimme, einen behenden und geschmeidigen
Witz, eine Beredsamkeit, die desto mehr gefiel, weil sie mehr
ein Geschenk der Natur als eine durch Fleiß erworbene Kunst
zu sein schien. Diese Beredsamkeit, oder vielmehr diese Gabe,
angenehm zu schwatzen, mit einer Tinctur von allen Wissen=
schaften, einem feinen Geschmack für das Schöne und Angenehme
und eine vollständige Kenntniß der Welt, war mehr, als er
nöthig hatte, um in den Augen Aller, mit denen er umging
(denn er ging mit keinen Sokraten um), für ein Genie vom
ersten Range zu gelten, der Mann zu sein, der sich auf Alles
verstand, welchem schon zugelächelt wurde, ehe man wußte, was
er sagen wollte, und wider dessen Aussprüche nicht erlaubt war
etwas einzuwenden.

Indessen war doch das, wodurch er sein Glück hauptsächlich
gemacht hatte, die besondere Gabe, die er besaß, sich der schönen
Hälfte der Gesellschaft gefällig zu machen. Er war so klug,
frühzeitig zu entdecken, wie viel an der Gunst dieser reizenden
Geschöpfe gelegen ist, welche in den policirten Theilen des Erd=
bodens die Macht wirklich ausüben, die in den Märchen den
Feen beigelegt wird; welche mit einem einzigen Blick, oder durch
eine kleine Verschiebung des Halstuches stärker überzeugen als
Demosthenes und Lysias durch lange Reden, mit einer einzigen
Thräne den Gebieter über Legionen entwaffnen und durch den
bloßen Vortheil, den sie von ihrer Gestalt und dem Bedürfniß des
stärkern Geschlechts zu ziehen wissen, sich oft zu unumschränkten
Beherrscherinnen Derjenigen machen, in deren Händen das
Schicksal ganzer Völker liegt. Hippias hatte diese Entdeckung
von so großem Nutzen gefunden, daß er keine Mühe gespart
hatte, es in der Anwendung derselben zum höchsten Grade der
Vollkommenheit zu bringen; und Dasjenige, was ihm in seinem
Alter noch davon übrig war, bewies, was er in seinen schönen
Jahren gewesen sein müsse. Seine Eitelkeit ging so weit, daß
er sich nicht enthalten konnte, die Kunst, die Zauberinnen zu
bezaubern, in die Form eines Lehrbegriffs zu bringen und seine
Erfahrungen und Beobachtungen hierüber der Welt in einer
sehr gelehrten Abhandlung mitzutheilen, deren Verlust nicht
wenig zu bedauern ist und schwerlich von einem heutigen Schrift=
steller unsrer Nation zu ersetzen sein dürfte.

Nach Allem, was wir bereits von diesem weisen Manne

gesagt haben, wäre es überflüssig, eine Abschilderung von seinen
Sitten zu machen. Sein Lehrbegriff von der Kunst zu leben
wird uns in Kurzem umständlich vorgelegt werden; und er besaß
eine Tugend, welche nicht die Tugend der Moralisten zu sein
pflegt: er lebte nach seinen Grundsätzen.

Unter andern schönen Neigungen hatte er auch einen beson=
dern Geschmack an Allem, was gut in die Augen fiel. Er wollte,
daß die Seinigen in seinem Hause wenigstens sich nirgend hin=
wenden sollten, ohne einem gefallenden Gegenstande zu begegnen.
Die schönsten Gemälde, Bildsäulen und Büsten, die reichsten
Tapeten, die zierlichsten Gefäße, der prächtigste Hausrath be=
friedigten seinen Geschmack noch nicht; er wollte auch, daß der
belebte Theil seines Hauses mit dieser allgemeinen Schönheit
übereinstimmen sollte: seine Bedienten und Sklavinnen waren
die ausgesuchtesten Gestalten, die er in einem Lande, wo die
Schönheit nicht ungewöhnlich ist, hatte finden können. Die
Gestalt Agathon's möchte also allein hinreichend gewesen sein,
seine Gunst zu erwerben, zumal da er eben einen Leser nöthig
hatte und aus dem Anblick und den ersten Worten des schönen
Jünglings urtheilte, daß er sich zu einem Dienste vollkommen
schicken würde, wozu eine gefallende Gesichtsbildung und eine
musikalische Stimme die nöthigsten Gaben sind. Allein Hippias
hatte noch eine geheime Absicht. Wiewol die Liebe zu den
Wollüsten der Sinne seine herrschende Neigung zu sein schien,
so hatte doch die Eitelkeit nicht wenig Antheil an den meisten
Handlungen seines Lebens. Er hatte, bevor er sich nach Smyrna
begab, den schönsten Theil seines Lebens zugebracht, die edelste
Jugend der griechischen Städte zu bilden. Er hatte Redner
gebildet, die durch eine künstliche Vermischung des Wahren und
Falschen und den klugen Gebrauch gewisser Figuren einer schlim=
men Sache den Schein und die Wirkung einer guten zu geben
wußten; Staatsmänner, welche die Kunst besaßen, mitten unter
den Zujauchzungen eines bethörten Volkes die Gesetze durch die
Freiheit und die Freiheit durch schlimme Sitten zu vernichten,
um ein Volk, welches sich der heilsamen Zucht des Gesetzes nicht
unterwerfen wollte, der willkürlichen Gewalt ihrer Leidenschaften
zu unterwerfen; kurz, er hatte Leute gebildet, die sich Ehrensäulen
dafür aufrichten ließen, daß sie ihr Vaterland zu Grunde rich=
teten. Allein dieses befriedigte seine Eitelkeit noch nicht. Er
wollte auch Jemand hinterlassen, der seine Kunst fortzusetzen ge=
schickt wäre, eine Kunst, die in seinen Augen allzu schön war,

als daß sie mit ihm sterben sollte. Schon lange hatte er einen jungen Menschen gesucht, bei dem er das natürliche Geschick, der Nachfolger eines Hippias zu sein, in derjenigen Vollkommen= heit finden möchte, die dazu erfordert wurde. Seine wirkliche oder eingebildete Gabe, aus der Gestalt und Miene das Inwendige eines Menschen zu errathen, beredete ihn, bei Agathon zu finden, was er suchte; wenigstens hielt er es der Mühe werth, eine Probe mit ihm zu machen; und da er ein so gutes Vorurtheil von seiner Tüchtigkeit hegte, so fiel ihm nur nicht ein, in seine Willigkeit zu den großen Absichten, die er mit ihm vorhatte, einige Zweifel zu setzen.

Zweites Capitel.

Verwunderung, in welche Agathon über die Weisheit seines neuen Herrn gesetzt wird.

Agathon wußte noch nichts, als daß er einem Manne zu= gehöre, dessen äußerliches Ansehen sehr zu seinem Vortheil sprach, als er beim Eintritt in sein Haus durch die Schönheit des Ge= bäudes, die Bequemlichkeiten der Einrichtung, die Menge und die gute Miene der Bedienten und durch einen Schimmer von Pracht und Ueppigkeit, der ihm allenthalben entgegen glänzte, in eine Art von Verwunderung gesetzt wurde, welche ihm sonst nicht gewöhnlich war und desto mehr zunahm, als man ihm sagte, daß er die Ehre haben sollte, ein Hausgenosse von Hippias, dem Weisen, zu werden.

Er war noch im Nachdenken begriffen, was für eine Art von Weisheit dies sein möchte, als ihn Hippias zu sich rufen ließ, um ihm seine künftige Bestimmung bekannt zu machen. „Die Gesetze, Kallias (denn dies soll künftig Dein Name sein), geben mir zwar das Recht," sagte der Sophist, „Dich als meinen Leib= eigenen anzusehen; aber es wird nur von Dir abhängen, so glücklich in meinem Hause zu sein, als ich es selbst bin. Alle Deine Verrichtungen werden darin bestehen, den Homer bei meinem Tische und die Aufsätze, mit deren Ausarbeitung ich mir die Zeit vertreibe, in meinem Hörsaale vorzulesen. Wenn dieses Amt leicht zu sein scheint, so versichere ich Dich, daß ich nicht leicht zu befriedigen bin und daß Du Kenner zu Hörern haben wirst. Ein ionisches Ohr will nicht nur ergetzt, es will bezaubert sein. Die Annehmlichkeit der Stimme, die Reinigkeit und das

Weiche der Aussprache, die Richtigkeit des Accents, das Muntere, das Ungezwungene, das Musikalische ist nicht hinlänglich; wir fordern eine vollkommene Nachahmung, einen Ausbruck, der jedem Theile des Stückes, jeder Periode, jedem Verse das Leben, den Affect, die Seele giebt, die sie haben sollen; kurz, die Art, wie gelesen wird, soll das Ohr an die Stelle aller übrigen Sinne setzen. Das Gastmahl des Alcinous wird diesen Abend Dein Probestück sein. Die Fähigkeiten, welche ich an Dir zu entdecken hoffe, werden meine Absichten mit Dir bestimmen; und vielleicht wirst Du in der Zukunft Ursache finden, den Tag, an dem Du dem Hippias gefallen hast, unter Deine glücklichen zu zählen.“

Mit diesen Worten verließ er unsern Jüngling und ersparte sich dadurch die Demüthigung, zu sehen, wie wenig der neue Kallias durch die Hoffnungen gerührt schien, wozu ihn diese Erklärung berechtigte. In der That hatte die Bestimmung, die jonischen Ohren zu bezaubern, in Agathon's Augen nicht Edles genug, daß er sich deswegen hätte glücklich schätzen sollen; und überdem war etwas in dem Ton dieser Anrede, welches ihm mißfiel, ohne daß er eigentlich wußte warum?

Inzwischen vermehrte sich seine Verwunderung, je mehr er sich in dem Hause des weisen Hippias umsah; und er begriff nun ganz deutlich, daß sein Herr, was auch sonst seine Grund=sätze sein möchten, wenigstens von der Ertödtung der Sinnlich=keit, wovon er ehemals den Plato zu Athen sehr schöne Dinge sagen gehört hatte, keine Profession mache. Allein wie er sah, was die Weisheit in diesem Hause für eine Tafel hielt, wie prächtig sie sich bedienen ließ, was für reizende Gegenstände ihre Augen, und welche wollüstige Harmonien ihre Ohren ergötzten, indessen der Schenktisch, mit griechischen Weinen und den an=genehm betäubenden Getränken der Asiaten beladen, den Sinnen zu so mannichfaltigem Genuß neue Kräfte zu geben schien; wie er die Menge von jungen Sklaven sah, die den Liebesgöttern glichen, die Chöre von Tänzerinnen und Lautenspielerinnen, die durch die Reizungen ihrer Gestalt so sehr als durch ihre Geschick=lichkeit bezauberten, und die nachahmenden Tänze, in denen sie die Geschichte einer Leda oder Danae durch bloße Bewegungen mit einer Lebhaftigkeit vorstellten, die einen Nestor hätte ver=jüngen können; wie er die üppigen Bäder, die bezauberten Gärten, kurz, wie er Alles sah, was das Haus des weisen Hippias zu einem Tempel der ausgekünsteltsten Sinnlichkeit machte: so

stieg seine Verwunderung bis zum Erstaunen, und er konnte
nicht begreifen, was dieser Sybarit gethan haben müsse, um den
Namen eines Weisen zu verdienen, oder wie er sich einer Be=
nennung nicht schäme, die ihm (seinen Begriffen nach) nicht
besser anstand, als dem Alexander von Phera, wenn man ihn
den Leutseligen, oder der Phryne, wenn man sie die Keusche
hätte nennen wollen. Alle Auflösungen, die er sich selbst hier=
über machen konnte, befriedigten ihn so wenig, daß er sich vor=
nahm, bei der ersten Gelegenheit diese Aufgabe — dem Hippias
selbst vorzulegen.

Drittes Capitel.

Welches bei Einigen den Verdacht erwecken wird, daß diese Geschichte erdichtet sei.

Die Verrichtungen des Agathon ließen ihm so viele Zeit
übrig, daß er in wenig Tagen in einem Hause, wo Alles Freude
athmete, sehr lange Weile hatte. Freilich lag die Schuld nur
an ihm selbst, wenn es ihm an einem Zeitvertreibe mangelte,
der die hauptsächlichste Beschäftigung der Leute von seinem Alter
auszumachen pflegt. Die Nymphen dieses Hauses waren von
einer so gefälligen Gemüthsart, von einer so anziehenden Figur
und von einem so günstigen Vorurtheil für den neuen Haus=
genossen eingenommen, daß es weder die Furcht abgewiesen zu
werden, noch der Fehler ihrer Reizungen war, was den schönen
Kallias so zurückhaltend oder unempfindlich machte, als er sich
zu ihrer nicht geringen Befremdung finden ließ.

Einige, die aus seinem Betragen schlossen, daß er noch ein
Neuling sein müsse, waren so gefällig, daß sie ihm die Schwierig=
keiten zu erleichtern suchten, die ihm seine Schüchternheit (ihren
Gedanken nach) in den Weg legte, und ihm Gelegenheiten gaben,
die den Zaghaftesten hätten unternehmend machen sollen. Allein
— wir müssen es nur gestehen, was man auch von unserm
Helden deswegen denken mag — er gab sich eben so viel Mühe,
diesen Gelegenheiten auszuweichen, als man sich geben konnte, sie
ihm zu machen. Wenn dies anzuzeigen scheint, daß er entweder
einiges Mißtrauen in sich selbst oder ein allzu großes Vertrauen
in die Reizungen dieser schönen Verführerinnen gesetzt habe, so
dient vielleicht zu seiner Entschuldigung, daß er noch nicht alt
genug war, ein Xenokrates zu sein, und daß er, vermuthlich
nicht ohne Ursache, ein Vorurtheil wider dasjenige gefaßt hatte,

was man im Umgange von jungen Personen beiderlei Geschlechts
unschuldige Freiheiten zu nennen pflegt. Dem sei indessen wie
ihm wolle, dies ist gewiß, daß Agathon durch dieses seltsame
Betragen einen Argwohn erweckte, der ihm bei allen Gelegen=
heiten beißende Spöttereien von den übrigen Hausgenossen und
selbst von den Schönen zuzog, welche sich durch seine Sprödigkeit
nicht wenig beleidigt fanden und ihm auf eine feine Art zu
verstehen gaben, daß sie ihn für geschickter hielten, die Tugend
der Damen zu bewachen, als auf die Probe zu stellen.

Agathon fand nicht rathsam, sich in einen Wettstreit einzu=
lassen, wo er besorgen mußte, daß die Begierde Recht zu haben,
die sich in der Hitze des Streites auch der Klügsten zu bemeistern
pflegt, ihn zu gefährlichen Erörterungen führen könnte. Er
machte daher bei solchen Anlässen eine so alberne Figur, daß
man von seinem Witz eine eben so verdächtige Meinung be=
kommen mußte, als man schon von seiner Person gefaßt hatte;
und die allgemeine Verachtung, in die er deswegen fiel, trug
vielleicht nicht wenig dazu bei, ihm den Aufenthalt in einem
Hause beschwerlich zu machen, wo ihm ohnehin Alles, was er
sah und hörte, ärgerlich war. Er liebte zwar die Künste, über
welche, nach dem Glauben der Griechen, die Musen die Aufsicht
hatten; aber er war zu sehr gewöhnt, sich die Musen und die
Grazien, ihre Gespielen, nie anders als im Gefolge der Weisheit
zu denken, um von dem Mißbrauche, welchen Hippias von ihren
Gaben machte, nicht beleidigt zu werden. Die Gemälde, womit
alle Säle und Gänge des Hauses ausgeziert waren, stellten so
schlüpfrige und unsittliche Gegenstände vor, daß er seinen Augen
um so weniger erlauben konnte, sich darauf zu verweilen, je
vollkommner die Natur darin nachgeahmt war, und je mehr
sich das Genie bemüht hatte, der Natur selbst neue Reizungen
zu leihen. Eben so weit war die Musik, die er alle Abende
nach der Tafel hören konnte, von derjenigen unterschieden,
welche, seiner Einbildung nach, allein der Musen würdig war.
Er liebte eine Musik, welche die Leidenschaften besänftigte und
die Seele in ein angenehmes Staunen wiegte, oder mit einem
feurigen Schwung von Begeisterung das Lob der Unsterblichen
sang und das Herz in heiliges Entzücken und in ein schauer=
volles Gefühl der gegenwärtigen Gottheit setzte; oder drückte
sie Zärtlichkeit und Freude aus, so sollte es die Zärtlichkeit der
Unschuld und die rührende Freude der einfältigen Natur sein.
Allein in diesem Hause hatte man einen ganz andern Geschmack.

Was Agathon hörte, waren Sirenengesänge, die den üppigsten Liedern Anakreon's, Sappho's und Korinnens einen Reiz gaben, welcher selbst aus unangenehmen Lippen verführerisch gewesen wäre; Gesänge, die durch den nachahmenden Ausdruck der schmeichelnden, seufzenden und schmachtenden, oder der triumphirenden und in Entzücken aufgelösten Leidenschaft die Begierde erregten, dasjenige zu erfahren, was in der Nachahmung schon so reizend war; lydische Flöten, deren girrendes, verliebtes Flüstern die redenden Bewegungen der Tänzerinnen ergänzte und ihrem Spiel eine Deutlichkeit gab, welche der Einbildungskraft nichts zu errathen übrig ließ; Symphonien, welche die Seele in ein bezaubertes Vergessen ihrer selbst versenkten und, nachdem sie alle ihre edleren Kräfte entwaffnet hatten, die erregte und willige Sinnlichkeit der ganzen Gewalt der von allen Seiten eindringenden Wollust auslieferten.

Agathon konnte bei diesen Scenen, wo so viele Künste, so viele Zaubermittel sich vereinigten, den Widerstand der Tugend zu ermüden, nicht so gleichgültig bleiben, als diejenigen zu sein schienen, die derselben gewohnt waren; und die Unruhe, in die er dadurch gesetzt wurde, machte ihm (was auch die Stoiker sagen mögen) mehr Ehre, als dem Hippias und seinen Freunden ihre Gelassenheit. Er befand also für gut, allemal, wenn er seine Rolle als Homerist geendigt hatte, sich hinweg zu begeben und irgend einen Winkel zu suchen, wo er in ungestörter Einsamkeit von den widrigen Eindrücken sich befreien konnte, die das geschäftige und fröhliche Getümmel des Hauses und der Anblick so vieler Gegenstände, die seinen moralischen Sinn beleidigten, den Tag über auf sein Gemüth gemacht hatten.

Viertes Capitel.
Schwärmerei unsers Helden.

Die Wohnung des Hippias war auf der mittäglichen Seite von Gärten umgeben, in deren weitläufigem Bezirke die Kunst und der Reichthum alle ihre Kräfte aufgewandt hatten, die einfältige Natur mit ihren eignen und mit fremden Schönheiten zu überladen. Gefilde voll Blumen, die, aus allen Welttheilen gesammelt, jeden Monat zum Frühling eines andern Klima machten; Lauben von allen Arten wohlriechender Stauden; Lustgänge von Citronenbäumen, Oelbäumen und Cedern, in deren

Länge der schärfste Blick sich verlor; Haine von allen Arten
fruchtbarer Bäume und Irrgänge von Myrten= und Lorbeer=
hecken, mit Rosen von allen Farben durchwunden, wo tausend
marmorne Najaden, die sich zu regen und zu athmen schienen,
kleine murmelnde Bäche zwischen die Blumen hingossen, oder
mit muthwilligem Plätschern in spiegelhellen Brunnen spielten,
oder unter überhangenden Schatten von ihren Spielen auszu=
ruhen schienen: Alles dies machte die Gärten des Hippias den
bezauberten Gegenden ähnlich, diesen Spielen einer dichterischen
und malerischen Phantasie, welche man erstaunt ist außerhalb
seiner Einbildung zu sehen.

Hier war es, wo Agathon seine angenehmsten Stunden zu=
brachte; hier fand er die Heiterkeit der Seele wieder, die er dem
angenehmsten Taumel der Sinne unendlich weit vorzog; hier
konnte er sich mit sich selbst besprechen; hier sah er sich von
Gegenständen umgeben, die zu seiner Gemüthsbeschaffenheit
stimmten: wiewol die seltsame Denkart, wodurch er die Er=
wartung des Hippias so sehr betrog, auch hier nicht ermangelte,
sein Vergnügen durch den Gedanken zu vermindern, daß alle
diese Gegenstände weit schöner wären, wenn sich die Kunst nicht
angemaßt hätte, die Natur ihrer Freiheit und rührenden Ein=
fältigkeit zu berauben.

Oft, wenn er beim Mondschein, den er mehr als den Tag
liebte, einsam im Schatten lag, erinnerte er sich der frohen
Scenen seiner ersten Jugend, der unbeschreiblichen Eindrücke,
die jeder schöne Gegenstand, jeder ihm neue Auftritt der Natur
auf seine noch unverwöhnten Sinne gemacht hatte, der süßen
Stunden, die ihm in den Entzückungen einer ersten schuldlosen
Liebe zu Augenblicken geworden waren. Diese Erinnerungen,
mit der Stille der Nacht und dem Gemurmel sanfter Bäche und
sanft wehender Sommerlüfte, wiegten seine Sinne in eine Art
von leichtem Schlummer ein, worin die innerlichen Kräfte der
Seele mit verdoppelter Stärke wirken. Dann bildeten sich ihm
die reizenden Aussichten einer bessern Zukunft vor; er sah alle
seine Wünsche erfüllt; er fühlte sich etliche Augenblicke glücklich;
und erwachte er wieder, so beredete er sich, daß diese Hoffnungen
ihn nicht so lebhaft rühren, nicht in eine so gelassene Zufrieden=
heit senken würden, wenn es nur nächtliche Spiele der Ein=
bildung und nicht vielmehr innerliche Ahnungen wären, Blicke,
welche der Geist, in der Stille und Freiheit, die ihm die schlummern=
den Sinne lassen, in die Zukunft und in eine weitere Sphäre

thut, als diejenige ist, die von der Schwäche seiner körperlichen Sinne umschrieben wird.

In einer solchen Stunde war es, als Hippias, den die Anmuth einer schönen Sommernacht zum Spaziergang einlud, ihn unter diesen Beschauungen überraschte, denen er, in der Meinung allein zu sein, sich zu überlassen pflegte. Hippias blieb eine Weile vor ihm stehen, ohne daß Agathon seiner gewahr ward; endlich aber redete er ihn an und ließ sich in ein Gespräch mit ihm ein, welches ihn nur allzu sehr in dem Argwohne bestärkte, den er von dem Hang unseres Helden zu demjenigen, was die Welt Schwärmerei nennt, bereits gefaßt hatte.

Fünftes Capitel.

Ein Gespräch zwischen Hippias und seinem Sklaven.

„Du scheinst in Gedanken vertieft, Kallias?"

„Ich glaubte allein zu sein."

„Ein Anderer an Deiner Stelle würde die Freiheit meines Hauses anders zu benutzen wissen. Doch vielleicht gefällst Du mir um dieser Zurückhaltung willen nur desto besser. Aber mit was für Gedanken vertreibst Du Dir die Zeit, wenn man fragen darf?"

„Die allgemeine Stille, der Mondschein, die rührende Schönheit der schlummernden Natur, die mit den Ausdünstungen der Blumen durchwürzte Nachtluft, tausend angenehme Empfindungen, deren liebliche Verwirrung meine Seele trunken machte, setzten mich in eine Art von Entzückung, worin ein anderer Schauplatz von unbekannten Schönheiten sich vor mir aufthat. Es war nur ein Augenblick, aber ein Augenblick, den ich um eines von den Jahren des Königs von Persien nicht vertauschen wollte."

Hippias lächelte.

„Dieses brachte mich auf die Gedanken, wie glücklich der Zustand der Geister sei, die den groben thierischen Leib abgelegt haben und im Anschauen des wesentlichen Schönen, des Unvergänglichen, Ewigen und Göttlichen Jahrtausende durchleben, die ihnen nicht länger scheinen als mir dieser Augenblick; und in den Betrachtungen, denen ich hierüber nachhing, bin ich von Dir überrascht worden."

7*

„Du schliefst doch nicht, Kallias? Du hast, wie ich sehe, mehr Talente, als ich Dir zutraute; Du kannst auch wachend träumen?"

„Es giebt vielerlei Arten von Träumen, und bei einigen Menschen scheint ihr ganzes Leben Traum zu sein. Wenn meine Vorstellungen Träume sind, so sind sie wenigstens angenehmer als Alles, was ich in dieser Zeit wachend hätte erfahren können."

„Du gedenkst also vielleicht selbst einer von diesen Geistern zu werden, die Du so glücklich preisest?"

„Ich hoffe es zu werden und würde ohne diese Hoffnung mein Dasein für kein Gut achten."

„Besitzest Du etwa ein Geheimniß, körperliche Wesen in geistige zu erhöhen? einen Zaubertrank von der Art derjenigen, womit die Medeen und Circen der Dichter so wunderbare Verwandlungen zuwege bringen?"

„Ich verstehe Dich nicht, Hippias."

„So will ich deutlicher sein. Wenn ich anders Dich verstanden habe, so hältst Du Dich für einen Geist, der in einen thierischen Leib eingekerkert ist?"

„Wofür sollte ich mich sonst halten?"

„Sind die vierfüßigen Thiere, die Vögel, die Fische, die Gewürme auch Geister, die in einen thierischen Leib eingeschlossen sind?"

„Vielleicht."

„Und die Pflanzen?"

„Vielleicht auch diese."

„Du bauest also Deine Hoffnung auf ein Vielleicht? Wenn die Thiere vielleicht auch nicht Geister siud, so bist Du vielleicht eben so wenig einer; denn dies ist einmal gewiß, daß Du ein Thier bist. Du entstehst wie die Thiere, wächst wie sie, hast ihre Bedürfnisse, ihre Sinne, ihre Leidenschaften, wirst erhalten wie sie, vermehrst Dich wie sie, stirbst wie sie und wirst wie sie wieder zu einem Bischen Wasser und Erde, wie Du vorher gewesen warst. Wenn Du einen Vorzug vor ihnen hast, so ist es eine schönere Gestalt, ein Paar Hände, mit denen Du mehr ausrichten kannst als ein Thier mit seinen Pfoten, eine Bildung gewisser Gliedmaßen, die Dich der Rede fähig macht, und ein lebhafterer Witz, der von einer schwächeren und reizbareren Beschaffenheit Deiner Fibern herkommt und dennoch alle Künste, womit wir uns so groß zu machen pflegen, den Thieren abgelernt hat."

„Wir haben also sehr verschiedene Begriffe von der menschlichen Natur, Du und ich."

„Vermuthlich, weil ich sie für nichts Anderes halte, als wofür meine Sinne und eine Beobachtung ohne Vorurtheile sie mir geben. Doch ich will freigebig sein; ich will Dir zugeben, dasjenige, was in Dir denkt, sei ein Geist und wesentlich von Deinem Körper unterschieden. Worauf gründest Du aber die Hoffnung, daß dieser Geist noch denken werde, wenn Dein Leib zerstört sein wird? Ich will nicht sagen, daß er zu Nichts werde. Aber wenn Dein Leib durch den Tod die Form verliert, die ihn zu Deinem Leibe machte, woher hoffest Du, daß Dein Geist die Form nicht verlieren werde, die ihn zu Deinem Geiste macht?"

„Weil ich mir unmöglich vorstellen kann, daß der oberste Geist, dessen Geschöpfe oder Ausflüsse die übrigen Geister sind, ein Wesen zerstören werde, das er fähig gemacht hat, so glücklich zu sein, als ich es schon gewesen bin."

„Ein neues Vielleicht? Woher kennst Du diesen obersten Geist?"

„Woher kennst Du den Meister, der diesen Amor gemacht hat?"

„Weil ich ihm zusah, als er ihn machte; denn vielleicht könnte eine Bildsäule auch entstehen, ohne daß sie von einem Künstler gemacht würde."

„Wie so?"

„Eine ungefähre Bewegung ihrer kleinsten Elemente könnte diese Form endlich hervorbringen."

„Eine regellose Bewegung ein regelmäßiges Werk?"

„Warum das nicht? Du kannst im Würfelspiel von ungefähr alle Drei werfen. So gut als dieses möglich ist, könntest Du auch unter etlichen Billionen von Würfen einen werfen, wodurch eine gewisse Anzahl Sandkörner in eine cirkelrunde Figur fallen würden. Die Anwendung ist leicht zu machen."

„Ich verstehe Dich. Aber es bleibt allemal unendlich unwahrscheinlich, daß die ungefähre Bewegung der Elemente nur eine Muschel, deren so unzählig viele an jenem Ufer liegen, hervorbringen könne; und die Ewigkeit selbst scheint nicht lang genug zu sein, nur diese Erdkugel, diesen kleinen Atomen des ganzen Weltgebäudes, auf solche Weise entstehen zu machen."

„Es ist genug, daß unter unendlich vielen ungefähren Bewegungen, die nichts Regelmäßiges und Dauerhaftes hervorbringen, eine möglich ist, die eine Welt hervorbringen kann.

Dies setzt der Wahrscheinlichkeit Deiner Meinung ein Vielleicht entgegen, wodurch sie auf einmal entkräftet wird."

„So viel als das Gewicht einer unendlichen Last durch die Hinwegnahme eines einzigen Sandkorns."

„Du hast vergessen, daß eine unendliche Zeit in die andere Wagschale gelegt werden muß. Doch ich will diesen Einwurf fahren lassen, ob er gleich weiter getrieben werden kann; was gewinnt Deine Meinung dadurch? Vielleicht ist die Welt immer in der allgemeinen Verfassung gewesen, worin sie ist? — Vielleicht ist sie selbst das einzige Wesen, das durch sich selbst besteht? — Vielleicht ist der Geist, von dem Du sagtest, durch die wesentliche Beschaffenheit seiner Natur gezwungen, diesen allgemeinen Weltkörper nach den Gesetzen einer unveränderlichen Nothwendigkeit zu beleben? Und gesetzt, die Welt sei, wie Du meinest, das Werk eines verständigen und freien Entschlusses: vielleicht hat sie viele Urheber? Mit einem Worte, Kallias, Du hast viele mögliche Fälle zu vernichten, ehe Du nur das Dasein Deines obersten Geistes außer Zweifel gesetzt hast."

„Ein mäßiger Gebrauch des allgemeinen Menschenverstandes könnte Dich überführen, Hippias, daß alle die Fälle, von denen Du sprichst, keine möglichen Fälle sind. Kein Mensch in der Welt ist jemals albern genug gewesen zu glauben, daß eine ungefähre Bewegung der Buchstaben des Alphabets nur eine Iliade hervorbringen könnte. Und was ist eine ungefähre Bewegung? Was ist ein untheilbares, ewiges, nothwendiges, durch sich selbst bestehendes Stäubchen? Oder eine durch sich selbst bestehende Welt? Oder eine Welt, welche viele Urheber hat? Entwickle die Begriffe, die Du mit diesen Wörtern zu verbinden glaubst, und Du wirst finden, daß sie einander vernichten, daß Du wirklich nichts dabei denkst, noch denken kannst. Die Rede ist hier nicht davon, sich selbst muthwillig durch willkürliche Abstractionen zu betrügen, sondern die Wahrheit zu suchen; und wenn es Dein Ernst wäre, die Wahrheit zu suchen, wie wäre es möglich, sie zu verfehlen? sie, die sich dem allgemeinen Gefühl der Menschheit aufdringt? Was ist dieses große Ganze, welches wir die Welt nennen, anders als ein Inbegriff von Wirkungen? Wo ist die Ursache davon? Oder kannst Du Wirkungen ohne Ursache, oder zusammenhängende, regelmäßige, sich aus einander entwickelnde und in einen Zweck zusammenstimmende Wirkungen ohne eine verständige Ursache denken? O Hippias, glaube mir, nicht Dein Kopf (es müßte nur ein sehr zerrütteter Kopf sein),

Dein Herz ist ein Gottesleugner. Deine Zweifel sind die un=
redlichen Ausflüchte eines Menschen, der nur darum der Wahr=
heit zu entwischen sucht, weil er sich fürchtet, von ihr beleuchtet
zu werden. Ein gerades Herz, eine unverfälschte Seele hat nicht
vonnöthen, die erste, die augenscheinlichste und liebenswürdigste
aller Wahrheiten durch alle diese Irrgänge metaphysischer Be=
griffe zu verfolgen. Ich brauche nur die Augen zu öffnen, nur
mich selbst zu empfinden, um in der ganzen Natur, um in dem
Innersten meines eigenen Wesens den Urheber derselben, diesen
höchsten wohlthätigsten Geist, zu erblicken. Ich erkenne sein Da=
sein nicht blos durch Vernunftschlüsse; ich fühle es, wie ich fühle,
daß eine Sonne ist, wie ich fühle, daß ich selbst bin."

„Ein Träumender, ein Kranker, ein Wahnwitziger sieht; und
doch ist das nicht, was er sieht."

„Weil er in diesem Zustande nicht recht sehen kann."

„Wie kannst Du beweisen, daß Du nicht gerade in diesem
Punkte krank bist? Frage die Aerzte: man kann in einem ein=
zigen Stücke wahnwitzig und in allen übrigen klug sein, so wie
eine Laute bis auf eine einzige falsche Saite rein gestimmt sein
kann. Der rasende Ajax sieht zwei Sonnen, ein doppeltes Thebe.
Was für ein untrügliches Kennzeichen hast Du, das Wahre von
dem, was nur scheint, das, was Du wirklich empfindest, von dem,
was Du Dir nur einbildest, das, was Du richtig empfindest, von
dem, was eine verstimmte Nerve Dich empfinden macht, zu unter=
scheiden? Und wie, wenn alle Empfindung betröge und nichts
von Allem, was ist, so wäre, wie Du es empfindest?"

„Darum bekümmere ich mich wenig. Gesetzt, was ich ohne=
hin sehr wahrscheinlich finde, die Sonne sei nicht so, wie ich sie
sehe und fühle; für mich ist sie darum nicht minder so, wie ich
sie sehe und fühle, und das ist für mich genug. Ihr Einfluß
in das System aller meiner übrigen Empfindungen ist darum
nicht weniger wirklich, wenn sie gleich nicht so ist, wie sie sich
meinen Sinnen darstellt, ja wenn sie gar nicht ist."

„Die Anwendung hiervon, wenn Dir's beliebt?"

„Die Empfindung, die ich von dem höchsten Geist habe, hat
in das innerliche System des meinigen den nämlichen Einfluß,
den die Empfindung, die ich von der Sonne habe, auf mein
körperliches System hat."

„Wie so?"

„Wenn sich mein Leib übel befindet, so vermehrt die Ab=
wesenheit der Sonne das Unbehagliche dieses Zustandes. Der

wiederkehrende Sonnenschein belebt, ermuntert, erquickt meinen
Körper wieder, und ich befinde mich wohl oder doch erleichtert.
Eben diese Wirkung thut die Empfindung des allbeseelenden
Geistes auf meine Seele. Sie erheitert, sie beruhigt, sie er=
muntert mich; sie zerstreut meinen Unmuth, sie belebt meine
Hoffnung; sie macht, daß ich in einem Zustande nicht unglücklich
bin, der mir ohne sie unerträglich wäre."

„Ich bin also glücklicher als Du, weil ich alles Dieses nicht
vonnöthen habe. Erfahrung und Nachdenken haben mich von
Vorurtheilen frei gemacht; ich genieße Alles, was ich wünsche,
und wünsche nichts, dessen Genuß nicht in meiner Gewalt ist.
Ich weiß also wenig von Unmuth und Sorgen. Ich hoffe wenig,
weil ich mit dem Genusse des Gegenwärtigen zufrieden bin. Ich
genieße mit Mäßigung, damit ich desto länger genießen köune;
und wenn ich einen Schmerz fühle, so leide ich mit Geduld, weil
dies das beste Mittel ist, seine Dauer abzukürzen."

„Und worauf gründest Du Deine Tugend? Womit nährst
und belebst Du sie? Womit überwindest Du die Hindernisse,
die sie aufhalten, die Versuchungen, die von ihr ablocken, das
Ansteckende der Beispiele, die Unordnung der Begierden und
die Trägheit, welche die Seele so oft erfährt, wenn sie sich er=
heben will?"

„O Jüngling, lange genug habe ich Deinen Ausschweifungen
zugehört. In was für ein Gewebe von Hirngespinnsten hat
Dich die Lebhaftigkeit Deiner Einbildungskraft verwickelt! Deine
Seele schwebt in einer immerwährenden Bezauberung, in einer
steten Abwechselung von quälenden und entzückenden Träumen,
und die wahre Beschaffenheit der Dinge bleibt Dir so verborgen
als die sichtbare Gestalt der Welt einem Blindgebornen. Ich
bedaure Dich, Kallias. Deine Gestalt, Deine Gaben berechtigen
Dich, nach Allem zu trachten, was das menschliche Leben Glück=
liches hat; Deine Denkungsart allein wird Dich unglücklich
machen. Angewöhnt, lauter idealische Wesen um Dich her zu
sehen, wirst Du niemals die Kunst, von den Menschen Vortheil
zu ziehen, lernen. Du wirst in einer Welt, die Dich so wenig
keunen wird als Du sie, wie ein Einwohner des Mondes herum=
irren und nirgends am rechten Platze sein als in einer Einöde
oder im Fasse des Diogenes. Was soll man mit einem Men=
schen anfangen, der Geister sieht? der von der Tugend fordert,
daß sie mit aller Welt und mit sich selbst in beständigem Kriege
leben soll? Mit einem Menschen, der sich in den Mondschein

setzt und Betrachtungen über das Glück der entkörperten Geister anstellt? Glaube mir, Kallias (ich kenne die Welt und sehe keine Geister), Deine Philosophie mag vielleicht gut genug sein, eine Gesellschaft müßiger Köpfe statt eines anderen Spieles zu belustigen; aber es ist Thorheit, sie ausüben zu wollen. — Doch, Du bist jung; die Einsamkeit Deiner ersten Jugend und die morgenländischen Schwärmereien, die uns von etlichen griechischen Müßiggängern aus Aegypten und Chaldäa mitgebracht worden sind, haben Deiner Phantasie einen romanhaften Schwung gegeben; die übermäßige Empfindlichkeit Deiner Organisation hat den angenehmen Betrug befördert. Leuten von dieser Art ist nichts schön genug, was sie fühlen; die Phantasie muß ihnen andere Welten schaffen, die Unersättlichkeit ihres Herzens zu befriedigen. Allein diesem Uebel kann noch abgeholfen werden. Selbst in den Ausschweifungen Deiner Einbildungskraft entdeckt sich eine natürliche Richtigkeit des Verstandes, der nichts fehlt, als — auf andere Gegenstände angewandt zu werden. Ein wenig Gelehrigkeit ist Alles, was Du nöthig hast, um von dieser seltsamen Art von Wahnwitz geheilt zu werden, die Du für Weisheit hältst. Ueberlaß es mir, Dich aus den unsichtbaren Welten in die wirkliche herabzuführen. Sie wird Dich anfangs befremden, aber nur weil sie Dir neu ist; und wenn Du ihrer einmal gewohnt bist, wirst Du die ätherischen so wenig vermissen, als ein erwachsener Mensch die Spiele seiner Kindheit. Diese Schwärmereien sind Kinder der Einsamkeit und der Muße. Wer nach angenehmen Empfindungen dürstet und der Mittel beraubt ist, sich wirkliche zu verschaffen, ist genöthigt, sich mit Einbildungen zu speisen, und aus Mangel einer bessern Gesellschaft mit den Sylphen umzugehen. Die Erfahrung wird Dich hiervon am Besten überzeugen können. Ich will Dir die Geheimnisse einer Weisheit entdecken, die zum Genuß alles Dessen führt, was die Natur, die Kunst, die Gesellschaft und selbst die Einbildung (denn der Mensch ist doch nicht gemacht, immer weise zu sein) Gutes und Angenehmes zu geben haben; und ich müßte mich ganz an Dir betrügen, wenn die Stimme der Vernunft, die Du noch niemals gehört zu haben scheinst, Dich nicht von einem Irrwege zurückrufen könnte, wo Du am Ende Deiner Reise in das Land der Hoffnungen Dich um nichts reicher befinden würdest als um die Erfahrung, Dich betrogen zu haben. Jetzt ist es Zeit, schlafen zu gehen; aber der nächste ruhige Morgen, den ich habe, soll Dein sein. Ich

brauche Dir nicht zu sagen, wie zufrieden ich mit der Art bin,
wie Du bisher Dein Amt versehen hast, und ich wünsche nichts,
als daß eine bessere Uebereinstimmung unserer Denkungsart
mich in den Stand setze, Dir Beweise von meiner Freundschaft
zu geben."

Mit diesen Worten begab sich Hippias hinweg und ließ unsern Agathon in einer Verfassung, die der Leser aus dem folgenden Capitel ersehen wird.

<hr />

Sechstes Capitel.
Worin Agathon für einen Schwärmer ziemlich gute Schlüsse macht.

Wir zweifeln nicht, verschiedene Leser dieser Geschichte werden vermuthen, Agathon müsse über diese nachdrucksvolle Apostrophe des weisen Hippias nicht wenig betroffen, oder doch in
einige Unruhe gesetzt worden sein. Das Alter des Sophisten,
der Ruf der Weisheit, worin er stand, der zuversichtliche Ton,
womit er sprach, der Schein von Wahrheit, der über seine Rede
ausgebreitet war und, was nicht das Wenigste scheint, das Ansehen, welches ihm seine Reichthümer gaben: alle diese Umstände
hätten nicht fehlen sollen, einen Menschen aus der Fassung zu
setzen, der ihm so viele Vorzüge eingestehen mußte und überdies
noch sein Sklave war. Gleichwol hatte Agathon diese ganze
nachdrucksvolle Rede mit einem Lächeln angehört, welches fähig
gewesen wäre, alle Sophisten der Welt irre zu machen, wenn
die Dunkelheit und das Vorurtheil des Redners für sich selbst
es hätten bemerken lassen; und kaum befand er sich allein, so
war die erste Wirkung derselben, daß dieses Lächeln sich in ein
Lachen verwandelte, welches er zum Nachtheil seines Zwerchfells
länger zurückzuhalten unnöthig hielt, und welches immer wieder
anfing, so oft er sich die Miene, den Ton und die Geberden
vorstellte, womit der weise Hippias die kräftigsten Stellen seiner
Rede von sich gegeben hatte. „Es ist wahr," sagte er zu sich
selbst, „ein Mensch, der so lebt wie Hippias, muß so denken;
und wer so denkt wie Hippias, würde unglücklich sein, wenn er
nicht so leben könnte. Aber gleichwol muß ich lachen, wenn
ich an den Ton der Unfehlbarkeit denke, womit er sprach. Dieser
Ton ist mir nicht so neu, als der weise Hippias glauben mag.
Ich habe Gerber und Grobschmiede zu Athen gekannt, die sich
nicht zu wenig däuchten, mit dem ganzen Volke in diesem Tone

zu sprechen. Er glaubt, mir etwas Neues gesagt zu haben,
wenn er meine Denkungsart Schwärmerei nennt und mir mit
der Gewißheit eines Propheten die Schicksale ankündigt, die sie
mir zuziehen wird. Wie sehr betrügt er sich, wenn er mich
dadurch erschreckt zu haben glaubt! O Hippias, was ist das,
was Du Glückseligkeit nennest? Niemals wirst Du fähig sein, zu
wissen, was Glückseligkeit ist. Was Du so nennst, ist Glückseligkeit, wie das Liebe ist, was Dir Deine Tänzerinnen einflößen.
Du nennst die meinige Schwärmerei? Laß mich immer ein
Schwärmer sein, und sei Du ein Weiser! Die Natur hat Dir
diese Empfindlichkeit, diese innerlichen Sinne versagt, die den
Unterschied zwischen uns Beiden machen; Du bist einem Tauben
ähnlich, der die fröhlichen Bewegungen, welche die begeisternde
Flöte eines Damon in alle Glieder seiner Hörer bringt, dem
Wein oder der Unsinnigkeit zuschreibt; er würde tanzen wie sie,
wenn er hören könnte. Die Weltleute sind in der That nicht
zu verdenken, wenn sie uns Andre für ein Wenig mondsüchtig
halten. Wer will ihnen zumuthen zu glauben, es mangle ihnen
etwas, das zu einem vollständigen Menschen gehört? Ich kannte
zu Athen ein junges Frauenzimmer, welches die Natur wegen
der Häßlichkeit ihrer übrigen Figur durch den feinsten Fuß ge-
tröstet hatte. Ich möchte doch wissen, sagte sie zu einer Freundin,
was diese jungen Gecken an der einbildischen Timandra sehen,
da sie sonst für Niemand Augen haben als für sie? Es ist
wahr, ihre Gesichtsfarbe geht noch mit, ihre Züge sind so so,
ihre Augen wenigstens aufmunternd genug; aber was sie für
Füße hat! Wie kann man einen Anspruch an Schönheit machen,
ohne einen feinen Fuß zu haben? Du hast Recht, versetzte die
Freundin, die der Natur nichts Schöneres zu danken hatte als
ein Paar ungemein kleine Ohren, um schön zu sein, muß man
einen Fuß haben wie Du; aber was sagst Du zu ihren Ohren,
Hermia? So wahr mir Diana gnädig sei, sie würden einem
Faun Ehre machen. — So sind die Menschen, und es wäre
unbillig, ihnen übel zu nehmen, daß sie so sind. Die Nachtigall
singt, der Rabe krächzt, und er müßte kein Rabe sein, wenn er
nicht dächte, daß er gut krächze; ja, er hat noch Recht, wenn er
denkt, die Nachtigall krächze nicht gut. Es ist wahr, dann geht
er zu weit, wenn er über die Nachtigall spottet, daß sie nicht
so gut krächze wie er; aber sie würde eben so Unrecht haben,
wenn sie über ihn lachte, daß er nicht singe wie sie; singt er
nicht, so krächzt er doch gut, und das ist für ihn genug. —

Aber Hippias ist besorgt für mich, er bedauert mich, er will mich so glücklich haben, wie er ist. Dies ist großmüthig! — Er hat ausfindig gemacht, daß ich das Schöne liebe, daß ich gegen den Reiz des Vergnügens nicht unempfindlich bin. Die Entdeckung war leicht zu machen; aber in den Schlüssen, die er daraus zieht, könnt' er sich betrogen haben. Der kluge Ulysses zog sein steiniges kleines Ithaka, wo er frei war, und seine alte Frau, mit welcher er vor zwanzig Jahren jung gewesen war, der bezauberten Insel der schönen Kalypso vor, wo er unsterblich und ein Sklave gewesen wäre; und der Schwärmer Agathon würde mit allem seinem Geschmack für das Schöne und mit aller seiner Empfindlichkeit für die Ergetzungen, ohne sich einen Augenblick zu bedenken, lieber in das Faß des Diogenes kriechen, als den Palast, die Gärten, das Gynäceon und die Reichthümer des weisen Hippias besitzen und Hippias sein."

Immer Selbstgespräche! hören wir den Leser sagen. Wenigstens ist dies eines, und wer kann dafür? Agathon hatte sonst Niemand, mit dem er hätte reden können, als sich selbst; denn mit den Bäumen und Nymphen reden nur die Verliebten. Wir müssen uns schon entschließen, ihm diese Unart zu gut zu halten; und wir sollten es desto eher thun können, da ein so feiner Weltmann, als Horaz unstreitig war, sich nicht geschämt hat, zu gestehen, daß er öfters mit sich selbst zu reden pflege.

Siebentes Capitel.

Vorbereitungen zum Folgenden.

Agathon hatte noch nicht lange genug unter den Menschen gelebt, um die Welt so gut zu kennen, wie ein Theophrast sie kannte, da er sie verlassen mußte. Allein, was ihm an Erfahrung abging, ersetzte seine natürliche Gabe, in den Seelen zu lesen, die durch die Aufmerksamkeit geschärft worden war, womit er die Menschen und die Auftritte des Lebens, welche er zu sehen Gelegenheit gehabt, beobachtet hatte. Daher kam es, daß seine letzte Unterredung mit dem Hippias, anstatt ihn etwas Neues zu lehren, nur den Verdacht rechtfertigte, den er schon einige Zeit gegen den Charakter und die Denkungsart dieses Sophisten gefaßt hatte. Er konnte also leicht errathen, von was für einer Art die geheime Philosophie sein würde, von welcher man ihm so große Vortheile versprochen hatte. Demungeachtet

verlangte ihn nach dieser Zusammenkunft: theils weil er neu=
gierig war, die Denkungsart eines Hippias in ein System ge=
bracht zu sehen, theils weil er sich von der Beredsamkeit desselben
diejenige Art von Ergetzung versprach, die uns ein geschickter
Gaukler macht, der uns sehen läßt, was wir nicht sehen, ohne
es darum bei einem klugen Menschen so weit zu bringen, daß
er nur einen Augenblick zweifeln sollte, ob er betrogen werde
oder nicht.

Mit einer Gemüthsverfassung, die so wenig von der Gelehr=
rigkeit hatte, welche Hippias forderte, fand sich Agathon ein, als
er nach Verfluß einiger Tage an einem Morgen in das Zimmer
des Sophisten gerufen wurde, welcher auf einem Ruhebette
liegend seiner wartete und ihm befahl, sich neben ihm nieder=
zusetzen und das Frühstück mit ihm zu nehmen.

Diese Höflichkeit war nach der Absicht des weisen Hippias
eine Vorbereitung, und er hatte, um die Wirkung derselben zu
befördern, das schönste Mädchen in seinem Hause ausersehen,
sie dabei zu bedienen. In der That, die Gestalt dieser Nymphe und
die gute Art, womit sie ihr Amt versah, machten ihre Aufwartung
für einen Weisen von Agathon's Alter ein Wenig beunruhigend.
Das Schlimmste war, daß die kleine Zauberin, um sich wegen der
Gleichgiltigkeit, womit er ihre zuvorkommende Güte bisher ver=
nachlässigt hatte, zu rächen, keinen von den Kunstgriffen ver=
absäumte, wodurch sie ihm den Werth des verscherzten Glückes
empfindlicher zu machen glaubte. Sie hatte die Bosheit gehabt,
sich in einem so niedlichen, so sittsamen und doch so verführerischen
Morgenanzug darzustellen, daß Agathon sich nicht verhindern
konnte zu denken, die Grazien selbst könnten, wenn sie gekleidet
erscheinen wollten, keinen Anzug erfinden, der auf eine wohl=
anständigere Art das Mittel zwischen Kleidung und Nacktheit
hielte. Die Wahrheit zu sagen, das rosenfarbene Gewand,
welches sie umfloß, war eher demjenigen ähnlich, was Petron
einen gewebten Wind oder einen leinenen Nebel nennt, als
einem Zeuge, der den Augen viel entziehen soll. Die kleinste
Bewegung entdeckte Reizungen, welche desto gefährlicher waren,
da sie sich sogleich wieder in verrätherische Schatten verbargen
und mehr der Einbildungskraft als den Augen nachzustellen
schienen.

Demungeachtet würde unser Held sich vielleicht ganz wohl
aus der Sache gezogen haben, wenn er nicht beim ersten Anblicke
die Absichten des Hippias und der schönen Cyane (so hieß die

junge Schöne) errathen hätte. Diese Entdeckung setzte ihn in eine
Art von Verlegenheit, die desto merklicher ward, je größere Ge=
walt er sich anthat, sie zu verbergen. Er errothete zu seinem
größten Verdrusse bis an die Ohren, machte allerlei gezwungene
Geberden und sah alle Gemälde im Zimmer nach einander an,
um seine Verwirrung unmerklich zu machen. Aber alle seine
Mühe war umsonst; die Geschäftigkeit der schalkhaften Cyane
fand immer neuen Vorwand, seinen zerstreuten Blick auf sich zu
ziehen.

Doch der Triumph, dessen sie in diesen Augenblicken genoß,
währte nicht lange. So empfindlich Agathon's Augen waren,
so waren sie es doch nicht mehr als sein moralischer Sinn; und
ein Gegenstand, der diesen beleidigte, konnte keinen so ange=
nehmen Eindruck auf jene machen, daß er nicht von der un=
angenehmen Empfindung des andern wäre überwogen worden.
Die Ansprüche der schönen Cyane, das Gekünstelte, das Schlaue,
das Schlüpfrige, das ihm an ihrer ganzen Person anstößig
war, löschte das Reizende so sehr aus und erkältete seine
Sinne so sehr, daß ein einziger Grad mehr, gleich dem Anblick
der Medusa, fähig gewesen wäre, ihn in einen Stein zu ver=
wandeln. Die Freiheit und Gleichgiltigkeit, die ihm dieses gab,
blieb Cyanen nicht verborgen. Er sorgte dafür, sie durch gewisse
Blicke und ein gewisses Lächeln, dessen Bedeutung ihr ganz
deutlich war, zu überzeugen, daß sie zu früh triumphirt habe.
Dieses Betragen war für ihre Reizungen allzu beleidigend, als
daß sie es für ungezwungen hätte halten sollen. Der Wider=
stand, den sie fand, forderte sie zu einem Wettstreit heraus,
worin sie alle ihre Künste anwandte, den Sieg zu erhalten.
Allein die Stärke ihres Gegners ermüdete endlich ihre Hoffnung,
und sie behielt kaum noch so viel Gewalt über sich selbst, den
Verdruß zu verbergen, den sie über diese Demüthigung ihrer
Eitelkeit empfand.

Hippias, der sich eine Zeit lang stillschweigend an diesem
Spiel belustigte, urtheilte bei sich selbst, daß es nicht leicht sein
werde, „den Verstand eines Menschen zu fangen, dessen Herz
selbst auf der schwächsten Seite so wohl befestigt schien." Allein
diese Anmerkung bekräftigte ihn nur in seinen Gedanken von
der Methode, die er bei seinem neuen Schüler gebrauchen
müsse; und da er selbst von seinem System besser überzeugt
war, als irgend ein Bonze von der Kraft der Amulete, die er
seinen dankbaren Gläubigen austheilt, so zweifelte er nicht,

Agathon würde durch einen freimüthigen Vortrag besser zu ge=
winnen sein als durch die rednerischen Kunstgriffe, deren er
sich bei schwächeren Seelen mit gutem Erfolge zu bedienen
pflegte. Sobald also das Frühstück genommen und die beschämte
Cyane abgetreten war, fing er nach einem kleinen Vorbereitungs=
gespräche den merkwürdigen Discurs an, durch dessen vollstän=
dige Mittheilung wir desto mehr Dank zu verdienen hoffen, da
wir von Kennern versichert worden sind, daß der geheime Ver=
stand desselben den buchstäblichen an Wichtigkeit noch weit über=
treffe, und der wahre und unfehlbare Prozeß, den Stein der
Weisen zu finden, darin verborgen liege.

Drittes Buch.

Darstellung der Philosophie des Hippias.

Erstes Capitel.

Prolog eines interessanten Discurses.

„Wenn wir auf das Thun und Lassen der Menschen Acht
geben, mein lieber Kallias, so scheint zwar, daß alle ihre Sorgen
und Bemühungen kein andres Ziel haben als sich glücklich zu
machen; allein die Seltenheit derjenigen, die es wirklich sind,
oder es doch zu sein glauben, beweist zugleich, daß die Meisten
nicht wissen, durch was für Mittel sie sich glücklich machen sollen,
wenn sie es nicht sind, das ist, wie sie sich ihres guten Glückes
bedienen sollen, um in denjenigen Zustand zu kommen, den man
Glückseligkeit nennt. Es giebt eben so viele, die im Schooße
des Ansehens, des Glücks und der Wollust, als solche, die in
einem Zustande von Mangel, Dienstbarkeit und Unterdrückung
elend sind. Einige haben sich aus diesem letztern Zustand empor
gearbeitet, in der Meinung, daß sie nur darum unglückselig
wären, weil es ihnen am Besitze der Güter des Glücks fehle.
Allein die Erfahrung hat sie gelehrt, daß, wenn es eine Kunst
giebt, die Mittel zur Glückseligkeit zu erwerben, es vielleicht eine
noch schwerere, zum Wenigsten eine seltnere Kunst sei, diese Mittel
recht zu gebrauchen. Es ist daher allezeit die Beschäftigung der
Verständigsten unter den Menschen gewesen, durch Verbindung
dieser beiden Künste diejenige herauszubringen, die man die
Kunst glücklich zu leben nennen kann, und in deren Ausübung,
nach meinem Begriffe, die Weisheit besteht, die so selten ein
Antheil der Sterblichen ist. Ich nenne sie eine Kunst, weil sie
von der fertigen Anwendung gewisser Regeln abhängt, die nur
durch die Uebung erlangt werden kann; allein sie setzt, wie alle
Künste, einen gewissen Grad von Fähigkeit voraus, den nur die
Natur giebt, und den sie nicht Allen zu geben pflegt.

„Einige Menschen scheinen kaum einer größern Glückseligkeit fähig zu sein als die Austern; und wenn sie ja eine Seele haben, so ist es nur so viel, als vonnöthen ist, um ihren Leib eine Zeit lang vor der Fäulniß zu bewahren. Ein größerer, und vielleicht der größte Theil der Menschen befindet sich nicht in diesem Falle; aber weil es ihnen an genugsamer Stärke des Gemüths und an einer gewissen Feinheit der Empfindung mangelt, so ist ihr Leben, gleich dem Leben der übrigen Thiere des Erdbodens, zwischen Vergnügen, die sie weder zu wählen noch zu genießen, und Schmerzen, denen sie weder zu widerstehen noch zu entfliehen wissen, getheilt. Wahn und Leidenschaften sind die Triebfedern dieser menschlichen Maschinen; beide setzen sie einer unendlichen Menge von Uebeln aus, die es nur in einer betrogenen Einbildung, aber eben darum, wo nicht schmerzlicher, doch anhaltender und unheilbarer sind als diejenigen, die uns die Natur auferlegt. Diese Art von Menschen ist keines gesetzten und anhaltenden Vergnügens, keines Zustandes von Glückseligkeit fähig; ihre Freuden sind Augenblicke, und ihr übriges Leben ist entweder wirkliches Leiden oder ein unaufhörliches Gefühl verworrener Wünsche, eine immerwährende Ebbe und Fluth von Furcht und Hoffnung, von Phantasien und Gelüsten: kurz, eine unruhige Bewegung, die weder ein gewisses Maß noch ein festes Ziel hat und also weder ein Mittel zur Erwerbung dessen, was gut ist, sein kann, noch dasjenige genießen läßt, was man wirklich besitzt. Es scheint also unmöglich zu sein, ohne eine gewisse Feinheit und Zartheit des Gefühls, die uns in einem weitern Umkreise mit schärfern Sinnen und auf eine angenehmere Art genießen läßt, und ohne die Stärke der Seele, die uns fähig macht, das Joch der Einbildung und des Wahns abzuschütteln und die Leidenschaften in unsrer Gewalt zu haben, zu demjenigen ruhigen Zustande von Genuß und Zufriedenheit zu kommen, der die Glückseligkeit ausmacht. Nur Derjenige ist in der That glücklich, der sich von den Uebeln, die nur in der Einbildung bestehen, gänzlich frei zu machen, diejenigen aber, denen die Natur den Menschen unterworfen hat, entweder zu vermeiden oder doch zu vermindern gelernt hat und das Gefühl derselben einzuschläfern, hingegen sich in den Besitz alles des Guten, dessen uns die Natur fähig gemacht, zu setzen, und was er besitzt, auf die angenehmste Weise zu genießen weiß; und dieser Glückselige allein ist der Weise.

„Wenn ich Dich anders recht kenne, Kallias, so hat Dich die

Natur mit den Fähigkeiten, es zu sein, so reichlich begabt als mit den Vorzügen, deren kluger Gebrauch uns die Gunstbezeigungen des Glücks zu verschaffen pflegt. Demungeachtet bist Du weder glücklich, noch wirst Du es jemals werden, so lange Du nicht von beiden einen andern Gebrauch zu machen lernst, als Du bisher gethan hast. Du wendest die Stärke Deiner Seele an, Dein Herz gegen das wahre Vergnügen unempfindlich zu machen, und beschäftigst Deine Empfindlichkeit mit unwesentlichen Gegenständen, die Du nur in der Einbildung siehst und nur im Traume genießst. Die Vergnügungen, welche die Natur dem Menschen zugetheilt hat, sind für Dich Schmerzen, weil Du Dir Gewalt anthun mußt, sie zu entbehren; und Du setzest Dich allen Uebeln aus, die sie uns vermeiden lehrt, indem Du, statt einer nützlichen Geschäftigkeit, Dein Leben in den süßen Einbildungen wegträumst, womit Du Dir die Beraubung des wirklichen Vergnügens zu ersetzen suchst. Dein Uebel, lieber Kallias, entspringt von einer Einbildungskraft, welche Dir ihre Geschöpfe in einem überirdischen Glanze zeigt, der Dein Herz verblendet und ein falsches Licht über das, was wirklich ist, ausbreitet, von einer dichterischen Einbildungskraft, die sich beschäftigt, schönere Schönheiten und angenehmere Vergnügungen zu erfinden, als die Natur hat, einer Einbildungskraft, ohne welche weder Homere, noch Alkamene, noch Polygnote wären, welche gemacht ist, unsre Ergetzungen zu verschönern, aber nicht, die Führerin unseres Lebens zu sein. Um weise zu sein, hast Du nichts nöthig, als die gesunde Vernunft an die Stelle dieser begeisterten Zauberin und die kalte Ueberlegung an den Platz eines sehr oft betrüglichen Gefühls zu setzen. Bilde Dir auf etliche Augenblicke ein, daß Du den Weg zur Glückseligkeit erst suchen müssest; frage die Natur, höre ihre Antwort und folge dem Pfade, den sie Dir vorzeichnen wird."

Zweites Capitel.

Fortsetzung der Rede des Hippias. Seine Theorie der angenehmen Empfindungen.

„Und wen anders als die Natur können wir fragen, um zu wissen, wie wir leben sollen, um wohl zu leben? „Die Götter?" Sie sind entweder die Natur selbst oder die Urheber der Natur: in beiden Fällen ist die Stimme der Natur die Stimme der Gottheit. Sie ist die allgemeine Lehrerin aller Wesen; sie lehrt jedes Thier, vom Elephanten bis zum Insect, was seiner besondern Verfassung gut oder schädlich ist. Um so glücklich zu sein, als es diese innerliche Einrichtung erlaubt, braucht das Thier nichts weiter, als dieser Stimme der Natur zu folgen, welche bald durch den süßen Zug des Vergnügens, bald durch das ungeduldige Fordern des Bedürfnisses, bald durch das ängstliche Pochen des Schmerzes es entweder zu Demjenigen lockt, was ihm zuträglich ist, oder es zur Erhaltung seines Lebens und seiner Gattung auffordert, oder es vor Demjenigen warnt, was seinem Wesen die Zerstörung dränet. Sollte der Mensch allein von dieser mütterlichen Vorsorge ausgenommen sein, oder er allein irren können, wenn er der Stimme folgt, die zu allen Wesen spricht? Oder ist nicht vielmehr die Unachtsamkeit und der Ungehorsam gegen ihre Erinnerungen die einzige wahre Ursache, warum unter einer unendlichen Menge von lebenden Wesen der Mensch das einzige unglückselige ist?

„Die Natur hat allen ihren Werken eine gewisse Einfalt eingedrückt, die ihre mühsamen Anstalten und die genaueste Regelmäßigkeit unter einem Scheine von Leichtigkeit und Anmuth verbirgt. Mit diesem Stempel sind auch die Gesetze der Glückseligkeit bezeichnet, welche sie dem Menschen vorgeschrieben hat. Sie sind einfältig, leicht auszuüben, führen gerade und sicher zum Zweck. Die Kunst, glücklich zu leben, würde die gemeinste unter allen Künsten sein, wie sie die leichteste ist, wenn die Menschen nicht gewohnt wären, sich einzubilden, „daß man große Zwecke nicht anders als durch große Anstalten erreichen könne." Es scheint ihnen zu einfältig, daß Alles, was uns die Natur durch den Mund der Wahrheit zu sagen hat, in diese drei Erinnerungen zusammenfließen soll: Befriedige Deine Bedürfnisse; vergnüge alle Deine Sinne; erspare Dir, so viel Du kannst, alle schmerzhaften Empfindungen! Und doch wird Dich eine kleine Aufmerksamkeit überführen, daß die vollständigste Glückseligkeit, deren die Sterblichen fähig sind, in die Linie, die von diesen drei Formeln bezeichnet wird, eingeschlossen ist.

„Es hat Narren gegeben, welche die Frage mühsam untersucht haben, ob das Vergnügen ein Gut und der Schmerz ein Uebel sei? Es hat noch größere Narren gegeben, welche wirklich behaupteten, der Schmerz sei kein Uebel und das Vergnügen kein Gut, und was das Lustigste dabei ist, Beide haben Thoren gefunden, die albern genug waren, diese Narren für klug zu halten. Das Vergnügen ist kein Gut, sagen sie, weil es Fälle

giebt, wo der Schmerz ein größeres Gut ist, und der Schmerz
ist kein Uebel, weil er zuweilen besser ist als das Vergnügen.
Sind diese Wortspiele einer Antwort werth? Was würde ein
Zustand sein, der in einem vollständigen, unaufhörlichen Gefühl
des höchsten Grades aller möglichen Schmerzen bestände? Wenn
dieser Zustand das höchste Uebel ist, so ist der Schmerz ein Uebel.

„Doch wir wollen die Schwätzer mit Worten spielen lassen,
die ihnen bedeuten müssen, was sie wollen. Die Natur ent=
scheidet diese Frage, wenn es eine sein kann, auf eine Art, die
keinen Zweifel übrig läßt. Wer ist, der nicht lieber vernichtet
als unaufhörlich gepeinigt werden wollte? Wer sieht nicht einen
schönen Gegenstand lieber als einen ekelhaften? Wer hört nicht
lieber den Gesang der Nachtigall als das Geheul der Nachteule?
Wer zieht nicht einen angenehmen Geruch oder Geschmack einem
widrigen vor? Und würde nicht der enthaltsame Kallias selbst
lieber auf einem Lager von Blumen in den Rosenarmen irgend
einer schönen Nymphe ruhen als in den glühenden Armen des
ehernen Götzenbildes, welchem die unmenschliche Andacht gewisser
syrischer Völker ihre Kinder opfert? Ebenso wenig scheint einem
Zweifel unterworfen zu sein, daß der Schmerz und das Vergnügen
so unverträglich sind, daß eine einzige gepeinigte Nerve genug ist,
uns gegen die vereinigten Reizungen aller Wollüste unempfindlich
zu machen. Die Freiheit von allen Arten der Schmerzen ist also
unstreitig eine unumgängliche Bedingung der Glückseligkeit; allein
da sie nichts Positives ist, so ist sie nicht sowol ein Gut als
der Zustand, worin man des Genusses des Guten fähig ist.
Dieser Genuß allein ist es, dessen Dauer den Staub hervor=
bringt, den man Glückseligkeit nennt.

„Es ist unleugbar, daß nicht alle Arten und Grade des Ver=
gnügens gut sind. Die Natur allein hat das Recht, uns die Ver=
gnügen anzuzeigen, die sie uns bestimmt hat. So unendlich die
Menge dieser angenehmen Empfindungen zu sein scheint, so ist
doch leicht zu sehen, daß sie alle entweder zu den Vergnügungen
der Sinne oder der Einbildungskraft oder zu einer dritten
Classe, die aus beiden zusammengesetzt ist, gehören. Die Vergnügen
der Einbildungskraft sind entweder Erinnerungen an ehemals
genossene sinnliche Vergnügen, oder Mittel, uns den Genuß
derselben reizender zu machen, oder angenehme Dichtungen und
Träume, die entweder in einer neuen willkürlichen Zusammen=
setzung angenehmer sinnlicher Vorstellungen oder in einer ein=
gebildeten Erhöhung der Grade jener Vergnügen, die wir er=

fahren haben, beftehen. Es find alfo, wenn man genau reben will, alle Vergnügungen im Grunde finnlich, indem fie, es fei nun unmittelbar oder vermittelft der Einbildungskraft, von keinen andern als finnlichen Vorstellungen entstehen können.

„Die Philosophen reden von Vergnügen des Geistes, von Vergnügen des Herzens, von Vergnügen der Tugend. Alle diese Vergnügen find es für die Sinne oder für die Einbildungskraft, oder fie find — nichts.

„Warum ift Homer unendliche Mal angenehmer zu lesen als Heraklitus? Weil die Gedichte des Ersten eine Reihe von Gemälden darstellen, die — entweder durch die eigenthümlichen Reizungen des Gegenstandes oder die Lebhaftigkeit der Farben oder einen Contrast, der das Vergnügen durch eine kleine Mischung mit widrigen Empfindungen erhöhet, oder die Erregung angenehmer Gemüthsbewegungen — unsere Phantasie bezaubern, dahingegen die trocknen Schriften des Philosophen nichts darstellen als eine Reihe von Wörtern, welche nicht Bilder, sondern bloße Zeichen abgezogener Begriffe find, von welchen fich die Einbildungskraft nicht anders als mit vieler Anstrengung und mit einer beständigen Bemühung, die Verwirrung fo vieler gestalt- und farbenloser Schatten zu verhüten, einige Vorstellung machen kann. Es ift wahr, es giebt abgezogene Begriffe, die für gewisse enthusiastische Seelen entzückend find; aber warum find fie es? In der That blos darum, weil die Einbildungskraft fie auf eine schlaue Art zu verkörpern weiß. Unterfuche alle angenehmen Ideen von dieser Art, fo unkörperlich und geistig fie scheinen mögen, und Du wirst finden, daß das Vergnügen, das fie Deiner Seele machen, von den finnlichen Vorstellungen entsteht, womit fie begleitet find. Bemühe Dich fo fehr, als Du willst, Dir Götter ohne Gestalt, ohne Glanz, ohne etwas, das die Sinne rührt, vorzustellen: es wird Dir unmöglich fein. Der Jupiter des Homer und Phidias, die Idee eines Herkules oder Theseus, wie unsere Einbildungskraft fich diese Helden vorzustellen pflegt, die Ideen eines überirdischen Glanzes, einer mehr als menschlichen Schönheit, eines ambrofischen Geruchs werden fich unvermerkt an die Stelle derjenigen fetzen, die Du Dich vergeblich zu machen bestrebst, und Du wirst noch immer an dem irdischen Boden kleben, wenn Du schon in den empyräischen Gegenden zu schweben glaubst.

„Sind die Vergnügen des Herzens weniger finnlich? Sie find die allerfinnlichsten. Ein gewisser Grad derselben verbreitet

eine wollüstige Wärme durch unser ganzes Wesen, belebt den
Umlauf des Blutes, ermuntert das Spiel der Fibern und setzt
unsre ganze Maschine in einen Zustand von Behaglichkeit, der
sich der Seele um so mehr mittheilt, als ihre eignen natürlichen
Verrichtungen auf die angenehmste Art dadurch erleichtert werden.
Die Bewunderung, die Liebe, das Verlangen, die Hoffnung, das
Mitleiden, jeder zärtliche Affect bringt diese Wirkung in einigem
Grade hervor und ist desto angenehmer, je mehr er sich der=
jenigen Wollust nähert, die unsere Alten würdig gefunden haben,
in der Gestalt der personificirten Schönheit, aus deren Genusse
sie entspringt, unter die Götter gesetzt zu werden. Derjenige,
den sein Freund niemals in Entzückungen gesetzt hat, die den
Entzückungen der Liebe ähnlich sind, ist nicht berechtigt, von den
Vergnügen der Freundschaft zu reden. Was ist das Mitleiden,
welches uns zur Gutthätigkeit treibt? Wer anders ist desselben
fähig als diese empfindlichen Seelen, deren Auge durch den
Anblick, deren Ohr durch den ächzenden Ton des Schmerzes
und Elends gequält wird, und die in dem Augenblicke, da sie
die Noth eines Unglücklichen erleichtern, beinahe dasselbe Ver=
gnügen fühlen, welches sie in eben diesem Augenblick an seiner
Stelle gefühlt hätten? Wenn das Mitleiden nicht ein wollüstiges
Gefühl ist, warum rührt uns nichts so sehr als die leidende
Schönheit? Warum lockt die klagende Phädra in der Nach=
ahmung zärtliche Thränen aus unsern Augen, da die winselnde
Häßlichkeit in der Natur nichts als Ekel erweckt? Und sind etwa
die Vergnügen der Wohlthätigkeit und Menschenliebe weniger
sinnlich? Dasjenige, was in Dir vorgehen wird, wenn Du Dir
die contrastirenden Gemälde einer geängstigten und einer fröh=
lichen Stadt vorstellst, die Homer auf den Schild des Achilles
setzt, wird Dir diese Frage auflösen. Nur Diejenigen, die der
Genuß des Vergnügens in die lebhafteste Entzückung setzt, sind
fähig, von den lachenden Bildern einer allgemeinen Freude und
Wonne so sehr gerührt zu werden, daß sie dieselbe außer sich
zu sehen wünschen; das Vergnügen der Gutthätigkeit wird allemal
mit demjenigen in Verhältniß stehen, welches ihnen der Anblick
eines vergnügten Gesichts, eines fröhlichen Tanzes, einer öffentlichen
Lustbarkeit macht, und es ist nur der Vortheil ihres Vergnügens,
je allgemeiner diese Scene ist. Je größer die Anzahl der Fröh=
lichen und die Mannichfaltigkeit der Freuden, desto größer die
Wollust, wovon diese Art von Menschen, an denen Alles Sinn,
Alles Herz und Seele ist, beim Anblick derselben überströmt

werden. Laß' uns also gestehen, Kallias, daß alle Vergnügen, die uns die Natur anbeut, sinnlich sind, und daß die hochfliegendste, abgezogenste und geistigste Einbildungskraft uns keine andern verschaffen kann als solche, die wir auf eine weit vollkommnere Art aus dem rosenbekränzten Becher und von den Lippen der schönen Cyane saugen könnten.

„Es ist wahr, es giebt noch eine Art von Vergnügen, die beim ersten Anblick eine Ausnahme von meinem Satze zu machen scheint. Man könnte sie künstliche nennen, weil wir sie nicht aus den Händen der Natur empfangen, sondern nur gewissen Einverständnissen der menschlichen Gesellschaft zu danken haben, durch welche Dasjenige, was uns dieses Vergnügen macht, die Bedeutung eines Gutes erhalten hat. Allein die kleinste Ueber= legung wird uns überzeugen, daß diese Dinge keine andere Art von Vergnügen gewähren, als die uns der Besitz des Geldes giebt, welches wir mit Gleichgiltigkeit ansehen würden, wenn es uns nicht für alle die wirklichen Vergnügen Gewähr leistete, die wir uns dadurch verschaffen können. Von der nämlichen Art ist Dasjenige, welches der Ehrgeizige empfindet, wenn ihm Bezeigungen einer scheinbaren Hochachtung gemacht werden, die ihm als Zeichen seines Ansehens und der Macht, die ihm das= selbe über Andere giebt, angenehm sind. Ein morgenländischer Despot bekümmert sich wenig um die Hochachtung seiner Völker, sklavische Unterwürfigkeit ist für ihn genug. Ein Mensch hingegen, dessen Glück in den Händen solcher Leute liegt, die Seines= gleichen sind, ist genöthigt, sich ihre Hochachtung zu erwerben. Allein diese Unterwürfigkeit ist dem Despoten, diese Hochachtung ist dem Republikaner nur darum angenehm, weil sie ihm das Vermögen oder die Gelegenheit giebt, die Leidenschaften und Begierden desto besser zu befriedigen, welche die unmittelbaren Quellen des Vergnügens sind. Warum ist Alcibiades ehrgeizig? Alcibiades bewirbt sich um einen Ruhm, der seine Ausschwei= fungen, seinen Uebermuth, seinen schleppenden Purpur, seine Schmäuse und Liebeshändel bedeckt, der es den Athenern er= träglich macht, den Liebesgott mit dem Blitze Jupiter's bewaffnet auf dem Schilde ihres Feldherrn zu sehen, der die Gemahlin eines spartanischen Königs so sehr verblendet, daß sie stolz darauf ist, für seine Buhlerin gehalten zu werden. Ohne diese Vor= theile würde ihm Ansehen und Ruhm so gleichgiltig sein als ein Haufen Rechenpfennige einem korinthischen Wechsler.

„Allein," spricht man, „wenn es seine Richtigkeit hat, daß

die Vergnügen der Sinne Alles sind, was uns die Natur zuerkannt hat, was ist leichter und was braucht weniger Kunst
und Anstalten, als glücklich zu sein? Wie wenig bedarf die
Natur, um genug zu haben?"

„Es ist wahr, die rohe Natur bedarf wenig. Unwissenheit
ist der Reichthum des Wilden. Eine Bewegung, die seinen
Körper munter erhält, eine Nahrung, die seinen Hunger stillt,
ein Weib, schön oder häßlich, wenn ihn die Ungeduld des Bedürfnisses spornt, ein schattiger Rasen, wenn er des Schlafs
bedarf, und eine Höhle, sich vor dem Ungewitter zu sichern, ist
Alles, was der wilde Mensch nöthig hat, um in einem Leben
von achtzig Jahren sich nur nicht träumen zu lassen, daß man
mehr vonnöthen haben könne. Die Vergnügungen der Einbildungskraft und des Geschmackes sind nicht für ihn; er genießt
nicht mehr als die übrigen Thiere und genießt wie sie. Wenn
er glücklich ist, weil er sich nicht für unglücklich hält, so ist er
es doch nicht in Vergleichung mit Demjenigen, für den die Künste
des Witzes und des Geschmackes die angenehmste Art zu genießen
und eine unendliche Menge von Ergetzungen der Sinne und der
Einbildung erfunden haben, wovon die Natur in ihrem rohen
Zustande keinen Begriff hat. Wahr ist's, diese Vergleichung findet
nur in dem Stande einer Gesellschaft statt, die in einer langen
Reihe von Jahrhunderten sich endlich zu einem gewissen Grade
der Vollkommenheit erhoben hat. In diesem Staude aber wird
alles Das zum Bedürfniß, was der Wilde nur darum nicht vermißt, weil es ihm unbekannt ist; und Diogenes könnte zu
Korinth nicht glücklich sein, wenn er nicht — ein Narr wäre.

„Gewisse poetische Köpfe haben sich ein goldnes Alter, ein
idealisches Arkadien, ein reizendes Hirtenleben geträumt, welches
zwischen der rohen Natur und der Lebensart des begüterten
Theils eines gesitteten und sinnreichen Volkes das Mittel halten
soll. Sie haben die verschönerte Natur von allem Demjenigen
entkleidet, wodurch sie verschönert worden ist, und diesen abge-
zogenen Begriff die schöne Natur genannt. Allein (außerdem,
daß diese schöne Natur in der nackten Einfalt, welche man ihr
giebt, niemals irgendwo vorhanden war) wer sieht nicht, daß
die Lebensart des goldnen Alters der Dichter zu derjenigen,
welche, durch die Künste mit Allem bereichert und ausgeziert
wird, was uns im Genuß einer ununterbrochenen Wollust vor
dem Ueberdruß der Sättigung bewahren kann, daß, sage ich,
jene dichterische Lebensart zu dieser sich ebenso verhält wie die

Lebensart des wildesten Sogdianers zu jener? Wenn es ange=
nehmer ist, in einer bequemen Hütte zu wohnen, als in einem
hohlen Baume, so ist es noch angenehmer, in einem geräumigen
Hause zu wohnen, das mit den ausgesuchtesten und wollüstigsten
Bequemlichkeiten versehen und allenthalben mit Bildern des
Vergnügens ausgeziert ist. Und wenn eine mit Bändern und
Blumen geschmückte Phyllis reizender ist als eine schmutzige
Wilde, muß nicht eine von unsern Schönen, deren natürliche
Reizungen durch einen wohl ausgesonnenen und schimmernden
Putz erhoben werden, um ebenso viel besser gefallen als jene
Schäferin?"

Drittes Capitel.

Geisterlehre eines ächten Materialisten.

"Wir haben die Natur gefragt, Kallias, worin die Glückselig=
ligkeit bestehe, und wir hörten ihre Antwort: Ein schmerzenfreies
Leben, die angenehmste Befriedigung unserer natürlichen Be=
dürfnisse und der abwechselnde Genuß aller Arten von Ver=
gnügen, womit die Einbildungskraft, der Witz und die Künste
unseren Sinnen zu schmeicheln fähig sind: dies ist Alles, was
der Mensch fordern kann. Wenn es eine erhabnere Art von
Glückseligkeit giebt, so können wir wenigstens gewiß sein, daß
sie nicht für uns gehört, da wir nicht einmal fähig sind, uns
eine Vorstellung von ihr zu machen. Es ist wahr, der
enthusiastische Theil unter den Verehrern der Götter schmeichelt
sich mit einer zukünftigen Glückseligkeit, zu welcher die Seele
nach der Zerstörung des Körpers erst gelangen soll. Die Seele,
sagen sie, war ehemals eine Freundin und Gespielin der Götter,
sie war unsterblich wie sie und begleitete (wie Plato homerisirt)
den geflügelten Wagen Jupiter's, um mit den übrigen Unsterb=
lichen die unvergänglichen Schönheiten zu beschauen, womit die
unermeßlichen Räume über den Sphären erfüllt sind. Ein Krieg,
der unter den Bewohnern der unsichtbaren Welt entstand, ver=
wickelte sie in den Fall der Besiegten; sie wurde vom Himmel
gestürzt und in den Kerker eines thierischen Leibes eingeschlossen,
um durch den Verlust ihrer ehemaligen Wonne in einem Zu=
stande, der eine Kette von Plagen und Schmerzen ist, ihre
Schuld auszutilgen. Das unendliche Verlangen, der nie gestillte
Durst nach einer Glückseligkeit, die sie in keinem irdischen Gute
findet, ist das Einzige, das ihr zu ihrer Qual von ihrem vor=

maligen Zustand übrig geblieben ist; und es ist unmöglich, daß
sie diese vollkommene Seligkeit, wodurch sie allein befriedigt
werden kann, wieder erlange, ehe sie sich wieder in ihren ur=
sprünglichen Staub, in das reine Element der Geister empor=
geschwungen hat. Sie ist also vor dem Tode keiner andern
Glückseligkeit fähig als derjenigen, deren sie durch eine freiwillige
Absonderung von allen irdischen Dingen, durch Ertödtung aller
irdischen Leidenschaften und Entbehrung aller sinnlichen Ver=
gnügen fähig gemacht wird. Nur durch diese Entkörperung
wird sie der Beschauung der wesentlichen und göttlichen Dinge
fähig, worin die Geister ihre einzige Nahrung und diese voll=
kommne Wonne finden, von welcher die sinnlichen Menschen
sich keinen Begriff machen können. Solchergestalt kann sie nur,
nachdem sie durch verschiedene Grade der Reinigung von Allem,
was thierisch und körperlich ist, gesäubert worden, sich wieder
zu der überirdischen Sphäre erheben, mit den Göttern leben
und im unverwandten Anschauen des wesentlichen und ewigen
Schönen, wovon alles Sichtbare blos der Schatten ist, Ewig=
keiten durchleben, die ebenso grenzenlos sind als die Wonne,
von der sie überströmt werden.

„Vielleicht giebt es Leute, Kallias, bei denen die Milzsucht
hoch genug gestiegen ist, daß diese Begriffe eine Art von Wahr=
heit für sie haben. Es ist auch nichts Leichteres, als daß junge
Personen von lebhafter Empfindung und feuriger Einbildungs=
kraft durch eine einsame Lebensart und den Mangel solcher
Gegenstände und Freuden, worin sich dieses übermäßige Feuer
verzehren könnte, von solchen hochfliegenden Chimären einge=
nommen werden, welche so geschickt sind, ihre nach Vergnügen
lechzende Seele durch eine Art von Wollust zu täuschen, die
nur desto lebhafter ist, je verworrener und dunkler die bezau=
bernden Phantome sind, die sie hervorbringen. Allein ob diese
Träume außer dem Gehirn ihrer Erfinder und derjenigen, deren
Einbildungskraft so glücklich ist, ihnen nachfliegen zu können,
einige Wahrheit oder Wirklichkeit haben, ist eine Frage, deren
Erörterung, wenn sie der gesunden Vernunft aufgetragen wird,
nicht zum Vortheil derselben ausfällt. Wem anders als der
Unwissenheit und dem Aberglauben der ältesten Welt haben die
Nymphen und Faunen, die Najaden und Tritonen, die Furien
und die erscheinenden Schatten der Verstorbenen ihre vermeinte
Wirklichkeit zu danken? Je besser wir die Körperwelt kennen
lernen, desto enger werden die Grenzen des Geisterreichs. Ich

will jetzt nichts davon sagen, ob es nicht wahrscheinlich sei, daß die Priesterschaft, die von jeher einen so zahlreichen Orden unter den Menschen ausgemacht, bald genug die Entdeckung machen mußte, was für große Vortheile man durch diesen Hang der Menschen zum Wunderbaren von ihren beiden heftigsten Leiden= schaften, der Furcht und der Hoffnung, ziehen köune. Wir wollen bei der Sache selbst bleiben. Worauf gründet sich die erhabene Theorie, von der wir reden? Wer hat jemals diese Götter, diese Geister gesehen, deren Dasein sie voraussetzt? Welcher Mensch erinnert sich dessen, daß er ehemals ohne Körper in den ätherischen Gegenden geschwebt, den geflügelten Wagen Jupiter's begleitet und mit den Göttern Nektar getrunken habe? Was für einen sechsten oder siebenten Sinn haben wir, um das wirkliche Dasein der Gegenstände damit zu erkennen, womit man die Geisterwelt bevölkert? Sind es unsre innerlichen Sinne? Was sind diese anders als das Vermögen der Einbildungskraft, die Erscheinungen der äußern Sinne nachzuäffen? Was sieht das in= wendige Auge eines Blindgebornen? Was hört das innere Ohr eines gebornen Tauben? Oder was sind die erhabensten Scenen, in welche die Einbildungskraft auszuschweifen fähig ist, anders als neue Zusammensetzungen, die sie gerade so macht, wie ein Mädchen aus den zerstreuten Blumen in einem Parterre einen Kranz flicht, oder höhere Grade dessen, was die Sinne einst empfunden haben, von welchen man jedoch immer unfähig bleibt, sich einige klare Vorstellung zu machen? Denn was empfinden wir bei dem ätherischen Schimmer oder den ambrosischen Ge= rüchen der Homerischen Götter? Wir sehen, wenn ich so sagen kann, den Schatten eines Glanzes in unsrer Einbildung; wir riechen, so zu sagen, den Schatten eines lieblichen Duftes, aber wir sehen keinen ätherischen Glanz und empfinden keinen am= brosischen Geruch. Kurz, man verbiete den Schöpfern der über= irdischen Welten, sich keiner irdischen und sinnlichen Materialien zu bedienen, so werden ihre Welten (um mich eines ihrer Aus= drücke zu bedienen) plötzlich wieder in den Schooß des Nichts zurückfallen, woraus sie gezogen worden.

„Und brauchen wir wol noch einen anderu Beweis, um uns diese ganze Theorie verdächtig zu machen, als die Methode, die man uns vorschreibt, um zu der geheimnißvollen Glückseligkeit zu gelangen, welcher wir diejenige aufopfern sollen, die uns die Natur und unsre Sinne anbieten? Wir sollen uns den sichtbaren Dingen entziehen, um die unsichtbaren zu sehen; wir

sollen aufhören zu empfinden, damit wir desto lebhafter phanta=
siren können. Verstopfet Eure Sinne, sagen sie, so werdet
Ihr Dinge sehen und hören, wovon diese thierischen Menschen,
die gleich dem Vieh mit den Augen sehen und mit den Ohren
hören, sich keinen Begriff machen können. Eine vortreffliche
Diät, in Wahrheit! Die Schüler des Hippokrates werden Dir
beweisen, daß man keine bessere erfinden kann, um — wahn=
sinnig zu werden.

„Es ist also sehr wahrscheinlich, daß alle diese Geister, diese
Welten, welche sie bewohnen, und diese Glückseligkeiten, welche
man nach dem Tode mit ihnen zu theilen hofft, nicht mehr
Wahrheit haben als die Nymphen, Liebesgötter und Grazien
der Dichter, als die Gärten der Hesperiden und die Inseln der
Circe und Kalypso, kurz als alle diese Spiele der Einbildungs=
kraft, welche uns belustigen, ohne daß wir sie für wirklich halten.
Die Religion unsrer Väter befiehlt uns, einen Jupiter, einen
Apollo, eine Pallas, eine Aphrodite zu glauben; ganz gut! aber
was für eine Vorstellung macht man uns von ihnen? Jeder=
mann gesteht, daß es unmöglich sei, diese Götter, diese Göttinnen
auf eine vollkommnere Weise abzubilden, als es von Phidias
und Praxiteles geschehen ist. Gleichwol ist der Jupiter des
Phidias nichts Anderes als ein heroischer Mann, die Cythere
des Praxiteles nichts mehr als ein schönes Weib; von dem
Gott und der Göttin hat kein Mensch in Griechenland den
mindesten Begriff. Man verspricht uns nach dem Tode ein
unsterbliches Leben bei den Göttern; aber die Begriffe, die wir
uns davon machen, sind entweder aus den sinnlichen Wollüsten
oder den feinern und geistigern Freuden, die wir in diesem
Leben erfahren haben, zusammengesetzt; es ist also klar, daß wir
gar keine ächte Vorstellung von dem Leben der Geister und von
ihren Freuden haben.

„Ich will hiermit nicht leugnen, daß es Götter, Geister oder
vollkommnere Wesen, als wir sind, geben könne oder vielleicht
wirklich gebe. Alles, was meine Schlüsse beweisen, ist dies:
„daß wir unfähig sind, uns eine richtige Vorstellung von ihnen
zu machen, oder kurz, daß wir nichts von ihnen wissen." Wissen
wir aber nichts, weder von ihrem Zustande noch von ihrer
Natur, so ist es für uns ebenso viel, als ob sie gar nicht wären.
Anaxagoras bewies mir einst mit dem ganzen Enthusiasmus
eines Sternsehers, daß der Mond Einwohner habe. Vielleicht
sagte er die Wahrheit. Allein was sind diese Mondbewohner

für Dich oder mich? Meinst Du, der König Philippus werde sich
die mindeste Sorge machen, die Griechen möchten sie gegen ihn zu
Hilfe rufen? Es mögen Einwohner im Monde sein; aber für
uns ist der Mond weder mehr noch weniger als eine leere, glän=
zende Scheibe, die unsre Nächte erheitert und unsre Zeit abmißt.

„Wenn es denn also, mein lieber Kallias, mit allen jenen
übersinnlichen Dingen diese Bewandtniß hat und nothwendig
haben muß, wie thöricht wär' es, den Plan unsers Lebens auf
Chimären zu gründen und uns der Glückseligkeit, deren wir
wirklich genießen könnten, zu begeben, um uns, wie der Hund
im Nil, mit ungewissen Hoffnungen, den Schatten unsrer
Wünsche, zu speisen! Was könnte widersinniger sein, als die
Frucht seines Daseins zu verlieren, in Hoffnung, sich dafür
schadlos zu halten, wenn man nicht mehr sein wird! Denn
daß wir jetzt leben, und daß dieses Leben aufhören wird, das
wissen wir gewiß; ob ein anderes alsdann anfange, ist wenig=
stens ungewiß, und wenn es auch gewiß wäre, so ist doch un=
möglich, das Verhältniß desselben gegen das jetzige zu bestimmen,
da wir kein Mittel haben, uns einen ächten Begriff davon zu
machen. Laß' uns also den Plan unsers Lebens auf das
gründen, was wir kennen und wissen, und nachdem wir ge=
funden haben, was das glückliche Leben ist, den gradesten und
sichersten Weg suchen, auf dem wir dazu gelangen können.“

Viertes Capitel.

Worin Hippias eine feine Kenntniß der Welt zu zeigen scheint.

„Ich habe schon bemerkt, daß die Glückseligkeit, welche wir
suchen, nur in dem Staub einer Gesellschaft, die sich schon zu
einem gewissen Grade der Vollkommenheit erhoben hat, stattfinde.
In einer solchen Gesellschaft entwickeln sich alle diese mannich=
faltigen Geschicklichkeiten, die bei dem rohen Menschen, der wenig
bedarf, einsam lebt und wenig Leidenschaften hat, immer müßige
Fähigkeiten bleiben. Die Einführung des Eigenthums, die Un=
gleichheit der Güter und Stände, die Armuth der Einen, der
Ueberfluß, die Ueppigkeit und Trägheit der Andern, dieses sind
die wahren Götter der Künste, die Merkure und die Musen,
denen wir ihre Erfindung oder doch ihre Vollkommenheit zu
danken haben. Wie viele Menschen müssen ihre Bemühungen
vereinigen, um einen einzigen Reichen zu befriedigen! Diese

follen aufhören zu empfinden, damit wir defto leŋafter phan=
tafiren können. Verſtopfet Eure Sinne, ſagen ſ, ſo werdet
Ihr Dinge ſehen und hören, wovon dieſe thieriſchŋ Menſchen,
die gleich dem Vieh mit den Augen ſehen und m den Ohren
hören, ſich keinen Begriff machen können. Ein vortreffliche
Diät, in Wahrheit! Die Schüler des Hippokrate∘ werden Dir
beweiſen, daß man keine beſſere erfinden kann, ŋ — wahn=
ſinnig zu werden.

„Es iſt alſo ſehr wahrſcheinlich, daß alle dieſe Ɉeiſter, dieſe
Welten, welche ſie bewohnen, und dieſe Glückſeliçiten, welche
man nach dem Tode mit ihnen zu theilen hoff nicht mehr
Wahrheit haben als die Nymphen, Liebesgötter ſnd Grazien
der Dichter, als die Gärten der Heſperiden und Ɇ Inſeln der
Circe und Kalypſo, kurz als alle dieſe Spiele derƐinbildungs=
kraft, welche uns beluſtigen, ohne daß wir ſie für irklich halten.
Die Religion unſrer Väter befiehlt uns, einen ∘piter, einen
Apollo, eine Pallas, eine Aphrodite zu glauben; çnz gut! aber
was für eine Vorſtellung macht man uns von ŋen? Jeder=
mann geſteht, daß es unmöglich ſei, dieſe Götter, Ɇſe Göttinnen
auf eine vollkommnere Weiſe abzubilden, als eƐvon Phidias
und Praxiteles geſchehen iſt. Gleichwol iſt dƐ Jupiter des
Phidias nichts Anderes als ein heroiſcher Man, die Cythere
des Praxiteles nichts mehr als ein ſchönes Wɇb; von dem
Gott und der Göttin hat kein Menſch in Ɇrchenland den
mindeſten Begriff. Man verſpricht uns nach ɘm Tode ein
unſterbliches Leben bei den Göttern; aber die Ƀɇriſſe, die wir
uns davon machen, ſind entweder aus den ſinnlɉen Wollüſten
oder den feinern und geiſtigern Freuden, die ɟir in dieſem
Leben erfahren haben, zuſammengeſetzt; es iſt alſ klar, daß wir
gar keine ächte Vorſtellung von dem Leben der Ɇiſter und von
ihren Freuden haben.

„Ich will hiermit nicht leugnen, daß es Götɇr, Geiſter oder
vollkommnere Weſen, als wir ſind, geben könŋ oder vielleicht
wirklich gebe. Alles, was meine Schlüſſe bewɉen, iſt dies:
„daß wir unfähig ſind, uns eine richtige Vorſtelɥng von ihnen
zu machen, oder kurz, daß wir nichts von ihnen iſſen.“ Wiſſen
wir aber nichts, weder von ihrem Zuſtande oɗ von ihrer
Natur, ſo iſt es für uns ebenſo viel, als ob ſie ɯr nicht wären.
Anaxagoras bewies mir einſt mit dem ganze∘ Enthuſiasmus
eines Sternſehers, daß der Mond Einwohner ɯbe. Vielleicht
ſagte er die Wahrheit. Allein was ſind dieſe Ɉondbewohner

für Dich oder mich? Meinst Du, der König Philippus werde sich
die mindeste Sorge geben, die Griechen möchten sie gegen ihn zu
Hilfe rufen? Es wären Einwohner im Monde sein; aber für
uns ist der Mond wer mehr noch weniger als eine leere, glänzende Scheibe, die uns Nächte erheitert und unsre Zeit abmißt.

„Wenn es denn so, mein lieber Kallias, mit allen jenen
übersinnlichen Dinge diese Bewandtniß hat und nothwendig
haben muß, wie thöricht wär' es, den Plan unsers Lebens auf
Chimären zu gründen und uns der Glückseligkeit, deren wir
wirklich genießen können, zu begeben, um uns, wie der Hund
im Nil, mit ungewissen Hoffnungen, den Schatten unsrer
Wünsche, zu speisen! Was könnte widersinniger sein, als die
Frucht seines Daseins zu verlieren, in Hoffnung, sich dafür
schadlos zu halten, wenn man nicht mehr sein wird! Denn
daß wir jetzt leben, so daß dieses Leben aufhören wird, das
wissen wir gewiß; ob ein anderes alsdann anfange, ist wenigstens ungewiß, und wenn es auch gewiß wäre, so ist doch unmöglich, das Verhältniß desselben gegen das jetzige zu bestimmen,
da wir kein Mittel haben, uns einen ächten Begriff davon zu
machen. Laß' uns also den Plan unsers Lebens auf das
gründen, was wir thun und wissen, und nachdem wir gefunden haben, was das glückliche Leben ist, den geradesten und
sichersten Weg suchen, auf dem wir dazu gelangen können.“

Viertes Capitel.

Worin Hippias eine feine Kenntniß der Welt zu zeigen scheint.

„Ich habe schon bemerkt, daß die Glückseligkeit, welche wir
suchen, nur in dem Schooß einer Gesellschaft, die sich schon zu
einem gewissen Grade der Vollkommenheit erhoben hat, stattfände.
In einer solchen Gesellschaft entwickeln sich alle diese mannichfaltigen Geschicklichkeiten, die bei dem rohen Menschen, der wenig
bedarf, einsam lebt und wenig Leidenschaften hat, immer müßige
Fähigkeiten bleiben. Die Einführung des Eigenthums, die Ungleichheit der Güter und Stände, die Armuth der Einen, der
Ueberfluß, die Ueppigkeit und Trägheit der Andern, dieses sind
die wahren Götter der Künste, die Merkure und die Musen,
denen wir ihre Erfindung oder doch ihre Vollkommenheit zu
danken haben. Wie viel Menschen müssen ihre Bemühungen
vereinigen, um einen einzigen Reichen zu befriedigen! Diese

bauen seine Felder und Weinberge, Jene pflanzen seine Lust=
gärten; Andere bearbeiten den Marmor, woraus seine Woh=
nung aufgeführt wird; Tausende durchschiffen den Ocean, um
ihm die Reichthümer fremder Länder zuzuführen; Tausende be=
schäftigen sich, die Seide und den Purpur zu bereiten, die ihn
kleiden, die Tapeten, die seine Zimmer schmücken, die kostbaren
Gefäße, woraus er ißt und trinkt, und das weiche Lager, worauf
er der wollüstigen Ruhe genießt; Tausende strengen in schlaflosen
Nächten ihren Witz an, um neue Bequemlichkeiten, neue Wollüste,
eine leichtere und angenehmere Art, die leichtesten und angenehm=
sten Verrichtungen, die uns die Natur auferlegt, zu thun, für
ihn zu erfinden und durch die Zaubereien der Kunst, die den
gemeinsten Dingen einen Schein der Neuheit zu geben weiß,
seinen Ekel zu täuschen und seine vom Genuß ermüdeten Sinne
aufzuwecken. Für ihn arbeitet der Maler, der Tonkünstler, der
Dichter, der Schauspieler und überwindet unendliche Schwierig=
keiten, um Künste zur Vollkommenheit zu treiben, welche die
Anzahl seiner Ergetzungen vermehren sollen. Allein alle diese
Leute, welche für den glücklichen Menschen arbeiten, würden sie
es thun, wenn sie nicht selbst glücklich zu sein wünschten? Für
wen arbeiten sie als für Denjenigen, der ihre Bemühung, ihn
zu vergnügen, belohnen kann? Der König von Persien selbst
ist nicht mächtig genug, einen Zeuxis zu zwingen, daß er ihm
eine Leda male. Nur die Zauberkraft des Goldes, welchem eine
allgemeine Uebereinkunft der gesitteten Völker den Werth aller
nützlichen und angenehmen Dinge beigelegt hat, kann das Genie
und den Fleiß einem Midas dienstbar machen, der ohne seine
Schätze vielleicht kaum würdig wäre, dem für ihn arbeitenden
Maler die Farben zu reiben.

„Die Kunst, sich die Mittel zur Glückseligkeit zu verschaffen,
ist also schon gefunden, mein lieber Kallias, sobald wir die Kunst
gefunden haben, einen genugsamen Vorrath von diesem wahren
Steine der Weisen zu bekommen, der uns die ganze Natur
unterwirft, Millionen Unsersgleichen zu freiwilligen Sklaven
unserer Ueppigkeit macht, uns in jedem schlauen Kopf einen
dienstwilligen Merkur und, durch den unwiderstehlichen Glanz
eines goldnen Regens, in jeder Schönen eine Danae finden läßt.

„Die Kunst, reich zu werden, Kallias, ist im Grunde nichts
Anderes als die Kunst, sich des Eigenthums andrer Leute mit
ihrem guten Willen zu bemächtigen. Ein Despot hat unter dem
Schutz eines Vorurtheils, welches demjenigen sehr ähnlich ist,

womit die Aegypter das Krokodil vergöttern, in diesem Stück ungemeine Vortheile. Da sich seine Rechte so weit erstrecken als seine Macht, und diese Macht durch keine Pflichten einge= schränkt ist, weil ihn Niemand zwingen kann, sie zu erfüllen, so kann er sich das Vermögen seiner Unterthanen zueignen, ohne sich darum zu bekümmern, ob es mit ihrem guten Willen ge= schieht. Es kostet ihm keine Mühe, unermeßliche Reichthümer zu erwerben, und um mit der unmäßigsten Schwelgerei in einem Tage Millionen zu verschwenden, braucht er nur den Theil des Volkes, den seine Dürftigkeit zu einer immerwährenden Arbeit verdammt, an diesem Tage — fasten zu lassen. Allein, außer= dem daß dieser Vortheil nur sehr wenigen Sterblichen zu Theil werden kann, ist er auch nicht so beschaffen, daß ein weiser Mann ihn beneiden könnte. Das Vergnügen hört auf, Ver= gnügen zu sein, sobald es über einen gewissen Grad getrieben wird. Das Uebermaß der sinnlichen Wollüste zerstört die Werk= zeuge der Empfindung; das Uebermaß der Vergnügen der Ein= bildungskraft verderbt den Geschmack des Schönen, indem für unmäßige Begierden nichts reizend sein kann, was in die Ver= hältnisse und das Ebenmaß der Natur eingeschlossen ist. Daher ist das gewöhnliche Schicksal eines morgenländischen Fürsten, der in die Mauern seines Serails eingekerkert ist, in den Armen der Wolluft vor Ersättigung und Ueberdruß umzukommen. Er vergeht vor langer Weile, indeß die süßesten Gerüche von Arabien vergeblich für ihn duften, die geistigsten Weine ihm ungekostet aus Krystallen entgegen blinken, tausend Schönheiten, deren jede zu Paphos einen Altar erhielte, alle ihre Reizungen, alle ihre buhlerischen Künste umsonst verschwenden, seine schlaffen Sinne zu erwecken, und zehntausend Sklaven seiner Ueppigkeit in die Wette eifern, um unerhörte und ungeheure Wollüste zu erdenken, welche vielleicht fähig sein möchten, das abgestumpfte Gefühl dieses unglückseligen Glücklichen auf etliche Augenblicke zu täuschen. Wir haben also mehr Ursache, als man insgemein glaubt, der Natur zu danken, wenn sie uns in einen Stand setzt, wo wir das Vergnügen durch Arbeit erkaufen müssen und unsre Leidenschaften erst mäßigen lernen, eh' wir zu einer Glück= seligkeit gelangen, die wir ohne diese Mäßigung nicht genießen könnten.

„Da nun die Despoten — und die Straßenräuber die Ein= zigen sind, denen es (auf ihre Gefahr) zusteht, sich des Ver= mögens andrer Leute mit Gewalt zu bemächtigen, so bleibt

Demjenigen, der sich aus einem Zustande von Mangel und Ab= hängigkeit emporschwingen will, nichts Anderes übrig, als „daß er sich die Geschicklichkeit erwerbe, den Vortheil und das Ver= gnügen der Lieblinge des Glückes zu befördern."

„Unter den vielerlei Arten, wie dieses geschehen kann, sind einige dem Menschen von Genie mit Ausschluß aller übrigen vorbehalten, und diese theilen sich nach ihrem verschiedenen Endzweck in zwei Classen ein, wovon die erste die Vortheile und die andere das Vergnügen des beträchtlichsten Theils einer Nation zum Gegenstande hat. Die erste, unter welcher die Re= gierungs= und Kriegskünste begriffen sind, scheint ordentlicher= weise nur in freien Staaten Platz zu finden; die andre hat keine Grenzen als den Grad des Reichthums und der Ueppig= keit eines jeden Volkes, von welcher Art seine Staatsverfassung sein mag. In dem armen Athen wurde ein guter Feldherr unendliche Mal höher geschätzt als ein guter Maler. In dem reichen, wollüstigen Athen hingegen giebt man sich keine Mühe, zu untersuchen, wer der Tüchtigste sei, ein Kriegsheer anzuführen. Man hat wichtigere Dinge zu entscheiden. Die Frage ist, welche unter etlichen Tänzerinnen die artigsten Füße hat und die leichtesten Sprünge macht? Ob die Venus des Praxiteles oder des Alkamenes die schönere ist? — Daher kommt es auch, daß die Künste des Genie's von der ersten Classe für sich allein selten zum Reichthum führen. Die großen Talente, die großen Verdienste und Tugenden, die dazu erfor= dert werden, finden sich gemeiniglich nur in armen und empor= strebenden Republiken, die Alles, was man für sie thut, nur mit Lorbeerkränzen bezahlen. In Staaten aber, wo Reichthum und Ueppigkeit schon die Oberhand gewonnen haben, kann man aller dieser Talente und Tugenden, welche die Regierungskunst zu erfordern scheint, entbehren. Man kann in solchen Staaten Gesetze geben, ohne ein Solon, Kriegsheere anführen, ohne ein Leonidas oder Themistokles zu sein. Perikles, Alcibiades regierten zu Athen den Staat und führten die Völker an, obgleich Jener nur ein Redner war, und Dieser keine andre Kunst kannte als die Kunst, Herzen zu fangen. „In solchen Freistaaten hat das Volk die Eigenschaften, die in einem despotischen der Einzige hat, der kein Sklave ist; man braucht ihm nur zu gefallen, um zu Allem tüchtig befunden zu werden." Perikles herrschte ohne die äußerlichen Zeichen der königlichen Würde so unumschränkt in dem freien Athen als Artaxerxes in dem unterthänigen Asien.

Seine Talente und die Künste, die er von der schönen Aspasia
gelernt hatte, erwarben ihm eine Art von Oberherrschaft, die
nur desto unumschränkter war, da sie ihm freiwillig zugestanden
wurde. Die Kunst, eine große Meinung von sich zu erwecken,
die Kunst, zu überreden, die Kunst, von der Eitelkeit der Athener
Vortheil zu ziehen und ihre Leidenschaften zu lenken, machten
seine ganze Regierungskunst aus. Er verwickelte die Republik
in ungerechte und unglückliche Kriege, erschöpfte die öffentliche
Schatzkammer, erbitterte die Bundesgenossen durch gewaltsame
Erpressungen; und damit das Volk keine Zeit hätte, eine so
schnöde Staatsverwaltung genauer zu beobachten, so bauete er
Schauspielhäuser, gab ihnen schöne Bildsäulen und Gemälde zu
sehen, unterhielt sie mit Tänzerinnen und Virtuosen und gewöhnte sie so sehr an diese abwechselnden Ergetzungen, daß die
Vorstellung eines neuen Stücks oder der Wettstreit unter
etlichen Flötenspielern zuletzt Staatsangelegenheiten wurden, über
welchen man diejenigen vergaß, die es in der That waren.
Nur funfzig Jahre früher würde man einen Perikles für eine
Pest der Republik angesehen haben; allein damals würde Perikles
ein Aristides gewesen sein. In seinem Zeitraume war er,
gerade so wie er war, und weil er so war, der größte Mann
des Staats, der Mann, der Athen zu dem höchsten Grade der
Macht und des Glanzes erhob, den es erreichen konnte, der
Mann, dessen Zeit als das goldne Alter der Musen in allen
künftigen Jahrhunderten angezogen werden wird, und, was für
ihn selbst das Wichtigste war, der Mann, für welchen die Natur
die Euripiden und Aristophane, die Phidias, die Zeuxis, die
Damonen und die Aspasien zusammenbrachte, um sein Privatleben
so angenehm zu machen, als sein öffentliches Leben glänzend
war. „Die Kunst, über die Einbildungskraft der Menschen zu
herrschen, die geheimen, ihnen selbst verborgenen Triebfedern
ihrer Bewegungen nach unserm Gefallen zu lenken und sie zu
Werkzeugen unserer Absichten zu machen, indem wir sie in der
Meinung erhalten, daß wir es von den ihrigen sind," ist also
ohne Zweifel diejenige, die ihrem Besitzer am Nützlichsten ist,
und dies ist die Kunst, welche die Sophisten lehren und ausüben, die Kunst, welcher sie das Ansehen, die Unabhängigkeit
und die glücklichen Tage, deren sie genießen, zu danken haben.
Du kannst Dir leicht vorstellen, Kallias, daß sie sich in etlichen
Stunden weder lehren noch lernen läßt; allein meine Absicht ist
auch für jetzt nur, Dir überhaupt einen Begriff davon zu geben.

„Dasjenige, was man die Weisheit der Sophisten nennt, ist
die Geschicklichkeit, sich der Menschen so zu bedienen, daß sie
geneigt sind, unser Vergnügen zu befördern oder überhaupt die
Werkzeuge unserer Absichten zu sein. Die Beredsamkeit, welche
diesen Namen erst alsdann verdient, wenn sie im Stande ist,
die Zuhörer, wer sie auch sein mögen, von Allem zu überreden,
was wir wollen, und in jeden Grad einer jeden Leidenschaft
zu setzen, die zu unsrer Absicht nöthig ist: eine solche Beredsamkeit ist unstreitig ein unentbehrliches Werkzeug und das vornehmste, wodurch die Sophisten diesen Zweck erreichen. Die
Sprachlehrer bemühen sich, junge Leute zu Rednern zu bilden;
die Sophisten thun mehr: sie lehren sie, Ueberreder zu werden,
wenn mir dieses Wort erlaubt ist. Hierin allein besteht das
Erhabene einer Kunst, die vielleicht noch Niemand in dem Grade
besessen hat wie Alcibiades, der in unsern Zeiten so viel Auf-
sehens gemacht hat. Der Weise bedient sich dieser Ueberredungs-
gabe nur als eines Werkzeugs zu höhern Absichten. Alcibiades
überläßt es einem Antiphon, sich mit Ausfeilung einer künstlich
gesetzten Rede zu bemühen; er überredet indessen seine Landsleute, daß ein so liebenswürdiger Mann wie Alcibiades das
Recht habe, zu thun, was ihm einfalle; er überredet die Spartaner, zu vergessen, daß er ihr Feind gewesen und daß er es
bei der ersten Gelegenheit wieder sein werde; er überredet die
Königin Timea, die Mutter eines jungen Alcibiades durch ihn
zu werden, und die Satrapen des großen Königs, daß er ihnen
die Athener zu eben der Zeit verrathen wolle, da er diese überredet, daß sie ihn mit Unrecht für einen Verräther hielten.
Eine solche Ueberredungskraft setzt die Geschicklichkeit voraus,
jede Gestalt anzunehmen, wodurch wir Demjenigen gefällig werden
können, auf den wir Absichten haben, die Geschicklichkeit, sich
der verborgensten Zugänge seines Herzens zu versichern, seine
Leidenschaften, je nachdem wir es nöthig finden, zu erregen, zu
liebkosen, eine durch die andre zu verstärken oder zu schwächen
oder gar zu unterdrücken; sie erfordert eine Gefälligkeit, die von
den Sittenlehrern Schmeichelei genannt wird, aber diesen Namen
nur alsdann verdient, wenn sie von den Gnathonen, die um
die Tafeln der Reichen sumsen, nachgeäfft wird, — — eine
Gefälligkeit, die aus einer tiefen Kenntniß der Menschen entspringt und das Gegentheil von der lächerlichen Sprödigkeit
gewisser Phantasten ist, die den Menschen übelnehmen, daß sie
anders sind, als wie diese ungebetenen Gesetzgeber es haben

wollen, kurz, diejenige Gefälligkeit, ohne welche es vielleicht möglich ist, die Hochachtung, aber niemals die Liebe der Menschen zu erlangen, weil wir nur Diejenigen lieben können, die uns ähnlich sind, die unsern Geschmack haben oder zu haben scheinen und so eifrig sind, unser Vergnügen zu befördern, daß sie hierin die Aspasia von Milet zum Muster nehmen, welche sich bis ans Ende in der Gunst des Perikles erhielt, indem sie in demjenigen Alter, worin man die Seele der Damen zu lieben pflegt, sich in die Grenzen der Platonischen Liebe zurückzog und die Rolle des Körpers durch Andere spielen ließ.

„Ich lese in Deinen Augen, Kallias, was Du gegen diese Künste einzuwenden hast, die sich so übel mit den Vorurtheilen vertragen, die Du gewohnt bist für Grundsätze zu halten. Es ist wahr, die Kunst, zu leben, welche die Sophisten lehren, ist auf ganz andere Begriffe von dem, was in sittlichem Verstande schön und gut ist, gebaut, als diejenigen hegen, die von dem idealischen Schönen und von einer gewissen Tugend, die ihr eigner Lohn sein soll, so viel schöne Dinge zu sagen wissen. Allein, wenn Du noch nicht müder bist, mir zuzuhören, als ich es bin, zu schwatzen, so denke ich, es soll mir nicht schwer werden, Dich zu überzeugen, daß das idealische Schöne und die idealische Tugend mit jenen Geistermärchen, deren ich vorhin erwähnte, in die nämliche Classe gehören.“

Fünftes Capitel.

Der Anti=Platonismus in nuce.

„Was ist das Schöne? Was ist das Gute? — Ehe wir diese Frage beantworten können, müssen wir, däucht mich, vorher fragen: Was ist das, was die Menschen schön und gut nennen? Wir wollen vom Schönen anfangen. Was für eine unendliche Verschiedenheit in den Begriffen, die man sich bei den verschiedenen Völkern des Erdbodens von der Schönheit macht! Alle Welt kommt darin überein, daß ein schönes Weib das schönste unter allen Werken der Natur sei. Allein wie muß sie sein, um für eine vollkommne Schönheit in ihrer Art gehalten zu werden? Hier fängt der Widerspruch an. Stelle Dir eine Versammlung von so vielen Liebhabern vor, als es verschiedene Nationen unter verschiedenen Himmelsstrichen giebt: was ist gewisser, als daß ein Jeder den Vorzug seiner Geliebten vor den

9*

Uebrigen behaupten wird? Der Europäer wird die blendende
Weiße, der Mohr die rabengleiche Schwärze der seinigen vorziehen; der Grieche wird einen kleinen Mund, eine Brust, die
mit der hohlen Hand bedeckt werden kann, und das angenehme
Ebenmaß einer feinen Gestalt, der Afrikaner die eingedrückte
Nase, die ölige Haut und die aufgeschwollenen Lippen, der Perser
die großen Augen und den schlanken Wuchs, der Serer die
kleinen Augen, den runden Wanst und die winzigen Füße an
der seinigen bezaubernd finden. Hat es vielleicht mit dem
Schönen im sittlichen Verstande, mit dem, was sich geziemt, eine
andere Bewandtniß? Ich glaube nein. Die spartanischen
Jungfrauen scheuen sich nicht, in einem Aufzuge gesehen zu werden, wodurch in Athen die geringste öffentliche Metze sich entehrt
hielte. In Persien würde ein Frauenzimmer, das an einem
öffentlichen Orte sein Gesicht entblößte, ebenso angesehen werden als in Smyrna eine, die sich ohne alle Kleidung sehen ließe.
Bei den morgenländischen Völkern erfordert der Wohlanstand eine
Menge von Beugungen und unterthänigen Geberden, die man
gegen diejenigen macht, die man ehren will; wir Griechen finden
diese Höflichkeit ebenso schändlich und sklavenmäßig, als die
attische Urbanität zu Persepolis grob und bäurisch scheinen
würde. Bei den Griechen hat eine Freigeborene ihre Ehre verloren, die sich den jungfräulichen Gürtel von einem Andern als
ihrem Manne auflösen läßt; bei gewissen Völkern jenseits des
Ganges ist ein Mädchen desto vorzüglicher, je mehr es Liebhaber
gehabt hat, die seine Reizungen aus Erfahrung anzurühmen
wissen. Diese Verschiedenheit der Begriffe vom sittlichen Schönen
zeigt sich nicht nur in besonderen Gebräuchen und Gewohnheiten
verschiedener Völker, wovon sich die Beispiele ins Unendliche
häufen ließen, sondern selbst in dem Begriffe, den sie sich überhaupt von der Tugend machen. Bei den Römern ist Tugend
und Tapferkeit einerlei; bei den Athenern schließt dieses Wort
alle Arten von nützlichen und angenehmen Eigenschaften in sich.
Zu Sparta kennt man keine andere Tugend als den Gehorsam
gegen die Gesetze, in despotischen Reichen keine andere als die
sklavische Unterthänigkeit gegen den Monarchen und seine Satrapen; am Kaspischen Meere ist der Tugendhafteste, der am Besten
rauben kann und die meisten Feinde erschlagen hat; in dem
wärmsten Striche von Indien hat nur der die höchste Tugend
erreicht, der sich durch eine völlige Unthätigkeit, ihrer Meinung
nach, den Göttern ähnlich macht.

„Was folgt nun aus allen diesen Beispielen? Ist nichts an
sich selbst schön oder recht? Giebt es kein gewisses Modell, wonach
dasjenige, was schön oder sittlich ist, beurtheilt werden muß?
Wir wollen sehen. Wenn ein solches Modell ist, so muß es in
der Natur sein. Denn es wäre Thorheit, sich einzubilden, daß
irgend ein Pygmalion eine Bildsäule schnitzen könne, welche
schöner wäre als die berühmte Phryne, die sich der Vollkommen=
heit aller Formen ihrer Gestalt dermaßen bewußt war, daß sie
kein Bedenken trug, eine unendliche Menge von Augen zu Rich=
tern darüber zu machen, als sie an einem Feste der Eleusinischen
Göttinnen sich, blos in ihre langen fliegenden Haare eingehüllt,
öffentlich im Meere badete. Gewiß ist die Venus eines jeden
Volkes nichts Anderes als die Abbildung derjenigen Frau,
bei welcher sich nach dem allgemeinen Urtheile dieses Volkes
die Nationalschönheit im höchsten Grade befinden würde. Aber
welches unter so vielerlei Modellen ist denn an sich selbst das
schönste? Wer soll unter so Vielen, die an den goldenen Apfel
mit anscheinend gleichem Recht Anspruch machen, den Ausschlag
geben? Wir wollen es versuchen. Gesetzt, es würde eine all=
gemeine Versammlung angestellt, wozu eine jede Nation den
schönsten Mann und das schönste Weib, nach ihrem National=
Modell zu urtheilen, geschickt hätte, und wo die Weiber zu ent=
scheiden hätten, welcher unter allen diesen Mitbewerbern um
den Preis der Schönheit der schönste Mann, und die Männer,
welche unter allen das schönste Weib wäre. Dies vorausgesetzt,
sage ich, man würde gar bald Diejenigen aus allen Uebrigen
aussondern, die unter diesen milden und gemäßigten Himmels=
strichen geboren worden wären, wo die Natur allen ihren Werken
ein feineres Ebenmaß der Gestalt und eine angenehmere Mischung
der Farben zu geben pflegt. Denn die vorzügliche Schönheit
der Natur in den gemäßigten Zonen erstreckt sich vom Menschen
bis auf die Pflanzen. Unter diesen Auserlesenen von beiden
Geschlechtern würde vielleicht der Vorzug lange zweifelhaft sein;
allein endlich würde doch unter den Männern derjenige den
Preis erhalten, bei dessen Landsleuten die verschiedenen gym=
nastischen Uebungen ohne Uebermaß und in dem höchsten Grade
der Vollkommenheit getrieben würden, und alle Männer würden
mit einer Stimme diejenige für die schönste unter den Schönen
erklären, die von einem Volke abgeschickt worden wäre, welches
bei der Erziehung der Töchter die möglichste Entwicklung und
Pflege der natürlichen Schönheit zur Hauptsache machte. Der

Spartaner würde also vermuthlich für den schönsten Mann und die Perserin für das schönste Weib erklärt werden. Der Grieche, welcher der Anmuth den Vorzug vor der Schönheit giebt, weil die griechischen Weiber mehr reizend als schön sind, würde nichtsdestoweniger zu eben der Zeit, da sein Herz einem Mädchen von Paphos oder Milet den Vorzug gäbe, bekennen müssen, daß die Perserin schöner sei, und eben dieses würde der Serer thun, ob er gleich das dreifache Kinn und den Wanst seiner Landsmännin reizender finden würde.

„Vermuthlich hat es die nämliche Bewandtniß mit dem sittlichen Schönen. So groß auch hierin die Verschiedenheit der Begriffe unter verschiedenen Zonen ist, so wird doch schwerlich geleugnet werden können, daß der Preis der Sitten derjenigen Nation gebühre, welche die geistreichste, die ausgebildetste, die belebteste, geselligste und angenehmste ist. Die ungezwungene und einnehmende Urbanität des Atheners muß einem jeden Fremden angenehmer sein als die abgemessene, ernsthafte und ceremonielle Höflichkeit des Morgenländers. Das verbindliche Wesen, der Schein von Leutseligkeit, den jener seinen kleinsten Handlungen zu geben weiß, muß vor dem steifen Ernst des Persers oder der rauhen Gutherzigkeit des Scythen eben so sehr den Vorzug erhalten, als der Putz einer Dame von Smyrna, der die Schönheit weder ganz verhüllt, noch ganz den Augen preisgiebt, vor der Vermummung der Morgenländerin oder der thierischen Blöße einer Wilden. Das Muster der aufgeklärtesten und geselligsten Nation scheint also die wahre Regel des sittlichen Schönen oder des Anständigen zu sein, und Athen und Smyrna sind die Schulen, worin man seinen Geschmack und seine Sitten bilden muß.

„Allein, nachdem wir eine Regel für das Schöne gefunden haben, was für eine werden wir für das, was recht ist, finden? wovon so verschiedene und widersprechende Begriffe unter den Menschen herrschen, daß ebendieselbe Handlung, die bei dem einen Volke mit Lorbeerkränzen und Statuen belohnt wird, bei dem andern eine schmähliche Todesstrafe verdient, und daß kaum ein Laster ist, welches nicht irgendwo seinen Altar und seinen Priester habe. Es ist wahr, die Gesetze sind bei dem Volke, welchem sie gegeben sind, die Richtschnur des Rechts und Unrechts; allein, was bei diesem Volke durch das Gesetz befohlen wird, wird bei einem andern durch das Gesetz verboten.

„Die Frage ist also: Giebt es nicht ein allgemeines Gesetz,

welches bestimmt, was an sich selbst recht ist? Ich antworte:
Ja; und dieses allgemeine Gesetz, was könnt' es anders sein
als die Stimme der Natur, die zu einem Jeden spricht: Suche
Dein eigenes Bestes; oder mit andern Worten: Befriedige Deine
natürlichen Begierden und genieße so viel Vergnügen, als Du
kannst. Dies ist das einzige Gesetz, das die Natur dem Men=
schen gegeben hat; und so lange er sich im Staube der Natur
befindet, ist das Recht, das er an Alles hat, was seine Begier=
den verlangen, oder was ihm gut ist, durch nichts Anderes als
das Maß seiner Stärke eingeschränkt; er darf Alles, was er
kann, und ist keinem Andern etwas schuldig. Allein der Staub
der Gesellschaft, welcher eine Anzahl von Menschen zu ihrem
gemeinschaftlichen Besten vereinigt, setzt zu jenem einzigen Gesetze
der Natur: Suche Dein eigenes Bestes, die Einschränkung: ohne
einem Andern zu schaden. Wie also im Staube der Natur
einem jeden Menschen Alles recht ist, was ihm nützlich ist: so
erklärt im Stande der Gesellschaft das Gesetz Alles für unrecht
und strafwürdig, was der Gesellschaft schädlich ist, und verbindet
hingegen die Vorstellung eines Vorzugs und belohnungswürdigen
Verdienstes mit allen Handlungen, wodurch der Nutzen oder das
Vergnügen der Gesellschaft befördert wird.

„Die Begriffe von Tugend und Laster gründen sich also eines=
theils auf den Vertrag, den eine gewisse Gesellschaft unter sich
gemacht hat, und insofern sind sie willkürlich, anderntheils auf
dasjenige, was einem jeden Volke nützlich oder schädlich ist; und
daher kommt es, daß ein so großer Widerspruch unter den Ge=
setzen verschiedener Nationen herrscht. Das Klima, die Lage,
die Regierungsform, die Religion, das eigene Temperament und
der Nationalcharakter eines jeden Volkes, seine Lebensart, seine
Stärke oder Schwäche, seine Armuth oder sein Reichthum be=
stimmen seine Begriffe von dem, was ihm gut oder schädlich ist.
Daher diese unendliche Verschiedenheit des Rechts oder Unrechts
unter den policirten Nationen; daher der Contrast der Moral
der glühenden Zonen mit der Moral der kalten Länder, der
Moral der freien Staaten mit der Moral der despotischen Reiche,
der Moral einer armen Republik, welche nur durch den kriege=
rischen Geist gewinnen kann, mit der Moral einer reichen, die
ihren Wohlstand dem Geiste der Handelschaft und dem Frieden
zu danken hat; daher endlich die Albernheit der Moralisten,
welche sich den Kopf zerbrechen, um zu bestimmen, was für alle
Nationen recht sei, ehe sie die Auflösung der Aufgabe gefunden

haben, wie man machen könne, daß ebendasselbe für alle Na=
tionen gleich nützlich sei.

„Die Sophisten, deren Sittenlehre sich nicht auf abgezogene
Ideen, sondern auf die Natur und wirkliche Beschaffenheit der
Dinge gründet, finden die Menschen an einem jeden Orte so,
wie sie sein können. Sie schätzen einen Staatsmann zu Athen
an sich selbst nicht höher als einen Gaukler zu Persepolis, und
eine Matrone von Sparta ist in ihren Augen kein vortreff=
licheres Wesen als eine Lais zu Korinth. Es ist wahr, der
Gaukler würde zu Athen und die Lais zu Sparta schädlich sein;
allein ein Aristides würde zu Persepolis und eine Spartanerin
zu Korinth, wo nicht eben so schädlich, doch wenigstens ganz
unnützlich sein. Die Idealisten, wie ich diese Philosophen zu nennen
pflege, welche die Welt nach ihren Ideen umschmelzen wollen,
bilden ihre Lehrjünger zu Menschen, die man nirgends für ein=
heimisch erkennen kann, weil ihre Moral eine Gesetzgebung vor=
aussetzt, welche nirgends vorhanden ist. Sie bleiben arm und
ungeachtet, weil ein Volk nur Demjenigen Hochachtung und Be=
lohnung zuerkennt, der seinen Nutzen befördert oder doch zu
befördern scheint; ja, sie werden als Verderber der Jugend und
als heimliche Feinde der Gesellschaft angesehen, und die Landes=
verweisung oder der Giftbecher ist zuletzt Alles, was sie für die
undankbare Bemühung davontragen, die Menschen zu ent=
körpern, um sie in die Classe der mathematischen Punkte, Linien
und Dreiecke zu erheben. Klüger als diese eingebildeten Weisen,
die, wie jener Citherschläger von Aspendus, nur in und für sich
selbst musiciren, überlassen die Sophisten den Gesetzen eines
jeden Volkes, ihre Bürger zu lehren, was recht oder unrecht sei.
Da sie selbst zu keinem besondern Staatskörper gehören, so ge=
nießen sie die Vorrechte eines Weltbürgers, und indem sie den
Gesetzen und der Religion eines jeden Volkes, bei dem sie sich
befinden, diejenige Achtung bezeigen, welche sie vor allen Un=
gelegenheiten mit den Handhabern derselben sichert, so erkennen
und befolgen sie doch in der That kein anderes als jenes all=
gemeine Gesetz der Natur, welches dem Menschen sein eigenes
Bestes zur einzigen Richtschnur giebt. Alles, wodurch ihre natür=
liche Freiheit eingeschränkt wird, ist die Beobachtung einer nütz=
lichen Klugheit, die ihnen vorschreibt, ihren Handlungen die
Farbe, den Schnitt und die Auszierung zu geben, wodurch sie
denjenigen, mit welchen sie zu thun haben, am Gefälligsten wer=
den. Das moralische Schöne ist für unsere Handlungen eben

das, was der Putz für unsern Leib; und es ist ebenso nöthig,
seine Aufführung nach den Vorurtheilen und dem Geschmack
derjenigen zu modeln, mit denen man lebt, als es nöthig ist,
sich so zu kleiden wie sie. Ein Mensch, der nach einem gewissen
besondern Modell gebildet worden ist, sollte, wie die wandelnden
Bildsäulen des Dädalus, an seinen väterlichen Boden angefesselt
werden; denn er ist nirgends an seinem Platz als unter Seinesgleichen. Ein Spartaner würde sich nicht besser schicken, die
Rolle eines obersten Sklaven des Artaxerxes zu spielen, als ein
Sarmater sich schickte, Polemarchos (Kriegsminister) zu Athen
zu sein. Der Weise hingegen ist der allgemeine Mensch, der
Mensch, dem alle Farben, alle Umstände, alle Verfassungen und
Stellungen anstehen; und er ist es eben darum, weil er keine
besondern Vorurtheile und Leidenschaften hat, weil er nichts als
ein Mensch ist. Er gefällt allenthalben, weil er, wohin er kommt,
sich die Vorurtheile und Thorheiten gefallen läßt, die er antrifft.
Wie sollte er nicht geliebt werden, er, der immer bereit ist, sich
für die Vortheile Anderer zu beeifern, ihre Begriffe zu billigen,
ihren Leidenschaften zu schmeicheln? Er weiß, daß die Menschen
von nichts überzeugter sind als von ihren Irrthümern, nichts
zärtlicher lieben als ihre Fehler, und daß es kein gewisseres
Mittel giebt, sich ihr Mißfallen zuzuziehen, als wenn man ihnen
eine Wahrheit entdeckt, die sie nicht wissen wollen. Weit entfernt also, ihnen die Augen wider ihren Willen zu öffnen oder
einen Spiegel vorzuhalten, der ihnen ihre Häßlichkeit vorrückte,
bestärkt er den Thoren in dem Gedanken, daß nichts abge-
schmackter sei, als Verstand zu haben, den Verschwender in dem
Wahne, daß er großmüthig, den Knicker in dem Gedanken, daß
er ein guter Haushalter, die Häßliche in der süßen Einbildung,
daß sie desto geistreicher, und den Großen und Reichen in der
Ueberredung, daß er ein Staatsmann, ein Gelehrter, ein Held,
ein Gönner der Musen, ein Liebling der Schönen, kurz Alles,
was er wolle, sei. Er bewundert das System des Philosophen,
die einbildische Unwissenheit des Hofmannes und die großen
Thaten des Generals. Er gesteht dem Tanzmeister ohne Wider-
rede zu, daß Cimon der größte Mann in Griechenland gewesen
wäre, wenn er — die Füße besser zu setzen gewußt hätte, und
dem Maler, daß man mehr Genie braucht, ein Zeuxis als ein
Homer zu sein. Diese Art, mit den Menschen umzugehen, ist
von unendlich größerem Vortheil, als man beim ersten Anblick
denken sollte. Sie erwirbt uns ihre Liebe, ihr Zutrauen und

eine desto größere Meinung von unserm Verdienste, je größer diejenige ist, die wir von dem ihrigen zu haben scheinen. Sie ist das gewisseste Mittel, zu den höchsten Stufen des Glücks empor zu steigen. Meinst Du, daß es die größten Talente, die vorzüglichsten Verdienste seien, die einen Archonten, einen Heer= führer, einen Satrapen oder den Günstling eines Fürsten machen? Siehe Dich in den Republiken um: Du wirst finden, daß der Eine sein Ansehen der lächelnden Miene zu danken hat, womit er die Bürger grüßt, ein Anderer der ansehnlichen Peripherie seines Wanstes, ein Dritter der Schönheit seiner Gemahlin und ein Vierter seiner brüllenden Stimme. Gehe an die Höfe: Du wirst Leute finden, welche das Glück, worin sie schimmern, der Empfehlung eines Kammerdieners, der Gunst einer Dame, die sich für ihre Talente verbürgt hat, oder der Gabe des Schlafs schuldig sind, womit sie befallen werden, wenn der Vezier mit ihren Weibern scherzt. Nichts ist in diesem Lande der Bezauberungen gewöhnlicher, als einen unbärtigen Knaben in einen Feldherrn, einen Gaukler in einen Staatsminister, einen Kuppler in einen Oberpriester verwandelt zu sehen; ja, ein Mensch ohne alle sittlichen Verdienste kann oft durch ein einziges Talent, welches er vielleicht nicht einmal gestehen darf, zu einem Glücke gelangen, das ein Anderer durch die größten Verdienste vergeblich zu erhalten gesucht hat.

„Wer könnte demnach zweifeln, daß die Kunst der Sophisten nicht fähig sein sollte, ihrem Besitzer auf diese oder jene Art die Gunst des Glücks zu verschaffen? — Vorausgesetzt, daß er die natürlichen Gaben besitze, ohne welche der Mann von Verstand allezeit dem Narren Platz machen muß, der damit versehen ist. Allein selbst auf dem Wege der Verdienste ist Niemand gewisser, sein Glück zu machen als er. Wo ist das Amt, das er nicht mit Ruhm bekleiden wird? Wer ist geschickter, die Menschen zu regieren, als Derjenige, der am Besten mit ihnen umzugehen weiß? Wer schickt sich besser zu öffentlichen Unterhandlungen? Wer ist fähiger, Rathgeber eines Fürsten oder Demagog eines unabhängigen Volkes zu sein? Ja, wofern er nur das Glück auf seiner Seite hat, wer wird mit größerem Ruhm ein Kriegs= heer anführen? Wer die Kunst besser verstehen, sich für die Ge= schicklichkeit und die Verdienste seiner Untergebenen belohnen zu lassen? Wer die Vorsicht, die er nicht gehabt, die klugen An= stalten, die er nicht gemacht, die Wunden, die er nicht bekommen hat, besser geltend zu machen wissen als er?

„Doch, es ist Zeit, einen Discurs zu enden, der für uns Beide ermüdend zu werden anfängt. — Ich habe Dir genug gesagt, um den Zauber zu vernichten, den die Schwärmerei auf Deine Seele geworfen hat, und wenn dies nicht genug ist, so würde Alles überflüssig sein, was ich hinzuthun könnte.

„Glaube übrigens nicht, Kallias, daß der Orden der Sophisten einen unansehnlichen Theil der menschlichen Gesellschaft mache. Die Anzahl derjenigen, die unsere Kunst ausüben, ist in allen Stäuden sehr beträchtlich, und Du wirst unter Hundert, die ein großes Glück gemacht haben, schwerlich einen Einzigen finden, der es nicht einer geschickten Anwendung unserer Grundsätze zu danken habe. Diese Grundsätze machen (wiewol sie aus Klng=heit nicht laut bekannt oder eingestanden werden) die gewöhnliche Denkungsart der Höflinge, der Leute, die sich dem Dienste der Großen gewidmet haben, und überhaupt derjenigen Classe von Menschen aus, die an jedem Orte die Ersten und Angesehensten sind; und (die wenigen Fälle ausgenommen, wo das spielende Glück durch einen blinden Wurf einen Narren an den ˙Platz eines klugen Menschen fallen läßt) sind die geschickten Köpfe, die von diesen Maximen den besten Gebrauch zu machen wissen, allezeit Diejenigen, die es auf der Bahn der Ehre und des Glücks am Weitesten bringen.“

Viertes Buch.

Agathon wird durch Hippias mit der schönen Danae bekannt.

Erstes Capitel.

Unerwartete Ungelehrigkeit des Agathon.

Hippias konnte sich wol für berechtigt halten, einigen Dank bei seinem Lehrjünger verdient zu haben, da er sich so viele Mühe gegeben hatte, ihn weise zu machen. Allein, wir müssen es nur gestehen, er hatte es mit einem Menschen zu thun, der nicht fähig war, die Wichtigkeit dieses Dienstes einzusehen oder die Schönheit eines Lehrbegriffs zu empfinden, welcher dem ganzen System seiner eigenen Begriffe und Gefühle so sehr zuwider war. Die Erwartung des Sophisten wurde also nicht wenig betrogen, als Agathon, wie er sah, daß sein weiser Gebieter zu reden aufgehört hatte, ihm diese kurze Antwort gab:

„Du hast eine schöne Rede gehalten, Hippias; Deine Beobachtungen sind sehr fein, Deine Schlüsse sehr bündig, Deine Maximen sehr praktisch, und ich zweifle nicht, daß der Weg, den Du mir vorgezeichnet hast, wirklich zu einer Glückseligkeit führe, deren Vorzüge vor der meinigen Du in ein so helles Licht gesetzt hast. Demungeachtet empfinde ich nicht die mindeste Lust, so glücklich zu sein, und wenn ich mich anders recht kenne, so werde ich schwerlich eher ein Sophist werden, bis Du Deine Tänzerinnen entlässest, Dein Haus zu einem öffentlichen Tempel der Diana widmest und nach Indien ziehst, ein Gymnosophist zu werden."

Hippias lachte über diese Antwort, ohne daß sie ihm desto besser gefiel. „Und was hast Du gegen mein System einzuwenden?" fragte er.

„Daß es mich nicht überzeugt," erwiderte Agathon.

„Und warum nicht?"

„Weil meine Erfahrungen und Empfindungen Deinen Schlüssen widersprechen."

„Ich möchte wol wissen, was dies für Erfahrungen und Empfindungen sind, die demjenigen widersprechen, was alle Welt erfährt und empfindet?"

„Du würdest mir beweisen, daß es Chimären sind."

„Und wenn ich es bewiesen hätte?"

„So würdest Du es nur Dir bewiesen haben; Du würdest nichts damit beweisen, als daß Du nicht Kallias bist."

„Aber die Frage ist, ob Hippias oder Kallias richtig denkt?"

„Wer soll Richter sein?"

„Das ganze menschliche Geschlecht."

„Was würde das wider mich beweisen?"

„Sehr viel. Wenn zehn Millionen Menschen urtheilen, daß zwei oder drei aus ihrem Mittel Narren sind, so sind sie es; dies ist unleugbar."

„Aber wie, wenn die zehn Millionen, deren Ausspruch Dir so entscheidend vorkommt, Millionen Thoren wären, und die Drei wären die Klugen?

„Wie müßte dies zugehen?"

„Können nicht zehn Millionen die Pest haben, und Sokrates allein gesund bleiben?"

„Diese Instanz beweist nichts für Dich. Ein Volk hat nicht immer die Pest; allein die zehn Millionen denken immer so wie ich. Sie sind in ihrem natürlichen Zustande, wenn sie so denken, und wer anders denkt, gehört also entweder zu einer andern Gattung von Wesen, oder zu den Wesen, die man Thoren nennt."

„So ergeb' ich mich in mein Schicksal."

„Es giebt noch eine Alternative, junger Mensch. Du schämst Dich entweder, Deine Gedanken so schnell zu verändern, oder Du bist ein Heuchler."

„Keines von Beiden, Hippias."

„Leugne mir, zum Exempel, wenn Du kannst, daß Dir die schöne Cyane, die uns beim Frühstück bediente, Begierden eingeflößt hat, und daß Du verstohlene Blicke —"

„Ich leugne nichts."

„So gestehe, daß das Anschauen dieser runden, schneeweißen Arme, dieses aus der flatternden Seide hervorathmenden Busens die Begierde in Dir erregte, ihrer zu genießen."

„Ist das Anschauen kein Genuß?"

„Keine Ausflüchte, junger Mensch!"

„Du betrügst Dich, Hippias, wenn es erlaubt ist, einem Weisen das zu sagen; ich bedarf keiner Ausflüchte. Ich mache nur einen Unterschied zwischen einem mechanischen Triebe, der nicht gänzlich von mir abhängt, und dem Willen meiner Seele. Ich habe den Willen nicht gehabt, dessen Du mich beschuldigst."

„Ich beschuldige Dich nichts, als daß Du meiner spottest. Ich denke, daß ich die Natur kennen sollte. Die Schwärmerei kann in Deinen Jahren keine so unheilbare Krankheit sein, daß sie wider die Reizungen des Vergnügens sollte aushalten können."

„Deswegen vermeide ich die Gelegenheiten."

„Du gestehst also, daß Cyane reizend ist?"

„Sehr reizend."

„Und daß ihr Genuß ein Vergnügen wäre?"

„Vermuthlich."

„Warum quälst Du Dich denn, Dir ein Vergnügen zu versagen, das in Deiner Gewalt ist?"

„Weil ich mich dadurch vieler anderer Freuden berauben würde, die ich höher schätze."

„Kann man in Deinem Alter so sehr ein Neuling sein? Was für ein Vergnügen, das allen übrigen Menschen unbekannt ist, hat die Natur für Dich allein aufbehalten? Wenn Du noch größere kennst als dieses — Doch, ich merke Dich. Du wirst mir wieder von der Wonne der Geister, von Nektar und Ambrosia sprechen; aber wir spielen jetzt keine Komödie, mein Freund."

„Hippias, ich rede, wie ich denke. Ich kenne Vergnügungen, die ich höher schätze als diejenigen, die der Mensch mit den Thieren gemein hat."

„Zum Exempel?"

„Das Vergnügen, eine gute Handlung zu thun."

„Was nennst Du eine gute Handlung?"

„Eine Handlung, wodurch ich mit einiger Anstrengung meiner Kräfte oder Aufopferung eines Vortheils oder Vergnügens Anderer Bestes befördere."

„Du bist also thöricht genug, zu glauben, daß Du Andern mehr schuldig seist als Dir selbst?"

„Das nicht; sondern ich glaube vernünftig zu handeln, wenn ich ein geringeres Gut dem größeren aufopfere, welches ich genieße, wenn ich das Glück meiner Nebengeschöpfe befördern kann."

„Du bift fehr dienftfertig. Gefetzt aber, es fei fo, wie hängt dies mit demjenigen zufammen, wovon jetzt die Rede ift?"

„Dies ift leicht zu fehen. Gefetzt, ich überließe mich den Eindrücken, welche die Reizungen der fchönen Cyane auf mich machen könnten, und fie gewährte mir Alles, — was ein Ge= fchöpf wie fie gewähren kann. Eine Verbindung von diefer Art könnte wol von keiner langen Dauer fein. Aber würden die Erinnerungen der genoffenen Freuden nicht die Begierde er= wecken, fie wieder zu genießen?"

„Eine neue Cyane —"

„Würde mir wieder gleichgiltig werden und eben diefe Be= gierden zurücklaffen."

„Eine immerwährende Abwechslung ift alfo hierin, wie Du fiehft, das Gefetz der Natur."

„Aber auf diefe Art würde ich's gar bald fo weit bringen, keiner Begierde widerftehen zu können."

„Wozu brauchft Du zu widerftehen, fo lange Deine Begierden in den Schranken der Natur und der Mäßigung bleiben?"

„Wie aber, wenn endlich das Weib meines Freundes, oder welche es fonft wäre, die der ehrwürdige Name einer Mutter gegen den bloßen Gedanken eines unkeufchen Anfalls ficher ftellen foll, oder wie, wenn die unfchuldige Jugend einer Toch= ter, die vielleicht keine andere Mitgift als ihre Unfchuld und Schönheit hat, der Gegenftand diefer Begierden würde, über die ich durch fo vieles Nachgeben alle Gewalt verloren hätte?"

„So hätteft Du Dich, in Griechenland wenigftens, vor den Gefetzen vorzufehen. Allein was müßte das für ein Gehiru fein, das in folchen Umftänden kein Mittel ausfindig machen könnte, feine Leidenfchaft zu vergnügen, ohne fich mit den Ge= fetzen zu überwerfen? Ich fehe, Du kennft die Schönen zu Athen und Sparta nicht."

„O, was dies betrifft, ich kenne fogar die Priefterinnen zu Delphi. Aber ift's möglich, daß Du im Ernfte gefprochen haft?"

„Ich habe nach meinen Grundfätzen gefprochen. Die Gefetze haben in gewiffen Staaten (denn es giebt einige, wo fie mehr Nachficht tragen) für nöthig gefunden, unfer natürliches Recht an eine Jede, die unfere Begierden erregt, einzufchränken. Allein da dies nur gefchah, um gewiffe Ungelegenheiten zu verhindern, die aus dem ungefcheuten Gebrauch jenes Rechts in folchen Staaten zu beforgen wären, fo fiehft Du, daß der Geift und

die Absicht des Gesetzes nicht verletzt wird, wenn man vor=
sichtig genug ist, zu den Ausnahmen, die man davon macht,
keine Zeugen zu nehmen."

„O Hippias!" rief Agathon hier aus, „ich habe Dich, wo=
hin ich Dich bringen wollte. Sieh einmal die Folgen Deiner
selbstsüchtigen Grundsätze! Wenn Alles an sich selbst recht ist,
was meine Begierden wollen; wenn die ausschweifenden For=
derungen der Leidenschaft unter dem Namen des Nützlichen,
den sie nicht verdienen, die einzige Richtschnur unserer Hand=
lungen sind; wenn den Gesetzen nur mit einer guten Art aus=
gewichen werden muß, und im Dunkeln Alles erlaubt ist; wenn
die Tugend und die Hoffnungen der Tugend nur Chimären
sind: was hindert die Kinder, sich, sobald es ihnen nützlich ist
und ungestraft geschehen kann, wider ihre Eltern zu verschwören?
Was hindert die Mutter, sich selbst und ihre Tochter dem Meist=
bietenden preißzugeben? Was hindert mich, wenn ich da=
durch gewinnen kann, den Dolch in die Brust meines Freundes
zu stoßen, die Tempel der Götter zu berauben, mein Vaterland
zu verrathen, oder mich an die Spitze einer Räuberbande zu
stellen und (wenn ich Macht genug dazu habe) ganze Läuder
zu verwüsten, ganze Völker in ihrem Blute zu ertränken? Siehst
Du nicht, daß Deine Grundsätze (die Du unverschämt Weisheit
nennst und durch eine künstliche Vermischung des Wahren und
Falschen scheinbar zu machen suchst), wenn sie allgemein wür=
den, die Menschen in weit ärgere Ungeheuer als Hyänen,
Tiger und Krokodile verwandeln würden? — Du spottest der
Religion und der Tugend? Wisse, nur den unauslöschlichen
Zügen, womit ihr Bild in unsre Seelen eingegraben ist, nur
dem geheimen und wunderbaren Reize, der uns zur Wahrheit,
Ordnung und Güte zieht und den Gesetzen besser zu statten
kommt als alle Belohnungen und Strafen, nur diesem ist es zu=
zuschreiben, daß es noch Menschen auf dem Erdboden giebt,
und daß unter diesen Menschen noch ein Schatten von Sitt=
lichkeit und Güte zu finden ist. Du erklärst die Ideen von
moralischer Vollkommenheit für Phantasien. Siehe mich hier,
Hippias, so wie ich hier bin, biete ich den Verführungen aller
Deiner Cyanen, den scheinbarsten Ueberredungen Deiner egoisti=
schen Weisheit und allen Vortheilen, die mir Deine Grundsätze
und Dein Beispiel versprechen, Trotz. Eine einzige von jenen
Phantasien ist hinreichend, die unwesentliche Zauberei aller
Deiner Blendwerke zu zerstreuen. Nenne die Tugend immerhin

Schwärmerei; diese Schwärmerei macht mich glücklich und würde alle Menschen glücklich machen, würde den ganzen Erdboden in ein Elysium verwandeln, wenn Deine Grundsätze und Diejenigen, welche sie ausüben, nicht, so weit ihr ansteckendes Gift bringt, Elend und Verderbniß ausbreiteten."

Agathon wurde ganz glühend, indem er dies sagte, und ein Maler, um den zürnenden Apollo zu malen, hätte sein Gesicht in diesem Augenblick zum Urbild nehmen müssen. Der weise Hippias hingegen erwiderte diesen Eifer mit einem Lächeln, welches dem Momus selbst Ehre gemacht hätte, und sagte, ohne seine Stimme zu verändern: „Nunmehr glaube ich Dich zu kennen, Kallias, und Du wirst von meinen Verführungen weiter nichts zu besorgen haben. Die gesunde Vernunft ist nicht für so warme Köpfe gemacht wie der Deinige. Wie leicht, wenn Du mich zu verstehen fähig gewesen wärest, hättest Du Dir den Einwurf selbst beantworten können, daß die Grundsätze der So= phisten verderblich wären, wenn sie allgemein würden! Die Natur hat schon dafür gesorgt, daß sie nicht allgemein werden. — Doch ich würde mir selbst lächerlich sein, wenn ich Deine begeisterte Apostrophe beantworten oder Dir zeigen wollte, wie sehr auch der Affect der Tugend das Gesicht verfälschen kann. Bleibe, wenn Du kannst, immer, was Du bist, Kallias! Fahre fort, Dich um den Beifall der Geister und die Gunst der ätherischen Schönen zu bewerben; rüste Dich, dem Ungemach, das Dein Platonismus Dir in dieser Unterwelt zuziehen wird, großmüthig entgegen zu gehen, und tröste Dich, wenn Du Leute siehst, die niedrig genug sind, sich an irdischen Glückseligkeiten zu weiden, mit dem frommen Gedanken, daß sie in einem andern Leben, wo die Reihe an Dich kommt, glücklich zu sein, sich in den Flammen des Phlegethon wälzen werden."

Mit diesen Worten stand Hippias auf, warf einen verächt= lich=mitleidigen Blick auf Agathon und wandte ihm den Rücken zu, um ihm mit einer unter Seinesgleichen gewöhnlichen Höflich= keit zu verstehen zu geben, daß er sich zurückziehen könne.

Zweites Capitel.

Geheimer Anschlag gegen die Tugend unsers Helden.

Vermuthlich wird es einige Leser dünken, Hippias habe in seinem Discurs bei seinem schönen Sklaven einen größern

Mangel von Erfahrung und Kenntniß der Welt vorausgesetzt, als er nach Allem, was mit unserm Helden bereits vorgegangen war, zu thun Ursache hatte. Wir müssen also zur Entschuldigung dieses Weisen sagen, daß Agathon (aus Ursachen, die uns unbekannt geblieben sind) für gut befunden hatte, aus dem glänzenden Theile seiner Begebenheiten und sogar aus seinem Namen ein Geheimniß zu machen. Denn dieser Name war durch die Rolle, die er zu Athen gespielt hatte, in den griechischen Städten allzu bekannt geworden, als daß er es nicht auch dem Hippias hätte sein sollen; wiewol dieser, seitdem er in Smyrna wohnte, sich wenig um die Staatsangelegenheiten der Griechen bekümmerte, als welche er in den Händen seiner Freunde und Schüler ganz wohl versorgt glaubte. Da nun Agathon die Vorsicht gebraucht hatte, ihm Alles zu verbergen, was einigen Verdacht hätte erwecken können, als ob er jemals etwas mehr als ein Aufwärter in dem Tempel zu Delphi gewesen sei, so konnte ihn Hippias um so mehr für einen gänzlichen Neuling in der Welt ansehen, als weder die Denkungsart noch das Betragen dieses jungen Mannes so beschaffen war, daß ein Kenner auf günstigere Gedanken hätte gebracht werden sollen. Leute von seiner Art können in der That zehn Jahre hinter einander in der großen Welt gelebt haben, ohne daß sie dieses fremde und entlehnte Ansehen verlieren, welches beim ersten Blicke verkündigt, daß sie hier nicht einheimisch sind, geschweige, daß sie fähig wären, sich jemals zu dieser edlen Freiheit von den Fesseln der gesunden Vernunft, zu dieser weisen Gleichgiltigkeit gegen Alles, was schöne Seelen Gefühl nennen, und zu dieser verzärtelten Feinheit des Geschmacks zu erheben, wodurch die Hippiasse sich auf eine so vortheilhafte Art unterscheiden. Sie können freilich auch Beobachtungen machen; allein, da ihnen natürlicherweise der sympathetische Instinct mangelt, mittelst dessen Jene einander so schnell und zuverlässig ausfindig machen; da sie von Allem auf eine andere Art gerührt werden und sich mit aller möglichen Anstrengung der Einbildungskraft doch niemals recht an die Stelle eines Egoisten setzen können: so sind sie in einer Welt, deren ansehnlichster Theil aus Menschen dieses Schlages besteht, immer in einem unbekannten Lande, wo ihre Erkenntniß blos bei Muthmaßungen stehen bleibt und ihre Erwartung alle Augenblicke durch unbegreifliche Zufälle und unverhoffte Erscheinungen betrogen wird.

Mit allen seinen Vorzügen war Agathon gleichwol ein

Mitglied dieser letztern Classe, und es ist also kein Wunder, daß er ungeachtet der tiefen Betrachtungen, die er über seine Unterredung mit seinem Gebieter anstellte, sehr weit entfernt war, die Gedanken zu errathen, womit der Sophist jetzt umging, dessen Eitelkeit durch den schlechten Fortgang seines Vorhabens und den Eigensinn dieses seltsamen Jünglings weit mehr beleidigt war, als er sich hatte ansehen lassen. Agathon, wenn er das wirklich wäre, was er zu sein schien, wäre (dachte Hippias nicht ohne Grund) eine lebendige Widerlegung seines Systems. „Wie?" sagte er zu sich selbst, „ich habe mehr als vierzig Jahre in der Welt gelebt und unter einer unendlichen Menge von Menschen von allen Ständen und Classen nicht einen einzigen angetroffen, der meine Begriffe von der menschlichen Natur nicht bestätigt hätte, und dieser junge Mensch sollte mich noch an die Tugend glauben lehren? Es kann nicht sein; er ist ein Phantast oder ein Heuchler. Was er auch sein mag, ich will es ausfindig machen. — — Gut! Ein glücklicher Einfall! Ich will ihn auf eine Probe stellen, wo er unterliegen muß, wenn er ein Schwärmer, oder wo er die Maske ablegen wird, wenn er ein Komödiant ist. Er hat gegen Cyanen ausgehalten; dies hat ihn stolz und sicher gemacht; aber es beweist noch nichts. Wir wollen ihn auf eine stärkere Probe setzen! Wenn er auch in dieser den Sieg erhält, so muß er — Nun ja, dann will ich, beim Hercules! meine Nymphen entlassen, mein Haus den Priestern der Cybele vermachen und an den Ganges ziehen, um in der Höhle eines alten Palmbaumes mit geschlossenen Augen und den Kopf zwischen den Knien so lange sitzen zu bleiben, bis ich, allen meinen Sinnen zum Trotz, mir einbilde, daß ich nicht mehr bin!"

Dies war ein hartes Gelübde! Auch hielt sich Hippias sehr überzeugt, daß es so weit nicht kommen würde, und damit er keine Zeit versäumen möchte, machte er noch an demselbigen Tage Anstalt, seinen Anschlag auszuführen.

Drittes Capitel.

Hippias stattet einen Besuch bei einer Dame ab, die eine große Rolle in dieser Geschichte spielen wird.

Die Damen zu Smyrna hatten damals eine Gewohnheit, welche ihrer Schönheit mehr Ehre machte als ihrer Sittsamkeit.

10*

Sie pflegten sich in den warmen Monaten gemeiniglich alle
Nachmittage eines kühlenden Bades zu bedienen, und um keine
lange Weile zu haben, nahmen sie um diese Zeit die Besuche
derjenigen Mannspersonen an, die das Recht eines freien Zu-
tritts in ihren Häusern hatten. Diese Gewohnheit war in Smyrna
ebenso unanstößig, als es der Gebrauch bei unsern westlichen
Nachbarinnen ist, Mannspersonen bei der Toilette um sich zu
haben; auch kam diese Freiheit nur den Freunden zu statten,
und (den besondern Fall ausgenommen, wenn die hartnäckige
Blödigkeit eines noch unerfahrenen Neulings einiger Aufmunterung
nöthig hatte) waren die Liebhaber gänzlich davon ausgeschlossen.

Unter einer ziemlichen Anzahl von Schönen, bei denen der
weise Hippias dieses Vorrecht genoß, war auch eine, welche
unter dem Namen Danae den ersten Rang in derjenigen Classe
von Frauenzimmern einnahm, die man bei den Griechen Gesell-
schafterinnen zu nennen pflegte. Diese waren damals unter
ihrem Geschlechte, was die Sophisten unter dem männlichen;
sie standen auch in keiner geringern Achtung und konnten sich
rühmen, daß die vollkommensten Modelle aller Vorzüge ihres
Geschlechts, wenn man die strenge Tugend ausnimmt, die
Thargelien, die Aspasien, die Leontion, sich kein Bedenken
machten, von ihrem Orden zu sein. Was unsre Danae betrifft,
so machten die Mannspersonen zu Smyrna kein Geheimniß
daraus, daß sie an Schönheit und Artigkeit alle anderen Frauenzimmer, galante und spröde, tugendhafte und andächtige, übertreffe. Es ist wahr, die Geschichte meldet nicht, daß die Damen
sich sehr beeifert hätten, das Urtheil der Mannspersonen durch
einen öffentlichen Beitritt zu bestätigen; allein so viel ist gewiß,
daß keine unter ihnen war, die sich selbst nicht gestanden hätte,
daß, eine einzige Person ausgenommen, welche man niemals
öffentlich nennen wollte, die schöne Danae alle übrigen eben
so weit übertreffe, als sie von dieser einzigen Ungenannten übertroffen werde. In der That war ihr Ruhm von dieser Seite
so festgesetzt, daß man das Gerücht nicht unwahrscheinlich fand,
welches versicherte, sie habe in ihrer ersten Jugend den berühmtesten Malern zum Modell gedient und bei einer solchen Gelegenheit den Namen erhalten, unter welchem sie in Jonien
berühmt war. Jetzt hatte sie zwar das dreißigste Jahr schon
zurückgelegt, allein ihre Schönheit schien dadurch mehr gewonnen
als verloren zu haben; denn der blendende Jugendglanz, der
mit dem Mai des Lebens zu verschwinden pflegt, wurde durch

tausend andere Reizungen ersetzt, welche ihr (nach dem Urtheile der Kenner) eine Anziehungskraft gaben, die man, ohne sich eines schwülstigen Ausdrucks schuldig zu machen, in gewissen Umständen für unwiderstehlich halten konnte. Demungeachtet scheute sich, unter der Aegide der Gleichgiltigkeit, worin ihn damals ordentlicher Weise auch die schönsten Figuren zu lassen pflegten, der weise Hippias nicht, seine Tugend öfters dieser Gefahr auszusetzen. Er war der schönen Danae unter dem Titel eines Freundes vorzüglich angenehm; die geheime Geschichte sagt sogar, daß sie ihn ehemals nicht unwürdig gefunden habe, ihm eine noch interessantere Stelle bei ihrer Person anzuvertrauen, eine Stelle, die nur von den Liebenswürdigsten seines Geschlechts bekleidet zu werden pflegte. Diese Dame war es, deren Beihilfe Hippias sich zur Ausführung seines Anschlags wider unsern Helden bedienen wollte, dessen schwärmerische Tugend seinen Gedanken nach eine Beschimpfung seiner Grundsätze war, die er viel weniger leiden konnte als die allerscharfsinnigste Widerlegung in forma.

Er begab sich also zu der gewöhnlichen Stunde zu ihr, und war kaum in den Saal getreten, wo sie in den Bedürfnissen des Bades von zwei jungen Knaben, welche ein Paar Liebesgötter zu sein schienen, bedient wurde, als sie schon in seinem Gesichte etwas bemerkte, das mit seiner gewöhnlichen Heiterkeit einen Abstich machte. „Was hast Du, Hippias," sagte sie zu ihm, „daß Du eine so tiefsinnige Miene mitbringst?"

„Ich weiß nicht," antwortete er, „warum ich tiefsinnig aussehen sollte, wenn ich eine Dame im Bade besuche; aber dies weiß ich, daß ich Dich noch nie so schön gesehen habe als diesen Augenblick."

„Gut," sagte sie, „dies bekräftigt meine Bemerkung. Ich bin gewiß, daß ich heute nicht besser aussehe als das letzte Mal, da Du mich sahest; aber Deine Phantasie ist höher gestimmt als gewöhnlich, und Du schreibst den Einfluß, den sie auf Deine Augen hat, großmüthig auf die Rechnung des Gegenstandes, den Du vor Dir siehst. Ich wollte wetten, die häßlichste meiner Kammermädchen würde Dir in diesem Augenblick eine Grazie scheinen."

„Ich habe," versetzte Hippias, „keine Ansprüche an eine lebhaftere Einbildungskraft zu machen als Zeuxis und Polygnotus, die sich nichts Vollkommneres zu erfinden getrauten als Danae. Welche schöne Gelegenheit zu einer neuen Verwandlung, wenn ich Jupiter wäre!"

„Und was für eine Gestalt wolltest Du annehmen, um zu
gleicher Zeit meine Sprödigkeit und die Wachsamkeit Deiner
Juno zu hintergehen? Denn unter allen geflügelten, vierfüßigen und kriechenden Thieren ist wol keines, das nicht bereits
einem Unsterblichen hätte dienen müssen, irgend ein ehrliches
Mädchen zu beschleichen."

„Ich würde mich nicht lange besinnen; was für eine Gestalt
könnte ich annehmen, die Dir angenehmer und mir zu meiner
Absicht bequemer wäre, als dieses Sperlings, der Deine Liebhaber so oft zu gerechter Eifersucht reizt, der, durch die zärtlichsten Namen aufgemuntert, mit solcher Freiheit um Deinen
Nacken flattert, mit muthwilligem Schnabel den schönsten Busen
neckt und die Liebkosungen allezeit doppelt wieder empfängt, die
er Dir gemacht hat?"

„Es ist Dir leichter, wie es scheint," versetzte Danae, „einen
Sperling an Deine Stelle, als Dich an die Stelle eines Sperlings zu setzen; bald könntest Du mir die Schmeicheleien meines
kleines Lieblings verdächtig machen. Aber genug von den
Wundern, die Du meiner Schönheit zutraust; laß' uns von
was Anderm reden! Weißt Du, daß ich meinem Liebhaber den
Abschied gegeben habe?"

„Dem schönen Hyacinthus?"

„Ihm selbst, und, was noch mehr ist, mit dem festen Entschluß, seine Stelle nimmer zu ersetzen."

„Eine tragische Entschließung, schöne Danae!"

„Nicht so sehr, als Du denkst. Ich versichere Dich, Hippias,
meine Geduld reicht nicht mehr zu, alle Thorheiten dieser abgeschmackten Gecken auszustehen, welche die Sprache der Empfindung reden wollen und nichts fühlen; deren Herz nicht so viel,
als eine Nadelritze beträgt, verwundet ist, ob sie gleich von
Martern und Flammen reden; die unfähig sind, etwas Anderes
zu lieben als sich selbst, und meine Augen nur als einen Spiegel gebrauchen, worin sie die Wichtigkeit ihrer kleinen unverschämten Figur bewundern. Kaum vermeinen sie ein Recht an
unsre Gütigkeit zu haben, so glauben sie uns noch viel Ehre
zu erweisen, wenn sie unsre Liebkosungen mit einer zerstreuten
Miene dulden. Jeder Blick, den sie auf uns werfen, sagt uns,
daß wir ihnen nur zum Spielzeuge dienen, und die Hälfte
unserer Reizungen geht an ihnen verloren, weil sie keine Seele
haben, um die Schönheiten einer Seele zu empfinden."

„Dein Unwille ist gerecht," versetzte der Sophist; „es ist verdrießlich, daß man diesen Mannsleuten nicht begreiflich machen kann, daß die Seele das Liebenswürdigste an einer Schönen ist. Aber beruhige Dich! Nicht alle Männer denken so unedel. Ich kenne einen, der Dir gefallen würde, wenn Du zur Abwechslung einmal Lust hättest, es mit einem geistigen Liebhaber zu versuchen."

„Und wer kann das sein, wenn man fragen darf?"

„Es ist ein Jüngling, der dazu gemacht scheint, Deine Hyacinthe zu demüthigen — schöner als Adonis."

„Fi, Hippias, das ist, als ob Du sagtest, süßer als Honigseim. Du begreifst nicht, wie sehr mir vor diesen schönen Herren ekelt."

„O, dies hat nichts zu bedeuten; ich stehe Dir für diesen. Er hat keinen von den Fehlern der Narcisse, die Dir so ärgerlich sind. Kaum scheint er es zu wissen, daß er einen Leib hat. Er ist ein Mensch, wie man nicht viele sieht, schön wie ein Apollo, aber geistig wie ein Zephyr, ein Mensch, der lauter Seele ist, der Dich selbst, wie Du hier bist, für eine bloße Seele ansehen würde und Alles auf eine geistige Art thut, was wir Andern körperlich thun. Du verstehst mich doch, schöne Danae?"

„Nicht allzu wohl; aber Deine Beschreibung gefällt mir nichtsdestoweniger. Sprichst Du im Ernste?"

„Im ganzen Ernste! Wenn Du Lust haben solltest, die metaphysische Liebe zu kosten, so habe ich Deinen Mann gefunden. Er ist platonischer als Plato selbst! — Und ich denke doch, Du könntest uns geheime Nachrichten von diesem berühmten Weisen geben."

„Ich erinnere mich," antwortete Danae lächelnd, „daß er einmal mit einer meiner Freundinnen eine kleine Zerstreuung gehabt hat, die Du ihm nicht übel nehmen mußt. Wo ist ein Geist, dem ein artiges Mädchen von achtzehn Jahren nicht einen Körper geben könnte?"

„Das sagst Du blos, weil Du meinen Mann noch nicht kennst: die Göttin von Paphos, ja, Du selbst würdest es bei ihm so weit nicht bringen. Du kannst ihn Tag und Nacht um Dich haben, Du kannst ihn auf alle Proben stellen, Du kannst ihn — bei Dir schlafen lassen, Danae, ohne daß er Dir Gelegenheit geben wird, nur die mindeste kleine Ausrufung anzubringen. Kurz, bei ihm kann Deine Tugend ganz ruhig einschlummern, ohne jemals in Gefahr zu kommen, aufgeweckt zu werden."

„Ach! nun verstehe ich Dich; es verlohnte sich auch wol
der Mühe, den Scherz so weit zu treiben! Ich verlange keinen
Liebhaber, der sich nur darum an meine Seele hält, weil ihm
das Uebrige zu nichts nütze ist."

„Auch ist Derjenige, den ich Dir anpreise, weit entfernt, in diese
Classe zu gehören: mache Dir darüber keinen Kummer! Was
Du für die Folgen einer physischen Ursache hältst, ist bei ihm
die Wirkung der Tugend, der erhabenen Philosophie, von der
er Profession macht."

„Den Mann möcht' ich wol sehen! — Aber weißt Du
auch, Hippias, daß meine Eitelkeit nicht zufrieden wäre, auf
eine so kaltsinnige Art geliebt zu werden? Es ist wahr, ich
bin dieser mechanischen Liebhaber von Herzen überdrüssig; aber
ich würde doch auch nicht ganz mit einem Andern zufrieden sein,
der gegen Dasjenige gänzlich ohne Empfindung wäre, wofür
Jene allein empfindlich sind. Ein Frauenzimmer findet allezeit
ein Vergnügen darin, Begierden einzuflößen, auch wenn sie
nicht gesonnen ist, sie zu vergnügen. Die Spröden selbst sind
von dieser Schwachheit nicht ausgenommen. Wozu brauchen
wir von einem Liebhaber zu hören, daß wir reizend sind?
Wir wollen es aus den Wirkungen sehen, die wir auf ihn
machen. Je weiser er ist, desto schmeichelnder ist es für unsre
Eitelkeit, wenn wir ihn aus seiner Fassung setzen können.
Nein, Du begreifst nicht, wie sehr das Vergnügen, alle die
Thorheiten zu sehen, wozu wir diese Herren der Schöpfung
bringen können, alles Andre übertrifft, das sie uns zu geben
fähig sind. Ein Philosoph, der zu meinen Füßen wie eine
Turteltaube girrt, der, mir zu gefallen, seine Haare und seinen
Bart kräuseln läßt, der alle Wohlgerüche von Arabien und In=
dien um sich duftet und, um sich bei mir einzuschmeicheln,
meinen Schooßhund liebkost und Oden auf meinen Sperling
macht, — ah! Hippias, man muß ein Frauenzimmer sein, um
zu begreifen, was dies für ein Vergnügen ist!"

„So bedaure ich Dich, daß Du diesem Vergnügen bei dem
Virtuosen, von dem ich spreche, entsagen mußt. Er hat seine
Proben schon gemacht. Er ist zärtlich wie ein Knabe von sech=
zehn Jahren, aber, wie gesagt, nur für die Seelen der Schönen;
alles Uebrige macht keinen größern Eindruck auf ihn als auf
eine Bildsäule."

„Das wollen wir sehen, Hippias! Ich verlange schlechter=
dings, daß Du ihn diesen Abend zu mir bringst. Du wirst

nur eine kleine Gesellschaft finden, die uns nicht stören soll. —
Aber wer ist denn dieser Ungenannte, von dem wir schon so
lange schwatzen?" •

Es ist ein Sklave, den ich vor etlichen Wochen von einem
Cilicier gekauft habe, aber ein Sklave, wie man sonst nirgends
sieht, zu Delphi im Tempel des Apollo erzogen; vermuthlich
hat er sein Dasein der antiplatonischen Liebe dieses Gottes
oder eines von seinen Vertretern zu irgend einer hübschen
Schäferin zu danken, die sich zu tief in seinen Lorbeerhain
wagte. Er ist in der Folge nach Athen gekommen, und die
schönen Reden des Plato haben die romanhafte Erziehung vollendet, die er in den geheiligten Hainen von Delphi erhielt.
Er gerieth durch einen Zufall in die Hände cilicischer Seeräuber und aus diesen in die meinigen. Er nannte sich
Pythokles; aber weil ich diese Art von Namen nicht leiden
kann, so hieß ich ihn Kallias; und er verdient, so zu heißen,
denn er ist der schönste Mensch, den ich jemals gesehen habe.
Seine übrigen Gaben bestätigen die gute Meinung, die sein
Anblick von ihm erweckt. Er hat Witz, Geschmack, Kenntnisse,
er ist ein Liebhaber und selbst ein Günstling der Musen; aber
mit allen diesen Vorzügen scheint er doch nichts weiter als ein
wunderlicher Kopf, ein Schwärmer und ein unbrauchbarer Mensch
zu sein. Er nennt seinen Eigensinn Tugend, weil er sich einbildet, die Tugend müsse die Gegenfüßlerin der Natur sein; er
hält die Ausschweifungen seiner Phantasie für Vernunft, weil
er sie in einen gewissen Zusammenhang gebracht hat, und sich
selbst für weise, weil er auf eine methodische Art rast. Er gefiel mir beim ersten Anblick; ich faßte den Entschluß, etwas aus
dem jungen Menschen zu machen; aber alle meine Mühe war
umsonst. Wenn es möglich ist, daß er durch Jemand znrecht
gebracht werde, so muß es durch ein Frauenzimmer geschehen;
denn ich glaube bemerkt zu haben, daß man nur durch sein
Herz in seinen Kopf kommen kann. Die Unternehmung wäre Deiner
würdig, schöne Danae. Wenn sie Dir nicht gelingt, so ist er
unverbesserlich und verdient, daß man ihn seiner Thorheit und
seinem Schicksal überlasse."

„Du hast meinen ganzen Ehrgeiz rege gemacht, Hippias," versetzte die schöne Danae. „Bring' ihn diesen Abend mit; ich will
ihn sehen, und wenn er nicht aus andern Elementen zusammengesetzt ist als die übrigen Erdensöhne, so wollen wir eine Probe
machen, ob Danae ihrer Lehrmeisterin würdig ist."

Hippias war sehr erfreut, den Zweck seines Besuches so glücklich erreicht zu haben, und versprach beim Abschied, zur bestimmten Zeit diesen wunderbaren Jüngling aufzuführen, an welchem die schöne Danae so begierig war, die Macht ihrer Reizungen zu versuchen.

Viertes Capitel.
Einige Nachrichten von der schönen Danae.

Die Schöne, mit welcher wir die Leser im vorigen Capitel bekannt gemacht haben, hat sie vermuthlich ebenso geneigt gemacht, eine nähere Nachricht von dem Charakter und der Geschichte derselben zu erwarten, als wir es sind, ihrem Verlangen ein Genüge zu thun. Gleichwol ist dasjenige, was man damals zu Smyrna von ihr wußte, oder doch öffentlich von ihr sagte, Alles, was wir dem Leser vor der Hand mittheilen können, bis sich vielleicht in der Folge Gelegenheit zeigt, genauere und getreuere Nachrichten aus ihrem eignen Munde zu erhalten.

Die allgemeine Meinung zu Smyrna war, daß sie eine Tochter der berühmten Aspasia von Milet sei. Diese Aspasia hatte schon in ihrer Vaterstadt die Kunst der Galanterie oder der weiblichen Sophistik (wie man sie auch nennen könnte) durch die Verbindung derselben mit den Künsten der Musen zu einem so hohen Grade der Vollkommenheit erhoben, daß sie mit Recht als die wahre Erfinderin derselben anzusehen ist. Milet schien ihr endlich ein zu kleiner Schauplatz. Sie zog nach Athen und bediente sich daselbst ihrer seltenen Vorzüge auf eine so kluge Art, daß sie zuletzt die unumschränkte Beherrscherin des großen Perikles, der in gewissem Sinne das ganze Griechenland beherrschte, oder wie die komischen Dichter seiner Zeit sich ausdrückten, die Juno dieses athenischen Jupiters wurde.

Unstreitig konnte man der schönen Danae keine Abkunft geben, welche einer Person von ihrer Classe mehr Ehre gemacht hätte. Allein die Vermuthungen, worauf sich diese Meinung gründete, sind nicht hinlänglich, ihr eignes Geständniß zu überwiegen, vermöge dessen sie aus der Insel Skios gebürtig und nach dem Tode ihrer Eltern in ihrem vierzehnten Jahre mit einem Bruder nach Athen gekommen war, um in dieser Stadt, worin alle angenehmen Talente Aufmunterung fanden, die ihrigen geltend zu machen. Die Kunst, welche sie hier trieb,

war eine Art von pantomimischen Tänzen, wozu gemeiniglich
nur eine oder zwei Personen erfordert wurden, und worin die
tanzende Person nach der Modulation einer Flöte oder Leyer
gewisse Stücke aus der Götter- und Heldengeschichte der Griechen
durch Geberden und Bewegungen vorstellte. Allein da diese
Kunst wegen der Menge derer, die sie trieben, nicht zureichte,
sie anständig zu unterhalten, so sah sich die junge Schöne genöthigt, den Künstlern zu Athen die Dienste eines Modells zu
thun. Außer dem Nutzen, den sie davon zog, erhielt sie dadurch
die schmeichelhafte Ehre, bald als Danae oder Leda die Bewunderung der Kenner, bald als Diana oder Venus die Anbetung des Pöbels zu erhalten.

Bei einer solchen Gelegenheit begab es sich, daß sie von dem
jungen Alcibiades überrascht und in der Stellung der Danae
allzu reizend befunden wurde, als daß einem Geringern wie
Alcibiades auch nur der Anblick so vieler Schönheiten erlaubt
sein sollte. Wie leicht zu erachten ist, hatte dieser liebenswürdige Verführer, dem seine Gestalt, seine Manieren, sein Stand
und sein Reichthum das Wort redeten, wenig Mühe, ein Mädchen dieser Gattung zu überreden, sich in seinen Schutz zu begeben. Er brachte sie in das Haus der Aspasia, welches zu
gleicher Zeit eine Akademie der schönsten Geister von Athen
und eine Art von Frauenzimmerschule war, worin junge Mädchen von den vorzüglichsten Gaben, unter Aufsicht einer so vollkommenen Meisterin, eine Erziehung erhielten, welche sie zu der
Bestimmung geschickt machen sollte, die Großen und die Weisen
der Republik in ihren Ruhestunden zu ergetzen. Danae machte
sich diese Gelegenheit so wohl zu Nutze, daß sie die Gunst und
endlich selbst die Vertraulichkeit der Aspasia erhielt, welche, weit
über die Niederträchtigkeit gemeiner Seelen erhaben, sich mit so
vielem Vergnügen in dieser jungen Person wieder hervorgebracht
sah, daß sie dadurch zu der Vermuthung Anlaß gab, deren wir
bereits Erwähnung gethan haben. Inzwischen genoß Alcibiades
allein der Früchte einer Erziehung, wodurch die natürlichen
Gaben seiner jungen Freundin zu einer Vollkommenheit entwickelt wurden, die ihr den Namen der zweiten Aspasia erwarb,
und die schöne Danae legte sich selbst die Pflicht auf, eine Treue
gegen ihn zu beobachten, welche er nicht zu erwidern nöthig
fand. Da die Liebe zur Veränderung eine stärkere Leidenschaft
bei ihm war als die Liebe, die ihm irgend eine Sterbliche einflößen konnte, so mußte auch Danae, nachdem sie sich eine ge-

raume Zeit in dem ersten Platze bei ihm erhalten hatte, einer
Andern weichen, die keinen Vorzug vor ihr hatte, als daß sie
ihm neu war. So schwach Danae von einer gewissen Seite
sein mochte, so edel war ihr Herz in andern Stücken. Sie
liebte den Alcibiades, weil sie von seiner Person und von sei=
nen Eigenschaften bezaubert war, und dachte wenig daran, von
seinen Reichthümern Vortheil zu ziehen. Sie würde also nichts
von ihm übrig behalten haben als das Andenken, von dem
liebenswürdigsten Mann ihrer Zeit geliebt worden zu sein, wenn
er nicht ebenso stolz und freigebig, als sie (wider die Gewohn=
heit ihrer Gespielen) uneigennützig war, gewesen wäre und ihr
eine Summe aufgedrungen hätte, welche mehr als hinlänglich
war, sie, wie er sagte, vor der Erniedrigung zu sichern, dem
Reichsten überlassen zu müssen, was nur dem Liebenswürdigsten
gehörte.

Nach Aspasiens Tode fand sie Gelegenheit, dem jüngern
Cyrus bekannt zu werden, dessen glänzende Eigenschaften durch
die Feder Xenophon's ebenso bekannt geworden sind als der
unglückliche Ausgang der Unternehmung, wodurch er seinen
Bruder Artaxerxes (Mnemon) von dem Throne des großen
Cyrus zu verdrängen hoffte. Ihr erster Anblick unterwarf ihr
das Herz eines Prinzen, der desto empfindlicher gegen diejenige
Art von Reizungen war, wodurch sich die Schülerinnen der
Aspasia unterschieden, je seltener sie unter den lebenden Statuen
anzutreffen sind, welche in Persien dem Vergnügen der Großen
gewidmet werden und in der That zu dem einzigen Gebrauche,
den ihre Gebieter von ihnen zu machen wissen, wenig Seele
nöthig haben. Danae begleitete diesen Prinzen auf seinem Feld=
zuge gegen den großen König, und nach dem unglücklichen Aus=
gange desselben erwählte sie Smyrna zu ihrem beständigen Auf=
enthalte, durch die großmüthige Freigebigkeit des Cyrus, der
sich hierin von keinem Bürger von Athen übertreffen lassen
wollte, in den Stand gesetzt, ihre einzige Sorge sein zu lassen,
wie sie auf die angenehmste Art leben wollte. Sie bediente sich
dieses Glücks, wie es der Name der zweiten Aspasia erforderte.
Ihre Wohnung schien ein Tempel der Musen und Grazien zu
sein, und wenn Amor von einer so reizenden Gesellschaft nicht
ausgeschlossen blieb, so war es jener Amor, den die Musen beim
Anakreon mit Blumenkränzen binden, und der sich in dieser
Gefangenschaft so wohl gefällt, daß Venus ihn vergeblich be=
reden will, sich in seine vorige Freiheit setzen zu lassen. Die

Spiele, die Scherze und die Freuden (wenn es uns erlaubt ist,
die Sprache Homer's zu gebrauchen, wo die gewöhnliche zu matt
scheint) schlossen mit den lächelnden Stunden einen unauflös=
lichen Reihentanz um sie her, und Schwermuth, Ueberdruß und
lange Weile waren mit allen andern Feinden der Ruhe und
des Vergnügens gänzlich aus diesem Wohnsitze der Freude
verbannt.

Wir haben, däucht uns, schon mehr als genug gesagt, um
unsere Leser in keine mittelmäßige Sorge für die Tugend unsers
Helden zu setzen. In der That hatte er sich noch niemals in
Umständen befunden, die uns weniger hoffen lassen, daß sie sich
werde erhalten können. Die Gefahr, worin sie bei der üppigen
Pythia, unter den rasenden Bacchantinnen und in dem Hause
des weisen Hippias, welches dem Stalle der Circe so ähnlich
sah, geschwebt hatte, kommt in gar keine Betrachtung gegen die=
jenige, die ihr bevorsteht und deren wir ihn gern überhoben
hätten, wenn die Pflichten des Geschichtsschreibers erlaubten,
einer freundschaftlichen Parteilichkeit zum Nachtheile der Wahr=
heit Gehör zu geben.

Fünftes Capitel.
Wie gefährlich eine verschönernde Einbildungskraft ist.

Wenn eine lebhafte Einbildungskraft ihrem Besitzer eine un=
endliche Menge von Vergnügungen gewährt, die den übrigen
Sterblichen versagt sind; wenn ihr zauberischer Einfluß alles
Schöne in seinen Augen verschönert und ihn da in Entzückung
setzt, wo Andre kaum empfinden; wenn sie in glücklichen Stun=
den ihm diese Welt zu einem Paradiese macht und in traurigen
seine Seele von der Scene seines Kummers hinwegzieht und
in bessere Welten versetzt, welche durch die vergrößernden
Schatten einer vollkommnen Wonne seinen Schmerz bezaubern:
so müssen wir auf der andern Seite gestehen, daß sie nicht we=
niger eine Quelle von Irrthümern, Ausschweifungen und Qua=
len für ihn ist, wovon er, selbst mit Hilfe der Weisheit und
mit der feurigsten Liebe zur Tugend, sich nicht eher los machen
kann, bis er (auf welche Art es nun sein mag) dazu gekommen
ist, die allzu große Lebhaftigkeit derselben zu mäßigen.

Der weise Hippias hatte unserm Helden sehr wenig Unrecht

gethan, als er ihm eine Einbildungskraft von dieser Art zu=
schrieb, und die schlaue Danae machte sich aus der Beschreibung
des Hippias eine sehr richtige Vorstellung von ihm, da sie
Alles gewonnen zu haben glaubte, wenn sie nur seine Ein=
bildungskraft auf ihre Seite gebracht haben würde. Hippias,
dachte sie, hatte nur darin gefehlt, daß er ihn durch die Sinne
verführen wollte. Auf diese Voraussetzung gründete sie einen
Plan, zu dessen Erfolg sie sich selbst zum Voraus Glück wünschte,
und dachte ebenso wenig daran, daß die Ausführung sie ihr
eignes Herz kosten könnte, als Agathon sich von der Gefahr
träumen ließ, die dem seinigen zubereitet wurde.

Die Stunde, welche sie dem Sophisten anberaumt hatte, war
nun gekommen, und Agathon begleitete seinen Herrn, ohne zu
wissen wohin. Sie traten in einen Palast, der auf einer dop=
pelten Reihe von jonischen Säulen ruhte und mit vielen ver=
goldeten Bildsäulen ausgeziert war. Das Inwendige stimmte
vollkommen mit der Pracht des äußerlichen Anblicks überein.
Allenthalben begegnete ihnen das geschäftige Gewimmel von
unzähligen Sklaven und Sklavinnen, wovon die Erstern alle
unter dem vierzehnten Jahre und, so wie die Letztern, von
außerordentlicher Schönheit waren. Ihre Kleidung stellte dem
Aug' eine angenehme Verbindung der Einförmigkeit mit der
Abwechslung dar; einige waren weiß, andre himmelblau, andre
rosenfarb, andre grün gekleidet, und jede Farbe schien eine be=
sondere Classe zu bezeichnen, welcher ihre eignen Dienste an=
gewiesen waren.

Agathon, auf den alles Schöne lebhaftere Eindrücke zu
machen pflegte, als vonnöthen war, um nach dem Maßstabe
der Moralisten genug zu sein, wurde durch Alles, was er sah,
so sehr bezaubert, daß er sich in eine von seinen idealischen
Welten versetzt glaubte. Er hatte noch nicht Zeit gehabt, wieder
zu sich selbst zu kommen, als ihn Hippias in einen großen, hell
erleuchteten Saal führte, worin die Gesellschaft versammelt war,
welche sie vermehren sollten. Kaum hatte er einen Blick auf
sie geworfen, als die schöne Danae ihm mit einer ihr eigenen
Anmuth entgegen kam, ihm zu sagen, daß ein Freund des
Hippias das Recht habe, sich in ihrem Hause und in dieser Ge=
sellschaft als einheimisch anzusehen. Ein so verbindlicher Will=
kommen verdiente wol eine Antwort in gleichem Tone; allein
Agathon war in diesem Augenblick außer Stande, höflich zu sein.
Ein Blick, womit man den äußersten Grad des angenehmsten Er=

ſtaunens malen müßte, war Alles, was er auf dieſe Anrede zu
erwidern wußte.

Die Geſellſchaft war aus lauter ſolchen Perſonen zuſammen=
geſetzt, welche die Vorrechte des vertrauteſten Umgangs in die=
ſem Hauſe genoſſen und die attiſche Urbanität (die von der
ſteifen und ceremonienreichen Höflichkeit der heutigen Europäer
merklich abſtach) in ebenſo hohem Grade als Danae ſelbſt be=
ſaßen. In einer Geſellſchaft nach der heutigen Art würde
Agathon in den erſten Augenblicken, da er ſich darſtellte, zu einer
Menge kleiner boshafter Anmerkungen Stoff gegeben haben; in
dieſer war ein flüchtiger Blick Alles, was er auszuhalten hatte.
Die Unterredung wurde fortgeſetzt; Niemand ziſchelte dem An=
dern ins Ohr oder ſchien das Erſtaunen zu bemerken, mit
welchem ſeine Augen die ſchöne Danae zu verſchlingen ſchienen;
kurz, man ließ ihm alle Zeit, die er brauchte, um wieder zu
ſich ſelbſt zu kommen, wofern ſich anders dieſer Ausdruck für
die Verfaſſung ſchickt, worin er ſich dieſen ganzen Abend durch
befand.

Vielleicht erwartet man, daß wir eine nähere Erläuterung
über dieſen außerordentlichen Eindruck geben ſollen, welchen
Dauae auf unſern allzu reizbaren Helden machte. Allein wir
ſehen uns noch außer Staude, die Neugierde des Leſers über
einen Punkt zu befriedigen, wovon Agathon ſelbſt nicht fähig
geweſen wäre, Rechenſchaft zu geben. Alles, was wir davon
ſagen können, iſt, daß dieſe Dame dem Anſchein nach niemals
weniger erwarten konnte, eine ſolche Wirkung zu machen, ſo
wenig Mühe hatte ſie ſich gegeben, ihre Reizungen durch einen
ſchimmernden Putz zu erhöhen oder durch andere Kunſtgriffe
in ein blendendes Licht zu ſetzen. Ein weißes Kleid mit kleinen
Streifen von Purpur und eine halb eröffnete Roſe in ihrem
ſchwarzen Haar machte ihren gauzen Staat aus, und von der
Durchſichtigkeit, wodurch die Kleidung der Cyane den Augen
unſers Helden anſtößig geweſen, war die ihrige ſo weit entfernt,
daß man mit beſſerm Recht ausſetzen konnte, ſie verhülle zu
viel. Es iſt wahr, ſie hatte Sorge getragen, daß ein ſehr artiger
kleiner Fuß dem Auge nicht immer entzogen würde; allein die=
ſer kleine Fuß und eine ſchneeweiße, roſenfingerige Hand mit
dem Anfang eines vollkommen ſchönen Armes war Alles, was
das neidiſche Gewand vorwitzigen Blicken nicht verſagte. Was
es alſo auch ſein mochte, was in ſeinem Herzen vorging, ſo iſt
doch dies gewiß, daß an der Perſon und dem Betragen der

schönen Danae nicht das Mindeste zu entdecken war, das einige besondere Absicht auf unsern Helden hätte anzeigen können, und daß sie, es sei nun aus Unachtsamkeit oder Bescheidenheit, nicht einmal zu bemerken schien, daß Agathon für sie allein Augen und über ihrem Anschauen den Gebrauch aller andern Sinne verloren hatte.

Sechstes Capitel.

Pantomimen.

Nach Endigung der Mahlzeit, bei welcher Agathon beinahe einen bloßen Zuschauer abgegeben hatte, trat ein Tänzer und eine junge Tänzerin herein, um nach der Modulation zweier Flöten die Geschichte des Apollo und der Daphne zu tanzen. Die Geschicklichkeit der Tanzenden befriedigte alle Zuschauer. Alles an ihnen war Seele und Ausdruck, und man glaubte sie immer zu hören, ob man sie gleich nur sah.

„Wie gefällt Dir die Tänzerin, Kallias?" fragte Danae den Agathon, welcher nur mittelmäßig aufmerksam auf dieses Spiel zu sein schien und der Einzige war, der nicht beobachtete, daß die Tänzerin von ungemeiner Schönheit und, ebenso wie neulich Cyane, kaum mit etwas mehr als gewebter Luft umhüllt war. „Mich däucht," versetzte Agathon (der jetzt erst anfing, diese Daphne aufmerksamer anzusehen), „mich däucht, daß sie, vielleicht aus allzu großer Begierde zu gefallen, den Charakter verläßt, den sie vorstellen soll. Warum sieht sie sich im Fliehen um? und mit einem Blicke, der es ihrem Verfolger zu verweisen scheint, daß er nicht schneller ist als sie? — Gut, sehr gut!" fuhr er fort, als die Stelle kam, wo Daphne den Flußgott um Hilfe anruft, „unverbesserlich! Mit welcher Wahrheit sie ihre Verwandlung ausdrückt! Wie sie erbleicht! wie sie schauert! Ihre Füße wurzeln mitten in einer schreckhaften Bewegung ein; umsonst will sie ihre ausgebreiteten Arme zurückziehen. — Aber warum dieser zärtlich-bange Blick auf ihren Liebhaber? Warum die Thräne, die in ihrem Auge zu erstarren scheint?"

Ein allgemeines Lächeln beantwortete die Frage Agathon's. „Du tadelst gerade," sagte einer von den Gästen, „was wir am Meisten bewundern. Eine gewöhnliche Tänzerin würde nicht fähig gewesen sein, Deinen Tadel zu verdienen. Es ist unmöglich, mehr Geist, mehr Feinheit und einen schönern Con-

traft in diese Rolle zu bringen, als die kleine Psyche gethan
hat."

Daphne selbst war nicht bestürzter gewesen, da sie sich ver=
wandelt fühlte, als Agathon in dem Augenblick, da er den
Namen Psyche hörte; er stockte mitten in einem Worte, das er
sagen wollte; er erröthete, und seine Verwirrung war so merk=
lich, daß Danae, welche sie der Beschämung seines Tadels zu=
schrieb, für nöthig hielt, ihm zu Hilfe zu kommen. „Der Tadel
des Kallias," sagte sie, „beweist, daß er den Geist, womit Psyche
ihre Rolle gespielt, so gut empfunden hat als Phädrias. Aber
vielleicht ist er darum nicht minder gegründet. Psyche sollte die
Person der Daphne gespielt haben, und hat ihre eigene gespielt.
Ist es nicht so, Psyche? Du dachtest: Wie würde mir an
Daphnens Stelle gewesen sein?" — „Und wie hätte ich's anders
machen können, meine Gebieterin?" fragte die kleine Tänzerin.
— „Du hättest den Charakter annehmen sollen, den ihr die
Dichter geben, und hast Dich begnügt, Dich selbst in ihre Um=
stände zu setzen." — „Was für ein Charakter ist denn dies?"
erwiderte Psyche. — „Einer Spröden," sagte der weise Hippias,
„der Lieblingscharakter des Kallias." — Abermalige Gelegenheit
zum Erröthen für den guten Agathon!

„Du hast es nicht errathen," versetzte dieser; „der Charakter,
den Daphne nach meiner Idee haben soll, ist Gleichgiltigkeit und
Unschuld; sie kann Beides haben, ohne eine Spröde zu sein."

„Psyche verdient also desto mehr Lob," erwiderte Phädrias
(für den sie noch etwas mehr als eine Tänzerin war), „weil sie
den Charakter verschönert hat, den sie vorstellen sollte. Der
Streit zwischen Liebe und Ehre erfordert mehr Genie, um nach=
geahmt zu werden, und ist für den Zuschauer rührender als die
Gleichgiltigkeit, die ihr Kallias geben will. Und zudem, wo ist
die junge Nymphe, die gegen die Liebe eines so schönen Gottes,
wie Apollo ist, gleichgiltig sein könnte?" — „Ich bin Deiner
Meinung," sagte Hippias. „Daphne flieht vor dem Apollo,
weil sie — ein junges Mädchen ist, und weil sie — ein
junges Mädchen ist, so wünscht sie heimlich, daß er sie
erhaschen möge. Warum sieht sie sich so oft um, als um
ihm zu verweisen, daß er nicht schneller sei? Wie er ihr so
nahe war, daß sie nicht mehr entfliehen konnte, so flehte sie,
sagt die Fabel, dem Flußgotte, daß er sie verwandeln sollte.
Grimasse! Sie brauchte ja nur sich in den Fluß zu stürzen,
wenn es ihr Ernst war. Sie that, was eine Nymphe thun soll,

da sie den Flußgott anrief; aber wer konnte auch fürchten, so
schnell erhört zu werden? Und in welchem Augenblicke konnte
sie es weniger wünschen, als in eben diesem, da sie sich von
den begierigen Armen ihres Liebhabers schon umschlungen
fühlte? Hatte sie sich denn aus einem andern Grund außer
Athen gelaufen, als damit er sie desto gewisser erhaschen möchte?
— Was ist also natürlicher als der Unwille, der Schmerz und
die Traurigkeit, womit sie sein Betragen erwidert, da sie die
Arme, womit sie ihn — zurückstoßen will, zu Lorbeerzweigen
erstarrt fühlt? Selbst der zärtliche Blick ist natürlich; die Ver=
stellung hört auf, wenn man in einen Lorbeerbaum verwandelt
wird. War nicht dies das ganze Spiel der Psyche? Und kann
etwas natürlicher sein? Es ist der Charakter eines jungen
Mädchens, eines von den jungen Mädchen, versteht sich, mein
lieber Kallias, wie man sie in dieser materiellen Welt findet."
— „Ich ergebe mich," versetzte Agathon; „die Tänzerin hat Alles
gethan, was man von ihr fordern konnte, und ich war lächer=
lich, zu erwarten, daß sie die Idee ausführen sollte, die ich von
einer Daphne in meiner Phantasie habe."

Agathon hatte dieses kaum gesprochen, als Danae, ohne ein
Wort zu sagen, aufstand, der Tänzerin einen Wink gab und
mit ihr verschwand. In einer kleinen Weile kam die Tänzerin
allein wieder zurück, die Flöten fingen wieder an, und Apollo
und Daphne wiederholten ihre Pantomime. Aber wie erstaunte
Agathon, als er sah, daß es Danae selbst war, die in der
Kleidung der Tänzerin die Person der Daphne spielte! —
Armer Agathon! Allzu reizende Danae! Wer hätte sich eines
solchen Streiches versehen sollen? Ihr ganzes Spiel drückte die
eigenste Idee Agathon's aus, aber mit einer Anmuth, mit einer
Zauberei, wovon ihm seine Phantasie keine Idee gegeben hatte.
Die Empfindungen, von denen seine Seele in diesen Augen=
blicken überfallen wurde, waren so lebhaft, daß er sich bemühte,
seine Augen von diesem zu sehr bezaubernden Gegenstand ab=
zuziehen. Aber vergebens! Eine unwiderstehliche Gewalt zog
sie zurück. Wie edel, wie schön waren alle ihre Bewegungen!
Mit welcher rührenden Einfalt drückte sie den ganzen Charakter
der Unschuld aus! — Er sah noch in sprachloser Entzückung
nach dem Orte, wo sie zum Lorbeerbaum erstarrte, als sie schon
wieder verschwunden war, ohne das Lob und Händeklatschen der
Zuschauer zu erwarten, welche nicht Worte genug finden konn=
ten, das Vergnügen auszudrücken, das ihnen Danae durch diese

unerwartete Probe ihres Talents gemacht hatte. In wenigen Augenblicken kam sie schon wieder in ihrer eigenen Person zurück. — „Wie sehr ist Kallias Dir verbunden, schöne Danae," sagte Phädrias, indem sie hereintrat. „Du allein konntest seinen Tadel rechtfertigen; nur Diejenige konnte es, die liebenswürdig genug ist, um die Sprödigkeit selbst reizend zu machen. Wie sehr wäre ein Apollo zu bedauern, für den Du Daphne wärest!"

Es war glücklich für den guten Agathon, daß er, indem dieses mit einem bedeutenden Blick gesagt wurde, in dem Anschauen der schönen Danae so verloren war, daß er nichts hörte; denn sonst würde ein abermaliges Erröthen die Auslegung zu diesem Text gemacht haben. Das Lob dieser Dame und ein Gespräch über die Tanzkunst füllte den Ueberrest der Zeit aus, welche die Gesellschaft noch bei einander inbrachte, ein Gespräch, dessen Mittheilung uns der Leser gerne nachlassen wird, da wir seine Begierde nach angelegeneren Materien zu befriedigen haben. Nur diesen Umstand können wir nicht vorbeigehen, daß Agathon bei diesem Anlaß auf einmal so beredt wurde, als er vorher tiefsinnig und stillschweigend gewesen war. Eine lächelnde Heiterkeit schimmerte um sein ganzes Gesicht, und noch niemals hatte sein Witz sich mit solcher Lebhaftigkeit hervorgethan. Er erhielt den Beifall der ganzen Gesellschaft, und die schöne Danae selbst konnte sich nicht enthalten, ihn von Zeit zu Zeit mit einem Ausdruck von Vergnügen und Zufriedenheit anzusehen, indessen in seinen nur selten von ihr abgewandten Augen etwas glänzte, für welches wir uns umsonst bemüht haben, in der Sprache der Menschen einen Namen zu finden.

Siebentes Capitel.

Geheime Nachrichten.

Wir haben von Plutarch und aus eigener Erfahrung gelernt, daß sehr kleine Begebenheiten öfters durch große Folgen merkwürdig werden, und sehr kleine Handlungen nicht selten tiefere Blicke in das Inwendige der Menschen thun lassen als die feierlichen, wozu man, weil sie dem öffentlichen Urtheil ausgesetzt sind, sich ordentlicherweise in eine gewisse mit sich selbst abgeredete Verfassung zu setzen pflegt. Die Gründlichkeit dieser Beobachtung hat uns bewogen, in der Geschichte der Pantomime, welche das vorige Capitel ausfüllt, so umständlich zu

11*

sein, und wir hoffen, uns deshalb vollkommen zu rechtfertigen,
wenn wir diese Erzählung durch Dasjenige ergänzen, was die
liebenswürdige Psyche betrifft, mit welcher der Leser schon im
ersten Buche, wiewol nur im Vorbeigehen, bekannt zu werden
angefangen hat.

Diese Psyche, so wie sie war, hatte bisher unter allen
Wesen, welche in die Sinne fallen (wir setzen diese Einschrän=
kung nicht ohne Ursache hinzu, so seltsam sie auch in anti=
platonischen Ohren klingen mag), den ersten Platz in Agathon's
Herzen eingenommen, und er hatte, seitdem sie von ihm ent=
fernt war, kein Frauenzimmer gesehen, das nicht durch die bloße
Erinnerung an Psychen alle Macht über sein Herz und selbst
über seine Sinne verloren hätte. Denn die Bewegungen der
letztern laufen sonst nicht immer mit den erstern so parallel,
als manche Romanenschreiber vorauszusetzen scheinen. Die
Wahrheit zu gestehen, so war dies nicht die Wirkung derjenigen
heroischen Treue und Standhaftigkeit in der Liebe, welche in
besagten Romanen zu einer Tugend von der ersten Classe ge=
macht wird. Psyche erhielt sich im Besitz seines Herzens, weil
die bloßen Erinnerungen, die ihm von ihr übrig waren, ihm
einen viel höheren Genuß gaben als die Empfindungen, die
ihm irgend eine andre Schöne einzuflößen vermochte, oder, weil
er bisher keine Andere gesehen hatte, die so sehr nach seinem
Herzen gewesen wäre. Eine Erfahrung von etlichen Jahren be=
redete ihn, daß es allezeit so sein würde; und daher kam viel=
leicht die Bestürzung, wovon er befallen wurde, als der erste
Anblick der schönen Danae ihm eine Vollkommenheit darstellte, die
seiner Einbildung nach allein jenseits des Mondes anzutreffen
sein sollte. Er müßte nicht Agathon gewesen sein, wenn diese
Erscheinung sich nicht seiner ganzen Seele so sehr bemeistert
hätte, wie wir gesehen haben. Niemals, däuchte ihn, hatte er
in einem so hohen Grad und in einer so seltenen Harmonie
alle diese feinern Schönheiten, von welchen gemeine Seelen
nicht gerührt werden, vereinigt gesehen. Ihre Gestalt, ihre
Blicke, ihr Lächeln, ihre Geberden, ihr Gang, Alles hatte diese
Vollkommenheit, welche die Dichter den Göttinnen zuzuschreiben
pflegen. Was Wunder also, daß er in den ersten Stunden nichts
als anschauen und bewundern konnte, und daß seine entzückte
Seele noch keine Zeit hatte, auf dasjenige Acht zu geben, was
in ihr vorging? In der That waren alle ihre übrigen Kräfte
so gebunden, daß er wider seine Gewohnheit in dieser ganzen

Zeit sich seiner Psyche ebenso wenig erinnerte, als ob sie nie gewesen wäre.

Allein als die junge Tänzerin zum Vorschein kam, welche die Person der Daphne spielte, so stellte einige Aehnlichkeit, die sie wirklich in der Gesichtsbildung und Figur mit Psychen hatte, ihm auf einmal, wiewol ohne daß er sich dessen deutlich bewußt war, das Bild seiner abwesenden Geliebten vor die Augen. Sogleich setzte seine Einbildungskraft durch eine gewöhnliche mechanische Wirkung Psychen an die Stelle dieser Daphne, und wenn er so Vieles an der Tänzerin auszusetzen fand, so war es im Grunde nur darum, weil die Vergleichung den Betrug des ersten Anblicks entdeckte, oder weil sie nicht wirklich Psyche war. So gewöhnlich dergleichen Spiele der Einbildung sind, so selten ist es, daß man den Einfluß deutlich unterscheidet, den sie auf unsre Urtheile oder Neigungen zu haben pflegen. Agathon selbst, der sich von seiner ersten Jugend an eine Beschäftigung daraus gemacht hatte, den geheimen Triebfedern seiner innerlichen Bewegungen nachzuspüren, merkte dennoch nicht eher, was bei diesem Anlaß in seiner Phantasie vorging, bis der Name Psyche (dieser Name, dessen bloßer Ton sonst Musik in seinen Ohren gewesen war) ihn erschütterte und in eine Verwirrung von Empfindungen setzte, die er selbst zu beschreiben Mühe gehabt hat, wenn wir anders hiervon nach der besondern Dunkelheit, die in unsrer Urkunde über dieser Stelle liegt, urtheilen dürfen.

Was auch die Ursache dieser Bestürzung gewesen sein mag, so ist gewiß, daß er weit davon entfernt war, nur zu argwohnen, der Genius seiner ersten Liebe stutze vielleicht darüber, eine Nebenbuhlerin in seinem Herzen zu finden, welches er von Psychen allein ausgefüllt zu sehen gewohnt war. Sein Selbstbetrug (wofern es anders einer war) scheint desto mehr Entschuldigung zu verdienen, weil dieser geliebte Name wirklich in wenig Augenblicken seine ganze Zärtlichkeit rege machte. Er bemerkte nun erst deutlich die Aehnlichkeiten, welche die beiden Psychen mit einander hatten, und er verglich sie mit einem Vorurtheile, welches der abwesenden so günstig war, daß die gegenwärtige ihr nur zum Schatten dienen mußte. Ja, wir wissen nicht, ob eine so lebhafte Erinnerung nicht endlich der schönen Danae selbst Abbruch gethan haben würde, wofern diese (gleich als ob sie durch eine Art von Divination errathen hätte, was in seiner Seele vorging) nicht auf den glücklichen Einfall gekommen wäre, sich an den Platz der kleinen Tänzerin

zu setzen, um die Vorstellung auszuführen, welche sich Agathon
von einer idealischen Daphne gemacht hatte, eine Idee, deren
die Geschmeidigkeit ihres Geistes sich so schnell und so glücklich
zu bemächtigen wußte, wie wir gesehen haben. Einen schlimmern
Streich konnte sie in der That der einen und der andern Psyche
nicht spielen. Beide wurden von ihrem blendenden Glanze,
wie benachbarte Sterne von dem vollen Mond, ausgelöscht.
Und wie hätte auch das Bild seiner abwesenden Geliebten
unsern Helden noch länger beschäftigen können, da alle An-
schauungskräfte seiner Seele, auf diesen einzigen bezaubernden
Gegenstand geheftet, ihm kaum zureichend schienen, dessen ganze
Vollkommenheit zu empfinden, da er diese sittliche Venus
mit allen ihren geistigen Grazien wirklich vor sich sah, zu deren
bloßem Schattenbild ihn Psyche zu erheben vermocht hatte?

Wir wissen nicht, ob man eben ein Hippias sein müßte,
um zu glauben, daß Schönheiten von einer nicht so unkörperlichen, wiewol in ihrer Art ebenso vollkommenen Natur, weit
mehr, als Agathon selbst gewahr wurde, zu dieser Verzückung
in die idealischen Welten beigetragen haben könnten, worin er
während des pantomimischen Tanzes der Danae sich befand.
Die nymphenmäßige Kleidung, welche dieser Tanz erforderte,
war nur allzu geschickt, diese Reizungen in ihrer ganzen Macht
und in dem mannichfaltigsten Lichte zu entwickeln, und wir
müssen gestehen, die Göttin der Liebe selbst hätte sich nicht zuversichtlicher als die untadelige Danae dem Auge der schärfsten
Kenner, ja selbst den Augen einer Nebenbuhlerin in diesem
Aufzug überlassen dürfen. Der Charakter der ungeschminkten
Unschuld, welchen sie so unverbesserlich nachahmte, schien dadurch einen noch lebhafteren Ausdruck zu erhalten; aber einen
so lebhaften, daß ein jeder Andre als ein Agathon dabei in
Gefahr gewesen wäre, die seinige zu verlieren. Freilich hatten
die übrigen Zuschauer Mühe genug, sich zu enthalten, die Rolle
des Apollo in ganzem Ernste zu machen. Aber von unserm
Helden hatte Danae nichts zu besorgen, und sie saud, daß
Hippias nicht zu viel von ihm versprochen hatte. Diese körperlichen Schönheiten, die er nicht einmal deutlich unterschied, weil
sie in seinen Augen mit den geistigen in Eins zusammenge-
flossen waren, mochten den Grad der Lebhaftigkeit seiner Empfindungen noch so sehr erhöhen, sie konnten doch die Natur derselben nicht verändern; niemals in seinem Leben waren sie reiner,
begierdenfreier, unkörperlicher gewesen. Kurz (so widersinnig es

jenen aus gröberm Stoffe gebildeten Erdensöhnen, welche in dem vollkommensten Weibe nur ein Weib sehen, scheinen mag), es ist nichts gewisser, als daß Danae, mit einer Gestalt und in einem Aufzuge, welche (wenn uns ein Ausdruck des Hippias erlaubt ist) einen Geist hätten verkörpern mögen, diesen seltsamen Jüngling in einen so völligen Geist verwandelte, als man jemals diesseits des Mondes gesehen hat.

<h2 style="text-align:center">Achtes Capitel.</h2>

Was die Nacht durch im Gemüthe der Hauptpersonen vorgegangen.

Wir haben schon so viel von der gegenwärtigen Gemüths=verfassung unsers Helden gesagt, daß man sich nicht verwundern wird, wenn wir hinzusetzen, daß er den übrigen Theil der Nacht in ununterbrochenem Anschauen dieser idealen Vollkommenheit 3nbrachte, die seine Einbildungskraft mit einer ihr gewöhnlichen Kunst, und ohne daß er den Betrug gewahr wurde, an die Stelle der schönen Danae geschoben hatte. Dieses Anschauen setzte sein Gemüth in eine so angenehme und ruhige Entzückung, daß er, gleich als ob nun alle seine Wünsche befriedigt wären, nicht das Geringste von der Unruhe, den Begierden, der inner=lichen Gährung, der Abwechslung von Frost und Hitze fühlte, womit die Leidenschaft, mit welcher man ihn nicht ohne Wahr=scheinlichkeit behaftet glauben kann, sich ordentlicherweise an=zukündigen pflegt.

Was die Schöne betrifft, welche die Ehre hatte, diese er=habenen Entzückungen in ihm zu erwecken, diese brachte den Rest der Nacht zwar nicht mit ebenso erhabenen, aber doch in ihrer Art mit ebenso angenehmen Betrachtungen zu. Agathon hatte ihr gefallen; sie war mit dem Eindrucke, den sie auf ihn gemacht, zufrieden, und sie glaubte, nach den Beobachtungen, die ihr dieser Abend bereits an die Hand gegeben, daß sie sich selbst mit gutem Grunde zutrauen könne, ihn durch die ge=hörigen Gradationen zu einem zweiten und vielleicht stand=haftern Alcibiades zu machen. Nichts war ihr hierbei angeneh=mer als die Bestätigung des Plans, den sie sich über die Art und Weise, wie man seinem Herzen am Leichtesten beikommen könne, ausgedacht hatte. Es ist wahr, der Einfall, sich an die Stelle der Tänzerin zu setzen, war ihr erst in dem Augenblicke gekommen, da sie ihn ausführte. Allein sie würde ihn gewiß nicht ausgeführt haben, wofern sie die gute Wirkung davon nicht mit einer Art von Gewißheit vorausgesehen hätte. Hätte sie in dem ersten Augenblicke, da sie sich unserm Helden in ihrer eigenen Person darstellte, in ihren Geberden oder in ihrem Anzuge das Mindeste gehabt, das ihm anstößig hätte sein können, so würde es ihr schwer geworden sein, den widrigen Eindruck dieses ersten Augenblicks jemals wieder gut zu machen. Agathon mußte in den Fall gesetzt werden, sich selbst zu hinter= gehen, ohne das Geringste davon zu merken; und wenn er für subalterne Reizungen empfindlich gemacht werden sollte, so mußte es durch Vermittlung der Einbildungskraft und auf eine solche Art geschehen, daß die geistigen und die körperlichen Schönheiten sich in seinen Augen vermengten, oder daß er in den letzteren nichts als den Widerschein der ersten zu sehen glaubte.

Der weise Hippias hatte zu viel Ursache, den Agathon bei dieser Gelegenheit zu beobachten, als daß ihm das Geringste entgangen wäre, was ihn des glücklichen Fortgangs seiner An= schläge zu versichern schien. Allein er schmeichelte sich zu viel, wenn er hoffte, Kallias werde in dem ekstatischen Zustande, worin er zu sein schien, ihn zum Vertrauten seiner Empfin= dungen machen. Das Vorurtheil, welches dieser wider ihn ge= faßt hatte, verschloß ihm den Mund, so gern er auch dem Strome seiner Begeisterung den Lauf gelassen hätte. Eine Danae war in seinen Augen ein allzu vortrefflicher Gegenstand, und das, was er für sie empfand, zu rein, zu weit über die thierische Denkungsart eines Hippias erhaben, daß er nicht durch eine unzeitige Vertraulichkeit gegen diesen Ungeweihten Beides zu entheiligen geglaubt hätte.

Neuntes Capitel.

Eine kleine metaphhsische Abschweifung.

Es giebt so verschiedene Gattungen von Liebe, daß es (wie uns ein Kenner versichert hat) nicht unmöglich wäre, drei oder vier Personen zu gleicher Zeit zu lieben, ohne daß sich eine derselben über Untreue zu beklagen hätte. Agathon hatte in einem Alter von siebzehn Jahren für die Priesterin zu Delphi etwas zu empfinden angefangen, das derjenigen Art von Liebe glich, die (nach dem Ausdruck Fielding's) ein wohl zubereiteter Rostbeef einem Menschen einflößt, der guten Appetit hat. Diese animalische Liebe hatte, eh' er selbst noch wußte, was daraus

werden könnte, der Zärtlichkeit weichen müssen, welche ihm
Psyche einflößte. Die Zuneigung, die er zu diesem liebenswür=
digen Geschöpfe trug, war eine Liebe der Sympathie, eine Har=
monie der Herzen, eine geheime Verwandtschaft der Seelen,
welche sich dem, der sie nicht aus Erfahrung kennt, unmöglich
recht beschreiben läßt; eine Liebe, an der das Herz und der
Geist mehr Antheil hat als die Sinne, und die vielleicht die
einzige Art von Verbindung ist, welche (wofern sie allgemein
sein könnte) den Sterblichen einen Begriff von den Verbindungen
und Vergnügungen himmlischer Geister zu geben fähig wäre.

Agathon konnte also von dieser gedoppelten Art von Liebe,
wovon eine die Antipode der andern ist, aus Erfahrung sprechen;
allein diejenige, worin jene beiden sich in einander mischen, die
Liebe, welche die Sinne, den Geist und das Herz zugleich be=
zaubert, die heftigste, die reizendste und gefährlichste aller Leiden=
schaften, war ihm noch unbekannt. Es ist also wol kein Wun=
der, daß sie sich seines ganzen Wesens schon bemeistert hatte,
eh' es ihm nur eingefallen war, ihr zu widerstehen.

Freilich hätte Dasjenige, was in seinem Gemüthe vorging,
nachdem er in zwei oder drei Tagen die schöne Danae weder
gesehen noch etwas von ihr gehört hatte, den Zustand seines
Herzens einem unbefangenen Zuschauer verdächtig gemacht; aber
er selbst war weit entfernt, das geringste Mißtrauen in die Un=
schuld seiner Gesinnungen zu setzen. „Was ist natürlicher," dachte
er, „als das Verlangen, das liebenswürdigste aller Wesen, nach=
dem man es einmal gesehen hat, wieder zu sehen, immer zu
sehen?" — So urtheilt die Leidenschaft.

„Aber was sagte denn die Vernunft dazu?" — Die Ver=
nunft? O, die sagte gar nichts.

Uebrigens müssen wir doch, es mag nun zur Entschuldigung
unsers Helden dienen oder nicht, den Umstand nicht aus der
Acht lassen: „daß er von der schönen Danae nichts Anderes
wußte, als was er gesehen hatte." Der Charakter, den ihr die
Welt beilegte, war ihm gänzlich unbekannt. Er hatte noch
keinen Anlaß und, die Wahrheit zu sagen, auch kein Verlangen
gehabt, sich darnach zu erkundigen. Ihm war genug, daß er sie
gesehen hatte. Ein sehr gewöhnlicher Irrthum schob das, was
sie in seinen Augen war, dem, was sie selbst war, unter; sie
war ihm das Vollkommenste, was er sich denken konnte: was
kümmerte ihn das Urtheil der Welt von ihr?

Fünftes Buch.

Agathon im Hause der Danae.

Erstes Capitel.

Worin die Absichten des Hippias einen merklichen Schritt machen.

Inzwischen waren ungefähr acht Tage verflossen, welche dem stillschweigenden und melancholischen Agathon, zu großem Vergnügen des boshaften Sophisten, acht Jahrhunderte däuchten, als dieser an einem Morgen zu ihm kam und ihm mit einer gleichgiltigen Art sagte: „Danae hat einen Aufseher über ihre Gärten und Landgüter vonnöthen; was sagst Du zu dem Einfall, den ich habe, Dich an diesen Platz zu setzen? Ich dächte, Du solltest Dich nicht übel zu einem solchen Amte schicken. Hast Du nicht Lust, in ihre Dienste zu treten?"

Ein Wort, welches Bestürzung und übermäßige Freude, Mißtrauen und Hoffnung, Erblassen und Glühen zu gleicher Zeit ausdrückte, würde uns wohl zu Statten kommen, die Verwirrung auszudrücken, worein diese Anrede den guten Agathon setzte. Sie war zu groß, als daß er sogleich hätte antworten können. Allein die Augen des Hippias, in welchen er einen Theil der Bosheit las, die der Sophist zu verbergen sich bemühte, gaben ihm bald die Sprache wieder. — „Wenn Du Lust hast, Dich auf diese Art von mir loszumachen," versetzte er mit so vieler Fassung, als ihm möglich war, „so habe ich nur eine Bedenklichkeit."

„Und diese ist?"

„Daß ich mich sehr schlecht auf die Landwirthschaft verstehe."

„Das hat nichts zu bedeuten; Du wirst Leute unter Dir haben, die sich desto besser darauf verstehen, und dies ist genug. Im Uebrigen glaube ich, daß Du mit Vergnügen in diesem Hause sein wirst. Du liebst das Landleben, und Du wirst Gelegenheit haben, alle seine Annehmlichkeiten zu schmecken. Wenn

Du es zufrieden bist, so gehe ich, die Sache in Richtigkeit zu bringen."

„Du hast Dir das Recht erkauft, mit mir zu machen, was Du willst."

„Die Wahrheit zu sagen, Kallias, ungeachtet der kleinen Mißhelligkeiten unserer Köpfe, verliere ich Dich ungern. Allein Danae scheint es zu wünschen, und ich habe Verbindlichkeiten gegen sie. Sie hat, ich weiß nicht woher, eine große Meinung von Deiner Fähigkeit gefaßt, und da ich alle Tage Gelegenheit haben werde, Dich in ihrem Hause zu sehen, so kann ich mir's um so eher gefallen lassen, Dich an eine Freundin abzutreten, von der ich gewiß bin, daß sie Dir so begegnen wird, wie Du es verdienst."

Agathon beharrte in seinem angenommenen Tone von Gleich=giltigkeit, und Hippias, dem es Mühe kostete, die Spöttereien zurückzuhalten, die ihm alle Augenblicke auf die Lippen kamen, verließ ihn, ohne sich merken zu lassen, daß er wüßte, was er von dieser Gleichgiltigkeit denken sollte.

Das Betragen Agathon's bei diesem Anlaß wird ihn viel=leicht in den Verdacht setzen, daß er sich bewußt gewesen sei, es stehe nicht so gar richtig in seinem Herzen. Denn warum hätte er sonst nöthig gehabt, sich zu verbergen? Allein, man muß sich seiner gegen den Sophisten gefaßten Vorurtheile erinnern, um zu sehen, daß er vollkommen in seinem Charakter blieb, indem er Empfindungen vor ihm zu verbergen suchte, die einem so unverbesserlichen Anti=Platon ganz unverständlich oder vollkom=men lächerlich gewesen wären. Die Freude, welcher er sich über=ließ, sobald er wieder allein war, läßt uns keinen Zweifel übrig, daß er damals noch nicht das geringste Mißtrauen in sein Herz gesetzt habe.

Diese Freude war über allen Ausdruck. Liebhaber von einer gewissen Art können sich eine Vorstellung davon machen, welche der allerbesten Beschreibung werth ist, und den Uebrigen würde diese Beschreibung ungefähr so viel helfen als eine Seekarte einem Fußgänger. Die unvergleichliche Danae wiederzusehen, nicht nur wiederzusehen, in ihrem Hause zu sein, unter ihren Augen zu leben, ihres Umgangs zu genießen, vielleicht — ihrer Freundschaft gewürdigt zu werden — hier hielt seine entzückte Einbildungskraft stille. Die Hoffnungen eines gewöhnlichen Liebhabers würden weiter gegangen sein; allein Agathon war kein gewöhnlicher Liebhaber. „Ich liebe die schöne Danae," sagte

Hyacinthus, da er nach ihrem Genuß lüstern war. „Eben darum
liebst Du sie nicht," würde ihm die Sokratische Diotima geant=
wortet haben. „Derjenige, der in dem Augenblicke, da ihm
seine Geliebte den ersten Kuß auf ihre Hand gestattet, einen
Wunsch nach einer größern Glückseligkeit hat, muß nicht sagen,
daß er liebe."

Zweites Capitel.

Veränderung der Scene.

Danae besaß durch die Freigebigkeit des Prinzen Cyrus,
außer dem Hause, welches sie zu Smyrna bewohnte, ein Land=
gut in der anmuthigsten Gegend außerhalb der Stadt, wo sie
von Zeit zu Zeit einige dem Vergnügen geweihte Tage zuzu=
bringen pflegte. Hierher mußte sich Agathon begeben, um von
seinem neuen Amte Besitz zu nehmen und dasjenige zu veranstalten,
was zum Empfang seiner Gebieterin nöthig war, welche sich
vorgenommen hatte, den Rest der schönen Jahreszeit auf dem
Lande zu genießen.

Wir widerstehen der Versuchung, eine Beschreibung von die=
sem Landgute zu machen, um dem Leser das Vergnügen zu
lassen, sich dasselbe so wohl angelegt, so prächtig und so angenehm
vorzustellen, als er selbst will. Alles, was wir davon sagen wollen,
ist, daß diejenigen, deren Einbildungskraft einiger Unterstützung
nöthig hat, den sechzehnten Gesang des befreiten Jerusalem's
lesen müßten, um sich eine Vorstellung von dem Orte zu machen,
den sich diese griechische Armide zum Schauplatz der Siege aus=
wählte, die sie über unsern Helden zu erhalten hoffte. Sie fand
nicht für gut oder konnte es nicht über sich selbst erhalten, ihn
lange auf ihre Ankunft warten zu lassen; und sie war kaum
angelangt, als sie ihn zu sich rufen ließ und ihn durch folgende
Anrede in eine angenehme Bestürzung setzte: „Die Bekanntschaft,
die wir vor einigen Tagen mit einander gemacht haben, wäre
auch ohne die Nachrichten, die mir Hippias von Dir gegeben,
schon genug gewesen, mich zu überzeugen, daß Du für den
Stand nicht geboren bist, in den Dich ein widriger Zufall gesetzt
hat. Die Gerechtigkeit, die ich Personen von Verdiensten wider=
fahren zu lassen fähig bin, gab mir das Verlangen ein, Dich
aus einem Verhältnisse gegen Hippias zu setzen, welches Dir die
Verschiedenheit Deiner Denkungsart von der seinigen in die

Länge beschwerlich gemacht haben würde. Er hatte die Gefällig=
keit, Dich mir als eine Person vorzuschlagen, die sich schickte, die
Stelle eines Aufsehers in meinem Hause zu vertreten. Ich nahm
sein Erbieten an, um das Vergnügen zu haben, den Gebrauch
davon zu machen, den ich Deinen Verdiensten und meiner Den=
kungsart schuldig bin. Du bist frei, Kallias, und vollkommen
Herr, zu thun, was Du für gut befindest. Kann die Freund=
schaft, die ich Dir anbiete, Dich bewegen, bei mir zu bleiben,
so wird der Name eines Amtes, von dessen Pflichten ich Dich
völlig freispreche, wenigstens dazu dienen, der Welt eine begreif=
liche Ursache zu geben, warum Du in meinem Hause bist. Wo
nicht, so soll das Vergnügen, womit ich zur Beförderung der
Entwürfe, die Du wegen Deines künftigen Lebens machen kannst,
die Hand bieten werde, Dich von der Lauterkeit der Bewegungs=
gründe überzeugen, welche mich so gegen Dich zu handeln an=
getrieben haben."

Die edle und ungezwungene Anmuth, womit dieses gesprochen
wurde, vollendete die Wirkung, die eine so großmüthige Er=
klärung auf den empfindungsvollen Agathon machen mußte.
Was für eine Art zu denken! Was für eine Seele! — Konnte
er weniger thun, als sich zu ihren Füßen werfen, um in Aus=
drücken, deren Verwirrung ihre ganze Beredsamkeit ausmachte,
der Bewunderung und der Dankbarkeit den Lauf zu lassen, deren
Uebermaß seine Brust zu zersprengen drohte? — „Keine Dank=
sagungen, Kallias," unterbrach ihn die großmüthige Danae; „was
ich gethan habe, ist nicht mehr, als ich einem jeden Andern, der
Deine Verdienste hätte, ebensowol schuldig zu sein glaubte." —
„Ich habe keine Ausdrücke für das, was ich empfinde, anbetungs=
würdige Danae," rief der entzückte Agathon; „ich nehme Dein Ge=
schenk an, um das Vergnügen zu genießen, Dein freiwilliger
Sklave zu sein, eine Ehre, gegen welche ich die Krone des Königs
von Persien verschmähen würde. Ja, schönste Danae, seitdem
ich Dich gesehen habe, kenne ich kein größeres Glück, als Dich zu
sehen; und wenn Alles, was ich in Deinem Dienste thun kann,
fähig wäre, Dich von der unaussprechlichen Empfindung, die ich
von Deinem Werthe habe, zu überzeugen, — würdig wäre, mit
einem zufriedenen Blick von Dir belohnt zu werden — o Danae!
wer würde dann so glücklich sein als ich?" — „Laß' uns," sagte
die bescheidene Nymphe, „ein Gespräch enden, das die allzu große
Dankbarkeit Deines Herzens auf einen zu hohen Ton gestimmt
hat. Ich habe Dir gesagt, auf was für einem Fuß Du hier

sein wirst. Ich sehe Dich als einen Freund meines Hauses an, dessen Gegenwart mir Vergnügen macht, dessen Werth ich hoch= schätze, und dessen Dienste mir in meinen Angelegenheiten desto nützlicher sein können, da sie freiwillige und die Frucht einer uneigennützigen Freundschaft sein werden."

Mit diesen Worten verließ sie den dankbaren Agathon, — in dessen Erklärung Einige vielleicht Schwulst und Unsinn, oder wenigstens zu viel Feuer und Entzückung gefunden haben wer= den. Allein sie werden sich zu erinnern belieben, daß Agathon weder in einer so gelassenen Gemüthsverfassung war wie sie, noch Alles wußte, was sie durch unsere Verrätherei von der schönen Danae erfahren haben. Wir wissen freilich, was wir ungefähr von ihr denken sollen; allein in seinen Augen war sie eine Göttin, und zu ihren Füßen liegend konnte er, zumal bei der Verbindlichkeit, die er ihr gegenüber hatte, natürlicherweise diese Danae nicht mit der philosophischen Gleichgiltigkeit an= sehen, womit wir Andern — sie nicht sehen.

Agathon war nun also ein Hausgenosse der schönen Danae und entfaltete mit jedem Tage neue Verdienste, die ihn dieses Glückes würdig zeigten, und die seine geringe Achtung für den Hippias ihn verhindert hatte, in dessen Hause sehen zu lassen. Da, nebst den besondern Ergetzungen des Landlebens, diese feinere Art von Belustigungen, an denen der Witz und die Musen den meisten Antheil haben, die hauptsächlichste Beschäf= tigung war, wozu man die Zeit in diesem angenehmen Aufent= halt anwandte, so hatte er Gelegenheit genug, seine Talente von dieser Seite schimmern zu lassen. Seine bezauberte Phantasie gab ihm so viel Erfindungen an die Hand, daß er keine andere Mühe hatte, als diejenigen auszuwählen, die er am Geschicktesten glaubte, seine Gebieterin und die kleine Gesellschaft von ver= trauten Freunden, die sich bei ihr einfanden, zu ergetzen. So weit war es schon mit Demjenigen gekommen, der vor wenigen Tagen es für eine geringschätzige Bestimmung hielt, in der Person eines unschuldigen Vorlesers die jonischen Ohren zu be= zaubern.

In der That können wir länger nicht verbergen, daß diese unbeschreibliche Empfindung (wie er dasjenige nannte, was ihm die schöne Danae eingeflößt hatte), dieses ich weiß nicht was, welches wir (so wenig er es auch gestanden hätte) ganz unge= scheut Liebe nennen wollen, in dem Laufe von wenigen Tagen so sehr gewachsen war, daß einem jeden Andern als einem

Agathon die Augen über den wahren Zustand seines Herzens
hätten aufgehen müssen. Und ungeachtet wir besorgen müssen,
daß die Umständlichkeit unserer Erzählung bei diesem Theile
seiner Geschichte den ernsthaftern unter unsern Lesern langweilig
vorkommen werde, so können wir uns doch nicht entbrechen,
von dem Wie und Warum dieser schnellen Veränderung genauere Rechenschaft zu geben. Alle Achtung, die wir den besagten ernsthaften Lesern schuldig sind, kann und darf uns nicht
verhindern, als etwas Mögliches anzunehmen, daß diese Geschichte vielleicht künftig einem jungen noch nicht ganz ausge-
brüteten Agathon in die Hände fallen könnte, der aus einer
genauern Beschreibung der Veränderungen, welche die Göttin
Danae nach und nach in dem Herzen und der Denkungsart
unsers Helden hervorgebracht, sich gewisse Beobachtungen und
Cautelen ziehen könnte, von welchen er guten Gebrauch zu
machen Gelegenheit bekommen möchte. Wir glauben also, wenn
wir, diesem zukünftigen Agathon zu Gefallen, uns die Mühe
nehmen, der Leidenschaft unsers Helden, von der Quelle an, in
ihrem wiewol noch geheimen Laufe nachzugehen, desto eher entschuldigt zu sein, da es allen Uebrigen, die mit diesen Anekdoten
nichts zu machen wissen, freisteht, das folgende Capitel zu
überschlagen.

Drittes Capitel.
Natürliche Geschichte der Platonischen Liebe.

Die Quelle der Liebe (sagt Zoroaster, oder hätte es doch sagen
können) ist das Anschauen eines Gegenstandes, der unsere Einbildungskraft bezaubert.

Der Wunsch, diesen Gegenstand immer anzuschauen, ist der
erste Grad derselben.

Je bezauberter dieses Anschauen ist, und je mehr die an dieses
Bild der Vollkommenheit angeheftete Seele daran zu entdecken
und zu bewundern findet, desto länger bleibt sie in den Grenzen
dieses ersten Grades der Liebe stehen.

Dasjenige, was sie hierbei erfährt, kommt anfangs demjenigen außerordentlichen Zustande ganz nahe, den man Verzückung nennt. Alle andern Sinne, alle thätigen Kräfte der
Seele scheinen still zu stehen und in einen einzigen Blick, worin
man keiner Zeitfolge gewahr wird, verschlungen zu sein.

Dieser Zustand ist zu gewaltsam, als daß er lange dauern könnte.

Langsamer oder schneller macht er dem Bewußtsein eines unaussprechlichen Vergnügens Platz, welches die natürliche Folge jenes ekstatischen Anschauens ist, und wovon (wie einige Adepten uns versichert haben) keine andere Art von Vergnügen oder Wollust uns einen bessern Begriff geben kann, als der unreine und düstere Schein einer Pechfackel von der Klarheit des unkörperlichen Lichts, worin (ihrer Meinung nach) die Geister als in ihrem Elemente leben.

Dieses innerliche Vergnügen äußert sich bald durch die Veränderungen, die es in dem mechanischen Theil unsers Wesens hervorbringt. Es wallt mit hüpfender Munterkeit in unsern Adern, es schimmert aus unsern Augen, es gießt eine lächelnde Heiterkeit über unser Gesicht, giebt allen unsern Bewegungen eine neue Lebhaftigkeit und Anmuth, stimmt und erhöht alle Kräfte unserer Seele, belebt das Spiel der Phantasie und des Witzes und kleidet, so zu sagen, alle unsere Ideen in den Schimmer und die Farbe der Liebe.

Ein Liebhaber ist in diesem Augenblicke mehr als ein gewöhnlicher Mensch; er ist (wie Plato sagt) von einer Gottheit voll, die aus ihm redet und wirkt, und es ist keine Vollkommenheit, keine Tugend, keine Heldenthat so groß, wozu er in diesem Staube der Begeisterung und unter den Augen des geliebten Gegenstandes nicht fähig wäre.

Dieser Zustand dauert noch fort, wenn er gleich von demselben entfernt wird, und das Bild desselben, das seine ganze Seele auszufüllen scheint, ist so lebhaft, daß es einiger Zeit bedarf, bis er der Abwesenheit des Urbildes gewahr wird.

Aber kaum empfindet die Seele diese Abwesenheit, so verschwindet jenes Vergnügen mit seinem ganzen Zaubergefolge; man erfährt in immer zunehmenden Graden das Gegentheil von allen Wirkungen der vorbesagten Begeisterung, und derjenige, der vor Kurzem mehr als ein Mensch schien, scheint nun nichts als der Schatten von sich selbst, ohne Leben, ohne Geist, zu nichts geschickt, als in einöden Wildnissen wie ein Gespenst umherzuirren, den Namen seiner Göttin in Felsen einzugraben und den tauben Bäumen seine Schmerzen vorzuseufzen.

Ein kläglicher Zustand, in Wahrheit, wenn nicht ein einziger Blick des Gegenstandes, von dem diese seltsame Bezauberung herrührt, hinlänglich wäre, in einem Wink diesem Schatten wie-

der einen Leib, dem Leib eine Seele und der Seele diese Be=
geisterung wiederzugeben, durch welche sie, ohne Beobachtung
einiger Stufenfolge, von der Verzweiflung zu unermeßlicher
Wonne übergeht.

Wenn Agathon dieses Alles nicht völlig in so hohem Grade
erfuhr als Andere seiner Art, so muß es vermuthlich allein
dem Einflusse beigemessen werden, welchen seine geliebte Psyche
noch in dasjenige hatte, was in seinem Herzen vorging.

Allein wir müssen gestehen, dieser Einfluß wurde immer
schwächer; die lebhaften Farben, womit ihr Bild seiner Einbil=
dung bisher vorgeschwebt hatte, wurden immer matter, und an=
statt daß ihn sonst sein Herz an sie erinnerte, mußte es jetzt
durch einen Zufall geschehen.

Endlich verschwand dieses Bild gänzlich. Psyche hörte auf,
für ihn da zu sein; ja, kaum erinnerte er sich Alles dessen, was
vor seiner Bekanntschaft mit der schönen Danae vorgegangen
war, anders, als wie ein erwachsener Mensch sich seiner ersten
Kindheit erinnert. Es ist also leicht zu begreifen, daß seine
ganze vormalige Art zu empfinden und zu sein einige Ver=
änderung erlitt und die Farbe und den Ton des Gegenstandes
bekam, der mit einer so unumschränkten Macht über ihn herrschte.

Sein ernsthaftes Wesen machte nach und nach einer gewissen
Munterkeit Platz, die ihm Vieles, das er ehemals gemißbilligt
hatte, in einem günstigern Lichte zeigte; seine Sittenlehre wurde
unvermerkt freier und gefälliger, und seine ehemaligen Freunde,
die ätherischen Geister, wenn sie ja noch einigen Zutritt bei ihm
hatten, mußten sich gefallen lassen, die Gestalt der schönen Danae
anzunehmen, um vorgelassen zu werden. Vor Begierde, der Be=
herrscherin seines Herzens zu gefallen, vergaß er, sich um den
Beifall unsichtbarer Zuschauer seines Lebens zu bekümmern, und
der Zustand der entkörperten Seelen däuchte ihn nicht mehr so
beneidenswürdig, seitdem er, ohne seinen Leib abgelegt zu haben,
im Anschauen dieser irdischen Göttin ein Vergnügen genoß,
welches alle seine Einbildungen überstieg.

Der Wunsch, immer bei ihr zu sein, war nun erfüllt. Dem
zweiten, der auf diesen gefolgt sein würde, dem Verlangen, ihre
Freundschaft zu besitzen, war sie selbst gleich anfangs groß=
müthigerweise zuvorgekommen, und die verbindliche und ver=
traute Art, wie sie etliche Tage lang mit ihm umging, ließ ihm
von dieser Seite nichts zu wünschen übrig.

Da er nun ihre Freundschaft hatte, so wünschte er auch ihre

Liebe zu haben. „Ihre Liebe?" — Ja, aber eine Liebe, wie
nur die Einbildungskraft eines Agathon fähig ist sich vorzustellen.
Kurz, da er anfing zu merken, daß er sie liebe, so wünschte er,
wieder geliebt zu werden. Allein er liebte sie mit einer so uneigen=
nützigen, so geistigen, so begierdenfreien Liebe, daß sein kühnster
Wunsch nicht weiter ging, als in jener sympathetischen Verbin=
dung der Seelen mit ihr zu stehen, wovon ihm Psyche die Er=
fahrung gegeben hatte. Wie angenehm, dachte er, wie ent=
zückungsvoll, wie sehr über Alles, was die Sprache der Sterb=
lichen ausdrücken kann, müßte eine solche Sympathie mit einer
Danae sein, da sie mit Psychen schon so angenehm gewesen war!
Zum Unglück für unsern Platoniker war dies ein Plan, wozu
Danae sich nicht so gut anließ, als er es gewünscht hatte. Denn
sie fuhr immer fort, sich in den Grenzen der Freundschaft zu
halten; es sei nun, daß sie nicht geistig genug war, sich von
der intellectuellen Liebe einen rechten Begriff zu machen, oder
daß sie es lächerlich fand, in ihrem Alter und mit ihrer Figur
eine Rolle zu spielen, welche sich nur für Personen, die im Bade
keine Besuche mehr annehmen, zu schicken schien. Zwar hatte
sie zu viel Bescheidenheit, sich über diesen letztern Punkt deutlich
zu erklären; aber es fehlte ihr doch nicht an Wendungen, ihm
ihre Gedanken von der Sache auf eine feine Art zu verstehen
zu geben. Gewisse kleine Nachlässigkeiten in ihrem Putz, ein
verrätherischer Zephyr, oder ihr Sperling, der, wenn sie neben
Agathon auf einer Ruhebank saß, mit muthwilligem Schnabel
an dem Gewand zerrte, das zu ihren Füßen herabfloß, schienen
oft seiner ätherischen Liebe spotten und ihm Aufmunterungen
geben zu wollen, deren ein minder bezauberter Liebhaber nicht
bedurft hätte.
Sie hatte Ursache, mit dem Erfolg dieser kleinen Kunstgriffe
zufrieden zu sein. Agathon, welcher gewohnt war, den Leib und
die Seele als zwei verschiedene Wesen zu betrachten, und in dessen
Augen Danae eine geraume Zeit nichts Anderes als, nach dem
Ausdrucke des Gnidi, eine himmlische Schönheit in einem
irdischen Schleier gewesen war, vermengte diese beiden Wesen
je länger je mehr in seiner Vorstellung mit einander, und er
konnte es desto leichter, da in der That alle körperlichen Schön=
heiten seiner Göttin so beseelt und alle Schönheiten ihrer Seele
so verkörpert waren, daß es beinahe unmöglich war, sich die
einen ohne die andern vorzustellen. Dieser Umstand brachte zwar
keine wesentliche Veränderung in seiner Art zu lieben hervor;

doch ist gewiß, daß er nicht wenig dazu beitrug, ihn unvermerkt in eine Verfassung zu setzen, welche die Absichten der schlauen Danae mehr zu begünstigen als abzuschrecken schien.

O Du, für den wir aus großmüthiger Freundschaft uns die Mühe gegeben haben, dieses Dir allein gewidmete Capitel · zu schreiben, halte hier ein und frage Dein Herz! Wenn Du eine Danae gefunden hast — armer Jüngling! welche Molly Sea=grim kann es nicht in Deinen bezauberten Augen sein! — und Du verstehst den Schluß dieses Capitels, so kommt unsere War=nung schon zu spät. Du bist verloren! Fliehe in diesem Augen=blicke, fliehe und ersticke den Wunsch, sie wiederzusehen! Wenn Du dies nicht kannst, wenn Du, nachdem Du diese Warnung gelesen, nicht willst: so bist Du kein Agathon mehr, so bist Du, was wir Andern Alle sind; thue, was Du willst, es ist nichts mehr an Dir zu verderben.

Viertes Capitel.
Neue Talente der schönen Danae.

Danae war weit entfernt, gleichgiltig gegen die Vorzüge des Kallias zu sein, oder (die Sache unverhohlen zu sagen) es kostete ihr vielmehr einige Mühe, ihm zu verbergen, wie sehr sie von seiner Liebe gerührt war, und wie gern sie sich dieselbe zu Nutze gemacht hätte. Allein aus einem Agathon einen Alcibiades zu machen, konnte nicht das Werk von etlichen Tagen sein, zumal da er durch unmerkliche Schritte, und ohne daß sie selbst etwas dabei zu thun schien, zu einer so großen Veränderung gebracht werden mußte, wenn sie anders dauerhaft sein sollte.

Die große Kunst war also, unter der Maske der Freundschaft seine Begierden zu eben der Zeit zu reizen, da sie selbige durch eine unaffectirte Zurückhaltung abzuschrecken schien.

Allein auch dies war nicht genug; er mußte vorher die Macht verlieren, zu widerstehen, wenn der Augenblick einmal gekommen sein würde, da sie die ganze Gewalt ihrer Reizungen an ihm zu prüfen entschlossen war. Eine zärtliche Weichlichkeit mußte sich vorher seiner ganzen Seele bemeistern, und seine in Vergnügen schwimmenden Sinne mußten von einer süßen Unruhe und wol=lüstigen Sehnsucht eingenommen werden, ehe sie es wagen durfte, einen Versuch zu machen, der, wenn er zu früh gemacht worden wäre, gar leicht ihren ganzen Plan hätte vereiteln können.

Zum Unglück für unsern Helden ersparte ihr die magische

Kraft seiner Einbildung die Hälfte der Mühe, welche sie aus
einem Uebermaß von Freundschaft anwenden wollte, ihm die
Verwandlung, die mit ihm vorgehen sollte, zu verbergen. Ein
Lächeln seiner Göttin war genug, ihn in Vergnügen zu zer-
schmelzen; ihre Blicke schienen ihm einen überirdischen Glanz über
alle Gegenstände auszugießen, und ihr Athem der ganzen Natur
den Geist der Liebe einzuhauchen. Was mußte also aus ihm
werden, da sie zur Vollendung ihres Sieges Alles anwendete,
was auch den unempfindlichsten unter allen Menschen zu ihren
Füßen hätte legen können!

Agathon wußte noch nicht, daß sie die Laute spielte und in
der Musik eine ebenso große Virtuosin als in der Tanzkunst
war. Die ländlichen Feste und Lustbarkeiten, in deren Erfindung
er unerschöpflich war, gaben ihr Anlaß, ihn durch Entdeckung
dieser neuen Reizungen in Erstaunen zu setzen. „Es ist billig,"
sagte sie zu ihm, „daß ich Deine Bemühungen, mir Vergnügen
zu machen, durch eine Erfindung von meiner Art erwidere.
Diesen Abend will ich Dir den Wettstreit der Sirenen mit den
Musen geben, ein Stück des berühmten Damon, das ich noch
von Aspasiens Zeiten übrig habe, und das von den Kennern für
das Meisterstück der Tonkunst erklärt wurde. Die Anstalten sind
schon dazu gemacht, und Du allein sollst der Zuhörer und Richter
dieses Wettgesanges sein."

Niemals hatte dem Agathon eine Zeit länger gedäucht als
die wenigen Stunden, die er in Erwartung dieses versprochenen
Vergnügens zubrachte. Danae hatte ihn verlassen, um durch
ein erfrischendes Bad ihrer Schönheit einen neuen Glanz zu
geben, indessen daß er die verschwindenden Strahlen der unter-
gehenden Sonne einen nach dem andern zu zählen schien. Endlich kam die angesetzte Stunde.

Der schönste Tag hatte der anmuthigsten Nacht Platz gemacht, und eine süße Dämmerung hatte schon die ganze
schlummernde Natur eingeschleiert, als plötzlich ein neuer,
zauberischer Tag, von einer unendlichen Menge künstlich versteckter Lampen verursacht, den reizenden Schauplatz erhellte, welchen
die Fee des Orts zu diesem Lustspiel hatte zubereiten lassen.

Eine mit Lorbeerbäumen beschattete Anhöhe erhob sich aus
einem großen, spiegelhellen Teiche, der mit Marmor gepflastert
und ringsum mit Myrten und Rosenhecken eingefaßt war.
Kleine Quellen schlängelten den Lorbeerhain herab und rieselten
mit sanftem Gemurmel in den Teich hinab, an dessen Ufer hier und

da kleine Grotten, mit Korallenmuscheln und andern Seegewächsen
ausgeschmückt, hervorragten und die Wohnung der Nymphen
dieses Wassers zu sein schienen. Ein kleiner Nachen in Gestalt
einer Perlenmuschel, von einem marmornen Triton emporgehalten,
stand der Anhöhe gegenüber am Ufer und war der Sitz, auf
welchem Agathon als Richter dem Wettgesange zuhören sollte.

Fünftes Capitel.
Magische Kraft der Musik.

Agathon hatte seinen Platz kaum eingenommen, als man
ein plätscherndes Gewühl im Wasser, und aus der Ferne eine
sanft zerflossene Harmonie von allen Arten musikalischer Instru-
mente hörte, ohne zu sehen, woher sie kam. Unser Liebhaber
wurde, ungeachtet er zu diesem Spiele vorbereitet war, zu glauben versucht, daß sein inneres Ohr der Harmonie der Sphären
aufgethan worden sei, bereu Wirklichkeit ihn die Pythagorischen
Weisen schon in seiner frühesten Jugend glauben gelehrt hatten.
Während dieses liebliche Getön immer näher kam, sah er zu
gleicher Zeit die Musen aus dem kleinen Lorbeerwäldchen und
die Sirenen aus ihren Grotten hervorkommen. Danae hatte
die jüngsten und schönsten aus ihren Aufwärterinnen aus-
gelesen, diese Meernymphen vorzustellen, welche, nur von einem
wallenden Streif von himmelblauem Byssus umflattert, mit
Cithern und Flöten in der Hand sich über die Wellen erhoben
und mit jugendlichem Stolz untadelige Schönheiten vor den
Augen ihrer eifersüchtigen Gespielen entdeckten. Kleine Tritonen
bliesen, um sie her schwimmend, aus krummen Hörnern und
neckten sie durch muthwillige Spiele, indessen Danae mitten
unter den Musen an den Rand der kleinen Halbinsel herabstieg
und, wie Venus unter den Grazien oder Diana unter ihren
Nymphen hervorglänzend, dem Auge keine Freiheit ließ, auf
einem andern Gegenstande zu verweilen. Ein langes, schneeweißes Gewand, unter dem halb enthüllten Busen mit einem
goldnen Gürtel umfaßt, floß in leicht wallenden Falten zu ihren
Füßen herab; ein Kranz von Rosen wand sich um ihre Locken,
wovon ein Theil in kunstloser Anmuth um ihren Nacken
schwebte; ihr rechter Arm, auf dessen Weiße und Schönheit
Homer's Juno hätte eifersüchtig werden können, umfaßte eine
Laute von Elfenbein. Die übrigen Musen, mit verschiedenen
Saiteninstrumenten versehen, lagerten sich zu ihren Füßen; sie

allein blieb in unnachahmlich reizender Stellung stehen und
hörte der Aufforderung zu, welche die übermüthigen Sirenen
ihr entgegensangen.

Man muß gestehen, das Gemälde, welches sich in diesem
Augenblick unserm Helden darstellte, war nicht sehr geschickt,
weder sein Herz noch seine Sinne in Ruhe zu lassen. Gleichwol war die Absicht der Danae nur, ihn durch die Augen zu
den Vergnügungen des Gehörs vorzubereiten, und ihr Stolz
verlangte keinen geringeren Triumph, als ein so reizendes Gemälde durch die Zaubergewalt ihrer Stimme und ihrer Saiten
in seiner Seele auszulöschen.

Sie schmeichelte sich nicht zu viel. Die Sirenen hörten auf
zu singen, und die Musen antworteten ihrer Ausforderung
durch eine Symphonie, welche auszudrücken schien, wie gewiß
sie sich des Sieges hielten. Nach und nach verlor sich die Munterkeit, die in dieser Symphonie herrschte; ein feierlicher Ernst
nahm ihren Platz ein; das Getön wurde immer einförmiger,
bis es endlich in ein dunkles, gedämpftes Murmeln und zuletzt
in eine gänzliche Stille erstarb. Allgemeines Erwarten schien
dem Erfolg dieser vorbereitenden Stille entgegen zu horchen, als
es auf einmal durch eine liebliche Harmonie unterbrochen wurde,
welche die geflügelten und seelenvollen Finger der schönen Danae
aus ihrer Laute lockten. Eine Stimme, welche fähig schien, die
Seelen ihren Leibern zu entführen und Todte wieder zu beseelen
(wenn wir einen Ausdruck des Liebhabers der schönen Laura
entlehnen dürfen), beseelte diese reizende Anrede. Der Inhalt
des Wettgesangs war ein Streit über den Vorzug der Liebe,
die sich auf die Empfindung, oder derjenigen, die sich auf die
bloße Begierde gründet. Nichts konnte rührender sein als das
Gemälde, welches Danae von der ersten Art der Liebe machte.
In solchen Tönen, dachte Agathon, ganz gewiß in keinen andern,
sagen die Unsterblichen einander, was sie empfinden; nur eine
solche Sprache ist der Götter würdig! Die ganze Zeit, da dieser
Gesang dauerte, däuchte ihn ein Augenblick, und er wurde ganz
unwillig, als Danae aufhörte, und eine der Sirenen, von den
Flöten ihrer Schwestern begleitet, verwegen genug war, es mit
seiner Göttin aufzunehmen. Doch er wurde bald gezwungen,
andern Sinnes zu werden, als er sie hörte; alle seine Vorurtheile für die Muse konnten ihn nicht verhindern, sich selbst zu
gestehen, daß eine fast unwiderstehliche Verführung in ihren
Tönen athmete. Ihre Stimme, die an Weichheit und Biegsam-

keit nicht übertroffen werden konnte, schien alle Grade der Ent=
zückungen auszudrücken, deren die sinnliche Liebe fähig ist, und
das wollüstige Getön der Flöten erhöhte die Lebhaftigkeit dieses
Ausbrucks auf einen Grad, der kaum einen Unterschied zwischen
der Nachahmung und der Wahrheit übrig ließ. Wenn die Si=
renen, bei welchen der kluge Ulysses vorbeifahren mußte, so ge=
sungen haben, dachte Agathon, so hatte er wohl Ursache, sich an
Händen und Füßen an den Mastbaum binden zu lassen.

. Kaum hatten die Verführerinnen ihren Gesang geendigt, so
erhob sich ein frohlockendes Klatschen aus dem Wasser, und die
kleinen Tritonen stießen in ihre Hörner, den Sieg anzudeuten,
den sie über die Musen erhalten zu haben glaubten. Allein
diese hatten den Muth nicht verloren; sie ermunterten sich bald
wieder, indem sie eine Symphonie anfingen, welche eine spot=
tende Nachahmung des Gesanges der Sirenen zu sein schien.
Nach einer Weile wechselten sie die Tonart und das Zeitmaß
und gingen zu einem Adagio über, welches gar bald keine Spur
von den Eindrücken übrig ließ, die der Sirenen Gesang auf das
Gemüth der Hörenden gemacht haben konnte. Eine süße Schwer=
muth bemächtigte sich Agathon's; er sank in ein angenehmes
Staunen, unfreiwillige Seufzer entflohen seiner Brust, und wol=
lüstige Thränen rollten über seine Wangen herab.

Mitten aus dieser rührenden Harmonie erhob sich der Gesang
der schönen Danae, welche durch die eifersüchtigen Bestrebungen
ihrer Nebenbuhlerin aufgefordert war, die ganze Vollkommenheit
ihrer Stimme und alle Zauberkräfte der Kunst anzuwenden, um
den Sieg gänzlich auf die Seite der Musen zu entscheiden. Ihr
Gesang schilderte die rührenden Schmerzen einer wahren Liebe,
die in ihren Schmerzen selbst ein melancholisches Vergnügen
findet, ihre standhafte Treue und die Belohnung, die sie zuletzt
von der zärtlichsten Gegenliebe erhält. Die Art, wie sie dieses
ausführte, oder vielmehr die Eindrücke, die sie dadurch auf ihren
Liebhaber machte, übertrafen Alles, was man sich davon vor=
stellen kann. Alle seine Sinne waren Ohr, während sein ganzes
Herz in die Empfindungen zerfloß, die in ihrem Gesange herrsch=
ten. Er war nicht so weit entfernt, daß Danae nicht bemerkt
hätte, wie sehr er außer sich selbst war, wie viel Gewalt er sich
anthun mußte, um nicht aus seinem Sitz in die Fluth herab=
zustürzen, zu ihr hinüber zu schwimmen und seine in Ent=
zücken und Liebe zerschmolzene Seele zu ihren Füßen auszu=
hauchen. Sie wurde durch diesen Anblick selbst so gerührt, daß

sie genöthigt war, die Augen von ihm abzuwenden, um ihren Gesang vollenden zu können; allein sie beschloß bei sich selbst, die Belohnung nicht länger aufzuschieben, welche sie einer so vollkommenen Liebe schuldig zu sein glaubte.

Endlich endigte sich ihr Lied; die begleitende Symphonie hörte auf; die beschämten Sirenen flohen in ihre Grotten; die Musen verschwanden, und der staunende Agathon blieb in trauriger Entzückung allein.

Sechstes Capitel.

Eine Abschweifung, welche zum Folgenden vorbereitet.

Wir können die Verlegenheit nicht verbergen, in welche wir uns durch die Umstände gesetzt finden, worin wir unsern Helden zu Ende des vorigen Capitels verlassen haben. Sie drohen dem erhabnen Charakter, den er bisher mit rühmlicher Standhaftigkeit behauptet, und wodurch er sich billig in eine nicht gemeine Hochachtung bei unsern Lesern gesetzt hat, einen Abfall, der Allen, die von einem Helden eine vollkommene Tugend fordern, ebenso anstößig sein muß, als ob sie, nach dem, was bereits mit ihm vorgegangen, natürlicherweise etwas Besseres hätten erwarten können.

Wie groß ist in diesem Stücke der Vortheil eines Romandichters vor Demjenigen, welcher sich anheischig gemacht hat, ohne Vorurtheil oder Parteilichkeit, mit Verleugnung des Ruhms, den er vielleicht durch Verschönerung seiner Charaktere und durch Erhebung des Natürlichen ins Wunderbare sich hätte erwerben können, der Natur und Wahrheit in gewissenhafter Aufrichtigkeit durchaus getreu zu bleiben! Wenn Jener die ganze grenzenlose Welt des Möglichen zu freiem Gebrauch vor sich ausgebreitet sieht, wenn seine Dichtungen durch den mächtigen Reiz des Erhabenen und Erstaunlichen schon sicher genug sind, unsere Einbildungskraft auf seine Seite zu bringen, wenn schon der kleinste Schein von Uebereinstimmung mit der Natur hinlänglich ist, die zahlreichen Freunde des Wunderbaren von ihrer Möglichkeit zu überzeugen, ja, wenn sie ihm volle Freiheit geben, die Natur selbst umzuschaffen und, als ein anderer Prometheus, den geschmeidigen Thon, aus welchem er seine Halbgötter und Halbgöttinnen bildet, zu gestalten, wie es ihm beliebt, oder wie es die Absicht, die er auf uns haben mag, erheischt: so sieht sich hingegen der arme Geschichtsschreiber genöthigt, auf

einem engen Pfade Schritt vor Schritt in die Fußtapfen der
vor ihm her gehenden Wahrheit einzutreten, jeden Gegenstand,
so groß oder so klein, so schön oder so häßlich, wie er ihn
findet, abzumalen, die Wirkungen so anzugeben, wie sie kraft
der unveränderlichen Gesetze der Natur aus ihren Ursachen her-
fließen; und wenn er seiner Pflicht ein völliges Genüge gethan
hat, muß er sich gefallen lassen, daß man seinen Helden am
Ende um wenig oder nichts schätzbarer findet, als der schlechteste
unter seinen Lesern sich ungefähr selbst zu schätzen pflegt.

Vielleicht ist kein unfehlbareres Mittel, mit dem wenigsten
Aufwande von Genie, Wissenschaft und Erfahrenheit ein ge-
priesener Schriftsteller zu werden, als wenn man sich damit
abgiebt, Menschen (denn Menschen sollen es doch sein) ohne
Leidenschaften, ohne Schwachheit, ohne alle Mängel und Gebrechen, durch etliche Bände voll wunderreicher Abenteuer, in
der einförmigsten Gleichheit mit sich selbst, herumzuführen.
Eh' Ihr es Euch verseht, ist ein Buch fertig, das durch den Ton
einer strengen Sittenlehre, durch blendende Sentenzen, durch
Personen und Handlungen, die ebenso viele Muster sind, den
Beifall aller der gutherzigen Leute überrascht, welche jedes Buch,
das die Tugend anpreist, vortrefflich finden. Und was für
einen Beifall kann sich erst ein solches Werk versprechen, wenn
der Verfasser die Kunst oder die natürliche Gabe besitzt, seine
Schreibart auf den Ton der Begeisterung zu stimmen und, verliebt in die schönen Geschöpfe seiner erhitzten Einbildungskraft,
die Meinung von sich zu erwecken, daß er's in die Tugend selber
sei! Umsonst mag dann ein verdächtiger Kunstrichter sich heiser
schreien, daß ein solches Werk ebenso wenig für die Talente
seines Urhebers beweise, als es der Welt Nutzen schaffe; umsonst
mag er vorstellen, wie leicht es sei, die Definitionen eines Aus-
zugs der Sittenlehre in Personen, und die Maximen des Epiktet
in Handlungen zu verwandeln; umsonst mag er beweisen, daß
die unfruchtbare Bewunderung einer Vollkommenheit, welche
man zu erreichen ebenso wenig wahren Vorsatz als Vermögen
hat, das Äußerste sei, was diese wackeren Leute von ihren Bemühungen zum Besten einer ungelehrigen Welt erwarten können:
der weisere Tadler heißt ihnen ein Zoilus und hat von Glück
zu sagen, wenn das Urtheil, das er von einem so moralischen
Werke des Witzes fällt, nicht auf seinen eignen sittlichen Charakter
zurückprallt, und die gesundere Beschaffenheit seines Gehirns
nicht zu einem Beweise seines schlimmen Herzens gemacht wird.

Bei Allem dem können wir nicht verbergen, daß wir aus
verschiedenen Gründen in Versuchung gerathen sind, der histori=
schen Wahrheit dieses einzige Mal Gewalt anzuthun und unsern
Agathon, wenn es auch durch irgend einen Deus ex Machina
hätte geschehen müssen, unversehrt aus der Gefahr, worin er
sich befindet, herauszuwickeln. Allein da wir in Erwägung
zogen, daß diese einzige poetische Freiheit uns nöthigen würde,
in der Folge seiner Begebenheiten so viele andere Veränderun=
gen vorzunehmen, daß die Geschichte Agathon's die Natur einer
Geschichte verloren hätte, so haben wir uns aufgemuntert, über
alle Bedenklichkeiten hinauszugehen, die uns anfänglich stutzen
gemacht hatten, und uns zu überreden, daß der Nutzen, den
verständige Leser sogar von den Schwachheiten unsers Helden
in der Folge zu ziehen Gelegenheit bekommen könnten, ungleich
größer sei als der zweideutige Vortheil, den die Tugend dadurch
erhalten hätte, wenn wir die schöne Danae in die Nothwendig=
keit gesetzt hätten, in der Stille von ihm zu denken, was die
berühmte Phryne bei einer gewissen Gelegenheit von dem weisen
Xenokrates öffentlich gesagt haben soll.

So wisset denn, schöne Leserinnen (und hütet Euch, stolz auf
diesen Sieg Eurer Zaubermacht zu sein!), daß Agathon — nach=
dem er eine ziemliche Weile in einem Gemüthszustande, dessen
Abschilderung über die Kräfte unsers Pinsels geht, allein zurück=
geblieben war — wir wissen nicht, ob aus eigner Bewegung
oder durch den geheimen Antrieb irgend eines unsokratischen
Genius, den Weg gegen einen Pavillon genommen, welcher auf
der Morgenseite des Gartens in einem kleinen Hain von Ci=
tronen=, Granaten= und Myrtenbäumen auf jonischen Säulen
von Jaspis ruhte — daß er, weil er ihn erleuchtet gefunden,
hineingegangen und, nachdem er einen Saal und zwei oder
drei kleinere Zimmer durchgeeilt, in einem Cabinette, welches
für die Ruhe der Liebesgöttin bestimmt schien, die schöne Danae
auf einem Ruhebette schlafend angetroffen — daß er, nachdem
er sie eine lange Zeit in unbeweglicher Entzückung und mit
einer Zärtlichkeit, deren innerliches Gefühl alle körperliche Lust
an Süßigkeit übertrifft, betrachtet hatte, endlich, von der Ge=
walt der Empfindung hingerissen, sich nicht länger zu enthalten
vermocht, zu ihren Füßen kniend, eine von ihren nachlässig aus=
gestreckten schönen Händen mit einer Inbrunst, wovon wenige
Liebhaber sich eine Vorstellung zu machen fähig sind, zu küssen,
ohne daß sie davon erwacht wäre — daß er hierauf noch we=

niger als zuvor sich entschließen können, so unbemerkt, als er
gekommen, sich wieder hinweg zu schleichen, und — kurz — daß
die kleine Psyche (die Tänzerin, welche seit der Pantomime, man
weiß nicht warum, gar nicht seine Freundin war) mit ihren
Augen gesehen haben wollte, daß er eine ziemliche Weile nach
Anbruch des Tages allein und mit einer Miene, aus welcher
sich sehr Vieles habe schließen lassen, aus dem Pavillon hinter
die Myrtenhecken sich weggestohlen habe.

Siebentes Capitel.

Nachrichten zur Verhütung eines besorglichen Mißverstandes. Beschluß des
sechsten Capitels, nebst einer Herzenserleichterung des Autors.

Die Tugend (pflegt man dem Aristoteles oder Horaz nach=
zusagen) ist die Mittelstraße zwischen zwei Abwegen, welche beide
gleich sorgfältig zu vermeiden sind.

Es ist ohne Zweifel wohlgethan, wenn ein Schriftsteller, der
sich einen wichtigern Zweck als die bloße Ergötzung seiner Leser
vorgesetzt hat, bei gewissen Anlässen, anstatt des zaumlosen
Muthwillens vieler von den neuern Franzosen, lieber die be=
scheidne Zurückhaltung des jungfräulichen Virgil nachahmt,
welcher — bei einer Gelegenheit, wo die Angolas und Verso=
rands alle ihre Malerkunst verschwendet und nichts besorgt
hätten, als daß sie nicht lebhaft und deutlich genug sein möch=
ten — sich begnügt, uns zu sagen, „daß Dido und sein Held
in einer Höhle sich zusammenfanden.‟

Allein wenn diese Zurückhaltung so weit ginge, daß die
Dunkelheit, welche man über einen schlüpfrigen Gegenstand
ausbreitete, zu Mißverstand und Irrthum Anlaß geben könnte,
so würde sie, däucht uns, in eine falsche Scham ausarten; und
in solchen Fällen scheint uns rathsamer zu sein, den Vorhang
ein Wenig wegzuziehen, als aus übertriebener Bedenklichkeit Ge=
fahr zu laufen, vielleicht die Unschuld selbst ungegründeten Ver=
muthungen auszusetzen.

Wie mißfällig also auch unsern Leserinnen der Anblick eines
schönen Jünglings zu den Füßen einer selbst im Schlummer
lauter Liebe und Wollust athmenden Danae billig sein mag,
so können wir doch nicht vermeiden, uns noch etliche Augen=
blicke bei diesem anstößigen Gegenstande aufzuhalten. Man ist
so geneigt, in dergleichen Fällen der Einbildungskraft den Zügel
schießen zu lassen, daß wir uns lächerlich machen würden, wenn

wir behaupten wollten, unser Held habe sich während der gan=
zen Zeit, die er (nach) dem Vorgeben der kleinen Tänzerin) in
dem Pavillon zugebracht haben soll, immer in der ehrfurchts=
vollen Stellung erhalten, worin man ihn zu Ende des vorigen
Capitels gesehen hat. Ja, wir müssen besorgen, daß Leute,
welche — freilich keine Agathone sind, vielleicht so weit gehen
möchten, zu argwöhnen, daß er sich den tiefen Schlaf, worin
Danae zu liegen schien, auf eine Art zu Nutze gemacht haben
könnte, die sich ordentlicherweise nur für einen Faun schickt,
und welche unser Freund Johann Jakob Rousseau selbst nicht
schlechterdings gebilligt hätte, so scharfsinnig er auch in einer
Note seines Schreibens an D'Alembert dasjenige zu rechtfertigen
weiß, was er „eine stillschweigende Einwilligung abnöthigen" nennt.

Um nun unsern Agathon gegen alle solche unverschuldete
Muthmaßungen sicher zu stellen, müssen wir zur Steuer der
Wahrheit melden, daß selbst die reizende Lage der schönen
Schläferin und die günstige Leichtigkeit ihres Anzugs, welche
ihn einzuladen schien, seinen Augen Alles zu erlauben, seine
Bescheidenheit schwerlich überrascht haben würden, wenn es ihm
möglich gewesen wäre, der Gewalt der Empfindung, welche sich
aller Kräfte seines Wesens bemächtigt hatte, Widerstand zu
thun. Er überließ also endlich seine Seele der vollkommensten
Wonne ihres edelsten Sinnes, dem Anschauen einer Schönheit,
welche selbst seine idealische Einbildungskraft weit hinter sich
zurückließ; und (was nur Diejenigen begreifen werden, welche
die wahre Liebe kennen) dieses Anschauen erfüllte sein Herz mit
einer so reinen, vollkommenen, unbeschreiblichen Befriedigung,
daß er alle Wünsche, alle Ahnungen einer noch größeren Glück=
seligkeit darüber vergessen zu haben schien. Vermuthlich (denn
gewiß können wir hierüber nichts entscheiden) würde die Schön=
heit des Gegenstandes allein, so vollkommen sie war, diese
sonderbare Wirkung nicht gethan haben. Allein dieser Gegen=
stand war seine Geliebte! Dieser Umstand verstärkte die Be=
wunderung, womit auch die Kaltsinnigsten die Schönheit ansehen
müssen, mit einer Empfindung, welche noch kein Dichter zu be=
schreiben fähig gewesen ist, so sehr sich auch vermuthen läßt,
daß sie den Mehrsten aus Erfahrung bekannt gewesen sein
könne. Diese namenlose Empfindung ist es allein, was den
wahren Liebhaber von dem Satyr unterscheidet, und was eine
Art von sittlicher Grazie sogar über dasjenige ausbreitet, was
bei diesem nur das Werk des Instincts oder eines animalischen

Hungers ist. Welcher Satyr würde in solchen Augenblicken fähig gewesen sein, wie Agathon zu handeln? — Behutsam und mit der leichten Hand eines Sylphen zog er das seidene Ge= wand, welches Amor verrätherisch aufgedeckt hatte, wieder über die schöne Schlafende her, warf sich wieder zu den Füßen ihres Ruhebettes und begnügte sich, ihre nachlässig ausgestreckte Hand, aber mit einer Zärtlichkeit, mit einer Entzückung und Sehnsucht an seinen Mund zu drücken, daß eine Bildsäule davon hätte erweckt werden mögen.

Sie mußte also endlich erwachen. Und wie hätte sie auch dessen sich länger erwehren können, da ihr bisheriger Schlummer wirklich nur erdichtet gewesen war? Sie hatte aus einer Neu= gier, die in ihrer Verfassung natürlich scheinen kann, sehen wollen, wie ein Agathon in einer so sonderbaren Gelegenheit sich betragen würde? Aber dieser letzte Beweis einer vollkom= menen Liebe, welche (ungeachtet ihrer Erfahrenheit) alle An= nehmlichkeiten der Neuheit für sie hatte, rührte sie so sehr, daß sie, von einer ungewohnten und unwiderstehlichen Empfindung überwunden, in einem Augenblicke, wo sie zum ersten Mal zu lieben und geliebt zu werden glaubte, nicht mehr Meisterin von ihren Bewegungen war. Sie schlug ihre schönen Augen auf, Augen, die in den wollüstigen Thränen der Liebe schwammen und dem entzückten Agathon sein ganzes Glück auf eine unend= lich vollkommnere Art entdeckten, als es das beredteste Ge= ständniß hätte thun können. „O Kallias!" rief sie endlich mit einem Tone der Stimme, der alle Saiten seines Herzens wider= hallen machte, indem sie, ihre schönen Arme um ihn windend, den glücklichsten aller Liebhaber an ihren Busen drückte, „was für ein neues Wesen giebst Du mir! Genieße, o! genieße, Du Liebenswürdigster unter den Sterblichen, der ganzen unbegrenz= ten Zärtlichkeit, die Du mir einflößest." — Und hier, ohne den Leser unnöthigerweise damit aufzuhalten, was sie ferner sagte, und was er antwortete, überlassen wir den Pinsel einem Cor= reggio und entfernen uns.

Doch wir fangen an (wiewol zu spät), gewahr zu werden, daß wir unsern Freund Agathon auf Unkosten seiner schönen Freundin entschuldigt haben. Es ist leicht vorauszusehen, wie wenig Gnade sie vor dem ehrwürdigen und glücklichen Theil unsrer Leserinnen finden werde, welche sich bewußt sind oder wenigstens sich schmeicheln, daß sie sich in ähnlichen Umständen ganz anders als Danae betragen haben würden. Auch sind wir

weit davon entfernt, diese allzu zärtliche Nymphe rechtfertigen
zu wollen, so scheinbar auch die Liebe ihre Vergehungen zu be=
mänteln weiß.' Indessen bitten wir gleichwol die vorbelobten
Lucretien um Erlaubniß, dieses Capitel mit einer kleinen Nutz=
anwendung, auf die sie sich vielleicht nicht gefaßt gemacht haben,
schließen zu dürfen.

Diese Damen (mit aller Ehrfurcht, die wir ihnen schuldig
sind, sei es gesagt) würden sich sehr betrügen, wenn sie glaub=
ten, daß wir die Schwachheiten eines so liebenswürdigen Ge=
schöpfes, als die schöne Danae ist, nur darum verrathen hätten,
damit sie Gelegenheit bekämen, ihre Eigenliebe daran zu kitzeln.
Wir sind in der That nicht so sehr Neulinge in der Welt, uns
überreden zu lassen, daß eine Jede, welche sich über das Be=
tragen unsrer Danae ärgern wird, an ihrer Stelle weiser ge=
wesen wäre. Wir wissen sehr wohl, daß nicht Alles, was das
Gepräge der Tugend führt, wirklich ächte und vollhaltige Tugend
ist, und daß sechzig Jahre oder eine gewisse Figur kein oder
sehr wenig Recht geben, sich viel auf eine Tugend zu gut zu
thun, welche vielleicht Niemand jemals versucht gewesen ist auf
die Probe zu stellen. Kurz, wir zweifeln mit gutem Grunde,
ob Diejenigen, die von einer Danae am Unbarmherzigsten ur=
theilen, an ihrem Platze einem viel weniger gefährlichen Ver=
sucher als Agathon die Augen auskratzen würden. Und wenn
sie es auch thäten, so würden wir vielleicht anstehen, ihrer Tugend
beizumessen, was ebensowol die mechanische Wirkung unreizbarer
Sinne oder eines unzärtlichen Herzens gewesen sein könnte.

Unser Augenmerk ist blos auf Euch gerichtet, Ihr liebreizen=
den Geschöpfe, denen die Natur die schönste ihrer Gaben, die
Gabe zu gefallen, geschenkt hat — Ihr, welche sie bestimmt hat,
uns glücklich zu machen, aber welche eine einzige kleine Un=
vorsichtigkeit bei Erfüllung dieser schönen Bestimmung so leicht
in Gefahr setzen kann, durch die schätzbarste Eurer Eigenschaften,
durch das, was die Anlage zu jeder Tugend ist, durch die Zärt=
lichkeit Eures Herzens selbst, unglücklich zu werden! Euch allein
wünschten wir überreden zu können, wie gefährlich jene Ein=
bildung ist, womit Euch das Bewußtsein Eurer Unschuld schmei=
chelt, als ob es allezeit in Eurer Macht stehen werde, der Liebe
und ihren Forderungen Grenzen zu setzen. Möchten die Un=
sterblichen (wenn anders, wie wir hoffen, die Unschuld und die
Güte des Herzens himmlische Beschützer hat), möchten sie über
die Eurige wachen! Möchten sie Euch zu rechter Zeit warnen,

Euch einer Zärtlichkeit nicht zu vertrauen, welche, bezaubert von dem großmüthigen Vergnügen, den Gegenstand ihrer Zuneigung glücklich zu machen, so leicht sich selbst vergessen kann! Möchten sie endlich in jenen Augenblicken, wo das Anschauen der Ent= zückungen, in die Ihr zu setzen fähig seid, Eure Klugheit über= raschen könnte, Euch ins Ohr flüstern: daß selbst ein Agathon weder Verdienst noch Liebe genug hat, um würdig zu sein, daß die Befriedigung seiner Wünsche Euch die Ruhe Eures Herzens koste!

Achtes Capitel.

Welch ein Zustand, wenn er dauern könnte!

Die schöne Danae war nicht von Denen, welche das, was sie thun, nur zur Hälfte thun. Nachdem sie einmal beschlossen hatte, ihren Freund glücklich zu machen, so vollführte sie es auf eine Art, die Alles, was er bisher Vergnügen und Wonne ge= nannt hatte, in Schatten und Träume verwandelte.

Man erinnert sich vermuthlich noch, daß eine Art von Vor= witz, oder vielmehr ein launischer Einfall, die Macht ihrer Rei= zungen an unserm Helden zu probiren, anfangs die einzige Triebfeder der Anschläge war, welche sie auf sein Herz gemacht hatte. Die persönliche Bekanntschaft belebte dieses Vorhaben durch den Geschmack, den sie an ihm fand; und der tägliche Umgang, die Vorzüge Agathon's, und (was in den meisten Fällen die Niederlage der weiblichen Tugend wo nicht allein verursacht, doch sehr befördert) die ansteckende Kraft der ver= liebten Begeisterung, welcher der göttliche Plato mit Recht die wunderthätigsten Kräfte zuschreibt: Alles dieses zusammen ge= nommen, verwandelte zuletzt diesen Geschmack in Liebe, aber in die wahrste, zärtlichste und heftigste, welche jemals gewesen ist. Unserm Helden allein war die Ehre aufbehalten (wenn es eine war), ihr eine Leidenschaft einzuflößen, worin sie, ungeachtet Alles dessen, was uns von ihrer Geschichte schon entdeckt worden ist, noch so sehr ein Neuling war als eine Vestalin. Kurz, er, und er allein war dazu gemacht, den Widerwillen zu über= winden, den ihr die gemeinen Liebhaber, die schönen Hyacinthe, diese tändelnden Gecken, an denen (nach ihrem eigenen Aus= drucke) die Hälfte ihrer Reizungen verloren ging, gegen Alles, was die Miene der Liebe trug, einzuflößen angefangen hatten.

Die meisten von denjenigen Naturkündigern, welche mit dem Herrn von Büffon dafür halten, daß das Physikalische der

Liebe das Beste davon sei, werden ohne Bedenken eingestehen, daß der Besitz oder (um unsern Ausdruck genauer nach ihren Ideen zu bestimmen) der Genuß einer Danae, an sich selbst betrachtet, die vollkommenste Art von Vergnügungen in sich schließe, deren unsre Sinne fähig sind. Eine Wahrheit, welche, ungeachtet einer Art von stillschweigender Uebereinkunft, „daß man sie nicht laut gestehen wolle," von allen Völkern und zu allen Zeiten so allgemein anerkannt worden ist, daß Karneades, Sextus, Cornelius Agrippa und Bayle selbst sich nicht getraut haben, sie in Zweifel zu ziehen.

Ob wir nun gleich nicht Muth genug besitzen, gegen einen so ehrwürdigen Beweis, als das einhellige Gefühl des ganzen menschlichen Geschlechts abgiebt, denjenigen Vergnügungen der Liebe, welche der Seele eigen sind, den Vorzug vor jenen öffentlich zuzusprechen, so werden doch nicht Wenige mit uns einstimmig sein, daß ein Liebhaber, der selbst eine Seele hat, im Besitz der schönsten Statue von Fleisch und Blut, die man nur immer finden kann, sogar jene von den neuern Epikuräern so hoch gepriesene Lust nur in einem sehr unvollkommenen Grad erfahren würde, und daß sie allein von der Empfindung des Herzens jenen wunderbaren Reiz empfange, welcher immer für unaussprechlich gehalten worden ist — bis Rousseau, der Stoiker, sich herabgelassen hat, sie in dem fünfundvierzigsten der Briefe der neuen Heloise zu schildern. Ohne Zweifel sind. es Liebhaber wie Saint Preux und Agathon, welchen es zukommt, über die berührte Streitfrage einen entscheidenden Ausspruch zu thun, sie, welche durch die Feinheit und Lebhaftigkeit ihres Gefühls ebenso geschickt gemacht werden, von den körperlichen, als durch die Zärtlichkeit ihres Herzens und durch ihren innern Sinn für das sittliche Schöne, von den moralischen Vergnügungen der Liebe zu urtheilen. Und wie wahr, wie natürlich werden nicht diese, wofern es anders noch Ihresgleichen in diesem verderbten Zeitalter giebt, jene Ausrufung finden, die den Verehrern der animalischen Liebe unverständlicher war als eine Hetruscische Aufschrift den Gelehrten: — „O, entziehe mir immer diese berauschenden Entzückungen, für die ich tausend Leben gäbe! — Gieb mir nur das Alles wieder, was nicht sie, aber tausendmal süßer ist als sie!"

Die schöne Danae war so sinnreich, so unerschöpflich in der Kunst, ihre Gunstbezeigungen zu vervielfältigen, den innerlichen Werth derselben durch die Annehmlichkeiten der Verzierung zu erhöhen, ihnen immer die frische Blüthe der Neuheit zu er-

halten und alles Eintönige, Alles, was die Bezauberung hätte
auflösen und dem Ueberdruß den Zugang öffnen können, klüg=
lich zu entfernen: daß sie oder eine andre Ihresgleichen den
Herrn von Büffon·selbst dahin gebracht haben könnte, seine Ge=
danken von der Liebe zu ändern. Diese glückseligen Liebenden
brauchten, um ihrer Empfindung nach den Göttern an Wonne
gleich zu sein, nichts als ihre Liebe. Sie verschmähten jetzt alle
jene Lustbarkeiten, an denen sie vorher so viel Geschmack ge=
funden hatten. Ihre Liebe machte alle ihre Beschäftigungen und
alle ihre Ergetzungen aus; sie empfanden nichts Anderes, sie
dachten an nichts Anderes, sie unterhielten sich mit nichts
Anderm. Und doch schienen sie sich immer zum ersten Mal zu
sehen, zum ersten Mal zu umarmen, zum ersten Mal einander
zu sagen, daß sie sich liebten; und wenn sie von einer Morgen=
röthe zur andern nichts Anderes gethan hatten, so beklagten sie
sich noch über die Kargheit der Zeit, welche zu einem Leben, das
sie zum Besten ihrer Liebe unsterblich gewünscht hätten, ihnen
Augenblicke für Tage anrechne. „Welch ein Zustand, wenn er
dauern könnte!" — ruft hier der griechische Autor aus.·

Neuntes Capitel.

Eine bemerkenswürdige Wirkung der Liebe, oder: von der Seelenvermischung.

Ein alter Schriftsteller, den gewiß Niemand beschuldigen wird,
daß er die Liebe zu metaphysisch behandelt habe, und den wir
nur zu nennen brauchen, um allen Verdacht dessen, was materielle
Seelen für Platonische Grillen erklären, von ihm zu entfernen,
mit einem Worte, Petronius bedient sich irgendwo eines Aus=
drucks, welcher ganz deutlich zu erkennen giebt, daß er eine ver=
liebte Vermischung der Seelen nicht nur für möglich, sondern
für einen solchen Umstand gehalten habe, der die Geheimnisse
der Liebesgöttin natürlicherweise zu begleiten pflege. Ob er
selbst die ganze Stärke dieses Ausdrucks eingesehen oder ihm
so viel Bedeutung beigelegt habe als wir, läßt sich aus guten
Gründen sehr bezweifeln. Genug, daß wir diese Stelle einer
Hypothese günstig finden, ohne welche sich, unsrer Meinung
nach, verschiedene Phänomene der Liebe nicht wohl erklären
lassen, und vermöge welcher wir annehmen, „daß bei wahren
Liebenden in gewissen Umständen nicht (wie einer unsrer tugend=
haftesten Dichter meint) ein Tausch, sondern eine wirkliche Ver=
mischung der Seelen vorgehe."

Wie dieses möglich sei zu untersuchen, überlassen wir den weisen und tiefsinnigen Leuten, die in stolzer Muße und seliger Abgeschiedenheit von dem Getümmel dieser sublunarischen Welt mit der nützlichen Speculation sich beschäftigen, uns zu belehren, wie Alles, was wirklich ist, h e Nachtheil ihrer Meinungen und Lehrgebäude möglich sein könne. Für uns ist genug, daß eine durch unzählige Beispiele bestätigte Erfahrung außer allem Zweifel setzt, daß diejenige Gattung von Liebe, welche Shaftesbury mit bestem Rechte zu einer Art des Enthusiasmus macht, und gegen welche Lucrez aus eben diesem Grunde sich mit so vielem Eifer erklärt, solche Wirkungen hervorbringe, welche nicht besser als durch jenen Petronischen Ausdruck abgemalt werden können.

Agathon und Danae, die uns zu dieser Anmerkung Anlaß gegeben haben, hatten kaum vierzehn Tage (welche freilich nach dem Kalender der Liebe nur vierzehn Augenblicke waren) in jenem glückseligen Wahnsinne, worin wir sie im vorigen Capitel verlassen haben, zugebracht, als die bejagte Seelenmischung sich in einem solchen Grade bei ihnen äußerte, daß sie nur von einer einzigen gemeinschaftlichen Seele belebt und begeistert zu werden schienen. Wirklich war die Veränderung und der Absatz ihrer gegenwärtigen Art zu sein mit ihrer vorigen so groß, daß weder Alcibiades seine Danae, noch die Priesterin zu Delphi ihren unkörperlichen Agathon wiedererkannt haben würden. Daß dieser aus einem speculativen Platoniker ein praktischer Aristipp geworden; daß er eine Philosophie, welche die reinste Glückseligkeit in Beschauung unsichtbarer Schönheiten setzt, gegen eine andre, welche sie in angenehmen Empfindungen, und die angenehmen Empfindungen in ihren nächsten Quellen, in der Natur, in unsern Sinnen und in unserm Herzen sucht, vertauschte; daß er von den Göttern und Halbgöttern, mit denen er vorher umgegangen war, nur die Grazien und Liebesgötter beibehielt; daß dieser Agathon, der ehemals von seinen Minuten, von seinen Augenblicken der Weisheit Rechenschaft geben konnte, jetzt fähig war (wir schämen uns, es zu sagen), ganze Stunden, ganze Tage in zärtlicher Trunkenheit wegzutändeln — Alles dieses, so stark der Abfall auch ist, wird dennoch den Meisten begreiflich scheinen. Aber daß Danae, welche die Schönsten und Edelsten von Asien, welche Fürsten und Satrapen zu ihren Füßen gesehen hatte, welche gewohnt war, in den schimmernösten Versammlungen am Meisten zu glänzen, einen Hof von Allem, was durch Vorzüge der Geburt, des Geistes, des Reichthums

und der Talente nach ihrem Beifall zu streben würdig war,
um sich her zu sehen; daß diese Danae jetzt verächtliche Blicke
in die große Welt zurückwarf und nichts Angenehmeres fand
als die ländliche Einfalt, nichts Schöneres, als in Hainen herum=
zuirren, Blumenkränze für ihren Schäfer zu winden, an einer
murmelnden Quelle in seinem Arm einzuschlummern, von der
Welt vergessen zu sein und die Welt zu vergessen — daß sie,
für welche die empfindsame Liebe sonst ein unerschöpflicher Gegen=
stand von witzigen Spöttereien gewesen war, jetzt von den zärt=
lichen Klagen der Nachtigall in stillheitern Nächten bis zu
Thränen gerührt werden — oder, wenn sie ihren Geliebten
unter einer schattigen Laube schlafend fand, ganze Stunden un=
beweglich, in zärtliches Staunen und in den Genuß ihrer
Empfindungen versenkt, neben ihm sitzen konnte, ohne daran zu
denken, ihn durch einen eigennützigen Kuß aufzuwecken — daß
diese Schülerin eines Hippias, welche gewohnt gewesen war, nichts
lächerlicher zu finden als die Hoffnung der Unsterblichkeit und diese
süßen Träume von bessern Welten, in welche sich empfindsame
Seelen so gern zu wiegen pflegen, — daß sie jetzt, beim däm=
mernden Schein des Monds, an Agathon's Seite lustwandelnd,
schon entkörpert zu sein, schon in den seligen Thälern Elysiums
zu schweben glaubte, — mitten aus den berauschenden Freuden
der Liebe sich zu Gedanken von Gräbern und Urnen verlieren,
dann, ihren Geliebten zärtlicher an ihre Brust drückend, den ge=
stirnten Himmel anschauen und ganze Stunden von der Wonne
der Unsterblichen, von unvergänglichen Schönheiten und himm=
lischen Welten phantasiren konnte: — dies waren in der That
Wunderwerke der Liebe, und Wunderwerke, welche nur die Liebe
eines Agathon, nur jene Vermischung der Seelen, durch welche
ihrer Beider Denkungsart, Ideen, Geschmack und Neigungen in=
einander zerflossen, zuwege bringen konnte.

Welches von Beiden bei dieser Vermischung gewonnen oder
verloren habe, wollen wir den Lesern zu entscheiden überlassen,
von denen der zärtlichere Theil ohne Zweifel der schönen Danae
den Vortheil zuerkennen wird. Auch dieses, däucht uns, wird
Niemand so roh oder so stoisch sein zu leugnen, daß sie glücklich
waren — felices errore suo! — glücklich in dieser süßen Be=
thörung, welcher, um dasjenige zu sein, was die Weisen schon
so lange gesucht und nie gefunden haben, nichts abgeht, als daß
sie (wie der griechische Autor hier abermals mit Bedauern aus=
ruft) „nicht immer währen kann."

13*

Sechstes Buch.

Fortsetzung der Liebesgeschichte Agathon's und der schönen Danae.

Erstes Capitel.

Danae erhält einen Besuch von Hippias.

Zufällige Ursachen hatten es so gefügt, daß Hippias sich auf einige Wochen von Smyrna hatte entfernen müssen, und daß die Zeit seiner Abwesenheit gerade in diejenige fiel, worin die Liebe unsers Helden und der schönen Danae den äußersten Punkt ihrer Höhe erreichte.

Dieser Umstand hatte sie gänzlich Meister von einer Zeit gelassen, welche sie zum Vortheil der Liebe und des Vergnügens so wohl anzuwenden wußten. Keinem von Danae's ehemaligen Verehrern wurde gestattet, ihre Einsamkeit zu stören, und die Freundinnen, mit denen sie in Gesellschaft gestanden, hatten so viel mit ihren eignen Angelegenheiten zu thun, daß sie sich wenig um die übrigen bekümmerten. Zudem war ihr Aufenthalt auf dem Lande nichts Ungewöhnliches, und der allgemeine Genius der Stadt Smyrna war der Freiheit in der Wahl der Ver-gnügungen allzu günstig, als daß eine Danae (von der man ohnehin nicht die strengste Tugend forderte) über die ihrigen, wenn sie auch bekannt gewesen wären, sehr harte Urtheile zu besorgen gehabt hätte.

Allein Hippias war kaum von seiner Reise zurückgekommen, so ließ er eine seiner ersten Sorgen sein, sich in eigner Person nach dem Fortgange des Entwurfs zu erkundigen, den er mit ihr zur Bekehrung des allzu platonischen Kallias gemeinschaft-lich angelegt hatte. Die besondere Vertraulichkeit, worin er seit mehr als zehn Jahren mit ihr stand, gab ihm das vorzügliche Recht, sie auch dann zu überraschen, wenn sie sonst für Niemand sichtbar war. Er eilte also, sobald er nur konnte, nach ihrem Landgute; und hier brauchte er nur einen Blick auf unsre

Liebenden zu werfen, um zu sehen, wie weit der besagte Plan in seiner Abwesenheit vorgerückt war. Ein gewisser Zwang, eine gewisse Zurückhaltung, eine Art von schamhafter Schüchtern=heit, welche ihm, besonders an der Pflegetochter Aspasiens, beinahe lächerlich vorkam, war das Erste, was ihm an Beiden in die Augen fiel. Wahre Liebe (wie man längst beobachtet hat) ist ebenso sorgfältig, ihre Glückseligkeit zu verbergen, als jene frostige, welche Koketterie oder lange Weile zur Mutter hat, begierig ist, ihre Siege auszurufen. Allein dies war weder die einzige noch die vornehmste Ursache einer Zurückhaltung, welche unsre Liebenden, aller angewandten Mühe ungeachtet, einem so scharfsichtigen Beobachter nicht entziehen konnten. Das Bewußtsein der Verwandlung, welche sie erlitten hatten; die Furcht vor dem komischen Ansehen, so ihnen diese in den Augen des Sophisten geben möchte; die Furcht vor einem Spotte, dessen muthwillige Ergießungen sie bei jedem Blicke, bei jedem Lächeln erwarteten: dies war es, was sie in Verlegenheit setzte, und was den artigsten Gesichtern in ganz Jonien etwas Verdrieß=liches gab, welches von einem jeden Andern als ihm für ein Zeichen, daß seine Gegenwart unangenehm sei, hätte aufge=nommen werden müssen.

Hippias nahm es für das auf, was es in der That war; und da Niemand besser zu leben wußte, so schien er so wenig zu bemerken, was in ihnen vorging, machte den Unachtsamen und Sorglosen so natürlich, hatte so viel von seiner Reise und tausend gleichgiltigen Dingen zu schwatzen, wußte dem Gespräch unvermerkt einen so freien Schwung von Munterkeit zu geben, daß sie alle erforderliche Zeit gewannen, sich wieder zu erholen und in eine ungezwungene Verfassung zu setzen.

Wenn Agathon hierdurch so sehr beruhigt wurde, daß er wirklich hoffte, sich in seinen ersten Besorgnissen geirrt zu haben, so war hingegen die schlauere Danae weit davon entfernt, sich durch die Kunstgriffe des Sophisten verblenden zu lassen. Sie kannte ihn zu gut, um nicht in seiner Seele zu lesen. Sie sah wol, daß es zu einer Erörterung mit ihm kommen müsse, und war nur darüber unruhig, wie sie sich entschuldigen wollte, über der Bemühung, den Charakter Agathon's umzubilden, ihren eignen, oder doch einen guten Theil davon, verloren zu haben.

Mit diesen Gedanken hatte sie sich in den Stunden der gewöhnlichen Mittagsruhe beschäftigt und war noch nicht recht mit sich selbst einig, wie weit sie sich dem Sophisten vertrauen

wolle, als er in ihr Zimmer trat und ihr mit der vertraulichen
Freimüthigkeit eines alten Freundes entdeckte, daß es blos die
Neugier über den Fortgang ihres geheimen Anschlags sei, was
ihn so bald nach seiner Wiederkunft zu ihr gezogen habe. „Die
Glückseligkeit des Kallias", setzte er hinzu, „schimmert zu lebhaft
aus seinen Augen und aus seinem ganzen Betragen hervor,
schöne Danae, als daß ich durch überflüssige Fragstücke die
reizende Farbe dieser liebenswürdigen Wangen zu erhöhen
suchen sollte. Und findest Du ihn also der Mühe würdig, die
Du auf seine Bekehrung ohne Zweifel verwenden mußtest?"

„Der Mühe?" sagte Danae lächelnd; „ich schwöre Dir, daß
mir in meinem Leben keine Mühe so leicht geworden ist, als
mich von dem liebenswürdigsten Sterblichen, den ich jemals
gekannt habe, lieben zu lassen. Denn dies war doch alle Mühe."

„Nicht ganz und gar", unterbrach sie Hippias, „wenn Du
so aufrichtig sein willst, als es unsrer Freundschaft gemäß ist.
Ich bin gewiß, daß er an keine Verstellung dachte, da er noch
in meinem Hause war, und die Veränderung, die ich an ihm
wahrnehme, ist so groß, verbreitet sich so sehr über seine ganze
Person, hat ihn so unkenntlich gemacht, daß Danae selbst, auf
deren Lippen die Ueberredung wohnt, mich nicht überreden soll,
daß eine solche Seelenverwandlung im Schlafe vorgehen könne.
Keine Zurückhaltungen, schöne Danae! Die Wirkungen zeugen
von ihren Ursachen, und ein großes Werk setzt große Anstalten
voraus. Wenn ein Kallias dahin gebracht wird, daß er wie
ein Liebling der Venus herausgeputzt ist; daß er mit einer
sybaritischen Zunge von der Niedlichkeit der Speisen und dem
Geschmacke der Weine urtheilt; daß er die wollüstigsten Modu-
lationen eines in Liebe schmelzenden Liedes mit entzücktem
Händeklatschen wiederholen heißt und sich die Trinkschale von
einer Nymphe mit unverhülltem Busen ebenso gleichgiltig
reichen läßt, als er sich in die weichen Polster eines persischen
Ruhebettes hineinsenkt: — wahrhaftig, schöne Danae, dies
nenn' ich eine Verwandlung, deren Bewerkstelligung, zumal in
so kurzer Zeit, ich keiner von allen unsterblichen Göttinnen zugetraut hätte."

„Ich weiß nicht, was Du damit sagen willst", erwiderte
Danae mit einer angenommenen Zerstreuung, „mich däucht
nichts natürlicher als das Alles, worüber Du Dich so ver-
wundert stellst. Und gesetzt, Du hättest Dich in Deinem Urtheil
von Kallias betrogen, ist es seine Schuld? Die Wahrheit zu

sagen, nichts kann unähnlicher sein als der Kallias, den Du mir abschildertest, und der, den ich gefunden habe. Du machtest mich einen pedantischen Thoren, den Gegenstand einer Komödie erwarten, und ich — Du magst über mich lachen, so lange Du willst — aber ich wiederhol' es, Alcibiades im Frühling seiner Jahre und Reizungen war nicht liebenswürdiger als der Mann, den Du mir für ein lächerliches Mittelding von einem Phantasten und von einer Bildsäule gabst. Wenn eine Verschiedenheit zwischen Agathon und — denen ist, für welche ich ehemals aus Dankbarkeit, Geschmack oder Laune Gefälligkeiten gehabt habe, so ist sie gänzlich zu seinem Vortheile; so ist es, daß er edler, aufrichtiger, zärtlicher ist; daß er mich liebt, da Jene nur sich selbst in mir liebten; daß ihn mein Vergnügen glücklicher macht als sein eignes; daß er das großmüthigste und erkenntlichste Herz mit den glänzendsten Vorzügen des Geistes und mit Allem, was den Umgang reizend macht, vereinigt besitzt."

"Welch ein Strom von Beredsamkeit!" rief Hippias mit dem Lächeln eines Fauns; "Du sprichst nicht anders, als ob Du seine Apologie gegen mich machen müßtest! Und wann hab' ich denn was Anderes gesagt? Beschrieb ich ihn nicht als liebenswürdig? Sagt' ich Dir nicht, daß er Dir alle Deine gaukelnden Sommervögel unerträglich machen würde? — Aber wir wollen uns nicht zanken, schöne Danae. Ich sehe, daß Amor hier mehr Arbeit gemacht hat, als ihm aufgetragen war. Er sollte Dir nur helfen, den Agathon zu unterwerfen; aber der übermüthige kleine Bube hat es für eine größere Ehre gehalten, Dich selbst zu besiegen, diese Danae, welche bisher mit seinen Pfeilen nur gescherzt hatte. Bekenne, Danae —"

"Ja", fiel sie ihm lebhaft ein, "ich bekenne, daß ich ihn liebe, wie ich nie geliebt habe; daß Alles, was ich sonst Glückseligkeit nannte, kaum den Namen des Daseins verdient hat. Ich bekenne es, Hippias, und bin stolz darauf, daß ich mich fähig fühle, Alles, was ich besitze, alle Ergötzlichkeiten von Smyrna, alle Ansprüche an Beifall, alle Befriedigungen der Eitelkeit und eine ganze Welt voll Liebhaber wie eine Nußschale hinzuwerfen, um mit Kallias in einer Strohhütte zu leben und mit diesen Händen, welche nicht zu weiß und zärtlich dazu sein sollten, die Milch zuzubereiten, die ihm, vom Felde wiederkommend, weil ich sie ihm reichte, lieblicher schmecken würde als Nektar aus den Händen der Liebesgöttin."

"O, das ist was Anderes", rief Hippias, der sich nun nicht

länger halten konnte, in ein lautes Gelächter auszubrechen, „wenn Danae aus diesem Tone spricht, so hat Hippias nichts mehr zu sagen! Aber", fuhr er fort, nachdem er sich die Augen gewischt und den Mund in Falten gelegt hatte, „in der That, schöne Freundin, ich lache zur Unzeit. Die Sache ist ernsthafter, als ich beim ersten Anblick dachte, und ich besorge nun in ganzem Ernste, daß Kallias, so sehr er Dich anzubeten scheint, nicht Liebe genug haben möchte, die Deinige zu erwidern."

„Ich erlasse dem Hippias diese Sorge", sagte Danae mit einem spöttischen Lächeln, welches ihr ungemein reizend ließ; „dies soll meine Sorge sein. Mich däucht, Hippias, der ein so großer Meister ist, von den Wirkungen auf die Ursachen zu schließen, sollte ganz ruhig darüber sein können, daß Danae sich nicht wie ein vierzehnjähriges Mädchen fangen läßt."

„Die Götter der Liebe und Freude verhüten, daß meine Worte einen übelweissagenden Sinn in sich fassen!" erwiderte Hippias. „Du liebst, schöne Danae; Du wirst geliebt; kein würdigeres Paar, glücklich zu sein, kein geschickteres, sich glücklich zu machen, hat Amor je vereinigt. Erschöpfet Alles, was die Liebe Reizendes hat! Trinket immer neue Entzückungen aus ihrem nektarischen Becher, und möge die neidenswerthe Bezauberung so lange als Euer Leben dauern!"

Zweites Capitel.

Eine Probe von den Talenten eines Liebenden.

In einen so freundschaftlichen und schwärmerischen Ton stimmte der gefällige Sophist seine Sprache um, als Agathon hereintrat, um ihnen einen Spaziergang in die Gärten vorzuschlagen, worin er sich das Vergnügen machen wollte, sie mit einer insgeheim veranstalteten Ergetzung zu überraschen. Man ließ sich den Vorschlag gefallen, und nachdem Hippias eine Reihe von neuen Gemälden, womit die Galerie vermehrt worden war, besehen hatte, stieg man in den Garten hinab, wo in persischem Geschmack große Blumenstücke, Spaziergänge von hohen Bäumen, kleine Teiche, künstliche Wildnisse, Lauben und Grotten in anmuthiger Unordnung untereinander geworfen schienen. Das Gespräch ward jetzt wieder gleichgiltig, und Hippias wußte es so zu lenken, daß Agathon unvermerkt veranlaßt wurde, die neue Richtung, welche seine Einbildungskraft bekommen hatte, auf hundertfältige Art zu verrathen.

Inzwischen neigte sich die Sonne, als sie beim Eintritt in einen kleinen Wald von Myrten= und Citronenbäumen von einem versteckten Concert, welches alle Arten der Singvögel nachahmte, empfangen wurden. Aus jedem Zweig, aus jedem Blatte schien eine besondere Stimme hervorzudringen, so voll= tönig war diese Musik, die, durch Nachahmung der kunstlosen Natur, in der scheinbaren Unregelmäßigkeit phantasirender Töne die lieblichste Harmonie hervorbrachte, die man jemals gehört hatte. Die Dämmerung des heitersten Abends und die eigne Anmuth des Orts vereinigten sich damit, diesem Lusthaine die Gestalt der Bezauberung zu geben. Danae, welche seit wenigen Wochen eine ganz neue Empfindlichkeit für das Schöne der Natur und die Vergnügungen der Einbildungskraft bekommen hatte, sah ihren sich ganz unwissend stellenden Liebling mit Augen an, welche ihm sagten, daß nur die Gegenwart des Hippias sie verhindere, ihre schönen Arme um seinen Hals zu werfen.

Indem hüpfte unversehens eine Anzahl von kleinen Liebes= göttern und Faunen aus dem Hain hervor, jene von flatterndem, mit nachgeahmten Rosen durchwebtem Silberflor leicht bedeckt, diese nackend, außer daß ein Epheukranz, mit gelben Rosen durchflochten, ihre milchweißen Hüften schürzte und um die kleinen vergoldeten Hörner sich wand, die aus ihren schwarzen, kurzlockigen Haaren hervorstachen. Alle diese kleinen Geniusse streuten aus zierlichen Körbchen von Silberdraht die schönsten Blumen vor Danae her und führten sie tanzend in die Mitte des Wäldchens, wo Gebüsche von Jasmin, Rosen und Akazien eine Art von halbcirkelndem Amphitheater bildeten, unter welchem ein zierlicher Thron von Laubwerk und Blumen= kränzen für die schöne Danae bereitet stand. Nachdem sie sich hier gesetzt hatte, breiteten die Liebesgötter einen persischen Teppich vor ihr aus, indem von den kleinen Faunen einige beschäftigt waren, den Boden mit goldnen und krystallenen Trinkschalen von den schönsten Formen zu besetzen, andere unter der Last voller Schläuche mit possierlichen Geberden herbeige= krochen kamen und im Vorbeigehen den weisen Hippias durch hundert muthwillige Spiele neckten.

Auf einmal schlüpften die Grazien hinter einer Myrtenhecke hervor, drei jugendliche Schwestern, deren halb aufgeblühte Schön= heit ein leichtes Gewölk von seidnem Flor mehr zu entwickeln als zu verhüllen eifersüchtig schien. Sie umgaben ihre Gebie= terin, und indem die erste einen frischen Blumenkranz um ihre

schöne Stirn wand, reichten ihr die beiden andern kniend in
goldnen Schalen die auserlesensten Früchte und Erfrischungen
dar, während daß die Fannen den Hippias mit Epheu kränzten
und wohlriechende Salben über seine Glatze und seinen halb=
grauen Bart heruntergossen.

Beide bezeigten ihr Vergnügen über dieses kleine Schau=
spiel, welches das lachendste Gemälde von der Welt machte,
als eine zärtliche Symphonie von Flöten, aus der Luft, wie es
schien, herabtönend, die Augen zu einer neuen Erscheinung auf=
merksam machte. Die Liebesgötter, die Fannen und die Grazien
waren verschwunden, und es öffnete sich, der Danae gegenüber,
die waldige Scene, um auf einem goldnen Gewölke, welches
über den Rosenbüschen von Zephyrn emporgehalten wurde,
den Liebesgott darzustellen. Ein schalkhaftes Lächeln, das sein
liebliches Gesicht umscherzte, schien die Herzen zu warnen, sich
von der tändelnden Unschuld dieses schönen Götterknaben nicht
berücken zu lassen. Er sang mit der lieblichsten Stimme, und der
Inhalt seines Gesangs drückte seine Freude aus, daß er endlich
Gelegenheit gefunden habe, sich an der schönen Danae zu rächen.
„Gleich der Liebesgöttin, meiner Mutter", so sang er, „herrscht
sie unumschränkt über die Herzen und athmet allgemeine Liebe
umher; von ihren Blicken beseelt, wendet sich ihr die Natur als
ihrer Göttin zu, verschönert, wenn sie lächelt, traurig und welkend,
wenn sie sich von ihr kehrt. Verlassen stehn die Altäre zu
Paphos; die Seufzer der Liebenden wallen nur ihr entgegen,
und indem ihre siegreichen Augen rings um sie her jedes Herz
verwunden und entzücken, lacht sie, die Stolze, meiner Pfeile
und trotzt mit unbezwungener Brust der Macht, vor welcher
Götter zittern. Aber nicht länger soll sie trotzen! Hier ist der
schärfste Pfeil, scharf genug, einen Busen von Marmor zu
spalten und die kälteste Seele in Liebesflammen hinzuschmelzen.
Zittre, ungewahrsame Schöne! Dieser Augenblick soll Amorn
und seine Mutter rächen! Tief seufzend sollst Du auffahren,
wie ein junges Reh auffährt, wenn es, unter Rosen schlummernd,
den geflügelten Pfeil des Jägers fühlt; schmerzenvoll und trost=
los sollst Du in einsamen Hainen irren und auf öden Felsen
sitzend den schleichenden Bach mit Deinen Thränen mehren."

So sang er und spannte boshaft lächelnd den Bogen; schon
war der Pfeil angelegt, schon zielte er nach ihrem Busen;
aber plötzlich fuhr er mit einem lauten Schrei zurück, zerbrach
seinen Pfeil, warf den Bogen von sich und flatterte mit zärtlich

schüchterner Geberde auf die schöne Danae zu. „O Göttin, vergieb!" sang er, indem er bittend ihre Knie umfaßte, „vergieb, vergieb, schöne Mutter, dem Irrthum meiner Augen! Wie leicht war es, zu irren! Ich sah Dich für Danae an."

In dem nämlichen Augenblicke, da er dies gesungen hatte, erschienen die Grazien, die Liebesgötter und die kleinen Faunen wieder, um die Scene mit Tänzen und Gesängen zum Preis der Schönen zu endigen, welche auf eine so schmeichelhafte Art zur Göttin der Liebe erklärt worden war. Dieses überraschende Compliment (welches damals noch den Reiz der Neuheit hatte) schien ihr Vergnügen zu machen, und der doppelt belustigte Hippias gestand, daß sein junger Freund einen sehr guten Gebrauch von seiner Einbildungskraft zu machen gelernt habe. „Dachte ich nicht, Kallias", sagte er leise zu ihm, indem er ihn auf die Schultern klopfte, „daß ein Monat unter den Augen der schönen Danae Dich von den Vorurtheilen heilen würde, womit Du gegen meine Grundsätze eingenommen warst? Ich sehe, Du hast sie bereits meisterhaft ausüben gelernt!"

Der übrige Theil des Abends wurde auf eine ebenso angenehme Weise zngebracht, bis endlich Hippias (welcher den folgenden Morgen wieder in Smyrna sein mußte) in einem Zustande, worin er mehr dem Vater Silen als einem Weisen glich, von den kleinen Faunen zu Bette gebracht wurde.

Agathon hatte nun nichts Dringenderes, als von Danae zu erfahren, was der Gegenstand ihrer einzelnen Unterredung mit dem Hippias gewesen sei. Man wird es dieser Schönen zu gut halten können, daß sie die Aufrichtigkeit ihres Berichts nicht so weit trieb, ihm das Verständniß zu entdecken, worein sie sich von dem Sophisten anfangs hatte ziehen lassen, und dessen Ausgang sich so weit von der Anlage des ersten Plans entfernt hatte. Die zärtlichste und vertrauteste Liebe verhindert nicht, daß man sich nicht kleine Geheimnisse vorbehalten sollte, bei deren Entdeckung die Eigenliebe zu viel verlieren würde. Sie begnügte sich also, ihm zu sagen, daß Hippias viel Gutes von ihm gesprochen und versichert habe, daß er ihn weit aufgeweckter und artiger finde, als er vorher gewesen. Es hätte sie bedünkt, daß er mehr damit habe sagen wollen, als seine Worte an sich selbst gesagt hätten; sie hätte aber ebenso wenig daran gedacht, ihn zum Vertrauten ihrer Liebe zu machen, als sie Ursache fände, eine Achtung zu verbergen, welche man den persönlichen Verdiensten des Kallias nicht versagen könne.

Uebrigens hätte sie die Munterkeit unsers Helden der Zeit, welche das Andenken seiner Unglücksfälle schwäche, und der vollkommnern Freiheit, die er in ihrem Hause genösse, beigemessen.

Agathon ließ sich durch diese Erzählung nicht nur beruhigen, sondern, wie seine Einbildungskraft gewohnt war, ihn immer weiter zu führen, als er im Sinne hatte zu gehen, so fühlte er sich, nachdem sie eine Zeit lang von dieser Sache gesprochen hatten, so muthig, daß er sich vornahm, den Scherzen des Hippias, wofern es demselben jemals einfallen sollte, über seine Freundschaft mit Danacu zu scherzen, in gleichem Tone zu antworten, eine Entschließung, welche (ob er es gleich nicht gewahr wurde) in der That mehr Unverschämtheit voraussetzte, als ein viel längerer Fortgang auf den Abwegen, auf die er verirrt war, einem Agathon hätte geben sollen.

Drittes Capitel.
Zückende Bewegungen der wieder auflebenden Tugend.

Wenige Tage waren seit dem Besuch des Hippias verflossen, als ein Fest, welches dieser Sophist alle Jahre anzustellen pflegte ihm Gelegenheit gab, der schönen Danae und ihrem Freunde eine Einladung zuzusenden. Weil sie keinen guten Vorwand hatten, sich zu entschuldigen, so erschienen sie auf den bestimmten Tag, und Agathon brachte eine Lebhaftigkeit mit, welche ihm selbst Hoffnung machte, daß er sich so gut halten würde, als es die Anfälle, die er von der Schalkhaftigkeit des Sophisten erwartete, nur immer erfordern könnten. Hippias hatte nichts vergessen, was die Pracht seines Festes vermehren konnte, und nach demjenigen, was wir im zweiten Buche von den Grundsätzen, der Lebensart und den Reichthümern dieses Mannes gemeldet haben, können unsre Leser sich so viel davon einbilden, als sie wollen, ohne zu besorgen, daß wir sie durch überflüssige Beschreibungen von den wichtigern Gegenständen, die unsre Aufmerksamkeit fordern, zurückhalten werden.

Agathon hatte über der Tafel die Rolle eines witzigen Kopfes sehr gut gespielt. Er hatte so fein und so lebhaft gescherzt und bei vielen Gelegenheiten die Vorstellungen, wovon seine Seele damals beherrscht wurde, so deutlich verrathen, daß Hippias sich nicht enthalten konnte, ihm in einem Augenblicke, wo sie allein waren, seine ganze Freude darüber auszudrücken. „Ich bin erfreut, Kallias", sagte er zu ihm, „daß Du, wie ich sehe,

einer der Unsrigen geworden bist. Du rechtfertigst die gute
Meinung vollkommen, die ich beim ersten Anblick von Dir
faßte; ich sagte immer, daß einer so feurigen Seele wie die
Deinige nur wirkliche Gegenstände mangelten, um ohne Mühe
von den Chimären zurückzukommen, woran Du vor einigen
Wochen noch so stark zu hängen schienst."

Zum Glück für den guten Agathon rettete ihn die Dazwischen=
kunft einiger Personen von der Gesellschaft mitten in der Ant=
wort, die er zu stottern angefangen hatte; aber aus der Un=
ruhe, welche diese wenigen Worte des Sophisten in sein Gemüth
geworfen hatten, konnte ihn nichts retten. Alle Mühe, die er
anwandte, alle Zeitkürzungen, wovon er sich umgeben sah, waren
zu schwach, ihn aus einer Verwirrung herauszuziehen, welche
sogar durch den Anblick der schönen Danae vermehrt wurde.
Er mußte sich unter dem Vorwand einer kleinen Uebelkeit aus
der Gesellschaft wegbegeben, um in einem entlegnen Cabinette
den Gedanken nachzuhängen, deren auf einmal daherstürmende
Menge ihm eine Zeit lang alles Vermögen benahm, einen von
dem andern zu unterscheiden. Endlich faßte er sich doch so weit,
daß er seinem beklemmten Herzen durch folgendes, oft abge=
brochenes Selbstgespräch Luft machen konnte.

„Ich bin erfreut, daß Du einer von den Unsrigen geworden?"
sagte er. — „Ist's möglich? Einer von den Seinigen? —
Dem Hippias ähnlich? — Ihm, dessen Grundsätze, dessen Leben,
dessen vermeinte Weisheit mir vor Kurzem noch so viel Abscheu
einflößten! — Und die Verwandlung ist so groß, daß sie ihm
keinen Zweifel übrig läßt? — Gütige Götter! Was ist aus
Eurem Agathon geworden? — Ach! es ist mehr als zu gewiß,
daß ich nicht mehr ich selbst bin! — Wie? sind mir nicht alle
Gegenstände dieses Hauses, von denen meine Seele sich ehemals
mit Ekel und Grauen wegwandte, gleichgiltig oder gar an=
genehm geworden? Diese üppigen Gemälde — diese schlüpfrigen
Nymphen — diese Gespräche, worin Alles, was dem Menschen
groß und ehrwürdig sein soll, in ein komisches Licht gestellt
wird — diese Verschwendung der Zeit — diese mühsam aus=
gesonnenen und über die Forderung der Natur getriebenen
Ergetzungen — Himmel! wo bin ich? An was für einem jähen
Abhang finde ich mich selbst! — Welch ein Abgrund unter
mir! — O Danae, Danae!"

Hier hielt er ein, um den trostvollen Einflüssen Raum zu
lassen, welche dieser Name und die zauberischen Bilder, die

damit verbunden waren, über seine sich selbst quälende Seele
ausbreiteten. Mit einem schleunigen Uebergang von Schwer=
muth zu Entzückung durchflog sie jetzt alle diese Scenen von
Liebe und Glückseligkeit, welche ihr die letztverflossnen Tage zu
Augenblicken gemacht hatten; und von diesen Erinnerungen mit
einer innigen Wollust durchströmt, konnte sie oder wollte sie
vielmehr den Gedanken nicht ertragen, daß sie in einem so be=
neidenswürdigen Zustand unter sich selbst herunter gesunken sein
könne. „Göttliche Danae", rief der arme Kranke in einem ver=
doppelten Anstoß des wiederkehrenden Taumels aus, „könnt' es
ein Verbrechen sein, das vollkommenste unter allen Geschöpfen
zu lieben? ein Verbrechen, glücklich zu sein?" In diesem Tone
fuhr Amor (welchen Plato sehr richtig den größten unter allen
Sophisten nennt) desto ungehinderter fort, ihm zuzureden, da ihm
die Eigenliebe zu Hilfe kam und seine Sache zu der ihrigen
machte. Denn was ist unangenehmer, als sich selbst zugleich
anklagen und verurtheilen müssen? Und wie gern hören wir
die Stimme der sich selbst vertheidigenden Leidenschaft? Wie
gründlich finden wir jedes Blendwerk, womit sie die richterliche
Vernunft zu einem falschen Ausspruch zu verleiten sucht?

Agathon hörte diese betrügliche Schutzrednerin so gern, daß
es ihr gelang, sein Gemüth wieder zu besänftigen. Er schmeichelte
sich, ungeachtet einer Veränderung seiner Denkungsart, die er
sich selbst für eine Verbesserung zu geben suchte, den Unterschied
zwischen ihm und Hippias noch so groß, so wesentlich zu finden
als jemals. Er verbarg seine schwache Seite hinter die Tugenden,
deren er sich bewußt zu sein glaubte, und beruhigte sich endlich
völlig mit einem idealischen Entwurf eines seinen eignen Grund=
sätzen gemäßen Lebens, zu welchem er seine geliebte Danae schon
genug vorbereitet glaubte, um ihr selbigen ohne längern Auf=
schub vorzulegen. Er kehrte nun mit einem so aufgeheiterten
Gesichte zur Gesellschaft zurück, daß Danae und Hippias selbst
sich leicht bereden ließen, seinen vorigen Anstoß einer vorüber=
gehenden Uebelkeit zuzuschreiben.

Ergetzlichkeiten folgten jetzt auf Ergetzlichkeiten so dicht an
einander und so mannichfaltig, daß die überladne Seele keine
Zeit behielt, sich Rechenschaft von ihren Empfindungen zu geben;
und in diesen brausenden Vergnügungen wurde die ganze Nacht
bis zum Anbruch der Morgenröthe hingebracht. Die Gegenwart
der liebenswürdigen Danae wirkte mit ihrer ganzen Zauberkraft
auf unsern Helden, ohne verhindern zu können, daß er von Zeit

zu Zeit in eine Zerstreuung fiel, aus welcher sie ihn, sobald sie
es gewahr wurde, zu ziehen bemüht war. Die Gegenstände,
welche seinen sittlichen Geschmack ehemals beleidigt hatten, waren
hier zu häufig, als daß nicht mitten unter den flüchtigen Vergnügungen, womit sie gleichsam über die Oberfläche seiner Seele
hinglitschten, ein geheimes Gefühl seiner Erniedrigung seine
Wangen mit Schamröthe vor sich selbst, dem Vorläufer der
wiederkehrenden Tugend, hätte überziehen sollen.

Dieses begegnete insonderheit bei einem pantomimischen Tanze,
womit Hippias seine größtentheils von Wein glühenden Gäste
noch eine geraume Zeit nach Mitternacht vom Einschlummern
abzuhalten suchte. Die Tänzerin, ein reizendes Mädchen, welches
ungeachtet seiner Jugend schon lange in den Geheimnissen von
Cythere eingeweiht war, tanzte die Fabel der Leda, dieses be-
rüchtigte Meisterstück der ebenso vollkommnen als üppigen Tanzkunst der Alten, dessen Wirkungen Juvenal in einer von seinen
Satiren mit Zügen schildert, welche mehr der Stärke als der
Sittsamkeit wegen merkwürdig sind. Hippias und die meisten
seiner Gäste bezeigten ein unmäßiges Vergnügen über die Art,
wie seine Tänzerin diese schlüpfrige Geschichte, nach der wollüstigen
Modulation zweier Flöten, durch die stumme Sprache der Bewegung von Scene zu Scene bis zur Entwicklung fortzuwinden
wußte. „Zeuxis und Homer selbst", riefen sie, „könnte nicht besser,
nicht deutlicher mit Farben oder Worten, als die Tänzerin durch
ihre Bewegungen malen." Die Frauenzimmer glaubten genug
gethan zu haben, da sie auf dieses Schauspiel nicht Acht zu
geben schienen; aber Agathon konnte den widrigen Eindruck, den
es auf ihn machte, nur mit Mühe in sich selbst verschließen.
Er wollte eben etwas sagen, welches in einer solchen Gesellschaft
keinen großen Effect hätte thun können, als ein beschämter Blick
auf sich selbst und vielleicht die Furcht, den ausgelassenen Hippias
zu einer allzuscharfen Rache zu reizen, seine Rede auf seinen
Lippen erstickte und (weil doch die ersten Worte einmal gesprochen
waren) den vorgehabten Tadel in einen gezwungenen Beifall
verwandelte. Er hatte nun keine Ruhe, bis er die schöne Danae
bewog, sich mit ihm und einer von ihren Freundinnen aus einer
Gesellschaft davonzuschleichen, aus welcher die Grazien schamroth weggeflohen waren, und sein Unwille ergoß sich, während
daß sie nach Hause zurückkehrten, in eine scharfe Beurtheilung
des verdorbenen Geschmacks des Sophisten, die so lange dauerte,
bis sie bei Anbruch des Tages wieder auf dem Landhause der

Danae anlangten, um die von Ergeßungen abgemattete Natur
durch Ruhe und Schlummer wieder herzustellen.

Viertes Capitel.

Ein Traum.

Die Stoifer (diefer strenge moralische Orden, deffen Abgang
wir mit dem vortrefflichen Montesquieu einen Verluſt für · das
menschliche Geschlecht zu nennen verfucht ſind) hatten, unter
andern Sonderlichkeiten, eine große Meinung von der Natur
und Beſtimmung der Träume. Sie trieben es ſo weit, daß ſie
ſich die Mühe gaben, ebenſo große Bücher über dieſe Materie
zu ſchreiben als diejenigen, womit die gelehrte Welt noch in
unſern Tagen von einigen weiſen Mönchen über die erhabne
Kunſt, die Geſpenſter zu prüfen und zu bannen, beſchenkt worden
iſt. Sie theilten die Träume in mancherlei Gattungen und
Arten ein, wieſen ihnen ihre geheimen Bedeutungen an, gaben
den Schlüſſel dazu und trugen kein Bedenken, einige Arten derſelben ganz zuverſichtlich dem Einfluß derjenigen Geiſter zu.
zuſchreiben, womit ſie alle Theile der Natur bevölkert hatten.
In der That ſcheinen ſie ſich in dieſem Stücke lediglich nach
einem allgemeinen Glauben, der ſich von jeher unter allen
Völkern und Zeiten erhalten hat, gerichtet und dasjenige in die
Form einer gelehrten Theorie gebracht zu haben, was bei ihren
Großmüttern ein ſehr unſicheres Gemiſch von Tradition, Ein=
bildung und Blödigkeit des Geiſtes geweſen ſein mochte. Dem
ſei nun, wie ihm wolle, ſo iſt doch ſchwerlich zu leugnen, daß
wir zuweilen Träume haben, in welchen ſo viel Zuſammenhang,
ſo viel Beziehung auf unſre vergangnen und gegenwärtigen
Umſtände, wiewol allezeit mit einem kleinen Zuſaße von Wunder=
barem und Unbegreiflichem anzutreffen iſt, daß wir uns, um
jener Merkmale der Wahrheit willen, geneigt finden, in dieſen
leßteren etwas Geheimnißvolles und Vorbedeutendes zu ſuchen.
Träume von dieſer Art den Geiſtern außer uns oder (wie die
Pythagoräer thaten) einer gewiſſen prophetiſchen Kraft oder
Divination unſrer Seele, welche unter dem tiefen Schlummer
der Sinne beſſere Freiheit habe, ſich zu entwickeln, mit ent=
ſcheidender Gewißheit beizumeſſen, überlaſſen wir denjenigen,
welche zum Beſiß jener von Lucrez ſo enthuſiaſtiſch geprieſenen
Glückſeligkeit, die Urſachen der Dinge einzuſehen, in einem
vollern Maße gelangt ſind als wir. Indeſſen haben wir uns

doch zum Gesetze gemacht, den guten Rath unsrer Großmütter und Tanten nicht zu verachten, welche uns, da wir noch das Glück ihrer einsichtsvollen Erziehung genossen, unter Anführung einer langen Reihe von Familien-Beispielen, ernstlich zu ermahnen pflegten, die Warnungen und Fingerzeige der Träume ja nicht für gleichgiltig anzusehen.

Agathon hatte diesen Morgen, nachdem er in einer Ver= wirrung von uneinigen Gedanken und Gemüthsbewegungen end= lich eingeschlummert war, einen Traum, den man mit einigem Rechte zu den kleinen Ursachen zählen kann, durch welche große Begebenheiten hervorgebracht worden sind. Wir wollen ihn er= zählen, wie wir ihn in unsrer Urkunde finden, und dem Leser überlassen, was er davon urtheilen will.

Ihn däuchte, daß er in einer Gesellschaft von Nymphen und Liebesgöttern auf einer anmuthigen Ebne sich erlustige. Danae war unter ihnen. Mit zauberischem Lächeln reichte sie ihm, wie Ariadne ihrem Bacchus, eine Schale voll Nektars, welchen er, an ihren Blicken hangend, mit wollüstigen Zügen hinunter= schlürfte. Auf einmal fing Alles um ihn her zu tanzen an. Er tanzte mit. Ein Nebel von süßen Düften schien ringsum die wahre Gestalt der Dinge zu verhüllen; tausend liebliche Gestalten, wie Seifenblasen ebenso schnell zerflossen als ent= standen, gaukelten vor seiner Stirne. In diesem Taumel hüpfte er eine Zeit lang fort, bis auf einmal der Nebel und seine ganze fröhliche Gesellschaft verschwand. Ihm war, als ob er aus einem tiefen Schlaf erwachte, und da er die Augen auf= schlug, sah er sich an der Spitze eines jähen Felsens, unter welchem ein reißender Strom seine beschäumten Wellen fortwälzte. Gegen ihm über, auf dem andern Ufer des Flusses, stand Psyche. Ein schneeweißes Gewand floß zu ihren Füßen herab; ganz einsam und traurig stand sie und heftete Blicke auf ihn, die ihm das Herz durchbohrten. Ohne sich einen Augenblick zu be= sinnen, stürzte er sich in den Fluß hinab, arbeitete sich ans andre Ufer hinüber und eilte, seiner Psyche zu Füßen sich zu werfen. Aber sie entschlüpfte ihm wie ein Schatten; er strebte ihr mit ausgebreiteten Armen nach; vergebens! es war ihm unmöglich, den kleinen Zwischenraum zurückzulegen, der ihn von ihr trennte. Noch immer heftete sie ihre Blicke auf ihn; ernste Traurigkeit sprach aus ihrem Gesicht, und ihre rechte Hand wies in die Ferne, wo er die goldnen Thürme und die heiligen Haine des Delphischen Tempels ganz deutlich zu unterscheiden glaubte.

Thränen stürzten bei diesem Anblick über seine Wangen herab. Er streckte seine Arme, flehend und von unaussprechlichen Empfindungen beklemmt, nach der geliebten Psyche aus. Aber sie floh eilends von ihm weg, einer Bildsäule der Tugend zu, die unter den Trümmern eines verfallnen Tempels einsam und unversehrt in majestätischer Ruhe auf einem unbeweglichen Kubus stand. Sie umarmte diese Bildsäule, warf noch einen tiefsinnigen Blick auf ihn und verschwand. In unbeschreiblicher Angst wollt' er ihr nacheilen, als er sich plötzlich in einem tiefen Schlamme versenkt sah, und die Bestrebung, die er anwendete, sich heraus zu arbeiten, war so heftig, daß er davon erwachte.

Ein Strom von Thränen, in welchen sein berstendes Herz ausbrach, war die erste Wirkung des tiefen Eindrucks, den dieser sonderbare Traum in seiner erwachten, aber noch ganz von ihren Gesichten umgebenen Seele zurückließ. Er weinte so lange und so heftig, daß sein Hauptkissen ganz davon durchnäßt wurde. „Ach Psyche! Psyche!" rief er von Zeit zu Zeit aus, indem er seine gerungenen Arme wie nach ihrem Bilde ausstreckte, und dann brach eine neue Fluth aus seinen schwellenden Augen. „Wo bin ich?" rief er wieder aus und sah sich um, als ob er bestürzt wäre, sich in einem von persischen Tapeten schimmernden Gemach auf dem weichsten Ruhebette liegend zu finden — „O Psyche! — was ist aus Deinem Agathon geworden? — O unglücklicher Tag, an welchem mich die verhaßten Räuber Deinem Arm entrissen!" — Unter solchen Vorstellungen und Ausrufungen stand er auf, ging in heftiger Bewegung auf und nieder, warf sich abermals auf das Ruhebette und blieb eine lange Zeit stumm und mit zu Boden starrenden Blicken unbeweglich in Gedanken verloren sitzen. Endlich raffte er sich wieder auf, kleidete sich an und stieg in die Gärten hinab, um in dem einsamsten Theile des Hains die Ruhe zu suchen, die er nöthig hatte, um über seinen Traum, seinen gegenwärtigen Zustand und die Entschließungen, die er zu fassen habe, nachdenken zu können. Unter allen Bildern, welche der Traum in seinem Gemüthe zurückgelassen hatte, rührte ihn keines lebhafter als die Vorstellung der Psyche, wie sie mit ernstem Gesicht auf den Tempel und die Haine von Delphi wies, diese geheiligten Oerter, wo sie einander zuerst gesehen, wo sie so oft sich eine ewige Liebe geschworen, wo sie so rein, so tugendhaft sich geliebt hatten,

„Wie sich im hohen Olymp die Unverkörperten lieben."

Diese Bilder hatten etwas so Rührendes, der Schmerz, wo=

mit fie ihn durchbrangen, wurbe burch bie lebhafteften Erinne=
rungen feiner ehemaligen Glückfeligkeit fo fanft gemilbert, baß
er eine Art von Wolluft barin empfanb, fich ber trauernben
Wehmuth zu überlaffen, bie fie über fein Gemüth verbreiteten.
Er verglich feinen jetzigen Zuftanb mit jener feligen Stille bes
Herzens, jener immer lächelnben Heiterkeit, jenen fanften, un=
fchulbvollen Freuben, zu welchen unfterbliche Zufchauer ihren
Beifall gegeben hatten; unb inbem er unvermerkt, anftatt bie
Vergleichung unparteiifch fortzufetzen, fich bem Lanfe feiner Ein=
bilbungskraft überließ, bäuchte ihn nicht anbers, als ob feine
Seele nach jener elyfifchen Rnhe, wie nach ihrem angebornen
Elemente, fich zurückfehne. „Wenn es auch Schwärmereien waren",
rief er feufzenb aus, „wenn es auch bloße Träume waren, in bie
mein halb abgefchiebener, halb vergötterter Geift fich wiegte —
welch eine felige Schwärmerei! Unb wie viel glücklicher machten
mich biefe Träume als alle bie raufchenben Freuben, welche bie
Sinne in einem Wirbel von Wolluft bahinreißen unb, wenn
fie vorüber finb, nichts als Befchämung unb Rene unb ein
fchwermüthiges Leeres in ber unbefriebigten Seele zurücklaffen!"

Vielleicht werben unfre Lefer aus bemjenigen, was bamals
in bem Gemüthe unfers Helben vorging, fich viel Gutes für
feine Wieberkehr zur Tugenb weiffagen. Aber mit Bebauern
müffen wir geftehen, baß fich eine anbre Seele in feinem In=
wenbigen erhob, welche biefe guten Regungen in Kurzem wieber
unkräftig machte; es fei nun, baß es bie Stimme ber Natur
ober ber Leibenfchaft war, ober baß Beibe fich vereinigten, ihn,
ohne Abbruch feiner Eigenliebe, wieber mit fich felbft unb bem
Gegenwärtigen auszuföhnen.

In ber That war es bei ber Lebhaftigkeit, welche alle Ibeen
unb Gemüthsbewegungen biefes fonberbaren Menfchen bezeich=
nete, kaum möglich, baß ber überfpannte Affect, worin wir ihn
gefehen haben, von langer Dauer hätte fein können. Die
Stärke feiner Empfinbungen rieb fich an fich felbft ab. Seine
Einbilbungskraft pflegte in folchen Fällen fo lange in gerabem
Laufe fortzufchießen, bis fie fich genöthigt faub, wieber umzu=
kehren. Er fing nun an fich zu überreben, baß mehr Schwärmerei
als Wahrheit unb Vernunft in feiner Betrübniß fei. Er glaubte
bei näherer Vergleichung zu finben, baß feine Leibenfchaft für
Danae burch bie Vollkommenheit bes Gegenftanbes gänzlich ge=
rechtfertigt werbe. So vorzüglich ihm kurz zuvor bie Glück=
feligkeit feines Delphifchen Lebens unb bie unfchulbigen Freuben

der ersten noch unerfahrnen Liebe geschienen hatten, so un=
wesentlich fand er sie jetzt in Vergleichung mit demjenigen, was
ihn die schöne Danae in ihren Armen hatte erfahren lassen.
Das bloße Andenken daran setzte sein Blut in Feuer und seine
Seele in Entzücken; seine angestrengteste Einbildung erlag unter
dem Bestreben, eine vollkommnere Wonne zu empfinden. Psyche
schien ihm jetzt, so liebenswürdig sie immer sein mochte, zu
nichts Anderm bestimmt gewesen zu sein, als die Empfindlichkeit
seines Herzens zu entwickeln, um ihn fähig zu machen, die Vor=
züge der unvergleichlichen Danae zu empfinden. Er schrieb es
einem Rückfall in seine ehemalige Schwärmerei zu, daß er durch
einen Traum, welchen er bei aller seiner wunderbaren Be=
schaffenheit doch für nichts mehr als ein Spiel der Phantasie
halten konnte, sich in so heftige Bewegungen hatte setzen lassen.
Das Einzige, was ihn noch beunruhigte, war der Vorwurf der
Untreue gegen seine einst so zärtlich geliebte und so zärtlich
wiederliebende Psyche. Allein die Unmöglichkeit, von der un=
widerstehlichen Danae nicht überwunden zu werden (ein Punkt,
wovon er so vollkommen als von seinem eignen Dasein über=
zeugt zu sein glaubte) und der Verlust aller Hoffnung, Psychen
jemals wieder zu finden (welchen er ohne genauere Untersuchung
für ausgemacht annahm), schien ihm gegen diesen Vorwurf von
großem Gewicht zu sein. Um sich desselben gänzlich zu ent=
ledigen, gerieth er endlich gar auf den Gedanken, daß seine Ver=
bindung mit Psychen mehr die Liebe eines Bruders zu einer
Schwester, eine bloße Liebe der Seelen, als dasjenige gewesen
sei, was im eigentlichen Sinn Liebe genannt werden sollte, eine
Entdeckung, die ihm bei Vergleichung der Symptome beider
Arten von Liebe unwidersprechlich zu sein däuchte. Diese Vor=
stellungen stiegen nach und nach (zumal an einem Orte, wo
jede schattige Laube, jede Blumenbank, jede Grotte ein Zeuge
genossener Glückseligkeiten war) zu einer solchen Lebhaftigkeit, daß
sie eine Art von Ruhe in seinem Gemüthe wieder herstellten;
wenn anders die Verblendung eines Kranken, der in der Hitze
seines Fiebers gesund zu sein wähnt, diesen Namen verdienen kann.
Doch verhinderten sie nicht, daß diesen ganzen Tag über ein
Eindruck von Schwermuth in seiner Seele zurückblieb. Die
Bilder der Psyche und der Tugend, welche er so lange gewohnt
gewesen war zu vermengen, stellten sich immer wieder vor seine
Augen. Umsonst suchte er sie durch Zerstreuungen zu entfernen;
sie überraschten ihn in seinen Arbeiten und beunruhigten ihn

in seinen Ergetzungen. Er suchte ihnen auszuweichen, der
Unglückliche! und wurde nicht gewahr, daß eben dies ein voll=
ständiger Beweis war, daß es nicht so richtig mit ihm stand,
als er sich selbst zu überreden suchte.

Fünftes Capitel.

Ein starker Schritt zu einer Katastrophe.

Danae liebte zu zärtlich, als daß ihr der stille Kummer,
der eine (wiewol anmuthige) Düsterheit über das schöne Ge=
sicht unsers Helden ausbreitete, hätte unbemerkt bleiben können.
Aber aus eben diesem Grunde war sie zu schüchtern, ihn vor=
eilig um die Ursache einer so unerwarteten Veränderung zu
befragen. Es war leicht zu sehen, daß sein Herz leiden müsse;
aber mit aller Scharfsichtigkeit, welche den Augen der Liebe
eigen ist, konnte sie doch nicht mit sich selbst einig werden, was
die Ursache davon sein köune. Ihr erster Gedanke war: viel=
leicht könnte ihm ein zu weit getriebener Scherz des boshaften
Hippias anstößig gewesen sein. Allein auch das Aergste, was
Hippias gesagt haben konnte, schien ihr nicht genugsam, eine
so tiefe Wunde zu machen, als sie in seinem Herzen zu sehen
glaubte. Der Vortheil ihres eignen brachte sie bald auf einen
andern Gedanken, dessen sie vermuthlich nicht fähig gewesen wäre,
wofern ihre Liebe nicht die Eitelkeit überwogen hätte, welche
(sagt man) bei den meisten Schönen die wahre Quelle dessen
ist, was sie uns für Liebe geben. „Wie, wenn seine Liebe zu
erkalten anfinge?“ sagte sie zu sich selbst. — „Erkalten? Himmel!
wenn dies möglich ist, so werde ich bald gar nicht mehr geliebt
sein!“ — Dieser Gedanke war für ein völlig eingenommenes
Herz zu schrecklich, als daß sie ihn sogleich hätte verbannen können.
Wie bescheiden macht die wahre Liebe! Sie, welche gewohnt ge=
wesen war, in allen Augen die Siege ihrer Reizungen zu sehen;
sie, die unter den Vollkommensten ihres Geschlechts nicht Eine
kannte, von der sie jemals in dem süßen Bewußtsein ihrer Vor=
züglichkeit nur einen Augenblick gestört worden wäre; mit einem
Worte, Danae fing an, mit Zittern sich selbst zu fragen, ob
sie auch liebenswürdig genug sei, das Herz eines so außer=
ordentlichen Mannes in ihren Fesseln zu behalten? — Und
wenngleich die Eigenliebe sie von Seiten ihres persönlichen
Werthes beruhigte, so war sie doch nicht ohne Sorgen, daß in
ihrem Betragen etwas gewesen sein möchte, wodurch das Souver=

bare in seiner Denkungsart oder die Zartheit seines Gefühls
hätte beleidigt werden können. Hatte sie ihm nicht zu viel
Beweise von ihrer Liebe gegeben? Hätte sie ihm seinen Sieg
nicht schwerer machen sollen? War es sicher, ihn die ganze
Stärke ihrer Leidenschaft sehen zu lassen und sich wegen der
Erhaltung seines Herzens allein auf die gänzliche Dahingebung
des ihrigen zu verlassen? — Diese Fragen waren weder spitzfindig, noch so leicht zu beantworten, als manches gute Ding
sich einbildet, dem man eine ewige Liebe geschworen hat, und
dessen geringster Kummer nun ist, ob man ihr werde Wort
halten können oder nicht. Die schöne Danae kannte die Wichtigkeit dieser Frage in ihrem ganzen Umfange, und Alles, was sie
sich selbst darüber sagen konnte, stellte sie doch nicht so zufrieden,
daß sie nicht für nöthig befunden hätte, einen gelegenen Augenblick zu belauschen, um sich über alle ihre Zweifel ins Klare zu
setzen, im Uebrigen sehr überzeugt, daß es ihr nicht an Mitteln
fehlen werde, dem entdeckten Uebel zu helfen, es möchte nun
auch bestehen, worin es immer wolle. Agathon ermangelte nicht,
ihr noch an dem nämlichen Tage Gelegenheit dazu zu geben.

Schwermuth und Traurigkeit machen die Seele nach und
nach schlaff, weichmüthig und mehr als gewöhnlich zu zärtlichen
Eindrücken und Regungen aufgelegt. Dieser Satz ist so wahr,
daß tausend Liebesverbindungen in der Welt keinen andern
Ursprung haben. Ein Liebhaber verliert einen Gegenstand, den
er anbetet. Er ergießt seine Klagen in den Busen einer Freundin,
für deren Reizungen er bisher vollkommen gleichgiltig gewesen
war. Sie bedauert ihn. Er findet sich dadurch erleichtert, daß
er frei und ungehindert klagen kann. Die Schöne ist erfreut,
daß sie Gelegenheit hat, ihr gutes Herz zu zeigen. Ihr Mitleiden rührt ihn, erregt seine Aufmerksamkeit. Sobald eine
Frauensperson zu interessiren anfängt, sobald entdeckt man
Reizungen an ihr. Die Reizungen, worin jetzt Beide sich befinden, sind der Liebe günstig, sie verschönern die Freundin
und blenden die Augen des Freundes. Ueberdies sucht der
Schmerz natürlicherweise Zerstreuung, und ist geneigt, sich an
Alles zu hängen, was ihm Trost und Linderung verspricht.
Eine dunkle Ahnung neuer Vergnügungen, der Anblick eines
Gegenstandes, der solche geben kann, die günstige Gemüthsstellung,
worin man denselben sieht, auf der einen, — die Eitelkeit, diese
große Triebfeder des weiblichen Herzens, das Vergnügen, so
zu sagen über eine Nebenbuhlerin zu siegen, indem man liebens-

würdig genug ist, den Verlust des Gegenstandes einer großen
Leidenschaft zu ersetzen, die Begierde, das Andenken desselben
auszulöschen, vielleicht auch die Gutartigkeit der menschlichen
Natur und das Vergnügen, glücklich zu machen auf der andern
Seite: wie viel Umstände, welche sich vereinigen, unvermerkt
den Freund in einen Liebhaber und die Vertraute in die Haupt=
person eines neuen Romans zu verwandeln!

In einer Gemüthsverfassung von dieser Art befand sich
Agathon, als Danae (welche vernommen hatte, daß er den
ganzen Abend in der einsamsten Gegend des Gartens zugebracht)
sich nicht mehr zurückhalten konnte, ihn aufzusuchen. Sie fand
ihn mit halbem Leib auf einer grünen Bank liegen, das Haupt
unterstützt und so zerstreut, daß sie eine Weile vor ihm stand,
eh er sie gewahr wurde. „Du bist traurig, Kallias," sagte sie
endlich mit einer gerührten Stimme, indem sie Augen voll mit=
leidender Liebe auf ihn heftete. — „Kann ich traurig sein, wenn
ich Dich sehe?" erwiderte Agathon mit einem Seufzer, welcher
seine Frage zu beantworten schien. Auch gab ihm Danae keine
Antwort auf ein so verbindliches Compliment, sondern fuhr fort,
ihn stillschweigend, aber mit einem Gesicht voll Seele und mit
Augen, die voll Wasser standen, anzusehen. Er richtete sich auf
und blickte sie eine Weile an, als ob er bis in den Grund
ihrer Seele schauen wollte. Ihre Herzen schienen durch ihre
Blicke in einander zu zerfließen. „Liebst du mich, Danae?" fragte
endlich Agathon mit einer von Zärtlichkeit und Wehmuth halb
erstickten Stimme, indem er einen Arm um sie schlang und
fortfuhr, sie mit bethränten Augen anzuschauen. Sie schwieg
eine Zeit lang. „Ob ich Dich liebe?" — war Alles, was sie
sagen konnte. Aber der Ausdruck, der Ton, womit sie es sagte,
hätte durch alle Beredsamkeit des Demosthenes nicht ersetzt werden
können. „Ach Danae!" erwiderte Agathon, „ich frage nicht,
weil ich zweifle. Kann ich eine Versicherung, von welcher das
ganze Glück meines Lebens abhängt, zu oft von diesen geliebten
Lippen empfangen? Wenn Du mich nicht liebtest, wenn Du
aufhören könntest, mich zu lieben —" „Was für Gedanken, mein
liebster Kallias!" unterbrach sie ihn. „Wie elend wär' ich,
wenn Du sie in Deinem Herzen fändest! wenn dieses Dir sagte,
daß eine Liebe wie die unsrige aufhören könne!"

Ein übel verhehlter Seufzer war Alles, was er antworten
konnte. „Du bist traurig, Kallias," fuhr sie fort; „ein geheimer
Kummer bricht aus allen Deinen Zügen hervor? Du begreifst

nicht, nein, Du begreifst nicht, was ich leide, Dich traurig zu
sehen, ohne die Ursache davon zu wissen. Wenn mein Vermögen, wenn meine Liebe, wenn mein Leben selbst hinlänglich
ist, sie von Dir zu entfernen, o, so verzögre keinen Augenblick,
Dein Innerstes mir aufzuschließen!" — Der gefühlvolle Agathon
war bis zu sprachloser Entzückung gerührt. Er wand seine
Arme um sie, drückte sein Gesicht auf ihre klopfende Brust und
konnte lange nur durch die Thränen reden, womit er sie benetzte.

Nichts ist ansteckender als der Affect einer in Empfindung
zerfließenden Seele. Danae, ohne die Ursache aller dieser
Bewegungen zu wissen, wurde so sehr von dem Zustande gerührt, worin sie ihren Liebhaber sah, daß sie, ebenso sprachlos
als er selbst, sympathetische Thränen mit den seinigen vermischte. Diese Scene, welche für den gleichgiltigen Leser
nicht so interessant sein kann, als sie es für unsre Verliebten
war, dauerte eine ziemliche Weile. Endlich faßte sich Agathon
und sagte in einer von diesen zärtlichen Ergießungen der
Seele, an welchen die Ueberlegung keinen Antheil hat, und
worin man keine andere Absicht hat, als ein volles Herz zu erleichtern: „Ich liebe Dich zu sehr, unvergleichliche Danae, und
fühle zu sehr, daß ich Dich nicht genug lieben kann, um Dir
länger zu verhehlen, wer dieser Kallias ist, den Du, ohne
ihn zu kennen, Deines Herzens würdig geachtet hast. Ich will
Dir das Geheimniß meines Namens und die ganze Geschichte
meines Lebens, so weit ich in selbiges zurückzusehen vermag,
entdecken; und wenn Du Alles wissen wirst, — denn warum
sollt' ich einer Seele wie die Deinige nicht Alles entdecken
dürfen? — dann wirst Du vielleicht natürlich finden, daß der
flüchtigste Zweifel, ob es möglich sein könne, Deine Liebe zu verlieren, hinlänglich ist, mich elend zu machen."

Danae stutzte, wie man sich vorstellen kann, bei einer so
unerwarteten Vorrede. Sie sah unsern Helden so aufmerksam
an, als ob sie ihn noch nie gesehen hätte, und verwunderte sich
jetzt über sich selbst, daß ihr nicht längst in die Augen gefallen
war, daß weit mehr unter ihrem Liebhaber verborgen sein müsse,
als die Nachrichten des Hippias und die Umstände, worin sich
ihre Bekanntschaft angefangen, vermuthen ließen. Sie dankte
ihm auf die zärtlichste Art für die Probe eines vollkommnen
Zutrauens, die er ihr geben wolle, und nach einigen vorbereitenden Liebkosungen, womit sie ihre Dankbarkeit bestätigte,
fing Agathon die folgende Erzählung an.

Wieland's Werke.

Zweiter Theil.

Geschichte des Agathon.

Zweiter Theil.

Berlin.

Gustav Hempel.

Druck von Breitkopf und Härtel in Leipzig.

Geſchichte des Agathon.

Zweiter Theil.

Inhalt

des zweiten Theils.

Achtes Buch. Fortsetzung der Erzählung Agathon's, von seiner Versetzung nach Athen bis zu seiner Bekanntschaft mit Danae.

Neuntes Buch. Fortsetzung der Geschichte Agathon's und der schönen Danae bis zur heimlichen Entweichung des Erstern aus Smyrna.

Siebentes Buch.

Agathon erzählt die Geschichte seiner Jugend bis zu dem Zeit-
punkte, da er seinen Vater fand.

Erstes Capitel.

Agathon's erste Jugend. Etwas von Idealen.

„Ich war schon achtzehn Jahre alt, eh ich denjenigen kannte,
dem ich mein Dasein zu danken habe. Von der ersten Kindheit an in den Hallen des Delphischen Tempels erzogen, war
ich gewohnt, die Priester des Apollo mit diesen kindlichen
Empfindungen anzusehen, welche das erste Alter über Alle,
die für unsre Erhaltung Sorge tragen, zu ergießen pflegt.
Ich war noch ein kleiner Knabe, als ich schon mit dem geheiligten Gewande, welches die jungen Diener des Gottes
von den Sklaven der Priester unterschied, bekleidet und zum
Dienste des Tempels gewidmet wurde.

„Wer Delphi gesehen hat, wird sich nicht verwundern, daß
ein Knabe von gefühlvoller Art, der beinahe von der Wiege
an daselbst erzogen worden, unvermerkt eine Gemüthsbildung
bekommen mußte, die ihn von den gewöhnlichen Menschen
unterschied. Außer der besondern Heiligkeit, welche ein uraltes
Vorurtheil und die geglaubte Gegenwart des Pythischen Gottes
dem Delphischen Boden beigelegt hat, war in den Bezirken des
Tempels selbst kein Platz, der nicht von irgend einem ehrwürdigen oder glänzenden Gegenstand erfüllt oder durch das
Andenken irgend eines Wunders verherrlicht gewesen wäre.
Der Anblick so vieler wundervollen Dinge war das Erste,
woran meine Augen gewöhnt wurden, und die Erzählung
wunderbarer Begebenheiten die erste mündliche Unterweisung,
die ich von meinen Vorgesetzten erhielt. Eine Art von Unterricht, dessen ich bedurfte, weil es ein Theil meines Berufs sein
sollte, den Fremden, von welchen der Tempel immer angefüllt

war, die Gemälde, Schnitzwerke und Bilder und den unsäglichen
Reichthum von Geschenken, wovon die Hallen und Gewölbe
desselben schimmerten, zu erklären.

„Für ungewohnte Augen ist vielleicht nichts Blendenderes
als der Anblick eines von so vielen Königen, Städten und
reichen Privatpersonen in ganzen Jahrhunderten zusammen=
gehäuften Schatzes von Gold, Silber, Edelsteinen, Perlen und
Elfenbein. Für mich, der dieses Anblicks gewohnt war, hatte
die bescheidene Bildsäule eines Solon mehr Reiz als alle schim=
mernden Denkmale einer abergläubischen Andacht, welche ich
bald mit eben der verachtenden Gleichgiltigkeit ansah, womit
ein Knabe die Puppen und Spielwerke seiner Kindheit anzu=
sehen pflegt. Noch unfähig, von den Verdiensten und dem
wahren Werthe der vergötterten Helden mir einen ächten Be=
griff zu machen, stand ich oft vor ihren Bildern und fühlte, in=
dem ich sie betrachtete, mein Herz mit geheimen Empfindungen
ihrer Größe und mit einer Bewunderung erfüllt, wovon ich
keine andre Ursache als mein inneres Gefühl hätte angeben
können. Einen noch stärkern Eindruck machte auf mich die
große Menge von Bildern der verschiedenen Gottheiten, unter
welchen unsre Vorältern die erhaltenden Kräfte der Natur, die
mannichfaltigen Vollkommenheiten des menschlichen Geistes und
die Tugenden des geselligen Lebens vorgestellt haben, und wo=
von ich im Tempel und in den Hainen von Delphi mich allent=
halben umgeben fand.

„Meine damalige Erfahrung, schöne Danae, hat mich seit=
dem oftmals auf die Betrachtung geleitet, wie groß der Beitrag
sei, welchen die schönen Künste zur Bildung des sittlichen Menschen
thun können, und wie weislich die Priester der Griechen ge=
handelt, da sie die Musen und Grazien, deren Lieblinge ihnen
so große Dienste gethan, selbst unter die Zahl der Gottheiten
aufgenommen haben. Der wahre Vortheil der Religion, inso=
fern sie eine besondere Angelegenheit des priesterlichen Ordens
ist, scheint von der Stärke der Eindrücke abzuhangen, die wir
in denjenigen Jahren empfangen, worin wir noch unfähig sind,
Untersuchungen anzustellen. Würden unsere Seelen in Absicht
der Götter und ihres Dienstes von Kindheit an leere Tafeln
gelassen und anstatt der unsichern und verworrenen, aber desto
lebhaftern Begriffe, welche wir durch Fabeln und Wunder=
geschichten und, in etwas zunehmendem Alter, durch die Musik
und die bildenden Künste von den übernatürlichen Gegenständen

bekommen, allein mit den unverfälschten Eindrücken der Natur
und den Grundsätzen der Vernunft überschrieben: so ist sehr
zu vermuthen, daß der Aberglaube noch größere Mühe haben
würde, die Vernunft, als in dem Falle, worin die Meisten sich
befinden, die Vernunft Mühe hat, den Aberglauben von der
einmal eingenommenen Herrschaft zu verdrängen. Der größte
Vortheil, den dieser über jene hat, hängt davon ab, daß er ihr
zuvorkommt. Wie leicht wird es ihm, sich einer noch unmündigen
Seele zu bemeistern, wenn alle diese zauberischen Künste, welche
die Natur im Nachahmen selbst zu übertreffen scheinen, ihre
Kräfte vereinigen, die entzückten Sinne zu überraschen! Wie
natürlich muß es demjenigen werden, die Gottheit des Apollo
zu glauben, ja, endlich sich zu bereden, daß er ihre Gegenwart
und Einflüsse fühle, der in einem Tempel aufgewachsen ist, dessen
erster Anblick das Werk und die Wohnung eines Gottes an=
kündet; — demjenigen, der gewohnt ist, den Apollo eines
Phidias immer vor sich zu sehen und das mehr als Menschliche,
welches die Kenner so sehr bewundern, der Natur des Gegen=
standes, nicht dem Geiste des Künstlers zuzuschreiben!

„So viel ich unsre Seele kenne, däucht mich, daß sich in
einer jeden, die zu einem merklichen Grade von Entwicklung ge=
langt, nach und nach ein gewisses idealisches Schöne bilde, welches
(auch ohne daß man sich's bewußt ist) unsern Geschmack und
unsre sittlichen Urtheile bestimmt und das allgemeine Modell
abgiebt, wonach unsre Einbildungskraft die besondern Bilder
dessen, was wir groß, schön und vortrefflich nennen, zu ent=
werfen scheint. Dieses idealische Modell bildet sich (wie mich
däucht) aus der Beschaffenheit und dem Zusammenhange der
Gegenstände, unter welchen wir zu leben anfangen. Daher (wie
die Erfahrung zu bestätigen scheint) so vielerlei besondere Denk=
und Sinnesarten, als man verschiedene Stände und Erziehungs=
arten in der menschlichen Gesellschaft antrifft; daher der spar=
tanische Heldenmuth, die attische Urbanität und der Schwulst
der Asiaten; daher die Verachtung des Geometers für den
Dichter, oder des speculirenden Kaufmanns gegen die Specu=
lationen des Gelehrten, die ihm unfruchtbar scheinen, weil sie
sich in keine Dariken verwandeln wie die seinigen; daher der
grobe Materialismus des plumpen Handwerkers, der rauhe
Ungestüm des Seefahrers, die mechanische Unempfindlichkeit des
Soldaten und die einfältige Schlauheit des Landvolks; daher
endlich, schöne Danae, die Schwärmerei, welche der weise Hippias

Deinem Kallias vorwirft, diese Schwärmerei, die ich vielleicht in einem minder erhabenen Lichte sehe, seitdem ich ihre wahre Quelle entdeckt zu haben glaube, aber die ich nichtsdestoweniger für diejenige Gemüthsbeschaffenheit halte, welche uns unter gewissen Einschränkungen glücklicher als irgend eine andre machen kann."

Zweites Capitel.

Agathon wird in der Orphischen Philosophie unterwiesen.

„Du begreifst leicht, schöne Danae, daß unter lauter Gegenständen, welche über die gewöhnliche Natur erhaben und selbst schon idealisch sind, jenes phantasirte Modell, dessen ich vorhin erwähnte, in einem so ungewöhnlichen Grade abgezogen und überirdisch werden mußte, daß bei zunehmendem Alter Alles, was ich wirklich sah, weit unter demjenigen war, was sich meine Einbildungskraft zu sehen wünschte. In dieser Gemüthsverfassung war ich, als einer von den Priestern zu Delphi, aus Absichten, welche sich erst in der Folge entwickelten, es übernahm, mich in den Geheimnissen der Orphischen Philosophie einzuweihen, der einzigen, die von unsern Priestern hochgeachtet wurde, weil sie die Vernunft selbst auf ihre Partei zu ziehen und dem Glauben, von dessen unbeweglichem Ansehen das ihrige abhing, einen festern Grund als die mündliche Ueberlieferung und die Fabeln der Dichter zu geben schien.

„Die Entzückung war unbeschreiblich, in die ich hineingezogen wurde, als ich an den Händen dieses Stifters unsrer Religion und Gelehrsamkeit in das Reich der Geister eingeführt und mir zu einer Zeit, da die erhabensten Gemälde Homer's und Pindar's ihren Reiz für mich verloren hatten, mitten in der materiellen Welt eine neue, mit lauter unsterblichen Schönheiten erfüllt und von lauter Göttern bewohnt, eröffnet wurde.

„Ich stand damals eben in dem Alter, worin wir, aus dem langen Traume der Kindheit erwachend, uns selbst zuerst zu finden glauben, die Welt um uns her mit erstaunten Augen betrachten und neugierig sind, unsre eigne Natur und den Schauplatz, worauf wir uns ohne unser Zuthun versetzt sehen, kennen zu lernen. Wie willkommen ist uns da eine Philosophie, die den Vortheil unserer Wissensbegierde mit dieser Neigung zum Wunderbaren und mit dieser arbeitscheuen Flüchtigkeit,

welche der Jugend eigen sind, vereinigt, alle unsre Fragen be-
antwortet, alle Räthsel erklärt, alle Aufgaben auflöst! eine
Philosophie, die desto mehr mit dem warmen und gefühlvollen
Herzen der Jugend sympathisirt, weil sie alles Unempfindliche
und Todte aus der Natur verbannt, jeden Atom der Schöpfung
mit lebenden und geistigen Wesen bevölkert, jeden Punkt der
Zeit mit verborgenen Begebenheiten befruchtet, die für künftige
Ewigkeiten heranreifen! ein System, worin die Schöpfung so
unermeßlich ist als ihr Urheber, welches uns in der anscheinenden
Verwirrung der Natur eine majestätische Symmetrie, in der
Regierung der moralischen Welt einen unveränderlichen Plan,
in der unzählbaren Menge von Classen und Geschlechtern der
Wesen einen einzigen Staat, in den verwickelten Bewegungen
aller Dinge einen allgemeinen Richtpunkt, in unsrer Seele einen
künftigen Gott, in der Zerstörung unsers Körpers die Wieder=
einsetzung in unsre ursprüngliche Vollkommenheit, und in dem
nachtvollen Abgrunde der Zukunft helle Aussichten in grenzen=
lose Wonne zeigt! — Ein solches System ist zu schön an sich
selbst, zu schmeichelhaft für unsern Stolz, unsern innersten
Wünschen und wesentlichsten Trieben zu angemessen, als daß
wir es in einem Alter, wo alles Große und Rührende so viel
Macht über uns hat, nicht beim ersten Anblicke wahr finden
sollten. Vermuthungen und Wünsche werden hier zu desto
stärkern Beweisen, da wir in dem bloßen Anschauen der Natur
zu viel Majestät, zu viel Geheimnißreiches und Göttliches zu
sehen glauben, um besorgen zu können, daß wir jemals zu groß
von ihr denken möchten. Und, soll ich Dir's gestehen, schöne
Danae? selbst jetzt, nachdem glückliche Erfahrungen mich von
dieser hochfliegenden Art zu denken zurückgebracht haben, glaube
ich mit einer innerlichen Gewalt, die sich gegen jeden Zweifel
empört, zu fühlen, daß diese Uebereinstimmung mit unsern
edelsten Neigungen, die ihr das Wort redet, der ächte Stempel
der Wahrheit sei, und daß selbst in diesen Träumen, welche
dem sinnlichen Menschen so ausschweifend scheinen, für unsern
Geist mehr Realität, mehr Unterhaltung und Aufmunterung,
eine reichere Quelle von ruhiger Freude und ein festerer Grund
der Selbstzufriedenheit liege als in Allem, was uns die Sinne
Angenehmes und Gutes anzubieten haben.

„Doch ich erinnre mich, daß es die Geschichte meiner Seele
und nicht die Rechtfertigung meiner Denkart ist, wozu ich mich
anheischig gemacht habe. Es sei also genug, wenn ich sage,

daß die Lehrsätze des Orpheus und des Pythagoras — von den Göttern, von der Natur, von unsrer Seele, von der Tugend und von dem, was das höchste Gut des Menschen ist, sich meines Gemüths so gänzlich bemeisterten, daß alle meine Begriffe nach diesem Urbilde gemodelt, alle meine Neigungen davon beseelt und mein ganzes Betragen so wie alle meine Entwürfe für die Zukunft mit dem Plan eines nach diesen Grundsätzen abgemessenen Lebens übereinstimmig waren."

Drittes Capitel.
En animam et mentem cum qua Dî nocte loquantur!

„Der Priester Theogiton, der sich zu meinem Mentor aufgeworfen hatte, schien über den außerordentlichen Geschmack, den ich an seinen erhabnen Unterweisungen fand, sehr vergnügt zu sein und ermangelte nicht, meinen Enthusiasmus bis auf einen Grad zu erhöhen, welcher mich, seiner Meinung nach, Alles zu glauben und Alles zu leiden fähig machen müßte. Ich war zu jung und zu unschuldig, um das kleinste Mißtrauen in seine Bemühungen zu setzen, bei welchen die Aufrichtigkeit meines eignen Herzens die edelsten Absichten voraussetzte.

„Er hatte die Vorsicht gebraucht, es so einzuleiten, daß ich endlich aus eigner Bewegung auf die Frage gerathen mußte, ob es nicht möglich sei, schon in diesem Leben mit den höhern Geistern in Gemeinschaft zu kommen?

„Dieser Gedanke beschäftigte mich lange bei mir selbst; ich fand möglich, was ich mit der größten Lebhaftigkeit wünschte. Die Geschichte der ersten Zeiten schien meine Hoffnung zu bestätigen. Die Götter hatten sich den Menschen bald in Träumen, bald in Erscheinungen entdeckt; verschiedene waren sogar zu der Ehre gelangt, Günstlinge der Götter zu sein. Hier kamen mir Ganymedes, Endymion, Adonis und so viele Andre zu statten, welche von Gottheiten geliebt worden waren. Ich legte dasjenige, was die Dichter davon erzählen, nach den erhabenen Begriffen aus, die ich von den höhern Wesen gefaßt hatte. Die Schönheit und Reinigkeit der Seele, die Abgezogenheit von den Gegenständen der Sinne, die Liebe zu den unsterblichen und ewigen Dingen schien mir dasjenige zu sein, was diese Personen den Göttern angenehm und zu ihrem Umgange geschickt gemacht hatte.

„Endlich entdeckte ich dem Theogiton meine lange geheim ge=
haltenen Gedanken. Er erklärte sich auf eine Art darüber, die
meine Neubegierde rege machte, ohne sie zu befriedigen. Er
ließ mich merken, daß dies Geheimnisse seien, welche er Be=
denken trage meiner Jugend anzuvertrauen. Doch setzte er
hinzu, die Möglichkeit der Sache sei keinem Zweifel unterworfen,
und bezauberte mich ganz mit dem Gemälde, das er mir von
der Glückseligkeit derjenigen machte, welche von den Göttern
würdig geachtet würden, zu ihrem geheimen Umgange zugelassen
zu werden. Die geheimnißvolle Miene, die er annahm, sobald
ich nach den Mitteln, hierzu zu gelangen, fragte, bewog mich,
ruhig zu erwarten, bis er selbst für gut finden würde, sich deut=
licher zu entdecken. Er that es nicht; aber er machte so viele
Gelegenheiten, meine erregte Neugierde zu entflammen, daß ich
mich nicht lange enthalten konnte, neue Fragen zu thun.

Endlich führte er mich einstmals tief im Haine des Apollo
in eine Grotte, welche ein uralter Glaube für eine Wohnung
der Nymphen hielt, deren Bilder in Blinden von Muschelwerk
das Innerste der Höhle zierten. Hier ließ er mich auf eine
bemooste Bank niedersitzen und fing nach einer vielversprechenden
Vorrede an, mir (wie er sagte) das geheime Heiligthum der
göttlichen Philosophie des Hermes und Orpheus aufzuschließen.
Unzählige religiöse Waschungen und eine Menge von Gebeten,
Räucherungen und andre geheime Anstalten mußten vorhergehen,
einen noch in irdische Glieder gefesselten Geist zum Anschauen
der himmlischen Naturen vorzubereiten. Und auch alsdann
würde unser sterblicher Theil den Glanz der göttlichen Voll=
kommenheit nicht ertragen, sondern (wie die Dichter unter der
Geschichte der Semele zu erkennen gegeben) gänzlich davon ver=
zehrt und vernichtet werden, wenn sie sich nicht mit einer Art
von körperlichem Schleier umhüllen und durch diese Herab=
lassung uns nach und nach fähig machen würden, sie endlich
selbst, entkörpert und in ihrer wesentlichen Gestalt, anzuschauen.
Ich war einfältig genug, alle diese vorgegebenen Geheimnisse für
ächt zu halten. Ich hörte dem ernsten Theogiton mit einem
heiligen Schauer zu und machte mir seine Unterweisungen so
wohl zu Nutze, daß ich Tag und Nacht an nichts Anderes dachte
als an die außerordentlichen Dinge, wovon ich in Kurzem die
Erfahrung bekommen würde.

„Du kannst Dir vorstellen, Danae, ob meine Phantasie in
dieser Zeit müßig war. Ich würde nicht fertig werden, wenn

ich Alles beschreiben wolite, was damals in ihr vorging, und mit welch einer Zauberei sie mich in meinen Träumen bald in die glücklichen Inseln, welche Pindar so prächtig schildert, bald zum Gastmahle der Götter, bald in die elysischen Thäler, die Wohnung seliger Schatten, versetzte.

„So seltsam es klingt, so gewiß ist es doch, daß die Kräfte der Einbildung dasjenige weit übersteigen, was die Natur unsern Sinnen darstellt; sie hat etwas Glänzenderes als Sonnenglanz, etwas Lieblicheres als die süßesten Düfte des Frühlings zu ihren Diensten, unsre innern Sinne in Entzückung zu setzen; sie hat neue Gestalten, höhere Farben, vollkommnere Schönheiten, schnellere Veranstaltungen, eine neue Verknüpfung der Ursachen und Wirkungen, andere Zeitmaße — kurz, sie erschafft eine neue Natur und versetzt uns in der That in fremde Welten, welche nach ganz andern Gesetzen als die unsrige regiert werden. In unsrer ersten Jugend sind wir noch zu unbekannt mit den Triebfedern unsers eignen Wesens, um deutlich einzusehen, wie sehr diese scheinbare Magie der Einbildungskraft in der That natürlich ist. Wenigstens war ich damals leichtgläubig genug, Träume von dieser Art übernatürlichen Einflüssen beizumessen und sie für Vorboten der Wunderdinge zu halten, welche ich bald auch wachend zu erfahren hoffte.

„Als ich nun nach Theogiton's Vorschrift acht Tage lang mit geheimen Ceremonien und Weihungen und in einer unabläßigen Anstrengung, mein Gemüth von allen äußerlichen Gegenständen abzuziehen, zugebracht hatte und mich nunmehr für berechtigt hielt, etwas mehr zu erwarten, als was mir bisher begegnet war, begab ich mich in später Nacht, da Alles schlief, in die Grotte der Nymphen. Nachdem ich eine Menge seltsamer Lieder und Anrufungsformeln hergesagt hatte, lehnte ich mich, mit dem Angesicht gegen den vollen Mond gekehrt, auf die Ruhebank zurück und überließ mich der Vorstellung, wie mir sein würde, wenn Luna aus ihrer Silbersphäre herabsteigen und mich zu ihrem Endymion machen würde. Mitten in diesen ausschweifenden Vorstellungen, unter denen ich allmählig zu entschlummern anfing, weckte mich plötzlich ein liebliches Getön, welches in einiger Entfernung über mir zu schweben schien und, wie ich bald erkannte, aus derjenigen Art von Saitenspiel erklang, welche man dem Apollo zuzueignen pflegt. Einem natürlich gestimmten Menschen würde gedäucht haben, er höre ein gutes Stück von einer geschickten Hand; und so hätte er sich nicht betrügen können.

Aber in der Verfassung, worin ich damals war, hätte ich viel=
leicht das Gequäk eines Chors von Fröschen für den Gesang
der Musen gehalten. Die Musik, die ich hörte, rührte, fesselte,
entzückte mich; sie übertraf, meiner eingebildeten Empfindung
nach (denn die Phantasie hat auch ihre Empfindungen), Alles,
was ich jemals gehört hatte; nur Apollo, der Vater der Harmonie,
dessen Laute die Sphären ihre Götter vergnügenden Harmonien
gelehrt hatte, konnte so überirdische Töne hervorbringen. Meine
Seele schien davon wie aus ihrem Leibe emporgezogen und,
lauter Ohr, über den Wolken zu schweben, als diese Musik
plötzlich aufhörte und mich in einer Verwirrung von Gedanken
und Gemüthsregungen zurückließ, die mir diese ganze Nacht kein
Auge zu schließen gestattete.

„Des folgenden Tages erzählte ich meinem Lehrer, was mir
begegnet war. Er schien nichts sehr Besondres daraus zu machen;
doch gab er, nachdem er mich um alle Umstände befragt hatte,
zu, daß es Apollo oder eine von den Musen gewesen sein könne.
Du wirst lächeln, Danae, wenn ich Dir gestehe, daß ich, so
jung ich war, und ohne mir selbst recht bewußt zu sein, warum,
doch lieber gesehen hätte, wenn es eine Muse gewesen wäre.
Ich unterließ nun keine Nacht, mich in der Grotte einzufinden,
um die vermeinte Muse wieder zu hören. Aber meine Er=
wartung betrog mich; es war Apollo selbst. Nach etlichen
Nächten, worin ich mir an der stummen Gegenwart der Nymphen
von Cypressenholze genügen lassen mußte, kündigte mir ein heller
Schein, der auf einmal in die Grotte fiel und durch die allge=
meine Dunkelheit und meinen Wahnsinn zu einem überirdischen
Licht erhoben wurde, irgend eine außerordentliche Begebenheit
an. Urtheile, wie bestürzt ich war, als ich mitten in der Nacht
den Gott des Tages, auf einer hellglänzenden Wolke sitzend,
vor mir sah, der sich mir zu Gefallen den Armen der schönen
Thetis entrissen hatte. Goldene Locken flossen um seine weißen
Schultern, eine Krone von Strahlen schmückte seine Scheitel, das
silberne Gewand, das ihn umfloß, funkelte von tausend Edel=
steinen, und eine goldne Leyer lag in seinem linken Arme.
Meine Einbildung that das Uebrige hinzu, was zur Vollendung
einer idealischen Schönheit nöthig war. Allein Bestürzung und
Ehrfurcht erlaubte mir nicht, dem Gott genauer ins Gesicht zu
sehen. Ich glaubte geblendet zu sein und den Glanz von
Augen, welche die ganze Welt erleuchteten, nicht ertragen zu
können. Er redete mich an. Er bezeigte mir sein Wohlgefallen

an meinem Dienst und an der feurigen Begierde, womit ich, mit Verachtung der irdischen Dinge, mich den himmlischen widmete. Er munterte mich auf, in diesem Wege fortzugehen und mich den Einflüssen der Unsterblichen leidend zu überlassen, mit der Versicherung, daß ich bestimmt sei, die Anzahl der Glücklichen zu vermehren, welche er seiner besondern Gunst gewürdigt habe. Er verschwand, indem er diese Worte sagte, so plötzlich, daß ich nichts dabei beobachten konnte; und, so voreingenommen als mein Gemüth war, hätte dieser Apollo seine Rolle viel unge= schickter spielen können, ohne daß mir ein Zweifel gegen seine Gottheit aufgestiegen wäre.

„Theogiton, dem ich von dieser Erscheinung Nachricht gab, wünschte mir Glück dazu und sagte mir von den alten Helden unsrer Nation, welche einst Lieblinge der Götter gewesen und nun als Halbgötter selbst Altäre und Priester hätten, so viel herrliche Sachen vor, als er nöthig erachten mochte, meine Bethörung vollkommen zu machen. Am Ende vergaß er nicht, mir Anweisung zu geben, wie ich mich bei einer zweiten Erschei= nung gegen den Gott zu verhalten hätte. Insonderheit ermahnte er mich, mein Urtheil über Alles zurückzuhalten, mich durch nichts befremden zu lassen und der Vorschrift unsrer Philosophie immer eingedenk zu bleiben, „welche eine gänzliche Unthätigkeit von uns fordert, wenn die Götter auf uns wirken sollen." Man mußte so unerfahren sein, als ich war, um keine Schlange unter diesen Blumen zu merken. Nichts als die Entwicklung dieser heiligen Mummerei konnte mir die Augen öffnen. Ich konnte unmöglich aus mir selbst auf den Argwohn gerathen, daß die Zuneigung einer Gottheit eigennützig sein könne. Ich hatte vielmehr gehofft, die größesten Vortheile für meine Wissensbe= gierde von ihr zu ziehen und mit mehr als menschlichen Vor= zügen begabt zu werden. Die Erklärungen des Apollo be= fremdeten mich endlich, und seine Handlungen noch mehr. Zu= letzt entdeckte ich, was Du schon lange vorher gesehen haben mußt, daß der vermeinte Gott kein Anderer als Theogiton selber war. Dieser änderte nun, sobald er sein Spiel entdeckt sah, auf einmal die Sprache und suchte mich zu bereden, daß er diese Komödie nur zu dem Ende gespielt habe, um mich von der Eitelkeit der Theurgie, in die er mich so verliebt gesehen hätte, desto besser überzeugen zu können. Er zog die Folge daraus: daß Alles, was man von den Göttern sagte, Erfin= dungen schlauer Köpfe wären, womit sie Weiber und leicht=

gläubige Knaben in ihr Netz zu ziehen suchten; kurz, er ver=
gaß nichts, was die unsittlichste Leidenschaft einem schamlosen
Verächter der Götter eingeben kann, um die Mühe einer so
wohl ausgesonnenen und mit so vielen Maschinen aufgestützten
Verführung nicht umsonst gehabt zu haben. Ich verwies ihm
seine Bosheit mit einem Zorne, der mich stark genug machte,
mich von ihm loszureißen. Des folgenden Tages hatte er die
Unverschämtheit, die priesterlichen Verrichtungen mit eben der
heuchlerischen Andacht fortzusetzen, womit er mich und jeden
Andern bisher hintergangen hatte. Er ließ nicht die geringste
Veränderung in seinem Betragen gegen mich merken und schien
sich des Vergangnen ebenso wenig zu erinnern, als ob er den
ganzen Lethe ausgetrunken hätte. Diese Aufführung vermehrte
meine Unruhe sehr. Ich konnte noch nicht begreifen, daß es
Leute geben könne, welche mitten in den Ausschweifungen des
Lasters Ruhe und Heiterkeit, die natürlichen Gefährten der Un=
schuld, beizubehalten wissen. Allein in weniger Zeit darauf be=
freite mich die Unvorsichtigkeit dieses Betrügers von den Be=
sorgnissen, worin ich seit der Geschichte in der Grotte geschwebt
hatte. Theogiton verschwand aus Delphi, ohne daß man die
eigentliche Ursache davon erfuhr; aber aus dem, was man sich
in die Ohren murmelte, errieth ich, daß Apollo endlich über=
drüssig geworden sein möchte, seine Person von einem Andern
spielen zu lassen.

„Diese Begebenheiten führten mich natürlicherweise auf viele
neue Betrachtungen; aber meine Neigung zum Wunderbaren
und meine Lieblingsideen verloren nichts dabei. Sie gewannen
vielmehr, indem ich sie nun in mich selbst verschloß und die
Unsterblichen allein zu Zeugen desjenigen machte, was in meiner
Seele vorging. Ich fuhr fort, die Verbesserung derselben nach
den Grundsätzen der Orphischen Philosophie mein vornehmstes
Geschäft sein zu lassen. Ich fing nun an zu glauben, daß keine
andre als eine idealische Gemeinschaft zwischen den höhern Wesen
und den Menschen möglich sei. Nichts als die Reinigkeit und
Schönheit unsrer Seele, dacht' ich, kann uns zu einem Gegen=
stande des Wohlgefallens jenes unnennbaren, allgemeinen, obersten
Geistes machen, von welchem alle übrigen, wie die Planeten
von der Sonne, ihr Licht, und die ganze Natur ihre Schönheit
und unwandelbare Ordnung erhalten; und allein in der Ueber=
einstimmung aller unsrer Kräfte, Gedanken und geheimsten
Neigungen mit den großen Absichten und allgemeinen Gesetzen

2*

dieses Beherrschers der sichtbaren und unsichtbaren Welt liegt das wahre Geheimniß, zu derjenigen Vereinigung mit demselben zu gelangen, welche die natürliche Bestimmung und das letzte Ziel aller Wünsche eines unsterblichen Wesens sein soll. Beides, jene geistige Schönheit der Seele und diese erhabene Richtung ihrer Wirksamkeit nach den Absichten des Gesetzgebers der Wesen, glaubte ich am Sichersten durch die Betrachtung der Natur zu erhalten, welche ich mir als einen Spiegel vorstellte, aus welchem das Wesentliche, Unvergängliche und Göttliche in unsern Geist zurückstrahle und ihn nach und nach ebenso durchdringe und erfülle wie die Sonne einen angestrahlten Wassertropfen. Ich überredete mich, daß die unverrückte Beschauung der Weisheit und Güte, welche sowol aus der besondern Natur eines jeden Theils der Schöpfung als aus dem Plan und der allgemeinen Oekonomie des Ganzen hervorleuchte, das unfehlbare Mittel sei, selbst weise und gut zu werden. Ich brachte alle diese Grund=sätze in Ausübung. Jeder neue Gedanke, der sich in mir ent=wickelte, wurde zu einer Empfindung meines Herzens; und so lebte ich in einem stillen und lichtvollen Zustande des Gemüthes, dessen ich mich niemals anders als mit wehmüthigem Ver=gnügen erinnern werde, etliche glückliche Jahre hin, unwissend (und glücklich durch diese Unwissenheit), daß dieser Zustand nicht dauern könne, weil die Leidenschaften des reifenden Alters und (wenn auch diese nicht wären) die unvermeidliche Verwicklung in den Wechsel der menschlichen Dinge jene Fortdauer von innerlicher Heiterkeit und Ruhe nicht gestatten, welche nur ein Antheil entkörperter Wesen sein kann."

Viertes Capitel.

Die Liebe in verschiedenen Gestalten. Die Pythia tritt an Theogiton's Stelle.

„Inzwischen hatte ich das achtzehnte Jahr erreicht und fing nun an, mitten unter den angenehmen Empfindungen, von denen meine Denkungsart und meine Beschäftigungen uner=schöpfliche Quellen zu sein schienen, ein Leeres in mir zu fühlen, welches sich durch keine Ideen ausfüllen lassen wollte. Ich sah die mannigfaltigen Scenen der Natur wie mit neuen Augen an; ihre Schönheiten hatten für mich etwas Herzrührendes, welches ich sonst nie auf diese Art empfunden hatte. Der Gesang der Vögel schien mir etwas zu sagen, das er mir nie

gesagt hatte, ohne daß ich wußte, was es war; und die neu
belaubten Wälder schienen mich einzuladen, in ihren Schatten
einer wollüstigen Schwermuth nachzuhängen, von welcher ich oft
mitten in den erhabensten Betrachtungen wider meinen Willen
überwältigt wurde. Nach und nach verfiel ich in eine weichliche
Unthätigkeit. Mir däuchte, ich sei bisher nur in der Einbildung
glücklich gewesen, und mein Herz sehnte sich nach einem Gegenstande, in welchem ich jene idealischen Vollkommenheiten wirklich
genießen möchte, an denen ich mich bisher nur wie an einem
geträumten Gastmahle geweidet hatte.

„Damals zuerst stellten sich mir die Reizungen der Freundschaft in einer vorher nie empfundenen Lebhaftigkeit dar; ein
Freund (bildete ich mir ein), ein Freund würde diese geheime
Sehnsucht meines Herzens befriedigen. Meine Phantasie malte
sich einen Pylades aus, und mein verlangendes Herz bekränzte
dieses schöne Bild mit Allem, was mir das Liebenswürdigste
schien, selbst mit jenen äußerlichen Annehmlichkeiten, welche in
meinem System den natürlichen Schmuck der Tugend ausmachten. Ich suchte diesen Freund unter der blühenden Jugend,
welche mich umgab. Mehr als einmal glaubte mein ge-
täuschtes Herz, ihn gefunden zu haben; aber eine kurze Erfahrung
überwies mich meines Irrthums nur zu bald. Unter einer so
großen Anzahl von auserlesenen Jünglingen, welche die Livree
des Gottes zu Delphi trugen, war nicht ein einziger, den die
Natur so vollkommen mit mir zusammengestimmt hätte, als die
Spitzfindigkeit meiner Begriffe es erforderte.

„Um diese Zeit geschah es, daß ich das Unglück hatte, der
Oberpriesterin eine Neigung einzuflößen, welche mit ihrem geheiligten Staube und mit ihrem Alter einen gleich starken Absatz
machte. Schon seit geraumer Zeit hatte sie mich mit einer vorzüglichen Gütigkeit angesehen, welche ich einer mütterlichen Gesinnung beimaß und mit aller der Ehrerbietung erwiderte, die
ich der Vertrauten des Apollo schuldig war. Stelle Dir vor,
schöne Danae, was für ein Modell zu einer Bildsäule des Er-
staunens ich abgegeben hätte, als sich eine so ehrwürdige Person
herabließ, mir zu entdecken, daß alle Vertraulichkeit, die ich
zwischen ihr und dem Apollo voraussetzte, nicht zureiche, sie über
die Schwachheiten der gemeinsten Erdentöchter hinwegzusetzen!
Die gute Dame war bereits in demjenigen Alter, worin es lächerlich
wäre, das Herz eines Mannes von einiger Erfahrung einer
jungen Nebenbuhlerin streitig machen zu wollen. Allein einem

Neulinge, wofür sie mich mit gutem Grund ansah, die ersten Unterweisungen zu geben, dazu konnte sie sich ohne übertriebene Eitelkeit für reizend genug halten. Male Dir zu den Ueberbleibseln einer vormals berühmten Schönheit eine Figur vor, wie man die blonde Ceres zu bilden pflegt: große schwarze Augen, unter deren angenommenem Ernste eine wollüstige Gluth hervorglimmte, und zu Allem diesem eine ungemeine Sorgfalt für ihre Person und die schlaue Kunst, die Vortheile ihrer Reizungen mit der strengen Sittsamkeit der priesterlichen Kleidung zu verbinden, so wird es Dir leicht sein, den Grad der Gefahr abzunehmen, worin sich die Einfalt meiner Jugend bei ihren Nachstellungen befand.

„Ohne Zweifel mag es ihr Mühe gekostet haben, die ersten Schwierigkeiten zu überwinden, welche ein mehr Ehrfurcht als Liebe einflößendes Frauenzimmer in den hartnäckigen Vorurtheilen eines achtzehnjährigen Jünglings findet. Ihr Stand erlaubte ihr nicht, sich deutlich zu erklären, und meine Blödigkeit verstand die Sprache nicht, deren sie sich zu bedienen genöthigt war. Zwar braucht man sonst zu dieser Sprache keinen andern Lehrmeister als sein Herz; allein unglücklicherweise sagte mir mein Herz nichts für sie. Es bedurfte der lange geübten Geduld einer bejahrten Priesterin, um nicht tausendmal das Vorhaben aufzugeben, einem Menschen, der aus lauter Ideen zusammengesetzt war, ihre Absichten begreiflich zu machen. Und dennoch fand sie sich endlich genöthigt, sich des einzigen Kunstgriffs zu bedienen, von dem man in solchen Fällen einige Wirkung erwarten kann. Sie hatte noch Reizungen, welche die ungewohnten Augen eines Neulings blenden konnten. Die Verwirrung, worein sie mich durch den ersten Versuch von dieser Art setzte, schien ihr von guter Vorbedeutung zu sein, und vielleicht hätte sie sich weniger in ihrer Erwartung betrogen, wenn nicht ein Umstand, von dem ihr nichts bekannt war, meinem Herzen eine mehr als gewöhnliche Stärke gegeben hätte.

„Unsere Tugend, oder vielmehr gewisse moralische Erscheinungen, welche das Ansehen haben, aus einer so edlen Quelle zu fließen, haben sehr oft geheime Triebfedern, die uns, wenn sie gesehen würden, wo nicht alles Verdienst, wenigstens einen großen Theil desselben entziehen würden. Wie leicht ist es, der Versuchung einer Leidenschaft zu widerstehen, wenn ihr von einer stärkeren die Wage gehalten wird!"

Fünftes Capitel.

Psyche.

„Kurz zuvor, ehe die schöne Pythia den besagten Versuch
machte, war das Fest der Diana eingefallen, welches zu Delphi
mit aller der Feierlichkeit begangen wird, die man der Schwester
des Apollo schuldig zu sein vermeint. Alle Jungfrauen über
vierzehn Jahre erschienen dabei in schneeweißem Gewande, mit
aufgelösten, fliegenden Haaren, den Kopf und die Arme mit
Blumenkränzen umwunden und Hymnen zum Preis der jungfräulichen Göttin singend. Auch alte, halb erloschne Augen
heiterten sich beim Anblick einer so zahlreichen Menge junger
Schönen auf, deren geringster Reiz die frischeste Blume der
Jugend war. Urtheile, schöne Danae, ob derjenige, den der
bunte Schimmer einer blühenden Aue schon in eine Art von
Entzücken setzte, bei einem solchen Auftritt unempfindlich bleiben
konnte? Meine Blicke irrten in einer zärtlichen Verwirrung
unter diesen anmuthsvollen Geschöpfen herum. Aber bald blieben
sie auf eine Einzige geheftet, deren erster Anblick meinem Herzen
keinen Wunsch übrig ließ, etwas Anderes zu sehen. Vielleicht
würde Mancher sie unter so vielen Schönen kaum besonders
wahrgenommen haben. Den schönsten Wuchs, die regelmäßigsten
Züge, langes Haar, dessen wallende Locken bis zu den Knien
herunter flossen, und die reinste Jugendfarbe hatte sie mit allen
ihren Gespielen gemein. Viele übertrafen sie noch in einem
oder dem andern Stücke der Schönheit, und wenn ein Maler
unter der ganzen Schaar hätte entscheiden sollen, welche die
Schönste sei, so würde sie vielleicht übergangen worden sein.
Allein mein Herz urtheilte nicht nach den Regeln der Kunst.
Ich empfand, oder glaubte zu empfinden (welches in Absicht der
Wirkung allemal Eins ist), daß nichts liebenswürdiger als dieses
junge Mädchen sein könne. Ich dachte nicht daran, sie mit den
Uebrigen zu vergleichen; sie löschte alles Andre aus meinen
Augen aus. So (dacht' ich) müßte die Unschuld aussehen, wenn
sie, um sichtbar zu werden, die Gestalt einer Grazie entlehnte;
so rührend würden ihre Gesichtszüge sein, so stillheiter würden
ihre Augen, so holdselig ihre Wangen lächeln, so würden ihre
Blicke, ihr Gang, jede ihrer Bewegungen sein. Dieser Augenblick
brachte in meiner Seele eine Veränderung hervor, welche mir,
als ich in der Folge fähig wurde, über meinen Zustand zu

deuten, dem Uebergang in eine neue, vollkommnere Art des
Daseins gleich zu sein schien. Aber damals war ich zu sehr
von Empfindungen verschlungen, um mir meiner selbst recht
bewußt zu sein. Meine Entzückung ging so weit, daß ich nichts
mehr von dem Pomp des Festes bemerkte, und erst nachdem
Alles gänzlich aus meinen Augen verschwunden war, wurde ich
wie durch einen plötzlichen Schlag wieder zu mir selbst gebracht.
Jetzt hatte ich Mühe, mich zu überzeugen, daß ich nicht aus
einem von den Träumen erwacht sei, worin meine Phantasie,
in überirdische Räume verzückt, mir zuweilen ähnliche Gestalten
vorgestellt hatte. Der Schmerz, eines so süßen Anblicks beraubt
zu sein, konnte das reine Vergnügen nicht schwächen, womit
das Innerste meines Wesens erfüllt war. Diesen ganzen Abend
und den größten Theil der Nacht hatten alle Kräfte meiner
Seele keine andere Beschäftigung, als sich dies geliebte Bild
bis auf die kleinsten Züge, mit allen seinen namenlosen Reizen —
welche vielleicht ich allein an dem Urbilde bemerkt hatte —
mit einer Lebhaftigkeit vorzumalen, die ihm immer neue Schönheiten lieh. Mein Herz schmückte es mit allen Vorzügen des
Geistes, mit jeder sittlichen Schönheit, mit Allem, was nach
meiner Denkungsart das Vollkommenste und Beste war, aus.
Was für ein Gemälde ist dasjenige, wozu die Liebe die Farben
giebt! — Und doch glaubte ich immer zu wenig zu thun, strengte
alle Kräfte meiner Einbildung an, noch etwas Schöneres als
das Schönste zu finden, um die Idee, die ich mir von meiner
Unbekannten machte, zu vollenden und gleichsam in das Urbild
selbst zu verwandeln. Diese liebenswürdige Person hatte mich
zu eben der Zeit, da ich sie erblickte, wahrgenommen, und es
war (wie sie mir in der Folge gestand) etwas mit den Regungen
meines Herzens Uebereinstimmendes in dem ihrigen vorgegangen.
Ich erinnerte mich, (denn wie hätte ich ihre kleinste Bewegung
vergessen können!) daß unsre Blicke sich mehr als einmal begegnet waren, und daß sie jedesmal mit einer Schamröthe, die
ihr ganzes Gesicht mit Rosen überzog, die Augen niedergeschlagen
hatte. Ich war zu unerfahren und in der That auch zu bescheiden, aus diesem Umstande etwas Besonderes zu meinem
Vortheile zu schließen. Aber doch erinnerte ich mich desselben
mit einem so innigen Vergnügen, als ob es mir geahnt hätte,
wie glücklich mich die Folge davon machen würde. Ich hatte
die Eitelkeit nicht, die uns zu schmeicheln pflegt, daß wir liebenswürdig seien; ich dachte an nichts weniger als auf Mittel, wieder-

geliebt zu werden. Aber die Schönheit der Seele, die ich in
ihrem Gesichte ausgedrückt gesehen hatte, diese sanfte Heiterkeit,
die aus dem natürlichen Ernst ihrer Züge hervorlächelte, machte
mir Hoffnung dazu. Und welch einen Himmel von Wonne
öffnete diese Hoffnung vor mir! Was für Aussichten! welches
Entzücken, wenn ich mir vorstellte, daß mein ganzes Leben in
ihrem Anschauen und an ihrer Seite dahinfließen würde!

„So lebhafte Hoffnungen setzten voraus, daß ich sie wiederfinden würde, und dieser Wunsch brachte die Begierde mit sich,
zu wissen, wer sie sei. Aber wen kount' ich fragen? Ich hatte
keinen Freund, dem ich mich entdecken durfte. Von einem jeden
Andern glaubte ich, daß er bei einer solchen Frage mein ganzes
Geheimniß in meinen Augen lesen würde; und die Liebe, die
ein sehr guter Rathgeber ist, hatte mich schon einsehen gemacht,
wie viel daran gelegen sei, daß der Pythia nicht das Geringste
zu Ohren komme, was ihr den Zustand meines Herzens verrathen oder sie zu einer mißtrauischen Beobachtung meines Betragens veranlassen könnte. Ich verschloß also mein Verlangen
in mich selbst und erwartete mit Ungeduld, bis irgend ein meiner
Liebe günstiger Genius mir zu dieser gewünschten Entdeckung
verhelfen würde.

„Nach einigen Tagen fügte es sich, daß ich meiner geliebten
Unbekannten in einem der Vorhöfe des Tempels begegnete. Die
Furcht, von Jemand beobachtet zu werden, hielt mich in eben
dem Augenblicke zurück, da ich auf sie zueilen und meine Freude
über diesen unverhofften Anblick in Geberden und vielleicht in
Ausrufungen ausbrechen lassen wollte. Sie blieb einige Augenblicke stehen. Ich glaubte ein plötzliches Vergnügen in ihrem
schönen Gesichte aufgehen zu sehen; sie erröthete, schlug die Augen
wieder nieder und eilte davon. Ich durft' es nicht wagen, ihr
zu folgen; aber meine Augen folgten ihr, so lang' es möglich
war, und ich sah, daß sie zu einer Thür einging, welche in die
Wohnung der Priesterin führte. Ich begab mich in den Hain,
um meinen Gedanken über diese angenehme Erscheinung ungestörter nachzuhängen. Der letzte Umstand und ihre Kleidung
brachte mich auf die Vermuthung, daß sie vielleicht eine von
den Aufwärterinnen der Pythia sei, deren diese Dame eine große
Anzahl hatte, die aber (anßer bei besonderen Feierlichkeiten) selten
sichtbar wurden."

Sechstes Capitel.

Die Absichten der Pythia entwickeln sich.

„Diese Entdeckung beschäftigte mich nach der ganzen Wichtig=
keit, die sie für mich hatte, als ich, in der That zur ungelegensten
Zeit von der Welt, zu der zärtlichen Priesterin gerufen wurde.
Die Hoffnung, meine geliebte Unbekannte vielleicht bei dieser
Gelegenheit wiederzusehen, machte mir anfänglich diese Einladung
sehr willkommen. Aber meine Freude wurde bald von dem
Gedanken vertrieben, wie schwer es alsdann sein würde, meine
Empfindungen für sie den Augen einer Nebenbuhlerin zu
entziehen. Die Künste der Verstellung waren mir zu unbekannt,
und meine Gemüthsregungen bildeten sich zu schnell und zu
deutlich in meinem Aeußerlichen ab, als daß ich mich bei der
größten Bestrebung, vorsichtig zu sein, sicher halten konnte. Diese
Gedanken gaben mir (wie ich glaube) ein ziemlich verwirrtes
Ansehen, als ich vor die Pythia kam. Allein, da ich Niemand
als eine kleine Sklavin von neun oder zehn Jahren bei ihr
fand, erholte ich mich bald wieder. Sie selbst schien mit ihren
eigenen Bewegungen zu sehr beschäftigt, um auf die meinige genau
Acht zu geben, oder (welches wenigstens ebenso wahrscheinlich ist)
sie legte die Veränderung, die sie in meinem Gesichte wahr=
nehmen mußte, zu Gunsten ihrer Reizungen aus. Sie mochte
sich vermuthlich desto mehr von ihnen versprechen, je mehr sie
beflissen gewesen war, sie in dieses reizende Schattenlicht zu
setzen, welches die Einbildungskraft zum Vortheil der Sinne
ins Spiel zu ziehen pflegt. Sie saß oder lag (denn ihre
Stellung war ein Mittelding von Beidem) auf einem mit tyri=
schen Purpurdecken belegten Ruhebette. Ihr ganzer Anzug
hatte dieses zierlich Nachlässige, hinter welches die Kunst sich
auf eine schlaue Art versteckt, wenn sie nicht dafür angesehen
sein will, daß sie der Natur zu Hilfe komme. Ihr Gewand,
dessen bescheidene Farbe ihrer eigenen ebenso sehr als der An=
ständigkeit ihrer Würde angemessen war, wallte zwar in vielen
Falten um sie her; aber es war auch dafür gesorgt, daß hier
und da der schöne Contour dessen, was damit bedeckt war,
deutlich genug wurde, um die Augen anzuziehen und die Neugier
lüstern zu machen. Ihre sehr schönen Arme waren in weiten,
hoch aufgeschürzten Aermeln fast ganz zu sehen, und eine Be=
wegung, welche sie während unsers Gesprächs unwissenderweise

gemacht haben wollte, trieb einen Busen aus seiner Verhüllung hervor, der ihr Gesicht um zwanzig Jahre jünger machte. Sie bemerkte diese kleine Unregelmäßigkeit endlich; aber das Mittel, wodurch sie die Sachen wieder in Ordnung zu bringen suchte, war mit der Unbequemlichkeit verbunden, daß dadurch ein Fuß sichtbar wurde, dessen die schönste Spartanerin sich hätte rühmen dürfen.

„Die tiefe Gleichgiltigkeit, worin mich alle diese Reizungen ließen, war ohne Zweifel Ursache, daß ich Beobachtungen machen konnte, wozu ein gerührter Zuschauer die Freiheit nicht gehabt hätte. Indeß gab mir doch eine Art von Scham, die ich im Namen der guten Pythia auf meinen Wangen glühen fühlte, ein Ansehen von Verwirrung, womit die Dame (welche in zweifelhaften Fällen allemal zu Gunsten ihrer Eigenliebe ur= theilte) ziemlich wohl zufrieden schien. Sie maß es vermuthlich einer schüchternen Unentschlossenheit oder einem Streite zwischen Ehrfurcht und Liebe bei, daß ich (ungeachtet des Eindrucks, den sie auf mich machte) ihrer Tugend keine Gelegenheit gab, sich durch ihre Gewandtheit in der Vertheidigungskunst in Achtung bei mir zu setzen. Ich hatte Aufmunterungen nöthig, zu welchen man bei einem geübtern Liebhaber sich nicht herabgelassen hätte. Glücklicherweise diente ihr die Geschicklichkeit, die man mir in der Kunst, die Dichter zu lesen, beilegte, zum Vorwand, mir einen Zeitvertreib vorzuschlagen, von welchem sie sich einige Beförderung dieser Absicht versprechen konnte. Sie versicherte mich, daß Homer ihr Lieblings=Autor sei, und bat mich, sie eine Probe meines gepriesenen Talents hören zu lassen. Sie nahm einen Homer, der neben ihr lag, und stellte sich, nachdem sie eine Weile gesucht hatte, als ob es ihr gleichgiltig sei, welcher Gesang es wäre. Sie gab mir den ersten den besten in die Hände und — es traf sich, daß es gerade derjenige war, worin Juno, mit dem Gürtel der Venus geschmückt, den Vater der Götter in eine so lebhafte Erinnerung der Jugend ihrer Liebe setzt. Von dem dichterischen Feuer, welches in diesem Gemälde glüht, und von dem süßen Wohlklang der Homerischen Verse entzückt, beobachtete sie nicht, in was für eine verführerische Unordnung ein Theil ihres Putzes durch eine Bewegung der Bewunderung, welche sie machte, gekommen war. Sie nahm von dieser Stelle Anlaß, die unumschränkte Gewalt des Liebes= gottes zum Gegenstande der Unterredung zu machen. Sie schien die Meinung zu begünstigen, daß der Gedanke, einer so mächtigen

Gottheit widerstehen zu wollen, nur in einer sehr vermessenen Seele geboren werden könne.

„Der Beifall, den ich dieser Meinung gab, verlor alles Verdienstliche, das er in ihren Augen hätte haben können, durch die Einschränkung, womit ich ihn begleitete. Denn ich behauptete, daß die Meisten in den Begriffen, welche sie sich von diesem Gotte machten, der großen Pflicht, „von der Gottheit nur das Würdigste und Vollkommenste zu denken", sehr zu nahe träten, und daß die Dichter durch die allzu sinnliche Ausbildung ihrer allegorischen Fabeln in diesem Stücke sich keines geringen Vergehens schuldig gemacht hätten. Unvermerkt schwatzte ich mich in einen Enthusiasmus hinein, in welchem ich, nach den Grundsätzen meiner geheimnißreichen Philosophie, von der geistigen Liebe, welche der Weg zum Anschauen des wesentlichen Schönen ist, von der Liebe, welche die Flügel der Seele entwickelt, sie mit jeder Tugend und Vollkommenheit schwellt und zuletzt durch die Vereinigung mit dem Urbild des Guten in einen Abgrund von Licht, Ruhe und unveränderlicher Wonne hineinzieht, worin sie gänzlich verschlungen und zu gleicher Zeit vernichtigt und vergöttert wird, — so erhabne, mir selbst, meiner Einbildung nach, sehr deutliche, der schönen Priesterin aber so unverständliche Dinge sagte, daß sie in eben dem Verhältniß, wie meine Einbildung sich dabei erwärmte, nach und nach davon eingeschläfert wurde. In der That konnte einem solchen Busen gegenüber nichts seltsamer sein als eine Lobrede auf die geistige Liebe; auch gab die betrogne Pythia nach dieser Probe alle Hoffnung auf, mich für diesmal zu einer natürlichern Art zu denken herabzustimmen. Sie entließ mich also, indem sie mir mit einer etwas räthselhaften Art zu verstehen gab, sie hätte besondere Ursachen, sich meiner mehr anzunehmen als irgend eines andern Kostgängers des Apollo. Ich verstand aus dem, was sie mir davon sagte, so viel, daß sie eine Anverwandte meines mir selbst noch unbekannten Vaters sei; daß es ihr vielleicht bald erlaubt sein würde, mir das Geheimniß meiner Geburt zu entdecken, und daß ich es allein diesem nähern Verhältniß zuzuschreiben hätte, wenn sie mich durch eine Freundschaft unterscheide, welche mich ohne diesen Umstand vielleicht hätte befremden können.

„Diese Eröffnung, an deren Wahrheit mich ihre Miene nicht zweifeln ließ, hatte die gedoppelte Wirkung — mich zu bereden, daß ich in meinen Gedanken von ihren Gesinnungen mich be-

trogen haben könne — und sie auf einmal zu einem interessanten
Gegenstande für mein Herz zu machen. In der That sah ich
sie von dem Augenblick an, da ich hörte, daß sie mit meinem
Vater befreundet sei, mit ganz andern Augen an, und vielleicht
würde sie blos von diesem Umstande mehr Vortheil gezogen
haben als von allen den Kunstgriffen, womit sie meine Sinne
hatte überraschen wollen. Aber die gute Jungfrau mußte entweder nicht, wieviel man bei gewissen Leuten gewonnen hat,
wenn man Mittel findet, ihr Herz auf seine Seite zu ziehen,
oder sie war über mein seltsames Betragen erbittert und glaubte
ihre verachteten Reizungen nicht besser rächen zu können, als
wenn sie mich in eben dem Augenblicke von sich entfernte, da
sie in meinen Augen las, daß ich gern länger geblieben wäre.
Alles Bitten, daß sie ihre Gütigkeit durch eine deutlichere Entdeckung des Geheimnisses meiner Geburt vollkommen machen
möchte, war vergeblich; sie schickte mich fort und hatte Grausamkeit genug, etliche Wochen vorbeigehen zu lassen, eh sie mich
wieder vor sich rufen ließ.

„Zu einer andern Zeit würde das Verlangen, diejenigen zu kennen, denen ich das Leben zu danken hatte, mir diesen Aufschub zu
einer harten Strafe gemacht haben. Aber damals brauchte es
nur wenige Minuten Einsamkeit und einen Gedanken an meine
geliebte Unbekannte, um die Priesterin mit allen ihren Reizen
und mit Allem, was sie mir gesagt und nicht gesagt hatte, aus
meinem Gemüthe wieder auszulöschen. Es war mir unendlich
angelegener, zu wissen, wer diese Unbekannte sei, und ob sie
wirklich (wie ich mir schmeichelte) für mich empfinde, was ich
für sie empfand. So lang' ich dies nicht wußte, würde ich die
Entdeckung, daß ich der Erbe eines Königs sei, mit Kaltsinn
angesehen haben. Der Blick, den sie diesen Abend auf mich geheftet hatte, schien mir etwas zu versprechen, das für mein Herz
unendlich mehr Reiz hatte als alle Vortheile der glänzendsten
Geburt. Mein ganzes Wesen war von diesem Blicke wie von
einem überirdischen Lichte durchstrahlt und verklärt. Ich unterschied zwar nicht deutlich, was in mir vorging; aber so oft ich
sie mir wieder in dieser Stellung, mit diesem Blicke, mit diesem
Ausdruck in ihrem lieblichen Gesichte vorstellte, zerfloß mein Herz
vor Liebe und Vergnügen in Empfindungen, für deren durch-
dringende Süßigkeit keine Worte erfunden sind.“

Hier wurde Agathon (dessen Einbildungskraft, von den Erinnerungen seiner ersten Liebe erhitzt, in einen hübschen Schwung,

wie man sieht, zu gerathen anfing) durch eine ziemlich merkliche
Veränderung in dem Gesichte seiner schönen Zuhörerin mitten
in dem Laufe seiner unzeitigen Schwärmerei aufgehalten und
aus seinem achtzehnten Jahr, in welches er in dieser kleinen
Verzückung versetzt worden war, auf einmal wieder nach Smyrna,
zu sich selbst und der schönen Danae gegenüber gebracht.

<hr />

Siebentes Capitel.

Agathon lernt seine geliebte Unbekannte näher kennen.

Es ist eine alte Bemerkung, daß man einem Frauenzimmer
die Zeit schlecht vertreibt, wenn man sie von den Eindrücken,
die eine Andre auf unser Herz gemacht hat, unterhält. Je mehr
Feuer, je mehr Wahrheit, je mehr Beredsamkeit wir in einem
solchen Falle zeigen, je reizender unsre Schilderungen, je schöner
unsre Bilder, je beseelter unser Ausdruck ist, desto gewisser dürfen
wir uns versprechen, unsre Zuhörerin einzuschläfern. Diese
Beobachtung sollte sich besonders Derjenige empfohlen sein lassen,
welcher eine im Besitz stehende Geliebte mit der Geschichte seiner
ehemaligen verliebten Abenteuer unterhält.

Agathon, der noch weit davon entfernt war, von seiner
Einbildungskraft Meister zu sein, hatte diese Regel gänzlich aus
den Augen verloren, da er einmal auf die Erzählung seiner
ersten Liebe gekommen war. Die Lebhaftigkeit seiner Erinnerungen
schien sie in Empfindungen zu verwandeln. Er bedachte nicht,
daß es weniger anstößig wäre, eine Geliebte wie Danae mit
der ganzen Metaphysik der intellectualen Liebe, als mit so begeisterten Beschreibungen der Vorzüge einer Andern und der
Gefühle, welche sie ihm eingeflößt hatte, zu unterhalten. Eine
Art von Mittelding zwischen Gähnen und Seufzen, welches ihr
an der Stelle, wo wir seine Erzählung abgebrochen haben, ent-
fuhr, und ein gewisser Ausdruck von langer Weile, der aus einer
erzwungenen Miene von vergnügter Aufmerksamkeit hervorbrach,
machte, daß er endlich seine Unbesonnenheit gewahr wurde. Er
gerieth darüber in eine Verwirrung, die er vergebens vor Danaen
zu verbergen suchte, und seine Erzählung würde vielleicht darüber
ganz ins Stocken gerathen sein, wenn sie ihm nicht sogleich zu
Hilfe gekommen und ihn mit der gefälligsten Miene und im
naivsten Tone der Theilnehmung ersucht hätte, sie durch die

Fortsetzung einer so interessanten Geschichte zu verbinden. Er fuhr also — nachdem er sich insgeheim mehr Aufmerksamkeit auf seine Zuhörerin und auf sich selbst angelobt hatte — folgendermaßen in seiner Erzählung fort:

„Die süßen Träume, worin mein Herz sich so gern zu wiegen pflegte, hatten nicht Wahrheit genug, diesen angenehmen Gemüthszustand lange zu unterhalten. Eine zärtliche Schwermuth, welche nicht ohne eine Art von Wollust war, bemächtigte sich meiner so stark, daß es Mühe kostete, sie vor denjenigen zu verbergen, mit denen ich einen Theil des Tages zubringen mußte. Ich suchte die Einsamkeit; und weil ich den Tag über nur wenige Stunden in meiner Gewalt hatte, fing ich wieder an, in den Hainen, die den Tempel umgaben, mit meinen Gedanken und dem Bilde meiner Unbekannten ganze Nächte zu durchwachen.

„In einer dieser Nächte begegnete es, daß ich mich von ungefähr in eine Gegend verirrte, die das Ansehen einer Wildniß hatte, aber der anmuthigsten, die man sich nur einbilden kann. Mitten darin ließ das Gebüsch, welches sich in vielen Krümmungen, mit hohen Cypressen und selbstgewachsenen Lauben abgesetzt, um sich selbst herumwand, einen offnen Platz, der auf einer Seite mit einem halben Cirkel von wilden Lorbeerbäumen eingefaßt, auf der andern nur mit niedrigem Myrtengesträuch und Rosenhecken leicht umkränzt war. Mitten darin lagen einige Nymphen von weißem Marmor, welche auf ihren Urnen zu schlafen schienen, und aus jeder Urne ergoß sich eine Quelle in ein geräumiges Becken von schwarzem Granit, welches den Frauenspersonen, die unter dem Schutze des Delphischen Apollo standen, in der warmen Jahreszeit zum Bade diente. Dieser Ort war (einer alten Sage nach) der Diana heilig. Kein männlicher Fuß durfte, bei Strafe, sich den Zorn dieser unerbittlichen Göttin zuzuziehen, es wagen, ihrem geheiligten Ruheplatz nahe zu kommen. Vermuthlich machte die Göttin eine Ausnahme zu Gunsten eines unschuldigen Schwärmers, der (ohne den mindesten Vorsatz, ihre Ruhe zu stören, und ohne nur zu wissen, wohin er kam) sich hierher verirrt hatte. Denn anstatt mich ihren Zorn empfinden zu lassen, begünstigte sie mich mit einer Erscheinung, die mir angenehmer war, als wenn sie selbst mich zu ihrem Endymion hätte machen wollen. Weil ich in eben dem Augenblicke, da ich diese Erscheinung hatte, den Ort, wo ich mich befand, für denjenigen erkannte, der mir öfters, um ihn desto gewisser vermeiden zu können, beschrieben worden war, so war wirklich mein erster Gedanke, daß es die Göttin sei, welche, von der Jagd ermüdet, unter ihren Nymphen schlummere. Von einem heiligen Schauer erschüttert, wollt' ich schon den Fuß zurückziehen, als ich beim Glanze des seitwärts einfallenden Mondlichts gewahr wurde, daß es meine Unbekannte sei.

„Ich will nicht versuchen, zu beschreiben, wie mir in diesem Augenblicke zu Muthe ward. Es war einer von denen, an welche ich mich nur erinnern darf, um zu glauben, daß ein Wesen, welches einer solchen Wonne fähig ist, zu nichts Geringerm als zu der Wonne der Götter bestimmt sein könne. Jetzt konnt' ich natürlicherweise nicht mehr daran denken, mich unbemerkt zurückzuziehen. Meine einzige Sorge war, die liebenswürdige Einsame zu einer Zeit und an einem Orte, wo sie keinen Zeugen, am Allerwenigsten einen männlichen vermuthen konnte, durch keine plötzliche Ueberraschung zu erschrecken. Die Stellung, worin sie an eine der marmornen Nymphen angelehnt lag, gab zu erkennen, sie staune. Ich betrachtete sie eine geraume Weile, ohne daß sie mich gewahr wurde. Dieser Umstand erlaubte mir, meine eigne Stelle zu verändern und eine solche zu nehmen, daß sie, sobald sie die Augen aufschlüge, mich unfehlbar erkennen müßte.

„Diese Vorsicht hatte die verlangte Wirkung. Sie stutzte zwar, da sie mich erblickte; aber sie erkannte mich doch zu schnell, um mich — für einen Satyr anzusehen. Meine Erscheinung schien ihr mehr Vergnügen als Unruhe zu machen. Ein jeder Andre, sogar ein Satyr würde irgend ein artig gedrehtes Compliment in Bereitschaft gehabt haben, um seine Freude über eine so reizende Erscheinung auszudrücken. Die Gelegenheit konnte nicht schöner sein, sie für eine Göttin oder wenigstens für eine der Gespielen Dianens anzusehen und diesem Irrthum gemäß zu begrüßen. Aber ich, von neuen, nie gefühlten Empfindungen gedrückt, ich konnte — gar nichts sagen. Zu ihren Füßen hätte ich mich werfen mögen; aber die Schüchternheit, die mit der ersten Liebe so unzertrennlich verbunden ist, hielt mich zurück; ich besorgte, daß sie sich einen nachtheiligen Begriff von der tiefen Ehrerbietung, die ich für sie empfand, aus einer solchen Freiheit machen möchte.

„Meine Unbekannte war nicht so schüchtern. Sie erhob sich mit dieser sittsamen Anmuth, die ihr beim ersten Anblick in meinen Augen den Vorzug vor allen ihren Gespielen gegeben hatte, und ging mir etliche Schritte entgegen. „Wie finde ich

den Agathon hier?" sagte sie mit einer Stimme, die ich noch zu
hören glaube, so lieblich, so rührend schien sie unmittelbar in
meine Seele zu tönen. Ich faub in der Eile keine beßere Ant=
wort, als sie zu versichern, daß ich nicht so verwegen gewesen
wäre, ihre Einsamkeit zu stören, wenn ich vermuthet hätte,
sie hier zu finden. Das Compliment war nicht so artig, als
es ein junger Athener bei einer solchen Gelegenheit gemacht
haben würde; aber Psyche (so nannte sich meine Unbekannte)
war zu unschuldig, um Complimente zu erwarten. „Ich erkenne
meine Unvorsichtigkeit, wiewol zu spät," versetzte sie, „was wird
Agathon von mir denken, da er mich an diesem abgelegnen
Ort in einer solchen Stunde allein findet? Und doch," setzte
sie erröthend hinzu, „ist es glücklich für mich, wenn ich ja einen
Zeugen meiner Unbesonnenheit haben mußte, daß es Agathon
war." Ich versicherte sie, daß mir nichts natürlicher vorkomme
als der Geschmack, den sie an der Einsamkeit, an der Stille einer
so schönen Nacht und an einer so anmuthigen Gegend zu finden
scheine. Ich setzte noch Vieles von den Annehmlichkeiten des
Mondscheins, von der majestätischen Pracht des sternvollen Him=
mels, von der Begeisterung, welche die Seele in diesem feier=
lichen Schweigen der ganzen Natur erfahre, von dem Ein=
schlummern der Sinne und dem Erwachen der innern geheim=
nißvollen Kräfte unsers unsterblichen Theils hinzu, — Dinge,
die bei den meisten Schönen, zumal in einem Myrtengebüsche
und in der einladenden Dämmerung einer lauen Sommernacht
übel angebracht gewesen wären. Aber bei der gefühlvollen
Psyche rührten sie die empfindlichsten Saiten ihres Herzens.
Das Gespräch, worin wir uns unvermerkt verwickelten, entdeckte
eine Uebereinstimmung in unserm Geschmack und in unsern Nei=
gungen, welche gar bald ein ebenso vertrauliches Verständniß
zwischen unsern Seelen hervorbrachte, als ob wir uns schon viele
Jahre gekannt hätten. Mir war, als ob ich Alles, was sie sagte,
durch unmittelbare Anschauung in ihrer Seele läse; und hin=
wieder schien das, was ich sagte (so abgezogen, idealisch und
dichterisch es immer sein mochte), ein bloßer Wiederhall ihrer
eigenen Empfindungen oder die Entwicklung solcher Ideen zu
sein, welche als Embryonen in ihrer Seele lagen und nur den
erwärmenden Einfluß eines geübtern Geistes nöthig hatten, um
sich zu entfalten und durch ihre naive Schönheit die erhabensten
Gedanken der Weisen zu beschämen. Die Zeit wurde uns bei
dieser Unterhaltung so kurz, daß wir kaum eine Stunde bei ein=

auber gewesen zu sein glaubten, als uns die aufgehende Morgenröthe erinnerte, daß wir uns trennen müßten.

„Ich hatte nun durch diese Unterredung erfahren, daß meine
Geliebte von ihrer Herkunft ebenso wenig wisse als ich von
der meinigen. Sie war von ihrer Amme in der Gegend um
Korinth bis ins sechste Jahr erzogen, hernach von Räubern
entführt und an die Priesterin zu Delphi verkauft worden,
welche sie in allen weiblichen Künsten und, da sie eine besondere
Neigung zum Lesen an ihr bemerkt, auch in der Kunst, die
Dichter recht zu lesen, unterrichten ließ und sie in der Folge
zu ihrer Leserin machte. Wie ungünstig auch diese Umstände
meiner Liebe waren, so ließ mich doch das Vergnügen des
gegenwärtigen Augenblicks noch nicht an das Künftige denken.
Unbekümmert, wohin die Empfindungen, von denen ich eingenommen war, in ihren Folgen endlich- führen könnten, hing
ich ihnen mit aller Gutherzigkeit der jugendlichen Unschuld nach.
Meine kleine Psyche zu sehen, zu lieben, es ihr zu sagen, aus
ihrem schönen Munde zu hören, in ihren seelenvollen Augen
zu sehen, daß ich wiedergeliebt werde, — dies waren jetzt alle
Glückseligkeiten, an die ich Anspruch machte, und über welche
hinaus ich mir keine andern träumen ließ. Ich hatte ihr etwas
von den Eindrücken gesagt, die ihr erster Anblick auf mein
Herz gemacht habe, und sie hatte diese Eröffnungen mit dem
Geständniß der vorzüglichen Meinung, welche ihr das allgemeine
Urtheil zu Delphi von mir gegeben, erwidert. Allein eine
zärtliche und ehrfurchtsvolle Schüchternheit erlaubte mir nicht,
ihr Alles zu sagen, was ich empfand. Meine Ausdrücke waren
lebhaft und feurig; aber sie waren von der gewöhnlichen Sprache
der Liebe so unterschieden, daß ich weniger zu sagen glaubte,
indem ich in der That unendliche Mal mehr sagte als ein gewöhnlicher Liebhaber, der mehr von seinen Begierden benn-
ruhigt als von dem Werthe seiner Geliebten gerührt ist. Nur
da wir uns trennen mußten, würde mich mein allzu volles Herz
verrathen haben, wenn Psychens unerfahrne Jugend einiges
Mißtrauen in Empfindungen hätte setzen können, welche sie nach
der Unschuld ihrer eigenen beurtheilte. Ich zerfloß in Thränen
und drang auf eine so zärtliche, so bewegliche Art in sie, sich
in der folgenden Nacht wieder in dieser Gegend finden zu lassen,
daß es ihr unmöglich war, mich ungetröstet wegzuschicken.

„Wir setzten also, da uns alle andern Gelegenheiten abgeschnitten waren, diese nächtlichen Zusammenkünfte fort, und

unſre Liebe wuchs und verſchönerte ſich zuſehens, ohne daß
wir dachten, daß es Liebe ſei. Wir nannten es Freundſchaft
und genoſſen ihrer reinſten Süßigkeiten, ohne durch einige Be-
ſorgniſſe, Bedenklichkeiten oder andere natürliche Zeichen der
Leidenſchaft beunruhigt zu werden. Pſyche hatte ſich eine
Freundin, wie ich mir einen Freund gewünſcht; nun glaubten
wir gefunden zu haben, was wir wünſchten. Unſere Denkungsart und die Güte unſerer Herzen flößte uns ein vollkommenes
und unbegrenztes Zutrauen gegen einander ein. Meine Augen,
die ſchon lange gewohnt waren, anders zu ſehen, als man in
meinem damaligen Alter zu ſehen pflegt, ſahen in Pſyche kein
reizendes Mädchen, ſondern die liebenswürdigſte aller Seelen,
deren geiſtige Schönheit aus dem durchſichtigen Flor eines
irdiſchen Gewandes hervorſchimmerte; und die wiſſensbegierige
Pſyche, welche nie ſo glücklich geweſen war, als da ich ihr die
erhabenen Geheimniſſe meiner dichteriſchen Philoſophie entfaltete,
glaubte den göttlichen Orpheus oder den Apollo ſelbſt zu hören,
wenn ich ſprach.

„Es liegt in dem Weſen der Liebe (ſo zärtlich und unkörperlich ſie immer ſein mag), ſo lange zuzunehmen, bis ſie das
Ziel erreicht hat, wo die Natur ſie erwartet. Die unſrige nahm
auch zu und ging nach und nach durch mehr als eine Verwandlung; aber ſie bl eb ſich ſelbſt doch immer ähnlich. Als nun
zuletzt der Name der Freundſchaft nicht mehr bedeutend genug
ſchien, dasjenige, was wir für einander empfanden, auszudrücken,
wurden wir eins, „daß die Liebe eines Bruders und einer
Schweſter zugleich die ſtärkſte und die reinſte aller Zuneigungen
ſei.“ Die Vorſtellung, die wir uns davon machten, entzückte
uns; und nachdem wir oft bedauert hatten, daß uns die Natur
dieſe Glückſeligkeit verſagt habe, wunderten wir uns endlich,
wie wir nicht eher eingeſehen hätten, daß es nur von uns abhange, ihre Kargheit in dieſem Stücke zu erſetzen. Wir waren
alſo Bruder und Schweſter und blieben es einige Zeit, ohne
daß die Vertraulichkeit und die unſchuldigen Liebkoſungen, wozu
uns dieſe Namen berechtigten, der Tugend, welcher wir zugleich mit der Liebe eine ewige Treue geſchworen hatten, den
geringſten Abbruch (wenigſtens in unſern Augen) thaten. Oft
waren wir enthuſiaſtiſch genug, die Vermuthung, oder vielmehr
die bloße Möglichkeit, einander vielleicht ſo nahe verwandt zu
ſein, als wir es wünſchten, für die Stimme der Natur zu halten,
zumal da eine wirkliche oder eingebildete Aehnlichkeit unſerer

3*

Gesichtszüge diesen Wahn zu rechtfertigen schien. Da wir uns
aber die Betrüglichkeit dieser vermeinten Sprache des Blutes
nicht immer verbergen konnten, so fanden wir desto mehr Ver=
gnügen darin, den Vorstellungen von einer natürlichen Ver=
schwisterung der Seelen und von einer schon in einem vorher=
gehenden Zustande in bessern Welten angefangenen Bekannt=
schaft nachzuhängen und sie in tausend angenehme Träume aus=
zubilden. Aber auch bei diesem Grade ließ uns der phantasie=
reiche Schwung, den die Liebe unsern Seelen gegeben hatte,
nicht stillstehen. Wir strengten das äußerste Vermögen unserer
Einbildungskraft an, um uns einen Begriff davon zu machen,
wie in den überirdischen Welten die reinen Geister einander
liebten. Keine andere Art zu lieben schien uns zu gleicher Zeit
der Stärke und der Reinigkeit unserer Empfindungen genug zu
thun, noch für Wesen sich zu schicken, die im Himmel entsprungen
und dahin wiederzukehren bestimmt wären. Darf ich Dir's
gestehen, schöne Danae? Noch jetzt erwehre ich mich bei der
Erinnerung an diese glückliche Schwärmerei meiner ersten Jugend
kaum des Wunsches, daß die Bezauberung ewig hätte dauern
können! Denn Bezauberung war es doch, und es ist nichts
gewisser, als daß sich diese allzu geistigen Empfindungen endlich
verzehrt, und die Natur (welche ihre Rechte nie verliert) uns
zuletzt unvermerkt auf eine gewöhnlichere Art zu lieben geführt
haben würde, wenn uns die Pythia Zeit dazu gelassen hätte."

Achtes Capitel.

Ein neuer Versuch der Pythia   Psyche wird unsichtbar.   Agathon's letztes
Abenteuer zu Delphi.

„Diese ließ einige Wochen vorbeigehen, ohne (dem Ansehen
nach) sich meiner zu erinnern, und ich hatte sie in dieser Zeit so
gänzlich vergessen, daß ich nicht wenig bestürzt war, als sie mich
wieder rufen ließ. Ich fand nur zu bald, daß die Göttin von
Paphos, welche sich vielleicht wegen irgend einer ehemaligen Ver=
schuldung an ihr rächen wollte, ihr in dieser Zwischenzeit nicht
so viel Ruhe gelassen habe, als für sie und mich zu wünschen
war. Vermuthlich hatte sie, wie die Phädra des Euripides, allen
ihren weiblichen und priesterlichen Stolz zusammengerafft, um
eine Leidenschaft zu unterdrücken, deren Uebelstand sie sich selbst
unmöglich verbergen konnte. Allein vielleicht mochte sie sich

selbst durch ebendieselben Trugschlüsse, welche Euripides der
Erzieherin dieser unglückseligen Prinzessin in den Mund legt,
wieder beruhigt und endlich den herzhaften Entschluß gefaßt
haben, ihrem Verhängniß nachzugeben. Denn nachdem sie alle
ihre Mühe verloren sah, mich das, was sie mir zu sagen hatte,
errathen zu lassen, brach sie endlich ein Stillschweigen, dessen
Bedeutung ich ebenso wenig verstehen wollte, und entdeckte mir
mit einer Deutlichkeit und mit einem Feuer, welche mich erröthen
und erzittern machten, daß sie liebe und wiedergeliebt sein
wolle. Die Unglückliche hatte nichts vergessen, was sie vermuth=
lich für geschickt hielt, mir den Werth des mir angebotenen
Glückes mehr als jemals einleuchtend zu machen. Ich muß
noch jetzt erröthen, wenn ich an die Verwirrung denke, worin
ich mit allen meinen erhabenen Begriffen in diesem Augenblick
war, die menschliche Natur so erniedrigt, den Namen der Liebe
so entweiht zu sehen! In der That, die Pythia selbst konnte
von der Art, wie ich ihre Zumuthungen abwies, nicht empfind=
licher beschämt und gequält werden als ich durch die Noth=
wendigkeit, ihr so übel zu begegnen. Ich bestrebte mich, die
Härte meiner Antworten durch die sanftesten Ausdrücke zu
mildern, die ich in meiner Verlegenheit finden konnte. Aber
ich erfuhr, daß heftige Leidenschaften sich so wenig als Sturm=
winde durch Worte beschwören lassen. Die ihrer selbst nicht
mehr mächtige Priesterin nahm für beleidigenden Spott auf, was
ich aus der wohlgemeinten, aber freilich sehr unzeitigen Absicht,
ihrer sinkenden Tugend zu Hilfe zu kommen, sagte. Sie gerieth
in Wuth; sie brach in Verwünschungen und Drohungen und
einen Augenblick darauf in einen Strom von Thränen und in
so bewegliche Apostrophen aus, daß ich beinahe schwach genug
gewesen wäre, mit ihr zu weinen. Ich ergriff endlich das einzige
Mittel, das mir übrig blieb, mich der albernen Rolle, die ich
in dieser Scene spielte, zu erledigen: ich entfloh.

„In eben dieser Nacht sah ich meine geliebte Psyche wieder
an dem gewöhnlichen Orte. Mein Gemüth war von der Ge=
schichte dieses Abends zu sehr beunruhigt, als daß ich ihr ein
Geheimniß daraus hätte machen können. Wir bedauerten die
Priesterin, so viele Mühe es uns auch kostete, die Wuth und
die Qualen einer Liebe, welche der unsrigen so wenig ähnlich
war, uns als möglich vorzustellen; aber wir bedauerten noch
viel mehr uns selbst. Die Raserei, worin ich die Pythia ver=
lassen hatte, hieß uns das Aergste besorgen. Wir zitterten Eines

für des Andern Sicherheit, und aus Furcht, daß sie unsere
Zusammenkünfte entdecken möchte, beschlossen wir, sie eine Zeit
lang seltner zu machen. Dies war das erste Mal, daß die
reinen Vergnügungen unserer schuldlosen Liebe von Sorgen
und Unruhe unterbrochen wurden und wir mit schwerem
Herzen von einander Abschied nahmen. Es war, als ob es
uns ahnte, daß wir uns zu Delphi nicht wiedersehen würden,
und wir sagten uns wol tausendmal Lebewohl, ohne uns ein=
ander aus den Armen winden zu können. Wir redeten mit
einander ab, erst in der dritten Nacht wieder zusammenzukommen.
Inzwischen fügte sich's zufälligerweise, daß ich mit der Priesterin
in einer Gesellschaft zusammentraf, wo wir einander gleich un=
erwartet waren. Es war natürlich, daß sie in Gegenwart
fremder Personen ihrem Betragen gegen mich den freundschaft=
lichen Ton der Anverwandtschaft gab, welche zwischen uns vor=
ausgesetzt wurde, und wodurch sie ihren Umgang mit mir gegen
die Urtheile der argwöhnischen Welt sicher gestellt hatte; doch
bemerkte ich, daß sie etliche Mal, wenn sie von Niemand be=
obachtet zu sein glaubte, die zärtlichsten Blicke auf mich heftete.
Ich war zu gutherzig, Verstellung unter diesen Zeichen der
wiederkehrenden Liebe zu vermuthen, und der Schluß, den ich
daraus zog, beruhigte mich gänzlich über die Besorgniß, daß sie
meinen Umgang mit Psyche entdeckt haben möchte. Ich flog
also mit ungeduldiger Freude zu unsrer abgeredeten Zusammen=
kunft; aber wie groß war meine Bestürzung, als nach stunden=
langem, ungeduldigem Harren keine Psyche zum Vorschein kommen
wollte! Ich wartete so lange, daß mich der Tag beinahe über=
rascht hätte; ich durchsuchte den ganzen Hain; aber sie war
nirgends zu finden. Ebenso ging es in der folgenden und in
der dritten Nacht. Mein Schmerz war unaussprechlich. Da=
mals erfuhr ich zum ersten Mal, daß meine Einbildungskraft,
welche bisher nur zu meinem Vergnügen geschäftig gewesen
war, in eben dem Maße, wie sie mich glücklich gemacht hatte,
mich elend zu machen fähig sei. Ich zweifelte nun nicht mehr,
daß die Pythia unsre Liebe entdeckt habe, und die Folgen dieser
Entdeckung für die arme Psyche stellten sich mir mit allen Schreck=
nissen einer sich selbst quälenden Einbildung dar. Ich faßte in
der Wuth meines Schmerzes tausend heftige Entschließungen,
von denen immer eine die andere verschlang. Ich wollte die
Priesterin unversehens überfallen und meine Psyche von ihr
fordern; ich wollte den Priestern ihre verbrecherische Leidenschaft

entdecken; kurz, ich wollte — das Ausschweifendste, was man in
der Verzweiflung wollen kann. Ich glaube, daß ich fähig gewesen wäre, den Tempel anzuzünden, wenn ich hätte hoffen
können, meine Psyche dadurch zu retten. Und doch hielt mich
ein Schatten von Hoffnung, daß sie vielleicht blos durch zufällige Ursachen verhindert worden sei, ihr Wort zu halten, noch
zurück, einen unbesonnenen Schritt zu thun, welcher ein blos
eingebildetes Uebel wirklich und unheilbar hätte machen können.
Vielleicht (dachte ich) weiß die Priesterin noch nichts von unserem
Geheimniß; und wie unselig wär' ich in diesem Falle, wenn ich
selbst mein eigener Verräther wäre!

„Dieser Gedanke führte mich zum vierten Mal in den Anhe-
platz der Diana. Nachdem ich wol zwei Stunden vergebens ge-
wartet hatte, warf ich mich in einer Betäubung von Schmerz
und Verzweiflung zu den Füßen einer von den Nymphen hin.
Ich lag eine Weile, ohne meiner selbst mächtig zu sein. Als
ich mich wieder erholt hatte, sah ich einen frischen Blumenkranz
um den Hals und die Arme der Nymphe gewunden. Ich sprang
auf, um genauer zu erkundigen, was dies bedeuten möchte, und
fand ein Briefchen an den Kranz geheftet, worin mir Psyche
meldete: „daß ich sie in der folgenden Nacht unfehlbar an diesem
Platz antreffen würde; sie verspare es auf diese Besprechung,
mir zu sagen, durch was für Zufälle sie diese Zeit über verhindert worden, mich zu sehen oder mir Nachricht von sich zu
geben; ich dürfte aber vollkommen ruhig und gewiß sein, daß
die Priesterin nichts von unserer Bekanntschaft wisse.“

„Die heftige Begierde, womit ich wünschte, daß dieses Briefchen
von Psyche geschrieben sein möchte, ließ mich nicht daran denken,
ein Mißtrauen darein zu setzen, ungeachtet mir ihre Handschrift
unbekannt war. Dieß war das erste Mal, da ich erfuhr, was
der Uebergang von dem äußersten Grade des Schmerzes zu der
äußersten Freude ist. Ich wand den Glück weissagenden Blumenkranz um mich herum, nachdem ich die unsichtbaren Spuren der
geliebten Finger, die ihn gewunden, von jeder Blume weg-
geküßt hatte. Den folgenden Abend wurde mir jeder Augenblick bis zur bestimmten Zeit ein Jahrhundert. Ich ging eine
halbe Stunde früher, den guten Nymphen zu danken, daß sie
unsere Liebe in ihren Schutz genommen hatten. Endlich glaubte
ich, Psyche zwischen den Myrtenhecken hervorkommen zu sehen.
Die Nacht war nur durch den Schimmer der Sterne beleuchtet;
aber ich erkannte die gewöhnliche Kleidung meiner Freundin

und war von dem ersten Rauschen ihrer Annäherung schon zu sehr entzückt, um gewahr zu werden, daß die Gestalt, die sich mir näherte, mehr von der üppigen Fülle einer Bacchantin als von der jungfräulichen Geschmeidigkeit einer Gespielin Dianens hatte. Wir flogen einander mit gleichem Verlangen in die Arme.

„Die sprachlose Trunkenheit des ersten Augenblicks verstattet nicht, Bemerkungen zu machen. Aber es währte nicht lange, bis ich nothwendig fühlen mußte, daß ich mit einer Heftigkeit, die von der Unschuld einer Psyche nicht vermuthlich war, an einen kaum verhüllten und ungestüm klopfenden Busen gedrückt wurde. — Dies konnte nicht Psyche sein. — Ich wollte mich aus ihren Armen loswinden; aber sie verdoppelte die Stärke, womit sie mich umschlang, zugleich mit ihren üppigen Liebkosungen, und da ich nun auf einmal mit einem Entsetzen, welches mir alle Sehnen lähmte, meinen Irrthum erkannte, so machte die Gewalt, die ich anwenden wollte, mich von der rasenden Priesterin loszureißen, daß wir mit einander zu Boden sanken.

„Ich wünschte aus Hochschätzung des Geschlechts, welches in meinen Augen der liebenswürdigste Theil der Schöpfung ist, daß ich diese Scene aus meinem Gedächtniß auslöschen könnte. Ich hatte meine ganze Vernunft nöthig, um nicht alle Achtung, die ich wenigstens ihrem Geschlechte schuldig war, aus den Augen zu setzen. Aber ich zweifle nicht, daß eine jede Frauensperson, welche noch einen Funken von sittlichem Gefühl übrig hätte, lieber den Tod als die Vorwürfe und die Verwünschungen, womit sie überströmt wurde, ausstehen wollte. — Sie krümmte sich, in Thränen berstend, zu meinen Füßen. — Dieser Anblick war mir unerträglich. Ich wollte entfliehen; sie verfolgte mich, sie hing sich an und bat mich, ihr den Tod zu geben. Ich verlangte mit Heftigkeit, daß sie mir meine Psyche wiedergeben sollte. Diese Worte schienen sie unsinnig zu machen. Sie erklärte mir, daß das Leben dieser Sklavin in ihrer Gewalt sei und von dem Entschluß, den ich nehmen würde, abhange. Sie sah das Entsetzen, das bei dieser Drohung mein ganzes Wesen erschütterte; wir verstummten Beide eine Weile. Endlich nahm sie einen sanfteren, aber nicht weniger entschlossenen Ton an, um mir ihre vorige Erklärung zu bekräftigen. Die Eifersucht machte sie so Vieles sagen, daß ich Zeit bekam, mich zu fassen und eine Drohung weniger fürchterlich zu finden, zu beren Ausführung ich sie, wenigstens aus Liebe zu sich selbst, unfähig glaubte. Ich antwortete ihr also mit kälterm Blute, daß sie auf ihre Gefahr über das Leben meiner jungen Freundin gebieten könne. Doch ersuchte ich sie, sich zu erinnern, daß sie selbst mich zum Meister über das'ihrige und über das, was ihr noch lieber als das Leben sein sollte, gemacht habe. Das meinige (setzte ich mit entschlossenem Ton hinzu) hört mit dem Augenblick auf, da Psyche für mich verloren ist; denn, bei dem allsehenden Gott, dessen Gegenwart dieses heilige Land erfüllt! keine menschliche Gewalt soll mich aufhalten, ihrem geliebten Geist in eine bessere Welt nachzueilen, wohin uns das Laster nicht folgen kann, unsere geheiligte Liebe zu beunruhigen!

„Meine Standhaftigkeit schien den Muth der Priesterin niederzuschlagen. Sie sagte mir endlich: die Einbildung, daß ich in meiner Gewalt habe, sie zu Grunde zu richten, könnte mich sehr betrügen; ich möchte thun, was ich wollte; nur sollte ich versichert sein, daß ihr Psyche für jeden Schritt bürgte, den ich machen würde. Mit diesen Worten entfernte sie sich und ließ mich in einem Zustande, dessen Abscheulichkeit, nach der Empfindung, die ich davon hatte, abgemessen, über allen Ausdruck ging. Ich wußte nun Alles. Nach dieser Niederträchtigkeit war keine Bosheit so ungeheuer, beren ich diese Elende nicht fähig gehalten hätte. - Ich besorgte nichts für mich selbst, aber Alles für die arme Psyche, welche ich der Gewalt einer Nebenbuhlerin überlassen mußte, ohne daß mir alle meine Zärtlichkeit für sie das Vermögen geben konnte, sie zu befreien.“

Neuntes Capitel.

Agathon entflieht und findet seinen Vater. Was für einen neuen Schwung sein Geist durch die Veränderung seiner Umstände bekommt.

„Nachdem ich etliche Tage in der grausamen Ungewißheit, was aus meiner Geliebten geworden sein möchte, zugebracht hatte, erfuhr ich endlich von einer Sklavin der Pythia, daß sie nicht mehr in Delphi sei. Dies war alle Nachricht, die ich von ihr einziehen konnte; aber es war genug, mir den längern Aufenthalt an diesem Ort unerträglich zu machen. Ich bedachte mich keinen Augenblick, was ich thun wollte, sondern stahl mich in der nächsten Nacht hinweg, ohne um die Folgen eines so unbesonnenen Schrittes bekümmert zu sein, oder, richtiger zu sagen, in einem Gemüthszustande, worin ich aller Besinnung unfähig war. Ich irrte eine Zeit lang überall herum, wo ich eine Spur von meiner Freundin zu entdecken hoffte; thöricht genug, mir einzubilden, daß sie mich, wo sie auch sein möchte, durch die magische Gewalt der Sympathie unsrer Seelen nach sich ziehen werde. Aber meine Hoffnung betrog mich; Niemand konnte mir die geringste Nachricht von ihr geben. Unempfindlich gegen alles Elend, welches ich auf dieser unsinnigen Wanderschaft erfahren mußte, fühlte ich keinen andern Schmerz als die Trennung von meiner Geliebten und die Ungewißheit, was ihr Schicksal sei. Ich würde die Versicherung, daß es ihr wohl gehe, gern mit meinem Leben bezahlt haben.

„Endlich führte mich der Zufall oder eine mitleidige Gottheit nach Korinth. Die Sonne war eben untergegangen, als ich, von den Beschwerlichkeiten der Reise und einer ungewohnten Diät äußerst abgemattet, vor dem Hof eines der prächtigen Landgüter ankam, welche die Küsten des Korinthischen Meeres verschönern. Ich warf mich unter eine hohe Cypresse nieder und verlor mich in den Vorstellungen der natürlichen, aber in der Hitze der Leidenschaft nicht vorhergesehenen Folgen meiner Flucht von Delphi. In der That war meine Lage fähig, den herzhaftesten Muth niederzuschlagen. In eine gänzlich fremde Welt ausgestoßen, ohne Freunde, ohne Geld, unwissend, wie ich ein Leben erhalten wollte, dessen Urheber mir nicht einmal bekannt war, warf ich traurige Blicke um mich her. Die ganze Natur schien mich verlassen zu haben. Auf dem weiten Umfang der mütterlichen Erde sah ich nichts, worauf ich einen Anspruch machen konnte, als — ein Grab, wenn mich die Last des Elends endlich aufgerieben haben würde. Und selbst dieses konnte ich nur von der Frömmigkeit irgend eines mitleidigen Wanderers hoffen. Diese melancholischen Gedanken wurden durch die Erinnerung meiner vergangnen Glückseligkeit und durch das Bewußtsein, daß ich mein Elend durch keine Bosheit des Herzens oder irgend eine entehrende Uebelthat verdient hätte, nur schmerzender gemacht. Ich sah mit thränenvollen Augen um mich her, als ob ich ein Wesen in der Schöpfung suchen wollte, dem mein Zustand zu Herzen ginge.

„In diesem Augenblick erfuhr ich den wohlthätigen Einfluß dieser glückseligen Begeisterung, „welche die Natur dem empfindlichsten Theile der Sterblichen zu einem Gegengewicht gegen die Uebel, denen sie durch die Schwäche ihres Herzens ausgesetzt sind, gegeben zu haben scheint." Ich wandte mich an die Unsterblichen, mit denen meine Seele schon so lange in einer Art von unsichtbarer Gemeinschaft stand. Der Gedanke, daß sie die Zeugen meines Lebens, meiner Gedanken, meiner geheimsten Neigungen gewesen seien, goß lindernden Trost in mein verwundetes Herz. Ich sah meine geliebte Psyche unter ihre Flügel gesichert. Nein, rief ich aus, die Unschuld kann nicht unglücklich sein, noch das Laster se e Absichten ganz erhalten! In diesem majestätischen All, inworin Welten und Stäubchen sich mit gleicher Unterwürfigkeit nach den Winken einer weisen und wohlthätigen Macht bewegen, wär' es Unsinn und Gottlosigkeit, sich einer entnervenden Kleinmuth zu überlassen. Mein Dasein ist der Beweis, daß ich eine Bestimmung habe. Hab' ich nicht eine Seele, welche denken kann, und Gliedmaßen, die ihr als Sklaven zur Ausrichtung ihrer Gedanken zugegeben sind? Bin ich nicht ein Grieche? Und, wenn mich mein Vaterland nicht erkennen will, bin ich nicht ein Mensch? Ist nicht die ganze Erde mein Vaterland? Und giebt mir nicht die Natur ein unverlierbares Recht an Erhaltung und an jedes wesentliche Stück der Glückseligkeit, sobald ich meine Kräfte anwende, die Pflichten zu erfüllen, die mich mit der Welt verbinden?

„Diese Gedanken beschämten meine Thränen und richteten mein Herz wieder auf. Ich fing an, die Mittel zu überlegen, die ich in meiner Gewalt hätte, mich in bessere Umstände zu setzen, als ich einen Mann von mittlerm Alter gegen mich herkommen sah, dessen Ansehen und Miene mir Ehrerbietung und Zutrauen einflößten. Ich raffte mich vom Boden auf und beschloß bei mir selbst, ihn anzureden, ihm meine Umstände zu entdecken und mir seinen Rath auszubitten. Er kam mir zuvor. „Du scheinst vom Weg ermüdet zu sein, junger Fremdling", sagte er zu mir in einem Tone, der ihm sogleich mein Herz gewann, „und da ich Dich unter dem wirthlichen Schatten meines Baumes gefunden habe, so hoffe ich, Du werdest mir das Vergnügen nicht versagen, Dich diese Nacht in meinem Hause zu beherbergen." Er betrachtete mich, indem er dies sagte, mit einer Aufmerksamkeit, an welcher sein Herz Antheil zu haben schien. Ich gestand ihm mit einer Offenherzigkeit, die von meiner wenigen Kenntniß der Welt zeugte, daß ich im Begriff gewesen sei, ihn um dasjenige zu ersuchen, was er mir auf eine so edle Art anbiete,

Ich weiß nicht, was ihn zu meinem Vortheil einzunehmen schien. Mein Aufzug wenigstens konnte es nicht sein; denn ich hatte, aus Furcht entdeckt zu werden, meine Delphische Kleidung gegen eine schlechtere vertauscht, die auf meiner Wanderschaft ziemlich abgenutzt worden war. Er wiederholte mir, wie angenehm es ihm sei, daß mich der Zufall vielmehr ihm als einem seiner Nachbarn zugeführt habe; und so folgte ich ihm in sein Haus, dessen Weitläufigkeit, Bauart und Pracht einen Besitzer von großem Reichthum und vielem Geschmack ankündigte. Die Galerie, in die wir zuerst traten, war mit Gemälden von den berühmtesten Meistern und mit einigen Bildsäulen und Brustbildern von Phidias und Alkamenes ausgeziert. Ich liebe, wie Dir bekannt ist, die Werke der schönen Künste bis zur Schwärmerei, und mein langer Aufenthalt in Delphi hatte mir einige Kenntniß davon gegeben. Ich bewunderte einige Stücke, setzte an andern Dies oder Jenes aus, nannte die Künstler, deren Hand oder Manier ich erkannte, und nahm Gelegenheit, von andern Meisterstücken zu reden, die ich von ihnen gesehen hatte. Ich bemerkte, daß mein Wirth mich mit Verwunderung ansah, als ob er betroffen wäre, einen jungen Menschen, den er in einem so wenig versprechenden Aufzug unter einem Baume liegend gefunden, mit so vieler Kenntniß von den Künsten sprechen zu hören.

„Nach einer Weile wurde gemeldet, daß das Abendessen bereitet sei. Er führte mich in einen kleinen Saal, dessen Wände von einem der besten Schüler des Parrhasius niedlich bemalt waren. Wir aßen ganz allein. Die Tafel, das Geräthe, die Aufwärter, Alles stimmte mit dem Begriff überein, den ich mir von dem Geschmack und dem Stande des Hausherrn gemacht hatte. Unter dem Essen trat ein junger Sklave von seinem Ansehen und zierlich gekleidet auf und recitirte ein Stück aus der Odyssee mit vieler Geschicklichkeit. Mein Wirth sagte mir, daß er bei Tische diese Art von Gemüthsergötzung den Tänzerinnen und Flötenspielerinnen vorzöge, womit man sonst bei den Tafeln der Griechen sich zu unterhalten pflege. Das Lob, das ich seinem Leser beilegte, gab zu einem Gespräche über die beste Art zu recitiren und über die griechischen Dichter Anlaß, wobei ich meinem Wirthe abermals Gelegenheit gab, zu stutzen. Die Verwunderung, womit er mich betrachtete, vermischte sich zusehens mit einer zärtlichen Bewegung; und da er sah, daß ich es gewahr wurde, sagte er mir: die Verwunderung, womit er mich von Zeit zu Zeit betrachte, würde mich weniger befremden, wenn ich die außerordentliche Aehnlichkeit meiner Gesichtsbildung und Miene mit einer Person, welche er ehmals gekannt habe, wüßte. „Doch Du sollst selbst davon urtheilen," setzte er hinzu, indem er anfing, von andern Dingen zu reden, bis der Wein und die Früchte aufgestellt wurden.

„Bald darauf führte er mich in ein Cabinet, worin ein Schreibtisch, ein Büchergestell, einige Polster und ein Gemälde in Lebensgröße, auf welches ich nicht gleich Acht gab, alle Geräthschaften und Zierrathen ausmachten. Er hieß mich niedersetzen, und nachdem er das Bildniß, welches ihm gegenüber hing, eine Weile mit Rührung angesehen hatte, redete er mich also an: „Deine Jugend, liebenswürdiger Fremdling, die Art, wie sich unsere Bekanntschaft angefangen, die Eigenschaften, die ich in dieser kurzen Zeit an Dir entdeckt habe, und die Zuneigung, die ich in meinem Herzen für Dich finde, rechtfertigen mein Verlangen, von Deinem Namen und von den Umständen benachrichtigt zu sein, welche Dich in einem solchen Alter von Deiner Heimath entfernt und in diese fremden Gegenden geführt haben können. Es ist sonst meine Gewohnheit nicht, mich beim ersten Anblick für Jemand einzunehmen. Aber bei Deiner Erblickung hab' ich einem geheimen Zuge nicht widerstehen können; und Du hast in diesen wenigen Stunden meine voreilige Neigung so sehr gerechtfertigt, daß ich mir selbst Glück wünsche, ihr Gehör gegeben zu haben. Befriedige also mein Verlangen und sei versichert, daß die Hoffnung, Dir vielleicht nützlich sein zu können, weit mehr Antheil daran hat als ein unbescheidener Vorwitz. Du siehst einen Freund in mir, dem Du Dich, ungeachtet der kurzen Dauer unsrer Bekanntschaft, mit allem Zutrauen eines langwierigen und bewährten Umgangs entdecken darfst."

„Ich wurde durch diese Anrede so sehr gerührt, daß sich meine Augen mit Thränen füllten. Ich glaube, daß er darin lesen konnte, was ihm mein Herz antwortete, ob ich gleich eine Weile keine Worte dazu fand. Endlich entdeckte ich ihm, daß ich von Delphi käme; daß ich daselbst erzogen worden; daß man mich Agathon genannt, und daß ich nie erfahren können, wem ich das Leben zu danken hätte. Alles, was ich davon wisse, sei, daß ich in einem Alter von vier oder fünf Jahren in den Tempel gebracht, mit andern dem Dienste des Apollo gewidmeten Knaben erzogen und, nachdem ich zu mehrern

Jahren gekommen, von den Priestern mit einer vorzüglichen Achtung angesehen und in Allem, was zur Erziehung eines freigebornen Griechen erfordert werde, geübt worden sei.

„Stratonikus (so wurde mein Wirth genannt) zeigte während meiner Erzählung eine Unruhe, die er vergebens zu verbergen suchte; sein Gesicht veränderte sich; er wollte etwas sagen, schien sich aber wieder anders zu bedenken und fragte mich blos, warum ich Delphi verlassen hätte. So natürlich die Aufrichtigkeit sonst meinem Herzen war, so konnte ich doch diesmal unmöglich über die Bedenklichkeiten hinauskommen, welche mir über meine Liebe zu Psyche den Mund verschlossen. Einem Freunde von meinen Jahren, für den ich mein Herz ebenso eingenommen gefunden hätte als für Stratonikus, würde ich das Innerste meines Herzens ohne Bedenken aufgeschlossen haben, sobald ich hätte vermuthen können, daß er meine Empfindungen zu verstehen fähig sei. Aber hier hielt mich etwas zurück, davon ich mir selbst die Ursache nicht angeben konnte. Ich schob also die ganze Schuld meiner Entweichung von Delphi auf die Pythia, indem ich ihm, so ausführlich als es meine jugendliche Schamhaftigkeit gestatten wollte, von den Versuchungen, in welche sie meine Tugend geführt hatte, Nachricht gab. Er schien mit meiner Aufführung zufrieden zu sein; und nachdem ich meine Erzählung bis auf den Augenblick, wo ich ihn zuerst erblickt, und auf dasjenige, was ich sogleich für ihn empfunden, fortgeführt hatte, stand er mit einer lebhaften Bewegung auf, warf seine Arme um meinen Hals und sagte mit Thränen der Freude und Zärtlichkeit in seinen Augen: — „Mein liebster Agathon, siehe Deinen Vater! — Hier (setzte er hinzu, indem er mich sanft umwendete und auf das Gemälde wies, welchem ich bisher den Rücken zugekehrt hatte), hier in diesem Bilde erkenne die Mutter, deren geliebte Züge mich beim ersten Anblick in Deiner Gesichtsbildung rührten und diese Bewegung erregten, die ich nun für die Stimme der Natur erkenne."

„Du kennst mich zu wohl, liebenswürdige Danae, um Dir meine Empfindungen in diesem Augenblicke nicht lebhafter einzubilden, als ich sie beschreiben könnte. Solche Augenblicke sind keiner Beschreibung fähig. Für solche Freuden hat die Sprache keinen Namen, die Natur keine Bilder und die Phantasie selbst keine Farben. — Das Beste ist, zu schweigen und den Zuhörer seinem eigenen Herzen zu überlassen. Mein Vater schien durch meine Entzückung, welche sich lange Zeit nur durch Thränen, sprachlose Umarmungen und abgebrochene Töne ausdrücken konnte, doppelt glücklich zu sein. Das Vergnügen, womit er mich für seinen Sohn erkannte, schien ihn selbst wieder in die glücklichsten Augenblicke seiner Jugend zu versetzen und Erinnerungen wieder aufzuwecken, denen mein Anblick neues Leben gab. Da er nicht zweifeln konnte, daß ich begierig sein würde, die Ursachen zu wissen, welche einen Vater, der mich mit so vielem Vergnügen für seinen Sohn erkannte, hatten bewegen können, diesen Sohn so viele Jahre von sich verbannt zu halten, so gab er mir hierüber alle Erläuterungen, die ich nur wünschen konnte, durch eine umständliche Erzählung der Geschichte seiner Liebe zu meiner Mutter.

„Seine Bekanntschaft mit ihr hatte sich zufälligerweise in einem Alter angefangen, worin er noch gänzlich unter der väterlichen Gewalt stand. Sein Vater war das Haupt eines von den edelsten Geschlechtern in Athen. Meine Mutter war, sehr jung, sehr schön und ebenso tugendhaft als schön, unter der Aufsicht einer alten Frau, die sich ihre Mutter nannte, dahin gekommen. Die strenge Eingezogenheit, worin sie kümmerlich von ihrer Handarbeit lebte, verwahrte die junge Musarion vor den Augen und vor den Nachstellungen der müßigen reichen Jünglinge, welche gewohnt sind, junge Mädchen, die keinen andern Schutz als ihre Unschuld und keinen andern Reichthum als ihre Reizungen haben, für ihre natürliche Beute anzusehen. Demungeachtet konnte sie nicht verhindern, zufälligerweise meinem Vater bekannt zu werden, der sich durch seine Sitten von den meisten jungen Athenern seiner Zeit unterschied. Sein tugendhafter Charakter schützte ihn nicht gegen die Reizungen der jungen Musarion; aber er machte, daß seine Liebe die Eigenschaft seines Charakters annahm: sie war tugendhaft, bescheiden und eben dadurch stärker und dauerhafter. Sein Stand, sein guter Ruf, sein zurückhaltendes Betragen gegen den Gegenstand seiner Liebe gaben zusammengenommen einen Beweggrund ab, der die Nachsicht entschuldigen konnte, womit die Alte seine geheimen Besuche duldete. Nichts kann natürlicher sein, als eine geliebte Person dem Mangel nicht ausgesetzt sehen zu können; aber nichts ist auch in den Augen der Welt zweideutiger als die Freigebigkeit eines jungen Mannes gegen ein Mädchen, welches das Unglück hat, durch seine Annehmlichkeiten den Neid und durch seine Armuth die Verachtung des großen Haufens zu erregen. Man kann sich nicht bereden, daß in einem solchen Falle derjenige,

welcher giebt, nicht eigennützige Absichten habe, oder diejenige,
welche annimmt, ihre Dankbarkeit nicht auf Unkosten ihrer Un=
schuld beweise. Stratonikus gebrauchte zwar die äußerste Vor=
sichtigkeit, um die Wohlthaten, womit er diese kleine Familie
von Zeit zu Zeit unterstützte, vor aller Welt und vor ihnen
selbst zu verbergen. Allein sie entdeckten doch zuletzt ihren un=
bekannten Wohlthäter, und diese neuen Proben seiner edel=
müthigen Sinnesart vollendeten den Eindruck, den er schon lange
auf das unerfahrne Herz der zärtlichen Musarion gemacht hatte,
und gewannen es ihm gänzlich. Niemals würde die Liebe, von
der innigsten Gegenliebe erwidert, zwei Herzen glücklicher ge=
macht haben, wenn die Umstände der jungen Schönen einer
gesetzmäßigen Vereinigung nicht Schwierigkeiten in den Weg
gelegt hätten, welche ein jeder Andere als ein Liebhaber für
unüberwindlich gehalten hätte. Endlich war Stratonikus so
glücklich, zu entdecken, daß seine Geliebte wirklich eine Athenische
Bürgerin sei, die Tochter eines rechtschaffenen Mannes, welcher
im peloponnesischen Kriege sein Leben auf eine rühmliche Art
verloren hatte. Nunmehr wagte er es, seinem Vater das Ge=
heimniß seiner Liebe zu entdecken. Er wandte Alles an, seine
Einwilligung zu erhalten; aber der Alte, der die Reizungen und
Tugenden der jungen Musarion für keinen genugsamen Ersatz
des Reichthums, der ihr fehlte, ansah, blieb unerbittlich. Stra=
tonikus liebte zu inbrünstig, um dem Befehl, nicht weiter an
seine Geliebte zu denken, gehorsam zu sein. Er würde sich selbst
für den Unwürdigsten unter den Menschen gehalten haben,
wenn er fähig gewesen wäre, ihr das Geringste von seinen
Empfindungen zu entziehen. Die Widerwärtigkeiten und Hinder=
nisse, womit seine Liebe kämpfen mußte, thaten vielmehr die
entgegengesetzte Wirkung: sie concentrirten das Feuer ihrer
gegenseitigen Zuneigung und bliesen eine Flamme, welche, so
lange sie von Hoffnung genährt wurde, drei Jahre sanft und
rein fortgebrannt hatte, zu der heftigsten Leidenschaft an. Das
Herz ermüdet endlich durch den langen Kampf mit seinen süßesten
Regungen; es verliert die Kraft, zu widerstehen, und je länger
es unter den Qualen einer zugleich verfolgten und unbefriedigten
Liebe geseufzt hat, je heftiger sehnt es sich nach einer Glückselig=
keit, wovon ein einziger Augenblick genug ist, das Andenken
aller ausgestandenen Leiden auszulöschen, das Gefühl der gegen=
wärtigen zu ersticken und die Augen, benebelt von der süßen
Trunkenheit der glücklichen Liebe, gegen alle künftige Noth blind

zu machen. Außer diesem hatte Musarion noch den Beweg= grund einer Dankbarkeit, von deren drückender Last ihr Herz sich zu erleichtern suchte. Kurz, sie schwuren einander ewige Treue, überließen sich dem sympathetischen Verlangen ihres Herzens und bedienten sich der Gewalt, die ihnen die Liebe gab, einander glücklich zu machen. Die Glückseligkeit, welche Eines dem Andern zu danken hatte, unterhielt und befestigte die zärtliche Vereinigung ihrer Herzen, anstatt sie zu schwächen oder gar aufzulösen; denn noch niemals ist der Genuß das Grab der wahren Zärtlichkeit gewesen. Ich, schöne Danae, war die erste Frucht ihrer Liebe. Glücklicherweise fiel meinem Vater eben damals durch den letzten Willen eines Oheims ein kleines Vorwerk auf einer von den Inseln zu, welche unter der Bot= mäßigkeit der Athener stehen. Dieses mußte meiner Mutter zur Zuflucht dienen. Ich wurde daselbst geboren und genoß drei Jahre lang ihrer eigenen Pflege, bis sie mir durch eine Schwester entzogen wurde, deren Leben der liebenswürdigen Musarion das ihrige kostete. Stratonikus hatte inzwischen manchen Versuch gemacht, das Herz seines Vaters zu erweichen, aber allemal vergebens. Es blieb ihm also nichts übrig, als seine Verbindung mit meiner Mutter und die Folgen derselben geheim zu halten. Ihr frühzeitiger Tod vernichtete die Ent= würfe von Glückseligkeit, die er für die Zukunft gemacht hatte, ohne die zärtliche Treue, die er ihrem Andenken widmete, zu schwächen. Die Sorge für das, was ihm von ihr übriggeblieben war, hielt ihn zurück, sich einer Traurigkeit völlig zu überlassen, welche ihn lange Zeit gegen alle Freuden des Lebens gleich= giltig und zu allen Beschäftigungen desselben verdrossen machte. Der Tempel zu Delphi schien ihm der tauglichste Ort zu sein, mich zu gleicher Zeit zu verbergen und einer guten Erziehung theil= haftig zu machen. Er hatte Freunde daselbst, denen ich be= sonders empfohlen wurde, mit dem gemessensten Auftrag, mich in einer gänzlichen Unwissenheit über meinen Ursprung zu lassen. Sein Vorsatz war, sobald der Tod seines Vaters ihn zum Meister über sich selbst und seine Güter gemacht haben würde, mich abzuholen und nach Athen zu bringen, wo er seine Verbindung mit meiner Mutter bekannt machen und mich öffent= lich für seinen Sohn und Erben erklären wollte. Aber dieser Zufall erfolgte erst wenige Monate vor meiner Flucht, und seit demselben hatten ihn dringende Geschäfte genöthigt, meine Ab= holung aufzuschieben.

„Nachdem mein Vater diese Erzählung geendigt hatte, ließ
er einen alten Freigelassenen zu sich rufen und fragte ihn, ob
er den kleinen Agathon kenne, den er vor vierzehn Jahren dem
Schutze des Delphischen Apollo überliefert habe. Der gute
Alte, dessen Züge mir selbst nicht unbekannt waren, erkannte
mich desto leichter, da er binnen dieser Zeit von seinem Herrn
öfters nach Delphi abgeschickt worden war, sich meines Wohl-
befindens zu erkundigen. In wenigen Augenblicken wurde das
ganze Haus mit allgemeiner Freude erfüllt. Die Zufriedenheit
meines Vaters über mich, und das Vergnügen, womit alle seine
Hausgenossen mich als den einzigen Sohn ihres Herrn be-
willkommten, machte die Freude vollkommen, die ich bei einem
so plötzlichen Uebergang von dem Elend eines sich selbst unbekannten, nackten, allen Zufällen des Schicksals preisgegebenen
Flüchtlings zu einem so blendenden Glücksstande nothwendig
empfinden mußte. Blendend hätte er wenigstens für manchen
Andern sein können, der durch die Art seiner Erziehung weniger
als ich vorbereitet gewesen wäre, einen solchen Wechsel mit Bescheidenheit zu ertragen. Inzwischen bin ich mir selbst die Gerechtigkeit schuldig, zu sagen, daß die Versicherung, ein Bürger
von Athen und durch meine Geburt und die Tugend meiner
Vorältern zu Verdiensten und schönen Thaten berufen zu sein,
mir ungleich mehr Vergnügen machte als der Anblick der
Reichthümer, welche die Gütigkeit meines Vaters mit mir zu
theilen so begierig war, und welche in meinen Augen nur dadurch einen Werth erhielten, weil sie mir das Vermögen zu
geben schienen, desto freier und vollkommener nach meinen
Grundsätzen leben zu können.

„Ich unterhielt mich nun mit einer neuen Art von Träumen,
die durch ihre Beziehung auf meine neu entdeckten Verhältnisse
für mich so wichtig, als durch ihre Ausführung ebenso viele
Wohlthaten für das menschliche Geschlecht zu sein schienen.
Solltest Du denken, daß ich mit nichts Geringerem umging als
mit Entwürfen, wie die erhabenen Lehrsätze meiner idealischen
Sittenlehre auf die Einrichtung und Verwaltung eines gemeinen
Wesens angewandt werden könnten? — Diese Betrachtungen,
welche einen guten Theil meiner Nächte wegnahmen, erfüllten
mich mit dem lebhaftesten Eifer für ein Vaterland, welches ich
nur aus Geschichtschreibern kannte. Ich zeichnete mir selbst
auf den Fußstapfen der Solonen und Aristiden einen Weg aus,
bei welchem ich an keine andern Hindernisse dachte als an solche,

die durch Muth und Tugend zu überwinden sind. Dann setzte ich mich in meiner patriotischen Entzückung an das Ende meiner Laufbahn und sah in Athen nichts Geringeres als die Haupt=stadt der Welt, die Gesetzgeberin der Nationen, die Mutter der Wissenschaften und Künste, die Königin des Meers, den Mittel=punkt der Vereinigung des ganzen menschlichen Geschlechtes. Kurz, ich machte ungefähr ebenso chimärische und ebenso unge=heure Projecte als Alcibiades, nur mit dem sehr wesentlichen Unterschied, daß nicht Eitelkeit und Ehrsucht, sondern ein von Güte und allgemeiner Wohlthätigkeit beseeltes Herz die Quelle der meinigen war. Sie hatten noch dieses Besondere, daß ihre Ausführung (die moralische Möglichkeit derselben vorausgesetzt) keiner Mutter eine Thräne und keinem Menschen in der Welt mehr als die Aufopferung seiner Vorurtheile und solcher Leiden=schaften, welche die Ursache alles Privatelends sind, gekostet haben würde. Ihre Ausführung schien mir also, weil ich mir die Hindernisse nur einzeln und nicht in ihrem Zusammenhang und vereinigten Gewichte vorstellte, so leicht zu sein, daß ich mich über nichts so sehr wunderte, als wie ein Perikles unter den kleinfügigen Bemühungen, Athen zur Meisterin von Griechen=land zu machen, habe übersehen könneu, wie viel leichter es sei, es zum Tempel eines ewigen Friedens und der allgemeinen Glückseligkeit der Welt zu machen.

„Diese schönen Entwürfe gaben etliche Mal den Stoff zu den Unterredungen ab, womit ich meinem Vater des Abends die Zeit zu verkürzen pflegte. Die Lebhaftigkeit meiner Ein=bildungskraft schien ihn ebenso sehr zu belustigen, als sein Herz, dessen Ebenbild er in dem meinigen erkannte, sich an den tugend=haften Gesinnungen vergnügte, die er, wie ich selbst (vielleicht Beide ein Wenig zu parteiisch), für die Triebfedern meiner poli=tischen Träume hielt. Alles, was er mir von den Schwierig=keiten ihrer Ausführung sagen konnte, überzeugte mich so wenig, als einen Verliebten die Einwendungen eines kaltblütigen Freundes überzeugen werden. Ich hatte eine Antwort für alle; und dieser neue Schwung, den mein Enthusiasmus bekommen hatte, wurde bald so stark, daß ich es kaum erwarten konnte, mich in Athen und in solchen Umständen zu sehen, daß ich die erste Hand an das große Werk, wozu ich gewidmet zu sein glaubte, legen könnte.“

Achtes Buch.

Fortsetzung der Erzählung Agathon's, von seiner Versetzung nach Athen bis zu seiner Bekanntschaft mit Danae.

Erstes Capitel.

Agathon kommt nach Athen und widmet sich der Republik. Eine Probe der besondern Natur desjenigen Windes, welcher von Horaz aura popularis genannt wird.

„Mein Vater hielt sich nur so lange zu Korinth auf, als es seine Geschäfte erforderten, und eilte, mich in dieses Athen zu versetzen, welches sich meiner verschönernden Einbildung in einem so herrlichen Lichte darstellte.

„Ich gestehe Dir, Danae (und ich hoffe, die fromme Pflicht gegen meine Vaterstadt nicht dadurch zu beleidigen), daß der erste Anblick mit dem, was ich erwartete, einen starken Absatz machte. Mein Geschmack war zu sehr verwöhnt, um das Mittelmäßige, worin es auch sein möchte, erträglich zu finden. Er wollte gleichsam Alles in diese seine Linie eingeschlossen sehen, in welcher das Erhabene mit dem Schönen zusammenfließt; und wenn er diese Vollkommenheit an einzelnen Theilen gewahr wurde, so wollte er, daß Alles zusammen stimmen und ein sich selbst durchaus ähnliches, symmetrisches Ganzes ausmachen sollte. Von diesem Grade der Schönheit war Athen, so wie vielleicht jede andere Stadt in der Welt, noch weit entfernt. Indessen hatte sie doch der gute Geschmack und die Verschwendung des Perikles, mit Hilfe der Phidias, der Alkamenes und andrer großer Meister, in einen solchen Staud gestellt, daß sie mit den prächtigsten Städten der Welt um den Vorzug streiten konnte. Wenigstens sah ich bald, daß die Ergänzung dessen, was ihr von dieser Seite noch abging, der leichteste Theil meiner Entwürfe und eine natürliche Folge derjenigen Ver=

anstaltungen sein werde, welche sie meiner Einbildung nach zum Mittelpunkt der Stärke und der Reichthümer des ganzen Erdbodens machen sollten.

„Sobald wir in Athen angekommen waren, ließ mein Vater seine erste Sorge sein, mich auf eine gesetzmäßige Art für seinen Sohn zu erkennen und unter die Athenischen Bürger aufnehmen zu lassen. Dies machte mich eine Zeit lang zu einem Gegenstande der allgemeinen Aufmerksamkeit. Die Athener sind, wie Dir nicht unbekannt ist, mehr als irgend ein andres Volk in der Welt geneigt, sich plötzlich mit der äußersten Lebhaftigkeit für oder wider etwas einnehmen zu lassen. Ich hatte das Glück, ihnen beim ersten Anblick zu gefallen. Die Begierde, mich zu sehen und Bekanntschaft mit mir zu machen, wurde eine Art von epidemischer Leidenschaft unter Jungen und Alten. Jene machten in Kurzem einen glänzenden Hof um mich, und diese faßten Hoffnungen von mir, welche mich unvermerkt mit einem geheimen Stolz erfüllten und die allzu hochfliegende Meinung, die ich ohnehin geneigt war von meiner Bestimmung zu fassen, bestätigten. Dieser subtile Stolz, der sich hinter meine besten Neigungen und tugendhaftesten Gesinnungen verbarg und dadurch meinem Bewußtsein sich entzog, benahm mir nichts von einer Bescheidenheit, wodurch ich von den meisten jungen Leuten meiner Gattung mich zu unterscheiden schien. Ich gewann dadurch, nebst der allgemeinen Hochachtung des geringern Theils des Volkes, den Vortheil, daß die Vornehmsten, die Weisesten und Erfahrensten mich gern um sich haben mochten und mir durch ihren Umgang eine Menge besonderer Kenntnisse mittheilten, welche meinem frühzeitigen Auftritt in der Republik sehr zu Statten kamen. Die Reinigkeit meiner Sitten, der gute Gebrauch, den ich von meiner Zeit machte, der Eifer, womit ich mich zum Dienste meines Vaterlandes vorbereitete, die fleißige Besuchung der Gymnasien, die Preise, die ich in den Uebungen davontrug: Alles vereinigte sich, das günstige Vorurtheil zu unterhalten, welches man einmal für mich gefaßt hatte. Da mir überdies noch die Verdienste meines Vaters und einer langen Reihe von Vorältern den Weg zur Republik bahnten, so war es kein Wunder, daß ich in einem Alter, worin die meisten Jünglinge nur mit ihren Vergnügungen beschäftigt sind, den Muth hatte, in den öffentlichen Versammlungen aufzutreten, und das Glück, mit einem Beifall aufgenommen zu werden, der mich in Gefahr setzte, ebenso schnell, als ich emporgehoben wurde, entweder durch meine eigene Vermessenheit oder durch den Neid meiner Nebenbuhler wieder gestürzt zu werden.

„Die Beredsamkeit ist in Athen wie in allen Freistaaten, wo das Volk Antheil an der öffentlichen Verwaltung hat, der nächste Weg zu Ehrenstellen und das gewisseste Mittel, sich auch ohne dieselben Ansehen- und Einfluß zu verschaffen. Ich ließ es mir also sehr angelegen sein, die Geheimnisse einer Kunst zu studiren, von deren Ausübung und dem Grade der Geschicklich= keit, den ich mir darin erwerben würde, die glückliche Ausführung aller meiner Entwürfe abzuhangen schien. Denn, wenn ich be= dachte, wozu Perikles und Alcibiades die Athener zu bereden gewußt hatten, so zweifelte ich keinen Augenblick, daß ich sie mit einer gleichen Geschicklichkeit zu Maßnehmungen würde überreden können, welche (außerdem daß sie an sich selbst edler waren) zu weit glänzendern Vortheilen führten, ohne so ungewiß und ge= fährlich zu sein.

„In dieser Absicht besuchte ich die Schule des Platon, wel= cher damals zu Athen in seinem höchsten Ansehen stand und, indem er die Weisheit des Sokrates mit der Beredsamkeit eines Gorgias und Prodikus vereinigte, nach dem Urtheil meiner alten Freunde weit geschickter als diese Wortkünstler war, einen Redner zu bilden, welcher mehr durch die Stärke der Wahrheit als durch die Blendwerke und Kunstgriffe einer hinterlistigen Dialektik sich die Gemüther seiner Zuhörer unterwerfen wollte. Der vertrautere Zutritt, den mir dieser berühmte Weise vergönnte, entdeckte eine so große Uebereinstimmung meiner Denkungsart mit seinen Grundsätzen, daß die Freundschaft, die ich für ihn faßte, sich in eine fast schwärmerische Leidenschaft verwandelte. Sie würde mir in den Augen der Welt schädlich gewesen sein, wenn man damals schon so von ihm gedacht hätte, wie man dachte, nachdem er durch die Bekanntmachung seiner metaphy= sischen Dialoge bei den Staatsleuten und selbst bei Vielen, die seine Bewunderer gewesen waren, den Vorwurf, welchen Aristophanes ehemals (wiewol höchst unbillig) dem weisen So= krates machte, sich mit besserm Grund oder mehr Scheinbarkeit zugezogen hatte. Aber damals hatte Plato weder seinen Timäus noch seine Republik geschrieben. Indessen existirte diese letztere doch bereits in seinem Gehirne. Sie gab sehr oft den Stoff zu unsern Gesprächen in den Spaziergängen der Akademie ab; und er bemühte sich desto eifriger, mir seine Begriffe von der besten Art, die menschliche Gesellschaft einzurichten und zu re=

gieren, eigen zu machen, da er das Vergnügen zu haben hoffte, sie durch mich in einigem Grade realisirt zu sehen.

„Sein Eifer in diesem Stücke mag so groß gewesen sein, als er will, so war er doch gewiß nicht größer als meine Begierde, dasjenige auszuüben, was er speculirte. Allein, da meine Vorstellung von der Wichtigkeit der Pflichten eines Staatsmannes der Lauterkeit und innerlichen Güte meiner Absichten angepaßt war, und ich desto weiter von Ehrsucht und andern eigennützigen Leidenschaften entfernt zu sein glaubte, je gewisser ich (wenn ich es für erlaubt gehalten hätte, bei der Wahl einer Lebensart blos meiner Privatneigung zu folgen) eine von städtischem Getümmel entfernte Freiheit und den Umgang mit den Musen der Ehre, eine ganze Welt zu beherrschen, vorgezogen hätte: so glaubte ich mich nicht genug vorbereiten zu können, eh ich auf einem Theater erschiene, wo der erste Auftritt gemeiniglich das Glück des ganzen Schauspiels entscheidet. Ich widerstand bei etlichen Gelegenheiten, welche mich aufzufordern schienen, sowol dem Zudringen meiner Freunde als meiner eigenen Neigung, wiewol es (seitdem Alcibiades mit so gutem Erfolg den Anfang gemacht hatte) nicht an jungen Leuten fehlte, welche — ohne durch andre Talente als die Geschicklichkeit, ein Gastmahl anzuordnen, sich zierlich zu kleiden, zu tanzen und die Cither zu spielen, bekannt zu sein — vermessen genug waren, nach einer durchgeschwärmten Nacht aus den Armen einer Buhlerin in die Versammlung des Volks zu hüpfen und, von Salben triefend, mit einer tändelhaften Geschwätzigkeit über die Gebrechen des Staats und die Fehler der öffentlichen Verwaltung zu plaudern.

„Endlich ereignete sich ein Fall, wo das Interesse eines Freundes, den ich vorzüglich liebte, alle meine Bedenklichkeiten überwog. Eine mächtige Cabale hatte seinen Untergang geschworen. Er war unschuldig; aber die Anscheinungen waren gegen ihn. Die Gemüther waren wider ihn eingenommen, und die Furcht, sich den Unwillen seiner Feinde zuzuziehen, hielt die Wenigen, welche besser von ihm dachten, zurück, sich seiner öffentlich anzunehmen. In diesen Umständen stellte ich mich als seinen Vertheidiger dar.' Da ich von seiner Unschuld überzeugt war, so wirkten alle diese Betrachtungen, wodurch sich seine übrigen Freunde abschrecken ließen, bei mir gerade das Widerspiel. Ganz Athen wurde aufmerksam, da es bekannt wurde, daß Agathon, des Stratonikus Sohn, auftreten würde, die Sache

des schon zum Voraus verurtheilten Lysias zu führen. Die Zuneigung, welche das Volk zu mir trug, veränderte auf einmal
die Meinung, die man von dieser Sache gefaßt hatte. Die
Athener fanden eine Schönheit, von der sie ganz bezaubert
wurden, in der Großmuth und Herzhaftigkeit, womit ich (wie sie
sagten) mich für einen Freund erklärte, den alle Welt verlassen
und der Wuth und Uebermacht seiner Feinde preisgegeben hätte.
Man that nun die eifrigsten Gelübde, daß ich den Sieg davontragen möchte; und der Enthusiasmus, womit Einer den Andern
ansteckte, wurde so groß, daß die Gegenpartei sich genöthigt sah,
den Tag der Entscheidung weiter hinauszusetzen, um die erhitzten
Gemüther sich wieder abkühlen zu lassen. Sie sparten inzwischen
keine Kunstgriffe, sich des Ausgangs zu versichern; allein der
Erfolg vereitelte alle ihre Maßnehmungen. Die Zujauchzungen,
womit ich von einem großen Theile des Volkes empfangen wurde,
munterten mich auf. Ich sprach mit einem gesetztern Muth, als
man von einem Jüngling erwarten konnte, der zum ersten Male
vor einer so zahlreichen und Ehrfurcht gebietenden Versammlung
redete, und vor einer Versammlung, wo der geringste Hand-
werksmann sich für einen Kenner und rechtmäßigen Richter der
Beredsamkeit hielt und vielleicht auch dafür gelten konnte. Die
Wahrheit that auch hier die Wirkung, welche sie allemal thut,
wenn sie in ihrem eigenen Lichte und mit derjenigen Lebhaftigkeit, so die eigene Ueberzeugung des Redners giebt, vorgetragen
wird: sie überwältigte alle Gemüther. Lysias wurde losge-
sprochen, und Agathon, der nunmehr der Held der Athener war,
im Triumphe nach Hause begleitet.

„Von dieser Zeit an erschien ich oft in den öffentlichen Versammlungen. Die Liebe meiner Mitbürger und der Beifall, der
mir, so oft ich redete, entgegenflog, machten mir Muth, nun
auch an den allgemeinen Angelegenheiten Theil zu nehmen.
Das Glück schien beschlossen zu haben, mich nicht eher zu verlassen, bis es mich auf den Gipfel der republikanischen Größe
erhoben hätte. Ich machte also in dieser neuen Laufbahn so
schnelle Schritte, daß in Kurzem die Gunst, worin ich bei dem
Volke stand, dem Ansehen der Mächtigsten zu Athen das Gleichgewicht hielt. Meine heimlichen Feinde selbst sahen sich, um
dem Volk angenehm zu sein, genöthigt, öffentlich die Zahl meiner
Bewunderer zu vermehren.

„Der Tod meines Vaters, der um diese Zeit erfolgte, be-
raubte mich eines Freundes und Führers, dessen Klugheit mir

in dem gefahrvollen Ocean des politischen Lebens unentbehrlich
war. Ich wurde dadurch in den Besitz eines großen Ver=
mögens gesetzt, bei welchem er dem Neide seiner Mitbürger
nur durch die große Bescheidenheit, womit er es gebrauchte,
entgangen war. Ich war nicht so vorsichtig. Zwar der
Gebrauch, den ich davon machte, war an sich selbst edel und
löblich: ich verschwendete es, um Gutes zu thun. Ich unter=
stützte alle Arten von Bürgern, welche ohne ihre Schuld in
Unglück gerathen waren. Mein Haus war der Sammelplatz
der Gelehrten, der Künstler und der Fremden. Mein Ver=
mögen stand Jedem zu Diensten, der dessen benöthigt war.
Aber eben dies war es, was in der Folge meinen Fall be=
förderte. Man würde mir eher zu gut gehalten haben, wenn
ich es mit Gastmählern, mit Buhlerinnen und mit einer steten
Abwechslung prächtiger und ausschweifender Lustbarkeiten durch=
gebracht hätte.

„Indessen stand es doch eine geraume Zeit an, bis die
Eifersucht, welche ich durch eine solche Lebensart in den Ge=
müthern der Angesehensten erregte, sich sichtbare Ausbrüche er=
lauben durfte. Das Volk, welches mich vorhin geliebt hatte,
fing nun an, mich zu vergöttern. Der Ausdruck, den ich hier
gebrauche, ist nicht zu stark. Denn da ein gewisser Dichter, der
sich meines Tisches zu bedienen pflegte, sich einst einfallen ließ,
in einem großen und elenden Gedichte mir den Apollo zum
Vater zu geben, so fand diese lächerliche Schmeichelei bei dem
Pöbel (dem ohnehin das Wunderbare allemal besser als das
Natürliche einleuchtet) so großen Beifall, daß sich nach und nach
eine Art von Sage befestigte, welche meiner Mutter die Ehre
beilegte, den Gott zu Delphi für ihre Reizungen empfindlich ge=
macht zu haben. So ausschweifend dieser Wahn war, so wahr=
scheinlich schien er meinen Gönnern aus der untersten Classe.
Dadurch allein glaubten sie die außerordentlichen Vollkommen=
heiten, die sie mir zuschrieben, erklären und die ungereimten
Hoffnungen, welche sie sich von mir machten, rechtfertigen zu
können. Denn das Vorurtheil des großen Haufens ging weit
genug, daß Viele öffentlich sagten: Athen könne durch mich
allein zur Gebieterin des Erdbodens gemacht werden, und man
könne nicht genug eilen, mir eine einzelne und unumschränkte
Gewalt zu übertragen, — eine Sache, von welcher sie sich nichts
Geringeres als die Wiederkehr der goldenen Zeit, die gänzliche
Aufhebung des verhaßten Unterschieds zwischen Armen und

Reichen und einen seligen Müßiggang mitten unter allen Wol=
lüsten und Ergetzlichkeiten des Lebens versprachen.

„Bei diesen Gesinnungen, womit in größerm oder kleinerm
Grade der Schwärmerei das ganze Volk zu Athen für mich
eingenommen war, brauchte es nur eine Gelegenheit, um sie
dahin zu bringen, die Gesetze selbst zu Gunsten ihres Lieblings
zu überspringen. Diese zeigte sich, da Euböa und einige andere
Inseln, sich des Joches, welches ihnen die Athener aufgelegt
hatten, zu entledigen, einen Aufstand erregten, worin sie von
den Spartanern heimlich unterstützt wurden. Man konnte (die
unzulängliche Theorie, welche man zu Hause erwerben kann,
ausgenommen) des Kriegswesens nicht unerfahrner sein, als ich
es war. Ich hatte das Alter noch nicht erreicht, welches die
Gesetze zur Bekleidung eines öffentlichen Amtes erforderten.
Wir hatten keinen Mangel an geschickten und geübten Kriegs=
leuten. Ich selbst wandte mein ganzes Ansehen an, um einen
davon, den ich seines sittlichen Charakters wegen vorzüglich hoch=
schätzte, zum Feldherrn gegen die Empörten erwählen zu machen.
Aber das Alles half nichts gegen die warme Einbildungskraft
des lebhaftesten und leichtsinnigsten Volks in der Welt. Agathon,
welchem man alle Talente zutraute, und von welchem man sich
berechtigt hielt Wunder zu erwarten, war allein tauglich, die
Ehre des Athenischen Namens zu behaupten und den hoch=
fliegenden Träumen der politischen Müßiggänger zu Athen (die
bei diesem Anlaß in die Wette eiferten, wer die lächerlichsten
Projecte machen könne) Wirklichkeit zu geben. Diese Art von
Leuten war so geschäftig, daß es ihnen gelang, den größten
Theil des Volks mit ihrer Thorheit anzustecken. Jede Nachricht,
daß sich wieder eine andere Insel aufzulehnen anfange, ver=
ursachte eine allgemeine Freude. Man würde es gern gesehen
haben, wenn das ganze Griechenland an dieser Sache Antheil
genommen hätte. Auch fehlte es nicht an Zeitungen, welche
das Feuer größer machten, als es war, und endlich sogar den
König von Persien in den Aufstand von Euböa verwickelten;
Alles blos, um dem Agathon einen desto größern Schauplatz
zu geben, die Athener durch Heldenthaten zu belustigen und
durch Eroberungen zu bereichern. Ich wurde also, so sehr ich
mich sträubte, mit unumschränkter Gewalt über die Armee, über
die Flotten und über die Schatzkammer, zum Feldherrn gegen
die abtrünnigen Inseln ernannt.“

Zweites Capitel.

Agathon's Glück und Ansehn in der Republik erreicht seinen höchsten Gipfel.

„Da ich einmal genöthigt war, dem Eigensinn meiner Mit=
bürger nachzugeben, so beschloß ich, es mit einer guten Art zu
thun und die Sache von derjenigen Seite anzusehen, welche mir
eine erwünschte Gelegenheit zu geben schien, den Anfang zur
Ausführung meiner eigenen Entwürfe zu machen. Ich wußte,
daß die Insulaner gerechte Klagen gegen Athen zu führen hatten.
Wie hätten sie eine Regierung lieben können, von der sie unter=
drückt, ausgesogen und mit Füßen getreten wurden? Ich
gründete also meinen ganzen Plan ihrer Beruhigung und
Wiederbringung — auf den Weg der Güte, auf Abstellung der
Mißbräuche, wodurch sie erbittert worden waren, auf eine billige
Mäßigung der Abgaben, welche man, gegen ihre Freiheiten und
über ihr Vermögen, von ihnen erpreßt hatte, und auf ihre
Wiedereinsetzung in alle Rechte und Vortheile, deren sie sich als
Griechen und als Bundesgenossen vermöge vieler besondern
Verträge zu erfreuen haben sollten. Allein ehe ich von Athen ab=
reisen konnte, war es nöthig, die Gemüther vorzubereiten und
auf einen Ton zu stimmen, der mit meinen Grundsätzen und
Absichten übereinkäme, desto nöthiger, da ich sah, wie lebhaft
die ausschweifenden Projecte, womit die Eitelkeit des Alcibiades
sie ehemals bezaubert hatte, bei dieser Gelegenheit wieder auf=
gewacht waren.

„Ich versammelte also das Volk und wandte alle Kräfte der
Redekunst, welche bei keinem Volke der Welt so viel vermag
als bei den Athenern, dazu an, sie von der Gründlichkeit meiner
Entwürfe zu überzeugen, wiewol ich sie nur so viel davon sehen
ließ, als zur Erreichung meiner Absicht nöthig war. Nachdem ich
ihnen die Größe und den Wohlstand, wozu die Republik ver=
möge ihrer natürlichen Vortheile und innerlichen Stärke ge=
langen köune, mit den reizendsten Farben abgemalt hatte, be=
mühte ich mich, zu beweisen, „daß weitläufige Eroberungen
(außer der Gefahr, womit sie durch die Unbeständigkeit des
Kriegsglücks verbunden sind) den Staat endlich nothwendiger=
weise unter der Last seiner eigenen Größe erdrücken müßten;
daß es einen weit sicherern und kürzern Weg gebe, Athen zur
Königin des Erdbodens zu machen, weil allezeit diejenige Nation
den übrigen Gesetze vorschreiben werde, welche zu gleicher Zeit

die klügste und die reichste sei; daß der Reichthum allezeit Macht
gebe, so wie die Klugheit den rechten Gebrauch der Macht
lehre; daß Athen in Beidem allen andern Völkern überlegen
sein werde, wenn sie auf der einen Seite fortfahre, die Pflege=
mutter der Wissenschaften und der Künste zu sein, auf der andern
alle ihre Bestrebungen darauf richte, die Herrschaft über das
Meer zu behaupten, nicht in der Absicht, Eroberungen zu machen,
sondern sich in eine solche Achtung bei den Auswärtigen zu
setzen, daß Jedermann ihre Freundschaft suche, und Niemand es
wagen dürfe, ihren Unwillen zu reizen; daß für einen am
Meere gelegenen Freistaat ein gutes Vernehmen mit allen übrigen
Völkern und eine so weit als möglich ausgebreitete Handelschaft
der natürliche und unfehlbare Weg sei, nach und nach zu einer
Größe zu gelangen, deren Ziel nicht abzusehen sei; daß aber
hierzu die Erhaltung seiner eigenen Freiheit, und zu dieser
die Freiheit aller übrigen, sonderheitlich der benachbarten, oder
wenigstens ihre Erhaltung bei ihrer alten und natürlichen Form
und Verfassung nöthig sei; daß Bündnisse mit den Nachbarn
und eine Freundschaft, wobei sie ebensowol ihren Vortheil
finden als wir den unsrigen, einem solchen Staate weit mehr
Macht, Ansehen und Einfluß auf die allgemeine Verfassung des
politischen Systems der Welt geben müßten als die Unterwerfung
derselben; weil ein Freund allezeit mehr werth ist als ein
Sklave; daß die Gerechtigkeit der einzige Grund der Macht und
Dauer eines Staats, so wie das einzige Band der menschlichen
Gesellschaft sei; daß diese Gerechtigkeit fordre, eine jede politische
Gesellschaft (sie möge groß oder klein sein) als Unsersgleichen
anzusehen und ihr eben die Rechte zuzugestehen, welche wir für
uns selbst fordern, und daß ein nach diesen Grundsätzen ein=
gerichtetes Betragen das gewisseste Mittel sei, sich allgemeines
Zutrauen zu erwerben und, anstatt einer gewaltsamen, mit allen
Gefahren der Tyrannei verknüpften Oberherrschaft, ein frei=
willig eingestandenes Ansehen zu behaupten, welches in der That
von allen Vortheilen der ersteren begleitet sei, ohne die verhaßte
Gestalt und schlimmen Folgen derselben zu haben."

„Nachdem ich alle diese Wahrheiten in ihrer besondern An=
wendung auf Griechenland und Athen in das stärkste Licht
gesetzt und bei dieser Gelegenheit die Thorheit der Projecte des
Alcibiades und andrer ehrsüchtiger Schwindelköpfe ausführlich
erwiesen hatte, bemühte ich mich darzuthun: „daß der Aufstand
der Inseln, welche bisher unter dem Schutz der Athener ge=

standen, in neueren Zeiten aber durch Schuld einiger böser Rath=
geber der Republik als unterworfene Sklaven behandelt worden
seien, die glücklichste Gelegenheit anbiete, zu gleicher Zeit das
ganze Griechenland von der gerechten und edelmüthigen
Denkungsart der Athener zu überzeugen und durch eine an=
sehnliche Vermehrung der Seemacht (wovon die Unkosten durch
die größere Sicherheit und Erweiterung der Handelschaft reichlich
ersetzt würden) sich in ein solches Ansehen zu setzen, daß Niemand
jenes gelinde und großmüthige Verfahren mit dem mindesten
Schein einem Mangel an Vermögen, sich Genugthuung zu ver=
schaffen, werde beimessen können." Ich unterstützte diese Vor=
schläge mit allen den Gründen, welche auf die warme Einbil=
dungskraft meiner Zuhörer den stärksten Eindruck machen konnten,
und hatte das Vergnügen, daß meine Rede mit dem lautesten
Beifall aufgenommen wurde. In der That ließen sich die
Athener ebenso leicht von Wahrheit und gesunden Grundsätzen
einnehmen als von den Blendwerken einer falschen Staatskunst,
wofern ihnen jene nur in einem ebenso reizenden Lichte gezeigt
und mit ebenso lebhaften Farben vorgemalt wurden; auch war
es ihnen ganz gleichgiltig, durch was für Mittel Athen zu der
Größe, die das Ziel aller ihrer Wünsche war, gelangen möchte,
wenn es nur dazu gelangte. Ja, ein großer Theil der Bürger,
dem der Friede mehr Vortheil brachte als der Krieg, ließ sich's
vielmehr wohl gefallen, wenn dieses Ziel seiner Eitelkeit auf
eine mit seinem Privatnutzen mehr übereinstimmende Weise er=
halten werden könnte.

„Meine heimlichen Feinde, welche nicht zweifelten, daß dieser
Kriegszug auf eine oder andere Art Gelegenheit zu meinem
Falle geben würde, waren weit entfernt, meinen Maßnehmungen
öffentlich zu widerstehen, aber (wie ich in der Folge erfuhr)
unter der Hand desto geschäftiger, ihren natürlichen Erfolg zu
hemmen, Schwierigkeiten aus Schwierigkeiten hervorzuspinnen
und die mißvergnügten Insulaner durch geheime Aufstiftungen
übermüthig und zu billigen Bedingungen abgeneigt zu machen.
Die Verachtung, womit man anfangs diesen Aufstand zu Athen
angesehen hatte, das ansteckende Beispiel und die Ränke anderer
griechischen Städte, welche die Obermacht der Athener mit eifer=
süchtigen Augen ansahen, hatten zuwege gebracht, daß indessen
auch die attischen Colonien und der größte Theil der Bundes=
genossen kühn genug worden waren, sich einer Unabhängigkeit
anzumaßen, deren schädliche Folgen sie sich selbst unter dem

reizenden Namen der Freiheit verbargen. Es war die höchste
Zeit, einer allgemeinen Empörung und Zusammenverschwörung
gegen Athen zuvorzukommen, und meine Landsleute — welche
bei Annäherung einer Gefahr, die ihnen in der Ferne nur
Stoff zu witzigen Einfällen gegeben hatte, sehr schnell von der
leichtsinnigsten Gleichgiltigkeit zur übermäßigsten Kleinmüthigkeit
übergingen — vergrößerten sich selbst das Uebel so sehr, daß
ich genöthigt wurde, unter Segel zu gehen, ehe die Zurüstungen
noch zur Hälfte fertig waren.

„Ich hatte die Vorsichtigkeit gebraucht, meinen Freund, über
welchen mir die Gunst des Volkes einen so unbilligen Vorzug
gegeben hatte, als Unterbefehlshaber mitzunehmen. Die Bescheidenheit, womit ich mich des Ansehens, welches mir meine
Commission über ihn gab, bediente, kam einer Eifersucht zuvor,
die den Erfolg unsrer Unternehmung hätte vereiteln können.
Wir handelten aufrichtig und ohne Nebenabsichten nach einem
gemeinschaftlich abgeredeten Plane, und das Glück begünstigte
uns so sehr, daß in weniger als zwei Jahren alle Inseln,
Colonien und Schutzverwandte der Athener nicht nur beruhigt
und in die Schranken zurückgebracht, sondern durch die Abstellung Alles dessen, wodurch sie unbilligerweise beschwert worden
waren, und durch die Bestätigung ihrer alten Freiheiten mehr
als jemals geneigt gemacht wurden, unsre Freundschaft allen
andern Verbindungen vorzuziehen. In Allem diesem folgte ich,
ohne besondere Verhaltungsbefehle einzuholen, meiner eigenen
Denkungsart mit desto größrer Zuversicht, da ich den ehemaligen
Mißvergnügten nichts zugestanden hatte, was sie nicht sowol
nach dem Naturrecht als kraft älterer Verträge zu fordern vollkommen berechtigt waren, hingegen durch diese Nachgiebigkeit
neue und sehr beträchtliche Vortheile für die Athener erkaufte:
Vortheile, die dem ganzen gemeinen Wesen zuflossen, anstatt
daß aller Nutzen von ihrer Unterdrückung lediglich in die Cassen
einiger Privatleute und ehemaligen Günstlinge des Volks geleitet worden war.

„Ich kehrte also mit dem Vergnügen, recht gethan zu haben,
mit dem Beifall und der lebhaftesten Zuneigung aller Colonien
und Bundesgenossen und mit der vollen Zuversicht, die Belohnung, die ich verdient zu haben glaubte, in der Zufriedenheit meiner Mitbürger zu finden, an der Spitze einer dreimal
stärkern Flotte, als womit ich ausgelaufen war, nach Athen zurück.
Ich schmeichelte mir, daß ich mir durch eine so schleunige Bei-

legung einer Unruhe, welche so weitaussehend und gefährlich
geschienen, einiges Verdienst um mein Vaterland erworben hätte.
Ich· hatte aus unsern Feinden Freunde und aus unsichern Unter=
thanen zuverlässige Bundesgenossen gemacht, deren Treue desto
weniger zweifelhaft schien, da ihre Sicherheit und ihr Wohlstand
durch unzertrennliche Bande mit dem Interesse von Athen ver=
knüpft worden war. Ich hatte, des gemeinen Schatzes zu
schonen, mein eignes Vermögen zugesetzt und durch mehr als
hundert ausgerüstete Galeeren, die ich von dem guten Willen
der beruhigten Insulaner erhielt, unsrer Seemacht eine ansehn=
liche Verstärkung gegeben. Ich hatte das Ansehen der Republik
befestigt, ihre Neider abgeschreckt und ihrer Handlung einen
Ruhestand verschafft, dessen Fortdauer nunmehr, wenigstens auf
lange Zeiten, blos von unserm eigenen Betragen abhing. Das
Vergnügen, welches sich über mein Gemüth ausbreitete, wenn
ich alle diese Vortheile meiner Verrichtung überdachte, war so
lebhaft, daß ich mir außer dem Beifall und Zutrauen meiner
Mitbürger keine höhere Belohnung denken konnte. Aber die
Athener waren im ersten Anstoß ihrer Erkenntlichkeit keine Leute,
welche Maß zu halten wußten. Ich wurde im Triumph ein=
geholt und mit allen Arten von Ehrenbezeigungen in die Wette
überhäuft. Die Bildhauer mußten sich Tag und Nacht an
meinen Statuen müde arbeiten. Alle Tempel, alle öffentlichen
Plätze und Hallen wurden mit Denkmälern meines Ruhms
ausgeziert. Diejenigen, die in der Folge mit der größten Hitze
an meinem Verderben arbeiteten, waren jetzt die Eifrigsten,
übermäßige und zuvor nie erhörte Belohnungen vorzuschlagen,
welche das Volk in dem Feuer seiner brausenden Zuneigung
gutherzigerweise bewilligte, ohne daran zu denken, daß mir diese
Ausschweifungen seiner Hochachtung in Kurzem von ihm selbst
zu ebenso vielen Verbrechen gemacht werden würden.

„Da ich sah, daß alle meine Bescheidenheit nicht zureichte,
den reißenden Strom der popularen Dankbarkeit aufzuhalten,
so glaubte ich am Besten zu thun, wenn ich mich eine Zeit lang
entfernte, und bis die Athenische Lebhaftigkeit durch irgend eine
neue Komödie, einen fremden Gaukler oder eine frisch ange=
kommene Tänzerin einen andern Schwung bekommen haben
würde, auf meinem Landgute zu Korinth in Gesellschaft der
Musen einer Ruhe zu genießen, welche ich durch die Arbeiten
einiger Jahre verdient zu haben glaubte. Ich dachte wenig
daran, daß ich in einer Stadt, deren Liebling ich zu sein schien,

Feinde hätte, welche, indeſſen ich mit aller Sorgloſigkeit der Un=
ſchuld die Vergnügungen des Landlebens und der geſelligen
Freiheit koſtete, einen ebenſo boshaften als künſtlich ausge=
ſonnenen Plan zu meinem Untergang anzulegen beſchäftigt waren.

„Alles, womit ich, bei der ſchärfſten Prüfung meines öffent=
lichen und Privatlebens in Athen, mir bewußt bin, mein Un=
glück, wo nicht verdient, doch befördert zu haben, iſt Unvorſichtig=
keit oder Mangel an derjenigen Klugheit, welche nur die Er=
fahrung geben kann. Ich lebte nach meinem Geſchmack und
nach meinem Herzen, weil ich gewiß wußte, daß beide gut
waren, ohne zu bedenken, daß man mir andre Abſichten bei
meinen Handlungen andichten könne, als ich wirklich hatte. Ich
that Jedermann Gutes, weil ich meinem Herzen dadurch ein
Vergnügen verſchaffte, welches ich allen andern Freuden vorzog.
Ich beſchäftigte mich mit dem gemeinen Beſten der Republik,
weil ich zu dieſer Beſchäftigung geboren war, weil ich Tüchtig=
keit dazu in mir fühlte und durch die Zuneigung meiner Mit=
bürger in den Stand geſetzt zu werden hoffte, meinem Vater=
land und der Welt nützlich zu ſein. Ich hatte keine andern
Abſichten und würde mir eher haben träumen laſſen, daß man
mich beſchuldigen werde, nach der Krone des Königs von Perſien
als nach der Unterdrückung meines Vaterlandes zu ſtreben.
Da ich mir bewußt war, Niemands Haß verdient zu haben, ſo
hielt ich einen Jeden für meinen Freund, der ſich dafür ausgab.
Und warum hätt' ich es nicht thun ſollen? Kaum war ein
Bürger in Athen, dem ich nicht Dienſte geleiſtet hatte. Aus
dem nämlichen Grunde dachte ich gleich wenig daran, wie ich
mir einen Anhang machen, als wie ich die geheimen Anſchläge
von Feinden, die mir unſichtbar waren, vereiteln wolle. Denn
ich glaubte nicht, daß die Freimüthigkeit, womit ich ohne Galle
oder Uebermuth meine Meinung bei jeder Gelegenheit ſagte, eine
Urſache ſein könne, mir Feinde zu machen. Mit einem Wort,
ich wußte noch nicht, daß Tugend, Verdienſte und Wohlthaten
gerade dasjenige ſind, wodurch man gewiſſe Leute zu dem
tödtlichſten Haß erbittern kann. Eine traurige Erfahrung konnte
mir allein zu dieſer Einſicht verhelfen, und es iſt billig, daß
ich ſie werth halte, da ſie mir nicht weniger als mein Vater=
land, die Liebe meiner Mitbürger, meine ſchönſten Hoffnungen
und das glückſelige Vermögen, Vielen Gutes zu thun und von
Niemand abzuhangen, gekoſtet hat.“

Drittes Capitel.

Agathon wird als ein Staatsverbrecher angeklagt.

„Der Zeitpunkt meines Lebens, auf den ich nunmehr ge=
kommen bin, führt allzu unangenehme Erinnerungen mit sich,
als daß ich nicht entschuldigt sein sollte, wenn ich so schnell da=
von wegeile, als es die Gerechtigkeit zulassen wird, die ich mir
selbst schuldig bin. Es mag sein, daß einige von meinen Feinden
aus Beweggründen eines republikanischen Eifers gegen mich
aufgestanden sind und sich durch meinen Sturz ebenso verdient
um ihr Vaterland zu machen geglaubt haben als Harmodius
und Aristogiton durch die Ermordung des Pisistratiden Hipparchus.
Aber es ist doch gewiß, daß diejenigen, welche die Sache mit
der größten Wuth betrieben, keinen andern Beweggrund hatten
als die Eifersucht über das Ansehen, welches mir die allgemeine
Gunst des Volkes gab, und welches sie nicht ohne Ursache für
ein Hinderniß ihrer eigenen ehrgeizigen und gewinnsüchtigen Ab=
sichten hielten. Die Meisten glaubten auch, daß sie Privat=
beleidigungen zu rächen hätten. Einige nährten noch den alten
Groll, den sie bei meinem ersten Auftritt in der Republik gegen
mich faßten, da ich meinen rechtschaffenen Freund den Wirkungen
ihrer Verfolgung entriß. Andere schmerzte es, daß ich ihnen
bei der Wahl eines Befehlshabers gegen die empörten Inseln
vorgezogen worden war. Viele waren durch den Verlust der
Vortheile, welche sie von den ungerechten Bedrückungen der=
selben gezogen hatten, beleidigt worden. Bei diesen Allen half
mir nichts, daß ich keine Absicht, sie zu beleidigen, hatte, und
daß es nur zufälligerweise dadurch geschehen war, weil ich,
meiner Ueberzeugung gemäß, meine Pflicht thun wollte. Sie
beurtheilten meine Handlungen aus einem ganz andern Gesichts=
punkte, und es war bei ihnen ein ausgemachter Grundsatz, daß
derjenige kein ehrlicher Mann sein könne, der ihren Privat=
absichten Schranken setzte. Zum Unglück für mich machten diese
Leute einen großen Theil von den Vornehmsten und Reichsten
in Athen aus. Hierzu kam noch, daß ich meiner immer fort=
dauernden Liebe zu Psyche die vortheilhaftesten Verbindungen,
welche mir angeboten worden waren, aufgeopfert und mich da=
durch der Unterstützung und des Schutzes beraubt hatte, den ich
mir von der Verschwägerung mit einem mächtigen Geschlechte
hätte versprechen können. Ich hatte nichts, was ich den Ränken

und der vereinigten Gewalt so vieler Feinde entgegensetzen
konnte, als meine Unschuld, einige Verdienste und die Zuneigung
des Volks, schwache Brustwehren, welche noch nie gegen die
Angriffe des Neides, der Arglist und der Gewaltthätigkeit aus=
gehalten haben. Die Unschuld kann verdächtig gemacht, Ver=
diensten durch ein falsches Licht das Ansehen von Verbrechen
gegeben werden; und was ist die Gunst eines schwärmerischen
Volkes, dessen Bewegungen immer seinen Ueberlegungen zuvor=
kommen, welches mit gleichem Uebermaß liebt und haßt und,
wenn es einmal in eine fieberische Hitze gesetzt worden, gleich
geneigt ist, dieser oder einer entgegengesetzten Richtung, je nach=
dem es gestoßen wird, zu folgen? Was konnte ich mir von
der Gunst eines Volkes versprechen, welches den großen Be=
schützer der griechischen Freiheit im Gefängniß hatte verschmachten
lassen? welches den tugendhaften Aristides blos darum, weil er
den Beinamen des Gerechten verdiente, verbannt und in einer
von seinen gewöhnlichen Launen sogar den weisen Sokrates zum
Giftbecher verurtheilt hatte? Diese Beispiele sagten mir bei der
ersten Nachricht, die ich von dem über mir sich zusammenziehenden
Ungewitter erhielt, zuverlässig vorher, was ich von den Athenern
zu erwarten hätte. Sie machten, daß ich ihnen nicht mehr zu=
traute, als sie leisteten; und sie trugen nicht wenig dazu bei,
daß ich ein Unglück mit Standhaftigkeit ertrug, in welchem ich
so vortreffliche Männer zu Vorgängern gehabt hatte.

„Derjenige, den meine Feinde zu meinem Ankläger aus=
erkoren hatten, war einer von den witzigen Schwätzern, deren
feiles Talent gleich fertig ist, Recht oder Unrecht zu verfechten.
Er hatte in der Schule des berüchtigten Gorgias gelernt, durch
die Zaubergriffe der Redekunst den Verstand seiner Zuhörer zu
blenden und sie zu bereden, daß sie sähen, was sie nicht sahen.
Er bekümmerte sich wenig darum, zu beweisen, was er mit der
größten Dreistigkeit behauptete; aber er mußte die Schwäche
seiner einzelnen Sätze und Beweisgründe durch eine zwar will=
kürliche, aber desto künstlichere Verbindung so geschickt zu ver=
bergen, daß man, sogar mit einer gründlichen Beurtheilungs=
kraft, auf seiner Hut sein mußte, um nicht von ihm überrascht
zu werden. Der hauptsächlichste Vorwurf seiner Anklage war
die schlimme Verwaltung, deren ich mich als Oberbefehlshaber
in der Angelegenheit der empörten Schutzverwandten schuldig
gemacht haben sollte. Er bewies mit großem Wortgepränge, daß
ich in dieser ganzen Sache nichts gethan hätte, das der Rede

werth wäre; daß ich vielmehr, anstatt die Empörten zu züchtigen
und zum Gehorsam zu bringen, ihren Sachwalter abgegeben,
sie für ihren Aufruhr belohnt, ihnen noch mehr, als sie selbst
zu fordern die Verwegenheit gehabt, zugestanden und durch
diese unbegreifliche Art zu verfahren ihnen Muth und Kräfte
gegeben hätte, bei der ersten Gelegenheit sich von Athen gänz=
lich unabhängig zu machen. Er bewies Alles dies nach den
Grundsätzen einer Politik, welche das Widerspiel von der meinigen
war, aber, wie es scheint, immer die beliebteste und gangbarste
sein wird, weil sie den Leidenschaften der Gewalthaber im Staate
allzu sehr schmeichelt, um nicht Eingang zu finden. Er hatte
noch die Bosheit, nicht entscheiden zu wollen, ob ich aus Un=
verstand oder geflissentlich so gehandelt hätte; doch erhob er auf
der einen Seite meine Fähigkeiten so sehr und legte so viel
Wahrscheinlichkeiten in die andere Wagschale, daß sich der Aus=
schlag von selbst geben mußte. Dieses führte ihn zu dem zweiten
Theil seiner Anklage, welcher in der That (ob er es gleich nicht
gestehen wollte) das Hauptwerk davon ausmachte. Und hier
wurden Beschuldigungen auf Beschuldigungen gehäuft, um mich
dem Volk als einen Ehrsüchtigen abzumalen, der sich einen
Plan gemacht habe, sein Vaterland zu unterdrücken und unter
dem Scheine der Großmuth, der Freigebigkeit und der Popula=
rität sich zum unumschränkten Herrn desselben aufzuwerfen.
Eine jede meiner Tugenden war die Maske eines Lasters, welches
im Verborgenen am Untergang der Freiheit und Glückseligkeit
der Athener arbeitete. In der That hatte die Beredsamkeit
meines Anklägers hier ein schönes Feld, sich zu ihrem Vortheil
zu zeigen und seinen Zuhörern das republikanische Vergnügen
zu machen, eine Tugend, welche mir allzu große Vorzüge vor
meinen Mitbürgern zu geben schien, heruntergesetzt zu sehen.
Indessen, ob er gleich keinen Theil meines Privatlebens (so un=
tadelhaft es ehemals meinen Gönnern geschienen hatte) unbe=
schmitzt ließ, so mochte er doch besorgen, daß die Kunstgriffe,
deren er sich dazu bedienen mußte, zu stark in die Augen fallen
möchten. Er raffte also Alles zusammen, was nur immer fähig
sein konnte, mich in ein verhaßtes Licht zu stellen; und da es
ihm an Verbrechen, die er mir mit einiger Wahrscheinlichkeit
hätte aufbürden können, mangelte, so legte er mir fremde Thor=
heiten und selbst die ausschweifenden Ehrenbezeigungen zur Last,
welche mir in der Fluth meines Glückes und meiner Gunst bei
dem Volk aufgedrungen worden waren. Ich mußte jetzt sogar

5*

für die elenden Verse Rechenschaft ge e , womit einige Dichter=
linge mir die Dankbarkeit ihres Mäogrus auf Unkosten ihres
Ruhms und des meinigen zu beweisen gesucht hatten. Man
beschuldigte mich in ganzem Ernste, daß ich übermüthig und
gottlos genug gewesen sei, mich für einen Sohn Apollo's aus=
zugeben, und mein Ankläger ließ diese Gelegenheit nicht ent=
gehen, über meine wahre Geburt Zweifel zu erregen und
unter vielen scherzhaften Wendungen die Meinung derjenigen
wahrscheinlich zu finden, welche (wie er sagte) benachrichtigt zu
sein glaubten, daß ich mein Dasein den verstohlenen Liebeshändeln
irgend eines Delphischen Priesters zu danken hätte.

„In dieser ganzen Rede ersetzte ein von Bosheit beseelter
Witz den Abgang gründlicher Beweise. Aber die Athener waren
schon lange gewohnt, sich Witz für Wahrheit verkaufen zu lassen
und sich einzubilden, daß sie überzeugt würden, wenn im Grunde
blos ihr Geschmack belustigt und ihre Ohren gekitzelt wurden. Sie
machte also den ganzen Eindruck, den meine Feinde sich davon
versprochen hatten. Die Eifersucht, welche sie in den Gemüthern
anblies, verwandelte die übermäßige Zuneigung, deren Gegen=
stand ich einige Jahre lang gewesen war, in den bittersten Haß.
Die guten Athener erschraken vor dem Abgrund, an dessen Raud
sie sich durch ihre Verblendung für mich unvermerkt hingezogen
sahen. Sie erstaunten, daß sie meine Unfähigkeit zur Staats=
verwaltung, meine Begierde nach einer unumschränkten Gewalt,
meine weitaussehenden Absichten und mein heimliches Ver=
ständniß mit ihren Feinden nicht eher wahrgenommen hätten.
Und da es nicht natürlich gewesen wäre, die Schuld davon auf
sich selbst zu nehmen, so schrieben sie es lieber einer Bezauberung
zu, wodurch ich ihre Augen eine Zeit lang zu verschließen ge=
wußt hätte. Ein Jeder glaubte nun, durch meine verderblichen
Anschläge gegen die Republik von der Dankbarkeit vollkommen
losgezählt zu sein, die er mir für Dienste oder Wohlthaten
schuldig sein mochte, welche nun als die Lockspeise angesehen
wurden, womit ich die Freiheit und mit ihr das Eigenthum
meiner Mitbürger wegzuangeln getrachtet hätte. Kurz, eben
dieses Volk, welches vor wenig Monaten mehr als menschliche
Vollkommenheiten an mir bewunderte, war jetzt unbillig genug,
mir nicht das geringste Verdienst übrig zu lassen, und eben die=
jenigen, die auf den ersten Wink bereit gewesen wären, mir die
Oberherrschaft in einem allgemeinen Zusammenlauf aufzudringen,
waren jetzt begierig, mich einen nie gefaßten Anschlag gegen die

Freiheit, deren sie sich in diesem Augenblicke selbst begaben, mit
meinem Blute büßen zu sehen. Als mir die gewöhnliche Frist
zur Verantwortung gegeben wurde, war meine Verurtheilung
durch die Mehrheit der Stimmen schon beschlossen, und das Ver=
gnügen, womit ich von einer unzählbaren Menge Volks ins
Gefängniß begleitet wurde, würde vollkommen gewesen sein, wenn
die Gesetze gestattet hätten, mich ohne weitere Prozeßförmlich=
keiten zum Richtplatze zu führen."

Viertes Capitel.

Ein Verwandter seines Vaters macht dem Agathon sein Geburts= und Erbrecht
streitig. Sein Gemüthszustand unter diesen Widerwärtigkeiten.

„So glücklich meinen Feinden ihr Anschlag von Statten ge=
gangen war, so glaubten sie doch, sich meines Untergangs noch
nicht genugsam versichert zu haben. Sie fürchteten die Unbe=
ständigkeit eines Volkes, von welchem sie allzu wohl wußten, wie
leicht es von Liebe zu Haß und von Haß zu Mitleiden über=
ging. Es blieb möglich, daß ich mit der bloßen Verbannung
auf einige Jahre durchwischen konnte, und dies ließ eine Ver=
änderung der Scene besorgen, bei welcher weder ihr Groll gegen
mich, noch ihre eigene Sicherheit ihre Rechnung fanden. Man
mußte also noch eine andere Mine springen lassen, durch die
mir, wenn ich einmal aus Athen vertrieben wäre, alle Hoffnung,
jemals wieder zurückzukommen, abgeschnitten würde. Man
mußte beweisen, daß ich kein Bürger von Athen sei; daß meine
Mutter keine Bürgerin und Stratonikus nicht mein Vater ge=
wesen; daß er mich, in Ermangelung eines Erben von seinem
eignen Blute, aus bloßem Haß gegen denjenigen, der es den
Gesetzen nach gewesen wäre, angenommen und untergeschoben
habe, und daß also die Gesetze mir kein Recht an seine Erbschaft
zugeständen. Da es zu Athen niemals an Leuten fehlt, welche
gegen eine angemessene Belohnung Alles gesehen und gehört
haben, was man will, und da von denjenigen, die der Wahr=
heit das beste Zeugniß hätten geben können, Niemand mehr am
Leben war, so hatten meine Gegner wenig Mühe, Alles dies
ebenso gut zu beweisen, als sie meine Staatsverbrechen bewiesen
hatten. Es wurde also eine neue Klage angestellt. Derjenige,
der sich zum Kläger wider mich aufwarf, war ein Neffe von
meinem Vater, durch nichts als die liederliche Lebensart be=

tannt, wodurch er sein Erbgut schon vor einigen Jahren ver=
praßt hatte. Seine Unverbesserlichkeit hatte ihn endlich der
Freundschaft meines Vaters so wie der Achtung aller recht=
schaffenen Leute beraubt, und dieses Umstands bediente er sich
nun, mich um eine Erbschaft zu bringen, die er, bevor noch von
mir die Rede war, als der nächste Verwandte in seinen Ge=
danken schon verschlungen hatte. Die Geschicklichkeit des Redners,
dessen Dienste er zur Ausübung seines Bubenstücks erkaufte,
der mächtige Beistand meiner Feinde, die Umstände selbst, in
denen er mich unvermuthet überfiel, und vornämlich die Ge=
fälligkeit seiner Zeugen, alle die Unwahrheiten zu beschwören,
die er zu seiner Absicht nöthig hatte: Alles das zusammen=
genommen versicherte ihm den glücklichen Ausgang seiner
Verrätherei, und die Reichthümer, die ihm dadurch zufielen,
waren in den Augen eines gefühllosen Eleuden, wie er, wichtig
genug, um mit Verbrechen, die ihm so wenig kosteten, erkauft
zu werden.

„Dieser letzte Streich, der vollständigste Beweis, auf was
für einen Grad die Wuth meiner Feinde gestiegen war, und
wie gewiß sie sich des Erfolgs hielten, ließ mir keine Hoffnung
übrig, die ihrige zu Schanden zu machen. Denn alle meine
vermeinten Freunde, bis auf wenige, deren guter Wille ohne
Vermögen war, hatten, sobald sie mich vom Glück verlassen
sahen, mich auch verlassen. Andere, welche zwar von dem Un=
recht, das mir angethan wurde, überzeugt waren, hatten
gleichwol nicht Muth genug, sich für eine fremde Sache in Ge=
fahr zu setzen, und der Einzige, dessen Charakter, Ansehen und
Freundschaft mir vielleicht hätte zu Statten kommen können,
Plato, befand sich seit einiger Zeit am Hofe des jungen
Dionysius zu Syrakus.

„Ich gestehe, daß ich, so lange die ersten Bewegungen
dauerten, mein Unglück in seinem ganzen Umfang fühlte. Für
ein redliches und dabei noch wenig erfahrnes Gemüth ist es
entsetzlich, zu fühlen, daß man sich in seiner guten Meinung
von den Menschen betrogen habe, und sich zu der abscheulichen
Wahl genöthigt zu sehen, entweder in einer beständigen Un=
sicherheit vor der Schwäche der Einen und der Bosheit der
Andern zu leben oder sich gänzlich aus ihrer Gesellschaft zu
verbannen. Aber die Kleinmüthigkeit, welche eine Folge meiner
ersten melancholischen Betrachtungen war, dauerte nicht lange.
Die Erfahrungen, die ich seit meiner Versetzung auf den Schau=

platz einer größern Welt in so kurzer Zeit gemacht hatte, weckten
die Erinnerungen meiner glücklichen Jugend in Delphi mit
einer Lebhaftigkeit wieder auf, worin sie sich mir unter dem
Getümmel des städtischen und politischen Lebens niemals dar=
gestellt hatten. Die Bewegung meines Gemüths, die Wehmuth,
wovon es durchdrungen war, die Gewißheit, daß ich in wenigen
Tagen von allen den Gunstbezeigungen, womit mich das Glück
so schnell und mit solchem Uebermaß überschüttet hatte, nichts
als die Erinnerung, die uns von einem Traume übrig bleibt,
und von Allem, was ich mein genannt hatte, nichts als das
Bewußtsein meiner Redlichkeit aus Athen mit mir nehmen
würde, — setzten mich auf einmal wieder in jenen seligen
Enthusiasmus, worin wir fähig sind, dem Aeußersten, was
die vereinigte Gewalt des Glücks und der menschlichen Bosheit
gegen uns vermag, ein standhaftes Herz und ein heitres Gesicht
entgegen zu stellen. Der unmittelbare Trost, den meine Grund=
sätze über mein Gemüth ergossen, die Wärme und neu beseelte
Stärke, die sie meiner Seele gaben, überzeugten mich von Neuem
von ihrer Wahrheit. Ich verwies es der Tugend nicht, daß sie
mir den Haß und die Verfolgungen der Bösen zugezogen hatte;
ich fühlte, daß sie sich selbst belohnt. Das Unglück schien mich
nur desto stärker mit ihr zu verbinden, so wie uns eine ge=
liebte Person desto theurer wird, je mehr wir um ihretwillen
leiden. Die Betrachtungen, auf welche mich diese Gesinnungen
leiteten, lehrten mich, wie geringhaltig auf der Wage der Weis=
heit alle diese schimmernden Güter sind, die ich im Begriff war
dem Glücke wieder zu geben, und wie wichtig diejenigen seien,
welche mir keine republikanische Cabale, kein Decret des Volks
zu Athen, keine Macht in der Welt nehmen konnte. Ich ver=
glich meinen Zustand in der höchsten Fluth meines Glückes mit
der seligen Ruhe des contemplativen Lebens, worin ich, in
glücklicher Unwissenheit des glänzenden Elends und der wahren
Beschwerden einer mit Unrecht beneideten Größe, meine schuld=
lose Jugend hinweggelebt hatte; worin ich meines Daseins und
der innern Reichthümer meines Geistes, meiner Gedanken, meiner
Empfindungen, der eigenthümlichen und von aller äußerlichen
Gewalt unabhängigen Wirksamkeit meiner Seele froh geworden
war; — und ich glaubte bei dieser Vergleichung Alles ge=
wonnen zu haben, wenn ich mich mit freiwilliger Hingabe der
Vortheile, die mir indessen zugefallen waren, wieder in einen
Zustand zurückkaufen könnte, den mir meine Einbildungskraft

mit ihren schönsten Farben und in diesem überirdischen Lichte, worin er dem Zustande der himmlischen Wesen ähnlich schien, vormalte. Der Gedanke, daß diese Seligkeit nicht an die Haine von Delphi gebunden sei — daß die Quellen davon in mir selbst lägen — daß eben diese vermeintlichen Güter, welche mir mitten in ihrem Genusse so viele Unruhe und Zerstreuung zugezogen, die einzigen Hindernisse meines wahren Glücks gewesen — diese Gedanken setzten mich in eine innerliche Freude, die mich gegen alle Bitterkeiten meines Schicksals unempfindlich machte; und dies ging zuletzt so weit, daß ich nach dem Tage meiner Verurtheilung ganz ungeduldig ward.

„Allein eben diese Denkart, welche mir so viel Gleichgiltigkeit gegen den Verlust meines Ansehens und Vermögens gab, machte, daß ich das Betragen der Athener aus einem moralischen Gesichtspunkt ansah, aus welchem es mir Abscheu und Ekel erweckte. Meine Feinde schienen mir durch die Leidenschaften, von denen sie getrieben wurden, einigermaßen entschuldigt zu sein; aber das Volk, das bei meinem Umsturz nichts gewann, das so viele Ursachen hatte, mich zu lieben, mich wirklich so sehr geliebt hatte und jetzt durch eine bloße Feige seiner Unbeständigkeit und Schwäche, ohne selbst recht zu wissen, warum, sich dummer Weise zum Werkzeuge fremder Leidenschaften und Absichten machen ließ, dieses Volk ward mir so verächtlich, daß ich kein Vergnügen mehr an dem Gedanken fand, ihm Gutes gethan zu haben. Diese Athener, die auf ihre Vorzüge vor allen andern Nationen der Welt so eitel waren, stellten sich meiner beleidigten Eigenliebe als ein abschätziger Hause blöder Thoren dar, die sich von einer kleinen Rotte verschmitzter Spitzbuben bereden ließen, Weiß für Schwarz anzusehen, die — bei aller Feinheit ihres Geschmacks, wenn es darauf ankam, über die Versification eines Trinklieds oder die Füße einer Tänzerin zu urtheilen, weder Kenntniß noch Gefühl von Tugend und wahrem Verdienst hatten, die bei der heftigsten Eifersucht über ihre Freiheit niemals größere Sklaven waren, als wenn sie ihr chimärisches Palladium am Tapfersten behauptet zu haben glaubten; die sich jederzeit der Führung ihrer übelgesinntesten Schmeichler mit dem blindesten Vertrauen überlassen und nur in ihre tugendhaftesten Mitbürger, in ihre zuverläßigsten Freunde das größte Mißtrauen gesetzt hatten. „Sie verdienen es", sagte ich zu mir selbst, „daß sie betrogen werden! Aber den Triumph sollen sie nicht erleben, daß Agathon sich

vor ihnen bemüthige. Sie sollen fühlen, was für ein Unter=
schied zwischen ihm und ihnen ist! Sie sollen fühlen, daß er
nur desto größer ist, wenn sie ihm alle diese Flittern wieder
abnehmen, womit sie ihn, wie Kinder eine auf kurze Zeit ge=
liebte Puppe, umhängt haben, und eine zu späte Reue wird
sie vielleicht in Kurzem lehren, daß Agathon ihrer leichter, als
sie Agathon's entbehren können!"

"Du siehst, schöne Danae, daß ich mich nicht scheue, Dir auch
meine Schwachheiten zu gestehen. Dieser Stolz hatte ohne
Zweifel einen guten Theil von eben der Eitelkeit in sich, welche
ich den Athenern zum Verbrechen machte; aber vielleicht gehört
er auch unter die Triebfedern, "womit die Natur edle Gemüther
versehen hat, um dem Druck widerwärtiger Zufälle mit gleich
starker Zurückwirkung zu widerstehen und sich dadurch in ihrer
eigenen Gestalt und Größe zu erhalten." Die Athener rühmten
ehemals meine Bescheidenheit und Mäßigung, zu einer Zeit, da
sie Alles thaten, um mich dieser Tugenden zu berauben. Aber
diese Bescheidenheit floß mit dem Stolze, der ihnen jetzt so an=
stößig an mir war, aus einerlei Quelle. Ich war mir ebenso
wohl bewußt, daß ich ihre Mißhandlungen nicht verdiente, wie
ich ehemals fühlte, daß die Achtung, die sie mir bewiesen, über=
trieben war: desto bescheidener, je mehr sie mich erhoben; desto
stolzer und trotziger, je mehr sie mich heruntersetzen wollten."

Fünftes Capitel.

Wie Agathon sich vor den Athenern vertheidigt. Er wird verurtheilt und auf
immer aus Griechenland verbannt.

"Meine wenigen Freunde hatten sich inzwischen in der
Stille so eifrig zu meinem Besten verwandt, daß sie mir Hoff=
nung machten, Alles könne noch gut gehen, wenn ich mich nur
entschließen könnte, meine Vertheidigung nach dem Geschmack
und der Erwartung des Volks einzurichten. Ich sollte mich
zwar so vollständig rechtfertigen, als es immer möglich wäre,
sagten sie; aber am Ende sollt' ich mich doch den Athenern
auf Gnade oder Ungnade zu Füßen werfen. Meinen Feinden
dürfte ich nach aller Schärfe des Selbstvertheidigungs= und
Wiedervergeltungsrechts begegnen; aber den Athenern sollte ich
schmeicheln und, anstatt ihre Eigenliebe durch den mindesten
Vorwurf zu beleidigen, blos ihr Mitleiden zu erregen suchen.

Vermuthlich würde der Erfolg diesen Rath meiner Freunde, der
sich auf die Kenntniß des Charakters eines freien Volks gründete,
gerechtfertigt haben; wenigstens ist gewiß, daß die ersten Be=
wegungen dieser Unbeständigen bereits angefangen hatten, dem
Mitleiden und den Regungen ihrer vormaligen Liebe zu weichen.
Ich las es, da ich das Gerüst, von welchem ich zu dem Volke
reden sollte, bestieg, in Vieler Augen, sah, wie sie nur darauf
warteten, daß ich ihnen einen Weg zeigen möchte, mit guter
Art, und ohne etwas von ihrer demokratischen Majestät zu ver=
geben, wieder zurückzukommen. Aber sie fanden sich in dieser
Erwartung sehr betrogen. Die Verachtung, womit mein Ge=
müth beim Anblick eines Volkes erfüllt wurde, welches mich vor
wenigen Tagen mit so ausschweifender Freude ins Gefängniß
begleitet hatte, und das Gefühl meines eignen Werthes waren
beide zu lebhaft. Die Begierde, ihnen Gutes zu thun, welche
die Seele aller meiner Handlungen und Entwürfe gewesen war,
hatte aufgehört. Ich würdigte sie nicht, eine Schutzrede zu
halten, die ich für eine Beschimpfung meines Charakters und
Lebens gehalten hätte; aber ich wollte ihnen zum letzten Mal
die Wahrheit sagen. Ehemals, wenn es darum zu thun gewesen
war, sie von ihren eignen, wahren Vortheilen zu überzeugen,
hatte ich alle meine Beredsamkeit aufgeboten: Aber jetzt, da
die Rede blos von mir selbst war, verschmähte ich den Beistand
einer Kunst, worin der Ruf mir einige Geschicklichkeit zuschrieb.
In diesem Stücke blieb ich meinem gefaßten Vorsatze getreu,
aber nicht der Kürze und Gelassenheit, die ich mir vorgeschrieben
hatte. Der Affect, in den ich unvermerkt gerieth, machte mich
weitläufig und zuweilen bitter. Meine Rede enthielt eine zu=
sammengezogene Erzählung meines ganzen Lebenslaufs in Athen,
der Grundsätze, welchen ich in der Republik gefolgt war, und
meiner Gedanken von dem wahren Interesse der Athener. Ich
ging bei dieser Gelegenheit ein Wenig streng mit ihren Urtheilen
und Lieblingsprojecten um. Ich sagte ihnen, daß ich in der
Sache der Schutzverwandten eine Probe gegeben hätte, nach
was für Maximen ich jederzeit in Verwaltung des Staats ge=
handelt haben würde; allein da diese Maximen so weit von
ihrer Gemüthsbeschaffenheit und Denkart entfernt wären, so
würden sie sehr weislich haudeln, einen Menschen aus ihrem
Mittel zu verbannen, welcher nicht gesonnen sei, den Pflichten
eines allgemeinen Freundes der Menschen zu entsagen, um ein
guter Bürger von Athen zu sein.

„Der Schluß meiner Rede liegt mir noch so lebhaft im Gedächtniß, daß ich ihn als eine Probe des Ganzen wörtlich wiederholen will. Die Götter, sagte ich, haben mich zu einer Zeit, da ich es am Wenigsten hoffte, meinen Vater finden lassen. Sein Ansehen und seine Reichthümer gaben mir weniger Freude als die Entdeckung, daß ich mein Leben einem rechtschaffenen Manne zu danken hätte. Athen wurde durch ihn mein Vater= land. Ich sah es als den Platz an, den mir die Götter an= gewiesen, das Beste der Menschen zu befördern. Die Vortheile dieser einzelnen Stadt waren in meinen Augen ein zu kleiner Gegenstand, um dem allgemeinen Besten der Menschheit vor= gesetzt zu werden; aber ich sah Beides so genau mit einander verknüpft, daß ich nur alsdann gewiß sein konnte, jene wirklich zu erhalten, wenn ich dieses beförderte. Nach diesen Grund= sätzen habe ich in meinem öffentlichen Leben gehandelt, und diese Handlungen haben mir Euern Unwillen zugezogen. Die Athener wollen auf Unkosten des menschlichen Geschlechts groß sein; und sie werden es so lange sein wollen, bis sie in Ketten, welche sie sich selbst schmieden, und deren sie würdig sind, sobald sie über Sklaven gebieten wollen, allen ihren Ehrgeiz auf den rühmlichen Vorzug einschränken werden, die besten Sprecher und die gelenkigsten Pantomimen in der Welt zu sein. Aber von Agathon erwartet nicht, daß er Euern Lauf auf diesem Wege, den die Gefälligkeit Eurer Redner mit Blumen bestreut, be= schleunigen helfe. Mein Privatleben hat Euch bewiesen, daß die Grundsätze, nach welchen ich Eure öffentlichen Handlungen zu leiten gewünscht hätte, die Maßregeln meines eigenen Ver= haltens waren. Mein Vermögen hat mehr zum Gebrauch eines Jeden unter Euch als zu meinem eigenen gedient. Ich habe mir Undankbare verbindlich gemacht, und diese Erfahrung lehrt mich, Güter mit Gleichgiltigkeit zurückzulassen, welche ich übel anwandte, da ich sie am Besten anzuwenden glaubte. Dies, Ihr Athener, ist Alles, was ich Euch zu meiner Vertheidigung zu sagen habe. Ihr seid nun, weil Euch die Menge Eurer Arme zu meinem Herrn macht, Meister über meine Umstände und, wenn Ihr wollt, über mein Leben. Verlangt Ihr meinen Tod, so meldet mir nur, was ich in Eurem Namen dem weisen und guten Sokrates sagen soll, zu dem Ihr mich schicken werdet. Begnügt Ihr Euch aber, mich aus Euern Augen zu verbannen, so werde ich mit dem letzten Blicke nach einem einst geliebten Vaterland eine Thräne auf das Grab Eurer Glückseligkeit fallen

laffen und, indem ich aufhöre, ein Athener zu sein, in jedem
Winkel der Welt, worin Tugend sich verbergen darf, ein besseres
Vaterland finden.“

„Es ist leicht zu vermuthen, schöne Danae, daß eine Apo=
logie aus diesem Tone nicht geschickt war, mir ein günstiges
Urtheil auszuwirken. Die Erbitterung, welche dadurch in den
Gemüthern erregt wurde, die sich an dem angenehmen Schau=
spiel, mich vor ihnen gedemüthigt zu sehen, zu weiden gehofft
hatten, war auf allen Gesichtern ausgedrückt. Demungeachtet
sah ich niemals eine größere Stille unter dem Volk, als da ich
aufgehört hatte zu reden. Sie fühlten, wie es schien, wider
ihren Willen, daß die Tugend Ehrfurcht einprägt. Aber eben
dadurch wurde sie ihnen desto verhaßter, je stärker sie den Vorzug
fühlten, den sie dem beklagten, verlassenen und von allen Aus=
zierungen des Glücks entblößten Agathon über die Herren seines
Schicksals gab. Ich weiß selbst nicht, wie es zuging, daß mir
mein guter Genius aus dieser Gefahr heraushalf. Genug, als
die Stimmen gesammelt waren, fand sich, daß die Richter, gegen
die Hoffnung meiner Ankläger, sich begnügten, mich auf ewig
aus Griechenland zu verbannen, die Hälfte meiner Güter zum
gemeinen Wesen zu ziehen und die andre Hälfte meinem Ver=
wandten zuzusprechen. Die Gleichgiltigkeit, womit ich mich diesem
Urtheil unterwarf, wurde in diesem fatalen Augenblicke, der alle
meine Handlungen in ein falsches Licht setzte, für einen Trotz
aufgenommen, welcher mich alles Mitleidens unwürdig machte.
Gleichwol erlaubte man meinen Freunden, sich um mich zu ver=
sammeln, mir ihre Dienste anzubieten und mich aus Athen zu
begleiten, welches ich, ungeachtet mir eine längere Frist gegeben
worden war, noch in eben der Stunde mit so leichtem Herzen
verließ, als ein Gefangener den Kerker verläßt, aus dem er un=
verhofft in Freiheit gesetzt wird. Die Thränen der Wenigen,
die mein Fall nicht von mir verscheucht hatte, und meiner guten
Hausgenossen waren das Einzige, was bei einem Abschiede,
den wir auf ewig von einander nahmen, mein Herz erweichte,
und ihre guten Wünsche Alles, was ich von den Anerbietungen
ihrer mitleidigen und dankbaren Vorsorge annahm.

„Ich befand mich nun wieder ungefähr in eben den Um=
ständen, worin ich vor einigen Jahren unter dem Cypressenbaum
im Vorhofe meines noch unbekannten Vaters zu Korinth ge=
legen hatte. Die großen Veränderungen, die mannichfaltigen
Scenen von Reichthum, Ansehen, Gewalt und äußerlichem

Schimmer, burch welche mich das Glück in dieser kurzen Zwischen=
zeit herumgedreht hatte, waren nun wie ein Traum vorüber.
Aber die wesentlichen Vortheile, die von allen diesen Begegnissen
in meinem Geist und Herzen zurückgeblieben waren, überzeugten
mich, daß ich nicht geträumt hatte. Ich fand mich um eine
Menge nützlicher und schöner Kenntnisse, um die Entwicklung
und Uebung meiner Fähigkeiten, um das Bewußtsein vieler
guter Handlungen und um eine Reihe wichtiger Erfahrungen
reicher als zuvor. Ich hatte den Geist der Republiken, den
Charakter des Volks, die Eigenschaften und Wirkungen einiger
mir vorher unbekannten Leidenschaften kennen gelernt und Ge=
legenheit genug gehabt, vieler irrigen Einbildungen loszuwerden,
welche man sich von der Welt zu machen pflegt, wenn man sie
nur von ferne, und ohne selbst in ihre Geschäfte eingeflochten
zu sein, betrachtet. Zu Delphi hatte man mich zum Exempel
gelehrt, daß sich das ganze Gebäude der republikanischen Ver=
fassung auf die Tugend gründe. Die Athener lehrten mich hin=
gegen, daß die Tugend an sich selbst nirgends weniger geschätzt
wird als in einer Republik, den Fall ausgenommen, da man
ihrer vonnöthen hat; und in diesem Falle wird sie unter einem
Despoten ebenso hoch geschätzt und nicht selten besser belohnt.

„Ueberhaupt hatte mein Aufenthalt in Athen die erhabene
Theorie von der Vortrefflichkeit und Würde der menschlichen
Natur, wovon ich eingenommen war, schlecht bestätigt; und den=
noch fand ich mich darum nicht geneigter, von ihr zurückzu=
kommen. Ich legte alle Schuld auf die Ansteckung allzu großer
Gesellschaften, auf die Mängel der Gesetzgebung, auf das Privat=
interesse, welches bei allen policirten Völkern durch ein un=
begreifliches Versehen ihrer Gesetzgeber in einem beständigen
Streite mit dem gemeinen Besten liegt. Kurz, ich dachte darum
nicht schlimmer von der Menschheit, weil sich die Athener un=
beständig, ungerecht und undankbar gegen mich bewiesen hatten.
Aber ich faßte einen desto stärkern Widerwillen gegen eine jede
andre Gesellschaft als eine solche, welche sich auf übereinstimmende
Grundsätze, Tugend und Bestrebung nach sittlicher Vollkommen=
heit gründet. Der Verlust meiner Güter und die Verbannung
aus Athen schien mir die wohlthätige Veranstaltung einer für
mich besorgten Gottheit zu sein, welche mich dadurch meiner
wahren Bestimmung habe wiedergeben wollen. Es ist sehr ver=
muthlich, daß ich durch Anwendung gehöriger Mittel, durch das
Ansehen meiner auswärtigen Freunde und selbst durch die

Unterstützung der Feinde der Athener, welche mir gleich zu Anfang meines Prozesses heimlich angeboten worden war, vielleicht in Kurzem wieder Wege gefunden haben könnte, meine Gegner in dem Genuß der Früchte ihrer Bosheit zu stören und triumphirend nach Athen zurückzukehren. Allein solche Anschläge und solche Mittel schickten sich nur für einen Ehrgeizigen, welcher regieren will, um seine Leidenschaften zu befriedigen. Mir fiel es nicht ein, die Athener zwingen zu wollen, daß sie sich von mir Gutes thun lassen sollten. Ich glaubte durch einen Versuch, der mir durch ihre eigene Schuld mißlungen war, meiner Pflicht gegen die bürgerliche Gesellschaft ein Genüge gethan zu haben und nun vollkommen berechtigt zu sein, die natürliche Freiheit, welche mir meine Verbannung wiedergab, zum Vortheil meiner eigenen Glückseligkeit anzuwenden. Ich beschloß also, den Vorsatz, den ich zu Delphi schon gefaßt hatte, nunmehr ins Werk zu setzen und die Quellen der morgenländischen Weisheit, die Magier und die Gymnosophisten in Indien, zu besuchen, in deren geheiligten Einöden ich die wahren Gottheiten meiner Seele, die Weisheit und die Tugend (von welchen, wie ich glaubte, nur unwesentliche Phantome unter den übrigen Menschen herumschwärmten) zu finden hoffte.

„Aber eh ich auf die Zufälle komme, durch welche ich an der Ausführung dieses Vorhabens gehindert und in Gestalt eines Sklaven nach Smyrna gebracht wurde, muß ich mich meiner jungen Freundin wieder erinnern, die wir seit meiner Versetzung nach Athen aus dem Gesichte verloren haben."

Sechstes Capitel.

Agathon endigt seine Erzählung.

„Die Veränderung, welche mit mir vorging, da ich aus den Hainen von Delphi auf den Schauplatz der geschäftigen Welt, in das Getümmel einer volkreichen Stadt, in die unruhigen Bewegungen einer zwischen Demokratie und Aristokratie hin- und hertreibenden Republik und in das moralische Chaos der bürgerlichen Gesellschaft trat, worin Leidenschaften mit Leidenschaften, Absichten mit Absichten in einem allgemeinen und ewigen Streit gegen einander rennen, und nichts beständig, nichts gewiß, nichts das ist, was es scheint, noch die Gestalt behält, die es hat, — diese Veränderung war so groß, daß ich

ihre Wirkung auf mein Gemüth durch nichts Anderes zu be=
zeichnen weiß, als durch die Vergleichung mit der Betäubung,
worin (nach meinem Freunde Plato) unsre Seele eine Zeit lang,
von sich selbst entfremdet, liegen bleibt, nachdem sie aus dem
Ocean des reinen ursprünglichen Lichts, der die überhimm=
lischen Räume erfüllt, plötzlich in den Schlamm des groben
irdischen Stoffes heruntergestürzt worden ist. Die Menge der
neuen Gegenstände, welche von allen Seiten auf mich eindrang,
verschlang die Erinnerung derjenigen, welche mich vierzehn Jahre
lang umgeben hatten. Ich hatte Mühe, mich selbst zu über=
reden, daß ich eben derjenige sei, der im Tempel zu Delphi
den Fremden die Merkwürdigkeiten desselben gewiesen und er=
klärt hatte. Sogar das Andenken meiner geliebten Psyche wurde
eine Zeit lang von diesem Nebel, der meine Seele umzog, ver=
dunkelt.

„Allein dies dauerte nur so lange, bis ich des neuen Ele=
ments, worin ich jetzt lebte, gewohnt worden war. Denn nun
vermißte ich ihre Gegenwart desto lebhafter wieder, je größer
das Leere war, welches die Beschäftigungen und selbst die Er=
getzungen meiner neuen Lebensart in meinem Herzen ließen.
Die Schauspiele, die Gastmähler, die Tänze, die Musikübungen
konnten mir jene seligen Nächte nicht ersetzen, die ich in den
Entzückungen einer zauberischen Begeisterung an ihrer Seite zu=
gebracht hatte. Aber so groß auch meine Sehnsucht nach diesen
verlornen Freuden war, so beunruhigte mich doch weit mehr die
Vorstellung des unglücklichen Zustandes, in welchen die rach=
gierige Eifersucht der Pythia meine Freundin vermuthlich ver=
setzt hatte. Den Ort ihres Aufenthalts ausfindig zu machen,
schien beinahe eine Unmöglichkeit. Denn entweder hatte die
Priesterin sie fern genug von Delphi, um uns alle Hoffnung
des Wiedersehens zu benehmen, verkaufen oder sie gar an irgend
einer entlegenen barbarischen Küste aussetzen und dem Zufalle
preisgeben lassen. Allein, da der Liebe nichts unmöglich ist, so
gab ich auch die Hoffnung nicht auf, meine Psyche wiederzu=
finden. Ich belud alle meine Freunde, alle Fremden, die nach
Athen kamen, alle Kaufleute, Reisende und Seefahrer mit dem
Auftrage, sich allenthalben, wohin sie kämen, nach ihr zu er=
kundigen; und damit sie weniger verfehlt werden könnte, ließ
ich eine unzählige Menge Copien ihres Bildnisses machen, welches
ich selbst, oder vielmehr der Gott der Liebe durch meine Hand,
in der vollkommensten Aehnlichkeit nach dem gegenwärtigen

Origina gezeichnet (hatte, da wir noch in Delphi waren. Ich
gestehe Dir sogar, daß das Verlangen, meine Psyche wiederzu=
finden, (anfänglich wenigstens) der hauptsächlichste Beweggrund
war, warum ich mich in der Republik hervorzuthun suchte. Denn
nachdem mir alle andern Mittel fehlgeschlagen waren, schien
mir nichts übrig zu bleiben, als meinen Namen so bekannt zu
machen, daß er ihr zu Ohren kommen müßte, sie möchte auch
sein, wo sie wollte. Dieser Weg war in der That etwas weit=
läufig. Ich hätte zwanzig Jahre in Einem fort größere Thaten
thun können als Herkules und Theseus, ohne daß die Hyrkanier,
die Massageten, die Hibernier oder die Lästrigonen, in deren
Hände sie inzwischen hätte gerathen können, mehr von mir ge=
wußt hätten als die Einwohner des Mondes. Zu gutem Glücke
fand der Schutzgeist unsrer Liebe einen kürzern Weg, uns zu=
sammenzubringen, wiewol in der That nur, um uns Gelegen=
heit zu geben, auf ewig von einander Abschied zu nehmen."

Hier fuhr Agathon fort, der schönen Danae die Begeben=
heiten zu erzählen, die ihm auf seiner Wanderschaft bis auf die
Stunde, da er mit ihr bekannt wurde, zugestoßen, und wovon
wir dem Leser bereits im ersten und zweiten Buche dieser Ge=
schichte Rechenschaft gegeben haben; und nachdem er sich auf
Unkosten des weisen Hippias ein Wenig lustig gemacht hatte,
entdeckte er seiner schönen Freundin (welche seine ganze Erzäh=
lung nirgends weniger langweilig fand als an dieser Stelle)
Alles, was von dem ersten Augenblick, da er sie gesehen, in seinem
Herzen vorgegangen war. Er überredete sie mit eben der Auf=
richtigkeit, womit er selbst es zu empfinden glaubte: „daß sie
allein dazu gemacht gewesen sei, seine Begriffe von idealischen
Vollkommenheiten und einem überirdischen Grade von Glück=
seligkeit zu realisiren; daß er, seitdem er sie liebe und von ihr
geliebt sei, ohne seiner ehemaligen Denkungsart ungetreu zu
werden, nur von dem, was darin übertrieben und chimärisch
gewesen, und zwar blos dadurch zurückgekommen sei, weil er bei
ihr alles dasjenige gefunden, wovon er sich vorher nur in der
höchsten Begeisterung seiner Einbildungskraft einige unvollkom=
mene Schattenbegriffe habe machen können, und weil es natürlich
sei, daß die Einbildungskraft zu wirken aufhöre, sobald der
Seele nichts mehr zu thun übrig sei, als anzuschauen und zu
genießen."

Mit einem Worte, Agathon hatte vielleicht in seinem
Leben nie so sehr geschwärmt als jetzt, da er sich im höchsten

Grade der verliebten Bethörung einbildete, daß er Alles, was er der leichtgläubigen Danae vorsagte, ebenso gewiß und un= mittelbar sehe und fühle, als er ihre schönen, vom Geiste der Liebe und von aller seiner berauschenden Wollust trunknen Augen auf ihn geheftet sah oder das Klopfen ihres Herzens unter seinen brennenden Lippen fühlte. Er endigte damit: „Er hoffe durch seine ganze Erzählung ihr begreiflich gemacht zu haben, warum, nachdem er schon so oft, bald von den Menschen, bald vom Glücke, bald von seinen eigenen Einbildungen betrogen worden, es entsetzlich für ihn sein würde, wenn er sich jemals in der Hoffnung betrogen fände, so vollkommen und beständig von ihr geliebt zu werden, als es zu seiner Glückseligkeit nöthig sei." Er gestand ihr mit einer Offenherzigkeit, welche vielleicht nur eine Danae ertragen konnte, daß eine lebhafte Erinnerung an die Zeiten seiner ersten Liebe, begleitet von der Vorstellung aller der seltsamen Zufälle, Veränderungen und Katastrophen, die er in einem Alter von fünfundzwanzig Jahren bereits er= fahren, ihn auf eine Reihe melancholischer Gedanken gebracht habe, worin es ihm schwer gewesen sei, seine gegenwärtige Glückseligkeit für etwas mehr als für ein abermaliges Blend= werk seiner Phantasie zu halten. „Gerade das Uebermaß der= selben", sagte er, „ist es, was mich befürchten machte, aus einem so schönen Traum aufzuwachen. Kannst Du es mir ver= denken, liebenswürdige Danae, — o Du, die durch die Reizungen Deines Geistes, auch ohne diese liebeathmende Gestalt, ohne diese Schönheit, deren Anschauen himmlische Wesen Dir gegen= über anzufesseln vermögend wäre, durch die bloße Schönheit Deiner Seele und den magischen Reiz eines Geistes, der alle Vorzüge, alle Gaben, alle Grazien in sich vereinigt, meinen Geist aus dem Himmel selbst zu Dir herunterziehen würdest! — könntest Du mir verdenken, daß ich vor der bloßen Möglich= keit, Deine Liebe jemals verlieren zu können, wie vor der Ver= nichtung meines ganzen Wesens erzittere? — Laß' mich, laß' mich die Gewißheit, daß es nie geschehen könne, immer in Deinen Augen lesen, immer von Deinen Lippen hören und in Deinen Armen fühlen! Und wenn diese vergötternde Bezaube= rung jemals aufhören soll, so nimm im letzten Augenblick alle Deine Macht zusammen und laß' mich vor Entzückung und Liebe zu Deinen Füßen sterben!"

Von der Antwort, womit Danae diese Ergießungen einer glühenden Zärtlichkeit erwiderte, läßt sich das Wenigste mit

Worten ausdrücken, und dies kann nach Allem, was wir bereits
von ihren Gesinnungen für unsern Helden gesagt haben, der
kaltsinnigste von unsern Lesern sich so gut vorstellen, als wir
es ihm sagen könnten. Daß sie ihm übrigens sehr höflich für
die Erzählung seiner Geschichte gedankt und große Freude darüber
empfunden habe, in diesem Sklaven, der die Alcibiaden und
den liebenswürdigen Cyrus selbst aus ihrem Herzen ausgelöscht
hatte, den ruhmvollen Agathon, den Jüngling, den das Gerücht
zum Wunder seiner Zeit gemacht hatte, zu finden, und daß sie
ihm hierüber viel Schönes gesagt haben werde, — versteht sich
von selbst. Dies und Alles, was eine jede Andere, die keine
Danae gewesen wäre, in den vorliegenden Umständen auch gesagt hätte, wollen wir (so wie alle die feinen Anmerkungen und
Scherze, wodurch sie in gewissen Stellen seine Erzählung unterbrochen hatte) überhüpfen, um zu andern Dingen, die in ihrem
Gemüthe vorgingen, zu kommen, welche der größte Theil unserer
Leserinnen (wir besorgen es oder hoffen es vielmehr) nicht aus
sich selbst errathen hätte, und welche wichtig genug sind, ein
eigenes Capitel zu verdienen.

Neuntes Buch.

Fortsetzung der Geschichte Agathon's und der schönen Danae bis zur heimlichen Entweichung des Erstern aus Smyrna.

Erstes Capitel.

Ein starker Schritt zur Entzauberung unsers Helden.

Die vertrauliche Erzählung, welche Agathon seiner zärtlichen Freundin von seinem ganzen Lebenslaufe gemacht, die Offen=herzigkeit, womit er ihr die innersten Triebfedern seiner Seele aufgedeckt, und die vollständige Kenntniß, welche sie dadurch von einem Liebhaber, an dessen Erhaltung ihr so viel gelegen war, empfangen hatte, ließen sie gar bald einsehen, daß sie vielleicht mehr Ursache habe, über die Beständigkeit seiner Liebe benn=ruhigt zu sein, als er über die ·Dauer der ihrigen. So schmeichelhaft es für ihre Eitelkeit war, von einem Agathon ge=liebt zu sein, so hätte sie doch für die Ruhe ihres Herzens lieber gewollt, daß er keine so schimmernde Rolle in der Welt gespielt haben möchte. Sie besorgte nicht unbillig, daß es äußerst schwer sein würde, einen jungen Helden, der durch so seltene Gaben und Tugenden zu den edelsten Auftritten des geschäftigen Lebens bestimmt schien, immer in den Blumenfesseln der Liebe und eines wollüstigen Müßiggangs gefangen zu halten. Zwar schien die Art seiner Erziehung, der sonderbare Schwung, den seine Einbildungskraft dadurch erhalten, seine herrschende Neigung zur Unabhängigkeit und Ruhe des speculativen Lebens (welche durch die Streiche, die ihm das Glück in einer so großen Jugend bereits gespielt, neue Stärke bekommen hatte), nebst dem Hang zum Vergnügen, der, im Gleichmaße mit der außerordentlichen Empfindlichkeit seines Herzens, die Ruhmbegierde bei ihm nur zu einer subalternen Leidenschaft machte, — Alles dies schien ihr zwar zu dem Vorhaben, ihn der Welt zu rauben und für

6*

sich selbst zu behalten, nicht wenig beförderlich zu sein. Aber eben diese schwärmerische Einbildungskraft, eben diese Lebhaftig= keit der Empfindungen waren auf einer andern Seite mit einer gewissen natürlichen Unbeständigkeit verbunden, von welcher sie Alles zu befürchten hatte. Konnte sie mit aller Eitelkeit, wozu das Bewußtsein ihrer selbst und der allgemeine Beifall sie be= rechtigte, sich selbst bereden, daß sie diese idealische Vollkommen= heit wirklich besitze, welche die begeisterten Augen ihres Lieb= habers an ihr sahen? Und da nicht sie selbst, sondern diese idealische Vollkommenheit der eigentliche Gegenstand seiner Liebe war: auf was für einem unsichern Grund beruhte eine Hoffnung, welche voraussetzte, daß die Bezauberung immer dauern werde!

Diese letzte Betrachtung machte sie zittern; — denn sie fühlte mit einer immer zunehmenden Stärke, daß Agathon zu ihrer Glückseligkeit unentbehrlich geworden war. Aber (so ist die be= trügliche Natur des menschlichen Herzens!) eben darum, weil der Verlust ihres Liebhabers sie elend gemacht haben würde, hatten alle Vorstellungen, die ihr mit seinem beständigen Besitz schmeichelten, doppelte Kraft, ein Herz zu überreden, welches nichts anders suchte, als getäuscht zu werden. Sie bildete sich also ein, daß der Hang zu demjenigen, was man Wollüstigkeit der Seele nennen könnte, den wesentlichsten Zug von der Gemüths= beschaffenheit unsers Helden ausmache. Seine Philosophie selbst schien sie in dieser Meinung zu bestätigen und (bei aller ihrer Erhabenheit über den groben Materialismus des größten Haufens der Sterblichen) in der That mit den Grundsätzen des Aristippus, welche vormals ihre eigenen gewesen waren, in einem Punkte zusammenzulaufen. Der ganze Unterschied lag, wie ihr däuchte, blos darin, daß dieser die Wollust, die er zum letzten Ziele der Weisheit machte, mehr in angenehmer Bewegung der Sinne, in den Befriedigungen eines geläuterten Geschmacks und in den Ergetzlichkeiten eines von allen unruhigen Leidenschaften be= freiten geselligen Lebens, — Agathon hingegen diese feinere Wollust, wovon er in den stillen Hainen des Delphischen Tempels sich ein so liebenswürdiges Phantom in den Kopf gesetzt hatte, mehr in den Vergnügungen der Einbildungskraft und des Herzens suchte, eine Philosophie, bei welcher er (nach der scharfsinnigen Beobachtung unsrer Schönen) sogar von Seiten der sinnlichen Lust mehr gewann als verlor, indem diese von den verschönernden Einflüssen einer begeisterten Einbildung und

den zärtlichen Rührungen und Ergießungen eines gefühlvollen
Herzens ihren mächtigsten Reiz erhält. Dies als gewiß vor=
ausgesetzt, glaubte sie von der Unbeständigkeit, welche sie nicht
ohne Grund als eine Eigenschaft einer allzu geschäftigen und
hochgespannten Einbildungskraft ansah, nichts zu besorgen zu
haben, so lange es ihr nicht an Mitteln fehlen würde, seinen
Geist und sein Herz zugleich und mit einer solchen Abwechs=
lung und Mannichfaltigkeit zu vergnügen, daß eine weit längere
Zeit, als die Natur dem Menschen zum Genießen angewiesen
hat, nicht lang genug wäre, ihn eines so angenehmen Zustandes
überdrüssig zu machen. Sie hatte Ursache, dieses um so mehr
zu glauben, da sie aus Erfahrung wußte, daß die Energie
der Einbildungskraft desto mehr abnimmt, je weniger Leeres
der Genuß wirklicher Vergnügungen im Herzen zurückläßt, und
je weniger ihr Zeit gelassen wird, etwas Angenehmeres als das
Gegenwärtige zu wünschen.

Es ist noch nicht Zeit, über diese Grundsätze der schönen
Danae unsere eigenen Gedanken zu sagen. Sie mochten, von
einer gewissen Seite betrachtet, richtig genug sein; aber wir be=
sorgen sehr, daß sie sich in dem Gebrauch der Mittel, wodurch
sie ihren Zweck zu erhalten hoffte, betrogen finden werde. In
der That liebte sie zu aufrichtig und zu heftig, um gute Schlüsse
zu machen, und ihr Herz führte sie nach und nach, ohne daß
sie es gewahr wurde, weit über die Grenzen der Mäßigung
weg, bei welcher sie sich anfangs so wohl befunden hatte. Viel=
leicht mochte auch eine geheime Eifersucht über die gute Psyche
sich mit ins Spiel gemischt und sie begierig gemacht haben,
sogar die Erinnerung an die Freuden seiner ersten Liebe aus
seinem Gedächtniß auszulöschen. So viel ist gewiß, daß sie, —
vor lauter Begierde, unsern Helden mit Glückseligkeiten zu über=
schütten, ihm eine grenzenlose Liebe zu zeigen und ihn einen
solchen Grad von Wonne, über welchem dem Herzen nichts zu
wünschen und der Phantasie nichts zu ersinnen übrig bliebe, er=
fahren zu machen, — einen Weg einschlug, auf dem sie ihres
Zweckes nothwendig verfehlen mußte.

Agathon, nachdem er (dem neuen Plane seiner mehr zärt=
lichen als behutsamen Geliebten zufolge) etliche Wochen lang
Alles, was die Liebe Süßes und Entzückendes hat, genossen
hatte, verfiel unvermerkt in eine gewisse Mattigkeit der Seele,
welche wir nicht kürzer zu beschreiben wissen, als wenn wir
sagen: daß sie vollkommen das Widerspiel von der Begeisterung

war, worin wir ihn bisher gesehen haben. Man würde sich
irren, wenn man diese Entgeisterung einer so unedeln Ursache
beimessen wollte, als diejenige war, welche den verachtens-
würdigen Helden des Petronius nöthigte, seine Zuflucht zu den
Beschwörungen und Brennnesseln der alten Enothea zu nehmen.
Wir finden weit wahrscheinlicher, daß die wahre Ursache davon
in seiner Seele lag, daß sie aus einer Ueberfüllung mit Vergnügen, auf welche nothwendig eine Art von Betäubung folgen
mußte, ihren Ursprung nahm. Die menschliche Natur scheint
nur eines gewissen Maßes von Vergnügen fähig zu sein und
einen anhaltenden Zustand von Entzückung ebensowenig ertragen zu können als eine lange Dauer des äußersten Schmerzes.
Beides spannt endlich die Nerven ab und bringt uns zu einer
Art von Ohnmacht, in welcher wir gar nichts mehr zu empfinden fähig sind.

Was indessen auch die Ursache einer für die Absichten der
Danae so nachtheiligen Veränderung gewesen sein mag, dies ist
gewiß, die Wirkungen derselben nahmen in kurzer Zeit so sehr
zu, daß Agathon Mühe hatte, sich selbst zu erkennen, oder zu
begreifen, wie es mit dieser seltsamen Verwandlung zugegangen
sei. Ein magischer Nebel schien von seinen erstaunten Augen
abzufallen. Die ganze Natur zeigte sich ihm in einer andern
Gestalt, verlor diesen reizenden Firniß, womit sie der Geist der
Liebe überzogen hatte. Diese Gärten, vor wenigen Tagen der
Aufenthalt aller Freuden und Liebesgötter, diese elysischen
Haine, diese irrenden Rosengebüsche, worin die lauschende
Wollust sich so gern verborgen hatte, um desto gewisser erhascht
zu werden, — erweckten jetzt durch ihren Anblick nichts mehr
als jeder andre schattige Platz, jedes andre Gebüsch. Die Luft,
die er athmete, war nicht mehr dieser süße Athem der Liebe,
von dem jeder Hauch die Flammen seines Herzens stärker auf-
zuwehen schien. Die schöne Danae sank unvermerkt von der
idealischen Vollkommenheit zu dem gewöhnlichen Werth einer
jeden schönen Frau herab, und er selbst, der vor Kurzem sich
an Wonne den Göttern gleich geschätzt hatte, fing an, sehr
starke Zweifel zu bekommen, ob er in dieser weibischen Gestalt,
in welche ihn die Liebe verkleidet hatte, den Namen eines
Mannes verdiene?

Man wird nicht zweifeln, daß in diesem Zustande die Erinnerungen dessen, was er ehemals gewesen war, — der wundervolle Traum, den er je länger je mehr für das Werk irgend

eines wohlthätigen Geiftes, vielleicht des abgeschiedenen Schattens feiner geliebten Pfyche, zu halten bewogen war, — die Stimme der Tugend, die er einft angebetet, welcher er Alles aufgeopfert, und die Vorwürfe, die fie ihm schon vor einiger Zeit über ein unrühmlich in träger Wolluft dahinschmelzendes Leben zu machen angefangen, — gute Gelegenheit hatten, fein Herz, deffen befte Neigungen schon auf ihrer Seite waren, mit vereinigter Stärke anzugreifen. Sie hatten es beinahe gänzlich wieder eingenommen, als er erft deutlich gewahr wurde, wohin ihn die Betrachtungen, denen er fich überließ, nothwendig führen mußten. Er erschrak, da er fah, daß nichts als die Flucht von einer allzu reizenden Zauberin ihm feine vorige Geftalt wiedergeben könne. — Sich von Danae zu trennen! auf ewig zu trennen! — diefer Gedanke benahm feiner Seele auf einmal alle die Stärke wieder, welche fie wieder in fich zu fühlen anfing, weckte alle Erinnerungen, alle Empfindungen feiner entschlummerten Leidenschaft wieder auf. Sie, die ihn fo inbrünftig liebte, — fie, die ihn fo glücklich gemacht hatte, — zu verlaffen, — für alle ihre Liebe, für Alles, was fie für ihn gethan hatte, auf eine fo verbindliche, fo edle Art gethan hatte, fie den Qualen einer mit Undank belohnten Liebe preiszugeben! — „Nein, zu einer fo niederträchtigen, fo häßlichen That konnte fich fein Herz nicht entschließen. Die Tugend felbft, welcher er feine eigene Befriedigung aufzuopfern bereit war, konnte ein fo undankbares und graufames Verfahren nicht gutheißen.“

Wir überlaffen es der Entscheidung kälterer Sittenlehrer, ob die Tugend das konnte oder nicht. Genug, unfer Held war von dem Letztern fo lebhaft überzeugt, daß er, — anftatt auf Gründe zu denken, womit er die Sophiftereien der Liebe hätte vernichten können, — in vollem Ernft auf Mittel bedacht war, das Intereffe feines Herzens und die Tugend, welche ihm nicht unverträglich zu fein schienen, auf immer mit einander zu vereinigen.

Dauae hatte inzwischen, wie leicht zu erachten ift, die Veränderung, die in feiner Seele vorgegangen war, im erften Augenblicke, da fie merklich wurde, wahrgenommen. Allein die gute Frau war weit entfernt, feinem Herzen die Schuld davon beizumeffen. Sie betrog fich felbft über die wahre Urfache und glaubte, die Veränderung des Orts und eine kleine Entfernung würden ihm in Kurzem alle die Lebhaftigkeit der Empfindung wiedergeben, die er verloren zu haben schien. Die Wiederkehr

in die Stadt, wo sie einander nicht immer sehen würden, wo
ihre Liebe sich zu verbergen genöthigt sein und dadurch den
Reiz eines geheimen Verständnisses erhalten würde; die Zerstreuungen des Stadtlebens, die Gesellschaft, die Lustbarkeiten
würden ihn (glaubte sie) bald genug wieder so feurig als jemals
in ihre Arme zurückführen. Sie überredete ihn also, ihr nach
Smyrna zurückzufolgen, wiewol die schöne Jahreszeit noch nicht
ganz zu Ende war. Hier wußte sie (ohne daß es schien,
daß sie Hand dabei habe) eine Menge Gelegenheiten zu veranstalten, wodurch sie einander seltner wurden. Wenn sie
sich wieder allein befanden, flog sie ihm zwar ebenso zärtlich
in die Arme als jemals; aber sie vermied Alles, was zu jener
allzu wollüstigen Berauschung (in welche sie ihn, so oft sie wollte,
durch einen einzigen Blick setzen konnte) geführt hatte, und that
es mit einer so guten Art, daß er keinen besondern Vorsatz
dabei gewahr werden konnte. Kurz, sie wußte die feurigste
Liebe unvermerkt so geschickt in die zärtlichste Freundschaft zu
verwandeln, daß Agathon (welcher weder Kunst noch Absicht
unter ihrem Betragen argwohnte) ganz treuherzig in die Schlinge
fiel und in Kurzem wieder so zärtlich und dringend wurde, als
ob er erst anfangen müßte, sich um ihr Herz zu bewerben.
Zwar war es nicht in ihrer Gewalt, ihm jene Begeisterung mit
allem ihrem zauberischen Gefolge wiederzugeben, welche, wenn
sie einmal verschwunden ist, nicht wiederzukommen pflegt. Aber
die Lebhaftigkeit, womit ihre Reizungen auf seine Sinne, und
die Empfindungen der Dankbarkeit und Freundschaft auf sein
Herz wirkten, brachten doch ungefähr die nämlichen Erscheinungen
hervor; und da man gewohnt ist, gleiche Wirkungen gleichen
Ursachen zuzuschreiben, so ist es nicht unbegreiflich, wie Beide
sich eine Zeit lang hierin betrügen konnten, ohne nur zu vermuthen, daß sie betrogen würden.

Es ist sehr zu vermuthen, daß es bei dieser schlauen Mäßigung,
wodurch die schöne Danae die Folgen ihrer vorigen Unvorsichtigkeit wieder gut zu machen wußte, um unsern Helden
geschehen gewesen wäre, und daß seine Tugend unter diesem
zweifelhaften Streit mit seiner Leidenschaft, bei welchem wechselsweise bald die eine, bald die andere die Oberhand behielt, endlich
gefällig genug geworden wäre, sich mit ihrer schönen Feindin
in einen unrühmlichen Vergleich einzulassen, wofern nicht Danae
durch den unglücklichsten Zufall, der ihr mit einem so sonderbaren
Mann als Agathon nur immer begegnen konnte, auf einmal mit

seiner Hochachtung Alles, was sie bisher noch im Besitz seines
Herzens erhielt, verloren hätte. Eine einst geliebte Person
behält (auch wenn das Fieber der Liebe vorbei ist) noch immer
eine große Gewalt über unser Herz, so lange sie unsere Hochachtung nicht verloren hat. Agathon war zu edelmüthig, die
schöne Danae für ihre Schwachheit gegen ihn selbst dadurch zu
bestrafen, daß er ihr darum das Mindeste von der seinigen entzogen hätte. Aber sobald es dahin gekommen war, daß er sich
in seiner Meinung von ihrem Charakter und moralischen Werthe
betrogen zu haben glaubte, sobald er sich gezwungen sah, sie
zu verachten, hörte sie auf, Danae für ihn zu sein, und durch
eine ganz natürliche Folge wurde er in dem nämlichen Augenblicke wieder Agathon.

Zweites Capitel.

Vorbereitung zum Folgenden. Neue Anschläge des Sophisten Hippias.

Hippias nannte sich einen Freund der schönen Danae oder
hatte sich wenigstens vermöge einer Bekanntschaft von mehr als
zehn Jahren in den Besitz aller Vorrechte eines Freundes gesetzt. Die Gewohnheit, einander zu sehen, die Unterhaltung, die
Eines in des Andern Umgang fand, gewisse Uebereinstimmungen
ihrer Denkungsart, vielleicht auch die besondere Gunst, worin
er (der gemeinen Meinung nach) ehemals bei ihr gestanden:
Alles dies hatte diese Art von Vertraulichkeit unter ihnen hervorgebracht, welche von den Weltleuten für Freundschaft gehalten
wird und auch in der That alle Freundschaft ist, deren die
meisten von ihnen fähig sind, wiewol im Grunde nichts Besseres
als eine stillschweigende Uebereinkommniß, einander so lange
gewogen zu sein, als es dem einen oder andern Theile gelegen
sein werde; daher sie auch ordentlicherweise gerade so lange
und keinen Augenblick länger dauert, als — bis sie auf die Probe
gesetzt wird.

Es ist wahr, Hippias hatte einen guten Theil von ihrer
Hochachtung und also zugleich von ihrem Vertrauen verloren,
seitdem die Liebe so sonderbare Veränderungen in ihrem Charakter
gewirkt hatte. Je mehr Agathon gewann, je mehr mußte Hippias
verlieren. Aber eben darum, weil dies so natürlich war, hatte
sie es nicht an sich selbst bemerkt; und daher kam es, daß sie,
unbesorgt, er möchte tiefer in ihr Herz hineinschauen als sie

selbst, sich nicht einfallen ließ, die mindeste Vorsicht gegen ihn zu gebrauchen. Wir schließen dies daraus, weil sie, anstatt ihm bei ihrem Liebhaber schlimme Dienste zu thun, sich vielmehr Mühe gab, ihn bei demselben in bessere Achtung zu setzen. Dies war ihr auch, da es der Sophist auf seiner Seite nicht fehlen ließ, so wohl gelungen, daß Agathon eine günstigere Meinung von seiner Sinnesart zu fassen anfing und sich unvermerkt Vertrauen genug von ihm abgewinnen ließ, sich sogar über die Angelegenheiten seines Herzens mit ihm zu unterha ten.

Unsere Liebenden verließen sich also mit der sorglosesten Unvorsichtigkeit, welche Hippias nur wünschen konnte, in die Fallstricke, die er ihnen legte, und dachten an nichts weniger, als daß er Absichten haben könne, eine Verbindung wieder zu vernichten, welche gewissermaßen sein eigenes Werk war. Diese Sorglosigkeit könnte desto tadelhafter scheinen, da Beiden so wohl bekannt sein mußte, nach was für Grundsätzen er handelte. Allein es ist eine Beobachtung, die man alle Tage zu machen Gelegenheit hat, daß edle Gemüther mit Leuten von dem Charakter unsers Sophisten betrogen werden müssen, sie mögen es angehen, wie sie wollen. Sie mögen die Denkensart solcher Personen noch so gut kennen, noch so viele Proben haben, daß derjenige, dessen Neigungen und Handlungen allein durch das Interesse seiner Leidenschaften bestimmt werden, keines rechtschaffenen Betragens fähig ist; es wird ihnen doch immer unmöglich bleiben, alle Krümmen und Falten seines Herzens so genau auszuforschen, daß nicht in irgend einer derselben noch eine geheime Schalkheit lauern sollte, derer man sich, wenn sie zum Vorschein kommt, nicht versehen hatte. Agathon und Danae zum Beispiel kannten den Hippias gut genug, um überzeugt zu sein, daß er sich, sobald sein Interesse dem Vortheil ihrer Liebe entgegenstände, nicht einen Augenblick bedenken würde, die Pflichten der Freundschaft seinem Vortheil aufzuopfern. Denn was sind Pflichten für einen Hippias? Aber was sie nicht begreifen konnten, war, was für einen Vortheil es ihm bringen könnte, ihre Herzen zu trennen; und dies machte sie sicher. In der That hatte er keinen; auch war eigentlich seine Absicht nicht, sie zu trennen. Aber er hatte ein Interesse, ihnen einen Streich zu spielen, welcher, dem Charakter des Agathon zufolge, nothwendig diese Wirkung thun mußte. Und dies war es, woran sie nicht dachten.

Wir haben im vierten Buche dieser Geschichte die Absichten

entdeckt, welche den Sophisten bewogen, unsern Helden mit der
schönen Danae bekannt zu machen. Der Entwurf war wohl
ausgesonnen und hätte nach den Voraussetzungen, die dabei
zum Grunde lagen, unmöglich mißlingen können, wenn man
auf irgend eine Voraussetzung Rechnung machen dürfte, sobald
sich die Liebe ins Spiel mischt. Dieses Mal war es ihm ge=
gangen, wie es gemeiniglich den Projectmachern geht: er hatte
an Alles gedacht, nur nicht an den einzigen Fall, der seine Ab=
sichten vereitelte. Wie hätte er auch glauben können, daß eine
Danae fähig sein sollte, ihr Herz an einen platonischen Lieb=
haber zu verlieren? Ein gleichgiltiger Philosoph würde darüber
betroffen gewesen sein, ohne ungehalten zu werden; aber es
giebt sehr wenig gleichgiltige Philosophen. Hippias fand sich in
seinen Erwartungen betrogen; seine Erwartungen gründeten sich
auf Schlüsse, seine Schlüsse auf seine Grundsätze, und auf diese
das ganze System seiner Ideen, welches (wie man weiß) bei
einem Philosophen den besten Theil seines geliebten Selbst aus=
macht. Wie hätte er nicht ungehalten werden sollen? Seine
Eitelkeit fühlte sich beleidigt. Agathon und Danae hatten die
Gelegenheit dazu gegeben. Er wußte zwar wohl, daß sie keine
Absicht, ihn zu beleidigen, dabei gehabt haben konnten; allein
darum bekümmert sich kein Hippias. Genug, daß sein Unwille
gegründet war, daß er einen Gegenstand haben mußte, und
daß ihm nicht zuzumuthen war, sich über sich selbst zu erzürnen.
Leute von seiner Art würden eher die halbe Welt untergehen
sehen, ehe sie sich gestehen würden, gefehlt zu haben. Es war
also natürlich, daß er darauf bedacht war, sich durch das Ver=
gnügen der Rache für den Abgang desjenigen zu entschädigen,
welches er sich von der verhofften Bekehrung unsers Helden ver=
sprochen hatte.

Agathon liebte die schöne Danae noch immer, weil sie, selbst
nachdem der höchste Grad der Bezauberung aufgehört hatte, in
seinen Augen noch immer die vollkommenste Person war, die
er kannte. Was für ein Geist! was für ein Herz! was für
seltene Talente! welche Anmuth in ihrem Umgang! welche
Mannichfaltigkeit von Vorzügen und Reizungen! Wie hoch=
achtungswerth mußte sie dies Alles ihm machen! Wie vortheil=
haft war ihr die Erinnerung an jeden Augenblick, von dem
ersten an, da er sie gesehen, bis zu demjenigen, da sie von
sympathetischer Liebe überwältigt, die seinige glücklich gemacht
hatte! Kurz, Alles, was er von ihr wußte, war zu ihrem Vor=

theil, und von Allem, was seine Hochschätzung hätte schwächen
können, mußte er nichts.

Man kann sich leicht vorstellen, daß sie so unvorsichtig nicht
gewesen sein werde, sich selbst zu verrathen. Es ist wahr, sie
hatte sich nicht entbrechen können, die vertraute Erzählung,
welche er ihr von seinem Lebenslauf gemacht, mit Erzählung
des ihrigen zu erwidern; aber wir zweifeln sehr, daß sie sich zu
einer ebenso gewissenhaften Vertraulichkeit verbunden gehalten
habe. Und woher wissen wir auch, daß Agathon selbst, mit
aller seiner Offenherzigkeit, keinen Umstand zurückgehalten habe,
von dem er vielleicht (wie ein guter Mialer oder Dichter) vor-
aussah, daß er der schönen Wirkung des Ganzen hinderlich sein
könnte? Wer ist uns Bürge dafür, daß die verführerische Priesterin nicht mehr über ihn erhalten habe, als er eingestanden?
— Wie dem auch sei, dies ist gewiß, daß Danae in der Erzählung ihrer Geschichte mehr die Gesetze des Schönen und Anständigen als die Pflichten einer genauen historischen Treue zu
ihrem Augenmerke genommen und kein Bedenken getragen hatte,
bald einen Umstand zu verschönern, bald einen andern wegzu-
lassen, so oft es die besondere Absicht auf ihren Zuhörer erfordern mochte. Denn für diesen allein, nicht für die Welt, erzählte
sie, und sie konnte sich also durch die strengen Forderungen,
welche die Welt (wiewol vergebens) an die Geschichtsschreiber
macht, nicht sehr gebunden halten. Wir wollen damit nicht sagen,
daß sie ihm irgend eine hauptsächliche Begebenheit ihres Lebens
gänzlich verschwiegen oder, statt der wirklichen, ihn durch erdichtete hintergangen habe. Sie sagte ihm Alles. Allein es
giebt eine gewisse Kunst, dasjenige, was einen widrigen Eindruck
machen könnte, aus den Augen zu entfernen; es kommt so viel
auf die Wendung an; ein einziger kleiner Umstand giebt einer
Begebenheit eine so verschiedene Gestalt von demjenigen, was
sie ohne diesen kleinen Umstand gewesen wäre, daß man ohne
merkliche Veränderung dessen, was den Stoff der Erzählung ausmacht, tausend sehr bedeutende Treulosigkeiten an der historischen
Wahrheit begehen kann, eine Betrachtung, die uns (im Vorbeigehen zu sagen) die Geschichtsschreiber ihres eignen werthen
Selbst (keinen Xenophon, Cäsar, noch Markus Antoninus, ja den
offenherzigen Montaigne selbst nicht ausgenommen) noch verdächtiger macht als irgend eine andere Classe von Geschichtsschreibern.

Die schöne und kluge Danae hatte also ihrem Liebhaber

weder ihre Erziehung in Aspasiens Hanse, noch ihre Bekannt=
schaft mit dem Alcibiades, noch die glorreiche Liebe, welche sie
dem Prinzen Cyrus eingeflößt hatte, verhalten. Alle diese
und viele andre nicht so schimmernde Stellen ihrer Geschichte
machten ihr entweder Ehre oder konnten doch, mit der Ge=
schicklichkeit, worin sie die zweite Aspasia war, auf eine solche
Art erzählt werden, daß sie ihr Ehre machten. Allein, was die=
jenigen Stellen betraf, an denen sie alle Kunst, die man auf
ihre Verschönerung wenden möchte, für verloren hielt, es sei
nun, weil sie an sich selbst oder in Beziehung auf den eignen
Geschmack unsers Helden in keiner Art von Einbildung, Wendung
oder Licht gefallen konnten: diese hatte sie klüglich mit gänzlichem
Stillschweigen bedeckt. Und daher kam es denn, daß unser Held
noch immer in der Meinung stand, er selbst sei der Erste ge=
wesen, welchen sie sich durch Gunstbezeigungen — von derjenigen
Art, womit er von ihr überhäuft worden war — verbindlich
gemacht hätte, ein Irrthum, der nach seiner spitzfindigen
Denkungsart zu seinem Glücke so nothwendig war, daß ohne
denselben alle ihre Vollkommenheiten zu schwach gewesen wären,
ihn nur einen Augenblick in ihren Fesseln zu behalten. Ihm
diesen Irrthum zu benehmen, war der schlimmste Streich, den
man seiner Liebe und der schönen Danae spielen konnte. Und
dies zu thun, war das Mittel, wodurch der Sophist an
Beiden auf einmal eine Rache zu nehmen hoffte, deren bloße
Vorstellung sein boshaftes Herz in Entzückung setzte. Er lauerte
dazu nur auf eine bequeme Gelegenheit, und diese pflegt
einem bösen Vorhaben immer auf halbem Wege entgegen zu
kommen.

Ob dies Letztere der Geschäftigkeit eines bösen Dämons zu=
zuschreiben sei, oder ob es daher komme, weil die Bosheit ihrer
Natur nach eine lebhaftere Thätigkeit hervorbringe als die Güte,
ist eine Frage, welche wir Andern zu untersuchen überlassen.
Es sei das Eine oder das Andere, so würde eine ganz natürliche
Folge dieser fast alltäglichen Erfahrungswahrheit sein: daß das
Böse in einer immer wachsenden Progression zunehmen und
(wenigstens in dieser sublunarischen Welt) das Gute zuletzt
gänzlich verschlingen würde, wenn nicht eine ebenso gemeine
Erfahrung bekräftigte: „daß die Bemühungen der Bösen, so
glücklich sie auch in der Ausführung sein mögen, doch gemeiniglich
ihren eigentlichen Zweck verfehlen und das Gute durch eben die
Maßregeln und Ränke, wodurch es hätte gehindert werden sollen,

weit beſſer befördern, als wenn ſie ſich ganz gleichgiltig dabei
verhalten hätten."

Drittes Capitel.

Hippias wird zum Verräther an ſeiner Freundin Danae.

Unter andern Eigenſchaften, welche den Charakter der Danae
ſchätzbar machten, war auch dieſe, daß ſie eine vortreffliche
Freundin war. So gleichgiltig, bis auf die Zeit, da Agathon
ſich ihres Herzens bemeiſterte, gegen den Vorwurf der Unbe-
ſtändigkeit der Liebe, ſo zuverläſſig und ſtandhaft war ſie jederzeit in der Freundſchaft geweſen. Sie liebte ihre Freunde mit
einer Zärtlichkeit, welche von Leuten, die blos nach dem äußerlichen Ausdruck urtheilen, leicht einem eigennützigen Affect bei-
gemeſſen werden konnte. Denn dieſe Zärtlichkeit ſtieg bis zur
thätigſten Leidenſchaft, ſobald es darauf ankam, einem unglücklichen Freunde Dienſte zu leiſten. Es giebt kein Vergnügen,
welches ſie nicht in einem ſolchen Falle den Pflichten der Freundſchaft aufgeopfert hätte.

Eine Veranlaſſung von dieſer Art war es, was ſie auf einige
Tage von Smyrna abgerufen hatte. Agathon mußte zurückbleiben, und die gutherzige Danae, zufrieden mit dem Beweiſe
ſeiner Liebe, den ihr ſein Schmerz beim Abſchied gab, verſüßte
ſich ihren eigenen durch die Vorſtellung, daß eine kurze Trennung
ihm den Werth ſeiner Glückſeligkeit weit lebhafter zu fühlen geben
werde als eine ununterbrochene Gegenwart. Ruhig über den
Beſitz ſeines Herzens, empfahl ſie ihm, ſich während ihrer Abweſenheit kein Vergnügen, ſo ihm das reiche und wollüſtige
Smyrna verſchaffen konnte, zu verſagen, und empfahl es ihm
deſto eifriger, je gewiſſer ſie war, daß ſie von dergleichen Zer-
ſtreuungen nichts zu beſorgen habe.

Allein Agathon hatte bereits angefangen, den Geſchmack an
dieſen Luſtbarkeiten zu verlieren. So lebhaft, ſo mannichfaltig,
ſo berauſchend ſie ſein mögen, ſo ſind ſie doch nicht fähig, einen
edlern Geiſt lange einzunehmen. Als eine Beſchäftigung betrachtet, können ſie es nur für Leute ſein, die ſonſt zu nichts
taugen; und Vergnügungen bleiben ſie nur, ſo lange ſie neu
ſind. Je lebhafter ſie ſind, deſto eher erfolgen Sättigung und
Ermüdung; alle ihre anſcheinende Mannichfaltigkeit kann bei
einem fortgeſetzten Gebrauch das Einförmige nicht verbergen,

woburch sie endlich selbst der verdienstlosesten Classe der Welt=
menschen ekelhaft werden. Die Abwesenheit der Danae benahm
ihnen vollends noch den einzigen Reiz, den sie für ihn hätten
haben können: das Vergnügen an dem Antheil, den sie daran
genommen hätte. Er brachte also beinahe die ganze Zeit ihrer
Abwesenheit in einer Einsamkeit zu, von welcher ihn das be=
schäftigte Leben zu Athen und die wollüstige Muße zu Smyrna
schon etliche Jahre entwöhnt hatten. Hier ging es ihm anfangs
wie denen, welche aus einem stark erleuchteten Ort auf einmal
ins Dunkle kommen. Seine Seele fühlte sich leer, weil sie
allzu voll war. Er schrieb dies der Abwesenheit seiner Freundin
zu. Er fühlte, daß sie ihm mangelte, und dachte nicht daran,
daß er sie weniger vermißt haben würde, wenn die Nerven
seines Geistes durch die Gewohnheit einer wollüstigen Leidsam=
keit nicht eingeschläfert worden wären.

Die ersten Tage schlichen für ihn in einer Art von zärtlicher
Melancholie vorbei, welche nicht ohne Anmuth war. Danae
war beinahe der einzige Gegenstand, womit seine in sich selbst
zurückgezogene Seele sich beschäftigte. Oder, wenn seine Er=
innerung auch in ältere Zeiten zurück ging, wenn sie ihm das
Bild seiner Psyche oder die glänzenden Auftritte seines repu=
blikanischen Lebens vorhielt, so war es nur, um den Werth der
unvergleichlichen Danae und die ruhige Glückseligkeit eines allein
der Liebe, der Freundschaft, den Musen und den Göttinnen
der Freude geweihten Privatlebens in ein höheres Licht zu
setzen. Seine Liebe belebte sich aufs Neue. Sie verbreitete
wieder diese begeisternde Wärme durch sein Wesen, welche die
Triebfedern des Herzens und der Einbildungskraft so harmonisch
zusammenspielen macht. Er entwarf sich die Idee einer Lebens=
art, welche mehr das Leben eines Gottes als eines Sterblichen
schien. Danae glänzte darin aus einem Himmel von lachenden
Bildern der Freude und Glückseligkeit hervor. Entzückt von
diesen angenehmen Träumen, beschloß er bei sich selbst, sein
Schicksal auf immer mit dem ihrigen zu vereinigen. Er hielt
sie für würdig, diesen Agathon glücklich zu machen, welcher zu
stolz gewesen wäre, das schimmernbste Glück aus der Hand
eines Königs anzunehmen. Dieser Entschluß, der bei tausend
Andern eine nur sehr zweideutige Probe der Liebe sein würde,
war in der That, nach seiner Art zu denken, der Beweis, daß
die seinige auf den höchsten Grad gestiegen war.

In einem für Danae's Absichten so günstigen Gemüths=

zustande befand er sich, als Hippias ihm einen Besuch machte,
um sich auf eine freundschaftliche Art über die Einsamkeit zu
beklagen, worin er seit der Entfernung seiner schönen Freundin
lebte. „Danae sollte zufrieden sein," sagte er in scherzhaftem
Tone, „den liebenswürdigen Kallias für sich allein zu behalten,
wenn sie gegenwärtig sei; aber ihn auch in ihrer Abwesenheit
der Welt zu entziehen, dies sei zu viel und müsse endlich die
Folge haben, die Schönen zu Smyrna zu einer allgemeinen
Zusammenverschwörung gegen sie zu reizen." Agathon beantwortete diesen Scherz in gleichem Tone. Unvermerkt wurde
das Gespräch interessant, ohne daß der Sophist eine besondere
Absicht merken ließ. Er bemühte sich, seinem Freunde zu beweisen, er habe Unrecht, der Gesellschaft zu entsagen, um sich
mit den Dryaden von seiner Liebe zu besprechen und die Zephyrn
mit Seufzern und Botschaften an seine Abwesende zu beladen.
Er malte ihm die Vergnügungen vor, deren er sich beraube,
und vergaß auch das Lächerliche nicht, welches er sich durch eine
so seltsame Laune in den Augen der Schönen gebe. Seiner
Meinung nach sollte ein Kallias sich an einer einzigen Eroberung, wie glänzend sie auch immer sein möchte, nicht begnügen lassen, er, dem seine Vorzüge das Recht gäben, seinem
Ehrgeiz in dieser Sphäre keine Grenzen zu setzen, und der nur
zu erscheinen brauche, um zu siegen. Er bewies die Wahrheit
dieser Schmeichelei mit den besondern Ansprüchen, welche einige
der berühmtesten Schönheiten zu Smyrna auf ihn machten.
Seinem Vorgeben nach lag es nur an Agathon, seine Eitelkeit,
seine Neubegier und seinen Hang zum Vergnügen zu gleicher
Zeit zu befriedigen und auf eine so mannichfaltige Art glücklich
zu sein, als sich die verzärteltste Einbildung nur immer wünschen
könne.

Agathon hatte auf alle diese schönen Vorspiegelungen nur
eine Antwort — seine Liebe zu Danae. Der Sophist fand sie
unzulänglich. Eben diese Ursachen, welche seine Liebe zu Danae
hervorgebracht hatten, sollten ihn auch für die Reizungen andrer
Schönen empfindlich machen. Seiner Meinung nach machte die
Abwechselung der Gegenstände das größte Glück der Liebe aus.
Er behauptete diesen Satz durch eine sehr lebhafte Ausführung
der besondern Vergnügungen, welche mit der Besiegung einer
jeden besondern Classe von Schönen verbunden sei. Die Un-
wissende und die Erfahrne, die Geistreiche und die Blöde, die
Schöne und die Häßliche, die Kokette, die Spröde, die Tugend-

hafte, die Schwärmerin, — kurz, jeder besondere Charakter be=
schäftige den Geschmack, die Einbildung und sogar die Sinne
(denn von dem Herzen war bei ihm die Rede nicht) auf eine
eigene Weise, erfordre einen andern Plan, setze andre Schwierig=
keiten entgegen und mache auf eine andre Art glücklich. Das
Ende dieser seinen Ausführung war, daß es unbegreiflich sei,
wie man so viel Vergnügen in seiner Gewalt haben und es
sich nur darum versagen könne, um die einförmigen Freuden
einer einzigen, mit romanhafter Treue in gerader Linie sich fort=
schleppenden Leidenschaft bis auf die Hesen zu erschöpfen.

Agathon gab zu, daß die Abwechselung, wozu ihn Hippias
aufmunterte, ganz angenehm für einen müßigen Wollüstling sein
möge, der aus dieser Art von Zeitvertreib das Geschäft seines
Lebens mache. Er behauptete aber, daß solche Personen niemals
erfahren haben müßten, was wahre Liebe sei. Er überließ sich
sodann der ganzen Schwärmerei seines Herzens, um dem Hippias
eine Abschilderung von demjenigen zu machen, was er von dem
ersten Anblick an bis auf diese Stunde für die schöne Danae
empfunden hatte. Er beschrieb eine so wahre, so zärtliche, so
vollkommene Liebe, er breitete sich mit einer so begeisterten
Entzückung über die Vortrefflichkeiten seiner Freundin, über die
Sympathie ihrer Seelen und über die Wonne, die er in ihrer
Liebe genieße, aus, daß man entweder die Bosheit eines Hip=
pias oder die freundschaftliche Hartherzigkeit eines Mentors haben
mußte, um fähig zu sein, ihn einem so beglückenden Irrthume
zu entreißen.

„Die Reizungen der schönen Danae sind zu bekannt", ver=
setzte der Sophist, „und ihre Vorzüge in diesem Stücke werden
sogar von ihrem eigenen Geschlechte so allgemein eingestanden,
daß Lais selbst — sie, welche den Ruhm hat, daß die edelsten
Griechen und die Fürsten ausländischer Nationen den Preis ihrer
Nächte in die Wette steigern — lächerlich sein würde, wenn sie
sich einfallen lassen wollte, ihr den Vorzug der Liebenswürdigkeit
streitig zu machen. Aber daß sie jemals die Ehre haben würde,
eine so ehrwürdige, so metaphysische, so über Alles, was sich
denken läßt, erhabene Liebe einzuflößen, daß der Macht ihrer
Reizungen noch dieses Wunder, das einzige, welches ihr noch
fehlte, aufbehalten sei, dies hätte sich in der That Niemand
träumen lassen können, ohne sich selbst über einen solchen Einfall
zu belachen."

Hier ging unserm Helden, der die boshafte Vergleichung

mit einer Korinthischen Hetäre schon äußerst ärgerlich gefunden
hatte, die Geduld gänzlich aus. Er setzte den Sophisten mit
aller Hitze eines in dem Gegenstande seiner Anbetung beleidigten
Liebhabers wegen des zweideutigen Tons zur Rede, womit er
sich anmaße, von einer Person wie Danae zu sprechen. Aber
sein Unwille sowol als seine Verwirrung stieg auf den höchsten
Grad, da er sah, daß ein satyrmäßiges Gelächter die ganze Antwort des Hippias war.

Es ist so leicht vorauszusehen, was für einen Ausgang diese
Scene nehmen mußte, daß wir nach Allem, was von den Absichten des Sophisten bereits gesagt worden ist, den Leser seiner
eigenen Einbildung überlassen können. Ungeduldige Fragen auf
der einen, Ausflüchte und schalkhafte Wendungen auf der andern
Seite, bis sich Hippias auf vieles Zureden endlich das Geheimniß des wahren Standes der schönen Danae und derjenigen
Anekdoten, welche wir unsern Lesern schon im vierten Capitel
des vierten Buches verrathen haben, mit einer Gewalt, welcher
seine vorgebliche Freundschaft für Agathon nicht widerstehen
könne, abnöthigen ließ.

Wir haben schon bemerkt, wie viel bei Erzählung einer Begebenheit auf die Absicht des Erzählers ankomme. Danae erzählte ihre Geschichte mit der unschuldigen Absicht, zu gefallen.
Sie sah natürlicherweise ihre Aufführung, ihre Schwachheiten,
ihre Fehltritte selbst in einem mildern und (lasset uns die Wahrheit sagen) in einem wahrern Lichte als die Welt, welche auf
der einen Seite von allen den kleinen Umständen, die uns
rechtfertigen oder wenigstens unsere Schuld vermindern, nicht
unterrichtet, und auf der andern boshaft genug ist, um ihres
größern Vergnügens willen das Gemälde unsrer Thorheiten
mit tausend Zügen zu überladen, um welche es zwar weniger
wahr, aber desto komischer wird. Unglücklicherweise für sie erforderte die Absicht des Hippias, daß er diese schalkhafte Kunst,
eine Begebenheit ins Häßliche zu malen, so weit treiben mußte,
als es die Gesetze der Wahrscheinlichkeit nur immer erlauben
konnten.

Unser Held glich während dieser Entdeckungen mehr einer
Bildsäule oder einem Todten als sich selbst. Kalte Schauer
und fliegende Gluth fuhren wechselsweise durch seine Adern.
Seine von den widerwärtigsten Leidenschaften auf einmal bestürmte Brust athmete so langsam, daß er in Ohnmacht gefallen
wäre, wenn nicht eine davon plötzlich die Oberhand behalten

und durch den heftigsten Ausbruch dem gepreßten Herzen Luft
gemacht hätte. Das Licht, worin ihm Hippias seine Göttin
zeigte, machte mit demjenigen, worin er sie zu sehen gewohnt
war, einen so beleidigenden Contrast, der Gedanke, sich so sehr
betrogen zu haben, war so unerträglich, daß es ihm unmöglich
fallen mußte, dem Sophisten Glauben beizumessen. Der ganze
Sturm, der seine Seele schwellte, brach also über den Verräther
aus. Er nannte ihn einen falschen Freund, einen Verleumder,
einen Nichtswürdigen — rief alle rächenden Gottheiten gegen
ihn auf — schwur, wofern er die Beschuldigungen, womit er
die Tugend der schönen Danae zu beschmitzen sich erfrechte,
nicht bis zur unbetrüglichsten Evidenz erweisen werde, ihn als ein
das Sonnenlicht befleckendes Ungeheuer zu vertilgen und seinen
verfluchten Rumpf unbegraben den Vögeln des Himmels preiszugeben.

Hippias sah diesem Sturme mit der Gelassenheit eines Menschen zu, der die Gewalt der Leidenschaften kennt, so ruhig wie
Einer, der vom sichern Ufer dem wilden Aufruhr der Wellen
zusieht, denen er glücklich entgangen ist. Ein mitleidiger Blick,
dem ein schalkhaftes Lächeln seinen zweideutigen Werth vollends
benahm, war Alles, was er dem Zorne des aufgebrachten Liebhabers entgegensetzte. Agathon stutzte darüber. Ein schrecklicher
Zweifel warf ihn auf einmal auf die entgegengesetzte Seite.
„Rede, Grausamer," rief er aus, „rede! Beweise Deine hassens-
würdigen Anklagen so klar als Sonnenschein; oder bekenne, daß
Du ein verrätherischer Elender bist, und vergeh' vor Scham!"

„Bist Du bei Sinnen, Kallias?" antwortete der Sophist
mit dieser verruchten Gelassenheit, welche in solchen Umständen
der triumphirenden Bosheit eigen ist — „Komm erst zu Dir
selbst! Sobald Du fähig sein wirst, Vernunft anzuhören, will ich
reden."

Agathon schwieg; denn was kann derjenige sagen, der nicht
weiß, was er denken soll?

„Wahrhaftig," fuhr Hippias fort, „ich begreife nicht, was
für eine Ursache Du zu haben glaubst, den rasenden Ajax mit
mir zu spielen. Wer redet von Beschuldigungen? Wer klagt
die schöne Danae an? Ist sie vielleicht weniger liebenswürdig,
weil Du weder der Erste bist, der sie gesehen, noch der Erste, der
sie empfindlich gefunden hat? Was für Launen sind das?
Glaube mir, jeder Andre als Du hätte nichts weiter nöthig gehabt, als sie zu sehen, um meine Nachrichten glaubwürdig zu

finden. Ihr bloßer Anblick ist ein Beweis. Aber Du forderst
einen stärkern? Du sollst ihn haben, Kallias. Was sagtest Du,
wenn ich selbst Einer von denen gewesen wäre, welche sich rüh=
men können, die schöne Danae empfindlich gesehen zu haben?"

„Du?" rief Agathon mit einem ungläubigen Erstaunen,
welches eben nicht schmeichelhaft für die Eitelkeit des Sophi=
sten war.

„Ja, Kallias, ich; ich, wie Du mich hier siehst, zehn oder
zwölf Jahre abgerechnet, um welche ich damals geschickter sein
mochte, den Beifall einer schönen Dame zu erhalten. Du glaubst
vielleicht, ich scherze; aber ich bin überzeugt, daß Deine Göttin
selbst zu edel denkt, um Dir, wenn Du sie mit guter Art fragen
wirst, eine Wahrheit verhalten zu wollen, von welcher ganz
Smyrna zeugen könnte."

Hier fuhr der barbarische Mensch fort, ohne das geringste
Mitleiden mit dem Zustande, worein er den armen Agathon
durch seine Prahlereien setzte, die genossenen Glückseligkeiten von
Stück zu Stück, in einem Tone von Wahrheit und mit einer
Munterkeit zu beschreiben, welche seinen Zuhörer beinahe zur Ver=
zweiflung brachte. „Es ist vorbei!" fiel er endlich dem So=
phisten mit einer so heftigen Bewegung in die Rede, daß er in
diesem Augenblicke mehr als ein Mensch zu sein schien — „Es
ist vorbei! O Tugend, Du bist gerochen! — Hippias, Du hast
mich unter der lächelnden Maske der Freundschaft mit einem
giftigen Dolche durchbohrt — aber ich danke Dir! — Deine
Bosheit leistet mir einen wichtigern Dienst als Alles, was Deine
Freundschaft für mich hätte thun können. Sie öffnet mir die
Augen — zeigt mir auf einmal in den Gegenständen meiner
Hochachtung und meines Zutrauens, in dem Abgott meines
Herzens und in meinem vermeinten Freunde die verächtlichsten
Gegenstände, womit jemals meine Augen sich besudelt haben. —
Götter! die Buhlerin eines Hippias! Kann etwas unter diesem
untersten Grade der Entehrung sein?" — Mit dieser Apostrophe
warf er den verachtungsvollsten Blick, der jemals aus einem
menschlichen Auge geblitzt hat, auf den _betroffenen Sophisten
und ging davon.

Viertes Capitel.

Folgen des Vorhergehenden. Agathon entfernt sich heimlich aus Smyrna.

Die menschliche Seele ist vielleicht keines heftigeren Schmerzes fähig, als derjenige ist, den Gegenstand unserer zärtlichsten Gesinnungen verachten zu müssen. Alles, was man davon sagen kann, ist zu schwach, die Feuerpein auszubrücken, die durch eine so gewaltsame Zerreißung in einem gefühlvollen Herzen verursacht wird. Wir wollen also lieber gestehen, daß wir uns unvermögend finden, den Tumult der Leidenschaften, welche in den ersten Stunden nach einer so grausamen Unterredung in dem Gemüthe Agathon's wütheten, abzuschildern, als durch eine frostige Beschreibung zu gleicher Zeit unsre Vermessenheit und unser Unvermögen zu verrathen.

Das Erste, was er that, sobald er seiner selbst wieder mächtiger wurde, war, daß er alle seine Kräfte anstrengte, sich zu überreden, daß ihn Hippias betrogen habe. War es zu viel, das Schlimmste von einem so ungeheuern Bösewicht zu denken, als dieser Sophist nunmehr in seinen Augen war? Was für eine Giltigkeit konnte ein solcher Zeuge gegen eine Danae haben? — Oder vielmehr, was für einen mächtigen Vertheidiger hattest Du, schöne Danae, in dem Herzen Deines Agathon! Was hätte Hyperides selbst, ob er gleich beredt genug war, die Athener von der Unschuld einer Phryne zu überzeugen, Stärkeres und Scheinbareres zu Deiner Vertheidigung sagen können, als was Agathon sich selbst sagte? Vermuthlich würde die Vernunft allein von dieser sophistischen Beredsamkeit der Liebe überwältigt worden sein; aber die Eifersucht, welche ihr zu Hilfe kam, gab den Ausschlag. Unter allen Leidenschaften ist keine, welcher die Verwandlung des Möglichen ins Wirkliche weniger kostet als diese. In dem zweifelhaften Lichte, welches sie über seine Seele ausbreitete, wurde Vermuthung zu Wahrscheinlichkeit, und Wahrscheinlichkeit zu Gewißheit, nicht anders, als ob er, mit der spitzfindigen Delicatesse eines Julius Cäsar, die schöne Danae schon darum schuldig gefunden hätte, weil sie bezüchtigt wurde. Er verglich ihre eigene Erzählung mit des Hippias seiner und glaubte nun, da das Mißtrauen sich seines Geistes einmal bemächtigt hatte, hundert Spuren in der ersten wahrzunehmen, welche die Wahrheit der letztern bekräftigten. Hier hatte sie einem Umstand eine gekünstelte Wendung geben müssen;

dort war sie (wie er sich zu erinnern glaubte) verlegen gewesen, was sie aus einem andern machen sollte, der ihr unversehens entschlüpft war. Mit einem ebenso schielenden Auge durchging er ihr ganzes Betragen gegen ihn. Wie deutlich glaubte er jetzt zu sehen, daß sie von dem ersten Augenblick an Absichten auf ihn gehabt habe! In tausend kleinen Umständen, welche ihm damals ganz gleichgiltig gewesen waren, fand er jetzt die Merk= male einer geheimen Bedeutung. Er besann sich, er verglich und combinirte so lange, bis ihm nichts so glaublich vorkam, als daß Alles, was von seinem ersten Besuche bis zu seinem Uebergang in ihre Dienste vorgegangen, die Folgen eines zwischen ihr und dem Sophisten abgeredeten Plans gewesen sei. Wie sehr vergiftete dieser Gedanke Alles, was sie für ihn gethan hatte! Wie gänzlich benahm er ihren Handlungen diese Schön= heit und Grazie, die ihn so sehr bezaubert hatte! Er sah nun in diesem vermeinten Urbilde jeder idealischen Vollkommenheit nichts mehr als eine schlaue Kokette, die durch eine große Fer= tigkeit in der Kunst die Männer zu bestricken den Vortheil über seine Unschuld erhalten hatte. Wie verächtlich kamen ihm jetzt diese Gunstbezeigungen vor, die ihm so kostbar gewesen waren, so lang' er sie für Ergießungen eines für ihn allein empfind= lichen Herzens angesehen hatte! Wie verächtlich diese Freuden, die ihn in jenem glücklichen Stande der Bezauberung den Göttern gleich gemacht! Wie zürnte er jetzt über sich selbst, daß er thö= richt genug habe sein können, in ein so sichtbares, so handgreif= liches Netz sich verwickeln zu lassen!

Das Bild der liebenswürdigen Psyche konnte sich ihm zu keiner ungelegnern Zeit für Danae darstellen als jetzt. Aber es war natürlich, daß es sich darstellte; und wie blendend war das Licht, worin es ihm jetzt erschien! Wie wurde sie durch die verdunkelten Vorzüge ihrer unglücklichen Nebenbuhlerin heraus= gehoben! Himmel! wie war es möglich, daß die Beischläferin eines Alcibiades, eines Hippias, eines jeden Andern, der ihr gefiel, fähig sein konnte, diese liebenswürdige Unschuld aus= zulöschen, deren keusche Umarmungen, anstatt seine Tugend in Gefahr zu setzen, ihr neues Leben, neue Stärke gegeben hatten?

Er trieb die Vergleichung so weit sie gehen konnte. Beide hatten ihn geliebt. Aber welcher Unterschied in der Art zu lieben! Welcher Unterschied zwischen dieser Nacht (an die er sich jetzt mit Abscheu erinnerte), wo Danae, nachdem sie alle ihre Reizungen, Alles, was die schlaueste Verführungskunst erfinden

kann, zugleich mit den magischen Kräften der Musik aufgeboten,
seine Sinne zu berauschen und sein ganzes Wesen in Begierden
aufzulösen, sich selbst mit zuvorkommender Güte in seine Arme
geworfen hatte, — und jenen elysischen Nächten, die ihm an
Psychens Seite in der reinen Wonne entkörperter Geister wie
ein einziger himmlischer Augenblick vorübergeflossen waren! —
Die arme Danae! Sogar die Reizungen ihrer Figur verloren
bei dieser Vergleichung einen Vorzug, den ihnen nur das par-
teilichste Vorurtheil absprechen konnte. Diese Gestalt der Liebesgöttin, bei deren Anschauen seine entzückte Seele in Wollust
zerflossen war, sank jetzt, mit der jungfräulichen Geschmeidigkeit
der jungen Psyche verglichen, in seiner gramsüchtigen Einbildung
zu der üppigen Schönheit einer Bacchantin herab, der Wuth
eines weintriefenden Satyrs würdiger als der zärtlichen Entzückungen, die er sich jetzt schämte in einer unverzeihlichen Bethörung an sie verschwendet zu haben.

Ohne Zweifel werden unsere tugendhaften Leserinnen, welche
den Fall unsers Helden (nicht ohne gerechten Unwillen gegen
die seinen Buhlerkünste der schönen Danae) betrauert haben,
von Herzen erfreut sein, die Ehre der Tugend und gewissermaßen das Interesse ihres ganzen Geschlechts an dieser Verführ-
rerin gerochen zu sehen. Wir nehmen selbst vielen Antheil an
dieser ihrer Freude; aber wir können uns doch, mit ihrer Erlaubniß, nicht entbrechen, zu sagen: daß Agathon in der Vergleichung zwischen Danae und Psyche eine Strenge bewies,
welche wir nicht allerdings billigen können, so gern wir ihn auch
von einer Leidenschaft zurückkommen sehen, deren längere Dauer
ihn untauglich gemacht haben würde, der Held gegenwärtiger
Geschichte zu sein.

Danae mag wegen ihrer Schwachheit gegen ihn so tadels-
würdig sein, als man will, so war es doch offenbar unbillig,
sie zu verurtheilen, weil sie nicht Psyche war; oder, um be-
stimmter zu reden, weil sie in ähnlichen Umständen sich nicht
vollkommen so wie Psyche betragen hatte. Wenn Psyche unschuldiger gewesen war, so war es weniger ein Verdienst als
ein physischer Vorzug, eine natürliche Folge ihrer großen Jugend
und ihrer Umstände. Danae war es vermuthlich auch, als sie
mit aller Naivetät eines Landmädchens von vierzehn Jahren
bei den Gastmählern zu Athen nach der Flöte tanzte oder den
Alkamenes für die Gebühr das Modell zu dem halbaufge-
blühten Busen einer Hebe vorhielt. War es ihre Schuld, daß

sie nicht zu Delphi erzogen worden war? oder daß sich die
erſten Empfindungen ihres jugendlichen Herzens für einen Alci
biades und nicht für einen Agathon entfaltet hatten? — Pſyche
liebte unſchuldiger, wir geben's zu; aber die Liebe bleibt doch
in ihren Wirkungen allezeit ſich ſelbſt ähnlich. Sie erweitert
ihre Forderungen ſo lange, bis ſie im Beſitz aller ihrer Rechte
iſt; und die gutherzige Unerfahrenheit iſt am Wenigſten im
Stande, ihr dieſe Forderungen ſtreitig zu machen. Es war glück=
lich für die Unſchuld der zärtlichen Pſyche, daß ihre nächtlichen
Zuſammenkünfte unterbrochen wurden, ehe dieſe auf eine ſo
geiſtige Art ſinnliche Schwärmerei, worin beide Liebende ſo ſtarke
Schritte zu machen angefangen hatten, ihren höchſten Grad er=
reichte. Vielleicht noch wenige Tage, oder auch ſpäter (wenn Ihr
wollt), aber deſto gewiſſer, würden die guten Kinder von einer un=
ſchuldigen Ergießung des Herzens zur andern, von einem immer
noch zu ſchwachen Ausdruck ihrer unausſprechlichen Empfin=
dungen zum andern ſich endlich zu ihrer eigenen großen Ver=
wunderung da gefunden haben, wo die Natur ſie erwartet
hätte, und wo würde dann der weſentlichſte Vorzug der Unſchuld
geblieben ſein? — Ein anderer Umſtand, worin Pſyche, glück=
licherweiſe für ſie, den Vortheil über Danae hatte, war dieſer,
daß ihr Liebhaber ebenſo unſchuldig war als ſie ſelbſt und bei
aller ſeiner Zärtlichkeit nicht den Schatten eines Gedankens
hegte, ihrer Tugend nachzuſtellen. Wiſſen wir, wie ſie ſich ver=
halten hätte, wenn ſie auf die Probe geſtellt worden wäre?
Sie würde widerſtanden haben, daran iſt kein Zweifel; aber
doch nur, ſo lang' es ihr möglich geweſen wäre. Denn daß ſie
Stärke genug gehabt hätte, ihn zu fliehen, ihn gar nicht mehr
zu ſehen, dies iſt nicht zu vermuthen. Sie würde alſo doch
endlich von den ſüßen Verführungen der Liebe überſchlichen wor=
den ſein, wie weit ſie auch den Augenblick ihrer Niederlage
hätte zurückſtellen mögen. Man kann noch einwenden: geſetzt
auch, ſie würde die Probe nicht ausgehalten haben, ſo hätte ſie
doch widerſtanden, Danae hingegen habe ihren Fall nicht nur
vorausgeſehen und beſchleunigt, ſondern er ſei ſogar das Werk
ihrer eigenen Veranſtaltung geweſen, und wenn ſie ihn aufge=
ſchoben habe, ſo ſei es allein zum Vortheil ihrer Liebe und ihres
Vergnügens, nicht aus Tugend geſchehen. Alles dies iſt nicht
zu leugnen. Allein vorausgeſetzt, daß ſie ſich endlich doch er=
geben haben würde (welches auf eine oder die andere Art doch
allemal der ſtillſchweigende Vorſatz einer Jeden iſt, die ſich in

für eine Liebesangelegenheit wagt), wozn würde ein langwieriger, eigensinniger Widerstand gedient haben, als sich selbst und ihrem Liebhaber unnöthige Qualen zu verursachen? Und glauben wir etwa, daß sie sich keine Gewalt habe anthun müssen, einen Liebhaber, dessen außerordentlicher Werth die Heftigkeit ihrer Neigung so gut rechtfertigte, so lange schmachten zu lassen? oder daß die Selbstverleugnung, welche hierzu erfordert wurde, einer Person, deren Einbildungskraft mit den Vergnügungen der Liebe schon so bekannt war, nicht zum Wenigsten ebenso viel gekostet habe, als einer noch Unerfahrenen der ernstlichste Widerstand?

Wir sagen dies Alles nicht, um die schöne Danae zu recht= fertigen, sondern nur zu zeigen, daß Agathon in der Hitze des Affects zu streng über sie geurtheilt habe. Es war unbillig, ihr eine Gütigkeit zum Verbrechen zu machen, welche ihn ebenso glücklich gemacht hatte, als er elend gewesen sein würde, wenn sie schlechterdings darauf beharrt wäre, die heftige Leidenschaft, von welcher er verzehrt wurde, blos durch die ruhigen Gesinnungen der Freundschaft erwidern zu wollen. Allein das Vorurtheil, von welchem er nun eingenommen war, machte ihn unfähig, ihr Gerechtigkeit widerfahren zu lassen. Der Gedanke, daß sie einen Hippias ebenso begünstigt habe als ihn, machte ihm Alles verdächtig, was ihn hätte überzeugen können, daß er wenigstens der Erste gewesen sei, der ihr Herz wahrhaftig gerührt habe. Kurz, er sah nun nichts in ihr als eine Buhlerin, welche in dem Lichte, worin sie ihm jetzt erschien, vor den Uebrigen ihrer Classe keinen andern Vorzug hatte, als daß sie gefährlicher war.

Indessen konnte sein Unwille gegen sie nicht so heftig sein, ohne sich gegen sich selbst zu kehren. Die Vorstellung, daß er die Stelle eines Hippias, eines Hyacinth bei ihr vertreten habe, machte ihn in seinen eigenen Augen zum verächtlichsten Sklaven. Er schämte sich vor seinem ehemaligen besseren Selbst, wenn er an die Rechenschaft dachte, welche er sich von seinem Aufent= halt zu Smyrna schuldig sei. Würde er, sogar wenn Danae wirklich diejenige gewesen wäre, wofür er sie in der Trunkenheit der Leidenschaft gehalten hatte, vor dem Gerichtsstuhl der Tugend haben bestehen können? Was wollte er denn nun ant= worten, da er sich selbst anklagen mußte, eine so lange Zeit ohne irgend eine lobenswürdige That, verloren für seinen Geist, verloren für die Tugend, verloren für sein eigenes und das allgemeine Beste, in unthätigem Müßiggang und, was noch

schlimmer war, in der verächtlichen Bestrebung, den wollüstigen
Begierden einer Danae zu fröhnen, unrühmlich verschwendet
zu haben? Er trieb die Vorwürfe, die er bei diesen gelb-
süchtigen Vorstellungen sich selbst machte, so weit, als sie der
Affect einer allzu feurigen, aber mit angeborner Liebe zur
Tugend durchdrungenen Seele nur immer treiben kann, und
die Schmerzen, wovon sein Gemüth dadurch zerrissen wurde,
waren unaussprechlich.

Das Mißvergnügen über uns selbst ist (wie wir schon bemerkt haben) ein allzu schmerzhafter Zustand, als daß ihn die
Seele lang' ertragen könnte. Die Selbstliebe dent alle ihre
Kräfte auf, um sich Linderung zu verschaffen. Und bedenken
wir, wie wenig Gutes ein anhaltendes Gefühl von Scham und
Verachtung seiner selbst schaffen kann, und wie schädlich im Gegentheil Gram und Kleinmuth der wiederkehrenden Tugend sein
müssen, so haben wir vielleicht Ursache, die Geschäftigkeit der
Eigenliebe, uns gegen uns selbst zu entschuldigen, für eine von
den nöthigsten Springfedern unsrer Seele in diesem Staude des
Irrthums und der Leidenschaften, worin sie sich in gegen-
wärtigem Leben befindet, anzusehen. Die Reue ist zu nichts
gut, als uns einen tiefen Eindruck von der Häßlichkeit eines
thörichten oder unsittlichen Verhaltens, dessen wir uns schuldig
gemacht haben, zu geben. Hat sie diese Wirkung gethan, so soll
sie aufhören. Ihre Dauer würde uns nur die Kräfte benehmen,
uns in einen bessern Zustand emporzuarbeiten, und dadurch
ebenso schädlich werden als eine allzu große Furcht, die uns
dem Uebel nur desto gewisser ausliefert, welchem wir behutsam
entfliehen oder muthig widerstehen sollten.

Agathon hatte desto mehr Ursache, diesen wohlthätigen Eingebungen der Eigenliebe Gehör zu geben, da ihm seine fast
immer gar zu warme Einbildungskraft seine Vergehungen und
den Gegenstand derselben wirklich in einem häßlichern Lichte gezeigt hatte, als die gelassene Vernunft gethan haben würde.
Durch eine natürliche Folge brachte die Begierde, sich selbst vor
seinen eigenen Augen zu rechtfertigen, ihn unvermerkt dahin,
auch der schönen Danae etwas mehr Gerechtigkeit widerfahren
zu lassen. „Es war schwer, sehr schwer", würde ein Sokrates
gesagt haben, „den Reizungen eines so schönen Gegenstandes,
den Verführungen so vieler vereinigter Zauberkräfte zu widerstehen. Die Flucht war das einzige sichere Rettungsmittel.
Freilich war es beinahe gleich schwer, zu fliehen oder zu wider-

stehen; aber das Vermögen zum Fliehen war, wenigstens an=
fangs, in Deiner Gewalt, und es war unvorsichtig an Dir,
nicht zu denken, daß eine Zeit kommen würde, da Du keine
Kräfte zum Fliehen mehr haben würdest." — So möchte der=
jenige gesprochen haben, der den Kritobulus, weil er den schönen
Sohn des Alcibiades geküßt hatte, einen Wagehals nannte und
dem jungen Xenophon rieth, vor einem schönen Gesichte so
behende wie vor einer Schlange davonzulaufen. Allein so be=
scheiden und aufrichtig klang die Sprache der Eigenliebe nicht.
„Es war unmöglich", sagte sie, „so mächtigen Reizungen zu
widerstehen; es war unmöglich, zu entfliehen." Sie nahm die
ganze Lebhaftigkeit seiner Einbildungskraft zu Hilfe, ihm die
Wahrheit dieser tröstlichen Versicherungen zu beweisen, und wenn
sie es nicht so weit brachte, ein gewisses innerliches Gefühl,
welches ihr widersprach (und welches vielleicht das gewisseste
Merkmal der Freiheit unsers Willens ist), gänzlich zu betäuben,
so gelang es ihr doch unvermerkt, den Gram aus seinem Ge=
müthe zu verbannen und dieses sanfte Licht wieder darin aus=
zubreiten, worin wir ordentlicherweise Alles, was zu uns selbst
gehört, zu sehen gewohnt sind.

Indessen gewann Danae wenig bei dieser ruhigern Ver=
fassung seines Herzens. Ihre Vollkommenheiten rechtfertigten
zwar die hohe Meinung, die er von ihrem Charakter gefaßt
hatte, und Beides die Größe seiner Leidenschaft. Er vergab
sich selbst, sie so sehr geliebt zu haben, so lang' er die Schön=
heit ihrer Seele für ebenso ungemein gehalten hatte, als es die
Reizungen ihrer Person waren. Aber sie verlor mit dem Recht
an seine Hochachtung alle Gewalt über sein Herz. Der Entschluß,
sie zu verlassen, war die natürliche Folge davon, und dieser kostete
ihm, da er ihn faßte, auch nicht einen Seufzer; so tief war die
Verachtung, wovon er sich gegen sie durchdrungen fühlte. Die
Erinnerung dessen, was er gewesen war, das Gefühl dessen,
was er wieder sein könne, sobald er wolle, machte ihm den Ge=
danken unerträglich, nur einen Augenblick länger der Sklave
einer andern Circe zu sein, die durch eine schändlichere Ver=
wandlung als irgend eine, welche die Gefährten des Ulysses
erdulden mußten, den Helden der Tugend in einen müßigen
Wollüstling verwandelt hatte.

Bei so bewandten Umständen war es nicht rathsam, ihre
Wiederkunft zu erwarten, welche nach ihrem Berichte längstens
in drei Tagen erfolgen sollte. Denn sie hatte keinen Tag

vorbeigehen laſſen, ohne ihm zu ſchreiben, und die Nothwendig-
teit, ihr ebenſo regelmäßig zu antworten, ſetzte ihn, nach der
großen Veränderung, die in ſeinem Gemüthe vorgegangen, in
eine deſto größere Verlegenheit, da er zu aufrichtig und zu lebhaft war, Empfindungen vorzugeben, die ſein Herz verleugnete.
Seine Briefchen wurden dadurch ſo kurz und verriethen ſo
vielen Zwang, daß Danae auf einen Gedanken kommen mußte,
der zwar nicht ſehr wahrſcheinlich, aber doch der natürlichſte
war, der ihr einfallen konnte. Sie vermuthete, ihre Abweſenheit
könnte eine von den Schönen zu Smyrna verwegen genug gemacht
haben, ihr einen ſo beneidenswürdigen Liebhaber entführen zu
wollen. Wenn ihr Stolz zu einem ſo vermeſſenen Vorhaben
lächelte, ſo liebte ſie doch zu zärtlich, um ſo ruhig dabei zu
ſein, als man aus der muntern Art, womit ſie über ſeine Er-
kältung ſcherzte, hätte ſchließen ſollen. Gleichwol behielt das
Bewußtſein ihrer Vorzüge die Oberhand und ließ ihr keinen
Zweifel, daß ihre Gegenwart alle Eindrücke, welche eine Nebenbuhlerin auf die Oberfläche ſeines Herzens gemacht haben könnte,
wieder auslöſchen würde. Und wenn ſie deſſen auch weniger
gewiß geweſen wäre, ſo war ſie doch zu klug, ihn merken zu
laſſen, daß ſie ein Mißtrauen in ſein Herz ſetze oder fähig ſei,
ihm jemals durch eine grillenhafte Eiferſucht beſchwerlich zu
fallen. Bei Allem dem beſchleunigte dieſer Umſtand ihre Zurückkunft, und vermuthlich würde ſie ihren Ungetreuen noch zu
rechter Zeit überraſcht haben, wenn ihm der Schutzgeiſt ſeiner
Tugend die Nothwendigkeit der ſchleunigſten Flucht nicht ſo
dringend vorgeſtellt hätte, daß er ſich, ſobald der Bote der
Danae abgefertigt war, nach dem Hafen begab, um ein Fahrzeug zu miethen, welches ihn noch an dem nämlichen Tage von
Smyrna entfernen ſollte.

Fünftes Capitel.

Eine kleine Abſchweifung.

Unſere Leſer, wenn ſie dieſe Geſchichte mit etwas weniger
Flüchtigkeit als einen ephemeriſchen Roman zu leſen würdigen, werden vielleicht bemerkt haben, daß die Wiederherſtellung
unſeres Helden aus einem Zuſtande, worin er dieſen Namen
allerdings nicht verdient, eigentlich weder ſeiner Vernunft noch
ſeiner Liebe zur Tugend zuzuſchreiben ſei. Bei aller guten

Meinung, welche wir von Beiden hegen, müssen wir gestehen, daß Agathon, wenn es auf sie allein angekommen wäre, noch lange in den Fesseln der schönen Danae hätte liegen können. Ja, wir haben Ursache zu glauben, daß jene gefällig genug ge= wesen wäre, durch tausend schöne Vorspiegelungen und Schlüsse diese nach und nach gänzlich einzuschläfern oder vielleicht gar zu einem gütlichen Vergleich mit der Wollust, ihrer natürlichen und gefährlichsten Feindin, zu bewegen. Wir leugnen hiermit nicht, daß auch sie das ihrige zur Befreiung unsers Freundes beigetragen haben. Indessen ist doch gewiß, daß Eifersucht und beleidigte Eigenliebe das Meiste dabei thaten, und daß also, ohne die wohlthätigen Einflüsse zweier so verschrieener Leidenschaften, der ehemals so weise, so tugendhafte Agathon ein glorreich angefangenes Leben allem Anschein nach zu Smyrna unter den Rosen der Venus unrühmlich hinwegge= tändelt haben würde.

Wir wollen durch diese Bemerkung dem großen Haufen der Moralisten eben nicht zugemuthet haben, die Vorurtheile gegen die Leidenschaften fahren zu lassen, welche sie von ihren Vor= gängern, und diese (wenn wir bis zur Quelle hinaufsteigen wollen) von den Einsamen, womit die Morgenländer jederzeit angefüllt gewesen sind, durch eine dem Fortgange der gesunden Vernunft nicht sehr · günstige Ueberlieferung geerbt zu haben scheinen. Hingegen würde uns sehr erfreulich sein, wenn die gegenwärtige Geschichte die glückliche Veranlassung geben könnte, irgend einen von den ächten Weisen unserer Zeit aufzumuntern, mit der Fackel des Genie's in gewisse dunkle Gegenden der Moralphilosophie einzudringen, welche zu beträchtlichem Ab= bruch des allgemeinen Besten noch manches Jahrtausend un= bekanntes Land bleiben werden, wenn es auf die vortrefflichen Leute ankommen sollte, durch deren unermüdeten Eifer seit ge= raumen Jahren die deutschen Pressen unter einem in alle mög= lichen Formen gegossenen Mischmasch unbestimmter und nicht selten willkürlicher Begriffe, schwärmerischer Empfindungen, an= dächtiger Wortspiele, grotesker Charaktere und schwülstiger De= clamationen zu seufzen gezwungen werden. Diejenigen, welche unsern wohlgemeinten Wunsch zu erfüllen geschickt sind, haben nicht vonnöthen, daß wir uns darüber deutlicher erklären oder ihnen den Weg zur Entdeckung dieser moralischen Terra incog= nita genauer andeuten, als es hier und da in der gegenwärtigen Geschichte geschehen ist. Wir lassen es also bei diesem · kleinen

Winke bewenden und begnügen uns, da wir nunmehr allem
Ansehen nach unsern Helden aus der größten der Gefahren,
worin seine Tugend jemals geschwebt hat oder künftig gerathen
mag, glücklich herausgeführt haben, einige Betrachtungen an=
zustellen.

Doch was für Betrachtungen könnten wir aufstellen, daß
nicht diejenigen, welche Agathon selbst (sobald er Muße dazu
hatte) über seine Abenteuer machte, um so viel natürlicher und
interessanter sein sollten, da er sich wirklich in dem Falle be=
fand, in weichen wir uns erst durch Hilfe der Einbildungskraft
setzen müßten, und die Gedanken sich ihm freiwillig darboten,
ja wol wider Willen aufdrangen, welche wir erst aufsuchen
müßten?

Wir wollen also warten, bis er sich in der Gemüthsverfas=
sung befinden wird, worin die sich selbst wiedergegebene Seele
aufgelegt ist, das Vergangene mit prüfendem Auge zu über=
sehen. Nur mög' es uns erlaubt sein, eh wir unsere Erzäh=
lung fortsetzen, zum Besten unsrer jungen Leser einige Anmer=
kungen zu machen, für welche wir keinen schicklicheren Platz
wissen, und welche diejenigen, die, wie Schach Baham, keine
Liebhaber vom Moralisiren sind, füglich überschlagen oder sich
indessen die Zeit vertreiben können — womit sie wollen.

Was würdet Ihr also dazu sagen, meine gefühlvollen jun=
gen Freunde, wenn ich Euch mit der Miene eines gedungnen
Sittenlehrers in geometrischer Methode beweisen würde, daß
Ihr zu einer vollkommnen Unempfindlichkeit gegen diese liebens=
würdigen Geschöpfe verbunden seiet, für welche Eure Augen, Euer
Herz, Eure Einbildungskraft sich vereinigen, Euch einen Hang
einzuflößen, der, so lang' er in einem unbestimmten Gefühl be=
steht, Euch immer beunruhigt, und sobald er einen besonderen
Gegenstand bekommt, die Seele aller Eurer übrigen Triebe wird?

Daß wir einen solchen Beweis führen könnten, und (was
noch ein Wenig grausamer ist) daß wir Euch die Verbindlichkeit
aufdringen könnten, keines dieser anmuthsvollen Geschöpfe, so
vollkommen es immer in Euern bezauberten Augen sein möchte,
eher zu lieben, bis es Euch befohlen wird, daß Ihr sie lieben
sollt, — ist eine Sache, die Euch nicht unbekannt sein kann.
Aber eben deswegen, weil es so oft bewiesen wird, können wir
es als etwas Ausgemachtes voraussetzen; und uns däucht, die
Frage ist nun allein, wie es anzufangen sei, um Euer ungeleh=
riges Herz mit einer Pflicht auszusöhnen, gegen welche Ihr tau=

fend wichtige Einwendungen zu machen glaubt, wenn Ihr uns
am Ende doch nichts anders gesagt habt, als Ihr habet keine
Lust, sie auszuüben.

Die Auflösung dieser Frage däucht uns eine von den Schwierigkeiten zu sein, worin uns die Moralisten mit einer Gleichgiltigkeit stecken lassen, welche desto grausamer ist, da wol Wenige unter ihnen sind, die nicht auf eine oder die andere Art
erfahren haben sollten, daß es nicht so leicht sei, einen Feind
zu schlagen, als zu beweisen, daß er geschlagen werden sollte.
Wir schmeicheln uns keineswegs, das sicherste, kräftigste und aus-
führbarste Mittel, eine mit so vielen Schwierigkeiten umringte
Sache zu bewerkstelligen, gefunden zu haben. Inzwischen er-
kühnen wir uns, Euch vor der Hand (bessern Vorschlägen un-
nachtheilig) einen Rath zu geben, der zwar weder allgemein, noch
ohne alle Ungelegenheiten ist, aber doch, Alles wohl überlegt,
bis zur Erfindung eines bessern in mehr als einer Absicht
von gutem Nutzen sein könnte.

Wir setzen hierbei zwei gleich gewisse Erfahrungssätze voraus.
Der erste ist: daß die meisten jungen Leute (und vielleicht auch
ein guter Theil der alten) entweder zur Zärtlichkeit, oder wenigstens zur Liebe im populären Sinn dieses Wortes einen stärkern
Hang als zu irgend einer andern natürlichen Leidenschaft haben; der
andere: daß Sokrates in der Stelle, deren in dem vorigen Capitel
erwähnt worden, die schädlichen Folgen der Liebe, insofern sie
eine heftige Leidenschaft für irgend einen einzelnen Gegenstand
ist (denn von dieser Art von Liebe ist hier allein die Rede), nicht
höher getrieben habe, als die tägliche Erfahrung beweist. „Du
Unglückseliger,“ sprach er zu dem jungen Xenophon (welcher
nicht begreifen konnte, daß es eine so gefährliche Sache sei,
einen schönen Knaben oder, nach unsern Sitten zu sprechen, ein
schönes Mädchen zu küssen, und leichtsinnig genug war, zu bekennen, daß er sich alle Augenblicke getraute, dieses halsbrechende
Abenteuer zu wagen), „was meinst Du, daß die Folgen eines
solchen Kusses sein würden? Glaubst Du, Du würdest Deine
Freiheit behalten oder nicht vielmehr ein Sklave dessen werden,
was Du liebst? Wirst Du nicht vielen Aufwand auf schädliche
Wollüste machen? Meinst Du, es werde Dir viel Muße übrig
bleiben, Dich um irgend etwas Großes und Nützliches zu bekümmern? oder Du werdest nicht vielmehr gezwungen sein,
Deine Zeit auf Beschäftigungen zu wenden, deren sich sogar
ein Unsinniger schämen würde?“ — Man kann die Folgen

dieser Art von Liebe in so wenigen Worten nicht vollständiger
beschreiben. Was hälf' es uns, meine Freunde, wenn wir uns
selbst betrügen wollten? Sogar die unschuldigste Liebe, diejenige,
welche in jungen enthusiastischen Seelen so schön mit der Tu=
gend zusammen zu stimmen scheint, führt ein schleichendes Gift
bei sich, dessen Wirkungen nur desto gefährlicher sind, weil
es langsam und durch unmerkliche Grade wirkt. Was ist also
zu thun?

Der Rath des alten Cato, oder der, welchen Lucrez nach den
Grundsätzen seiner Secte giebt, ist in jeder Betrachtung weit
schlimmer als das Uebel selbst, dem dadurch abgeholfen werden
soll. Sogar die Grundsätze und das eigne Beispiel des weisen
Sokrates sind in diesem Stücke nur unter gewissen Umständen
thulich; und (wenn wir nach unsrer Ueberzeugung reden sollen)
wir wünschten aus wahrer Wohlmeinenheit gegen das Beste
der Menschheit nichts weniger, als daß es jemals einem Sokrates
gelingen möchte, den Amor völlig zu entgöttern, ihn seiner
Schwingen zu berauben und aus der Liebe eine bloße regel=
mäßige Stillung eines physischen Bedürfnisses zu machen. Der
Dienst, welcher der Welt dadurch geleistet würde, müßte noth=
wendig einen Theil der schlimmen Folgen haben, welche auf
eine allgemeine Unterdrückung der Leidenschaften in der mensch=
lichen Gesellschaft erscheinen würden. Hier ist also unser Rath:

„Meine jungen Freunde, Aegisthus machte sich blos des=
wegen ein Geschäft daraus, die schöne Klytämnestra zu ver=
führen, weil er weder Verstand noch Muth genug hatte, etwas
Löbliches zu thun. Beschäftigt Euch, meine Freunde! Müßiggang
ist Euer gefährlichster Feind. Beschäftigt Euch mit den Vor=
bereitungen zu Eurer Bestimmung oder mit ihrer wirklichen Er=
füllung. Bewerbet Euch um die Verdienste, von denen die Hoch=
achtung der Vernünftigen und der Nachwelt die Belohnung ist,
und um die Tugend, welche allein den innerlichen Wohlstand
unsers Wesens ausmacht."

Haltet ein, Herr Sittenlehrer, rufet Ihr; dies ist's nicht,
was wir von Euch hören wollten. Alles das hat uns Claville
besser gesagt, als Ihr es könntet, und Abbt besser als Claville.
Euer Mittel gegen die Liebe?

„Mittel gegen die Liebe? Davor behüte uns der Himmel! —
oder, wenn Ihr dergleichen wollt, so findet Ihr sie bei allen
moralischen Quacksalbern und — in allen Apotheken. Unser
Rath geht gerade auf das Gegentheil. Wenn Ihr ja lieben

wollt oder müßt nun, so kommt Alles, glaubet mir, auf den Gegenstand an. Findet Ihr eine Aspasia, eine Leontion, eine Ninon, so bewerbt Euch, wenn Ihr könnt, um ihre Freundschaft. Die Vortheile, die Ihr daraus für Euern Kopf, für Euern Geschmack, für Eure Sitten — ja, meine Herren, für Eure Sitten — und selbst für die Pflichten Eurer Bestimmung von einer solchen Verbindung ziehen werdet, werden Euch für die Mühe belohnen." — Gut! Aspasien! Ninons! wo sollen wir diese aufsuchen? — „Auch rath' ich Euch nicht, sie zu suchen; die Rede ist nur von dem Falle, wenn Ihr sie fändet." — Aber, wenn wir keine finden? — „So suchet die vernünftigste, tugendhafteste und liebenswürdigste Frau auf, die Ihr finden könnt. Hier erlauben wir Euch, zu suchen, nur nicht (um Euch einen Umweg zu ersparen) unter den Schönsten. Ist sie liebenswürdig, so wird sie Euch desto stärker einnehmen; ist sie tugendhaft, so wird sie Euch nicht verführen; ist sie klug, so wird sie sich von Euch nicht verführen lassen. Ihr könnt sie also ohne Gefahr lieben." — Aber dabei finden wir unsre Rechnung nicht; die Frage ist, wie wir es anstellen sollen, um von ihr wiedergeliebt zu werden. — „Allerdings; dies wird eben die Kunst sein! Ich wehre Euch nicht, den Versuch zu machen, und ich stehe Euch dafür, wenn sie und Ihr Jedes das Seinige thut, so werdet Ihr Euern Roman zehn Jahre durch ohne sonderlichen Schaden fortführen, und wofern Ihr Euch nicht etwa einfallen laßt, ihn in ebenso viel Bänden herauszugeben, so wird die Welt wenig dagegen zu erinnern haben."

Sechstes Capitel.

Agathon wird von einem Rückfall bedroht. Ein unverhoffter Zufall bestimmt seine Entschließung.

Wir kommen zu unserm Helden zurück, den wir zu Ende des vierten Capitels auf dem Wege nach dem Hafen von Smyrna verlassen haben.

Man konnte nicht entschlossener sein, als er war, das erste Fahrzeug, das zum Auslaufen fertig liegen würde, zu besteigen, und hätte es ihn auch zu den Antipoden führen sollen. Allein — so groß ist die Schwäche des menschlichen Herzens! — da er angelangt war und eine Menge von Schiffen vor den Augen hatte, welche nur auf das Zeichen den Anker zu heben warteten,

so hätte wenig gefehlt, daß er wieder umgekehrt wäre, um, an=
statt vor der schönen Danae zu fliehen, ihr mit aller Sehnsucht
eines entflammten Liebhabers in die Arme zu fliegen.

Wir wollen billig sein; — eine Danae verdiente wol, daß
ihm der Entschluß, sie zu verlassen, mehr als einen flüchtigen
Seufzer kostete; und es war sehr natürlich, daß er, im Begriff,
seinen tugendhaften Vorsatz ins Werk zu setzen, einen Blick ins
Vergangene zurückwarf und sich diese Glückseligkeiten lebhafter
vorstellte, denen er nun freiwillig entsagen wollte, um sich von
Neuem als ein im Ocean der Welt herumtreibender Verbannter
den Zufällen einer ungewissen Zukunft auszusetzen.

Dieser letzte Gedanke machte ihn stutzen; aber er wurde bald
von andern Vorstellungen verdrängt, die ein Herz wie das
seinige weit stärker rühren mußten als Alles, was ihn allein
und unmittelbar anging. Er setzte sich an die Stelle der Danae.
Er malte sich ihren Schmerz vor, wenn sie bei ihrer Wieder=
kunft seine Flucht erfahren würde. Sie hatte ihn so zärtlich
geliebt! Alles Böse, was ihm Hippias von ihr gesagt, Alles,
was er selbst hinzugedacht hatte, konnte in diesem Augenblicke
die Stimme des Gefühls nicht übertäuben, welches ihn über=
zeugte, daß er wahrhaftig geliebt worden war. Wenn die Größe
unsrer Liebe das natürliche Maß unsrer Schmerzen über den
Verlust des Geliebten ist, wie unglücklich mußte Danae werden!
Das Mitleiden, welches diese Vorstellung in ihm erregte, machte
sie wieder zu einem interessanten Gegenstande für sein Herz.
Ihr Bild stellte sich ihm wieder mit allen den Reizungen dar,
deren Zaubergewalt er so oft erfahren hatte. Was für Er=
innerungen! Er konnte sich nicht erwehren, ihnen etliche Augen=
blicke nachzuhängen, und mit jedem fühlte er weniger Kraft,
sich wieder loszureißen. Seine schon halb überwundene Seele
widerstand noch, aber immer schwächer. Amor, um desto gewisser
zu siegen, verbarg sich unter die rührende Gestalt des Mitleidens,
der Großmuth, der Dankbarkeit. — Wie? er sollte eine so in=
brünstige Liebe mit so schnödem Undank erwidern? einer Ge=
liebten, in dem Augenblicke, da sie in die getreuen Arme eines
Freundes zurückzueilen glaubt, einen Dolch in diesen Busen
stoßen, welcher sich, von Zärtlichkeit überwallend, an den seinigen
drücken will? sie verlassen, sich heimlich von ihr wegstehlen?
Würde sie den Tod von seiner Hand, in Vergleichung mit einer
solchen Grausamkeit, nicht als eine Wohlthat angenommen haben?
So würde ihm zu Muthe gewesen sein, wenn er sich an ihren Platz

fetzte; und dies thut die Leidenschaft allezeit — wenn sie ihren
Vortheil dabei findet.

Allen diesen zärtlichen Bildern stellte sein gefaßter Entschluß
zwar die Gründe, welche wir kennen, entgegen; aber diese
Gründe hatten von dem Augenblick an, da sich sein Herz wie=
der auf die Seite der schönen Feindin seiner Tugend neigte,
die Hälfte von ihrer Stärke verloren. Die Gefahr war drin=
gend, jede Minute entscheidend. Denn die Wiederkunft der
Danae war ungewiß, und es ist nicht zu zweifeln, daß sie, wo=
fern sie noch zu rechter Zeit angelangt wäre, Mittel gefunden
hätte, alle die widrigen Eindrücke der Verrätherei des Sophisten
aus einem Herzen auszulöschen, welches so viel Vortheil dabei
hatte, sie unschuldig zu finden.

Ein glücklicher Zufall — Doch, warum wollen wir dem Zu=
fall zuschreiben, was uns beweisen sollte, daß eine unsichtbare
Macht ist, welche sich immer bereit zeigt, der sinkenden Tugend
die Hand zu reichen? — Eine wohlthätige Schickung also fügte
es, daß Agathon in diesem zweifelhaften Augenblick unter dem
Gedränge der Fremden, welche die Handelschaft von allen Welt=
gegenden her nach Smyrna führte, einen Mann erblickte, den
er zu Athen vertraulich gekannt und durch beträchtliche Dienst=
leistungen sich zu verbinden Gelegenheit gehabt hatte. Es war
ein Kaufmann von Syrakus, der mit den Geschicklichkeiten seiner
Profession einen rechtschaffenen Charakter und (was bei den
Griechen weniger selten war als bei uns) mit Beidem die Liebe
der Musen verband, eine Eigenschaft, welche ihn dem Agathon
desto angenehmer, so wie sie ihn desto fähiger gemacht hatte,
den Werth Agathon's zu schätzen. Der Syrakuser bezeigte die
lebhafteste Freude über eine so unverhoffte Zusammenkunft und
bot unserm Helden seine Dienste mit derjenigen Art an, welche
beweist, daß man begierig ist, sie angenommen zu sehen; denn
Agathon's Verbannung von Athen war eine zu bekannte Sache,
als daß sie in irgend einem Theile von Griechenland hätte un=
bekannt sein können.

Nach einigen Fragen und Gegenfragen, wie sie unter
Freunden gewöhnlich sind, die sich nach einer geraumen Tren=
nung unvermuthet zusammenfinden, berichtete ihm der Kaufmann
als eine Neuigkeit, welche die Aufmerksamkeit aller europäischen
Griechen beschäftigte, die außerordentliche Gunst, worin Plato
bei dem jüngern Dionysius zu Syrakus stehe, die philosophische
Bekehrung dieses Prinzen und die großen Erwartungen, mit

8*

welchen Sicilien den glückseligen Zeiten entgegensehe, die eine
so wundervolle Veränderung verspreche. Er endigte damit, daß
er den Agathon einlud, wofern ihn nichts Wichtigeres in Smyrna
zurückhielte, ihn nach Syrakus zu begleiten, welches im Begriff
sei, ein Sammelplatz der Weisesten und Tugendhaftesten zu wer=
den; und dabei meldete er ihm, daß sein Schiff bereit sei, noch
diesen Abend abzusegeln.

Ein Funke, der in eine Pulvermine fällt, richtet keine plötz=
lichere Entzündung an, als die Revolution war, die bei dieser
Nachricht in unserm Helden vorging. Seine ganze Seele lo=
derte, wenn wir so sagen können, in einen einzigen Gedanken
auf. Aber was für ein Gedanke war das! — Plato ein
Freund des Dionysius! — Dionysius, berüchtigt durch die aus=
schweifendste Lebensart, in welche sich eine durch unumschränkte
Gewalt übermüthig gemachte Jugend dahinstürzen kann, Diouy=
sius der Tyrann ein Liebhaber der Philosophie, ein Lehrling
der Tugend! — Und Agathon sollte die Blüthe seines Lebens
in müßiger Wollust verderben lassen? sollte nicht eilen, dem
göttlichen Weisen, dessen erhabene Lehren er zu Athen so rühm=
lich auszuüben angefangen hatte, das glorreiche Werk vollenden
zu helfen, einen zügellosen Tyrannen in einen guten Fürsten
zu verwandeln und die Glückseligkeit einer ganzen Nation zu
befestigen? — Was für Arbeiten! was für Aussichten für eine
Seele wie die seinige! Sein ganzes Herz wallte ihnen entgegen.
Er fühlte wieder, daß er Agathon war, fühlte diese moralische
Lebenskraft wieder, die uns Muth und Begierden giebt, uns zu
einer edlen Bestimmung geboren zu glauben, und diese Achtung
für sich selbst, welche eine von den stärksten Schwingfedern der
Tugend ist. Nun bedurfte es keines Kampfes, keiner gewaltsamen
Anstrengung mehr, sich von Danae loszureißen, um mit allem
Feuer eines Liebhabers, der nach einer langen Trennung zu
seiner Geliebten zurückeilt, sich wieder in die Arme der Tugend
zu werfen. Sein Freund von Syrakus hatte keine Ueberredun=
gen vonnöthen; Agathon nahm sein Anerbieten mit der lebhaf=
testen Freude an. Da er von allen Geschenken, womit ihn die
freigebige Danae überhäuft hatte, nichts behalten wollte, als was
zu den nöthigsten Bedürfnissen seiner Reise unentbehrlich war,
so brauchte er wenig Zeit, um reisefertig zu sein. Die günstig=
sten Winde schwellten die Segel, welche ihn aus dem verderb=
lichen Smyrna entfernten; und so herrlich war der Triumph,
den die Tugend in dieser glücklichen Stunde über ihre Gegnerin

erhielt, daß er die anmuthsvollen afiatifchen Ufer aus feinen
Augen verfchwinden fah, ohne den Abfchied, den er auf ewig
von ihnen nahm, nur mit einer Thräne zu zieren.

„So? — Und was wurde nun (hören wir irgend eine junge
Schöne fragen, der ihr Herz fagt, daß fie es der Tugend nicht
verzeihen würde, wenn fie ihr ihren Liebhaber fo unbarmherzig
entführen wollte) — was wurde nun aus der armen Danae?"
— Ach! von diefer war jetzt die Rede nicht mehr! — „Und der
tugendhafte Agathon bekümmerte fich fo wenig darum, ob feine
Untreue ein Herz, welches ihn glücklich gemacht hatte, in Stücken
brechen werde oder nicht?" — Aber, meine fchöne Freundin,
was hätte er thun follen, nachdem er nun einmal entfchloffen
war? Um nach Syrakus zu gehen, mußte er Smyrna verlaffen;
und nach Syrakus mußte er doch gehen, wenn Sie alle Um=
ftände unparteiifch in Betrachtung ziehen. Oder wollten Sie
lieber, daß ein Agathon fein ganzes Leben am Bufen der zärt=
lichen Danae hätte hinwegbuhlen follen? Und fie nach Syrakus
mitzunehmen, war aus mehr als einer Urfache nicht zu rathen,
gefetzt auch, daß fie um feinetwillen Smyrna hätte verlaffen
wollen. Oder meinen Sie vielleicht, er hätte warten und erft
die Einwilligung feiner Freundin zu erhalten fuchen follen?
Dies wäre Alles gewefen, was er hätte thun können, wenn er
die Abficht gehabt hätte, da zu bleiben. Alles wohl überlegt,
konnte er alfo, däucht uns, weder mehr noch weniger thun, als
er that. Er hinterließ ein Briefchen, worin er ihr fein Vor=
haben mit einer Aufrichtigkeit entdeckte, welche zugleich die Recht=
fertigung deffelben ausmacht. Er fpottete ihrer nicht durch Liebes=
verficherungen, welche der Widerfpruch mit feinem Betragen be=
leidigend gemacht hätte; hingegen erinnerte er fich deffen, was
fie um ihn verdient hatte, zu wohl, um fie durch Vorwürfe zu
kränken. Gleichwol entwifchte ihm beim Schluß ein Ausdruck,
den er vermuthlich großmüthig genug gewefen wäre wieder aus=
zulöfchen, wenn er Zeit gehabt hätte, fich zu bedenken. Denn
er endigte fein Briefchen damit, daß er ihr fagte: „er hoffe,
die Hälfte der Stärke des Gemüths, womit fie den Verluft eines
Alcibiades ertragen und den Armen eines Hyacinth fich ent=
riffen habe, werde mehr als hinlänglich fein, ihr feine Entfer=
nung in Kurzem gleichgiltig zu machen. Wie leicht (fetzte er
hinzu) kann Danae einen Liebhaber miffen, da es nur von ihr
abhängt, mit einem einzigen Blicke fo viele Sklaven zu machen,
als fie haben will!" — Dies war allerdings ein Wenig grau=

ſam! Aber die Gemüthsverfaſſung, worin er ſich damals be=
faud, war nicht ruhig genug, um ihn fühlen zu laſſen, wie viel
er damit jagte.

Und ſo endigte ſich denn die Liebesgeſchichte des Agathon und
der ſchönen Danae. — Und ſo, holde Leſerinnen, ſo haben ſich
noch alle Liebesgeſchichten geendigt und werden ſich auch künftig
alle endigen, welche — ſo angefangen haben!

Siebentes Capitel.
Betrachtungen, Schlüſſe und Vorſätze.

Wer aus den Fehlern, welche von Andern vor ihm gemacht
worden oder noch täglich um ihn her gemacht werden, die Kunſt
lernte, ſelbſt keine zu machen, würde unſtreitig den Namen des
weiſeſten unter den Menſchen mit größerm Rechte verdienen
als Confucius, Sokrates oder König Salomon, welcher Letzte
wider den gewöhnlichen Lauf der Natur ſeine größten Thor=
heiten in einem Alter beging, worin die Meiſten von den
ihrigen zurückkommen. Unterdeſſen, bis dieſe Kunſt erfunden·
ſein wird, däucht uns, man köune denjenigen immer für weiſe
gelten laſſen, der die wenigſten Fehler macht, am Erſten davon
zurückkommt und ſich gewiſſe Maßregeln für zukünftige Fälle
daraus zieht, mittelſt dereu er hoffen kann, künftig weniger zu
fehlen.

Ob und inwiefern Agathon dieſes Prädicat verdiene, mögen
unſre Leſer zu ſeiner Zeit ſelbſt entſcheiden. Wir unſers Ortes
haben in keinerlei Abſicht einiges Intereſſe, ihn beſſer zu machen,
als er in der That war; wir geben ihn für das, was er iſt;
wir werden mit der bisher beobachteten hiſtoriſchen Treue fort=
fahren, ſeine Geſchichte zu erzählen, und verſichern ein= für
allemal, daß wir nichts dafür können, wenn er nicht allemal
ſo handelt, wie wir vielleicht ſelbſt hätten wünſchen mögen, daß
er gehandelt hätte.

Er hatte während ſeiner Ueberfahrt nach Sicilien, welche
durch keinen widrigen Zufall beunruhigt wurde, Zeit genug,
Betrachtungen über das, was zu Smyrna mit ihm vorgegangen
war, anzuſtellen. "Wie?" rufen hier einige Leſer, "ſchon wieder
Betrachtungen?" Allerdings; in ſeiner Lage würde es ihm nicht
zu vergeben geweſen ſein, wenn er keine angeſtellt hätte. Deſto
ſchlimmer für Euch, wenn Ihr bei gewiſſen Gelegenheiten nicht

so gerne mit Euch selbst redet als Agathon! — Ihr würdet sehr wohl thun, ihm diese kleine Gewohnheit abzulernen.

Es ist für einen Agathon nicht so leicht als für manchen Andern, die Erinnerung einer begangenen Thorheit von sich abzuschütteln. Braucht es mehr als einen einzigen Fehltritt, um den Glanz des schönsten Lebens zu verdunkeln? Wie verdrießlich ist es schon, wenn wir an einem Meisterstücke der Kunst, an einem Gemälde oder Gedichte zum Exempel, Fehler finden, welche sich nicht verbessern lassen, ohne das Ganze zu vernichten! Wie viel verdrießlicher, wenn es nur ein einziger Fehler ist, der dem schönen Ganzen die Ehre der Vollkommenheit raubt! Ein Gefühl von dieser Art war schmerzhaft genug, um unsern Mann zu vermögen, über die Ursachen seines Falles schärfer nachzudenken. Wie erröthete er jetzt vor sich selbst, da er sich der allzu trotzigen Herausforderung erinnerte, wodurch er ehmals den Hippias gereizt und gewissermaßen berechtigt hatte, den Versuch an ihm zu machen, ob es eine Tugend gebe, welche die Probe der stärksten und schlauesten Verführung aushalte! Was machte ihn damals so zuversichtlich? die Erinnerung des Sieges, den er über die Priesterin zu Delphi erhalten hatte? oder das gegenwärtige Bewußtsein der Gleichgiltigkeit, worin er bei den Reizungen der jungen Cyane geblieben war? die Erfahrung, daß die Versuchungen, welche seiner Unschuld im Hause des Sophisten auf allen Seiten nachstellten, ihn weniger versucht als empört hatten? der Abscheu vor den Grundsätzen des Hippias und das Vertrauen auf die eigenthümliche Stärke der seinigen? — Aber, war es eine Folge, daß derjenige, der etliche Mal gesiegt hatte, niemals überwunden werden könne? War nicht eine Danae möglich, welche das auszuführen geschickt war, was die Pythia, was die thracischen Bacchantinnen, was Cyane und vielleicht alle Schönen im Harem des Königs von Persien nicht vermocht hätten? — Und was für Ursache hatte er, sich auf die Stärke seiner Grundsätze zu verlassen? — Auch in diesem Stücke schwebte er in einem subtilen Selbstbetrug, den ihm vielleicht nur die Erfahrung sichtbar machen konnte. Entzückt von der Idee der Tugend, ließ er sich nicht träumen, daß das Gegentheil dieser intellectuellen Schönheit jemals Reize für seine Seele haben könnte. Die Erfahrung mußte ihn belehren, wie betrüglich unsere Ideen sind, wenn wir sie unvorsichtig realisiren. Betrachtet die Tugend an sich selbst, in ihrer höchsten Vollkommenheit, so ist sie göttlich, ja (nach dem kühnen, aber

richtigen Ausdruck eines vortrefflichen Schriftstellers), die Gott=
heit selbst. Aber welcher Sterbliche ist berechtigt, auf die all=
mächtige Stärke dieser idealen Tugend zu trotzen? Es kommt
bei einem Jeden darauf an, wie viel die seinige vermag. —
Was ist häßlicher als die Idee des Lasters? Agathon glaubte
sich auf die Unmöglichkeit, es jemals liebenswürdig zu finden,
verlassen zu können, und betrog sich, — weil er nicht daran
dachte, daß es ein zweifelhaftes Licht giebt, worin die Grenzen
der Tugend und der Untugend schwimmen; worin Schönheit
und Grazien dem Laster einen Glanz mittheilen, der seine Häß=
lichkeit übergüldet, der ihm sogar die Farbe und Anmuth der
Tugend giebt; und daß es allzu leicht ist, in dieser verführerischen
Dämmerung sich aus dem Bezirke der letzteren in eine unmerk=
liche Spirallinie zu verlieren, deren Mittelpunkt ein süßes Ver=
gessen unserer selbst und unsrer Pflichten ist.

Von dieser Betrachtung, welche unsern Helden die Noth=
wendigkeit eines behutsamen Mißtrauens in die Stärke guter
Grundsätze lehrte, ging er zu einer andern über, die ihn von
der wenigen Sicherheit überzeugte, welche sich unsre Seele in
jenem Zustand eines herrschenden moralischen Enthusiasmus
versprechen kann, wie derjenige war, worin die seinige in dem
sein gewebten Netze der schönen Danae gefangen wurde. Er
rief alle Umstände in sein Gemüth zurück, welche zusammenge=
kommen waren, ihm diese reizungsvolle Schwärmerei so natür=
lich zu machen, und erinnerte sich der verschiedenen Gefahren,
denen er sich dadurch ausgesetzt gesehen hatte. Zu Delphi
fehlte wenig, daß sie ihn den Nachstellungen eines verkappten
Apollo preisgegeben hätte. Zu Athen hatte sie ihn seinen arg=
listigen Feinden wirklich in die Hände geliefert. Doch aus
diesen beiden Gefahren hatte er seine Tugend davon gebracht,
ein unschätzbares Kleinod, dessen Besitz ihn gegen den Verlust
alles Andern, was ein Günstling des Glückes verlieren kann,
unempfindlich gemacht hatte. Aber durch eben diesen Enthusias=
mus unterlag sie endlich zu Smyrna den Verführungen seines
eignen Herzens ebensowol als den Kunstgriffen der schönen
Danae. War nicht dieses zauberische Licht, welches seine Ein=
bildungskraft gewohnt war, über Alles, was mit seinen Ideen
übereinstimmte, auszubreiten; war nicht diese unvermerkte Unter=
schiebung des Idealen an die Stelle des Wirklichen die wahre
Ursache, warum Danae einen so außerordentlichen Eindruck auf
sein Herz machte? War es nicht diese begeisterte Liebe zum

Schönen, unter deren schimmernden Flügeln verborgen die Lei=
denschaft mit sanft schleichendem Fortgang sich endlich durch
seine ganze Seele ausbreitete? War es nicht die lange Ge=
wohnheit, sich mit süßen Empfindungen zu nähren, was sie
unvermerkt dermaßen erweichte, daß sie desto schneller an einer
so schönen Flamme dahinschmelzen mußte? Dieser Hang zu
phantasirten Entzückungen, so geistig auch immer ihre Gegen=
stände sein mochten, mußte er ihn nicht endlich nach denjenigen
lüstern machen, von welchen ihm ein unbekanntes, verworrenes,
aber desto lebhafteres innerliches Gefühl den wirklichen Genuß
jener vollkommensten Wonne versprach, wovon bisher nur vor=
überblitzende Ahnungen seine Einbildung berührt, aber ihn
selbst durch diese leichte Berührung schon außer sich selbst gesetzt
hatten?

Hier erinnerte sich Agathon der Einwürfe, welche ihm Hippias
gegen diesen Enthusiasmus und diejenige Art von Philosophie,
die ihn hervorbringt und unterhält, gemacht hatte, und er be=
fand sie jetzt mit seiner Erfahrung so übereinstimmend, als sie
ihm damals falsch und ungereimt vorgekommen waren. Er
fand sich desto geneigter, der Meinung des Sophisten von dem
Ursprung und der wahren Beschaffenheit dieser hochfliegenden
Begeisterung Beifall zu geben, da er sich, seitdem er sie in den
Armen der schönen Danae verloren hatte, so wenig wieder in
sie hineinzusetzen vermochte, daß selbst das wiedererwachte Ge=
fühl für die Tugend weder seinen sittlichen Ideen den ehe=
maligen Glanz wiedergeben, noch die dichterische Metaphysik
der Orphischen Secte wieder in die vorige Achtung bei ihm
setzen konnte. Er glaubte durch die Erfahrung überwiesen zu
sein, daß dieses innerliche Gefühl, durch dessen Zeugniß er die
Schlüsse des Sophisten zu entkräften vermeint hatte, nur ein
sehr zweideutiges Kennzeichen der Wahrheit sei. Hippias könnte
vielleicht ebenso viel Recht haben, seinen thierischen Materia=
lismus und seine verderbliche Moral, als die Theosophen ihre
geheimnißvolle Geisterlehre, durch die Stimme innerlicher Ge=
fühle und Erfahrungen zu autorisiren, und vielleicht sei es
allein dem verschiednen Schwung unserer Einbildungskraft bei=
zumessen, wenn wir uns zu einer Zeit geneigter fühlen, uns
mit den Göttern, zu einer andern, mit den Thieren verwandt
zu glauben; — wenn uns zu einer Zeit Alles sich in einem
ernsthaften und schwärzlichen, zu einer andern Alles in einem
fröhlichen Lichte darstellt; — wenn wir jetzt kein wahres und

gründliches Vergnügen kennen, als uns mit stolzer Verschmähung
der irdischen Dinge in die unbekannten Gegenden jenseit des
Grabes und in die grundlosen Tiefen der Ewigkeit hineinzu-
senken, — ein ander Mal kein reizenderes Gemälde einer beneidenswürdigen Wonne als den jungen Bacchus, wie er, sein
epheubekränztes Haupt in den Schooß der schönsten Nymphe
zurückgelehnt und mit dem einen Arm ihre blendenden Hüften
umfassend, den andern nach der duftenden Trinkschale aus-
streckt, die sie ihm lächelnd mit einem Nektar füllt, den ihre
eignen schönen Hände aus strotzenden Trauben frisch aus-
gepreßt haben, indessen die Fannen und die fröhlichen Nymphen
mit den Liebesgöttern muthwillig um ihn her hüpfen oder durch
Rosengebüsche sich jagen oder, müde von ihren Scherzen, in
stillen Grotten zu neuen Scherzen ausruhen.

Der Schluß, den er aus allen diesen Betrachtungen zog,
war dieser: daß die erhabnen Lehrsätze der Zoroastrischen und
Orphischen Theosophie — vielleicht (denn gewiß getraute er sich
über diesen Punkt noch nichts zu behaupten) nicht viel mehr
Realität haben könnten als die lachenden Bilder, unter welchen
die Maler und Dichter die Wollüste der Sinne vergöttert hätten;
daß jene zwar der Tugend günstiger zu sein und das Gemüth zu einer mehr als menschlichen Hoheit, Reinigkeit und
Stärke zu erheben schienen, in der That aber der wahren Bestimmung des Menschen vielleicht nicht weniger nachtheilig sein
dürften als die letztern; theils, weil es ein widersinniges und
vergebliches Unternehmen scheine, sich besser machen zu wollen,
als uns die Natur zu sein gestattet, oder auf Unkosten des
halben Theils unsers Wesens nach einer Art von Vollkommenheit zu trachten, die mit der Anlage desselben im Widerspruch
steht; theils, weil solche Menschen, wenn es ihnen auch gelänge,
sich selbst zu Halbgöttern und Intelligenzen umzuschaffen, eben
dadurch zu jeder gewöhnlichen Bestimmung des geselligen Lebens
desto untauglicher würden. Aus diesem Gesichtspunkte däuchte
ihn der Enthusiasmus des Theosophen zwar unschädlicher als
das System des Wollüstlings, aber der menschlichen Gesellschaft
ebenso unnützlich, indem der erste sich dem gesellschaftlichen
Leben entweder gänzlich entzieht (welches wirklich das Beste ist,
was er thun kann) oder, dafern er von dem beschaulichen
Leben ins wirksame übergeht, durch Mangel an Kenntniß einer
ihm ganz fremden Welt, durch abgezogene Begriffe, welche
nirgends zu den wirklichen Gegenständen passen wollen, durch

übertriebene moralische Zärtlichkeit und tausend andre Ursachen, welche ihren Grund in seiner vormaligen Lebensart haben, Andern wider seine Absicht öfters, sich selbst aber allezeit schädlich wird.

Inwiefern diese Sätze richtig seien oder vielleicht in besondern Fällen einige Ausnahmen zulassen, zu untersuchen, würde uns hier zu weit von unserm Vorhaben abführen. Genug für uns, daß sie dem Agathon begründet genug schienen, um sich selbst desto leichter zu vergeben, daß er (wie der Homerische Ulyß in der Insel der Kalypso) sich auf dem bezauberten Grunde der Wollust hatte abhalten lassen, sein erstes Vorhaben, die Schüler des Zoroaster und die Priester zu Saïs zu besuchen, sobald als ihm Danae seine Freiheit wiedergeschenkt hatte, ins Werk zu setzen. Kurz, seine Erfahrungen machten ihm die Wahrheit seiner ehemaligen Denkungsart verdächtig, ohne ihm einen gewissen geheimen Hang zu seinen alten Lieblingsideen benehmen zu können. Seine Vernunft konnte in diesem Stücke mit seinem Herzen, und sein Herz mit sich selbst nicht recht einig werden, und er war nicht ruhig genug, seine nunmehrigen Begriffe in ein System zu bringen, wodurch beide hätten befriedigt werden können. In der That ist ein Schiff eben nicht der bequemste Ort, ein solches Werk, wozu die Stille eines dunkeln Hains kaum stille genug ist, zu Stande zu bringen. Agathon mag daher zu entschuldigen sein, daß er diese Arbeit verschob, ob es gleich eine von denen ist, welche sich so wenig aufschieben lassen als die Ausbesserungen eines baufälligen Gebäudes. Denn so wie dieses mit jedem Tage dem gänzlichen Einsturze näher kommt, so pflegen auch die Lücken in unsern moralischen Begriffen und die Mißhelligkeiten zwischen dem Kopf und dem Herzen immer größer und gefährlicher zu werden, je länger wir aufschieben, sie mit der erforderlichen Aufmerksamkeit zu untersuchen, um Eintracht und Harmonie zwischen den Theilen und dem Ganzen herzustellen.

Doch in dem besondern Falle, worin sich Agathon befand, war die Gefahr dieses Aufschubs desto geringer, da er, von der Schönheit der Tugend und der unauflöslichen Verbindlichkeit ihrer Gesetze mehr als jemals überzeugt, eine auf das wahre allgemeine Beste gerichtete Wirksamkeit für die Bestimmung aller Menschen oder (wofern ja einige Ausnahme zu Gunsten der blos contemplativen Geister zu machen wäre) doch gewiß für die seinige hielt. Vormals war er nur zufälligerweise und gegen

seine Neigung in das thätige Leben verflochten worden; jetzt
war es eine Folge seiner nunmehrigen (wie er glaubte) ge=
läuterten Denkungsart, daß er sich dazu entschloß. Ein sanftes
Entzücken, welches ihm den süßesten Berauschungen der Wollust
unendlich vorzuziehen schien, ergoß sich durch sein ganzes Wesen
bei dem Gedanken, der Mitarbeiter an der Wiedereinsetzung
Siciliens in die unendlichen Vortheile der Freiheit und eines
durch weise Gesetze und Anstalten verewigten Wohlstandes zu
sein. Seine immer verschönernde Phantasie malte ihm die
Folgen seiner Bemühungen in tausend reizende Bilder von
öffentlicher Glückseligkeit aus. Er fühlte mit Entzücken die
Kräfte zu einer so edlen Arbeit in sich, und sein Vergnügen
war desto vollkommener, da er zugleich empfand, daß Herrschsucht
und eitle Ruhmbegierde keinen Antheil daran hatten; daß es
die tugendhafte Begierde, in einem weiten Umfang Gutes zu
thun, war, deren gehoffte Befriedigung ihm diesen Vorschmack
des göttlichsten Vergnügens gab, dessen die menschliche Natur
fähig ist. Seine Erfahrungen, so viel sie ihm auch gekostet
hatten, schienen ihm jetzt nicht zu theuer erkauft, da er dadurch
desto tüchtiger zu sein hoffte, die Klippen zu vermeiden, an denen
die Klugheit oder die Tugend derjenigen, welche sich den öffent=
lichen Angelegenheiten unterziehen, zu scheitern pflegt. Er
setzte sich fest vor, sich durch keine zweite Danae mehr irre
machen zu lassen. Er glaubte sich in diesem Stücke desto besser
auf sich selbst verlassen zu können, da er stark genug gewesen
war, sich von der ersten loszureißen, und es mit gutem Fug
für unmöglich halten konnte, jemals auf eine noch gefährlichere
Probe gesetzt zu werden. Ohne Ehrgeiz, ohne Habsucht, immer
wachsam auf die schwache Seite seines Herzens, die er kennen
gelernt hatte, dachte er nicht, daß er von andern Leidenschaften,
welche vielleicht noch in seinem Busen schlummerten, etwas zu
befürchten haben könne. Keine übelweissagenden Ahnungen
störten ihn in dem unvermischten Genusse der Hoffnungen, die
ihn wachend und selbst in Träumen beschäftigten. Diese Hoff=
nungen waren der vornehmste Inhalt seiner Gespräche mit dem
Syrakusischen Kaufmanne; sie machten ihm die Beschwerden
der Reise unmerklich und entschädigten ihn überflüssig für den
Verlust der ehemals geliebten Danae, einen Verlust, der mit
jedem neuen Morgen kleiner in seinen Augen wurde. Und so
führten ihn günstige Winde und ein geschickter Steuermann
nach einer kurzen Verweilung in einigen griechischen Seestädten

glücklich in den Hafen zu Syrakus, um an dem Hofe eines
Fürsten zu lernen: „daß auf dieser schlüpfrigen Höhe die Tugend
entweder der Klugheit aufgeopfert werden muß, oder die behut=
samste Klugheit nicht hinreichend ist, den Sturz des Tugend=
haften zu verhindern."

Achtes Capitel.
Eine oder zwei Abschweifungen.

Wir wünschen uns, Leserinnen zu haben (denn diese Ge=
schichte, wenn sie auch weniger wahr wäre, als sie ist, gehört
nicht unter die Romane, von welchen der Verfasser des gefähr=
lichsten und lehrreichsten Romans in der Welt die Jungfrauen
zurückschreckt), und wir sehen es also nicht gern, daß einige
unter ihnen, welche noch Geduld genug gehabt haben, dieses
neunte Buch zu durchblättern — in der Meinung, daß nun
nichts Interessantes mehr zu erwarten sei, nachdem Agathon
durch einen Streich von der verhaßtesten Art, durch eine heim=
liche Flucht, der Liebe den Dienst aufgesagt habe — den Ver=
folg seiner Geschichte kaltsinnig aus ihren schönen Händen ent=
schlüpfen lassen und vielleicht den Sopha oder die allerliebste
kleine Puppe des Herrn Bibiena ergreifen, um die Vapeurs zu
zerstreuen, die ihnen die Untreue und die Betrachtungen unsers
Helden verursacht haben.

Woher es wol kommen mag, meine schönen Freundinnen,
daß die Meisten unter Ihnen geneigter sind, uns alle Thor=
heiten, wozu die Liebe nur immer verleiten kann, zu verzeihen,
als die Wiederherstellung in den natürlichen Staub unsrer ge=
sunden Vernunft? Gestehen Sie, daß wir Ihnen desto mehr
gefallen, je mehr wir durch die Schwachheiten, wozu Sie uns
bringen können, die Obermacht Ihrer Reizungen über die ein=
gebildete Stärke unsers Verstandes beweisen! Was für ein
interessantes Gemälde ist nicht eine Dejanira, mit der Löwen=
haut ihres nervigen Liebhabers umgeben und mit seiner Keule
auf der Schulter, wie sie einen triumphirend lächelnden Seiten=
blick auf den Bezwinger der Riesen und Drachen wirft, der, in
ihre langen Kleider vermummt, im Cirkel ihrer Sklavinnen mit
ungelenksamer Faust die weibische Spindel dreht! — Wir
kennen Einige, auf welche diese kleine Apostrophe gar nicht zu
passen scheint. Aber wenn wir ohne Schmeichelei reden sollen

(welches freilich nicht geschehen würde, wenn wir die Klugheit zu Rathe zögen), so zweifeln wir, ob die Weiseste unter Allen, zu eben der Zeit, da sie sich bemüht, den Thorheiten ihres Liebhabers Schranken zu setzen, sich erwehren könne, ganz leise in sich selbst darüber zu frohlocken, daß sie liebenswürdig genug ist, einen Mann seines eigenen Werths vergessen zu machen.

Hingegen mögen wir unsern besagten Leserinnen zu einiger Vergütung eine kleine Anekdote aus dem Herzen unsers Helden nicht verhalten, wenn er auch gleich dadurch in Gefahr kommen sollte, die Hochachtung wieder zu verlieren, in die er sich bei den ehrwürdigen Damen, welche nie geliebt haben und, Dank sei dem Himmel! nie geliebt worden sind, wieder zu setzen an= gefangen hat.

So vergnügt Agathon über die Entweichung aus seiner an= genehmen Gefangenschaft in Smyrna und in diesem Stücke mit sich selbst war; so wenig die Bezauberung, unter welcher wir ihn gesehen haben, die Liebe der Tugend in ihm zu ersticken vermocht hatte; so aufrichtig die Gelübde waren, die er that, ihr künftig nicht wieder untreu zu werden; so groß und wichtig die Gedanken waren, welche seine Seele schwellten; so sehr er (um Alles mit einem Worte zu sagen) wieder Agathon war: so hatte er doch Stunden, wo er sich selbst gestehen mußte, daß er mitten in der Schwärmerei der Liebe und in den Armen ·der schönen Danae — glücklich gewesen sei. „Es mag immer viel Verblendung, viel Ueberspanntes und Chimärisches in der Liebe sein", sagte er zu sich selbst, „aber gewiß, ihre Freuden sind doch keine Einbildung! Ich fühlte es und fühl' es noch, so wie ich mein Dasein fühle, daß es wahre Freuden sind, so wahr in ihrer Art als die Freuden der Tugend! Und warum sollt' es unmöglich sein, Liebe und Tugend mit einander zu verbinden? — Sie beide zugleich zu genießen, o! das würde erst vollkommne Glückseligkeit sein!"

Zu Verhütung eines besorglichen Mißverstandes scheint uns hier eine kleine Parenthese vonnöthen zu sein, um denen, die keine andern Sitten kennen als die Sitten des Landes oder Ortes, worin sie geboren sind, zu sagen, daß ein vertrauter Umgang mit Frauenzimmern von einer gewissen Classe, das ist (um nicht so Französisch, aber weniger zweideutig zu reden), welche mit dem, was man etwas uneigentlich Liebe zu nennen pflegt, ein Gewerbe treiben, bei den Griechen eine so erlaubte

Sache war, daß die strengsten Väter sich lächerlich gemacht haben
würden, wenn sie ihren Söhnen, so lange sie unter ihrer Ge=
walt standen, eine Liebste aus der bemeldeten Classe hätten
verwehren wollen. Frauen und Jungfrauen genossen, wie aller
Orten, des besondern Schutzes der Gesetze und waren durch
die Sitten und Gebräuche dieses Volks vor Nachstellungen un=
gleich besser gesichert, als sie es bei den heutigen Europäern sind.
Ein Anschlag auf ihre Tugend war so schwer zu bewerkstelligen,
als die Bestrafung eines solchen Verbrechens streng war. Ohne
Zweifel geschah es, um diese in den Augen der griechischen
Gesetzgeber geheiligten Personen, die Mütter der Bürger und
diejenigen, welche zu dieser Ehre bestimmt waren, den Unter=
nehmungen einer unbändigen Jugend desto gewisser zu ent=
ziehen, — daß der Staub der Phrynen und Laiden geduldet
wurde. So ausgelassen und schmutzig die Gemälde sind, welche
uns der genievollste, witzigste und verständigste aller Possen=
schreiber, Aristophanes, von den Frauen zu Athen macht, so
ist doch gewiß, daß die Weiber und Töchter der Griechen
überhaupt sehr sittsame Geschöpfe waren, - und daß ordentlicher=
weise die Sitten einer Vermählten und einer Buhlerin bei
ihnen ebenso stark von einander abstachen, als man dermalen
in einigen Hauptstädten von Europa bemüht ist, sie mit ein=
ander zu vermengen.

Ob jene Einrichtung in allen Stücken löblich war, ist eine
andre Frage, von der hier die Rede nicht sein soll; wir führen
sie blos deswegen an, damit man nicht glaube, als ob die Reue
und die Gewissensbisse Agathon's aus dem Begriff entstanden
seien, daß es unerlaubt sei, mit einer Danae der Liebe zu
pflegen. In diesem Stücke dachte er wie alle andern Griechen
seiner Zeit. Bei seiner Nation (die Spartaner vielleicht allein
ausgenommen) durfte man, wenigstens in seinem Alter, die Nacht
mit einer Tänzerin oder Flötenspielerin zubringen, ohne sich
deswegen einen Vorwurf zuzuziehen, insofern nur die Pflichten
seines Standes nicht darunter leiden mußten und eine gewisse
Mäßigung beobachtet wurde, welche nach den Begriffen dieser
Heiden die Grenzlinie der Tugend und des Lasters ausmachte.
Wenn man dem Alcibiades übelgenommen hatte, daß er sich im
Schooß der schönen Nemea, wie vom Siege ausruhend, malen
ließ, oder daß er den Liebesgott mit Jupiter's Blitzen bewaffnet
in seinem Schilde führte (und Plutarch sagt uns, daß nur die
ältesten und ernsthaftesten Athener sich darüber aufgehalten,

Leute, deren Eifer gegen die Thorheiten der Jugend öfters
nicht sowol die Liebe der Tugend als die Verdrießlichkeit des
Alters zur Quelle hat); wenn man, sage ich, dem Alcibiades
diese Ausschweifungen übelnahm, so war es nicht sein Hang
zu den Ergetzungen oder seine Vertraulichkeit mit einer Person,
welche durch Staub und Profession dem Vergnügen des
Publicums gewidmet war, sondern der Uebermuth, der daraus
hervorleuchtete, die Verachtung der Gesetze des Wohlanstandes
und einer gewissen Gravität, welche man in freien Staaten
mit Recht gewohnt ist von den Vorstehern der Republik,
wenigstens außerhalb dem Cirkel des Privatlebens, zu fordern.
Man würde ihm so gut als einem Perikles oder Cimon seine
Schwachheiten oder seine Ergetzungen übersehen haben; aber
man vergab ihm nicht, daß er damit prahlte; daß er sich seinem
Hang zur Fröhlichkeit und Wollust bis zur unbändigsten Ausgelassenheit überließ; daß er, von Wein und Salben triefend,
mit dem vernachlässigten und abgematteten Ansehen eines
Menschen, der eine Winternacht durchschwelgt hatte, noch warm
von den Umarmungen einer Tänzerin, in die Rathsversamm-
lungen gehüpft kam und, so übel vorbereitet, sich doch überflüssig tauglich hielt, die Angelegenheiten Griechenlands zu besorgen und den grauen Vätern der Republik zu sagen, was sie
zu thun hätten. Dies war es, was sie ihm nicht vergeben konnten,
und was ihm die schlimmen Händel zuzog, von denen der Wohlstand Athens und er selbst endlich das Opfer wurde.

Ueberhaupt ist es eine längst ausgemachte Sache, daß die
Griechen von der Liebe ganz andere Begriffe hatten als die
heutigen Europäer. Sie ehrten, wie alle policirten Völker, die
eheliche Freundschaft; aber von dieser romantischen Leidenschaft,
von dieser Liebe, welche von einer ganzen Folge von Roman-
schreibern in Spanien, Wälschland, Frankreich und England zu
einer Heldentugend erhoben worden ist, von dieser wußten sie
ebenso wenig als von der weinerlich komischen, der abenteuerlichen Hirngeburt einiger neueren weiblichen Scribenten, welche
noch über die Begriffe der ritterlichen Zeiten raffinirt und uns
durch ganze Bände eine Liebe gemalt haben, die sich von still-
schweigendem Anschauen, von Seufzern und Thränen nährt,
immer unglücklich und, selbst ohne einen Schimmer von Hoffnung, immer gleich standhaft ist. Von einer so abgeschmackten,
so unmännlichen, mit dem Heldenthum, womit man sie verbinden will, so lächerlich abstechenden Liebe mußte diese geist-

reiche Nation nichts, aus dereu schöner und lachender Einbil=
dungskraft die Göttin der Liebe, die Grazien und so viele
andre Götter der Freude hervorgegangen waren. Sie kannten
nur die Liebe, welche glücklich macht; oder (richtiger zu reden)
diese allein schien ihnen unter gewissen Einschränkungen der
Natur gemäß, anständig und unschuldig. Diejenige, welche sich
mit allen Symptomen eines fieberischen Paroxysmus der ganzen
Seele bemächtigt, war in ihren Augen eine von den gefähr=
lichsten Leidenschaften, eine Feindin der Tugend, die Störerin
der häuslichen Ordnung, die Mutter der verderblichsten Aus=
schweifungen und der häßlichsten Laster. Wir finden wenige
Beispiele davon in ihrer Geschichte, und diese Beispiele sehen
wir auf ihrem tragischen Theater mit Farben geschildert, welche
den allgemeinen Abscheu erwecken mußten; so wie hingegen ihre
Komödie keine andere Liebe kennt als den natürlichen Instinct,
welchen Geschmack, Gelegenheit und Zufall für einen gewissen
Gegenstand bestimmen, der, von den Grazien und nicht selten
auch von den Musen verschönert, das Vergnügen zum Zweck
hat, nicht besser noch erhabner sein will, als er ist, und ihnen,
im Ganzen betrachtet, noch immer weniger schädlich zu sein
däuchte als jene tragische Art zu lieben, die vielmehr von
der Fackel der Furien als des Liebesgottes entzündet, eher
die Wirkung der Rache einer erzürnten Gottheit als dieser
süßen Bethörung gleich zu sein schien, welche sie (wie den
Schlaf und die Gaben des Bacchus) für ein Geschenk der
wohlthätigen Natur ansahen, um uns die Beschwerden des
Lebens zu versüßen und zu den Arbeiten desselben muntrer
zu machen.

Ohne Zweifel würden wir diesen Theil der griechischen
Sitten noch besser leunen, wenn nicht (durch ein Unglück,
welches die Musen immer beweinen werden) die Komödien eines
Alexis, Menander, Diphilus, Philemon, Apollodorus und andrer
berühmter Dichter aus dem schönsten Zeitalter der attischen
Musen ein Raub der mönchischen und saracenischen Barbarei
geworden wären. Allein es bedarf dieser Urkunden nicht, um
das, was wir gesagt haben, zu rechtfertigen. Sehen wir nicht
den ehrwürdigen Solon noch in seinem hohen Alter in Versen,
dereu sich der alte Dichter auf dem Berge Krapak nicht zu
schämen hätte, von sich selbst gestehen: „daß er sich aller andern
Beschäftigungen begeben habe, um den Rest seines Lebens in
Gesellschaft der Venus, des Bacchus und der Musen auszuleben?“

Sehen wir nicht den weisen Sokrates kein Bedenken tragen, in Begleitung seiner jungen Freunde der schönen und gefälligen Theodota einen Besuch zu machen, um über ihre Schönheit, welche Einer aus der Gesellschaft als unbeschreiblich angepriesen hatte, den Augenschein einzunehmen? Sehen wir nicht, daß er seiner Weisheit nichts zu vergeben glaubt, indem er diese Theodota auf eine scherzhafte Art in der Kunst Liebhaber zu fangen unterrichtet? War er nicht ein Freund und Bewunderer, ja, wenn Plato nicht zuviel gesagt hat, ein Schüler der berühmten Aspasia, deren Haus (ungeachtet der Vorwürfe, welche ihr von der zaumlosen Frechheit der damaligen Komödie gemacht wurden) der Sammelplatz der schönsten Geister von Athen war? So enthaltsam er selbst in Absicht dieses Artikels gewesen zu sein scheint, so finden wir doch seine Grundsätze über die Liebe mit der allgemeinen Denkungsart seiner Nation ziemlich überein= stimmend. Er unterschied das Bedürfniß von der Leidenschaft, das Werk der Natur von dem Werke der Phantasie. Er warnte vor dem letztern, wie wir schon anderswo im Vorbeigehen bemerkt haben, und rieth zu Befriedigung der ersten (nach Xenophon's Bericht) eine solche Art von Liebe an, an welcher die Seele so wenig als möglich Antheil nehme, — ein Rath, welcher zwar seine Einschränkungen leidet, aber doch auf die gemeine Erfahrung gegründet ist, daß die Liebe, welche sich der Seele bemächtigt, sie gemeiniglich aller Gewalt über sich selbst beraubt und zu allen edlen Anstrengungen untüchtig macht.

Nach den gewöhnlichen Begriffen der Zeit, in welcher Agathon lebte, wäre es demnach so schwer nicht gewesen, Liebe und Tugend mit einander zu verbinden. Aber Agathon hatte größere und feinere Begriffe von der Tugend. Eine gewisse ideale Vollkommenheit war zu sehr mit den Grundzügen seiner Seele verwebt, als daß er sie jemals ganz verlieren konnte. Was ist einer empfindsamen Seele Liebe ohne Schwärmerei? ohne diese Zärtlichkeit der Empfindungen, diese Sympathie, welche ihre Freuden vervielfältigt, verfeinert, veredelt? Was sind die Wollüste der Sinne ohne Grazien und Musen? — Agathon hätte also diese Art zu lieben, wie er die schöne Danae geliebt hatte und von ihr geliebt worden war, gern mit seinem erhabenen Begriffe von der Tugend verbinden mögen; und von diesem Wunsche sah er alle Schwierigkeiten ein.

Endlich däuchte ihn, es komme Alles auf die Beschaffenheit des Gegenstandes an; und nun erinnerte ihn sein Herz wieder

an Pſyche. Er erröthete vor ihrem Bilde, wie er vor der gegen=
wärtigen Pſyche ſelbſt erröthet ſein würde; aber er empfand zu
gleicher Zeit, daß ſein Herz, ohne nur mit einem einzigen Faden
noch an Danae zu hangen, wieder zu ſeiner erſten Liebe zurück=
kehrte. Seine wieder ruhige Phantaſie ſpiegelte ihm wie ein
klarer tiefer Brunnen die Erinnerungen der reinen, tugendhaften
und mit keiner andern Luſt zu vergleichenden Freuden vor, die
er durch die zärtliche Vereinigung ihrer Seelen in jenen elyſiſchen
Nächten erfahren hatte. Er empfand jetzt zu dem, was er ehe=
mals für ſie empfunden, noch alle die Liebe, welche ihm Danae
eingeflößt hatte, aber ſo ſanft, ſo geläutert durch die moraliſche
Schönheit des veränderten Gegenſtandes, daß es nicht mehr
ebendieſelbe ſchien. Er ſtellte ſich vor, wie glücklich ihn eine
unzertrennliche Verbindung mit dieſer Pſyche machen würde,
welche ihm eine Liebe eingehaucht, die ſeiner Tugend ſo wenig
gefährlich war, daß ſie ihr vielmehr Schwingen angeſetzt hatte.
Er verſetzte ſich in Gedanken mit Pſyche in den Ruheplatz der
Diana zu Delphi und ließ den Gott der Liebe, den Sohn der
himmliſchen Venus, das überirdiſche Gemälde ausmalen. Eine
ſüße, weiſſagende Hoffnung breitete ſich durch ſeine Seele aus.
Es war ihm, als ob eine geheime Stimme ihm zulisple, daß er
ſie in Sicilien finden werde. Pſyche paßte ganz vortrefflich in
den Plan, den er ſich von ſeinem bevorſtehenden Leben gemacht
hatte. Was für Ausſichten ſtellte ihm die Verbindung ſeiner
häuslichen Glückſeligkeit mit der öffentlichen vor, welcher er alle
ſeine Kräfte zu widmen entſchloſſen war! Aber erſt wollte er
verdienen, glücklich zu ſein! — Doch ohne den Leſer mit ſeinen
Geſinnungen und Vorſätzen länger aufzuhalten, eilen wir, ihn
auf einen Schauplatz zu verſetzen, wo er ſich uns durch Hand=
lungen zu erkennen geben kann.

Zehntes Buch.

Darstellung des Syrakusischen Hofes und des Merkwürdigsten, was sich kurz zuvor, ehe Agathon zu Syrakus auftrat, an demselben begeben hatte.

Erstes Capitel.

Charakter der Syrakuser, des Dionysius und seines Hofes.

Aber ehe wir unsern Helden selbst wieder auftreten lassen, wird es nöthig sein, dem Leser sowol den Schauplatz und die Zuschauer, auf welchem und für welche Agathon eine der merkwürdigsten Rollen spielen wird, als die Scene und einige der vornehmsten Personen, die theils mit und neben ihm, theils gegen ihn agiren werden, so umständlich, als es zu unserer Absicht und zu besserm Verständniß seiner Geschichte nöthig ist, vorher bekannt zu machen.

Syrakus, die alte Hauptstadt Siciliens, verdiente in vielerlei Betrachtungen den Namen eines zweiten Athen. Nichts kann ähnlicher sein als der Charakter ihrer Einwohner. Beide waren im höchsten Grad eifersüchtig über eine Freiheit, in welcher sie sich niemals lange zu erhalten wußten, weil sie Müßiggang und Lustbarkeiten immer noch mehr liebten als die Freiheit; auch muß man gestehen, daß sie ihnen durch den schlechten Gebrauch, den sie von ihr machten, mehr Schaden gethan hat als alle ihre Tyrannen. Die Syrakuser hatten, wie die Athener, das Genie der Künste und der Musen; sie waren lebhaft, sinnreich und zum spottenden Scherz aufgelegt, heftig und ungestüm in ihren Bewegungen, aber so unbeständig, daß sie in einem Zeitmaße von wenig Tagen vom äußersten Grade der Liebe zum äußersten Haß, und vom thätigsten Enthusiasmus zur kältesten Gleichgiltigkeit übergehen konnten; lauter Züge, durch welche sich, wie man weiß, auch die Athener vor allen andern griechischen Völkern ausnahmen. Beide empörten sich mit ebenso viel Leichtsinn gegen die gute Regierung eines einzigen Gewalthabers; als sie fähig waren, mit der niederträchtigsten Feigheit sich an das Joch des schlimmsten Tyrannen gewöhnen zu lassen. Beide kannten niemals ihr wahres Interesse und lehrten ihre Stärke immer gegen sich selbst; muthig und heroisch in der Widerwärtigkeit, allezeit übermüthig im Glück und, gleich dem Aesopischen Hund im Nil, immer durch schimmernde Entwürfe verhindert, von ihren gegenwärtigen Vortheilen den rechten Gebrauch zu machen; durch ihre Lage, Verfassung und den Geist der Handelschaft der Spartanischen Gleichheit unfähig, aber ebenso ungeduldig, an einem Mitbürger große Vorzüge von Verdienst, Ansehn oder Reichthum zu ertragen; daher immer mit sich selbst im Streit, immer von Parteien und Rotten zerrissen, bis nach einem lang= wierigen, umwechselnden Uebergang von Freiheit zu Sklaverei und von Sklaverei zu Freiheit Beide zuletzt die Fesseln der Römer geduldig tragen lernten und sich weislich mit der Ehre begnügten, Athen, die Schule, Syrakus, die Kornkammer dieser majestätischen Gebieterin des Erdbodens zu sein.

Nach einer Reihe von sogenannten Tyrannen (das ist, von Beherrschern, welche sich der einzelnen und willkürlichen Gewalt über den Staat bemächtigt hatten, ohne auf einen Beruf von den Bürgern zu warten) war Syrakus und ein großer Theil Siciliens mit ihr endlich in die Hände des Dionysius gefallen und von diesem nach einer langwierigen Regierung, unter wel= cher die Syrakuser gezeigt hatten, was sie zu leiden fähig seien, seinem Sohne, Dionysius dem Zweiten, erblich zugekommen. Das Recht dieses jungen Menschen an die königliche Gewalt, deren er sich nach seines Vaters Tod anmaßte, war noch weniger als zweideutig; denn wie konnte ihm sein Vater ein Recht hinter= lassen, das er selbst nicht hatte? Aber eine starke Leibwache, eine wohlbefestigte Citadelle und eine durch die Beraubung der reichsten Sicilier angefüllte Schatzkammer ersetzten den Abgang eines Rechts, welches ohnehin alle seine Stärke von der Macht zieht, die es geltend machen muß und eben darum dessen leicht ent= behren kann. Hierzu kam noch, daß in einem Staate, worin der Geist der politischen Tugend schon erloschen ist, und grenzen= lose Begierden nach Reichthümern und nach der schmeichelhaften Freiheit, Alles zu thun, was die Sinne gelüstet, die Oberhand gewonnen haben; daß, sage ich, in einem solchen Staate eine ausgelassene und allein auf Befriedigung ihrer Leidenschaften erpichte Jugend sich von der unumschränkten Regierung eines Einzigen ihrer Art unendlich mehr Vortheile verspricht als von der Aristokratie, dereu sich die Aeltesten und Verdienstvollsten bemächtigen, oder von der Demokratie, worin man ein abhängiges und ungewisses Ansehen mit einer Menge Beschwerlichkeiten, Gefahren und Aufopferungen theurer erlaufen muß, als es sich der Mühe zu verlohnen scheint.

Der junge Dionysius setzte sich also durch einen Zusammenfluß günstiger Umstände in den ruhigen Besitz der höchsten Gewalt zu Syrakus, und es ist leicht zu erachten, wie ein übelerzogner, vom Feuer seines Temperaments zu allen Ausschweifungen der Jugend hingerissener Prinz unter einem Schwarme von schmeichelnden Höflingen dieser Macht sich bedient haben werde. Ergetzungen, Gastmähler, Liebeshändel, Feste, welche ganze Monate dauerten, kurz, eine stete Berauschung von Schwelgerei machten die Beschäftigungen eines Hofes von thörichten Jünglingen aus, welche nichts Angelegeneres hatten, als durch Erfindung neuer Wollüste sich in der Zuneigung ihres Prinzen festzusetzen und ihn zu gleicher Zeit zu verhindern, jemals zu sich selbst zu kommen und den Abgrund gewahr zu werden, an dessen blumigem Rand er sorglos herumtanzte.

Man kennt die Staatsverwaltung wollüstiger Prinzen aus ältern und neuern Beispielen zu gut, als daß wir nöthig haben sollten, uns darüber auszubreiten. Was für eine Regierung ist von einem jungen Unbesonnenen zu erwarten, dessen Leben ein immerwährendes Bacchanal ist? der, mit jeder großen Pflicht seines Berufs unbekannt, die Kräfte, die er zu ihrer Erfüllung anstrengen sollte, bei nächtlichen Schmäusen und in den Armen üppiger Buhlerinnen verzettelt? der, unbekümmert um das Beste des Staats, sogar seinen Privatvortheil so wenig einsieht, daß er das wahre Verdienst, welches ihm verdächtig ist, haßt und Belohnungen an diejenigen verschwendet, die unter der Maske der eifrigsten Ergebenheit und gänzlicher Aufopferung seine gefährlichsten Feinde sind? von einem Prinzen, bei dem die wichtigsten Stellen auf die Empfehlung einer Tänzerin oder der Sklaven, die ihn aus- und ankleiden, vergeben werden? der sich einbildet, daß ein Hofschranze, der gut tanzt, ein Nachtessen wohl anzuordnen weiß und ein überwindendes Talent hat, sich · bei den Weibern in Gunst zu setzen, unfehlbar auch das Talent eines Ministers oder eines Feldherrn haben werde? oder, daß man zu Allem in der Welt tüchtig sei, sobald man die Gabe

habe, ihm zu gefallen? — Was ist von einer solchen Regierung
zu erwarten als Verachtung der Gesetze, Mißbrauch der Formalitäten der Gerechtigkeit, Gewaltsamkeiten, üble Haushaltung,
Erpressungen, Geringschätzung und Unterdrückung der Tugend,
allgemeine Verdorbenheit der Sitten? — Und was für eine
Staatskunst wird da Platz haben, wo Leidenschaften, Launen,
vorüberfahrende Anstöße von lächerlichem Ehrgeiz, wo die lin-
dische Begierde, von sich reden zu machen, die Convenienz eines
Günstlings oder die Intriguen einer Maitresse die Triebfedern
der Staatsangelegenheiten, der Verbindung und Trennung mit
auswärtigen Mächten und des öffentlichen Betragens sind? wo,
ohne die wahren Vortheile des Staats oder seine Kräfte zu kennen,
ohne Plan, ohne Abwägung und Verbindung der Mittel —
Doch wir gerathen unvermerkt in den Ton der Declamation,
welcher bei einem längst erschöpften und doch so alltäglichen
Stoffe nicht zu verzeihen wäre. Möchte Niemand, der dies
liest, aus der Erfahrung seines eignen Vaterlandes wissen, wie
einem Volke mitgespielt wird, welches das Unglück hat, der
Willkür eines Dionysius preisgegeben zu sein!

Man wird sich nach Allem, was wir gesagt haben, diesen
Fürsten als einen der schlimmsten Thyrannen, womit der Himmel
jemals eine mit geheimen Verbrechen belastete Nation gegeißelt
habe, vorstellen, und so schildern ihn auch die Geschichtsschreiber.
Allein ein aus lauter schlimmen Eigenschaften zusammengesetzter
Mensch ist ein Ungeheuer, das nicht existiren kann. Eben dieser
Dionysius würde Fähigkeit genug gehabt haben, ein guter Fürst
zu werden, wenn er so glücklich gewesen wäre, zu seiner Bestimmung gebildet zu werden. Aber es fehlte so viel, daß er
die Erziehung, die sich für einen Prinzen schickt, bekommen hätte,
daß ihm nicht einmal diejenige zu Theil ward, die man jedem
jungen Menschen von mittelmäßigem Stande giebt. Sein
Vater, der feigherzigste Thyrann, den vielleicht die Geschichte kennt,
ließ ihn, von aller guten Gesellschaft abgesondert, unter niedrigen Sclaven aufwachsen, und der präsumtive Thronfolger hatte
kein anderes Mittel, sich die lange Weile zu vertreiben, als daß
er kleine Wagen, hölzerne Leuchter, Schämel und andere dergleichen Kunstwerke verfertigte. Man würde Unrecht haben,
wenn man diese selbstgewählte Beschäftigung für einen Wink
der Natur halten wollte; es war vielmehr der Mangel an Gegenständen und Modellen, welche dem angebornen Trieb aller
Menschen, Witz und Hände zu beschäftigen, eine andere Richtung

hätten geben können. Er würde ebenso gut Verse gemacht haben, und vielleicht bessere als sein Vater (der unter andern Thorheiten auch die Wuth hatte, ein Poet sein zu wollen), wenn man ihm einen Homer in seine Zelle gegeben hätte. Wie manche Prinzen hat man gesehen, die mit der Anlage zu Augusten und Trajanen aus Schuld derjenigen, die über ihre Erziehung gesetzt waren, oder durch die Unfähigkeit eines mit klösterlichen Vorurtheilen angefüllten Mönchs, dem sie auf Discretion überlassen wurden, in Neronen und Heliogabalen ausgeartet sind!

Eine genaue und ausführliche Entwicklung, wie dieses zugehe, und wie es unter gewissen gegebenen Umständen nicht anders möglich sei, als daß durch eine so fehlerhafte Veranstaltung das beste Naturell in ein moralisches Mißgeschöpf verzerrt werden müsse, wäre, wie uns däucht, ein sehr nützlicher Stoff, welchen wir der Bearbeitung irgend eines Mannes von Genie empfehlen, der bei philosophischen Einsichten hinlängliche Kenntniß der Welt besäße. Unsre aufgeklärten und verfeinerten Zeiten sind weder dieses noch jenes in so hohem Grade, daß ein solches Werk überflüssig sein sollte; und wenn die Ausführung der Würde des Stoffes zusagte, so zweifeln wir nicht, daß es glücklich genug werden könnte, von mancher Provinz die lange Folge von Plagen abzuwenden, welche ihr vielleicht durch die fehlerhafte Erziehung ihrer noch ungebornen Beherrscher im nächsten Jahrhundert bevorstehen.

Zweites Capitel.

Charakter des Dion. Anmerkungen über denselben

Die Syrakuser waren des Jochs schon zu gewohnt, um einen Versuch zu machen, es nach dem Tode des alten Dionysius abzuschütteln. Es war nicht einmal so viel Tugend unter ihnen übrig, daß Einige von denen, welche besser dachten als der große Haufen und die verächtliche Brut der Parasiten, den Muth gehabt hätten, sich bis zum Ohre des jungen Prinzen zu drängen, um ihm Wahrheiten zu sagen, von denen seine eigene Glückseligkeit ebensowol abhing als die Wohlfahrt von Sicilien. Ganz Syrakus hatte nur einen Mann, dessen Herz groß genug hierzu war. Aber auch dieser würde sich vielleicht in die sichere, wiewol unrühmliche Dunkelheit, in welche ehrliche Leute unter einer unglückweissagenden Regierung sich zu verbergen pflegen, eingehüllt haben, wenn ihn seine Geburt nicht

berechtigt und sein Interesse genöthigt hätte, sich um die Staats=
verwaltung zu bekümmern.

Dieser Mann war Dion, ein Bruder der Stiefmutter des
jungen Dionysius und der Gemahl seiner Schwester, der Nächste
nach ihm im Staat und der Einzige, der sich durch seine großen
Fähigkeiten, sein Ansehen bei dem Volke und die unermeßlichen
Reichthümer, die er besaß, furchtbar und eines Anschlags ver=
dächtig machen konnte, sich entweder an die Stelle des jungen
Fürsten zu setzen oder die republikanische Verfassung wieder her=
zustellen. Wenn wir den Geschichtsschreibern, insonderheit dem
tugendhaften und gutherzigen Plutarch, einen unumschränkten
Glauben schuldig wären, so würden wir den Dion unter die
wenigen Helden der Tugend zählen müssen, welche sich (um dem
Plato einen Ausdruck abzuborgen) zu der Würde und Größe
guter Dämonen oder beschützender Genien und Wohlthäter des
Menschengeschlechts emporgeschwungen haben — Männer, welche
fähig sind, aus dem erhabenen Beweggrunde einer reinen Liebe
der sittlichen Ordnung und des allgemeinen Besten zu handeln,
und über dem Bestreben, Andere glücklich zu machen, sich selbst
aufopfern, weil sie unter ihrer sterblichen Hülle ein edleres
Selbst fühlen, welches seine angeborne Vollkommenheit desto
herrlicher entfaltet, je mehr jenes thierische Selbst unterdrückt
wird — die, im Glück und Unglück gleich groß, durch dieses
nicht verdunkelt werden und von jenem keinen Glanz entlehnen,
sondern, immer sich selbst genugsam, Herren ihrer Leidenschaften
und, über die Bedürfnisse gemeiner Seelen erhaben, eine Art
sublunarischer Götter sind. Ein solcher Charakter fällt allerdings
gut in die Augen, ergetzt den moralischen Sinn und erweckt
den Wunsch, daß er mehr als eine schöne Chimäre sein möchte.
Aber wir gestehen, daß wir aus erheblichen Gründen mit zu=
nehmender Erfahrung immer mißtrauischer gegen die mensch=
lichen, — warum also nicht auch gegen die übermenschlichen? —
Tugenden werden.

Es ist wahr, wir finden in dem Leben Dion's Beweise
großer Fähigkeiten, besonders einer gewissen Erhabenheit und
Stärke des Gemüths, die man gemeiniglich mit gröbern, weniger
reizbaren Fibern und derjenigen Art von Temperament verbun=
den sieht, welches ungesellig, ernsthaft, stolz und spröde zu
machen pflegt. An jede Art von Temperament grenzen, wie
man weiß, gewisse Tugenden. Fügt es sich, daß die Entwick=
lung der Anlage zu denselben durch günstige Umstände befördert

wird, so ist nichts natürlicher, als daß sich daraus ein Charakter
bildet, der durch gewisse hervorstechende Tugenden blendet, welche
eben darum zu einer völligern Schönheit gelangen, weil kein
innerlicher Widerstand sich ihrem Wachsthum entgegengesetzt.
Diese Art von Tugenden finden wir bei Dion in hohem Grade.
Aber ihm ein Verdienst daraus zu machen, wäre ebenso viel,
als einem Athleten die Elasticität seiner Sehnen oder einem
gesunden blühenden Mädchen ihre gute Farbe als Verdienste
anzurechnen, die ihnen ein Recht an die allgemeine Hochachtung
geben sollten. Ja, wenn Dion sich durch diejenigen Tugenden
vorzüglich unterschieden hätte, zu denen er von Natur nicht
aufgelegt war, und wenn er es so weit gebracht hätte, sie mit
eben der Leichtigkeit und Grazie auszuüben, als ob sie ihm an=
geboren wären! Aber wie viel daran fehlte, daß er der Philo=
sophie seines Lehrers und Freundes Plato so viel Ehre gemacht
hätte, davon finden wir in den eigenen Briefen dieses Weisen
und in dem Betragen Dion's in den wichtigsten Auftritten seines
Lebens die zuverlässigsten Beweise. Niemals konnte er es dahin
bringen, oder vielleicht gefiel es ihm nicht, den Versuch zu
machen (und Beides läuft auf Eines hinaus), diese Austerität,
diese Unbiegsamkeit, diese wenige Gefälligkeit im Umgang, welche
die Herzen von ihm zurückstieß, zu überwinden. Vergebens er=
mahnte ihn Plato, den Grazien zu opfern; Dion bewies durch
seine Ungelehrigkeit über diesen Punkt, daß die Philosophie
ordentlicherweise uns nur die Fehler vermeiden macht, zu denen
wir keine Anlage haben, und uns nur in solchen Tugenden be=
festigt, zu denen wir ohnehin geneigt sind.

Indessen war er nichtsdestoweniger derjenige, auf welchen
ganz Sicilien die Augen gerichtet hatte. Die Weisheit seines
Betragens, seine Abneigung von allen Arten der sinnlichen
Ergetzungen, seine Mäßigung, Nüchternheit und gute Haushal=
tung erwarben ihm desto mehr Hochachtung, je stärker sie von
der zügellosen Schwelgerei und Verschwendung des Tyrannen
abstachen. Man sah, daß er allein im Stande war, dem Diony=
sius das Gegengewicht zu halten, und man erwartete das Beste
von ihm, es sei nun, daß er sich der Regierung für sich selbst
oder für die jungen Söhne seiner Schwester bemächtigen, oder
daß er sich begnügen würde, der Mentor des Dionysius zu sein.

Die natürliche Unempfindlichkeit Dion's gegen die Reizungen
der Wollust, welche den Syrakusern so viel Vertrauen zu ihm
gab, blendete in der Folge auch die Griechen des festen Landes,

zu denen er sich vor dem Tyrannen zu flüchten genöthigt wurde.
Selbst die Akademie zu Athen, diese damals so berühmte Schule
der Weisheit, scheint stolz darauf gewesen zu sein, einen so
nahen Verwandten des (wiewol unrechtmäßigen) Beherrschers
von Sicilien unter ihre Pflegsöhne zählen zu können. Die
königliche Pracht, welche er zu Athen in seiner Lebensart affectirte, war in ihren Augen (so gewiß ist es, daß auch weise
Augen manchmal durch die Eitelkeit verfälscht werden) der Ausdruck der innern Majestät seiner Seele. Sie schlossen ungefähr
nach eben der Logik, welche einen Verliebten von den Reizungen
seiner Dame auf die Güte ihres Herzens schließen macht. Sie
sahen nicht oder wollten nicht sehen, daß eben dieser von den
republikanischen Sitten so weit entfernte Pomp ein sehr deut-
liches Zeichen war, daß es weniger einer Erhabenheit über die
gewöhnlichen Schwachheiten der Großen und Reichen als einem
Mangel an Begierden zuzuschreiben sei, wenn derjenige gegen
die Vergnügungen der Sinne gleichgiltig war, welcher Eitelkeit
genug hatte, durch ein Gepränge mit Reichthümern, dereu er
sich als der Früchte seiner Verbindung mit der Familie des
Tyrannen vielmehr zu schämen hatte, sich unter einem freien
Volke unterscheiden zu wollen.

Doch indem ich diese Gelegenheit ergreife, die übertriebenen
Lobsprüche zu mäßigen, welche an die Günstlinge des Glückes
verschwendet zu werden pflegen, sobald sie einigen Schimmer der
Tugend von sich werfen, leugne ich keinesweges, daß Dion, so
wie er war, einen Thron ebenso würdig erfüllt haben würde,
als wenig er sich schickte, mit einem durch lange Gewohnheit
der Fesseln entnervten Volke — in dem Mittelstande zwischen
Sklaverei und Freiheit, worein er dasselbe in der Folge durch
die Vertreibung des Dionysius setzte — so sanft und behutsam
umzugehen, als es hätte geschehen müssen, wenn seine Unternehmung für die Syrakuser und ihn selbst glücklich hätte aus-
schlagen sollen. Plutarch vergleicht dieses Volk in dem Zeit-
punkte, da es das Joch der Tyrannei abzuschütteln anfing, sehr
glücklich „mit Leuten, die von einer langwierigen Krankheit wieder aufstehen und, ungeduldig, sich der Vorschrift eines klugen
Arztes in Absicht ihrer Diät zu unterwerfen, sich zu früh wie
gesunde Leute betragen wollen." Aber darin können wir nicht
mit ihm einstimmen, daß Dion dieser geschickte Arzt für sie
gewesen sei. Sehr wahrscheinlich hat die Platonische Philosophie
selbst, von deren idealischer Sitten- und Staatslehre er ein

großer Bewunderer war, dazu beigetragen, daß er weniger als
ein Andrer zum Arzt eines äußerst verdorbenen Volkes geeigen=
schaftet war. Vielfältige Erfahrungen zu verschiedenen Zeiten
und unter verschiedenen Völkern haben es erwiesen, daß die
Dion, die Cato, die Brutus, die Algernon Sidney allemal un=
glücklich sein werden, wenn sie einen von alten bösartigen
Schäden entkräfteten und zerfressenen Staatskörper in den Staub
der Gesundheit wiederherzustellen versuchen. Zu einer solchen
Operation gehören viele Gehilfen; und Männer von einer so
außerordentlichen Art sind unter einer Million Menschen allein.
Es ist genug, wenn das Ziel (wie Solon von seinen Gesetzen
sagte) das Beste ist, das in den vorliegenden Umständen zu er=
reichen sein mag; und sie wollen immer das Beste, das sich
denken läßt. Alle Mittel, welche zugleich am Gewissesten und
Ehesten zu diesem Ziele führen, sind die besten; und sie wollen keine
andern gebrauchen, als welche nach den strengsten Regeln einer
oft allzu spitzfindigen Gerechtigkeit und Güte rechtmäßig und gut
sind. Löblich! vortrefflich! göttlich! — rufen die schwärmerischen
Bewunderer der heroischen Tugend. Wir wollten gern mit=
rufen, wenn man uns nur erst zeigen wollte, was jene über=
spannte Tugend dem menschlichen Geschlecht jemals geholfen
habe. — Dion zum Exempel, von den erhabenen Ideen seines
Lehrmeisters eingenommen, wollte dem befreiten Syrakus eine
Regierungsform geben, welche so nah als möglich an die Pla=
tonische Republik grenzte, — und verfehlte darüber, zu seinem
eignen Untergang, die Mittel, ihr diejenige zu geben, deren sie
fähig war. Brutus half den größten der Sterblichen, den
Fähigsten eine ganze Welt zu regieren, der jemals geboren
worden ist, ermorden, blos weil ihm in Rücksicht auf die Mittel,
wodurch er zur höchsten Gewalt gelangt war, die Definition
eines Tyrannen zukam. Brutus wollte die Republik wieder=
herstellen. Noch einen Dolch für den Marcus Antonius (wie
es der nicht so erhaben, aber richtiger denkende Cassius ver=
langte), so wären Ströme von Blut, so wäre das edelste Blut
von Rom, das Leben der besten Bürger gespart worden und
der glückliche Ausgang der ganzen Unternehmung versichert
gewesen! Hätte sich derjenige, der dem vermeinten allgemeinen
Besten seines Vaterlandes ein so großes Opfer gebracht hatte,
als Cäsar war, ein Bedenken machen sollen, seinem majestätischen
Schatten einen Antonius nachzuschicken? — Dies hätte er thun
müssen, um eine That — welche (weil sie unglücklich war) bei

seinen Zeitgenossen ein verabscheuungswürdiger Meuchelmord hieß und der unparteiischern Nachwelt (im gelindesten Lichte betrachtet) wahnsinniger Enthusiasmus scheinen muß, — zu einer so glorreichen Unternehmung zu machen, als jemals die große Seele eines Römers geschwellt hatte. Aber Brutus hatte Bedenklichkeiten, welche ihm eine unzeitige Güte eingab; sein Ansehen entschied; Antonius bedankte sich für sein Leben und begrub den platonischen Brutus unter den Trümmern der auf ewig umgestürzten Republik.

Wir haben uns vielleicht zu lange bei dieser Betrachtung aufgehalten; aber die Beobachtung, die uns dazu verleitet hat, so alt sie ist, scheint uns wichtig und an praktischen Folgerungen fruchtbar, deren Nutzbarkeit sich über alle Stände ausbreiten, und besonders bei denjenigen, welche mit der Regierung und moralischen Disciplinirung der Menschen beschäftigt sind, sich vorzüglich äußern würde, wenn sie besser eingesehen und mit ebenso viel Redlichkeit als Klugheit angewendet würden. Vielleicht würden die Augen derjenigen, die weder durch einen Nebel, noch durch gefärbte Gläser sehen, mit dem weinerlich lächerlichen Schauspiel von so vielen ehrlichen Leuten verschont bleiben, die aus allen Kräften und mit der feierlichsten Ernsthaftigkeit leeres Stroh dreschen und, wenn sie ihr Leben lang gedroschen haben, sich sehr verwundern, daß nichts als Stroh auf der Tenne liegt. Der patriotische Phlegon würde sich mit dem allzu hitzigen Eifer, seine in allen Theilen verdorbene Republik durch ebenso hitzige Mittel wieder gesund zu machen, nicht so viel Verdruß zuziehen und durch diesen Verdruß und die Vergeblichkeit seiner undankbaren Bemühungen nicht veranlaßt werden, sich zu Tode — zu trinken. Der redliche Makrin würde sich nicht auf Unkosten seiner Freiheit und vielleicht seines Lebens in den Kopf setzen, aus einem Caligula einen Marc Aurel zu machen. Der wohlmeinende Diophant würde einsehen, wie wenig Hoffnung er sich zu machen habe, Leute, die noch sehr weit entfernt sind, erträgliche Menschen zu sein, in eine engelähnliche Vollkommenheit hineinzudeclamiren. — Doch genug von einer Materie, welche, um gehörig ausgeführt zu werden, eine eigne Abhandlung erforderte!

Drittes Capitel.

Ein Beispiel, daß die Philosophie so gut zaubern kann als die Liebe.

Dion sah die Ausschweifungen des Dionysius mit der Verachtung eines kaltsinnigen Philosophen an, der keine Lust hatte, daran Theil zu nehmen, und mit dem Verdruß eines Staatsmannes, der sich in Gefahr sah, durch einen Schwarm junger Wollüstlinge, Lustigmacher, Pantomimen und Narren von dem Ansehen und dem Antheil an der Regierung, die ihm gebührten, nach und nach verdrängt zu werden. Bei solcher Bewandniß hatte der Patriotismus das schönste Spiel. Der große Beweggrund des allgemeinen Wohls, die uneigennützige Betrachtung der verderblichen Folgen, welche aus einer so schlimmen Beschaffenheit des Hofes über den ganzen Staat sich verbreiten mußten, wurden durch jene geheimern Triebfedern so kräftig unterstützt, daß. er den festen Entschluß faßte, Alles zu versuchen, um seinen Verwandten auf einen bessern Weg zu bringen.

Er urtheilte, den Grundsätzen Plato's zufolge, daß die Unwissenheit des Dionysius und die Gewohnheit, unter dem niedriggesinntesten Pöbel (es waren gleichwol junge Herren von sehr gutem Adel darunter) zu leben, die Hauptquelle seiner verdorbenen Neigungen sei. Diesem nach hielt er sich seiner Verbesserung versichert, wenn er die beste Gesellschaft um ihn her versammeln und ihm diese edle Wissensbegierde einflößen könnte, welche bei denen, die von ihr begeistert sind, die animalischen Triebe, wo nicht gänzlich zu unterdrücken, doch gewiß zu dämmen und zu mäßigen pflegt. Er ließ also keine Gelegenheit vorbei (und die unzähligen Fehler, welche täglich in der Staatsverwaltung gemacht wurden, ließen ihm daran keinen Mangel), dem Tyrannen die Nothwendigkeit vorzustellen, Männer von einem großen Ruf der Weisheit um sich zu haben. Er unterstützte diese Vorstellung mit so vielen Beweggründen, daß unter einer Menge sehr erhabener, die an einem Dionysius verloren gingen, sich endlich einer fand, der seine Eitelkeit interessirte. Doch selbst dieser schlüpfte nur leicht an den Ohren des jungen Fürsten hin, und wiewol er gewohnt war, seinem beschwerlichen Oheim immer Recht zu geben, so würde doch schwerlich jemals mit Ernst an die Sache gedacht worden sein, wenn nicht ein kleiner physischer Umstand dazu gekommen wäre, der den

Vorstellungen des weisen Dion eine Stärke gab, die nicht ihre eigene war.

Dionysius hatte (wir wissen nicht, aus welcher Veranlassung) seinem Hofe ein Fest gegeben, welches nach der Versicherung der Geschichtsschreiber drei Monate in Einem fort dauerte. Die ausschweifendste Einbildungskraft kann nicht weiter gehen, als Pracht und Schwelgerei bei diesem langwierigen Bacchanal getrieben wurden. Denn diesen Namen verdiente es um so mehr, weil, nachdem alle anderu Erfindungen erschöpft waren, die letzten Tage des dritten Monats, welche in die Weinlese fielen, zu einer Vorstellung des Triumphes des Bacchus und seiner ganzen poetischen Geschichte angewandt wurden. Dionysius, der durch eine Anspielung auf seinen Namen den Bacchus (Dionysos) vorstellte, suchte einen besondern Ruhm darin, sein Urbild selbst wo möglich hinter sich zurückzulassen. Die Quellen der Natur wurden erschöpft, und die ohnmächtige Begierde, ihre Grenzen zu erweitern — Doch, wir wollen kein Gemälde machen, das bei Gegenständen dieser Art die Absicht, Abscheu zu erwecken, verfehlen könnte. Genug, daß Dionysius mit den Silenen, Nymphen, Faunen und Satyrn, seinen Gehilfen, die Tiberen und Neronen der spätern Zeiten in die Unmöglichkeit setzte, etwas mehr als bloße Copisten von ihm zu sein.

Wer sollte sich vorstellen, daß aus einer so schlammigen Quelle die heftigste Liebe der Philosophie und eine Reformation, welche ganz Sicilien und Griechenland in Erstaunen setzte, habe entspringen können? — Aber „im Himmel und auf Erden sind eine Menge Dinge, wovon kein Wort in unserm Compendium steht", — sagt Shakspeare's Hamlet zu seinem Schulfreunde Horatio — und sagt eine große Wahrheit!

Das unbändigste Temperament kann, so wie es Dionysius anfing, zu Paaren getrieben werden. Der neue Bacchus, von der Unmäßigkeit, womit er eine so lange Zeit den Göttern der Freude geopfert hatte, erschöpft, sah sich endlich genöthigt aufzuhören. Zum ersten Male seit dem berauschenden Augenblicke, da er sich im Besitz der Gewalt, allen seinen Leidenschaften den Zügel zu lassen, sah, fühlte er ein Leeres in sich, in welches er mit Grauen hineinschaute. Zum ersten Mal fühlte er sich geneigt, Betrachtungen anzustellen, wenn er — das Vermögen dazu gehabt hätte. Aber mit einem lebhaften Unwillen über sich selbst und alle diejenigen, die ihn zu einem Thiere zu machen geholfen hatten, erfuhr er jetzt, daß er nichts in sich habe, was

er dem Efel vor allen Vergnügungen der Sinne und der langen
Weile, die ihn verzehrte, entgegenstellen könnte. Was er in=
deſſen ſehr lebhaft fühlte, war dieſes: daß er mitten unter
Gegenſtänden, die ihm eine ſcheinbare Größe und Glückſeligkeit
ankündigten, ſich ſelbſt gegenüber eine ſehr elende Figur mache.
Kurz, alle Fibern ſeines Weſens hatten ſo ſehr nachgelaſſen,
daß er in eine Art von dummer Schwermuth verfiel, aus welcher
ihn alle ſeine Höflinge nicht herauslachen und alle ſeine Tänze=
rinnen nicht heraustanzen konnten.

Ⓘn dieſem kläglichen Zuſtande, den die natürliche Ungeduld
ſeines Temperaments unerträglich machte, warf er ſich in die
Arme Dion's, welcher während der letzten drei Monate in ein
entferntes Landgut ſich zurückgezogen hatte. Er hörte ſeine Vor=
ſtellungen mit einer Aufmerkſamkeit an, deren er ſonſt niemals
fähig geweſen war, und ergriff mit Verlangen die Vorſchläge,
welche ihm dieſer Weiſe that, um ſo groß und glückſelig zu
werden, als er jetzt in ſeinen eigenen Augen verächtlich und
elend war. Man kann ſich alſo vorſtellen, daß er nicht die
mindeſten Schwierigkeiten machte, den Plato unter allen Be=
dingungen, welche Dion in deſſen Namen nur immer fordern
konnte, an ſeinen Hof zu berufen, er, der in dem Zuſtande,
worin er war, ſich von dem erſten beſten Prieſter der Cybele
hätte überreden laſſen, mit Aufopferung des werthern Theils
ſeiner ſelbſt in den Orden der Korybanten zu treten.

Dion wurde, bei ſo ſtarken Anſcheinungen zu einer voll=
kommenen Sinnesänderung des Tyrannen, von ſeiner Philo=
ſophie nicht wenig betrogen. Er ſchloß zwar ſehr richtig, daß
die Raſereien des letzten Feſtes Gelegenheit dazu gegeben hätten.
Aber darin irrte er ſehr, daß er, gewohnt, die Seele und was
in ihr vorgeht, allzu ſehr von der Maſchine, in welche ſie ein=
geflochten iſt, abzuſondern, nicht gewahr wurde, daß die guten
Diſpoſitionen des Dionyſius ganz allein von einem körperlichen
Efel vor den Gegenſtänden, worin er bisher ſein einziges Ver=
gnügen geſucht hatte, herrührten. Er hielt die natürlichen Folgen
der Ueberfüllung für Wirkungen der Ueberzeugung, worin er
nunmehr ſtehe, daß die Freuden der Sinne nicht glücklich
machen könnten. Er ſetzte voraus, daß eine Menge Ver=
änderungen in ſeiner Seele vorgegangen ſeien, woran Dionyſens
Seele weder gedacht hatte, noch zu denken vermögend war.
Kurz, er beurtheilte (wie wir meiſtens zu thun pflegen) die
Seele eines Andern nach ſeiner eigenen und gründete auf dieſe

Voraussetzung ein Gebäude von Hoffnungen, welches zu seinem g Erstaunen zusammenfiel, sobald Dionysius — wieder Nervßen hatte.

Die Berufung des Plato war eine Sache, an welcher schon geraume Zeit gearbeitet worden war. Allein der Philosoph hatte große Schwierigkeiten gemacht und würde (ungeachtet des Zuspruchs seiner Freunde, der Pythagoräer in Italien, welche die Bitten Dion's unterstützten) auf seiner Verweigerung bestanden sein, wenn die erfreulichen Nachrichten, welche Dion von der glücklichen Gemüthsverfassung des Tyrannen gab, und die dringenden Einladungen, die in desselben Namen an ihn ergingen, ihm nicht Hoffnung gemacht hätten, der Schutzgeist Siciliens und vielleicht der Stifter einer neuen Republik (nach dem Modell derjenigen, die er uns in seinen Schriften hinterlassen hat) werden zu können.

Plato erschien also am Hofe zu Syrakus mit aller Majestät eines Weisen, der sich durch die Größe seines Geistes berechtigt hält, die Großen der Welt für etwas weniger als Seinesgleichen anzusehen. Denn ob es gleich damals noch keine Stoiker gab, so pflegten doch die Philosophen von Profession bereits sehr bescheiden zu verstehen zu geben, daß sie in ihren eigenen Augen eine höhere Classe von Wesen ausmachten als die übrigen Erdenbewohner. Dieses Mal hatte die Philosophie das Glück, eine Figur zu machen, deren Glanz der hohen Einbildung ihrer Günstlinge gemäß war. Plato wurde wie ein Gott aufgenommen und wirkte durch seine bloße Gegenwart eine Veränderung, welche in den Augen der erstaunten Syrakuser nur ein Gott hervorzubringen mächtig genug schien. In der That glich das neue Schauspiel, welches sich Allen, die diesen Hof vor wenigen Wochen gesehen hatten, darstellte, einem Werke der Zauberei. Aber — O! wie natürlich finden wir auch das Außerordentlichste, sobald wir die wahren Triebräder davon kennen!

Der erste Schritt, welchen der göttliche Plato in den Palast des Dionysius that, wurde durch ein feierliches Opfer, und die erste Stunde, worin sie sich mit einander besprachen, durch eine Verbesserung, die sich sogleich über den ganzen Hof ausbreitete, bezeichnet. In wenigen Tagen glaubte Plato in seiner Akademie zu Athen zu sein, so bescheiden und eingezogen sah Alles in dem Hause des Prinzen aus. Die asiatische Verschwendung machte auf einmal der philosophischen Einfalt Platz. Die Vor-

zimmer, welche kurz zuvor von schimmernden Gecken und allen
Arten lustigmachender Personen gewimmelt hatten, stellten jetzt
akademische Säle vor, wo man nichts als langbärtige Weise
sah, welche einzeln und paarweise mit gesenktem Haupt und
gerunzelter Stirne, in sich selbst und in ihre Mäntel eingehüllt,
auf und ab schritten, bald Alle zugleich, bald gar nichts, bald
nur mit sich selbst sprachen und, wenn sie vielleicht gerade am
Wenigsten dachten, eine so wichtige Miene zogen, als ob der
Geringste unter ihnen mit nichts Kleinerm umginge, als die
beste Gesetzgebung zu erfinden oder den Gestirnen einen regel-
mäßigern Lauf anzuweisen. Die üppigen Baulette, bei denen
Komus und Bacchus mit tyrannischem Zepter die ganze Nacht
durch geherrscht hatten, verwandelten sich in Pythagorische Mahl-
zeiten, wo man sich an Gesprächen über die erhabensten Gegenstände des menschlichen Verstandes sättigte. Statt frecher Pantomimen und wollüstiger Flöten ließen sich Hymnen zum Lob
der Götter und der Tugend hören, und um den Gaumen zum
Reden anzufeuchten, trank man aus kleinen Sokratischen Bechern
Wasser mit Wein vermischt.

Dionysius faßte eine Art von Leidenschaft für den Philosophen. Plato mußte immer um ihn sein, ihn aller Orten begleiten, zu Allem seine Meinung sagen. Die begeisterte Einbildungskraft dieses sonderbaren Mannes, welche vermöge der
natürlichen Ansteckungskraft des Enthusiasmus sich auch seinen
Zuhörern mittheilte, wirkte so mächtig auf die Seele des Prinzen,
daß er ihn nie genug hören konnte. Die Stunden däuchten ihn
kürzer, wenn Plato sprach, als ehemals in der Gesellschaft der
kunsterfahrensten Buhlerinnen. Alles, was der Weise sagte,
war so schön, so erhaben, so wunderbar! erhob den Geist so
weit über sich selbst! warf Strahlen von so göttlichem Licht in
das Dunkel der Seele! In der That konnte es nicht anders
sein, da die gemeinsten Ideen der Philosophie für Dionysen
den frischesten Reiz der Neuheit hatten. Und nehmen wir zu
Allem diesem noch, daß er das Wenigste recht verstand (ob er gleich,
wie viele Andere Seinesgleichen, zu eitel war, es merken zu
lassen), noch Alles verstehen konnte, weil der begeisterte Plato
sich in der That zuweilen selbst nicht allzu wohl verstand; bedenken wir die erstaunliche Gewalt, die ein in schimmernde
Bilder eingekleidetes mystisches Räthsel über die Unwissenden
zu haben pflegt: so werden wir begreifen, daß niemals etwas
natürlicher war als der außerordentliche Geschmack, welchen

Dionysius an dem Gott der Philosophen (wie ihn Cicero be=
titelt) fand, zumal da er noch überdies ein feiner, stattlicher
Mann war und sehr wohl zu leben wußte.

Ohne daß sich die Ueberredungskraft des göttlichen Plato
oder die Contagion der philosophischen Schwärmerei darein
mischte, theilte sich die plötzliche Wissensbegierde des Dionysius,
sobald man sah, daß es ihm Ernst war, allen seinen Höflingen mit.
Nicht als ob ihnen viel daran gelegen gewesen wäre, ihre kleinen
Affenseelen nach dem göttlichen Modell der Ideen umzubilden,
oder als ob sie sich darum bekümmert hätten, was in den über=
himmlischen Räumen zu sehen sei; aber sie thaten doch der=
gleichen. Der Ton der Philosophie war nun einmal Mode.
Man mußte Metaphysik in geometrischen Ausdrücken reden, um
sich dem Fürsten angenehm zu machen. Man trug also am
ganzen Hofe keine andern als philosophische Mäntel; alle Säle
des Palastes waren nach Art der Gymnasien mit Sande be=
streut, um mit allen den Dreiecken, Vierecken, Pyramiden,
Achtecken und Zwanzigecken überschrieben zu werden, aus welchen
Plato seinen Gott diese schöne Welt zusammensetzen läßt; alle
Leute bis auf die Köche sprachen Philosophie, hatten ihr Gesicht
in irgend eine geometrische Figur verzogen und disputirten
über Materie und Form, über das, was ist und was nicht ist, über
die beiden Enden des Guten und Bösen und über die beste
Republik.

Alles dies machte freilich ein ziemlich seltsames Aussehen
und konnte den Verdacht erwecken, als ob Plato an dem Syra=
kusischen Hofe viel mehr die Rolle eines aufgeblasenen Pedanten
unter einem Haufen unbärtiger Schüler als die Rolle eines
Weisen gespielt habe, der sich einen großen Zweck vorgesetzt
hat und die Mittel dazu nach den Umständen des Orts, der
Zeit und der Personen klüglich zu bestimmen weiß. Aber man
würde sich irren. Er hatte an den lächerlichen Ausschweifungen
der Hofleute wenig Antheil, ob er gleich ganz gern sah, daß
diese unnützen Hummeln, welche er nicht auf einmal austreiben
konnte, auf solche Spielwerke verfielen, die doch immer als eine
Art von Vorübungen angesehen werden konnten, wodurch sie
unvermerkt von ihren vorigen Gewohnheiten abgezogen und
durch den Geschmack an Wissenschaft zu der allgemeinen Ver=
besserung, welche er zu bewirken hoffte, vorbereitet wurden.
Allein seine eignen hauptsächlichsten Bemühungen bezogen sich
unmittelbar auf den Dionysius selbst, und indem er ihn durch

die Reizungen seines Umgangs und seiner Beredsamkeit zu
humanisiren und an sich zu gewöhnen suchte, trachtete er, ohne
es allzu deutlich zu erkennen zu geben, dahin, ihm die Ver=
achtung seines vorigen Zustandes, die Liebe der Tugend, Be=
gierden nach ruhmwürdigen Thaten, kurz, solche Gesinnungen
einzuflößen, welche ihn durch unmerkliche Grade von sich selbst auf
die Gedanken bringen würden, ein unrechtmäßiges Diadem von
sich zu werfen und sich an der Ehre, der Erste unter Seines=
gleichen zu sein, genügen zu lassen.

Die Anscheinungen ließen ihn den vollkommensten Erfolg
hoffen. Dionys schien in wenigen Tagen nicht mehr der vorige
Mann zu sein. Seine Wissensbegierde, seine Gelehrigkeit gegen
die Räthe des Philosophen, das Sanfte und Ruhige in seinem
ganzen Betragen übertraf Alles, was sich Dion von ihm ver=
sprochen hatte. Ganz Syrakus empfand sogleich die Folgen
dieser glücklichen Veränderung. Er ging mit einer unglaublichen
Behendigkeit von dem höchsten Grade des tyrannischen Ueber=
muths zu der Popularität eines Athenischen Archonten über.
Er setzte alle Tage einige Stunden aus, um Jedermann mit
einnehmender Leutseligkeit anzuhören, nannte sie Mitbürger,
wünschte, sie Alle glücklich machen zu können, fing sogar wirk=
lich an, verschiedene gute Anordnungen zu machen, und erweckte
durch so viele günstige Vorzeichen die allgemeine Erwartung
einer glückseligen Revolution, welche nun auf einmal der Gegen=
stand aller Wünsche und der Inhalt aller Gespräche unter dem
Volke wurde.

Es könnte genug sein, gegen diejenigen, die eine so große
und schnelle Verwandlung eines Fürsten, den wir als ein kleines
Ungeheuer von Lastern und Ausschweifungen geschildert haben,
unglaublich finden möchten, uns auf die einhellige Aussage der
Geschichtschreiber zu berufen. Aber wir können noch mehr thun;
es ist leicht, die Möglichkeit und Wahrscheinlichkeit derselben be=
greiflich zu machen. Aufmerksame Leser, welche einige Kenntniß
des menschlichen Herzens besitzen, werden die Gründe hierzu in
unsrer bisherigen Erzählung schon von selbst entdeckt haben.
In einem Gemüthszustande, worin die Leidenschaften schweigen,
wo uns vor den Ergetzungen der Sinne ekelt, und der Mangel
an angenehmen Eindrücken uns in einen beschwerlichen Mittel=
stand zwischen Sein und Nichtsein versenkt, — in einem solchen
Zustande ist die Seele begierig, jeden Gegenstand zu umfassen,
der sie aus diesem unleidlichen Stillstand ihrer Kräfte ziehen

kann, und am Besten aufgelegt, den Reiz sittlicher und intellec=
tueller Schönheiten zu empfinden. Freilich würde ein trockner
Zergliederer metaphysischer Begriffe sich nicht dazu geschickt haben,
solche Gegenstände für einen Menschen zuzurichten, der zu einer
scharfen Aufmerksamkeit ebenso ungeduldig als unvermögend
war. Allein die Beredsamkeit des Homer's der Philosophen
mußte sie auf eine so reizende Art für die Einbildungskraft zu
verkörpern, mußte die Leidenschaften und innersten Triebe des
Herzens so geschickt für sie ins Spiel zu setzen, daß sie nicht
anders als gefallen und rühren konnten. Hierzu kam noch die
Jugend des Tyrannen, welche seine noch nicht verhärtete Seele
neuer Eindrücke fähig machte. Warum sollte es also nicht mög=
lich gewesen sein, ihm unter solchen Umständen auf etliche
Wochen die Liebe der Tugend einzuflößen, da hierzu weiter nichts
nöthig war, als seinen Neigungen unvermerkt andre Gegenstände
an die Stelle derjenigen, deren er überdrüssig war, unter=
zuschieben? In der That war seine Bekehrung nichts Andres,
als daß er nunmehr anstatt irgend einer wollustathmenden
Nymphe ein schönes Phantom der Tugend umarmte, und statt
in Syrakusischem Weine sich in Platonischen Ideen berauschte.
Eben diese Eitelkeit, welche ihn vor weniger Zeit angetrieben
hatte, mit dem Bacchus und einer andern unnennbaren
Gottheit in die Wette zu eifern, kitzelte sich jetzt durch die
Vorstellung, als Regent und Gesetzgeber den Glanz der be=
rühmtesten Männer vor ihm zu verdunkeln, die Augen der Welt
auf sich zu heften, sich von Allen bewundert und von den Weisen
selbst vergöttert zu sehen.

Daß dieses Urtheil von der Bekehrung des Dionysius richtig
sei, hat sich in der Folge nur zu sehr bewiesen; auch hätte man,
däucht uns, ohne die Gabe der Divination zu besitzen, voraus=
sehen können, daß eine so plötzliche Veränderung keinen Bestand
haben werde. Aber wie sollten die in einer großen Angelegen=
heit verwickelten Personen fähig sein, so gelassen und unein=
genommen davon zu urtheilen wie entfernte Zuschauer, welche
das Ganze bereits vor sich liegen haben und bei einer kalten
Untersuchung des Zusammenhangs aller Umstände sehr leicht
mit vieler Zuverlässigkeit beweisen, daß es nicht anders habe
gehen können, als wie sie wissen, daß es gegangen ist?

Plato selbst ließ sich von den Anscheinungen betrügen, weil sie
seinen Wünschen gemäß waren und ihm zu beweisen schienen,
wie viel er vermöge. Die voreilige Freude über einen glück=

lichen Erfolg, dessen er sich schon versichert hielt, ließ ihm nicht zu, sich alle die Hindernisse, die seine Bemühungen vereiteln konnten, in der gehörigen Stärke vorzustellen und in Zeiten darauf bedacht zu sein, wie er ihnen zuvorkommen möchte. Gewohnt, in den ruhigen Spaziergängen seiner Akademie unter gelehrigen Schülern idealische Republiken zu bauen, hielt er die Rolle, die er an dem Hofe zu Syrakus zu spielen übernommen hatte, für leichter, als sie in der That war. Er schloß immer richtig aus seinen Prämissen; aber seine Prämissen setzten immer mehr voraus, als war, und er bewies durch sein Exempel, daß keine Leute mehr durch den Schein der Dinge hintergangen werden als eben diejenigen, welche ihr ganzes Leben damit zubringen, „inter silvas Academi" dem, was wahrhaftig ist, nachzuspähen.

In der That hat man zu allen Zeiten gesehen, daß es den speculativen Geistern nicht geglückt ist, wenn sie sich aus ihrem philosophischen Kreise heraus auf irgend einen großen Schauplatz des großen, thätigen Lebens gewagt haben. Und wie könnte es anders sein, da sie gewohnt sind, in ihren Utopien und Atlantiden zuerst die Gesetzgebung zu erfinden, und erst wenn sie damit fertig sind, sich sogenannte Menschen zu schnitzeln, welche ebenso richtig nach diesen Gesetzen handeln müssen, wie ein Uhrwerk durch den innerlichen Zwang seines Mechanismus die Bewegungen macht, welche der Künstler haben will? Es ist leicht genug zu sehen, daß es in der wirklichen Welt gerade umgekehrt ist. Die Menschen in derselben sind nun einmal, wie sie sind, und der große Punkt ist, diejenigen, die man vor sich hat, nach allen Umständen und Verhältnissen so lange zu studiren, bis man so genau als möglich weiß, wie sie sind. Sobald man dies weiß, so geben sich die Regeln, wonach sie behandelt werden müssen, von selbst, und dann erst ist es Zeit, moralische Projecte zu machen! — Aber, o Ihr großen Lichter unsers aufgeklärtesten Jahrhunderts, wann glaubt Ihr, daß diese Zeit für das Menschengeschlecht kommen werde?

Viertes Capitel.
Philistus und Timokrates.

Während daß die Philosophie und die Tugend durch die Beredsamkeit eines einzigen Mannes eine so außerordentliche Veränderung der Scene an dem Hofe zu Syrakus hervorbrachte, waren die ehemaligen Vertrauten des Dionysius sehr weit davon entfernt, die Vortheile, welche sie von der vorigen Sinnesart dieses Prinzen gezogen hatten, so willig hinzugeben, als man es aus ihrem äußerlichen Bezeigen hätte schließen sollen. Als schlaue Höflinge wußten sie zwar ihren Unmuth über die sonderbare Gunst, worin Plato bei demselben stand, künstlich zu verbergen. Gewohnt, sich nach dem Geschmacke des Fürsten zu modeln und alle Gestalten anzunehmen, unter welchen sie ihm gefallen oder zu ihren geheimen Absichten gelangen konnten, hatten sie, sobald die neue Laune ihres Herrn bekannt war, die ganze Außenseite des philosophischen Enthusiasmus mit eben der Leichtigkeit angenommen, womit sie eine Maske angezogen hätten. Sie waren die Ersten, die dem übrigen Hofe hierin mit ihrem Beispiele vorgingen. Sie verdoppelten ihre Aufwartung bei dem Prinzen Dion, dessen Ansehen seit Plato's Ankunft sehr gestiegen war. Sie waren die erklärten Bewunderer des Philosophen. Sie lächelten ihm Beifall entgegen, sobald er nur den Mund aufthat. Alle seine Vorschläge und Maßnehmungen hießen ihnen bewundernswürdig. Sie wußten nichts daran auszusetzen, oder, wenn sie ja Einwürfe machten, so war es nur, um sich belehren zu lassen und auf die erste Antwort sich einer höhern Weisheit überwunden zu geben. Sie suchten seine Freundschaft mit einem Eifer, worüber sie den Fürsten selbst zu vernachlässigen schienen, und besonders ließen sie sich angelegen sein, die Vorurtheile zu zerstreuen, die man von der vorigen Staatsverwaltung her wider sie gefaßt haben könnte.

Durch diese Kunstgriffe erreichten sie zwar ihre Absicht, den weisen Plato sicher zu machen, nicht so vollkommen, daß er nicht immer einiges gerechte Mißtrauen in die Aufrichtigkeit ihres Bezeigens gesetzt hätte; allein, da sie gar nicht zweifelten, daß er sie beobachten würde, so war es ihnen leicht, sich so zu betragen, daß er mit aller seiner Scharfsinnigkeit — nichts sah. Sie vermieden Alles, was ihrer Aufführung einen Schein von Zurückhaltung, Zweideutigkeit und Geheimniß hätte geben können, und nahmen ein so natürliches und einfaches Wesen an, daß man entweder Ihresgleichen sein oder betrogen werden mußte. Diese schöne Kunst ist eine von denen, in welchen nur Hofleuten gegeben ist, Meister zu sein. Man könnte die Tugend selbst herausfordern, in einem höhern Grad und mit besserm Anstand

Tugend zu scheinen, als diese Leute es in ihrer Gewalt haben,
die eigenste Miene, Farbe und äußerliche Grazie derselben an
sich zu nehmen, — sobald es ein Mittel zu ihren Absichten
werden kann.

Alles bisher Gesagte galt auf eine ganz vorzügliche Weise
von zwei Männern, welche bei dieser Veränderung des Tyrannen
am Meisten zu verlieren hatten. Philiſtus war bisher der
vertrauteste unter seinen Ministern und Timokrates sein Liebling gewesen. Beide hatten sich mit einer Eintracht, welche ihrer
Klugheit Ehre machte, in sein Herz, in die höchste Gewalt (wozu
er nur seinen Namen hergab) und in einen beträchtlichen Theil
seiner Einkünfte getheilt. Jetzt zog die gemeinschaftliche Gefahr
das Band ihrer Freundschaft noch enger zusammen. Sie entdeckten einander ihre Besorgnisse, ihre Bemerkungen, ihre Anschläge. Sie redeten die Maßregeln mit einander ab, die in so
kritischen Umständen genommen werden mußten; und da sie die
schwache Seite des Tyrannen besser kannten als irgend ein
Andrer, so gingen sie mit so vieler Schlauheit zu Werke, daß
es ihnen nach und nach glückte, ihn gegen Plato und Dion
einzunehmen, ohne daß er merkte, was sie im Schilde führten.

Wir haben schon erwähnt, daß die Syrakuser (vermöge
einer Eigenschaft, welche aller Orten das Volk charakterisirt) der
Hoffnung, durch Plato's Vermittlung ihre alte Freiheit wieder
zu erlangen, sich mit einer so voreiligen Freude überließen, daß
die bevorstehende Staatsveränderung gar bald der Inhalt aller
Gespräche wurde.

In der That ging die Absicht Dion's bei Berufung seines
Freundes auf nichts Geringeres. Beide waren gleich erklärte
Feinde der Tyrannie und der Demokratie. Denn sie hielten
für ausgemacht (mit welchem Grunde, wollen wir hier nicht
entscheiden), daß beide, wiewol unter verschiedenen Gestalten
und durch verschiedene Wege, am Ende in einem Punkte,
nämlich in Mangel der Ordnung und Sicherheit, in Unterdrückung und Sklaverei, zusammenliefen, und daß der ganze
Unterschied am Ende darin bestehe, daß in der ersten nur ein
Einziger, in der andern hingegen der roheste, unverständigste
und schlechteste Theil des Volks — der Tyrann sei. Sie waren
Beide für diejenige Art der Aristokratie eingenommen, worin
das Volk zwar vor aller Unterdrückung hinlänglich sichergestellt,
folglich die Gewalt der Edeln oder (wie man bei den Griechen
sagte) der Besten durch unzerbrechliche Ketten gefesselt ist, hin-

gegen die Staatsverwaltung in den Händen einer kleinern An=
zahl ist, welche dem ganzen aristokratischen Senat, als dem In=
haber der höchsten Gewalt, eine genaue Rechenschaft abzulegen
haben. Es war also wirklich ihr Vorhaben, die Tyrannie
(oder was man zu unsern Zeiten eine uneingeschränkte Mo=
narchie nennt) aus dem ganzen Sicilien zu verbannen und die
Verfassung dieser Insel in die vorbemeldete Form zu gießen.
Dem Dionysius zu gefallen, oder vielmehr, weil nach Plato's
Meinung die vollkommenste Staatsform eine Zusammensetzung
aus der Monarchie, Aristokratie und Demokratie sein mußte,
wollten sie ihrer neuen Republik zwei Könige geben, welche in
derselben eben das vorstellen sollten, was die Könige in Sparta;
und Dionysius sollte einer von denselben sein. Dieses waren
ungefähr die Grundlinien ihres Entwurfs. Sie ließen keine
Gelegenheit vorbei, dem Prinzen die Vortheile einer gesetz=
mäßigen Regierung anzupreisen; aber sie waren zu klug, von
einer so kitzlichen Sache, als die Einführung einer republika=
nischen Verfassung war, vor der Zeit zu reden und den Ty=
rannen, eh ihn' Plato vollkommen zahm und bildsam gemacht
haben würde, durch eine unzeitige Entdeckung ihrer Absichten
in seine natürliche Wildheit zurückzuschrecken.

Unglücklicherweise war das Volk so vieler Mäßigung nicht
fähig und dachte auch ganz anders über den Gebrauch, den es
von seiner Freiheit machen wollte. Ein Jeder hatte dabei eine
gewisse Absicht, die er noch bei sich behielt, und die, wie gewöhn=
lich, auf irgend einen Privatvortheil ging. Jeder hielt sich für
mehr als fähig, dem gemeinen Wesen gerade in dem Posten
zu dienen, wozu er die wenigste Fähigkeit hatte, oder hatte
sonst seine kleinen Forderungen zu machen, welche er schlechter=
dings bewilligt haben wollte. Die Syrakuser verlangten also
eine Demokratie; und da sie sich ganz nahe bei dem Ziel ihrer
Wünsche glaubten, so sprachen sie laut genug davon, daß Phi=
listus und seine Freunde Gelegenheit bekamen, den Tyrannen
aus seiner süßen Platonischen Träumerei aufzuwecken und zu
sich selbst zurückzurufen.

Das Erste, was diese getreuen Anhänger der alten Ver=
fassung thaten, war, daß sie ihm die Gesinnungen des Volks
und die zwar von außen noch nicht merklich in die Augen fal=
lende, aber innerlich desto stärker gährende Bewegung desselben
mit sehr lebhaften Farben und mit ziemlicher Vergrößerung der
Umstände vormalten. Sie thaten dies mit vieler Vorsichtigkeit,

Tugend zu scheim, als diese Leute es in ihrer Gewalt haben, die eigenste Mier, Farbe und äußerliche Grazie derselben an sich zu nehmen, — sobald es ein Mittel zu ihren Absichten werden kann.

Alles bisher gesagte galt auf eine ganz vorzügliche Weise von zwei Männer, welche bei dieser Veränderung des Tyrannen am Meisten zu verlieren hatten. Philistus war bisher der vertrauteste unte seinen Ministern und Timokrates sein Liebling gewesen. Bde hatten sich mit einer Eintracht, welche ihrer Klugheit Ehre mchte, in sein Herz, in die höchste Gewalt (wozu er nur seinen Naen hergab) und in einen beträchtlichen Theil seiner Einkünfte theilt. Jetzt zog die gemeinschaftliche Gefahr das Band ihrer reundschaft noch enger zusammen. Sie entdeckten einander re Besorgnisse, ihre Bemerkungen, ihre Anschläge. Sie reden die Maßregeln mit einander ab, die in so kritischen Umständn genommen werden mußten; und da sie die schwache Seite s Tyrannen besser kannten als irgend ein Andrer, so ginge sie mit so vieler Schlauheit zu Werke, daß es ihnen nach u nach glückte, ihn gegen Plato und Diou einzunehmen, ohi daß er merkte, was sie im Schilde führten.

Wir haben on erwähnt, daß die Syrakuser (vermöge einer Eigenschaft, welche aller Orten das Volk charakterisirt) der Hoffnung, durch lato's Vermittlung ihre alte Freiheit wieder zu erlangen, sich iit einer so voreiligen Freude überließen, daß die bevorstehende Staatsveränderung gar bald der Inhalt aller Gespräche wurde.

In der That ing die Absicht Dion's bei Berufung seines Freundes auf nits Geringeres. Beide waren gleich erklärte Feinde der Tyranie und der Demokratie. Denn sie hielten für ausgemacht iit welchem Grunde, wollen wir hier nich entscheiden), daß beide, wiewol unter verschiedenen Gesto und durch verscbene Wege, am Ende in einem ? nämlich in Marl der Ordnung und Sicherheit, in brücung und Saverei, zusammenliefen, und daß de Unterschied am lbe darin bestehe, daß in der ersten Einziger, in der ndern hingegen der roheste, unve und schlechteste Til des Volks — der Tyrann sei. Beide für diejene Art der Aristokratie eingenomm das Volk zwar v aller Unterdrückung hinlänglich folglich die Gewc der Edeln oder (wie man bei sagte) der Bestenourch unzerbrechliche Ketten ge gegen die Staatsverwaltung in den höhern oder kleinern zahl ist, welche dem ganzen aristokratischen Staat als den haber der höchsten Gewalt, eine genaue Rechenschaft abzu= haben. Es war also wirklich ihr Vorhaben, aus dem (oder was man zu unsern Zeiten eine mäßige Mo= narchie nennt) aus dem ganzen Sicilien eine wohl geordnete Verfassung dieser Insel in die vorbemeldete Staatsform zu Dem Dionysius zu gefallen, oder vielmehr, um ihn zu Meinung die vollkommenste Staatsform eine aus der Monarchie, Aristokratie und Demokratie wollten sie ihrer neuen Republik zwei derselben eben das vorstellen sollten, was die und Dionysius sollte einer von denselben beim ungefähr die Grundlinien ihres Entwurfs Gelegenheit vorbei, dem Prinzen die mäßigen Regierung abzurathen; aber sie einer so schädlichen Sache, als die Einführung sinnen, ob ihn Plato vollkommen hätte würde, durch eine ungewöhnliche Erbschaft seine natürliche Bildung zurückgeschreckt

Unglücklicherweise war das Volk so und dachte auch ganz anders über den in seiner Freiheit machen wollte. Ein Absicht, die er noch bei sich behielt, auf irgend einen Privatvortheil ging als fähig, dem gemeinen Wesen wozu er die wenigste jene kleinen Forderungen zu bewilligt haben mußte. Die Demokratie; und da sie sich glaubten, so sprachen sie laut und seine Freunde Gelegenheit jener süßen Platonischen Träumereien nicht zurückzurufen.

Das Erste, was diese getreuen thaten, war, daß sie ihm und die zwar von außen noch nicht aber innerlich desto stärker sehr lebhaften Farben und mit Umstände vormalten. Sie thaten dies mit vielen

in gelegenen Augenblicken, nach und nach und auf eine solche
Art, daß es dem Dionysius scheinen mußte, als ob ihm endlich
die Augen von selbst aufgingen. Dabei versäumten sie keine
Gelegenheit, den Plato und den Prinzen Dion bis in die
Wolken zu erheben. Besonders sprachen sie in Ausdrücken,
welche von der schlauesten Bosheit gewählt wurden, von der
außerordentlichen Hochachtung, in welche sich diese Männer bei
dem Volke setzten. Um den Tyrannen desto aufmerksamer zu
machen, wußten sie es durch tausend geheime Wege, wobei sie
selbst nicht zum Vorschein kamen, dahin einzuleiten, daß häufige
und zahlreiche Privatversammlungen in der Stadt angestellt
wurden, wozu Dion und Plato oder doch immer Jemand von
den besondern Vertrauten des Einen oder des Andern eingeladen wurde. Diese Versammlungen waren zwar nur auf
Gastmähler und freundschaftliche Ergetzungen angesehen; aber
sie gaben doch dem Philistus und seinen Freunden Gelegenheit,
so davon zu reden, daß sie den Schein politischer Zusammenkünfte bekamen; und dies war Alles, was sie wollten.

Durch diese und andere dergleichen Kunstgriffe gelang es
ihnen endlich, dem Dionysius Argwohn beizubringen. Er fing
an, in die Aufrichtigkeit seines neuen Freundes ein desto größeres
Mißtrauen zu setzen, da er über das besondere Verständniß,
welches er zwischen ihm und dem Dion wahrnahm, eifersüchtig
war. Um desto eher ins Klare zu kommen, hielt er für das
Sicherste, den seit einiger Zeit vernachlässigten Timokrates wieder
an sich zu ziehen, und sobald er sich versichert hätte, daß er
wieder auf seine Ergebenheit zählen könne, ihm seine Wahr-
nehmungen und geheimen Besorgnisse zu entdecken. Der schlaue
Günstling stellte sich anfangs, als ob er nicht glauben könne,
daß die Syrakuser im Ernste mit einem solchen Vorhaben um-
gehen sollten! Wenigstens (sagte er mit der ehrlichsten Miene
von der Welt) könne er sich nicht vorstellen, daß Plato und
Dion den mindesten Antheil daran haben sollten. Indessen
müsse er freilich gestehen, daß, seitdem der Erste sich am Hofe
befinde, die Syrakuser von einem seltsamen Geiste getrieben und
zu den ausschweifenden Einbildungen, welche sie sich zu machen
schienen, vielleicht durch das außerordentliche Ansehen verleitet
würden, worin dieser Philosoph bei dem Prinzen stehe. Es sei
nicht unmöglich, daß die Republikanischgesinnten sich Hoffnung
machten, Gelegenheit zu finden, während der Hof die Gestalt
einer Akademie gewänne, dem Staate unvermerkt die Gestalt

einer Demokratie zu geben. Indessen setze er doch nicht Ver=
trauen genug in seine eigene Einsicht, seinem Herrn und Freunde
in so schlüpfrigen Umständen einen sichern Rath zu geben.
Philistus, dessen Treue dem Prinzen längst bekannt sei, würde
durch seine Erfahrenheit in Staatsgeschäften unendliche Mal
geschickter sein, einer Sache von dieser Art auf den Grund zu
sehen.

Dionysius hatte wenig Lust, sich einer Gewalt zu begeben,
deren Werth er, sowie seine Fibern wieder elastischer wurden.
von Tag zu Tag wieder stärker zu empfinden begann. Die
Einstreuungen seines Günstlings thaten also ihre ganze Wir=
kung. Er trug ihm auf, mit der nöthigen Vorsichtigkeit den
Philistus noch in der nämlichen Nacht in sein Cabinet zu führen,
um sich über diese Dinge mit ihm zu besprechen und die Ge=
danken desselben zu vernehmen. Es geschah. Philistus vollendete,
was Timokrates angefangen hatte. Er entdeckte dem Prinzen
Alles, was er beobachtet zu haben vorgab, nämlich gerade so
viel, als nöthig war, um ihn in den Gedanken zu bestärken,
daß eine geheime Verschwörung zu einer Staatsveränderung
im Werke sei, welche zwar noch nicht zur Reife gekommen,
aber doch so beschaffen sei, daß sie Aufmerksamkeit verdiene. „Und
wer kann der Urheber einer solchen Verschwörung sein?" fragte
Dionysius.

Hier stellte sich Philistus verlegen. Er hoffe nicht, sagte
er, daß es schon so weit gekommen sei; Dion bezeige so gute
Gesinnungen für den Prinzen. — „Rede aufrichtig, wie Du
denkst," fiel ihm Dionysius ein; „was hältst Du von diesem
Dion? Keine Complimente! Du brauchst mich nicht daran zu
erinnern, daß er meiner Schwester Mann ist; ich weiß es nur
zu wohl, und ich traue ihm nichts desto besser. Er ist ehr=
geizig" — „Das ist er" — „Finster, zurückhaltend, in sich selbst
eingeschlossen" — „In der That ist er das", nahm Philistus
das Wort, „und wer ihn genau beobachtete, ohne vorhin eine
bessere Meinung von ihm gefaßt zu haben, würde sich des Arg=
wohns kaum erwehren können, daß er mißvergnügt sei und
Gedanken in sich selbst ausarbeite, die er nicht für gut befinde.
Andern mitzutheilen." — „Glaubst Du das, Philistus?" fiel
der Prinz ein; „ich habe immer so von ihm gedacht. Wenn
Syrakus unruhig ist und mit Neuerungen umgeht, so darfst Du
versichert sein, daß Dion die Triebfeder davon ist. Wir müssen
ihn genauer beobachten!" — „Wenigstens ist es sonderbar,"

fuhr Philistus fort, „daß er seit einiger Zeit so eifrig ist, sich
der Freundschaft der angesehensten Bürger zu versichern." (Hier
führte er einige Umstände an, welche durch die Wendung, die
er ihnen gab, seine Wahrnehmung bestätigen konnten.) „Wenn
ein Mann von solcher Wichtigkeit wie Dion sich herabläßt, eine
Popularität anzunehmen, die so gänzlich wider seinen Charakter
ist, so kann man glauben, daß er Absichten hat; und wenn
Dion Absichten hat, so gehen sie gewiß auf keine Kleinigkeiten.
Was es aber auch sein mag, so bin ich gewiß (setzte er mit
einer bedeutungsvollen Miene hinzu), daß Plato ungeachtet
der engen Freundschaft, die zwischen ihnen obwaltet, zu tugend=
haft ist, um an heimlichen Anschlägen gegen einen Prinzen, der
ihn mit Ehre und Wohlthaten überhäuft, Theil zu nehmen." —
„Soll ich Dir sagen, was ich denke?" erwiderte der Prinz.
„Diese Philosophen, von denen man so viel Wesens macht, sind
eine höchst unbedeutende Art von Geschöpfen. In der That,
ich sehe nicht, daß an ihren Speculationen so viel Gefährliches
sein sollte, als die Leute sich einbilden. Ich liebe zum Exempel
diesen Plato, weil er angenehm im Umgang ist. Er hat sich
seltsame Dinge in den Kopf gesetzt; man könnte sich's nicht
schnakischer träumen lassen; aber eben das belustigt mich. Und
bei Allem dem muß man ihm den Vorzug lassen, daß er schön
spricht. Es hört sich ihm recht angenehm zu, wenn er Euch
von der alten Insel Atlantis und von den Sachen in der
andern Welt ebenso umständlich und zuversichtlich spricht, als ob
er mit dem nächsten Marktschiffe aus dem Mond angekommen
wäre. (Hier lachten die beiden Vertrauten, als ob sie nicht auf=
hören könnten, über einen so sinnreichen Einfall, und Dionysius
lachte mit.) Ihr mögt lachen, so lang' Ihr wollt," fuhr er fort;
„aber meinen Plato sollt Ihr mir gelten lassen! Er ist der gut=
herzigste Mensch von der Welt; und wenn man seine Philosophie,
seinen Bart und seine hieroglyphische Physiognomie zusammen=
nimmt, so muß man gestehen, daß das Ganze eine Art von
Leuten macht, womit man sich in Ermangelung eines Bessern
die Zeit ganz gut vertreiben kann."

O göttlicher Plato! Du, der sich einbildete, das Herz dieses
Prinzen in seiner Hand zu haben, Du, der sich selbst das
große Wunderwerk zutraute, einen weisen und tugendhaften
Mann aus ihm zu machen! warum standest Du nicht in diesem
Augenblick hinter einer Tapete und hörtest diese schmeichelhafte

Apologie mit an, durch welche er seinen Geschmack an Dir in den Augen seiner Höflinge zu rechtfertigen suchte!

„In der That," sagte Timokrates, „die Musen selbst können nicht angenehmer reden als Plato; ich wüßte nicht, was er Einem nicht überreden könnte, wenn er sich's in den Kopf gesetzt hätte." — „Du willst vielleicht scherzen," fiel ihm der Prinz ein; „aber ich versichere Dich, es hat wenig gefehlt, daß er mich nicht dazu gebracht hätte, Sicilien fahren zu lassen und eine philosophische Reise nach Memphis zu den Pyramiden und Gymnosophisten anzustellen, die seiner Beschreibung nach eine seltsame Art von Creaturen sein müssen. Wenn ihre Weiber so schön sind, wie er sagt, so mag es keine schlimme Partie sein, den Tanz der Sphären mit ihnen zu tanzen; denn sie leben im Stande der vollkommen schönen Natur und treten Dir, blos in ihre eigenthümlichen Reizungen gekleidet, mit einer so triumphirenden Miene unter die Augen als die schönste Syrakuserin in ihrem reichsten Putze."

Dionysius war, wie man sieht, in einer Laune, die den erhabenen Absichten seines Hofphilosophen nicht sehr günstig war. Auch baute der schlaue Timokrates, der nur eines Winkes hierzu beburfte, stehenden Fußes auf diese Anlage ein kleines Project, wovon er sich gute Wirkung versprach. Aber der weiter sehende Philistus fand nicht für dienlich, seinen Herrn in dieser leichtsinnigen Laune fortsprudeln zu lassen. „Ihr scherzt über die Wirkungen der Beredsamkeit Plato's," sprach er; „es ist nur allzu gewiß, daß er in dieser Kunst Seinesgleichen nicht hat. Aber eben dieses würde mir nicht wenig Sorge machen, wenn er der rechtschaffene Mann nicht wäre, für den ich ihn halte. Die Macht der Beredsamkeit übertrifft alle andere Macht; sie ist fähig, fünfzigtausend Arme nach dem Gefallen eines einzigen wehrlosen Mannes in Bewegung zu setzen oder zu entnerven. Wenn Dion, wie es scheint, irgend ein gefährliches Vorhaben brütete und Mittel fände, diesen überredenden Sophisten auf seine Seite zu bringen, so besorg' ich, Dionysius könnte das Vergnügen seiner sinnreichen Unterhaltung theuer bezahlen müssen. Man weiß, was die Beredsamkeit zu Athen vermag; und es fehlt den Syrakusern nichts als ein paar solche Wortkünstler, die ihnen den Kopf mit Figuren und Bildern warm machen, so werden sie Athener sein wollen, und der Erste Beste, der sich an ihre Spitze stellt, wird aus ihnen machen, was er will."

Philistus sah, daß sein Herr bei diesen Worten auf einmal

tiefsinnig ward. Er schloß daraus, daß etwas in seinem Ge=
müth arbeitete, und hielt ein. „Was für ein Thor ich war!"
rief Dionysius aus, nachdem er eine Weile mit gesenktem Kopfe
zu staunen geschienen hatte. „Das war wol der Genius meines
guten Glücks, der mir eingab, Dich diesen Abend zu mir rufen
zu lassen! Die Augen gehen mir auf einmal auf. Wozu mich
diese Leute mit ihren Dreiecken und Schlußreden nicht gebracht
hätten! Kannst Du Dir wol einbilden, daß mich dieser Plato
mit seinem glatten Geschwätze beinahe überredet hätte, mein
stehendes Kriegsheer und sogar meine Leibwache nach Hause zu
schicken? Ha! nun sehe ich, wohin alle diese schönen Vergleichun=
gen eines Fürsten mit einem Vater im Schooße seiner Familie
und mit einem Säugling an der Brust seiner Amme, und was
weiß ich, mit was noch mehr, abgesehen waren! Die Verräther
wollten mich durch diese süßen Wiegenlieder erst einschläfern,
hernach entwaffnen; und zuletzt, wenn sie mich dahin gebracht
hätten, daß ich weder Arme noch Beine nach meinem Gefallen
hätte rühren können, würden sie mich im ganzen Ernst zu ihrem
Wickelkinde, zu ihrer Puppe, und wozu es ihnen eingefallen
wäre, gemacht haben! Aber sie sollen mir die Erfindung bezah=
len! Ich will diesem verrätherischen Dion — Bist Du albern
genug, Dir einzubilden, daß es ihm darum zu thun sei, Eure
Spießbürger von Syrakus in Freiheit zu setzen? Regieren will
er, Philistus! Das will er! und darum hat er diesen Sophisten
an meinen Hof kommen lassen, der mir, indeß Jener das Volk
zur Empörung reizt und sich einen Anhang macht, so lange
und so viel von Gerechtigkeit und Wohlthun und goldnen Zeiten
und väterlicher Regierung vorschwatzen soll, bis er mich über=
redet hätte, meine Galeeren zu entwaffnen, meine Trabanten zu
entlassen und am Ende in Begleitung eines von den zottelbär=
tigen Knaben, die er mitgebracht hat, als ein Neuangeworbener
nach Athen in die Akademie zu wandern, um unter einem
Schwarm junger Gecken darüber zu disputiren, ob Dionysius
recht oder unrecht gethan habe, sich in einer so armseligen
Mausfalle fangen zu lassen."

„Aber ist's möglich," fragte Philistus mit angenommener
Verwunderung, „daß Plato den sinnlosen Einfall haben konnte,
meinem Prinzen solche Räthe zu geben?"

„Es ist möglich, weil ich Dir sage, daß er's gethan hat.
Aber ich will eine Oelmühle drehen, wenn ich begreife, wie ich
mich von diesem Schwätzer bezaubern lassen konnte."

„Das soll sich Dionysius nicht verdrießen lassen," erwiderte der gefällige Philistus. „Plato ist in der That ein großer Mann in seiner Art, ein vortrefflicher Mann, wenn es darauf ankommt, den Entwurf zu einer Welt zu machen oder zu beweisen, daß der Schnee nicht weiß ist. Aber seine Regierungsmaximen sind, wie es scheint, ein Wenig unsicher in der Ausübung. In der That, das würde den Athenern was zu reden gegeben haben, und es wäre wahrlich kein kleiner Triumph für die Philosophie gewesen, wenn ein einziger Sophist ohne Schwertschlag, durch die bloße Zauberkraft seiner Worte zu Stande gebracht hätte, was seine Mitbürger durch große Flotten und Kriegsheere vergeblich unternommen haben."

„Es ist mir unerträglich, nur daran zu denken," sagte Dionysius. „Was für eine einfältige Figur ich ein paar Wochen lang unter diesen Grillenfängern gemacht haben muß! Hab' ich dem Dion nicht selbst Gelegenheit gegeben, mich zu verachten? Was mußten sie von mir denken, da sie mich so gelehrig fanden? — Aber sie sollen in Kurzem sehen, daß sie sich mit aller ihrer Wissenschaft der geheimnißvollen Zahlen gewaltig überrechnet haben! Es ist Zeit, der Komödie ein Ende zu machen!"

„Um Vergebung, Prinz," fiel Philistus ein; „die Rede ist noch von bloßen Vermuthungen. Vielleicht ist Plato ungeachtet seines nicht allzu wohl überlegten Rathes unschuldig; vielleicht ist es sogar Dion. Wenigstens haben wir noch keine Beweise gegen sie. Sie haben Bewunderer und Freunde zu Syrakus. Das Volk ist ihnen geneigt. Es möchte gefährlich sein, sie durch einen übereilten Schritt in die Nothwendigkeit zu setzen, diesem Freiheit träumenden Pöbel sich in die Arme zu werfen. Lassen wir sie noch eine Zeit lang in dem angenehmen Wahne, den Dionysius gefangen zu haben! Geben wir ihnen durch ein künstlich verstelltes Zutrauen Gelegenheit, ihre Gesinnungen deutlicher herauszulassen! Wie, wenn Dionysius sich stellte, als ob er wirklich Lust hätte, die Monarchie aufzugeben, und als ob ihn kein anderes Bedenken davon zurückhielte als die Ungewißheit, welche Regierungsform Sicilien am Glücklichsten machen könnte? — Eine solche Eröffnung wird sie nöthigen, sich selbst zu verrathen, und indeß wir sie mit akademischen Fragen und Entwürfen aufhalten, werden sich Gelegenheiten finden, den regiersüchtigen Dion in Gesellschaft seines Rathgebers mit guter Art eine Reise nach Athen machen zu lassen, wo sie in unge-

störter Muße Republiken anlegen und ihnen, wenn sie wollen,
alle Tage eine andere Form geben mögen."

Fünftes Capitel.

Dionysius war von Natur hitzig und ungestüm. Eine jede
Vorstellung, von der seine Einbildung getroffen wurde, be=
herrschte ihn so sehr, daß er sich dem mechanischen Triebe, den
sie in ihm hervorbrachte, gänzlich überließ. Aber wer ihn so
genau kannte als Philistus, hatte wenig Mühe, seine Be=
wegungen oft durch ein einziges Wort eine andre Richtung zu
geben. Im ersten Anstoß seiner unbesonnenen Hitze waren die
gewaltsamsten Maßnehmungen immer die ersten, auf die er fiel.
Aber man brauchte ihm nur den Schatten einer Gefahr dabei
zu zeigen, so legte sich die auffahrende Lohe wieder, und er ließ
sich ebenso schnell überreden, die sichersten Mittel zu erwählen,
wenn sie gleich die niederträchtigsten waren.

Da wir die wahre Triebfeder seiner vermeinten Sinnes=
änderung oben bereits entdeckt haben, wird sich Niemand
wundern, daß er von dem Augenblick an, da sich seine Leiden=
schaften wieder regten, in seinen natürlichen Zustand zurücksank.
Was man bei ihm für Liebe der Tugend angesehen, was er
selbst dafür gehalten hatte, war das Werk zufälliger und
mechanischer Ursachen gewesen. Daß er der Tugend zu Liebe
seinen Neigungen die mindeste Gewalt hätte thun sollen, so
weit ging sein Enthusiasmus für sie nicht. Die ungebundene
Freiheit, worin er zu leben gewohnt war, stellte sich ihm wieder
mit den lebhaftesten Reizungen dar. Nun sah er in Plato blos
einen verdrießlichen Hofmeister und verwünschte sich selbst, daß
er schwach genug habe sein können, sich von einem solchen
Pedanten einnehmen und in eine seiner eigenen so wenig
ähnliche Gestalt umbilden zu lassen. Er fühlte nur allzu wohl,
daß er sich eine Art von Verbindlichkeit aufgelegt hätte, in den
Gesinnungen zu beharren, die er diesem Sophisten (wie er ihn
jetzt nannte) unbesonnenerweise gezeigt hatte, und besorgte nicht
ohne Grund, daß Dion und die Syrakuser die Erfüllung seines
Versprechens, auf eine gesetzmäßige Art zu regieren, als eine
Schuldigkeit von ihm verlangen würden. Diese Gedanken waren

ihm unerträglich und hatten die natürliche Folge, seine ohnehin
bereits erkaltete Zuneigung zu dem Philosophen von Athen in
Widerwillen zu verwandeln, den Dion aber, den er nie geliebt
hatte, ihm doppelt verhaßt zu machen. Dies waren die ge=
heimen Dispositionen, welche den Verführungen des Timokrates
und Philistus den Eingang in sein Gemüth erleichterten. Es
war schon so weit mit ihm gekommen, daß er vor diesen ehmaligen
Vertrauten sich der Person schämte, die er einige Wochen lang
gleichsam unter Plato's Vormundschaft gespielt hatte; und
vermuthlich rührte es von dieser verderblichen Scham her, daß
er in so verkleinernden Ausdrücken von einem Manne, den er
anfänglich beinahe vergöttert hatte, sprach und seiner Leidenschaft
für ihn einen so spaßhaften Schwung zu geben suchte.

Er ergriff also den Vorschlag des Philistus mit der Ungeduld
eines Menschen, der sich von dem Zwang einer verhaßten Ein=
schränkung je eher je lieber loszumachen wünscht; und damit er
keine Zeit verlieren möchte, machte er gleich des folgenden Tages
Anstalt, denselben ins Werk zu setzen. Er berief den Dion und
den Philosophen in sein Cabinet und entdeckte ihnen mit allen
Anscheinungen des vollkommensten Zutrauens, daß er gesonnen
sei, sich der Regierung zu entschlagen und den Syrakusern die
Freiheit zu lassen, sich diejenige Verfassung zu erwählen, die
ihnen die angenehmste sein würde.

Ein so unerwarteter Vortrag machte die beiden Freunde
stutzen; aber sie faßten sich unverzüglich. Sie hielten ihn für
eine von den sprudelnden Aufwallungen einer noch ungeläuterten
Tugend, welche gern auf schöne Ausschweifungen zu verfallen
pflegt, und hofften daher, es werde ihnen leicht sein, den Prinzen
auf reifere Gedanken zu bringen. Sie billigten zwar seine gute
Absicht, stellten ihm aber vor, daß er sie sehr schlecht erreichen
würde, wenn er das Volk, welches in politischer Hinsicht immer
als ein Unmündiger zu betrachten sei, zum Meister über eine
Freiheit machen wollte, die es allem Vermuthen nach zu seinem
eignen Schaden mißbrauchen würde. Sie sagten ihm hierüber
Alles, was eine gesunde Staatskunst sagen kann. Insonderheit
bewies ihm Plato, der innere Wohlstand eines Staats beruhe
nicht auf der Form seiner Verfassung, sondern auf der inner=
lichen Güte der Gesetzgebung, auf tugendhaften Sitten und
auf der Weisheit des Regenten, dem die Handhabung der Gesetze
anvertraut sei. Seine Meinung ging dahin: Dionysius habe
nicht nöthig, sich der obersten Gewalt zu begeben, da es nur

von ihm abhange, durch vollkommene Beobachtung aller Pflichten eines weisen und tugendhaften Fürsten die Tyrannie in eine rechtmäßige Monarchie zu verwandeln, eine Regierungsart, welcher die Völker sich desto williger unterwerfen würden, da sie durch das Gefühl ihres Unvermögens sich selbst zu regieren geneigt gemacht würden, sich regieren zu lassen, ja, denjenigen als eine Gottheit zu verehren, welcher sie schütze und für ihre Glückseligkeit arbeite.

Dion stimmte hierin nicht gänzlich mit seinem Freunde überein. Die Wahrheit war, daß er den Dionysius besser kannte, und weil er sich wenig Hoffnung machte, daß seine guten Dispositionen von langer Dauer sein würden, gern so schnell als möglich einen solchen Gebrauch davon gemacht hätte, wodurch ihm die Macht Böses zu thun, auf den Fall, wenn ihn der Wille dazu wieder ankäme, benommen worden wäre. Er breitete sich also mit Nachdruck über die Vortheile einer wohlgeordneten Aristokratie vor der Regierung eines Einzigen aus und bewies, wie gefährlich es sei, den Wohlstand eines ganzen Landes von dem zufälligen und wenig sichern Umstand, ob dieser Einzige tugendhaft sein wolle oder nicht, abhangen zu lassen. Er behauptete sogar: von einem Menschen, der die höchste Macht in Händen habe, zu verlangen, daß er sie niemalen mißbrauchen solle, sei etwas gefordert, das über die Kräfte der Menschheit gehe; denn es sei nichts Geringeres als — von einem mit Mängeln und Schwachheiten beladenen Geschöpfe, weil man ihm die Macht eines Gottes eingeräumt habe, auch die Weisheit und Güte eines Gottes zu verlangen. Er billigte also das Vorhaben des Dionysius, die königliche Gewalt aufzugeben, im höchsten Grade. Jedoch stimmte er mit seinem Freunde darin überein, daß, anstatt die Einrichtung des Staats in die Willkür des Volks zu stellen, er selbst, mit Zuziehung einiger verständiger Männer, die das Vertrauen des Volks hätten, sich ungesäumt der Arbeit unterziehen sollte, eine dauerhafte und zum möglichsten Grad der Vollkommenheit gebrachte Verfassung zu entwerfen.

Dionysius schien sich diesen Vorschlag gefallen zu lassen. Er bat sie, ihre Gedanken über eine so wichtige Sache in einen vollständigen Plan zu bringen, und versprach, sobald als sie selbst über das, was man thun sollte, einig sein würden, zur Ausführung eines Werkes zu schreiten, welches ihm, wie er vorgab, sehr am Herzen liege.

Diese geheime Unterredung hatte bei dem Tyrannen eine ge-

doppelte Wirkung. Sie vollendete seinen Haß gegen Dion und
setzte den Plato aufs Neue in Gunst bei ihm. Denn ob er
gleich nicht mehr so gern als anfangs von den Pflichten eines
guten Regenten sprechen hörte, so hatte er doch sehr gern gehört,
daß Plato sich als einen Gegner des popularen Regiments und
als einen Freund der Monarchie erklärt hatte. Er ging aufs
Neue mit seinen Vertrauten zu Rathe. Es komme nun allein
darauf an, sagte er, sich den Dion vom Halse zu schaffen. Philistus
hielt dafür, eh ein solcher Schritt gewagt werden dürfe, müßte
das Volk beruhigt und das wankende Ansehen des Prinzen wieder
befestigt sein. Er schlug die Mittel vor, wodurch dieses am
Gewissesten geschehen könne. In der That waren dabei keine
großen Schwierigkeiten; denn er und Timokrates hatten die vor=
gebliche Gährung in Syrakus weit gefährlicher vorgestellt, als
sie wirklich war. Dionysius fuhr auf sein Anrathen fort, eine
besondere Achtung für den Plato zu bezeigen, einen Mann, der
in den Augen des Volks eine Art von Propheten vorstellte, welcher
mit Göttern umgehe und Eingebungen habe. „Einen solchen
Mann", sagte Philistus, „muß man zum Freunde behalten, so
lange man ihn gebrauchen kann. Plato verlangt nicht, selbst
zu regieren; er hat also nicht dasselbe Interesse wie Dion.
Seine Eitelkeit ist befriedigt, wenn er bei demjenigen, der die
Regierung führt, in Ansehen steht und Einfluß zu haben glaubt.
Es ist leicht, ihn, so lang' es nöthig sein mag, in dieser Meinung
zu unterhalten; und das wird zugleich ein Mittel sein, ihn von
einer genauern Vereinigung mit dem Dion zurückzuhalten."

Der Tyrann, der sich ohnehin von einer Art von Instinct
zu dem Philosophen gezogen fühlte, fand diesen Rath vortrefflich
und befolgte ihn so gut, daß Plato dadurch hintergangen wurde.
Er affectirte, ihn immer neben sich zu haben, wenn er sich öffent=
lich sehen ließ, und bei allen Gelegenheiten, wo es Eindruck
machen konnte, seine Maximen im Munde zu führen. Er stellte
sich, als ob es auf Einrathen des Philosophen geschähe, wenn
er Dies oder Jenes that, wodurch er sich den Syrakusern an=
genehm zu machen hoffte, ungeachtet Alles die Eingebungen des
Philistus waren, welcher, ohne daß es in die Augen fiel, sich
wieder einer gänzlichen Herrschaft über sein Gemüth bemächtigt
hatte. Er zeigte sich ungemein leutselig und liebkosend gegen
das Volk. Er schaffte einige Auflagen ab, welche die unterste
Classe desselben am Stärksten drückten. Er belustigte es durch
öffentliche Feste und Spiele. Er beförderte Einige, deren An=

sehen am Meisten zu fürchten war, zu einträglichen Ehrenstellen
und ließ die Uebrigen mit Versprechungen wiegen, die ihm nichts
kosteten und dieselbe Wirkung thaten. Er zierte die Stadt mit
Tempeln, Gymnasien und andern öffentlichen Gebäuden. Und
Alles dies bewerkstelligte er mit Hilfe seiner Vertrauten auf
eine so gute Art, daß der betrogene Plato sein ganzes Ansehen
dazu verwandte, einem Prinzen, der so schöne Hoffnungen von
sich erweckte und seine Eitelkeit mit so vielen öffentlichen Beweisen
e ner vorzüglichen Hochachtung kitzelte, alle Herzen gewinnen zu
helfen.

Diese Maßnehmungen erreichten den vorgesetzten Zweck voll=
kommen. Das Volk, dessen Vorstellungsart von politischen Dingen
immer vom Eindruck des Augenblicks abhängt, horte auf zu
murmeln, verlor in kurzer Zeit den bloßen Wunsch einer Ver=
änderung, faßte eine heftige Zuneigung für seinen Prinzen, er=
hob die Glückseligkeit seiner Regierung, bewunderte die prächtige
Uniform, die er seinen Trabanten hatte machen lassen, betrauk
sich auf seine Gesundheit und war bereit, Allem, was er unter=
nehmen wollte, seinen dummen Beifall zuzuklatschen.

Sechstes Capitel.

Kunstgriffe des Günstlings Timokrates. Bacchibion. Dion und Plato werden entfernt.

Philistus und Timokrates sahen sich durch diesen glücklichen
Ausschlag in der Gunst ihres Herrn aufs Neue befestigt. Aber
sie wollten sie nicht länger mit Plato theilen, für welchen
Dionysius eine Art von Schwachheit behielt, die vielleicht der
natürlichen Obermacht eines großen Geistes über einen kleinen
zuzuschreiben war. Um auch diesen Sieg noch zu erhalten, ge=
rieth Timokrates auf einen Einfall, wozu ihm die geheime Unter=
redung im Schlafzimmer des Dionysius den ersten Wink gegeben
hatte. Es war einer von den Einfällen, zu deren Erfindung
eben kein großer Aufwand von Witz erfordert wird; aber die
Vortheile, die er sich davon versprach, waren desto beträchtlicher.
Er hoffte dadurch zu gleicher Zeit sich ein Verdienst um den
Tyrannen zu machen und das Ansehen des Philosophen bei
demselben zu untergraben; und er betrog sich nicht in seiner
Hoffnung.

Dionysius hatte, von ihm aufgemuntert, angefangen, un=

vermerkt wieder eine größere Freiheit bei seiner Tafel einzuführen.
Die Anzahl und die Beschaffenheit der Gäste, welche dazu ein=
geladen wurden, gab den Vorwand dazu. Plato, der bei aller
Erhabenheit seiner Grundsätze einen kleinen Ansatz zum Hof=
manne hatte, machte es, wie es manche ehrwürdige Männer in
seinem Falle auch zu machen pflegen: er sprach bei jeder Ge=
legenheit von den Vorzügen der Nüchternheit und aß und trank
immer dazu wie ein Andrer. Die kleine Erweiterung der allzu
engen Grenzen der akademischen Frugalität (von welcher der
Vater der Akademie selbst gestehen mußte, daß sie sich für den
Hof eines Fürsten nicht schicke) erlaubte den vornehmsten Syrakusern
und Jedem, der dem Prinzen seine Ergebenheit bezeigen wollte,
ihm prächtige Feste zu geben, Feste, wo die Freude zwar un=
gebundener herrschte, aber doch durch die Gesellschaft der Musen
und Grazien einen Schein von Bescheidenheit erhielt, welcher
die Strenge der Weisheit mit ihr aussöhnen konnte.

Timokrates machte sich diesen Umstand zu Nutze. Er lud
den Prinzen, den ganzen Hof und die Vornehmsten der Stadt
ein, auf seinem Landhause die Wiederkunft des Frühlings zu
begehen, dessen Alles verjüngende Kraft (zum Unglück für den
ohnehin übelbefestigten Platonismus des Dionysius) auch diesem
Prinzen die Begierden und die Kräfte der Jugend wieder ein=
zuhauchen schien. Die schlaueste Wollust, hinter eine ver=
blendende Pracht versteckt, hatte dieses Fest angeordnet. Timo=
krates verschwendete seine Reichthümer mit desto fröhlicherm
Gesichte, da er sie eben dadurch doppelt wiederzubekommen ver=
sichert war. Alle Welt bewunderte die Erfindungen und den
Geschmack dieses Günstlings. Dionys versicherte, sich niemals
so wohl ergötzt zu haben. Und sogar der göttliche Plato (der
weder auf seinen Reisen zu den Pyramiden und Gymnosophisten,
noch zu Athen so etwas gesehen hatte) wurde von seiner dich=
terischen Einbildungskraft so sehr verrathen, daß er die Ge=
fahren zu vergessen schien, die unter den Bezauberungen dieses
Orts und unter dieser Verschwendung von Reizungen zum Ver=
gnügen lauerten. Der einzige Dion erhielt sich bei seinem ge=
wöhnlichen Ernste. Allein der Contrast seines finstern Be=
zeigens mit der allgemeinen Fröhlichkeit machte auf alle Ge=
müther Eindrücke, die nicht wenig dazu beitrugen, seinen bevor=
stehenden Fall zu befördern. Indeß schien Niemand darauf
Acht zu geben, und in der That ließ die Vorsorge, welche Timo=
krates gebraucht hatte, daß jede Stunde und beinahe jeder

Augenblick ein neues Vergnügen herbeiführen mußte, wenig Minhe, Beobachtungen zu machen.

Der schlaue Höfling hatte ein Mittel gefunden, dem Philoſophen ſelbſt bei einer Gelegenheit, wo es ſo wenig zu vermuthen war, auf eine feine Art zu ſchmeicheln. Dies geſchah durch ein großes pantomimiſches Ballet, worin die Geſchichte der menſchlichen Seele nach Plato's Grundſätzen unter Bildern, die er in einigen ſeiner Schriften an die Hand gegeben hatte, allegoriſch vorgeſtellt wurde. Timokrates hatte die jüngſten und ſchönſten Figuren hierzu gebraucht, die er zu Korinth und aus dem ganzen Griechenland hatte zuſammenbringen können.

Unter den Tänzerinnen ſchien eine beſonders dazu gemacht, Alles, was der gute Plato in etlichen Monaten an dem Gemüthe des Tyrannen gearbeitet hatte, in ebenſo vielen Augenblicken wieder zu zerſtören. Sie ſtellte unter den Perſonen des Tanzes die Wolluſt vor, und wirklich paßten ihre Figur, ihre Geſichtsbildung, ihre Blicke, ihr Lächeln, Alles ſo vollkommen zu dieſer Rolle, daß das Anakreontiſche Beiwort „wolluſtathmend" ausdrücklich für ſie gemacht zu ſein ſchien. Jedermann war von der ſchönen Bacchidion bezaubert, aber Niemand war es ſo ſehr als Dionyſius. Er dachte nicht einmal daran, der Wolluſt Widerſtand zu thun, welche eine ſo verführeriſche Geſtalt angenommen hatte, um ſeine erkaltete Zuneigung zu ihr wieder anzufeuern. Kaum daß er noch ſo viel Gewalt über ſich behielt, um von demjenigen, was in ihm vorging, nicht allzu deutliche Zeichen ſehen zu laſſen. Denn er getraute ſich noch nicht, wieder gänzlich Dionyſius zu ſein, ob ihm gleich von Zeit zu Zeit kleine Züge entwiſchten, welche dem beobachtenden Dion bewieſen, daß er nur durch einen Reſt von Scham, den letzten Seufzer der ſterbenden Tugend, noch zurückgehalten werde.

Timokrates triumphirte in ſich ſelbſt; ſeine Abſicht war erreicht. Die allzu reizende Bacchidion bemächtigte ſich in Kurzem der Begierden, des Geſchmacks und ſogar des Herzens des Tyrannen. Und da er den Timokrates zum Unterhändler ſeiner Leidenſchaft, die er eine Zeit lang geheim halten wollte, vonnöthen hatte, ſo war der gefällige Höfling von dieſem Augenblick an wieder der Nächſte an ſeinem Herzen. Der gute Plato, dem dieſe Intrigue nicht lange verborgen bleiben konnte, bedauerte nun zu ſpät, daß er zu viel Nachſicht gegen den Hang des Prinzen nach Ergetzungen getragen hatte. Er fühlte nur

gar zu wohl, daß die Gewalt seiner metaphysischen Bezaube=
rungen durch eine stärkere Macht aufgelöst worden sei. Weil
er nicht ohne Nutzen beschwerlich sein wollte, fing er an, den
Hof seltner zu besuchen. Aber Dion ging noch weiter: er unter=
stand sich, dem Dionysius wegen seines geheimen Verständnisses
mit der schönen Bacchidion Vorwürfe zu machen und ihn seiner
Verbindlichkeiten mit einem Ernst zu erinnern, den der Tyrann
nicht mehr ertragen konnte. Dionysius antwortete im Ton
eines asiatischen Despoten; Dion behauptete, was er gesprochen
hatte, wie ein Mißvergnügter, der sich stark genug fühlt, den
Drohungen eines übermüthigen Despoten Trotz zu bieten. Zwar
wurde Jener, da er schon im Begriff war, seiner Wuth den
Zügel schießen zu lassen, von dem vorsichtigen Philistus noch
zurückgehalten; allein Dion fand sich so sehr beleidigt, und die
Sachen waren schon so weit gekommen, daß ein schleuniger
Entschluß gefaßt werden mußte. Der kleinste Aufschub war ge=
fährlich; aber ein öffentlicher Ausbruch war es nicht minder.
Man fand also, das Sicherste würde sein, den trotzigen Patrioten,
welcher entschlossen schien, es aufs Aeußerste ankommen zu lassen,
heimlich auf die Seite zu schaffen. Dion verschwand auf einmal,
und erst nach einigen Tagen machte Dionys bekannt, daß eine
gefährliche Verschwörung gegen seine Person und gegen die
Ruhe des Staats, an welcher Dion gearbeitet habe, seine Ent=
fernung aus Sicilien-nothwendig gemacht habe. Es bestätigte
sich auch wirklich, daß Dion bei nächtlicher Weile unvermuthet in
Verhaft genommen, zu Schiffe gebracht und in Italien ans
Land gesetzt worden war.

Um die angebliche Verschwörung wahrscheinlich zu machen,
wurden verschiedene Freunde Dion's und eine noch größere An=
zahl von Anhängern des Philistus, welche gegen diesen Prinzen
zu reden bestochen waren, in Verhaft genommen. Man unter=
ließ nichts, was seinem Prozeß das Ansehen der genauesten Be=
obachtung der Justizformalitäten geben konnte; und erst nach=
dem er durch die Aussage einer Menge von erkauften Zeugen
überwiesen worden war, wurde seine Verbannung in ein förm=
liches Urtheil gebracht und ihm bei Lebensstrafe verboten, ohne
besondere Erlaubniß des Dionysius Sicilien wieder zu betreten.
Der Tyrann stellte sich, als ob er dieses Urtheil ungern und
blos durch die Sorge für die Ruhe des Staats gezwungen
unterzeichne; und um eine Probe zu geben, wie gern er eines
Prinzen, den er allezeit besonders hochgeschätzt habe, schonen

möchte, verwandelte er die Strafe der Confiscation aller seiner Güter in eine bloße Zurückhaltung der Einkünfte von denselben. Aber Niemand ließ sich durch diese Vorspiegelungen hintergehen, da man bald darauf erfuhr, daß er seine Schwester, die Gemahlin des Dion, gezwungen habe, die Belohnung des unwürdigen Timokrates zu werden.

Plato spielte bei dieser unerwarteten Veränderung eine sehr bemüthigende Rolle. Dionysius affectirte zwar noch immer, ein großer Bewunderer seiner Wissenschaft und Beredsamkeit zu sein; aber sein Einfluß hatte so gänzlich aufgehört, daß ihm nicht einmal erlaubt war, die Unschuld seines Freundes zu vertheidigen. Er wurde täglich zur Tafel eingeladen, aber nur, um mit eignen Ohren anzuhören, wie die Grundsätze seiner Philosophie, die Tugend und Alles, was einem gesunden Gemüth ehrwürdig ist, zum Gegenstande leichtsinniger Scherze gemacht wurden, welche sehr oft den ächten Witz nicht weniger beleidigten als die Sitten. Und damit ihm alle Gelegenheit benommen würde, die widrigen Eindrücke, welche man den Syrakusern gegen Dion beibrachte, wieder auszulöschen, gab man ihm unter dem Schein einer besondern Ehrenbezeigung eine Wache, die ihn wie einen Staatsgefangenen beobachtete und eingeschlossen hielt.

Der Philosoph hatte denjenigen Theil seiner Seele, welchem er seinen Sitz zwischen der Brust und dem Zwerchfell angewiesen, noch nicht so gänzlich gebändigt, daß ihn dieses Betragen des Tyrannen nicht hätte erbittern sollen. Er fing an, im Tone eines freigebornen Atheners zu sprechen, und verlangte unter verschiedenen Vorwänden seine Entlassung. Dionysius stellte sich über dieses Begehren bestürzt an und schien Alles anzuwenden, um einen so wichtigen Freund bei sich zu behalten. Er bot ihm sogar die erste Stelle in seinem Reich und (wenn anders Plutarch nicht zuviel gesagt hat) alle seine Schätze an, wofern er sich verbindlich machen wollte, ihn niemals zu verlassen. Aber die Bedingung, welche hinzugesetzt wurde, bewies, wie wenig man erwartete, daß diese glänzenden Anerbietungen angenommen werden würden; denn man verlangte, daß er dem Tyrannen seine Freundschaft für den Dion aufopfern sollte. Plato verstand den stillschweigenden Sinn dieser Zumuthung. Er beharrte also auf seiner Entlassung und erhielt sie endlich, nachdem er das Versprechen von sich gegeben hatte, daß er wiederkommen wolle, sobald der Krieg, welchen Dionysius mit Carthago anzufangen im Begriff war, geendigt sein würde.

Der Tyrann machte sich eine große Angelegenheit daraus, alle Welt zu überreden, daß sie als die besten Freunde von einander schieden, und Plato's Ehrgeiz (wenn es anders erlaubt ist, eine solche Leidenschaft bei einem Philosophen vorauszusetzen) fand seine Rechnung zu gut dabei, als daß er sich hätte bemühen sollen, die Welt von dieser Meinung zu heilen. Er gehe nur, sagte er, um Dion und Dionysius wieder zu Freunden zu machen. Der Tyrann bezeigte sich sehr geneigt hierzu; er hob sogar zum Beweise seiner guten Gesinnung den Beschlag auf, den er auf die Einkünfte Dion's gelegt hatte. Plato hingegen machte sich zum Bürgen für seinen Freund, daß er nichts Widriges gegen Dionysen unternehmen sollte. Der Abschied machte eine so traurige Scene, daß die Zuschauer (außer den Wenigen, welche das Gesicht unter der Maske kannten) von der Gutherzigkeit des Prinzen sehr gerührt wurden. Er begleitete den Philosophen bis an seine Galeeren, erstickte ihn beinahe mit Umarmungen, netzte seine ehrwürdigen Wangen mit Thränen und sah ihm so lange nach, bis er ihn aus den Augen verlor.

Und so kehrten Beide mit gleich erleichtertem Herzen, Plato in seine geliebte Akademie, und Dionysius in die Arme seiner Tänzerin zurück.

Siebentes Capitel.

Ein merkwürdiger Vortrag des Philistus. Wozu ein großer Herr Philosophen und witzige Köpfe brauchen kann. Dionysius stiftet eine Akademie von schönen Geistern.

Dionysius, dessen natürliche Eitelkeit durch die Discurse des Athenischen Weisen zu einer heftigen Ruhmbegierde aufgeschwollen war, hatte sich unter andern Schwachheiten in den Kopf gesetzt, für einen Gönner der Gelehrten, für einen Kenner und sogar für einen der schönen Geister seiner Zeit gehalten zu werden. Er war sehr bekümmert, Plato und Dion möchten den Griechen (denen er vorzüglich zu gefallen begierig war) die gute Meinung wieder benehmen, welche man von ihm zu fassen angefangen hatte; und diese Furcht scheint einer von den stärksten Beweggründen gewesen zu sein, warum er den Philosophen bei der

Trennung mit so vieler Freundschaft überhäuft hatte. Er ließ es nicht dabei bewenden. Philistus sagte ihm, daß Griechenland eine Menge gelehrter und nicht allzu wohl genährter Müßiggänger habe, welche so berühmt als Plato und zum Theil geschickter seien, einen Prinzen bei Tische oder in verlornen Augenblicken zu belustigen, als dieser seltsame Mann, den die wunderliche Grille plage, ein lächerlich ehrwürdiges Mittelding zwischen einem ägyptischen Priester und einem Staatsmanne vorstellen zu wollen. Er bewies ihm mit den Beispielen seiner eigenen Vorfahren, daß ein Fürst sich den Ruhm eines vortrefflichen Regenten nicht wohlfeiler verschaffen könne, als indem er Philosophen und Poeten in seinen Schutz nehme, Leute, welche für die Ehre, seine Tischgenossen zu sein, oder für einen mäßigen Gehalt bereit seien, alle ihre Talente ohne Maß und Ziel zu seinem Ruhm und zu Beförderung seiner Absichten zu verschwenden. — „Glauben wir," sagte er, „daß Hieron der wunderthätige Mann, der Held, der Halbgott, das Muster aller fürstlichen, bürgerlichen und häuslichen Tugenden gewesen sei, wofür ihn die Nachwelt hält? Wir wissen, was wir davon denken sollen. Er war, was alle Prinzen sind, und lebte, wie sie alle leben. Er that, was ich und ein jeder Andere thun würde, wenn wir zu unumschränkten Herren einer so schönen Insel, wie Sicilien ist, geboren wären. Aber er hatte die Klugheit, Simoniden und Pindarn an seinem Hofe zu halten. Sie lobten ihn in die Wette, weil sie wohl gefüttert und bezahlt wurden. Alle Welt erhob die Freigebigkeit des Prinzen; und doch kostete ihm dieser Ruhm nicht halb so viel als seine Jagdhunde. Wer wollte ein König sein, wenn ein König das Alles wirklich thun müßte, was sich ein müßiger Sophist auf seinem Faulbette oder Diogenes in seiner Tonne einfallen läßt ihm zu Pflichten zu machen? Wer wollte regieren, wenn ein Regent allen Forderungen und Wünschen seiner Unterthanen genug thun müßte? Das Meiste, wo nicht Alles, kommt auf die Meinung an, die ein großer Herr von sich erweckt, nicht auf seine Handlungen selbst, sondern auf die Gestalt und den Schwung, den er ihnen zu geben weiß. Was er nicht selbst thun will oder thun kann, das können witzige Köpfe für ihn thun. Halten Sie sich einen Philosophen, der Alles demonstriren, einen Schwätzer, der über Alles scherzen, und einen Poeten, der über Alles Verse machen kann! Der Nutzen, den Sie von dieser kleinen Ausgabe ziehen werden, fällt zwar nicht sogleich in die Augen, wiewol es an

sich selbst schon Vortheils genug ist, für einen Beschützer der
Musen gehalten zu werden. Denn dies ist in den Augen von
neununddneunzig Hundertheilen des menschlichen Geschlechts ein
untrüglicher Beweis, daß der Fürst selbst ein Herr von großer
Einsicht und Wissenschaft ist; und diese Meinung erweckt Zu=
trauen und ein günstiges Vorurtheil für Alles, was er unter=
nimmt. Aber dies ist der geringste Nutzen, den Sie von Ihren
witzigen Kostgängern ziehen. Setzen wir den Fall, es sei nöthig,
eine neue Auflage zu machen. Braucht es mehr, um in einem
Augenblick ein allgemeines Murren gegen Ihre Regierung zu
erregen? Die Mißvergnügten (eine Art von Leuten, welche die
klügste Regierung niemals gänzlich ausrotten kann) machen sich
einen solchen Zeitpunkt zu Nutze. Sie setzen das Volk in Gäh=
rung, untersuchen die Aufführung des Fürsten, die Verwaltung
seiner Einkünfte und tausend Dinge, an welche vorher Niemand
gedacht hatte. Die Unruhe nimmt zu; die Repräsentanten des
Volks versammeln sich; man übergiebt dem Hofe eine Vorstel=
lung, eine Beschwerung um die andere. Unvermerkt nimmt
man sich heraus, die Bitten in Forderungen zu verwandeln
und die Forderungen mit ehrfurchtsvollen Drohungen zu unter=
stützen. Kurz, die Ruhe Ihres Lebens ist, wenigstens auf einige Zeit,
verloren. Sie befinden sich in kritischen Umständen, wo der
kleinste Fehltritt die schlimmsten Folgen nach sich ziehen kann,
und es braucht nur einen Dion, der sich zu einer solchen Zeit
einem mißvergnügten Pöbel an den Kopf wirft, so haben wir
einen Aufruhr in seiner ganzen Größe. Hier zeigt sich der
wahre Nutzen unsrer witzigen Köpfe. Durch ihren Beistand
können wir in etlichen Tagen allen diesen Uebeln zuvorkommen.
Lassen wir den Philosophen demonstriren, daß diese Auflage zur
Wohlfahrt des gemeinen Wesens unentbehrlich ist; der Spaß=
vogel trage irgend einen lächerlichen Einfall, irgend eine lustige
Hofanekdote oder ein boshaftes Märchen in der Stadt herum,
und der Poet verfertige eilends eine neue Komödie und ein
paar Gassenlieder, um dem Pöbel etwas zu sehen und zu singen
zu geben, so wird Alles ruhig bleiben; und während die poli=
tischen Müßiggänger sich darüber zauken werden, ob der Phi=
losoph recht oder unrecht argumentirt habe, indeß die kleine
ärgerliche Anekdote und die neue Komödie den Witz aller guten
Gesellschaften in Athem erhält, wird der Pöbel ein paar Flüche
zwischen den Zähnen murmeln, seinen Gassenhauer anstimmen
und — bezahlen! Solche Dienste (setzte Philistus hinzn) sind

doch wol werth, etliche Leute zu unterhalten, die ihren ganzen
Ehrgeiz darein setzen, Worte zierlich zusammenzusetzen, Silben
zu zählen, Ohren zu kitzeln und Lungen zu erschüttern, Leute,
deren äußerste Wünsche erfüllt sind, wenn man ihnen so viel
giebt, als sie brauchen, um durch eine Welt, an die sie wenig
Ansprüche machen, sorglos hindurch zu schlendern und nichts zu
thun, als was der Wurm im Kopfe, den sie ihren Genie nennen,
ihnen zum größten Vergnügen ihres Lebens macht."

Dionysius fand diesen Rath seines würdigen Ministers voll=
kommen nach seinem Geschmacke. Philistus übergab ihm eine
Liste von mehr als zwanzig Candidaten, aus denen er nach Be=
lieben auswählen könnte. Der Prinz glaubte, daß man so nütz=
licher Leute nicht zuviel haben könne, und wählte Alle. Die
sämmtlichen schönen Geister Griechenlands wurden unter blen=
denden Verheißungen an seinen Hof eingeladen. In kurzer
Zeit wimmelte es in seinen Vorsälen von Philosophen und
Priestern der Musen. Alle Arten von Dichtern, epische, tra=
gische, komische und lyrische, welche ihr Glück zu Athen nicht
hatten machen können, zogen nach Syrakus, um ihre Leyern und
Flöten an den anmuthigen Ufern des Anapus zu stimmen und —
sich satt zu essen. Sie glaubten, daß es ihnen gar wohl erlaubt
sein könne, die Tugenden des Dionysius zu besingen, nachdem
der göttliche Pindar sich nicht geschämt hatte, die Maulesel des
Hieron unsterblich zu machen. Sogar der Sokratische Antisthenes
ließ sich durch die Hoffnung herbeilocken, daß ihn die Freigebig=
keit dieses neuen Musageten in den Staub setzen würde, die
Vortheile der freiwilligen Armuth und der Enthaltsamkeit mit
desto mehr Gemächlichkeit zu studiren, Tugenden, von deren
Schönheit (nach dem stillschweigenden Geständniß ihrer eifrigsten
Lobredner) sich nach einer guten Mahlzeit am Beredtesten sprechen
läßt. Kurz, Dionysius hatte das Vergnügen, sich mitten an
seinem Hofe eine Akademie für seinen eigenen Leib zu errichten,
deren Vorsteher und Apollo er selbst zu sein würdigte, und in
welcher über die Gerechtigkeit, über die Grenzen des Guten und
Bösen, über die Quelle der Gesetze, über das Schöne, über die
Natur der Seele, der Welt und der Götter und andere solche
Gegenstände, die nach den gewöhnlichen Begriffen der Weltleute
zu nichts als zur Conversation gut sind, mit so vieler Schwatz=
haftigkeit und Subtilität und mit so wenig gesundem Menschen=
verstande disputirt wurde, als es in irgend einer Schule der
damaligen oder folgenden Zeiten zu geschehen pflegte. Er hatte

das Vergnügen, sich bewundern und wegen einer Menge von
Tugenden und Heldeneigenschaften lobpreisen zu hören, die er
sich selbst niemals zugetraut hätte. Seine Philosophen waren
keine Leute, die (wie Plato) sich herausgenommen hätten, ihn
hofmeistern und lehren zu wollen, wie er zuerst sich selbst und
daun seinen Staat regieren müsse. Der Strengste unter ihnen
war zu höflich, etwas an seiner Lebensart auszusetzen, und Alle
waren bereit, es einem jeden Zweifler sonnenklar zu beweisen,
daß ein Fürst, welcher Zueignungsschriften und Lobgedichte so
gut bezahlte, so gastfrei war und seine getreuen Unterthanen
durch den Anblick so vieler Feste und Lustbarkeiten glücklich
machte, der würdigste unter allen Königen sein müsse.

In diesen Umständen befand sich der Hof zu Syrakus, als
der Held unsrer Geschichte in dieser Stadt ankam; und so war
der Fürst beschaffen, welchem er unter ganz andern Voraus=
setzungen seine Dienste anzubieten gekommen war.

Wieland's Werke.

Dritter Theil.

Geschichte des Agathon.

Dritter Theil.

Berlin.

Gustav Hempel.

Druck von Breitkopf und Härtel in Leipzig.

Geſchichte des Agathon.

Dritter Theil.

1*

Inhalt
des dritten Theils.

Elftes Buch.

Agathon am Hofe des Königs Dionysius von Syrakus.

Erstes Capitel.

Agathon findet eine alte Bekanntschaft wieder.   Ein Bildniß des Dionysius im Geschmack Herrn Josua Reynolds.

Agathon erfuhr die hauptsächlichsten Begebenheiten, welche den Inhalt des vorhergehenden Capitels ausmachen, bei einem großen Gastmahle, welches sein Freund, der Kaufmann, gab, um seine Ankunft in Syrakus feierlich zu begehen.

Der Name eines Gastes, von welchem eine Zeit lang so viel Gutes und Böses unter den Griechen gesprochen worden war, zog unter andern Neugierigen auch den Philosophen Aristippus herbei, einen Mann, der wegen der Annehmlichkeiten seines Umgangs und wegen der Gnade, worin er bei dem Prinzen stand, in den besten Häusern zu Syrakus sehr willkommen war. Dieser Philosoph hatte sich bei jener großen Auswanderung der schönen Geister Griechenlands nach Syrakus auch dahin begeben, mehr um einen beobachtenden Zuschauer zu spielen, als in der Absicht, durch parasitische Künste die Eitelkeit des Dionysius seinen eigenen Bedürfnissen zinsbar zu machen. Agathon und Aristippus hatten einander zu Athen gekannt. Aber damals contrastirte der Enthusiasmus des Ersten mit dem kalten Blut und der humoristischen Art zu philosophiren des Andern zu stark, als daß sie einander wahrhaftig hätten hochschätzen können, wiewol Aristipp sich öfters bei den Versammlungen einfand, welche damals Agathon's Haus zu einer Akademie der besten Köpfe von Athen machten. Die Wahrheit war, daß Agathon mit allen seinen schimmernden Eigenschaften in Aristipp's Augen ein Phantast, und Aristipp mit allem seinem Witz nach Agathon's Begriffen ein bloßer

Sophist war, geschickter, weibische Sybariten durch seine Grund=
sätze noch sybaritischer, als junge Republikaner zu tugendhaften
Männern zu machen.

Der Eindruck, welcher Beiden von dieser ehemals von ein=
ander gefaßten Meinung geblieben war, machte sie stutzen, da
sie sich nach einer Trennung von drei oder vier Jahren so un=
vermuthet wiedersahen. Das sollte Agathon — das sollte
Aristipp sein? dachte Jeder bei sich selbst, war überzeugt, daß
es so sei, und hatte doch Mühe, seiner eigenen Ueberzeugung
zu glauben. Aristipp suchte im Agathon den Enthusiasten,
welcher nicht mehr war, und Agathon glaubte im Aristipp den
Sybariten nicht mehr zu finden, vielleicht allein, weil seine
eigene Weise, Personen und Sachen ins Auge zu fassen, seit
einiger Zeit eine merkliche Veränderung erlitten hatte.

Ein Umgang von etlichen Stunden löste Beiden das Räthsel
ihres anfänglichen Irrthums auf, zerstreute den Rest des alten
Vorurtheils und flößte ihnen die Neigung ein, bessere Freunde
zu werden. Unvermerkt erinnerten sie sich nicht mehr, daß sie
einander ehemals weniger gefallen hatten, und ihr Herz liebte
den kleinen Selbstbetrug, dasjenige, was sie jetzt für einander
empfanden, für die bloße Erneuerung einer alten Freundschaft
zu halten. Aristipp fand bei unserm Helden eine Gefälligkeit,
eine Mäßigung, eine Politur, welche ihm zu beweisen schien,
daß Erfahrungen von mehr als einer Art eine starke Ver=
änderung in seinem Gemüthe gewirkt haben müßten. Agathon
fand bei dem Philosophen von Cyrene etwas mehr als bloßen
Witz; er fand einen Beobachtungsgeist, eine gesunde Art zu
denken, eine Feinheit und Richtigkeit der Beurtheilung, welche
den Schüler des weisen Sokrates in ihm erkennen ließen.

Diese Entdeckungen flößten ihnen natürlicherweise ein gegen=
seitiges Zutrauen ein, welches sie geneigt machte, sich weniger
vor einander zu verbergen, als man bei einer ersten Zusammen=
kunft zu thun gewohnt ist. Agathon ließ seinem neuen Freunde
sein Erstaunen darüber sehen, daß die Hoffnungen, welche man
sich zum Vortheil Siciliens von Plato's Ansehen bei dem
Dionysius gemacht, so plötzlich und auf eine so unbegreifliche
Art vernichtet worden seien. In der That bestand Alles, was
man in der Stadt davon wußte, in bloßen Muthmaßungen, die
sich zum Theil auf allerlei unzuverlässige Anekdoten gründeten,
dergleichen in Städten, wo ein Hof ist, von müßigen Leuten,
welche sich das Ansehen geben wollen, als ob sie mit den Ge=

heimniſſen und Intriguen deſſelben genau bekannt wären, von
Geſellſchaft zu Geſellſchaft herumgetragen zu werden pflegen.
Ariſtipp hatte, ſeitdem er ſich an Dionyſens Hofe aufhielt, die
ſchwache Seite dieſes Prinzen, den Charakter ſeiner Günſtlinge,
der Vornehmſten der Stadt und der Sicilier überhaupt ſo gut
ausſtudirt, daß er — ohne ſich in die Entwicklung der geheimern
Triebfedern (womit wir unſre Leſer ſchon bekannt gemacht
haben) einzulaſſen — den Agathon leicht überzeugen konnte:
ein gleichgiltiger Zuſchauer habe ſich von den Anſchlägen Dion's
und Plato's, den Dionyſius zu einer freiwilligen Niederlegung
der monarchiſchen Gewalt zu vermögen, keinen glücklichern Aus=
gang verſprechen können. Er malte den Tyrannen von ſeiner
beſten Seite als einen Prinzen ab, „bei dem die unglücklichſte
Erziehung ein vortreffliches Naturell nicht gänzlich habe ver=
derben können, der von Natur leutſelig, edel, freigebig und
dabei ſo bildſam und leicht zu regieren ſei, daß Alles blos
darauf ankomme, in was für Händen er ſich befinde. Seiner
Meinung nach war eben dieſe allzu bewegliche Gemüthsart und
der Hang für die Vergnügungen der Sinne die fehlerhafte Seite
dieſes Prinzen. Plato hätte die Kunſt verſtehen ſollen, ſich
dieſer Schwachheiten auf eine feine Art zu ſeinen Abſichten zu be=
dienen. Aber dies hätte eine Geſchmeidigkeit, eine Miſchung
von Nachgiebigkeit und Zurückhaltung erfordert, wozu der Ver=
faſſer des Kratylus niemals fähig ſein werde. Ueberdem hätte
er ſich zu deutlich merken laſſen, daß er gekommen ſei, den
Hofmeiſter des Prinzen zu machen, ein Umſtand, der ſchon
für ſich allein Alles habe verderben müſſen. Denn die ſchwächſten
Fürſten ſeien allemal diejenigen, vor denen man am Sorg=
fältigſten verbergen müſſe, daß man weiter ſehe als ſie. Sie
würden ſich's zur Schande rechnen, ſich von dem größten Geiſt
in der Welt regieren zu laſſen, ſobald ſie glauben, daß er ſie
regieren wolle. Daher komme es, daß ſie ſich oft lieber der
ſchimpflichen Herrſchaft eines Kammerdieners oder einer Maitreſſe
unterwürfen, welche die Kunſtgriffe beſitzen, ihre Gewalt über
das Gemüth des Herrn unter ſklaviſchen Schmeicheleien oder
ſchlauen Liebkoſungen zu verbergen. Plato ſei zu einem Miniſter
eines ſo jungen Prinzen zu ſpitzfindig und zu einem Günſtling
zu alt geweſen. Zudem habe ihm ſeine vertraute Freundſchaft
mit Dion geſchadet, da ſie ſeinen heimlichen Feinden beſtändige
Gelegenheit gegeben, ihn dem Prinzen verdächtig zu machen.
Endlich habe der Einfall, aus Sicilien eine Platoniſche Republik

zu machen, an sich selbst nichts getaugt. Der Nationalgeist der Sicilier sei eine Zusammensetzung von so schlimmen Eigenschaften, daß es seiner Meinung nach dem weisesten Gesetzgeber unmöglich bleiben würde, sie zur republikanischen Tugend umzubilden, und Dionysius, welcher unter gewissen Umständen vielleicht ein guter Fürst werden könnte, würde, wenn er sich auch in einem Anstoß von eingebildeter Großmuth hätte bereden lassen, die Tyrannie aufzuheben, allezeit ein sehr schlimmer Bürger gewesen sein. Diese allgemeinen Ursachen seien (was auch die nähern Veranlassungen der Verbannung des Dion und der Ungnade oder wenigstens der Entfernung des Plato gewesen sein möchten) hinlänglich, begreiflich zu machen, daß es nicht anders habe gehen können. Sie bewiesen aber auch (setzte Aristipp mit einer anscheinenden Gleichgiltigkeit hinzu), daß ein Anderer, der sich die Fehler dieser Vorgänger zu Nutze zu machen wüßte, wenig Mühe haben würde, die unwürdigen Leute zu verdrängen, welche sich wieder in den Besitz des Zutrauens und der Autorität des Prinzen geschwungen hätten."

Agathon fand diese Gedanken seines neuen Freundes so wahrscheinlich, daß er sich überreden ließ, sie für wahr anzunehmen. Und hier spielte ihm die Eigenliebe einen kleinen Streich, dessen er sich nicht zu ihr vermuthete. Sie flüsterte ihm (so leise, daß er ihren Einhauch vielleicht für die Stimme seines guten Genius hielt) den Gedanken zu: wie schön es wäre, wenn Agathon dasjenige zu Stande bringen könnte, was Plato vergebens unternommen hatte! Wenigstens däuchte es ihn schön, den Versuch zu machen, und er fühlte eine Art von ahnendem Bewußtsein, daß eine solche Unternehmung nicht über seine Kräfte gehen würde. Diese Empfindungen (denn Gedanken waren es noch nicht) stiegen, während daß Aristippus sprach, in ihm auf. Aber er nahm sich wohl in Acht, das Geringste davon merken zu lassen, und lenkte, um von einem so schlauen Höflinge nicht unvermerkt ausgekundschaftet zu werden, das Gespräch auf andre Gegenstände. Ueberhaupt vermied er Alles, was eine besondere Aufmerksamkeit auf ihn hätte richten können, desto sorgfältiger, da er wahrnahm, daß man einen außerordentlichen Mann in ihm zu sehen erwartete. Er sprach sehr bescheiden und nur so viel, als die Gelegenheit unumgänglich erforderte, von dem Antheile, den er an der Staatsverwaltung von Athen gehabt hatte. Er ließ die Gelegenheit entschlüpfen, die ihm von Einigen mit guter Art (wie sie wenigstens glaubten)

gemacht wurde, seine Gedanken von Regierungsſachen und von
den Syrakuſiſchen Angelegenheiten zu ſagen. Er ſprach von
Allem wie ein gewöhnlicher Menſch und begnügte ſich, bei
Gelegenheit ſehen zu laſſen, daß er ein Kenner aller ſchönen
Sachen ſei, wiewol er ſich nur für einen Liebhaber ausgab.

Dieſes Betragen, wodurch er allen Verdacht beſonderer Abſichten von ſich entfernen wollte, hatte die Wirkung, daß die
Meiſten, welche mit einem erwartungsvollen Vorurtheil für ihn
gekommen waren, ſich für betrogen hielten. Sie urtheilten,
Agathon halte in der Nähe gar nicht, was ſein Ruhm ver-
ſpreche; und um ſich dafür zu rächen, daß er nicht ſo war,
wie ihrer Einbildung zu Liebe hätte ſein ſollen, liehen ſie
ihm noch einige Fehler, die er nicht hatte, und verringerten
den Werth der ſchönen Eigenſchaften, welche er entweder nicht
verbergen konnte oder nicht verbergen wollte. Gewöhnliches
Verfahren kleiner Seelen, wodurch ſie ſich unter einander in der
tröſtlichen Beredung zu ſtärken ſuchen, daß kein ſo großer Unter-
ſchied oder vielleicht gar keiner zwiſchen ihnen und den Agathonen
ſei! — Und wer wird ſo unbillig ſein, ihnen einen ſolchen
Behelf übelzunehmen?

Zweites Capitel.
Vorläufige Entſchließungen unſers Helden. Charakter des Ariſtippus.

Sobald ſich unſer Mann allein ſah, überließ er ſich den Betrachtungen, die in ſeiner gegenwärtigen Stellung die natür-
lichſten waren. Als er gehört hatte, daß Plato entfernt und
Dionys wieder in ſeine vorige Geſtalt zurückgetreten ſei, war
ſein erſter Gedanke geweſen, Syrakus ſogleich wieder zu ver-
laſſen und nach Italien überzufahren, wo er verſchiedene Urſachen hatte, in dem Hanſe des berühmten Archytas zu Tarent
eine gute Aufnahme zu erwarten. Allein die Unterredung mit
dem Ariſtippus brachte ihn wieder auf andere Gedanken. Je
mehr er dasjenige, was ihm dieſer Philoſoph von den Urſachen
der vorgegangenen Veränderungen geſagt hatte, überlegte, je mehr
fand er ſich ermuntert, das Werk, welches Plato aufgegeben,
auf einer andern Seite und, wie er hoffte, mit beſſerm Erfolg
anzugreifen. Von tauſend mannichfaltigen Gedanken hin- und
hergezogen, brachte er den größten Theil der Nacht in einem
Mittelſtande zwiſchen Entſchließung und Ungewißheit zu, bis er

endlich mit sich selbst einig wurde, es darauf ankommen zu lassen, wozu ihn die Umstände bestimmen würden.

Inzwischen machte er sich doch auf den Fall, wenn ihn Dionysius an seinen Hof zu ziehen suchen sollte, einen Verhaltungsplan; er stellte sich eine Menge Zufälle vor, welche begegnen könnten, und setzte die Maßregeln bei sich selbst fest, nach welchen er in jedem derselben handeln wollte. Die genaueste Verbindung der Klugheit mit der Rechtschaffenheit war die Grundlage davon. Sein eigner Vortheil kam dabei in gar keine Betrachtung. Er wollte sich durch keine Art von Banden fesseln lassen, sondern immer die Freiheit behalten, sich, sobald er sehen würde, daß er vergebens arbeite, mit Ehre zurückzuziehen. Dies war die einzige Rücksicht, die er dabei auf sich selbst nahm. Die lebhafte Abneigung gegen alle populare Regierungsarten, die ihm von seinen ehmaligen Erfahrungen geblieben war, ließ ihn nicht daran denken, den Siciliern zu einer Freiheit behilflich zu sein, welche er für einen bloßen Namen hielt, unter dessen Schutz die Edeln eines Volkes und der Pöbel einander wechselsweise ärger tyrannisiren, als es gewöhnlich ein einzelner Tyrann zu thun fähig ist; denn dieser mag so arg sein, als er immer will, so wird er wenigstens durch seinen eigenen Vortheil abgehalten, seine Sklaven gänzlich aufzureiben; da hingegen der Pöbel, wenn er die Gewalt einmal an sich gerissen hat, seinen wilden Bewegungen keine Grenzen zu setzen fähig ist.

Diese Betrachtung traf zwar nur die Demokratie; aber Agathon hatte von der Aristokratie keine bessere Meinung. Eine endlose Reihe von schlimmen Monarchen schien ihm etwas, das nicht in der Natur ist; und ein einziger guter Fürst war (nach seiner Voraussetzung) genug, das Glück seines Volkes auf Jahrhunderte zu befestigen. Hingegen glaubte er, die Aristokratie könne nicht anders als durch die gänzliche Unterdrückung des Volks auf einen dauerhaften Grund gesetzt werden und sei also schon aus dieser einzigen Ursache die schlimmste unter allen möglichen Verfassungen. So sehr gegen diese beiden Regierungsarten eingenommen, konnte er nicht darauf verfallen, sie mit einander vermischen und durch eine Art von politischer Chemie aus so widerwärtigen Dingen eine gute Composition herausbringen zu wollen. Eine solche Verfassung däuchte ihn allzu verwickelt und aus zu vielerlei Gewichten und Rädern zusammengesetzt, um nicht alle Augenblicke in Unordnung zu gerathen und sich nach und nach selbst aufzureiben. Die Monarchie schien ihm also, von allen Seiten betrachtet, die einfachste, edelste und der Analogie des großen Systems der Natur gemäßeste Art die Menschen zu regieren.

Dieses vorausgesetzt, glaubte er Alles gethan zu haben, wenn er einen zwischen Tugend und Laster hin und her wankenden Prinzen aus den Händen schlimmer Rathgeber ziehen und durch einen klugen Gebrauch der Gewalt, die er über sein Gemüth zu bekommen hoffte, seine Denkungsart verbessern könnte. Denn er dachte noch immer zu gut von der menschlichen Natur, als daß er nicht hätte hoffen sollen, ihn auf diesem Wege unvermerkt für die eigenthümlichen Reizungen der Tugend empfindlich zu machen. Und gesetzt auch, daß es ihm nur auf eine unvollkommene Art gelingen würde, so hoffte er, wofern er sich nur einmal seines Herzens bemeistert hätte, doch immer im Stande zu sein, viel Gutes zu thun und viel Böses zu verhindern; und auch dieses schien ihm genug zu sein, um beim Schluß des Schauspiels mit dem belohnenden Gedanken, eine schöne Rolle wohl gespielt zu haben, vom Theater abzutreten. In diesen sanft einwiegenden Gedanken schlummerte Agathon endlich ein und schlief noch, als Aristippus des folgenden Morgens wieder kam, um ihn im Namen des Dionysius einzuladen und bei diesem Prinzen aufzuführen.

Die Seite, von der sich dieser Philosoph in der gegenwärtigen Geschichte zeigt, stimmt mit dem gemeinen Vorurtheil, welches man gegen ihn gefaßt hat, so wenig überein als dieses mit den gewissesten Nachrichten, welche von seinem Leben und von seinen Meinungen auf uns gekommen sind. In der That scheint dasselbe sich mehr auf den Mißverstand seiner Grundsätze und einige ärgerliche Märchen, welche Diogenes von Laerte und Athenäus (zwei von den unzuverlässigsten Compilatoren in der Welt) seinen Feinden nacherzählen, als auf irgend etwas zu gründen, welches ihm unsre Hochachtung mit Recht entziehen könnte.

Es hat zu allen Zeiten eine Art von Leuten gegeben, welche nirgends als in ihren Schriften tugendhaft sind, Lente, welche die Verdorbenheit ihres Herzens durch die Affectation der strengsten Grundsätze in der Sittenlehre bedecken wollen; die sich das Ansehen einer außerordentlichen Zärte der Ohren in moralischen Dingen geben und vor dem bloßen Schalle des Worts Wollust mit einem scheinheiligen Schauer zusammenfahren; kurz, Leute,

welche Jedermann verachten würde, wenn nicht der größte Haufe
dazu verurtheilt wäre, sich durch Masken, Mienen, Geberden,
Inflexionen der Stimme und verdrehte Augen betrügen zu
lassen. Diese vortrefflichen Leute thaten schon damals ihr Bestes,
den guten Aristipp für einen Wollüstigen auszuschreien, der die
Forderungen der sinnlichen Triebe zu Grundsätzen seiner Philo=
sophie, und die Kunst sich zu vergnügen zum höchsten Gut
gemacht habe.

Es ist hier der Ort nicht, die Unbilligkeit und den Ungrund
dieses Urtheils zu beweisen, und es ist auch so nöthig nicht,
nachdem bereits einer der arbeitsamsten Gelehrten unsrer Zeit
ungeachtet seines Standes den Muth gehabt hat, in seiner kriti=
schen Geschichte der Philosophie diesem Schüler des Sokrates
Gerechtigkeit widerfahren zu lassen.

Ohne uns also hier um Aristipp's Lehrsätze zu bekümmern,
begnügen wir uns, von seinem Charakter so viel zu sagen, als
man wissen muß, um die Person, die er an Dionysens Hofe
vorstellte, richtiger beurtheilen zu können. Unter allen den vor=
geblichen Weisen, welche sich damals an diesem Hofe befanden,
war er der einzige, der keine heimlichen Absichten auf die Frei=
gebigkeit des Prinzen hatte, wiewol er sich kein Bedenken machte,
Geschenke von ihm anzunehmen, die er nicht durch parasitische
Niederträchtigkeiten erkaufte. Durch seine natürliche Denkungsart
ebenso sehr als durch seine in der That ziemlich gemächliche
Philosophie von Ehrsucht und Geldgierigkeit gleich entfernt,
bediente er sich eines zulänglichen Erbguts (welches er bei Ge=
legenheit durch den erlaubten Vortheil, den er von seinen
Talenten zog, zu vermehren wußte), um nach seiner Neigung
mehr einen Zuschauer als einen Schauspieler auf dem Schauplatze
der Welt vorzustellen. Da er einer der besten Köpfe seiner Zeit
war, so gab ihm diese Freiheit, worin er sich sein ganzes
Leben durch erhielt, Gelegenheit, sich einen Grad von Einsicht
zu erwerben, der ihn zu einem scharfen und sichern Beurtheiler
aller Gegenstände des menschlichen Lebens machte. Meister
über seine Leidenschaften, welche von Natur nicht heftig waren,
frei von allen Arten von Sorgen und Geschäften, kount' er sich
in dieser Heiterkeit des Geistes und in dieser Ruhe des Gemüths
erhalten, welche die Grundzüge von dem Charakter eines weisen
Mannes ausmachen. Er hatte seine schönsten Jahre zu Athen
in dem Umgange mit Sokrates und den größten Männern
dieses berühmten Zeitalters zugebracht; die Euripiden und Aristo=

phanen, die Phidias und Polygnote und (die Wahrheit zu
sagen) auch die Phrynen und Laiden hatten seinen Witz ge=
bildet und jenes zarte Gefühl des Schönen in ihm entwickelt,
welches ihn die Munterkeit der Grazien mit dem Ernste der
Philosophie verbinden lehrte. Nichts übertraf die Annehmlich=
keit seines Umgangs. Niemand wußte so wie er die Weisheit
unter der gefälligen Gestalt des Scherzes und der guten Laune
in solche Gesellschaften einzuführen, wo sie in ihrer eignen Ge=
stalt nicht willkommen wäre. Er besaß das Geheimniß, den
Großen selbst die unangenehmsten Wahrheiten mit Hilfe eines
Einfalls oder einer Wendung erträglich zu machen und sich an
dem langweiligen Geschlechte der Narren und Gecken, wovon die
Höfe der damaligen Fürsten wimmelten, durch einen feinen
Spott zu rächen, den sie dumm genug waren mit dankbarem
Lächeln für Beifall anzunehmen. Die Lebhaftigkeit seines
Geistes und die Kenntniß, die er von allen Arten des Schönen
besaß, machte, daß ihn Niemand übertraf, wo es auf die Er=
findung sinnreicher Ergetzlichkeiten, auf die Anordnung eines
Festes, die Auszierung eines Hauses oder auf Urtheile über die
Werke der Dichter, Tonkünstler, Maler und Bildhauer ankam.
Er liebte das Vergnügen, weil er das Schöne liebte, und aus
dem nämlichen Grunde liebte er auch die Tugend. Aber er
mußte das Vergnügen in seinem Wege finden, und die Tugend
mußte ihm keine allzu beschwerlichen Pflichten auflegen. Dem
einen oder der andern seine Gemächlichkeit aufzuopfern, so weit
ging seine Liebe nicht. Sein fester Grundsatz, dem er allezeit
getreu blieb, war: daß es in unsrer Gewalt sei, in allen Um=
ständen glücklich zu sein, des Phalaris glühenden Ochsen
ausgenommen; denn wie man in diesem sollte glücklich sein
können, davon konnte er sich keinen Begriff machen. Er setzte
voraus, daß Seele und Leib gesund sein müßten. Alsdann
komme es nur darauf an, daß man sich nach den Umständen
zu richten wisse, anstatt (wie der große Haufe der Sterblichen)
zu verlangen, daß sich die Umstände nach uns richten, oder
ihnen zu diesem Ende Gewalt anthun zu wollen. Mittelst dieser
sonderbaren Geschmeidigkeit konnte er das vielbedeutende Lob
verdienen, welches ihm Horaz giebt: „daß ihm alle Farben, alle
Umstände des günstigen oder widrigen Glückes gleich gut ange=
standen, oder (wie Plato von ihm sagte) daß es ihm allein ge=
geben sei, ein Kleid von Purpur und einen Kittel von Sack=
leinewand mit gleich guter Art zu tragen."

Es ist kein schwacher Beweis, wie wenig es dem Dionysius an Fähigkeit, das Gute zu schätzen, gefehlt habe, daß er Aristippen um aller dieser Eigenschaften willen höher achtete als alle andern Gelehrten seines Hofes. Ihn mocht' er am Liebsten um sich leiden, und öfters ließ er sich von ihm durch einen Scherz zu guten Handlungen bewegen, wozu ihn seine Pedanten mit aller ihrer Dialektik und schulgerechten Beredsamkeit nicht zu vermögen fähig waren.

Diese charakteristischen Züge vorausgesetzt, läßt sich, däucht uns, keine wahrscheinlichere Ursache angeben, warum Aristipp, sobald er unsern Helden zu Syrakus erblickte, den Entschluß faßte, ihn bei Dionysius in Gunst zu setzen, als diese: daß er begierig war, zu sehen, was aus einer solchen Verbindung werden, und wie sich Agathon in einer so schlüpfrigen Stellung verhalten würde. Denn auf einige besondere Vortheile für sich selbst konnte er dabei kein Absehen haben, da es nur auf ihn ankam, ohne einen Mittelsmann zu bedürfen, sich die Gnade eines Prinzen zu Nutze zu machen, der in einem Anstoß von prahlerhafter Freigebigkeit fähig war, die Einkünfte von einer ganzen Stadt an einen Luftspringer oder Citherspieler wegzuschenken.

Dem sei indessen, wie ihm wolle, so hatte Aristipp nichts Angelegneres, als am nächsten Morgen den Prinzen, dem er bei seinem Aufstehen aufzuwarten pflegte, von dem neu angekommenen Agathon zu unterhalten und eine so vortheilhafte Abschilderung von ihm zu machen, daß Dionysius begierig wurde, diesen außerordentlichen Menschen von Person zu kennen. Aristipp erhielt den Auftrag, ihn unverzüglich nach Hof zu bringen, und er vollzog denselben, ohne unsern Helden merken zu lassen, wie viel Antheil er an der Sache gehabt hatte.

***

Drittes Capitel.

Agathon's erste Erscheinung am Hofe.

Agathon sah eine so bald erfolgende Einladung als eine gute Vorbedeutung an und machte keine Schwierigkeit, sie anzunehmen. Er wurde von Dionysius auf eine sehr leutselige Art empfangen. Bei dieser Gelegenheit erfuhr er abermal, daß die Schönheit eine stumme Empfehlung an alle Menschen, welche Augen haben, ist. Die Gestalt eines Apollo, die ihm schon so manchen

guten und schlimmen Dienst gethan, die ihm die Verfolgungen
der Pythia und die Zuneigung der Athener zugezogen, ihn in
den Augen der thracischen Bacchantinnen zum Gott, in den
Augen der schönen Danae zum liebenswürdigsten der Sterblichen gemacht hatte, — diese Gestalt, diese einnehmende Gesichtsbildung, diese mit Würde und Anstand zusammenfließende
Grazie, welche allen seinen Bewegungen und Handlungen eigen
war, thaten ihre Wirkung und zogen ihm beim ersten Anblick
die allgemeine Bewunderung zu.   Dionysius, welcher als König
zu wohl mit sich selbst zufrieden war, um über einen Privat-
mann wegen irgend einer Vollkommenheit eifersüchtig zu sein,
überließ sich dem angenehmen Eindrucke, den dieser schöne
Fremdling auf ihn machte.   Die Philosophen hofften, das Inwendige werde einer so viel versprechenden Außenseite nicht
gemäß sein, und diese Hoffnung setzte sie in den Staub, mit
einem Nasenrümpfen, welches den geringen Werth, den sie
einem solchen Vorzuge beilegten, andeuten sollte, einander zu-
zuflüstern, daß er — schön sei.   Aber den Höflingen kam es
schwer an, ihren Verdruß darüber zu verbergen, daß sie keinen
Fehler an ihm finden konnten, der sie für den Anblick so vieler
Vorzüge schadlos gehalten hätte.   Wenigstens waren dies die
Bemerkungen, welche der kaltsinnige Aristipp bei dieser Gelegenheit machte.

Agathon verband in seinen Reden und in seinem ganzen
Betragen mit der edeln Freiheit und Zuversichtlichkeit eines
Weltmannes so viel Bescheidenheit und Klugheit, daß Dionysius
in wenig Stunden ganz von ihm eingenommen war.   Man
weiß, wie wenig es oft bedarf, den Großen zu gefallen, wenn
uns nur der erste Augenblick günstig ist.   Agathon mußte also
dem Dionysius, welcher wirklich Geschmack hatte, nothwendig
mehr gefallen als irgend ein Anderer, den er jemals gesehen
hatte, und dies in immer zunehmendem Verhältnisse, so wie
sich von einem Augenblick zum andern die Vorzüge und Talente
unsers Helden entwickelten.   In der That besaß er deren so
viele, daß der Neid der Höflinge, der in gleicher Proportion
von Augenblick zu Augenblick stieg, gewissermaßen zu entschuldigen war.   Die guten Leute würden sich viel auf sich
selbst eingebildet haben, wenn sie nur diejenigen Eigenschaften
in einem solchen Grad einzeln besessen hätten, welche, in ihm
vereinigt, dennoch den geringsten Theil seines Werthes ausmachten.   Er hatte die Klugheit, seine gründlichern Eigenschaften

2*

zu verbergen und sich blos von derjenigen Seite zu zeigen, wo= durch sich die Hochachtung der Weltleute am Sichersten über= raschen läßt. Er sprach von Allem mit dieser Leichtigkeit des Witzes, welche über die Gegenstände nur dahinglitscht, eine Eigenschaft, wodurch sich oft die schalsten Köpfe in der Welt (auf einige Zeit wenigstens) das Ansehen, als ob sie Verstand und Einsichten hätten, zu geben wissen. Er scherzte, er erzählte mit Anmuth, er machte Andern Gelegenheit, sich zu zeigen, und (was der Erziehung, die er von der schönen Danae er= halten, Ehre brachte) er bewunderte die guten Einfälle, welche dem schwatzhaften Dionysius unter einer Menge von platten und frostigen zuweilen entfielen, mit einer Art, welche, ohne seiner Aufrichtigkeit oder seinem Geschmack zu viel Gewalt an= zuthun, diesen Prinzen überzeugte, daß Agathon unendlich viel Verstand habe.

Große Herren haben gemeiniglich eine Lieblingsschwachheit, wodurch es sehr leicht wird, den Eingang in ihr Herz zu finden. Der große Tanzai (ein Kenner übrigens von Verdiensten) kannte doch kein größeres, als die Leyer gut zu spielen. Dio= nysius hegte ein so günstiges Vorurtheil für die Cither, daß der beste Citherspieler in seinen Augen der größte Mann auf dem Erdboden war. Er spielte sie zwar selbst nicht sonderlich, aber er gab sich für einen Kenner und rühmte sich, die größten Virtuosen auf diesem wundervollen Instrument an seinem Hofe zu haben. Zu gutem Glücke hatte Agathon zu Delphi die Cither schlagen gelernt, und einige Lectionen, die er bei der schönen Danae genommen, hatten ihn in dieser Kunst so weit gebracht — als sie gehen kann. Kurz, er nahm das dritte oder vierte Mal, da er mit dem Dionysius zu Nacht speiste, eine Cither, begleitete darauf einen Dithyramben des Damon (der von einer feinen Stimme gesungen und von der schönen Bacchidion getanzt wurde) und setzte seine Hoheit dadurch in eine so übermäßige Entzückung, daß der ganze Hof von diesem Augenblick an für ausgemacht hielt, ihn in Kurzem zur Würde eines erklärten Günstlings erhoben zu sehen. Dionysius über= häufte ihn in der ersten Aufwallung seiner Bewunderung mit Liebkosungen, welche unserm Helden beinahe allen Muth be= nahmen. „Himmel!" dachte er, „was werde ich mit einem König anfangen, der bereit ist, den ersten Neuangekommenen an die Spitze seines Staats zu setzen, weil er ein guter Cither= schläger ist?"

Dieser erste Gedanke war sehr gründlich und würde ihm vieles Ungemach erspart haben, wenn er seiner Eingebung gefolgt hätte. Aber eine andere Stimme — (war es Eitelkeit? oder der Gedanke, ein großes Vorhaben nicht um einer so geringfügigen Ursache willen aufzugeben? oder die Schwachheit, die uns geneigt macht, alle Thorheiten der Großen, welche Achtung für uns zeigen, mit nachsichtsvollen Augen anzusehen?) — flüsterte ihm ein, daß der Geschmack für die Musik und die besondere Anmuthung für ein gewisses Instrument eine Sache sei, welche von unsrer Organisation abhange, und daß es ihm desto leichter sein werde, sich des Herzens dieses Prinzen zu versichern, je mehr er von den Geschicklichkeiten besitze, wodurch man seinen Beifall erhalten könne.

Die Gunst, in welche er sich in so kurzer Zeit und durch so zweideutige Verdienste bei dem Tyrannen gesetzt hatte, stieg bald darauf bei Gelegenheit einer akademischen Versammlung, welche Dionysius mit großen Feierlichkeiten veranstaltete, zu einem solchen Grade, daß Philistus, der bisher noch zwischen Furcht und Hoffnung geschwebt hatte, seinen Fall nunmehr für gewiß hielt.

Viertes Capitel.

Eine akademische Sitzung, wobei Agathon ein neues Talent zu zeigen Gelegenheit erhält.

Dionysius hatte von Aristipp vernommen, daß Agathon ehemals ein Schüler Plato's gewesen und während seines Glücksstandes zu Athen für einen der größten Redner in dieser redseligen Republik gehalten worden sei. Erfreut, eine Vollkommenheit mehr an seinem neuen Liebling zu entdecken, säumte er sich keinen Augenblick, eine Gelegenheit zu veranstalten, wo er aus eigner Einsicht von der Wahrheit dieses Vorgebens urtheilen könnte. Denn es kam ihm ganz übernatürlich vor, daß man zu gleicher Zeit ein Philosoph, ein Adonis und ein so großer Citherschläger sollte sein können. Die Akademie erhielt also Befehl, sich zu versammeln, und das ganze Syrakus wurde dazu eingeladen.

Agathon dachte an nichts weniger, als daß er bei diesem Wettstreit eines Haufens von Sophisten (die er nicht ohne Grund für sehr überflüssige Leute an dem Hof eines guten

Fürsten ansah) eine Rolle zu spielen bekommen würde, und Aristipp hatte (aus dem oben berührten Beweggrunde, welcher der Schlüssel zu seinem ganzen Betragen gegen unsern Helden ist) ihm von Dionysens Absicht nichts entdeckt. Dieser eröffnete als Präsident der Akademie (denn seine Eitelkeit begnügte sich nicht an der Ehre, ihr Beschützer zu sein) die Versammlung durch einen übel zusammengestoppten und nicht allzu verständlichen, aber mit Platonismen reich verbrämten Discurs, welcher (wie leicht zu erachten) allgemeinen Beifall erhielt, ungeachtet er dem Agathon mehr das ungezweifelte Vertrauen des königlichen Redners in den Beifall, der ihm von Standes wegen zutam, als die Größe seiner Gaben und Einsichten zu beweisen schien. Nach Endigung dieser Rede nahm die akademische Hetze ihren Anfang, und wofern die Zuhörer durch die subtilen Geister, die sich nunmehr hören ließen, nicht sehr unterrichtet wurden, so fanden sie sich doch durch die Wohlredenheit des Einen, die klingende Stimme und den guten Accent eines Andern, die paradoxen Einfälle eines Dritten und die Gesichter, die ein Vierter zu seinen Distinctionen und Demonstrationen schnitt, erträglich belustigt.

Nachdem dieses Spiel einige Zeit gedauert hatte, und ein unhöfliches Gähnen bereits zwei Drittheile der Zuhörer zu ergreifen begann, sagte Dionysius: „da er das Glück habe, seit einigen Tagen einen der würdigsten Schüler des großen Plato in seinem Hause zu besitzen, so ersuche er ihn, sich nicht verdrießen zu lassen, daß der Ruhm, der ihm allenthalben vorangegangen, den Schleier, womit seine Bescheidenheit seine Verdienste zu verhüllen suche, hinweggezogen und in dem schönen Agathon einen der beredtesten Weisen der Zeit entdeckt habe. Er möchte sich also nicht weigern, auch in Syrakus sich von einer so vortheilhaften Seite zu zeigen und sich mit den Philosophen der Akademie in einen Wettstreit über irgend eine wichtige Frage aus der Philosophie einzulassen."

Zu gutem Glücke sprach Dionysius, der sich selbst gern hörte und die Gabe der Weitläufigkeit in hohem Maße besaß, lange genug, um unserm Manne Zeit zu geben, sich von der kleinen Bestürzung über eine so unerwartete Zumuthung zu erholen. Diese Frist setzte ihn in den Staub, ohne Zanderu zu antworten: er sei zu früh aus den Hörsälen der Weisen auf den Marktplatz zu Athen gerufen und in die Angelegenheiten eines Volkes, welches bekanntermaßen seinen Hofmeistern

nicht wenig zu schaffen zu machen pflege, verwickelt worden, als
daß er Zeit genug gehabt haben sollte, sich seine Lehrer gehörig
zu Nutze zu machen. Indessen sei er, wenn es Dionysius ver=
lange,. aus Achtung gegen ihn bereit, eine Probe abzulegen,
wie wenig er das Lob verdiene, welches ihm aus einem allzu
günstigen Vorurtheil beigelegt worden sei.

Dionysius rief nun den Philistus auf (man weiß nicht, ob
vermöge einer vorher genommenen Abrede oder ob von un=
gefähr), eine Frage vorzuschlagen, für und wider welche von
beiden Seiten gesprochen werden sollte. Der Minister bedachte
sich eine kleine Weile, und in Hoffnung, den Agathon, der
ihm furchtbar zu werden anfing, in Verlegenheit zu setzen,
schlug er die Frage vor: „welche Regierungsform einen Staat
glücklicher mache, die republikanische oder die monarchische?"
Man wird, dachte er, dem Agathon die Wahl lassen, für welche
er sich erklären will. Spricht er für die Republik, und spricht
er gut (wie er um seines Ruhms willen genöthigt ist), so wird
er dem Prinzen mißfallen; wirft er sich zum Lobredner der
Monarchie auf, so wird er sich dem Volke verhaßt machen,
und Dionysius wird den Muth nicht haben, die Staatsverwal=
tung einem Ausländer anzuvertrauen, der bei seinem ersten
Auftritt einen so schlechten Eindruck auf die Gemüther der
Syrakuser gemacht hat.

Allein dieses Mal betrog den schlauen Mann seine Erwar=
tung. Agathon erklärte sich, ungeachtet er die Absicht des
Philistus merkte, mit einer Unerschrockenheit, welche diesem
keinen Triumph prophezeite, für die Monarchie. Nachdem seine
Gegner (unter denen Antisthenes und der Sophist Protagoras
alle ihre Kräfte anstrengten, die Vorzüge der Freistaaten zu er=
heben) zu reden aufgehört hatten, fing er damit an, daß er
ihren Gründen mehr Stärke gab, als sie selbst zu thun fähig
gewesen waren. Die Aufmerksamkeit war außerordentlich. Jeder=
mann war mehr begierig zu hören, wie Agathon sich selbst, als
wie er seine Gegner würde überwinden können. Seine Bered=
samkeit zeigte sich in einem Lichte, welches die Seelen der Zu=
hörer blendete. Die Wichtigkeit des Augenblicks, der den Aus=
gang seines ganzen Vorhabens entschied, die Würde des Gegen=
standes, die Begierde zu siegen, und vermuthlich auch seine
herzliche Abneigung gegen die Demokratie, Alles setzte ihn in
eine Begeisterung, welche die großen Kräfte seiner Seele noch
höher spannte. Seine Ideen waren so groß, seine Gemälde so

stark gezeichnet, mit so vielem Feuer gemalt, seine Gründe jeder
für sich selbst so schimmernd und durch ihre Zusammenordnung
so überwältigend, der Strom seiner Riede, der anfänglich in
ruhiger Majestät dahinfloß, wurde nach und nach so stark und
hinreißend, daß selbst diejenigen, bei denen es zum Voraus beschlossen war, daß er Unrecht haben sollte, sich wie durch eine
magische Gewalt genöthigt sahen, ihm innerlich Beifall zu geben.
Man glaubte den Merkur oder Apollo reden zu hören. Die
Kenner (denn es waren Einige zugegen, welche dafür gelten
konnten) bewunderten am Meisten, daß er die Kunstgriffe verschmähte, wodurch die Sophisten gewohnt waren, einer schlimmen
Sache die Gestalt einer guten zu geben. Keine Farben, welche
durch ihren Glanz das Betrügliche falscher oder unsonst angenommener Sätze verbergen mußten! Keine künstliche Aus-
theilung des Lichts und des Schattens! Sein Ausdruck glich
dem Sonnenschein, dessen lebender und beinahe geistiger Glanz
sich den Gegenständen mittheilt, ohne ihnen etwas von ihrer
eigenen Farbe zu benehmen.

Indessen müssen wir gestehen, daß er ein Wenig grausam
mit den Republiken umging. Er bewies, oder schien doch
Allen, die ihn hörten, zu beweisen: daß diese Art von Gesellschaft ihren Ursprung in dem wilden Chaos der Anarchie genommen, und daß die Weisheit ihrer Gesetzgeber sich mit
schwachem Erfolg bemüht hätte, Ordnung und Dauerhaftigkeit
in eine Verfassung zu bringen, welche (ihrer Natur nach) in
steter Unruh' und innerlicher Gährung alle Augenblicke Gefahr
laufe, sich durch ihre eigenen Kräfte aufzureiben und des Ruhe-
standes so wenig fähig sei, daß die Ruhe in derselben vielmehr
eine Folge der äußersten Verderbniß und (gleich einer Wind-
stille auf dem Meere) der gewisse Vorbote des Sturms und
Untergangs sei. Er behauptete, daß die politische Tugend
(dieses geheiligte Palladium der Freistaaten, an dessen Erhaltung ihre Gesetzgeber das ganze Glück derselben gebunden
hätten) eine Art von unsichtbarem und durch verjährten Aberglauben geheiligtem Götzen sei, an welchem nichts als der Name
verehrt werde; daß man in diesen Staaten einen stillschweigenden Vertrag mit einander gemacht zu haben scheine, sich
durch ein gewisses Phantom von Gerechtigkeit, Mäßigung,
Uneigennützigkeit, Liebe des Vaterlandes und des gemeinen
Besten von einander betrügen zu lassen, und daß unter der
Maske dieser politischen Heuchelei, unter dem ehrwürdigen

Namen aller dieſer Tugenden das Gegentheil derſelben nirgends
unverſchämter ausgeübt werde. Es würden, meinte er, eine
Menge beſonderer Umſtände, welche ſich in etlichen tauſend
Jahren kaum einmal in irgend einem Winkel des Erdbodens
zuſammen finden könnten, dazu erfordert, um eine Republik in
der glücklichen Mittelmäßigkeit zu erhalten, ohne welche ſie von
keinem Beſtand ſein könne. Und eben daher, weil dieſer Fall
ſo ſelten ſei und von ſo vielen znſälligen Urſachen abhange,
komme es, daß die meiſten Republiken entweder zu ſchwach
wären, ihren Bürgern die mindeſte Sicherheit zu gewähren,
oder nach einer Größe ſtrebten, welche den Staat unaufhörlich
durch innerliche Unruhen und Bürgerkriege erſchütterte und dem=
jenigen, der zuletzt Meiſter von Kampfplatze bliebe, nichts als
Einöden zu bevölkern und Ruinen wieder aufzubauen überlaſſe.
Sogar die Freiheit, auf welche dieſe Staaten mit Ausſchluß
aller anderu Anſpruch machten, finde kaum in den despotiſchen
Reichen Aſiens weniger Platz. Denn entweder müſſe ſich das
Volk Alles demüthiglich gefallen laſſen, was die Edeln und
Reichen ihrem beſondern Intereſſe gemäß ſchlöſſen und handelten,
oder, wenn es den Geſetzgeber und Richter ſelbſt ſpiele, ſei
kein ehrlicher Mann ſicher, nicht alle Augenblicke das Opfer
derjenigen zu werden, denen ſeine Verdienſte im Wege ſtänden,
oder die durch ſein Anſehen und Vermögen reicher und größer
zu werden hofften. In keinem andern Staate ſei es weniger
erlaubt, von ſeinen Fähigkeiten Gebrauch zu machen, ſelbſt zu
denken und über wichtige Gegenſtände dasjenige, was man für
gemeinnützlich halte, ohne Gefahr bekannt werden zu laſſen.
Alle Vorſchläge zu Verbeſſerungen würden unter dem verhaßten
Namen Neuerungen verworfen und zögen ihren Urhebern ge=
heime oder öffentliche Verfolgungen zu. Selbſt die Grundpfeiler
der menſchlichen Glückſeligkeit und dasjenige, was den geſitteten
Menſchen eigentlich von dem Wilden und Barbaren unter=
ſcheide, Wahrheit und Tugend, die Wiſſenſchaften und die
liebenswürdigen Künſte der Muſen, ſeien in dieſen Staaten
verdächtig oder gar verhaßt. Sie würden durch tauſend im
Finſtern ſchleichende Mittel entkräftet, an ihrem Fortgang ver=
hindert oder doch gewiß weder aufgemuntert noch belohnt.

Doch es ſei an dieſem kurzen Auszuge genug, um dem Leſer
eine Probe zu geben, wie genau Agathon mit den Gebrechen
der Freiſtaaten bekannt war, und wie wenig er ihrer bei dieſer
Gelegenheit ſchonte! Wir brechen ihn um ſo lieber ab, weil es

gänzlich wider unsre Absicht wäre, irgend einem Erdenbewohner
die Stellung, worin er sich befindet, unangenehmer zu machen,
als sie ihm bereits sein mag, oder Anlaß zu geben, daß die
Gebrechen einiger längst zerstörten griechischen Republiken, aus
denen Agathon seine Gemälde hernahm, zur Verunglimpfung
derjenigen gemißbraucht werden könnten, welche in unsern Zeiten
als ehrwürdige Freistätten und Zufluchtsplätze der Tugend, der
gesunden Denkungsart, der öffentlichen Glückseligkeit und einer
politischen Gleichheit, welche sich der natürlichen möglichst nähert,
angesehen werden können. Ueberhaupt scheint die Frage, über
welche hier disputirt wurde, unter die müßigen speculativen
Fragen zu gehören, worüber von jeher so viel Zeit und
Mühe verloren worden, ohne daß sich absehen läßt, worin die
Welt jemals durch ihre Auflösung sollte gebessert werden können.
Wir übergehen also auch, wiewol aus einem andern Grunde,
die Lobrede, welche Agathon der monarchischen Staatsverfassung
hielt. Die Beherrscher der Welt scheinen meist sehr gleichgiltig
über die Meinung zu sein, welche man von ihrer Regierungsart
haben mag. Es giebt Fälle, wir gestehen es, wo dies eine
Ausnahme leidet; aber diese Fälle begegnen selten, wenn man
die Vorsichtigkeit gebraucht, hundertundfunfzigtausend wohlbe=
waffnete Leute bereit zu halten, mit deren Beistand man sehr
wahrscheinlich hoffen kann, sich über die Meinung aller fried=
samen Leute in der ganzen Welt hinwegsetzen zu können. Sind
nicht eben diese hundertundfunfzigtausend ein lebendiger, augen=
scheinlicher Beweis, der alle andern überflüssig macht, daß eine
Nation glücklich ist?

Genug also, daß diese Rede, worin Agathon alle Gebrechen
verdorbener Freistaaten und alle Vorzüge wohlregierter Monarchien
in zwei contrastirende Gemälde zusammendrängte, das Glück
hatte, alle Stimmen davonzutragen, alle Zuhörer zu überreden
und dem Redner eine Bewunderung zuzuziehen, welche den
Stolz des eitelsten Sophisten hätte sättigen können. Jedermann
war von einem Manne bezaubert, welcher so seltne Gaben mit
einer so großen Denkungsart und mit so menschenfreundlichen
Gesinnungen vereinigte. Denn Agathon hatte nicht die Tyrannei,
sondern die Regierung eines Vaters angepriesen, der seine
Kinder wohl erzieht und glücklich zu machen sucht. Man sagte
sich selbst, was für goldne Tage Sicilien sehen würde, wenn
ein solcher Mann das Ruder führte. Er hatte nicht vergessen,
im Eingang seiner Rede dem Verdacht zuvorzukommen, als ob

er die Republik aus Rachsucht schelte und die Monarchie aus
Schmeichelei und geheimen Absichten erhebe. Er hatte bei dieser
Gelegenheit zu erkennen gegeben, daß er entschlossen sei, nach
Tarent überzugehen und in der ruhigen Dunkelheit des Privat=
standes, welchen er seiner Neigung nach allen andern vorziehe,
dem Nachforschen der Wahrheit und der Verbesserung seines
Gemüths obzuliegen. Jedermann tadelte oder bedauerte diese
Entschließung und wünschte, daß Dionysius Alles anwenden
möchte, ihn davon zurückzubringen.

Fünftes Capitel.

Dionysius läßt dem Agathon Vorschläge thun und bewilligt die Bedingungen,
unter welchen dieser sich entschließt, sein Gehilfe in der Regierung zu werden.

Niemals hatte sich die Neigung des Prinzen mit den Wünschen
seines Volks so gleichstimmig befunden wie dieses Mal. Die
hohe Meinung, die er von der Person unsers Helden gefaßt
hatte, war durch diese Rede bis auf den höchsten Grad ge=
stiegen. So wenig Beständiges in dem Charakter dieses Fürsten
war, so hatte er doch seine Augenblicke, wo er wünschte, daß
es weniger Verleugnung kosten möchte, ein guter Regent zu
sein. Die Beredsamkeit Agathon's hatte ihn wie die übrigen
Zuhörer mit sich fortgerissen; er fühlte die Schönheit seiner Ge=
mälde und vergaß darüber, daß eben diese Gemälde eine Art
von Satire auf ihn selbst enthielten. Er setzte sich vor, das=
jenige zu erfüllen, was Agathon auf eine stillschweigende Art
von seiner Regierung versprochen hatte, und um sich die
Pflichten, die ihm dieser Vorsatz auferlegte, möglichst zu er=
leichtern, wollte er sie durch eben denjenigen ausüben lassen,
der so gut davon sprechen konnte. Wo konnte er ein taug=
licheres Werkzeug finden, den Syrakusern seine Regierung be=
liebt zu machen? wo einen andern Mann, der so viele ange=
nehme Eigenschaften mit so vielen nützlichen vereinigte?

Dionysius, gewohnt, Alles nur von einer Seite anzusehen
und Alles, was er wollte, hastig und ungeduldig zu wollen,
pflegte zwischen seinen Entschließungen und ihrer Ausführung
so wenig Zeit zu setzen, als möglich war. Er trug also dem
Aristippus auf, seinem Freunde Vorschläge zu thun. Agathon
entschuldigte sich mit seiner Abneigung vor dem geschäftigen
Leben und bestimmte sogar den Tag seiner Abreise. Dionysius

wurde um so viel dringender, und wiewol sich unser Held noch
immer weigerte, so geschah es doch mit einer so bescheidenen
Art, daß man hoffen konnte, er werde sich bewegen lassen.
In der That war seine Absicht nur, die Zuneigung eines so
wenig zuverlässigen Prinzen zuvor auf die Probe zu stellen,
eh er sich in Verbindungen einlassen wollte, welche für das Glück
Anderer und für seine eigene Ruhe so gute oder so schlimme
Folgen haben konnten.

Endlich, da er Ursache zu haben glaubte, die Hochachtung,
die ihm Dionysius bezeigte, für etwas mehr als einen launischen
Anstoß zu halten, gab er seinem Anhalten nach, aber nicht
anders, als bis gewisse Bedingungen zwischen ihnen festgesetzt
worden waren. Er erklärte sich, daß er blos in der Eigenschaft seines Freundes an seinem Hofe bleiben wollte, so lange
als ihn Dionysius dafür erkennen und seiner Dienste nöthig zu
haben glauben würde. Er wollte sich aber auch nicht fesseln
lassen, sondern die Freiheit behalten, sich zurückzuziehen, sobald
er sähe, daß sein Dasein zu nichts nütze sei. Die einzige Belohnung, welche er sich befugt halte für seine Dienste zu verlangen, sei diese: daß Dionysius seinen Rathschlägen folgen
möchte, so lange er werde zeigen können, daß dadurch das
Beste der Nation und die Sicherheit, der Ruhm und die Privat-
glückseligkeit des Prinzen zugleich befördert werde. Endlich bat
er sich noch aus, daß Dionysius niemals einige heimliche Eingebungen oder Anklagen gegen ihn annehmen möchte, ohne
ihm solche offenherzig zu entdecken und seine Verantwortung
anzuhören.

Der Prinz bedachte sich um so weniger, alle diese Bedingungen zu unterschreiben, da er entschlossen war, ihn zu haben,
wenn es auch die Hälfte seines Reichs kosten sollte. Agathon
bezog also eine Wohnung, welche man im Palast für ihn eingerichtet hatte, und Dionysius erklärte öffentlich, daß man sich
in allen Sachen an seinen Freund Agathon wie an ihn selbst
wenden könne. Auf einmal eiferten nun die Höflinge in die
Wette, dem neuen Günstling ihre Unterwürfigkeit zu bezeigen,
und Syratus sah mit froher Erwartung der Wiederkunft der
Saturnischen Zeiten entgegen.

Sechstes Capitel.

Einige Betrachtungen über das Betragen Agathon's.

Wir machen hier eine kleine Pause, um dem Leser Zeit zu lassen, dasjenige zu überlegen, was er sich selbst in diesem Augenblick für oder wider unsern Helden zu sagen haben mag. Vielleicht finden Einige in dem Eifer, womit er wider die Republiken gesprochen, eine Bitterkeit, welche ihn unbillig genug machte, die Undankbarkeit seiner eigenen Mitbürger an allen andern Freistaaten zu bestrafen. Andere werden vielleicht sein ganzes Betragen an dem Hofe des Königs Dionysius einer ge= künstelten Klugheit, welche nicht in seinem Charakter sei und ihm eine schielende Farbe gebe, beschuldigen.

Wir haben uns schon mehrmals erklärt, daß wir in diesem Werke die Pflichten eines Geschichtsschreibers und nicht eines Lob= und Schutzredners übernommen haben. Indessen bleibt uns doch erlaubt, von den Handlungen eines Mannes, dessen Leben wir zwar nicht für ein vollkommenes Muster; aber doch für ein lehrreiches Beispiel geben, ebenso frei nach unserm Ge= sichtspunkte zu urtheilen, als es unsre Leser aus dem ihrigen thun mögen.

Wir haben bereits erinnert, daß es unbillig sein würde, dasjenige, was Agathon wider die Republiken seiner Zeit ge= sprochen, für eine Beleidigung solcher Freistaaten anzusehen, welche unter dem Einfluß günstiger Umstände, durch ihre Lage vor auswärtigem Neid und vor ausschweifenden Vergrößerungs= gedanken gesichert, durch weise Gesetze und (was noch mehr ist) durch die Macht der Gewohnheit in einer glückseligen Mittel= mäßigkeit forterhalten werden und die Gebrechen kaum dem Namen nach kennen, welche Agathon an den Republiken seiner Zeit für unheilbar ansah. Giebt es (wie wir hoffen und glauben) solche Republiken in unsern Tagen, so können sie sich durch das Böse, was Agathon mit Wahrheit von denen, die er kannte, sagt, nicht beleidigt finden. Im Gegentheil wird ihnen dieser Theil seiner Rede zu einem Spiegel dienen', worin sie ihre eigene Gestalt beschauen, und, wofern sie an derselben keines der Gebrechen entdecken, welche Agathon den Republiken vorwirft, sich mit größtem Recht einem reinen und untadelhaften Wohlgefallen an sich selbst überlassen können.

Ueberhaupt hat man Ursache zu glauben, daß Agathon ge=

sprochen habe, wie er dachte; und das ist zu Rechtfertigung
seiner Redlichkeit genug. Warum sollten wir an dieser zu
zweifeln anfangen? Sein ganzes Betragen, während er das
Herz des Tyrannen in seinen Händen hatte, bewies, daß er
keine Absichten hegte, welche ihn genöthigt hätten, ihm gegen
seine Ueberzeugung zu schmeicheln. Es ist wahr, er hatte von
dem Augenblick an, da er den Fuß in Dionysens Palast setzte,
Absichten bei Allem, was er that. Sollte er vielleicht keine
gehabt haben? Wenn seine Absichten edel und wohlthätig
waren (und das waren sie wirklich), was können wir nach der
äußersten Schärfe mehr fordern? Es scheint also nicht, daß man
Grund habe, ihm aus der Vorsichtigkeit einen Vorwurf zu
machen, womit er auf der neuen und schlüpfrigen Bahn, die er
betreten wollte, alle seine Handlungen einrichten mußte, wenn
sie Mittel zu seinen Absichten werden sollten. Wir geben zu,
daß eine Art von Zurückhaltung und Feinheit daraus hervor-
blicke, welche nicht ganz in seinem vorigen Charakter zu sein
scheint. Aber dies verdient an sich selbst keinen Tadel. Es ist
noch auszumachen, ob diese Unveränderlichkeit der Denkungsart
und Verhaltungsregeln, worauf manche ehrliche Leute sich so viel
zu gut thun, eine so große Vollkommenheit ist, als sie sich einbilden. Zwar schmeichelt uns die Eigenliebe sehr gern, daß wir,
so wie wir sind, am Besten seien; aber sie hat nicht selten Unrecht, uns so zu schmeicheln. Es ist unmöglich, daß, indem sich
Alles um uns her verändert, wir allein unveränderlich bleiben
sollten; und wenn es auch nicht unmöglich wäre, so wäre es
oft unschicklich und tadelhaft. Andre Zeiten erfordern andre
Sitten, andre Umstände eine andre Bestimmung und Wendung
unsers Verhaltens. In moralischen Romanen finden wir freilich Helden, welche sich immer in Allem gleich bleiben — und
darum zu loben sind. Denn wie sollte es anders sein, da sie
in ihrem zwanzigsten Jahre Weisheit und Tugend bereits in eben
dem Grade der Vollkommenheit besitzen, den ein Sokrates oder
Epaminondas nach vielfachen Verbesserungen ihrer selbst kaum
im sechzigsten erreicht haben? Aber im Leben finden wir's
ganz anders. Desto schlimmer für die, welche sich da immer
selbst gleich bleiben, anstatt immer besser zu werden! Oder
sollten nicht auch die besten Menschen an ihren Begriffen, Urtheilen und Gefühlen, an ihrem Kopf und Herzen und selbst
an dem, was das Vorzüglichste und Schätzbarste an ihnen ist,
immer noch viel zu verbessern haben? Und lehrt nicht die Er-

fahrung, daß wir selten zu einer neuen Entwicklung unsrer selbst
oder zu einer merklichen Verbesserung unsers vorigen inner=
lichen Zustandes gelangen, ohne durch eine Art von Medium
zu gehen, welches eine falsche Farbe auf uns reflectirt und
unsre wahre Gestalt eine Zeit lang verdunkelt? — Wir haben
unsern Helden bereits in verschiedenen Lagen gesehen, und in
jeder durch den Einfluß der Umstände ein Wenig anders, als
er wirklich ist. Er schien zu Delphi ein bloßer speculativer
Enthusiast; und man hat in der Folge gesehen, daß er sehr gut
zu haudeln wußte. Wir glaubten, nachdem er die schöne Cyane
gedemüthigt hatte, daß ihm die Verführungen der Wollust nichts
anhaben könnten; und Danae bewies, daß wir uns betrogen
hatten. Aber es wird nicht mehr lange anstehen, so wird eine
neue vermeinte Danae, welche seine schwache Seite auf=
gefunden zu haben glaubte, sich ebenso betrogen finden. Agathon
schien in verschiedenen Zeitpunkten seines Lebens nach der Reihe
ein platonischer und ein patriotischer Schwärmer, ein Held, ein
Stoiker, ein Wollüstling, und er war Keines von allen, wiewol
er nach und nach durch alle diese Classen ging und in jeder
etwas von der eignen Farbe derselben bekam. Wir sind noch
nicht am Ende seines Laufes; daher kann auch von seinem
Charakter, von dem, was er wirklich war, worin er sich unter
allen diesen Gestalten gleich blieb, und was zuletzt, nachdem
alles Fremdartige davon abgeschieden sein wird, übrig bleiben
mag, dermalen die Rede noch nicht sein.

Ohne also so voreilig über ihn zu urtheilen, wie man ge=
wohut ist im täglichen Leben alle Augenblicke zu thuu, wollen
wir fortfahren, ihn zu beobachten, die wahren Triebräder seiner
Handlungen so genau, als uns möglich sein wird, zu erforschen,
keine geheime Bewegung seines Herzens, welche uns einigen
Aufschluß hierüber geben kann, entwischen lassen und unser Ur=
theil über das Ganze seines moralischen Wesens so lange zurück=
halten, bis — wir es keunen werden.

Zwölftes Buch.

Agathon's Staatsverwaltung; seine Fehler gegen alle Hof= und Weltklugheit und sein Fall.

Erstes Capitel.

Etwas von Haupt= und Staatsactionen. Betragen Agathon's am Hofe des Königs Dionysius.

Man tadelt an Shakspeare — demjenigen unter allen Dichtern seit Homer, der die Menschen, vom Könige bis zum Bettler, von Julius Cäsar bis zu Jack Fallstaff, am Besten gelaunt und mit einer seltnen Anschauungskraft durch und durch gesehen hat — daß seine Stücke meistens keinen oder doch nur einen sehr fehlerhaften, unregelmäßigen und schlecht ausgesonnenen Plan haben; daß Komisches und Tragisches darin auf die seltsamste Art durcheinander geworfen ist, und oft ebendieselbe Person, die uns durch die rührende Sprache der Natur Thränen in die Augen gelockt hat, in wenigen Augen= blicken darauf durch irgend einen seltsamen Einfall oder barocki= schen Ausdruck ihrer Empfindungen, wo nicht zu lachen macht, doch dergestalt abkühlt, daß es schwer wird, uns wieder in die gehörige Fassung zu setzen. — Man tadelt dies — und denkt nicht daran, daß seine Stücke eben darum desto natürlichere Abbildungen des menschlichen Lebens sind.

Der Lebenslauf der meisten Menschen und (wenn wir es sagen dürfen) der großen Staatskörper selbst, insofern sie als moralische Wesen betrachtet werden, gleicht den Haupt= und Staatsactionen, die ehemals im Besitz der Schaubühne waren, in so vielen Punkten, daß man beinahe auf die Gedanken kommen möchte, die Erfinder dieser letztern wären klüger ge= wesen, als man gemeiniglich denkt, und hätten, wofern sie nicht gar die Absicht gehabt, das menschliche Leben lächerlich zu machen, wenigstens die Natur ebenso getreu nachahmen wollen, als die Griechen sich angelegen sein ließen, sie zu verschönern. Um jetzt nichts von der zufälligen Aehnlichkeit zu sagen, daß in jenen Stücken, so wie im Leben, die wichtigsten Rollen sehr oft gerade durch die schlechtesten Schauspieler gespielt werden: was kann ähnlicher sein, als es beide Arten von Haupt= und Staats= actionen einander in der Anlage, in der Abtheilung und Ver= bindung der Scenen, im Knoten und in der Entwicklung zu sein pflegen? Wie selten fragen die Urheber der einen und der andern sich selbst, warum sie dieses oder jenes gerade so und nicht anders gemacht haben! Wie oft überraschen sie uns durch Begebenheiten, zu denen wir nicht im Mindesten vorbe= reitet waren! Wie oft sehen wir Personen kommen und wieder abtreten, ohne daß sich begreifen läßt, warum sie kamen, oder warum sie wieder verschwinden! Wie viel wird in beiden dem Zufall überlassen! Wie oft sehen wir die größten Wirkungen durch die armseligsten Ursachen hervorgebracht! Wie oft das Ernsthafte und Wichtige mit einer leichtsinnigen Art, und das Nichtsbedeutende mit lächerlichem Ernst behandelt! Und wenn in beiden endlich Alles so kläglich verworren und durch ein= ander geschlungen ist, daß man an der Möglichkeit der Entwicklung zu verzweifeln anfängt, wie glücklich sehen wir nicht durch irgend einen unter Blitz und Donner aus papiernen Wolken herabspringenden Gott oder durch einen frischen Degenhieb den Knoten auf einmal zwar nicht aufgelöst, aber doch zerschnitten, welches insofern auf Eines hinausläuft, als auf die eine oder andere Art das Stück nun ein Ende hat, und die Zuschauer klatschen oder zischen können, wie sie wollen oder — dürfen! Was übrigens der edle Hans Wurst in den komischen Tragödien, wovon wir reden, für eine wichtige Rolle zu spielen hatte, wird vielen unserer Leser noch in frischem Andenken liegen. Wie viel Mühe hat es nicht gekostet, diesen Lieblingscharakter der oberdeutschen Provinzen von der Schaubühne zu ver= drängen! — Und gleichwol — möchte er immer auf der Schau= bühne bleiben, insofern er nirgends als dort geduldet würde! Aber wie manche große Aufzüge auf dem Schauplatze der Welt hat man nicht in allen Zeiten mit Hans Wurst — oder, welches noch ein Wenig ärger ist, durch Hans Wurst — auf= führen gesehen! Wie oft haben große Männer, geboren, die schützenden Engel eines Throns, die Wohlthäter ganzer Völker und Zeitalter zu sein, alle ihre Weisheit und Tapferkeit durch

einen kleinen schnakischen Streich von solchen Leuten vereitelt
sehen müssen, welche, ohne eben das rothe Wamms und die
gelben Hosen ihres Urbildes zu tragen, durch ihre ganze Auf=
führung bewiesen, daß sie ihm in den wesentlichen Zügen seines
Charakters desto ähnlicher waren! Wie oft entsteht in beiden
Arten der Tragikomödien die Verwicklung selbst lediglich daher,
daß Hans Wurst durch irgend ein dummes oder schelmisches
Stückchen von seiner Arbeit den klugen Leuten, ehe sie sich dessen
versehen können, ihr Spiel verderbt!

Wir wollen die Vergleichung nicht weiter treiben; aber wenn
sie, wie es scheint, ihren guten Grund hat, so mögen wir wol
den weisen und rechtschaffenen Mann bedauern, den sein Schicksal
dazu verurtheilt hat, unter einem schlimmen oder — was noch
ärger ist — unter einem schwachen Fürsten in die Verwaltung
der öffentlichen Angelegenheiten verwickelt zu sein! Was wird
es ihm helfen, mit Einsichten und Muth nach den besten Grund=
sätzen und nach dem richtigsten Plan zu handeln, wenn das
verächtlichste Ungeziefer, wenn ein Sklave, ein Kuppler, eine
Bacchidion, wenn der erste beste Parasit, dessen ganzes Ver=
dienst in Geschmeidigkeit, Verstellung und Schalkheit besteht, es
in seiner Gewalt hat, die Maßregeln des Biedermannes zu ver=
rücken, aufzuhalten oder gar zu hintertreiben?

Bei Allem dem bleibt ihm, wenn er sich einmal an ein so
gefahrvolles Abenteuer gewagt hat, kein andres Mittel übrig,
sich selbst zu beruhigen und sein Betragen vor dem unpar=
teiischen Gericht der Weisen und der Nachwelt rechtfertigen zu
können, als — daß er sich, ehe er die Hand ans Werk legt,
einen regelmäßigen Plan seines ganzen Verhaltens entwerfe.
Wenngleich alle Weisheit eines solchen Entwurfs ihm für den
Ausgang nicht Gewähr leisten kann, so bleibt ihm doch der
tröstende Gedanke, Alles gethan zu haben, was ihn ohne die
Zufälle, die er entweder nicht vorhersehen oder nicht hinter=
treiben konnte, des glücklichen Erfolgs versichern mußte.

Dies war nun die erste Sorge unsers Helden, nachdem er
sich anheischig gemacht hatte, die Person eines Rathgebers und
Vertrauten bei dem Könige Dionysius zu spielen. Er sah die
Schwierigkeiten, einen Plan zu machen, der ihm durch den
Labyrinth des Hofes und des öffentlichen Lebens zum Leitfaden
dienen könnte; aber er glaubte, daß der mangelhafteste Plan besser
sei als keiner. Und in der That war ihm die Gewohnheit,
seine Ideen, worüber es auch sein möchte, in ein System zu

bringen, so natürlich geworden, daß sie sich, so zu sagen, von
sich selbst in einen Plan ordneten, welcher vielleicht keinen
andern Fehler hatte, als daß Agathon noch nicht so übel von
den Menschen deulen kounte, wie es diejenigen verdienten, mit
denen er zu thun hatte. Und doch dachte er bei Weitem nicht
mehr so erhaben von der menschlichen Natur als ehmals; oder,
richtiger zu reden, er hatte den unendlichen Unterschied des
metaphysischen Menschen, den man sich in speculativer Einsamkeit denkt oder träumt, von dem natürlichen Menschen in
der rohen Einfalt und Unschuld, wie er aus den Händen der
allgemeinen Mutter der Weseu hervorgeht, — und beider von
dem erkünstelten Menschen, wie ihn Gesellschaft, Gesetze, Meinungen, Gebräuche und Sitten, Bedürfnisse, Abhänglichkeit,
ewiger Streit seiner Begierden mit seinem Unvermögen, seines
Privatvortheils mit den Privatvortheilen der übrigen und die
daher entspringende Nothwendigkeit der Verstellung und immerwährenden Verlarvung seiner wahren Absichten mit tausend
andern physischen- und sittlichen Ursachen, die immer merklich
oder unmerklich auf ihn wirlen, — verfälscht, gedrückt, verzerrt,
verschroben und in unzählige unnatürliche und betrügliche Gestalten umgeformt oder verkleidet haben, er hatte, sage ich,
diesen Unterschied der Menschen um uns her von dem, was der
Mensch an sich ist und sein soll, bereits zu gut kennen gelernt,
um seinen Plan auf Platonische Ideen zu gründen. Er war
nicht mehr der jugendliche Enthusiast, der sich einbildete, daß es
ihm ebenso leicht sein werde, ein großes Vorhaben auszuführen,
als es zu fassen. Die Athener hatten ihn auf immer von dem
Vorurtheile geheilt, daß die Tugend nur ihre eigene Stärke gebrauche, um über ihre Gegner obzusiegen. Er hatte gelernt,
wie wenig man von Andern erwarten, wie wenig man auf
ihre Mitwirkung Rechnung machen, und (was das Wichtigste
für ihn war) wie wenig man sich auf sich selbst verlassen darf.
Er hatte gelernt, wie viel man oft den Umständen nachgeben
muß; daß der vollkommenste Entwurf an sich selbst oft der
schlechteste unter den gegebenen Umständen ist — daß sich das
Böse nicht auf einmal gut machen läßt — daß in der moralischen Welt, wie in der materialen, nichts in gerader Linie
sich fortbewegt, und man also selten anders als durch viele
Krümmen und Wendungen zu einem guten Zweck gelangen
kann — kurz, daß das Leden einer Schifffahrt gleicht, wo der
Steuermann sich gefallen lassen muß, seinen Lauf nach Wind

und Wetter einzurichten; wo er keinen Augenblick sicher ist, nicht durch widrige Ströme aufgehalten oder seitwärts ge= trieben zu werden; und wo Alles darauf ankommt, mitten unter tausend unfreiwilligen Abweichungen von seiner vorgesetzten Richtung endlich dennoch so bald und wohlbehalten als möglich an dem vorgesetzten Ort anzulangen.

Diesen allgemeinen Grundsätzen zufolge bestimmte er bei Allem, was er unternahm, den Grad des Guten, welches er sich zu erreichen vorsetzte, nach dem Zusammenhang aller Um= stände, worin er die Sachen antraf, und sein Verhalten gegen die Personen, mit welchen er dabei zu thuu hatte, ohne andre Rücksichten, lediglich nach dem Maße, wie er urtheilte, daß sie seinem Hauptzweck hinderlich oder förderlich sein würden.

Er konnte, seitdem er den Dionysius näher kannte, nicht daran denken, ein Muster eines guten Fürsten aus ihm zu machen. Aber er hoffte doch nicht ohne Grund, seinen Lastern ihr schädlichstes Gift benehmen und seiner guten Neigungen, oder vielmehr seiner guten Launen, seiner Leidenschaften und Schwachheiten selbst sich zum Vortheil des gemeinen Besten be= dienen zu können. Diese Meinung von seinem Prinzen war in der That so bescheiden, daß er sie, ohne alle Hoffnung zu Erreichung seiner Entwürfe aufzugeben, nicht tiefer herabstimmen kounte. Gleichwol zeigte sich in der Folge, daß er noch zu günstig von ihm gedacht hatte. Dionysius besaß in der That Eigenschaften, welche viel Gutes versprachen; aber unglücklicher= weise hatte er für jede derselben eine andere, die Alles wieder vernichtete, was jene zusagte; und wenn man ihn lange genug in der Nähe betrachtet hatte, so saud sich's, daß seine vermeinten Tugenden in der That nichts anders als — seine Laster waren, welche, von einer gewissen Seite betrachtet, die Farbe irgend einer Tugend annahmen. Demungeachtet ließ sich Agathon durch diese guten Anscheinungen so verblenden, daß er die Unverbesser= lichkeit eines Charakters dieser Art (und also den Ungrund aller seiner Hoffnungen) nicht eher einsah, als da ihm die Entdeckung zu nichts mehr nützen kounte.

Die größte Schwachheit des Prinzen (seiner Meinung nach) war sein Hang zur Gemächlichkeit und Wollust. Agathon hoffte jenem dadurch zu begegnen, daß er ihm die Geschäfte so leicht und so angenehm zu machen suchte, als möglich war; diesem, wenn er ihn wenigstens von den wilden Ausschweifungen, zu welchen er sich bisher hatte hinreißen lassen, abgewöhnte. Unsre

Vergnügungen werden desto feiner, edler und sittlicher, je mehr die Musen Antheil daran haben. Aus diesem nie genug zu empfehlenden Grundsatze bemühte er sich, dem Dionysius mehr Geschmack an den schönen Künsten beizubringen, als er bisher daran gehabt hatte. In Kurzem wurden seine Paläste, Laub=häuser und Gärten mit den Meisterstücken der Maler und Bildhauer Griechenlands angefüllt. Agathon zog die berühm=testen Virtuosen in allen Gattungen nach Syrakus; er führte ein prächtiges Odeon auf, nach dem Muster dessen, worauf Perikles den öffentlichen Schatz der Griechen verwendet hatte; und Dionysius faud so viel Vergnügen an den verschiedenen Arten von Schauspielen, womit er unter der Aufsicht seines Günstlings fast täglich auf diesem Theater belustigt wurde, daß er (seiner Gewohnheit nach) eine Zeit lang allen Geschmack an schlechtern Ergötzlichkeiten verloren zu haben schien. Indessen war doch eine andre Leidenschaft übrig, deren Herrschaft über ihn allein hinlänglich war, alle guten Absichten seines neuen Freundes zu hintertreiben.

Gegenwärtig befand sich die Tänzerin Bacchidion im Besitz derselben; aber es fiel bereits in die Augen, daß die unmäßige Liebe, welche sie ihm beigebracht, schon viel von ihrer ersten Heftigkeit verloren hatte. Es würde vielleicht nicht schwer ge=halten haben, die Wirkung seiner natürlichen Unbeständigkeit um etliche Wochen zu beschleunigen. Aber Agathon hatte er=hebliche Bedenklichkeiten, die ihn davon abhielten. Die Ge=mahlin des Prinzen war unglücklicherweise in keinerlei Betrach=tung geschickt, einen Versuch, ihn in die Grenzen der ehelichen Liebe einzuschränken, zu unterstützen. Dionysius konnte nicht ohne einen Liebeshandel leben, und die Gewalt, welche seine Beischläferinnen über sein Herz erhielten, machte seine Unbe=ständigkeit gefährlich. Bacchidion war eins von diesen gut=artigen, fröhlichen Geschöpfen, in deren Phantasie Alles rosen=farb ist, die keine andere Sorge in der Welt haben, als ihr Dasein von einem Augenblick zum andern wegzuscherzen, ohne sich jemals einen Gedanken von Ehrgeiz und Habsucht oder einigen Kummer über die Zukunft anfechten zu lassen. Sie liebte das Vergnügen über Alles. Immer aufgelegt, es zu geben und zu nehmen, schien es unter ihren Tritten aufzu=sprossen; es lachte aus ihren Augen und athmete aus ihren Lippen. Ohne daran zu denken, sich durch die Leidenschaft des Prinzen wichtig zu machen, hatte sie (aus einer Art von mecha=

nischem Wohlgefallen an vergnügten Gesichtern) ihre Gewalt
uber ihn schon öfters dazu angewandt, Personen, die es verdienten oder auch nicht verdienten (denn darüber ließ sie sich
in keine Untersuchung ein), Gutes zu thun.

Agathon besorgte, ihre Stelle könnte leicht mit einer Andern
besetzt werden, die einen schlimmern Gebrauch von ihren Reizungen machen würde. Er hielt es also seiner nicht unwürdig,
mit guter Art, und ohne daß es schien, als ob er eine besondere
Aufmerksamkeit auf sie habe, die Neigung des Prinzen zu ihr
mehr zu unterhalten als zu bekämpfen. Er verschaffte ihr Gelegenheit, ihre belustigenden Talente in einer Mannichfaltigkeit
zu entfalten, welche ihr immer die Reizungen der Neuheit gab.
Er wußte es zu veranstalten, daß Dionysius durch öftere kleine
Entfernungen verhindert wurde, sich zu bald an dem Vergnügen zu ersättigen, welches er in ihrer Unterhaltung fand.
Er ging endlich gar so weit, daß er bei Gelegenheit eines
Gesprächs, wo die Rede von den allzu strengen Grundsätzen
des Plato über diesen Artikel war, sich kein Bedenken machte
zu sagen, daß es unbillig sei, einen Prinzen, welcher sich die
Erfüllung seiner großen und wesentlichen Pflichten mit ge-
hörigem Ernst angelegen sein lasse, in seinen Privatergetzungen
noch enger als in die Grenzen einer anständigen Mäßigung
einschränken zu wollen. Alles, was ihm hierüber (wiewol in
allgemeinen Ausdrücken) entfiel, schien die Bedeutung einer
stillschweigenden Einwilligung in die Schwachheit des Prinzen
für die schöne Bacchidion zu haben; und in der That war
dieses sein Gedanke.

Wir zweifeln sehr, ob die gute Absicht, die er dabei hatte,
jemals hinlänglich sein könne, eine so gefährliche Aeußerung zu
rechtfertigen. So viel ist gewiß, daß Dionysius, der bisher aus
einer gewissen Scham vor der Tugend unsers Helden sich bemüht hatte, seine schwache Seite vor ihm zu verbergen, von
dieser Stunde an weniger zurückhaltend wurde, und aus dem
vielleicht unrichtigen, aber sehr gemeinen Vorurtheil, daß die
Tugend eine erklärte Feindin aller Götter der Freude sein
müsse, einen Argwohn gegen unsern Helden faßte, wodurch er
um einige Stufen herab und mit ihm selbst und den übrigen
Erdenbewohnern in die nämliche Linie gesetzt wurde. Ein Argwohn, der zwar durch die sich selbst immer gleiche Aufführung
Agathon's wieder zum Schweigen gebracht, aber doch nicht so
gänzlich unterdrückt wurde, daß dessen geheimer Einfluß den

nachmaligen Beschuldigungen der Feinde Agathon's den Zugang
in das Gemüth eines Prinzen nicht erleichtert hätte, welcher
ohnehin so geneigt war, die Tugend entweder für Schwärmerei
oder für Verstellung zu halten.

Indessen gewann Agathon durch seine Nachsicht gegen die
Lieblingsfehler des Prinzen doch so viel, daß er sich desto leichter
bewegen ließ, an den Geschäften der Regierung mehr Antheil
zu nehmen, als er gewohnt war; und dies war es ohne Zweifel,
was unser Held für eine hinlängliche Vergütung des Tadels
ansah, den er sich durch seine Gefälligkeit bei gewissen Personen
von strengen Grundsätzen zuzog, welche in der weiten Entfernung von der großen Welt, worin sie leben, gute Muße haben,
an Andern zu verdammen, was sie an Derselben Platz vielleicht
noch schlechter gemacht haben würden.

Zweites Capitel.

Geheime Nachrichten von Philistus. Agathon zieht sich die Feindschaft des
Timokrates durch eine Handlung zu, wodurch er sich um Dionysius und um
ganz Sicilien verdient macht.

Außer der schönen Bacchidion war Philistus durch die Gnade,
worin er bei Dionysen stand, die beträchtlichste Person unter
Allen denjenigen, mit denen Agathon in seiner neuen Stelle in
Verhältniß war. Dieser Mann spielt in diesem Theil unsrer
Geschichte eine Rolle, welche begierig machen kann, ihn genauer
kennen zu lernen. Ueberdem ist es eine von den ersten
Pflichten der Geschichte, den verfälschenden Glanz zu zerstreuen,
welchen das Glück und die Gunst der Großen sehr oft über
nichtswürdige Geschöpfe ausbreiten, und der Nachwelt zu zeigen,
daß zum Beispiel dieser Pallas, welchen so viele Decrete des
römischen Senats, so viele Statuen und öffentliche Ehrenmäler
ihr als einen Wohlthäter des menschlichen Geschlechts, als einen
Halbgott ankündigten, nichts Besseres noch Größeres als ein
schamloser, lasterhafter Sklave war. Wenn Philistus in Vergleichung mit einem Pallas oder Tigellinus nur ein Zwerg
gegen einen Riesen scheint, so kommt es in der That allein von
dem unermeßlichen Unterschied zwischen der römischen Monarchie
im Zeitpunkt ihrer äußersten Höhe und dem kleinen Staat,
worin Dionysius zu gebieten hatte, her. Eben dieser Teufel,
der, seiner schlimmen Laune Lust zu machen, eine Herde

Schweine ersäufte, würde mit ungleich größerm Vergnügen den ganzen Erdboden unter Wasser gesetzt haben, wenn es ihm er=laubt gewesen wäre; und Philistus würde herzlich gern Pallas gewesen sein, wenn er das Glück gehabt hätte, in den Vor=zimmern des Claudius aufzuwachsen. Die Proben, die er in seinem kleinen Kreise von dem, was er in einem größern ge=than hätte, ablegte, lassen uns nicht daran zweifeln.

Ein geborner Sklave und in der Folge einer von den Frei=gelassenen des alten Dionysius, hatte dieser Philistus sich schon damals unter seinen Kameraden durch den schlauesten Kopf und die geschmeidigste Gemüthsart ausgezeichnet, ohne daß es ihm jedoch einigen besondern Vorzug bei seinem Herrn verschafft hätte. Er grämte billig über diese, wiewol nicht ungewöhn=liche Laune des Glücks; aber er wußte sich zu helfen. Glück=lichere Vorgänger hatten ihm den Weg gezeigt, wie man sich ohne Mühe und ohne Verdienste zu der hohen Stufe empor=schwingen kann, nach welcher ihm eine Art von Ehrgeiz, die sich in gewissen Seelen mit der verächtlichsten Niederträchtigkeit verträgt, ein ungezähmtes Verlangen gab. Wir haben schon bemerkt, daß der jüngere Dionysius von seinem Vater unge=wöhnlich hart gehalten wurde. Philistus war der Einzige, der den Verstand hatte zu sehen, wie viel Vortheil sich aus diesem Umstande ziehen lasse. Er fand Mittel, die Nächte des jungen Prinzen angenehmer zu machen, als seine Tage waren. Brauchte es mehr, um von einem jungen Menschen ohne Erziehung und Grundsätze als ein Wohlthäter angesehen zu werden, dessen gute Dienste er niemals genug werde belohnen können? Philistus ließ es nicht dabei bewenden. Er kam auf den Einfall, zu gleicher Zeit und durch einen einzigen kleinen Handgriff sich dieser Belohnung würdiger und desto eher theilhaft zu machen. Eine bösartige Kolik, wozu er das Recept hatte, beschleunigte das Ende des alten Tyrannen. Philistus war der Erste, der seinem jungen Gebieter die freudige Nachricht brachte, und nun sah er sich auf einmal in dem geheimsten Vertrauen eines Königs und in Kurzem am Ruder des Staats.

Diese wenigen Anekdoten sind zureichend, uns einen so sichern Begriff von dem sittlichen Charakter dieses würdigen Ministers zu geben, daß er nunmehr das Aergste, dessen ein Mensch fähig ist, begehen könnte, ohne daß wir uns darüber verwundern würden. Aber was für ein Physiognomist müßte der gewesen sein, der diese Anekdoten in seinen Augen hätte

leſeu können? Es iſt wahr, Agathon dachte gleich anfangs nicht
allzu vortheilhaft von ihm. Aber wie hätte er, ohne beſondere
Nachrichten zu haben oder ſelbſt ein Philiſtus zu ſein, ſich vor=
ſtellen ſollen, daß Philiſtus das ſein könnte, was er war?
Wenige kannten die inwendige Seite dieſes Mannes; aber auch
dieſe Wenigen waren zu gute Höflinge, um ihren bisherigen
Gönner eher zu verrathen, bis ſein Sturz gewiß war und ſie
wiſſen konnten, was ſie dadurch gewinnen würden. Ariſtipp,
für den ſein wahrer Charakter gleichfalls kein Geheimniß war,
hatte ſich vorgeſetzt, einen bloßen Zuſchauer abzugeben. Agathon
kounte alſo deſto leichter hintergaugen werden, weil Philiſtus
alle ſeine Kräfte und alle ſeine Verſtellungskunſt anſtrengte, ſich
bei ihm in Achtung zu ſetzen. Denn da er zu ſeinem großen
Mißvergnügen mit aller Menſchenkenntniß, die er (nach einem
gewöhnlichen, wiewol ſehr betrüglichen Vorurtheil der Hofleute)
zu beſitzen glaubte, die ſchwache Seite unſers Helden nicht aus=
fündig machen kounte, ſo blieb ihm kein anderer Weg übrig,
als durch eine große Arbeitſamkeit und Pünktlichkeit in Ge=
ſchäften ſich bei dem neuen Günſtling in das Anſehen eines
brauchbaren — und durch Tugenden, die er ebenſo leicht, als
man eine Maske anzieht, anzunehmen wußte, ſich endlich ſogar
in das Anſehen eines ehrlichen Mannes zu ſetzen.

Da zu dieſen Eigenſchaften, welche Agathou in ihm zu finden
glaubte, noch die Achtung, welche Dionyſius für ihn trug, und
die Betrachtung hinzu kam, daß es für den Staat weniger ſicher
ſei, einen ehrgeizigen Miniſter abzudanken, als ihn mit ſchein=
barer Beibehaltung ſeines Anſehens in engere Schrauken zu
ſetzen, ſo geſchah es, daß ſich diejenigen in ihrer Meinung
betrogen fanden, welche den Fall des Philiſtus für eine unfehl=
bare Folge der Erhebung Agathon's gehalten hatten. Sein
Anſehen ſchien vielmehr zuzunehmen, indem er zum Vorſteher
der verſchiedenen Tribunale ernannt wurde, unter welche Agathon
diejenige Gewalt vertheilte, welche vormals von den Vertrauten
des Prinzen willkürlich ausgeübt worden war. In der That
aber wurde er dadurch beinahe in die Unmöglichkeit geſetzt,
Böſes zu thuu, wofern ihn etwa eine Verſuchung dazu ankommen
ſollte, da er bei allen ſeinen Handlungen von ſo vielen Augen
beobachtet wurde, von Allem Rechenſchaft geben mußte und
nichts ohne die Einſtimmung des Prinzen oder (welches eine
Zeit lang einerlei war) ſeines Repräſentanten unternehmen kounte.

Wir hätten ohne Zweifel viel Schönes von der Staats=

verwaltung Agathon's sagen können, wenn wir uns in eine aus=
führliche Erzählung aller der nützlichen Ordnungen und Ein=
richtungen ausbreiten wollten, welche er in Absicht der Staats=
ökonomie, der Einziehung und Verwaltung der öffentlichen Ein=
künfte, der Polizei, des Handlungswesens und (welches in seinen
Augen, das Wesentlichste war) der öffentlichen Sitten und der
Bildung der Jugend, theils wirklich zu machen anfing, theils
gemacht haben würde, wenn man ihm Zeit dazu gelassen hätte.
Allein Alles dieses gehört nicht zu dem Plan des gegenwärtigen
Werkes; und es wäre in der That nicht abzusehen, wozu eine
solche Ausführung in einer Zeit nützen sollte, worin die Kunst
zu regieren einen Schwung genommen zu haben scheint, der
die Maßregeln und das Beispiel unsers Helden ebenso unnütz
macht als die Projecte des ehrlichen Abts von Saint=Pierre.
Die Art, wie sich Agathon ehmals seines Ansehens und Ver=
mögens zu Athen bediente, kann unsern Lesern einen hinläng=
lichen Begriff davon geben, wie er sich einer beinahe unum=
schränkten Macht und eines königlichen Vermögens bedient
haben werde.

Nur einen Umstand können wir nicht vorbeigehen, weil er
einen merklichen Einfluß in die folgenden Begebenheiten unsers
Helden hatte. Dionysius befand sich, als Agathon an seinen
Hof kam, in einen Krieg mit den Karthagern verwickelt, welche,
durch verschiedene kleine Republiken des südlichen und westlichen
Theils von Sicilien unterstützt, unter dem Schein, sie gegen die
Uebermacht von Syrakus zu schützen, sich der innerlichen Zwie=
tracht der Sicilier als einer guten Gelegenheit bedienen wollten,
diese für ihre Handlungsabsichten unendlich vortheilhaft gelegene
Insel in ihre eigene Gewalt zu bringen. Einige von diesen
kleinen Republiken wurden von sogenannten Tyrannen beherrscht;
und diese hatten sich bereits in die Arme der Republik Karthago
geworfen. Die andern hatten sich bisher noch in einer Art von Frei=
heit erhalten und schwankten zwischen der Furcht, von Dionysen
überwältigt zu werden, und dem Mißtrauen in die Absichten
ihrer anmaßlichen Beschützer in einer Wage, die alle Augenblicke
auf die Seite der letztern überzuziehen drohte. Timokrates,
welchem Dionysius die oberste Befehlshaberstelle in diesem Kriege
anvertraute, hatte sich bereits durch einige Vortheile über die
Feinde den öfters wohlfeilen Ruhm eines guten Generals er=
worben. Aber mehr darauf bedacht, bei dieser Gelegenheit Lor=
beern und Reichthümer zu sammeln, als das wahre Interesse

seines Fürsten zu besorgen, hatte er das Feuer der innerlichen Unruhen Siciliens vielmehr ausgebreitet als gedämpft und durch seine Aufführung sich bei denen, die noch keine Partei genommen, so verhaßt gemacht, daß sie im Begriff waren, sich für Karthago zu erklären.

Agathon schmeichelte sich, seine Beredsamkeit würde dem Dionysius in diesen Umständen größere Dienste thun können als die ganze, wiewol nicht verächtliche Land= und Seemacht, welche Timokrates unter seinen Befehlen hatte. Er hielt es für besser, Sicilien zu beruhigen als zu erobern, besser, es zu einer Art von freiwilliger Uebergabe an Syrakus zu bewegen, als es den Gefahren und verderblichen Folgen eines Krieges ausgesetzt zu lassen, der (wenn er auch am Glücklichsten für den Dionysius ausfiele) ihm doch nichts mehr verschaffen würde als den zweideutigen Vortheil, seine Unterthanen um eine Anzahl gezwungener und mißvergnügter Leute vermehrt zu haben, auf deren guten Willen man keinen Augenblick zählen dürfte.

Dionysius konnte den Gründen, womit Agathon sein Vorhaben und die Hoffnung des gewünschten Ausgangs unterstützte, seinen Beifall nicht versagen. Ueberhaupt galt es ihm gleich, durch was für Mittel er zum ruhigen Besitz der höchsten Gewalt in Sicilien gelangen könnte, wenn er nur dazu gelangte; und eben darum, weil er klein genug war, sich auf die wenig entscheidenden Siege seines Feldherrn so viel einzubilden, als ob er sie selbst erhalten hätte, war er auch feigherzig genug, sich zu dem unrühmlichsten Frieden geneigt zu fühlen, sobald er mit einiger Aufmerksamkeit an die Unbeständigkeit des Kriegsglücks dachte. Die edlern Beweggründe unseres Helden fanden also leicht Eingang bei ihm; oder, richtiger zu reden, Agathon schrieb die Bereitwilligkeit des Prinzen dem Eindruck seiner eignen Vorstellungen zu, ohne wahrzunehmen, daß der wahre Grund davon in Dionysens niederträchtiger Gemüthsart lag.

Er begab sich also insgeheim (denn es war ihm daran gelegen, daß Timokrates von seinem Vorhaben keinen Wink bekäme) in diejenigen Städte, welche im Begriff standen, die Partei von Karthago zu verstärken. Es gelang ihm, die widrigen Vorurtheile zu zernichten, womit er alle Gemüther gegen die gefürchtete Tyrannei Dionysens eingenommen fand. Er überzeugte sie so vollkommen, daß das Interesse eines jeden besondern Theils von dem gemeinen Besten des ganzen Sicilien unzertrennlich sei, und machte ihnen ein so schönes Gemälde von dem glücklichen Zustande dieser Insel, wenn alle ihre Theile durch die Bande des Vertrauens und der Freundschaft sich mit Syrakus, als dem gemeinschaftlichen Mittelpunkte, vereinigen würden, daß er mehr erhielt, als er gehofft hatte, und sogar mehr, als er verlangte. Er wollte nur Bundesgenossen, und es fehlte wenig, so würden sie in einem Anstoß von über= fließender Zuneigung zu ihm sich ohne Bedingung zu Unter= thanen eines Prinzen ergeben haben, von dessen erstem Minister sie so sehr bezaubert waren.

Die Veränderung, welche hierdurch in den öffentlichen An= gelegenheiten gemacht wurde, brachte den Krieg so schnell zu Ende, daß Timokrates keine Gelegenheit bekam, durch ein ent= scheidendes Treffen (es möchte allenfalls gewonnen oder verloren worden sein) Ehre einzulegen. Man kann sich vorstellen, ob Agathon sich dadurch die Freundschaft dieses Mannes, den sein großes Vermögen und die Verschwägerung mit dem Prinzen zu einer wichtigen Person machte, erworben habe, und mit welchen Augen Timokrates die frohlockenden Regungen der Nation, welche unsern Helden nach Syrakus zurückbegleiteten, die Merk= male der Hochachtung, womit er von dem Prinzen empfangen wurde, und das außerordentliche Ansehen, worin er sich durch diese friedsame Eroberung befestigte, angeschielt haben werde. Genöthigt, seinen Unwillen und seinen Haß gegen einen so siegreichen Nebenbuhler in sich selbst zu verschließen, lauerte er nur desto ungeduldiger auf Gelegenheiten, insgeheim am Unter= gange desselben zu arbeiten. Und wie hätte es ihm an einem Hofe, und an dem Hofe eines solchen Fürsten, an Gelegenheiten dazu fehlen können?

Drittes Capitel.

Beispiele, daß nicht Alles, was gleißt, Gold ist.

Wenn Agathon während einer Staatsverwaltung, welche nicht ganz zwei Jahre dauerte, das vollkommenste Vertrauen seines Prinzen und die allgemeine Liebe der Nation, welche er regierte, gewann, und wenn er sich dadurch auf die hohe Stufe des Ansehens und der scheinbaren Glückseligkeit emporschwang, welche unverdienterweise der Gegenstand der Bewunderung aller kleinen und des Neides aller zugleich boshaften Seelen zu sein pflegt, so müssen wir gestehen, daß diese launische, unerklärbare Macht, die man Glück oder Zufall nennt, den wenigsten Antheil daran hatte. Die Verdienste, die er sich in so kurzer Zeit um den Prinzen und die Nation machte, die Beruhigung Siciliens, das befestigte Ansehen von Syrakus, die Verschönerung dieser Hauptstadt, die Verbesserung ihrer Polizei, die Belebung der Künste und Gewerbe und die all= gemeine Zuneigung, welche er einer vormals verabscheuten Re= gierung zuwandte: alle diese Erfolge legten ein unverwerfliches Zeugniß für die Weisheit seiner Staatsverwaltung ab. Und da so viele und so wichtige Verdienste durch die Uneigennützigkeit und Regel= mäßigkeit seines Betragens in ein Licht gestellt wurden, welches keine Mißdeutung zuzulassen schien, so blieb seinen heimlichen Feinden, ohne die ungewisse Hilfe irgend eines Zufalls, von dem sie selbst noch keine Vorstellung hatten, wenig Hoffnung übrig, ihn so bald wieder zu stürzen, als sie es für ihre Absichten wünschen mußten.

Aber wie konnte ein Mann, der sich so untadelig betrug und um Jedermann Gutes verdiente, Feinde haben? So werden diejenigen vielleicht denken, welche bei Gelegenheit zu vergessen scheinen, daß der weise Mann nothwendig alle Thoren, und der rechtschaffene unvermeidlicherweise Alle, die es nicht sind, entweder zu öffentlichen oder doch gewiß zu immerwähren= den heimlichen Feinden haben muß; eine Wahrheit, welche in der Natur der Sachen so gegründet und durch eine nie unter= brochene Erfahrung so bestätigt ist, daß wir mit besserem Grunde fragen könnten: wie sollte ein Mann, der sich so wohl betrug, keine Feinde gehabt haben? Es konnte nicht anders sein, als daß derjenige, dessen beständige Bemühung dahin ging, seinen Prinzen tugendhaft oder doch wenigstens seine Laster unschädlich zu machen, sich den herzlichen Haß dieser Höflinge zuziehen mußte, welche (wie Montesquieu allzu streng von allen Hof= leuten behauptet) nichts so sehr fürchten als die Tugend des Fürsten und keinen zuverlässigeren Grund ihrer Hoffnungen kennen als seine Schwachheiten. Wie hätten sie den Agathon nicht für denjenigen ansehen sollen, der allen ihren Absichten und Entwürfen im Wege stand? Er verlangte zum Beispiel, daß man vorher Verdienste haben müsse, ehe man an Belohnun= gen Anspruch machen könne; sie hingegen wußten einen kürzern und gemächlichern Weg, einen Weg, auf welchem zu allen Zeiten (die Regierungen der Antonine ausgenommen) die nichts=

würdigsten Leute an Höfen ihr Glück gemacht haben: — kriechende
Schmeichelei, blinde Gefälligkeit gegen die Leidenschaften der
Fürsten und ihre Günstlinge, Gefühllosigkeit gegen alle Regungen
des Gewissens und der Menschlichkeit, Taubheit gegen die Stimme
aller Pflichten, unerschrockene Unverschämtheit, sich selbst Talente
und Verdienste beizulegen, die man nie gehabt hat, fertige Bereit=
willigkeit, jedes Bubenstück zu begehen, welches eine Stufe zu
unsrer Erhebung werden kann; — und diesen Weg hatte ihnen
Agathon auf einmal versperrt. Sie sahen, so lange dieser Mann
den Platz eines Günstlings bei Dionysen behaupten würde, keine
Möglichkeit, wie Leute von ihrer Art sollten gedeihen können.
Sie haßten ihn also; und wir können versichert sein, daß in
den Herzen aller dieser Höflinge eine Art von Zusammen=
verschwörung gegen ihn brütete, ohne daß es dazu einiger ge=
heimen Verabredung bedurfte.

Allein von Allem diesem wurde noch nichts sichtbar. Die Maske,
welche sie vorzunehmen für gut fanden, sah einem natürlichen
Gesichte so ähnlich, daß Agathon selbst dadurch betrogen wurde
und sich gegen die Philiste und Timokrate und ihre Creaturen
ebenso bezeigte, als ob die Hochachtung, welche sie ihm bewiesen,
und der Beifall, den sie allen seinen Maßnehmungen gaben,
aufrichtig gewesen wäre. Diese wackern Männer hatten einen
gedoppelten Vortheil über ihn. Er, weil er sich nichts Böses
zu ihnen versah, dachte nicht daran, sie scharf zu beobachten;
sie, weil sie sich ihrer eigenen Bosheit bewußt waren, suchten
desto vorsichtiger ihre wahren Gesinnungen in eine undurchdring=
liche Verstellung einzuhüllen. Versichert, daß ein Mensch noth=
wendig eine schwache Seite haben müsse, gaben sie sich alle
mögliche Mühe, die seinige zu finden, und stellten ihn, ohne
daß er einen Verdacht deswegen auf sie werfen konnte, auf
alle möglichen Proben. Da sie ihn aber gegen Versuchungen,
denen sie selbst zu unterliegen pflegten, gleichgiltig oder
gewaffnet fanden, so blieb ihnen bis auf irgend eine günstige
Gelegenheit nichts übrig, als ihn durch den zauberischen Dunst
einer subtilen Schmeichelei einzuschläfern, welche er desto leichter
für Freundschaft halten konnte, da sie alle Anscheinungen der=
selben hatte. Und wie natürlich mußte es ihm sein in einem
Lande, worin er sich um Atte verdient machte, einen Jeden für
seinen Freund zu halten! Diese Absicht gelang ihnen, und
man muß gestehen, daß sie dadurch schon ein Großes über ihn
gewonnen hatten.

Uebrigens können wir nicht umhin (es mag nun unserm Helden nachtheilig sein oder nicht) zu gestehen, daß zu einer Zeit, da sein Ansehen den höchsten Gipfel erreicht hatte; da Dionysius ihn mit Beweisen einer unbegrenzten Gunst überhäufte; da er von dem ganzen Sicilien für seinen Schutzgott angesehen wurde und das seltene Glück zu genießen schien, lauter Bewunderer und Freunde und keinen Feind zu haben; daß in einem so blendenden Glücksstande — die Damen zu Syrakus die einzigen Personen waren, welche ziemlich deutlich merken ließen, daß sie nicht sehr günstig von ihm dachten.

Die Damen zu Syrakus hatten so gut Augen wie die zu Smyrna — und Herzen dazu, oder in Ermanglung der letztern wenigstens etwas, dessen Bewegungen gewöhnlich mit den Bewegungen des Herzens verwechselt werden. Ja, diejenigen, welche auch dessen ermangelten (wenn es anders solche gab), hatten doch Eitelkeit und konnten also nicht gleichgiltig gegen die eigensinnige Unempfindlichkeit eines Mannes sein, dessen Ueberwindung seine Siegerin zur Liebenswürdigsten ihres Geschlechts zu erklären schien. In den Augen der meisten Schönen ist der Günstling eines Monarchen allezeit ein Adonis. Wie natürlich war also der Wunsch, einen Adonis empfindlich zu machen, der noch überdies der Liebling eines Königs und in der That (den Namen und das Diadem ausgenommen) der König selbst war!

Man kann sich auf die Geschicklichkeit der schönen Sicilierinnen verlassen, daß sie nichts vergessen haben werden, seiner Kaltsinnigkeit auch nicht den Schatten einer anständigen Entschuldigung übrig zu lassen. Und womit hätte sie wol entschuldigt werden können? Es ist wahr, ein mit der Sorge für einen ganzen Staat beladener Mann hat nicht so viel Muße als ein junger Herr, der sonst nichts zu thun hat, als sein Gesicht alle Tage ein paarmal im Vorzimmer zu zeigen und die übrige Zeit von einer Schönen und von einer Gesellschaft zur andern zu flattern. Aber man mag so beschäftigt sein, als man will, so behält man doch allezeit Stunden für sich selbst und für sein Vergnügen übrig. Und wiewol Agathon sich seinen Beruf etwas schwerer machte, als er in unsern Zeiten zu sein pflegt, nachdem man das Geheimniß erfunden hat, die schwersten Dinge mit einer gewissen, unsern plumpern Vorfahren unbekannten Leichtigkeit, vielleicht nicht so gut, aber doch artiger zu thun, so war es doch augenscheinlich, daß er solche Stunden hatte. Sein Einfluß in die Staatsverwaltung schien ihm so wenig zu

schaffen zu geben; er brachte so viel Freiheit des Geistes, so
viel Munterkeit und gute Laune zur Gesellschaft und zu den
Ergetzlichkeiten, wobei ihn Dionysius fast immer um sich haben
wollte, daß man die Schuld seiner seltsamen Aufführung unmöglich seinen Geschäften beimessen konnte.

Man mußte also, um sie begreiflich zu machen, auf andere
Hypothesen verfallen. Anfangs hielt eine Jede die Andere im
Verdacht, die geheime Ursache davon zu sein; und so lange
dieses dauerte, hätte man sehen sollen, mit was für Augen
die guten Damen einander beobachteten, und wie oft man in
einem Augenblicke eine Entdeckung gemacht zu haben glaubte,
welche der folgende wieder vernichtete. Endlich fand sich's, daß
man einander Unrecht gethan hatte: Agathon war gegen alle
gleich verbindlich und liebte keine. Auf eine Abwesende konnte
man keinen Argwohn werfen; denn was hätte ihn bewegen
sollen, den Gegenstand seiner Liebe von sich entfernt zu halten?

Es blieben also zuletzt keine andern als solche Vermuthungen
übrig, welche unserm Helden auf die eine oder andre Art nicht
sonderlich Ehre machten, ohne den gerechten Verdruß mindern
zu können, den man über ein so wenig natürliches und in
jeder Betrachtung so verhaßtes Phänomen empfinden mußte.

Unsere Leser, welche noch nicht vergessen haben können,
was Agathon zu Smyrna war, werden sogleich auf einen Gedanken kommen, welcher freilich den Damen zu Syrakus unmöglich einfallen konnte: nämlich, daß es diesen vielleicht an
Reizungen gefehlt habe, um einen hinlänglichen Eindruck auf
ein Herz zu machen, welches nach einer Danae (welch ein Gemälde macht dieses einzige Wort!) nicht leicht etwas würdig
finden konnte, seine Neugier rege zu machen. Allein wenn die
Nachrichten, denen wir in dieser Geschichte folgen, Glauben verdienen, so hat eine den besagten Damen so wenig schmeichelnde
Vermuthung nicht den geringsten Grund. Syrakus hatte Schönen,
welche so gut als Danae den Polykleten zu Modellen hätten
dienen können; und diese Schönen hatten Alle noch etwas dazu,
was die Schönheit noch geltender macht. Einige Witz, Andere
Zärtlichkeit, Andere wenigstens einen guten Theil von dieser
edlen Unverschämtheit, welche zuweilen schneller zum Zweck führt
als die vollkommensten Reizungen, wenn sie, unter dem Schleier
der Bescheidenheit versteckt, ein nachtheiliges Mißtrauen in sich
selbst zu verrathen scheinen. Es konnte also nicht dies sein. —
Gut! So wird er sich etwa des Sokratischen Geheimnisses be-

dient und in den verschwiegenen Liebkosungen irgend einer ge=
fälligen Cypassis das leichteste Mittel gefunden haben, sich vor
der Welt die Miene eines Xenokrates zu geben? — Auch dies
nicht! Wenigstens sagen unsere Nachrichten nichts davon. Ohne
also den Leser mit vergeblichen Muthmaßungen aufzuhalten,
wollen wir gestehen, daß die Ursache dieser Kaltsinnigkeit unseres
Helden etwas so Natürliches und Einfältiges war, daß (sobald
wir es entdeckt haben werden) Schach Baham selbst sich einbilden
würde, wo nicht eben das, doch ungefähr beinahe so etwas
erwartet zu haben.

Der Kaufmann, welcher unsern Helden nach Syrakus ge=
bracht hatte, war Einer von denjenigen, welchen er ehmals zu
Athen das Bildniß seiner Psyche zu dem Ende gegeben hatte,
damit sie mit desto besserm Erfolg aller Orten möchte aufgesucht
werden können. Agathon erinnerte sich dieses Umstands nicht
eher, bis er einsmals dies Bildniß von ungefähr in dem
Cabinet seines Freundes ansichtig wurde. Alles, was er
empfunden hätte, wenn es Psyche selbst gewesen wäre, empfand
er in diesem Augenblicke. Die Erinnerungen seiner ersten Liebe
wurden dadurch wieder so neu belebt, daß er (wie schwach auch
seine Hoffnung war, das Urbild jemals wiederzusehen) sich aufs
Neue in dem Entschluß bestätigte, ihrem Andenken getreu zu
bleiben. Die Damen von Syrakus hatten also wirklich eine
Nebenbuhlerin. Aber wie hätten sie errathen sollen, daß diese
zärtlichen Seufzer, welche Jede unter ihnen seinem Herzen ab=
zugewinnen wünschte, in mitternächtlichen Stunden vor einer
gemalten Gebieterin ausgehaucht würden?

Viertes Capitel.

Kleonissa.

Von Allen, welche sich durch die Unempfindlichkeit unsers
Helden beleidigt fanden, konnte Keine der schönen Kleonissa
den Preis der glänzendsten Vorzüge streitig machen.

Eine vollkommen regelmäßige Schönheit ist (mit Erlaubniß
derjenigen, welche Ursache haben, die Grazien der Venus vor=
zuziehen) unter allen Eigenschaften, die eine Dame haben kann,
diejenige, die den allgemeinsten, geschwindesten und stärksten
Eindruck macht. Und sie hat für tugendhafte Personen noch
den schätzbaren Vortheil, daß sie das Verlangen, von der Be=
sitzerin eines so seltnen Vorzugs geliebt zu sein, in dem näm=

lichen Augenblick durch eine Art von mechanischer Ehrfurcht
zurückscheucht, deren sich der verwegenste Satyr kaum erwehren
kann. Kleonissa besaß diese Vollkommenheit in einem Grade,
der den kaltblütigsten Kennern des Schönen nichts zu tadeln übrig
ließ. Es war unmöglich, sie ohne Bewunderung anzusehen. Aber
die ungemeine Zurückhaltung, welche sie annahm, das Majestätische, das sie ihrer Miene, ihren Blicken und allen ihren Bewegungen zu geben wußte, mit dem Ruf einer strengen Tugend, den
sie sich dadurch erworben hatte, verstärkte die natürliche Wirkung
ihrer Schönheit so sehr, daß Niemand sich in die Gefahr wagen
wollte, den Irion dieser Juno abzugeben.

Die Mittelmäßigkeit ihrer Herkunft und sowol der Staub
als die Vorsicht eines eifersüchtigen Ehemanns hatten sie während
ihrer ersten Jugend in einer so großen Entfernung von der
Welt gehalten, daß sie eine ganz neue Erscheinung war, als
Philistus (der sie, wir wissen nicht wie, aufgespürt und Mittel
gefunden hatte, sie mit guter Art zur Wittwe zu machen) sie
als seine Gemahlin an den Hof der Prinzessinnen brachte,
unter welchem Namen die Mutter, die Gemahlin und die
Schwestern des Dionysius begriffen waren. Nicht viel geneigter
als sein Vorgänger, eine Frau von so besondern Vorzügen
mit einem Andern zu theilen, hatte er anfangs alle Behutsamkeit
gebraucht, welche der geizige Besitzer eines kostbaren Schatzes
nur immer anwenden kann, um ihn vor der schlauesten Nach-
stellung zu verwahren. Aber die Tugend der Dame und die
herrschende Neigung, welche Dionysius in den ersten Jahren
seiner Regierung für diejenige Classe von Schönen zeigte, die
nicht so viel Schwierigkeiten macht, vielleicht auch eine gewisse
Laulichkeit, welche die Eigenthümer der großen Schönheiten nach
Verfluß zweier oder dreier Jahre, oft auch viel früher, unvermerkt
zu überschleichen pflegt, — hatten seine Eifersucht nach und nach
so zahm gemacht, daß er kein Bedenken trug, sie den Prinzessinnen, so oft sie wollten, zur Gesellschaft zu überlassen. Wir
wollen nicht untersuchen, ob Kleonissa damals wirklich so tugendhaft war, als die Sprödigkeit ihres Betragens gegen die Mannspersonen und die strengen Maximen, wonach sie ihr eigenes
Geschlecht beurtheilte, zu beweisen schienen. Genung, daß die
Prinzessinnen und ihr Gemahl selbst vollkommen davon überzeugt waren, und daß sich noch keiner von den Höflingen unter-
standen hatte, eine so ehrwürdige Tugend auf die Probe zu setzen.

Während daß Plato bei dem Prinzen in Ansehen stand,

war Kleonissa eine von den eifrigsten Verehrerinnen dieses Weisen und diejenige, welche die erhabene Phraseologie seiner Metaphysik am Geläufigsten sprechen lernte. Ob es aus Begierde, sich durch ihren Geist ebenso sehr als durch ihre Figur über die Uebrigen ihres Geschlechts zu erheben, oder aus irgend einem andern Beweggrunde geschehen sei, wissen wir nicht. Aber so viel ist gewiß, daß sie alle Gelegenheiten, den göttlichen Plato zu hören, mit Begierde suchte, eine ausnehmende Hochachtung für seine Person, einen unbedingten Glauben an seine Begriffe von Schönheit und Liebe und an alle übrigen Theile seines Systems zeigte, mit einem Worte, in kurzer Zeit an Seele und Leib einer Platonischen Idee so ähnlich wurde, als es diesseits der überhimmlischen Räume möglich ist. War es auf Seiten des Weisen nicht sehr natürlich, auf eine solche Schülerin stolz zu sein? Er betrachtete sie mit den Angen eines Künstlers, der sich selbst in seinem Werke wohlgefällt; Kleonissa schien den Triumph seiner Philosophie vollkommen zu machen. Es ist wahr, es wäre nur auf ihn angekommen, bei Gelegenheiten gewisse Beobachtungen in ihren schönen Angen zu machen, welche ihn ohne eine sehr lange Reihe von Schlüssen auf die Vermuthung hätten bringen können, daß es vielleicht nicht unmöglich sei, diese Göttin zu humanisiren. Aber der gute Plato, der damals schon über sechzig Jahre zählte, machte keine solche Beobachtungen mehr. Kleonissa blieb also in dem Ansehen eines lebendigen Beweises des Platonischen Lehrsatzes: „daß die körperliche Schönheit ein Widerschein der intellectualen Schönheit des Geistes sei." Das Vorurtheil für ihre Tugend hielt dem Eindruck, welchen ihre Reizungen hätten machen können, das Gleichgewicht, und sie hatte das Vergnügen, die vollkommene Gleichgiltigkeit, welche Dionysius für sie behielt, der Weisheit ihres Betragens zuzuschreiben und sich dadurch ein neues Verdienst bei den Prinzessinnen zu machen.

Aber! — O, wie wohl läßt sich jener Solonische Ausspruch, „daß man Niemand vor seinem Ende glücklich preisen solle," auch auf die Tugend der Heldinnen anwenden! Kleonissa sah den Agathon und — hörte in diesem Augenblick auf, Kleonissa zu sein! — Doch nein! dies ist nicht der rechte Ausdruck, wiewol er es nach dem Platonischen Sprachgebrauche zu sein scheint. Richtiger zu sprechen, sie bewies, daß die Prinzessinnen und sie selbst und ihr Gemahl und der Hof und die ganze Welt (den göttlichen Plato mit eingeschlossen) sich sehr geirrt hatten,

4*

da sie die schöne Kleonissa für etwas Andres hielten — als sie war, und als sie einem jeden mit Vorurtheilen unbefangenen Beobachter (dem Aristippus zum Exempel) in der ersten Stunde zu sein scheinen mußte.

Sich über einen so natürlichen Zufall zu verwundern, würde unserm Bedünken nach eine große Sünde gegen das nie genug anzupreisende NIL ADMIRARI sein, in welchem (nach der Meinung erfahrner Kenner der menschlichen Dinge) das eigentliche Geheimniß der philosophischen Adepten verborgen liegt. Die schöne Kleonissa war — ein Frauenzimmer. Sie hatte also ihren Antheil an den Schwachheiten, welche die Natur ihrem Geschlecht eigen gemacht hat, Schwachheiten, ohne welche diese zärtere Hälfte der menschlichen Gattung weder zu ihrer Bestimmung in dieser sublunarischen Welt geschickt, noch in der That so liebenswürdig sein würde, als sie ist. Ja, wie wenig Verdienst würde selbst ihrer Tugend übrig bleiben, wenn sie nicht durch eben diese Schwachheiten bewährt, geläutert und in Bewegung erhalten würde!

Dem sei nun, wie ihm wolle: die Dame fühlte, sobald sie unsern Helden erblickte, etwas, das die Tugend einer gewöhnlichen Sterblichen hätte beunruhigen können. Aber es giebt Tugenden von einer so starken Beschaffenheit, daß sie durch nichts beunruhigt werden, und die ihrige war von dieser Art. Sie überließ sich den Eindrücken, welche ohne Zuthun ihres Willens auf sie gemacht wurden, mit aller Unerschrockenheit, die das Bewußtsein unsrer Stärke zu geben pflegt. Die Vollkommenheit des Gegenstandes rechtfertigte die außerordentliche Hochachtung, welche sie für ihn bezeigte. Große Seelen sind am Geschicktesten, einander Gerechtigkeit widerfahren zu lassen. Ihre Eigenliebe ist so sehr dabei interessirt, daß sie die Parteilichkeit für einander sehr weit treiben können, ohne sich besonderer Absichten verdächtig zu machen. Ein so unedler Verdacht konnte ohnehin nicht auf die erhabene Kleonissa fallen. Indessen war doch nichts natürlicher als ihre Erwartung, daß sie in unserm Helden eben diesen, wo nicht einen noch höhern Grad der Bewunderung erwecken werde, als sie für ihn empfand. Diese Erwartung verwandelte sich (ebenso natürlich) in ein mit Unmuth vermischtes Erstaunen, da sie sich darin betrogen sah. Und was konnte aus diesem Erstaunen anders werden als eine heftige Begierde, ihrer durch seine Gleichgiltigkeit äußerst beleidigten Eigenliebe eine vollständige Genugthuung zu verschaffen? Auch wenn sie selbst gleichgiltig gewesen wäre, hätte sie mit Recht erwarten können, daß ein so seiner Kenner ihren Werth zu empfinden und eine Kleonissa von den kleinen Sternen, denen nur in ihrer Abwesenheit zu glänzen erlaubt war, zu unter=scheiden wissen werde. Wie sehr mußte sie sich also für beleidigt halten, da sie mit diesem edlen Enthusiasmus, womit privilegirte Seelen sich über die kleinen Bedenklichkeiten gewöhnlicher Lente hinwegsetzen, ihm entgegengeflogen war und die Beweise ihrer sympathetischen Hochachtung nicht so lange zurückzuhalten gewür=digt hatte, bis sie von der seinigen überzeugt worden wäre!

Da es nur von ihrer Eigenliebe abhing, die Größe des Unrechts nach der Empfindung ihres eigenen Werths zu bestim=men, so war die Rache, welche sie sich an unserm Helden zu nehmen vorsetzte, die grausamste, die nur immer in das Herz einer beleidigten Schönen kommen kann. Sie wollte die ganze Macht aller ihrer geistigen und körperlichen Reizungen, verstärkt durch alle Kunstgriffe der schlauesten Koketterie (wovon ein so allgemeines Genie als das ihrige wenigstens die Theorie besitzen muß), dazu anwenden, ihren Undankbaren zu ihren Füßen zu legen; und wenn sie ihn durch die gehörigen Abwechslungen von Furcht und Hoffnung endlich in den kläglichen Zustand eines von Liebe und Sehnsucht verzehrten Seladon's gebracht und sich an dem Schauspiel seiner Seufzer, Thränen, Klagen, Ausrufungen und aller andern Ausbrüche der verliebten Thorheiten lange genug ergötzt haben würde, — ihn endlich auf einmal die ganze Schwere der kaltsinnigsten Verachtung fühlen lassen.

So wohl ausgesonnen diese Rache war, so eifrig und mit so vieler Geschicklichkeit wurden die Anstalten dazu ins Werk gesetzt; und wenu der Erfolg eines Projects allein von der guten Ausführung abhinge, so hätte die schöne Kleonissa den vollstän=digsten Triumph erhalten müssen, der jemals über den Trotz eines widerspenstigen Herzens erhalten worden ist.

Ob diese Dame, wenn Agathon sich in ihrem Netze gefangen hätte, fähig gewesen wäre, die Rache so weit zu treiben. als sie sich selbst versprochen hatte? — ist eine Aufgabe, deren Ent=scheidung vielleicht sie selbst, wenn der Fall sich ereignet hätte, in Verlegenheit gesetzt haben würde. Aber Agathon ließ es nicht so weit kommen. Er legte eine neue Probe ab, daß es nur einer Danae gegeben war, die schwache Seite seines Herzens ausfindig zu machen. Kleonissa hatte bereits die Hälfte ihrer Künste erschöpft, eh er nur gewahr wurde, daß ein An=

schlag gegen ihn im Werke sei; und sobald er es gewahr wurde, stieg sein Kaltsinn in eben dem Verhältnisse, wie ihre Bemühungen sich verdoppelten, auf einen solchen Grad, oder (deutlicher zu reden) der Absatz, den ihre Nachstellungen mit der affectirten Erhabenheit ihrer Denkungsart und mit der Majestät ihrer Tugend machten, that eine so schlimme Wirkung bei ihm, daß die schöne Kleonissa sich endlich genöthigt sah, die Hoffnung des Triumphs, womit sich ihre Eitelkeit geschmeichelt hatte, gänzlich aufzugeben. Die Wuth, in welche sie dadurch gesetzt wurde, verwandelte sich nun in den vollständigsten Haß; aber sie wußte die Bewegungen dieser Leidenschaft so geschickt zu verbergen, daß weder der Hof noch Agathon selbst gewahr wurde, mit welcher Ungeduld sie sich nach einer Gelegenheit sehnte, ihn die ganze Energie derselben empfinden zu lassen.

Fünftes Capitel.
Eine Hofkomödie.

In dieser Lage befanden sich die Sachen, als Dionysius, des ruhigen Besitzes der immer gefälligen Bacchidion und ihrer Tänze überdrüssig, sich zum ersten Mal einfallen ließ, die Beobachtung zu machen, daß Kleonissa schön sei. Kaum hatte er sie mit einiger Aufmerksamkeit beobachtet, so däuchte ihn, niemals etwas so Schönes gesehen zu haben; und nun fing er an sich zu verwundern, woher es gekommen, daß er diese Beobachtung nicht eher gemacht. Endlich erinnerte er sich, daß die Dame sich jederzeit durch eine sehr spröde Tugend und einen erklärten Hang für die Metaphysik unterschieden hatte, und nun zweifelte er nicht mehr, daß es dieser Umstand gewesen sein müsse, was ihn verhindert habe, ihrer Schönheit eher Gerechtigkeit widerfahren zu lassen. Eine Art von mechanischer Ehrfurcht vor der Tugend, die von seiner Trägheit und der Furcht vor den Schwierigkeiten sie zu besiegen, ihre meiste Stärke zog, würde ihn vielleicht auch dies Mal in den Grenzen einer unthätigen Bewunderung gehalten haben, wenn nicht einer von diesen kleinen Zufällen, welche so oft die Ursachen der größten Begebenheiten werden, seine natürliche Trägheit auf einmal in die ungeduldigste Leidenschaft verwandelt hätte. Da dieser Zufall jederzeit eine Anekdote geblieben ist, so können wir nicht gewiß sagen, ob er vielleicht von der Art desjenigen gewesen sei, wodurch in neuern Zeiten die Schwester des berühmten Herzogs

von Marlborough den erſten Grund zu dem außerordentlichen
Glück ihrer Familie gelegt haben ſoll. Dies iſt indeſſen ausgemacht, daß von dieſer geheimen Begebenheit an die Leidenſchaft und die Abſichten des Prinzen einen Schwung nahmen,
wodurch ſich die Tugend der ſchönen Kleoniſſa in keiner geringen
Verlegenheit befand, wie ſie das, was ſie ſich ſelbſt ſchuldig war,
mit den Pflichten gegen ihren Fürſten vereinigen wollte.
Dionyſius war ſo bringend, ſo unvorſichtig! — Und ſie, die in
jedem andern Frauenzimmer eine Nebenbuhlerin ſah und bei
jedem Schritte von hundert eiferſüchtigen Angen belauert wurde,
welche bereit waren, ihren kleinſten Fehltritt durch ebenſo viele
Zeugen der ganzen Welt in die Ohren flüſtern zu laſſen, —
wie viele Rückſichten hatte ſie nicht zu nehmen! Auf der einen
Seite ein von Liebe brennender Fürſt zu ihren Füßen, ungeduldig, eine grenzenloſe Gewalt um die kleinſte ihrer Gnuſt-
bezeigungen hinzugeben! auf der andern der Ruhm einer
Tugend, welche noch kein Sterblicher für fehlbar zu halten ſich
unterſtanden hatte, das Vertrauen der Prinzeſſinnen, die Hochachtung ihres Gemahls! Man muß geſtehen, tauſend Andre
ihres Geſchlechts würden ſich zwiſchen zwei auf ſo verſchiedene
Seiten ziehenden Kräften nicht zu helfen gewußt haben. Aber
Kleoniſſa, wiewol ſie ſich zum erſten Mal in dieſer Schwierigkeit befand, wußte dies ſo gut, daß ihr der ganze Plan ihres
Betragens ſchwerlich eine einzige ſchlafloſe Nacht gekoſtet haben
kann. Sie ſah beim erſten Blick, wie wichtig die Vortheile
waren, welche ſie in dieſen Umſtänden von ihrer Tugend ziehen
könnte. Das nämliche Mittel, wodurch ſie ihren Ruhm ſicher-
ſtellen und die Freundſchaft der Prinzeſſinnen erhalten konnte,
war unſtreitig auch dasjenige, was den unbeſtändigen Dionyſius
bei einem klugen Gebrauch der erforderlichen Aufmunterungen
auf immer in ihren Feſſeln erhalten würde. Sie ſetzte alſo
ſeinen Erklärungen, Verheißungen, Bitten, Drohungen (zu den
ſeinen Nachſtellungen war er weder zärtlich noch ſchlau genug)
eine Tugend entgegen, welche ihn durch ihre Hartnäckigkeit nothwendig hätte ermüden müſſen, wenn ſie aus Mitleiden nicht zu
gleicher Zeit beſorgt geweſen wäre, ſeine Pein durch alle die
kleinen Palliative zu lindern, welche im Grunde für eine Art
von Gunſtbezeigungen angeſehen werden können, ohne daß
gleichwol die Tugend bei einem Liebhaber wie Dionyſius dadurch
zu viel von ihrer Würde zu vergeben ſcheint. Die zärtliche
Empfindlichkeit ihres Herzens, die Gewalt, welche ſie ſich anthun

mußte, einem so liebenswürdigen Prinzen zu widerstehen, die
stillschweigenden Geständnisse ihrer Schwachheit, welche zu eben
der Zeit, da sie ihm den entschlossensten Widerstand that, ihrem
schönen Busen wider ihren Willen entflohen — O! tugendhafte
Kleonissa! Was für eine gute Schauspielerin Du warst! — Und
was hätte Dionysius sein müssen, wenn er bei solchen An=
scheinungen die Hoffnung aufgegeben hätte, endlich noch glücklich
zu werden!

Inzwischen war ungeachtet aller Behutsamkeit, womit die
Gemahlin des Philistus zu Werke ging, die Leidenschaft des
Prinzen und die unüberwindliche Tugend seiner Göttin — ein
Geheimniß, welches der ganze Hof wußte, wiewol man sich
nicht merken ließ, daß man Augen und Ohren habe. Sie hatte
die Vorsicht so weit getrieben, von dem Augenblicke an, da sie
an der Leidenschaft des Prinzen nicht mehr zweifeln konnte,
seine eigenen Schwestern zu ihren Vertrauten zu machen. Diese
hatten Alles seiner Gemahlin entdeckt, und die Gemahlin seiner
Mutter. Die Prinzessinnen (welche seine bisherigen Ausschwei=
fungen immer vergebens beseufzt und besonders gegen die arme
Bacchidion einen Widerwillen gefaßt hatten, wovon sich kein
andrer Grund als eine eigensinnige Laune angeben läßt) waren
hoch erfreut, daß seine Neigung endlich einmal auf einen tugend=
haften Gegenstand gefallen sei. Die ausnehmende Klugheit der
schönen Kleonissa machte ihnen Hoffnung, daß es ihr gelingen
würde, ihn unvermerkt auf den rechten Weg zu bringen. Sie
erstattete ihnen jedes Mal getreuen Bericht von Allem, was
zwischen ihr und ihrem Liebhaber vorgegangen war, — wenig=
stens von Allem, was die Prinzessinnen davon zu wissen nöthig
hatten. Alle Maßregeln, wie sie sich gegen ihn betragen sollte,
wurden in dem Cabinet der Königin abgeredet, und diese gute
Dame (welche das Unglück hatte, die Kaltsinnigkeit ihres Gemahls
lebhafter zu empfinden, als es für ihre Ruhe diensam war) gab
sich alle möglichen Bewegungen, die Bemühungen der tugend=
haften Kleonissa zu unterstützen. Alles dies machte eine Art
von geheimer Intrigue aus, welche, ohne daß es in die Augen
fiel, den ganzen Hof in innerliche Bewegung setzte. Der einzige
Philistus, der am Meisten Ursache hatte aufmerksam zu sein,
wußte nichts von Allem, was Jedermann wußte, oder bewies
doch wenigstens in seinem ganzen Betragen eine so seltsame
Sicherheit, daß wir (wenn uns das außerordentliche Vertrauen
nicht bekannt wäre, welches er in die Tugend seiner Gemahlin

zu setzen Ursache hatte) beinahe unvermeidlich auf den Argwohn gerathen müßten, als ob er gewisse Absichten bei dieser Aufführung gehabt haben könnte, welche dem Charakter eines jeden Andern keine sonderliche Ehre machen würden, wiewol sie blos ein Flecken mehr an dem seinigen gewesen wären.

Alles ging, wie es gehen sollte. Dionysius setzte die Belagerung mit der äußersten Hartnäckigkeit und mit Hoffnungen fort, welche der tapfere Widerstand der weisen Kleonissa noch immer sehr zweideutig machte. Die Liebe schien noch wenig über ihre Tugend erhalten zu haben; aber gleichwol fing diese allmählig an, von ihrer Majestät nachzulassen und zu erkennen zu geben, — daß sie nicht ganz ungeneigt wäre, sich unter hinlänglicher Sicherheit in ein geheimes Verständniß, sofern es eine bloße Liebe der Seelen zur Absicht hätte, einzulassen. Die Prinzessinnen sahen mit dem vollkommensten Vertrauen auf die keuschen Reizungen ihrer Freundin der Entwicklung des Stücks entgegen, und Philistus war von einer Gefälligkeit, von einer Indolenz, wie man niemals gesehen hat, als Agathon, zum Unglück für ihn und für Sicilien, durch einen Eifer, der an einem Staatsmanne von so vieler Einsicht kaum zu entschuldigen war, sich verleiten ließ, den glücklichen Fortgang der verschiedenen Absichten, welchen Dionysius — Kleonissa — die Prinzessinnen — und vielleicht auch Philistus — schon so nahe zu sein glaubten, durch seine unzeitige Dazwischenkunft zu stören.

Sechstes Capitel.

Agathon begeht einen großen Fehler gegen die Hofklugheit. Folgen davon.

Die Vertraulichkeit, worin Dionysius mit seinen Günstlingen zu leben pflegte, und das natürliche Bedürfniß eines Verliebten, Jemand zu haben, dem er sein Leiden oder seine Glückseligkeit entdecken kann, hatten ihm nicht erlaubt, dem Agathon aus seiner neuen Liebe ein Geheimniß zu machen. Dieser trieb anfänglich die Gefälligkeit so weit, sich von dem schwatzhaftesten Liebhaber, der jemals war, mit den Angelegenheiten seines Herzens ganze Stunden lange Weile machen zu lassen. Ohne seine Wahl geradezu zu mißbilligen (denn was für einen Erfolg hätte er davon hoffen können?), begnügte er sich, ihm die Schwierigkeiten, die sich bei einer Dame von so strenger und systematischer Tugend finden würden, so fürchterlich abzumalen, daß er ihn von einer Unternehmung, die sich, dem Ansehen nach wenigstens, in eine entsetzliche Länge hinauszziehen müßte, abzuschrecken hoffte. Wie er aber sah, daß Dionysius, anstatt durch den Widerstand ermüdet zu werden, von Tag zu Tag mehr Hoffnung schöpfte, diese beschwerliche Tugend durch hart= näckig wiederholte Anfälle endlich abzumatten, so glaubte er der schönen Kleonissa nicht zuviel zu thun, wenn er sie im Verdacht eines gekünstelten Betragens hätte, welches die Leidenschaft des Prinzen zu eben der Zeit, da sie ihm alle Hoffnung zu ver= bieten schien, aufzumuntern wisse. Je schärfer er sie beobachtete, je mehr Umstände entdeckte er, die ihn in diesem Argwohn bestärkten; und da sein natürlicher Widerwille gegen die ma= jestätischen Tugenden das Seinige mit dazu beitrug, so hielt er sich nun vollkommen überzeugt, daß die weise und tugend= hafte Kleonissa weder mehr noch weniger als eine Betrügerin sei, welche durch einen erdichteten Widerstand zu gleicher Zeit sich in dem Ruf der Unüberwindlichkeit zu erhalten und den leichtgläubigen Dionysius desto fester in ihrem Garne zu ver= stricken im Sinne habe.

Nunmehr fing er an, die Sache für ernsthaft anzusehen und sich sowol durch die Pflichten gegen den Prinzen, für den er bei allen seinen Schwachheiten eine Art von Zuneigung fühlte, als aus Sorge für den Staat verbunden zu halten, einem Verständniß, welches für Beide sehr schlimme Folgen haben konnte, sich mit Nachdruck entgegenzusetzen. Bacchidion schien ihm ihres Herzens — oder richtiger zu reden, ihrer glücklichen Organisation wegen — ungeachtet des gemeinen und gerechten Vorurtheils gegen ihren Stand, in Vergleichung mit dieser tugendhaften Dame eine sehr schätzbare Person zu sein; und da sie in der Unruhe, worein die immer zunehmende Kalt= sinnigkeit des Prinzen sie zu setzen anfing, ihre Zuflucht zu ihm nahm, so machte er sich desto weniger Bedenken, sich ihrer mit etwas mehr Eifer, als die Würde seines Charakters vielleicht gestatten mochte, anzunehmen. Dionysius liebte sie nicht mehr; gleichwol maßte er sich noch immer solche Rechte über sie an, welche ihrer Meinung nach nur die Liebe zugestehen konnte. Die schöne Bacchidion wurde gewahr, daß sie blos die Stelle ihrer Nebenbuhlerin in seinen Armen vertreten sollte; und wie= wol sie nur eine Tänzerin war, so däuchte sie sich doch zu einem solchen Amte zu gut. Sie setzte sich also in den Kopf, an ihrem Theil auch die Grausame zu machen und zu ver= suchen, ob sie durch ein sprödes und launisches Betragen, mit

einer gehörigen Dosis von Koketterie vermischt, nicht mehr als
durch zärtliche Klagen und verdoppelte Gefälligkeit gewinnen
würde. Dieser Kunstgriff hatte einen so guten Erfolg, daß
Agathon (der sich des Sieges zu früh versichert hielt) jetzt den
gelegenen Augenblick gefunden zu haben glaubte, dem Dionysius
offenherzig zu gestehen, wie wenig Achtung er für die angebliche
Tugend der schönen Kleonissa trage.

Aber die Folgen der geheimen Unterredung, welche sie mit
einander über diese Materie hatten, entsprachen der Erwartung
unsers Helden nicht. Alles Nachtheilige, was Agathon dem
Prinzen von seiner neuen Göttin sagen konnte, bewies höchstens,
daß sie nicht so viel Hochachtung verdiene, als er geglaubt hatte;
aber es verminderte seine Begierden nicht. Desto besser für
seine Absichten, wenn sie nicht so tugendhaft war. Diesen
edlen Gedanken ließ er zwar seinem Günstling nicht sehen; aber
Kleonissa wurde ihn desto deutlicher gewahr. Dionysius hatte
kaum vernommen, daß die Tugend der Dame nur ein Popanz
sei, so eilte er, was er konnte, Gebrauch von dieser Entdeckung
zu machen, und setzte sie durch ein Betragen in Erstaunen,
welches mit seinem vorigen und noch mehr mit der Majestät
ihres Charakters auf eine höchst beleidigende Weise contrastirte.
Er glaubte zwar, es sehr fein gemacht zu haben, da er ihr nicht
geradezu sagte, was für Begriffe man ihm von ihr beigebracht
habe; aber seine Handlungen sagten es so deutlich, daß sie nicht
zweifeln konnte, es müßte ihr Jemand schlimme Dienste bei ihm
geleistet haben. Dieser Umstand setzte sie in keine geringe Verlegenheit, wie sie dasjenige, was sie ihrer beleidigten Würde
schuldig war, mit der Besorgniß, einen Liebhaber von solcher
Wichtigkeit durch allzu weit getriebene Strenge gänzlich abzuschrecken, zusammenstimmen wollte. Allein ein Geist wie der
ihrige weiß sich aus den schwierigsten Lagen herauszuwickeln.
Kurz, Dionysius verließ sie überzeugter als jemals, daß sie die
Tugend selbst sei, und daß sie blos durch die Stärke der Sympathie, wodurch ihre zum ersten Mal gerührte Seele gegen die
seinige gezogen werde, fähig werden könnte, die Hoffnungen
dereinst zu erfüllen, welche sie ihm weder erlaubte noch gänzlich
verwehrte.

Von dieser Zeit an nahm seine Leidenschaft und das Ansehen
dieser Dame von Tag zu Tag zu. Die schöne Bacchidion wurde
förmlich abgedankt, und Agathon würde in den Augen seines
Herrn haben lesen können, wenn er es nicht aus seinem

Munde vernommen hätte, wie viel Hoffnung der Prinz habe, bald den letzten Seufzer der sterbenden Tugend von den Lippen der zärtlichen und nur noch schwach widerstehenden Kleonissa aufzufassen.

Jetzt glaubte er, daß es die höchste Zeit sei, einen Schritt zu thun, der nur durch die äußerste Nothwendigkeit gerecht= fertigt werden konnte, aber seiner Meinung nach das einzige Mittel war, dieser gefährlichen Intrigue noch in Zeiten ein Ende zu machen. Er ließ den Philistus zu sich rufen und entdeckte ihm mit der ganzen Vertraulichkeit eines ehrlichen Mannes, der mit einem ehrlichen Manne zu reden glaubt, die nahe Gefahr, worin seine Ehre und die Tugend seiner Gemahlin schwebe. Freilich entdeckte er dem edeln Philistus nichts als — was dieser in der That schon lange wußte. Aber Philistus machte nichtsdestoweniger den Erstaunten; indessen dankte er ihm mit der lebhaftesten Empfindung für ein so unzweifelhaftes Merkmal seiner Freundschaft und versicherte, daß er auf ein schickliches Mittel bedacht sein wolle, seine Gemahlin (von welcher er übrigens die beste Meinung von der Welt habe) gegen alle Nachstellungen der Liebesgötter sicher zu stellen.

Man hat wol sehr Recht, uns die Lehre bei allen Gelegen= heiten einzuschärfen: „daß man sich die Leute nach ihrer Weise verbindlich machen müsse und nicht nach der unsrigen." Agathon glaubte sich kein geringes Verdienst um den Philistus gemacht zu haben und würde nicht wenig über die Apostrophen erstaunt gewesen sein, welche dieser würdige Minister an ihn machte, sobald er sich wieder allein sah. In der That mußte es ihn nothwendig ungehalten machen, sich durch eine so unzeitige Sorge Agathon's für seine Ehre auf einmal aller Vortheile seiner bisherigen Unachtsamkeit verlustigt zu sehen. Indessen konnte er nun, ohne sich in Agathon's Augen gänzlich herab= zuwürdigen, nicht anders, er mußte den Eifersüchtigen spielen. Die Komödie bekam dadurch auf etliche Tage einen sehr tragi= schen Schwung. Wie viel Mühe hätten sich die Hauptpersonen dieses Possenspiels ersparen können, wenn sie die Maske hätten abnehmen und sich einander in ihrer natürlichen Gestalt zeigen wollen! Aber diese Art von Menschen sind so pünktliche Beobachter des Wohlanstandes! — Und sollen wir sie nicht darum beloben? Es beweist doch immer, daß sie sich ihrer wahren Gestalt schämen und die Verbindlichkeit, etwas Besseres zu sein, als sie sind, stillschweigend anerkennen. Kleonissa rechtfertigte sich also gegen ihren Gemahl, indem sie sich auf die Prinzessinnen als unverwerfliche Zeugen der untadelhaften Unschuld ihres Betragens berief. Niemals ist ein erhabneres und pathetischeres Stück von Beredsamkeit gehört worden, als die Rede war, wodurch sie ihm die Unbilligkeit seines Verdachts vorhielt. Der gute Mann wußte sich endlich nicht anders zu helfen, als daß er den Freund nannte, von dem er in diesen kleinen Anstoß einer, wie er nun vollkommen erkannte, höchst unnöthigen und sträflichen Eifersucht gesetzt worden sei.

Die Wuth einer stürmischen See — einer zur Rache gereizten Horniße — oder einer Löwin, der ihre Jungen geraubt worden, sind Bilder, deren sich in dergleichen Fällen sogar ein epischer Dichter mit Ehren bedienen könnte; aber es sind nur schwache Bilder der Wuth, in welche Kleonissens tugendhafter Busen bei Nennung des Namens Agathon aufloderte. Wirklich war nichts mit derselben zu vergleichen — als die Wolluft, womit der Gedanke sie berauschte, daß sie es nun endlich in ihrer Gewalt habe, die lange gewünschte Rache an dem undankbaren Verächter ihrer Reizungen zu nehmen. Sie mißhandelte den Dionysius (den sie für die unerträgliche Beleidigung, welche sie von ihrem Gemahl erduldet hatte, zur Rechenschaft zog) so lange und so grausam, bis er ihr entdeckte, wie wenig sie dem Agathon für seine Meinung von ihr verbunden zu sein Ursache habe. Nunmehr klärte sich, wie sie sagte, das ganze Geheimniß auf: „und in der That mußte sie sich nur über ihre eigene Einfalt verwundern, daß sie sich eines Beffern zu einem Manne versehen hatte, von dessen Rache sie natürlicherweise das Schlimmste hätte erwarten sollen.“

Wenn Dionysius bei diesen Worten stutzte, so kann man sich einbilden, was er für eine Miene machte, da sie ihm zu ihrer abgenöthigten Rechtfertigung umständlich entdeckte, daß der Haß Agathon's keinen andern Ursprung habe, als weil sie nicht für gut befunden, seine Liebe genehm zu halten. Dies war nun freilich nicht nach der Schärfe wahr. Allein, da sie sich nun einmal dahin gebracht sah, sich selbst vertheidigen zu müssen, so begreift man leicht, daß sie es lieber auf Unkosten einer Person, die ihr verhaßt war, als auf ihre eigenen that. So viel ist gewiß, sie erreichte ihre Absicht dadurch mehr als zu gut. Dionysius gerieth in einen so heftigen Anfall von Eifersucht über seinen unwürdigen Liebling — daß Kleonissa aus Besorgniß, ein plötzlicher Ausbruch möchte zu mißbeliebigen Erläute-

rungen Anlaß geben, alle ihre Gewalt über ihn anwenden
mußte, ihn zurückzuhalten. Sie bewies ihm die Nothwendigkeit,
einen Mann, der unglücklicherweise der Abgott der Nation wäre,
vorsichtig zu behandeln. Dionysius fühlte die Stärke dieses
Beweises und haßte den Agathon nur um so viel herzlicher.
Die Prinzessinnen mischten sich auch in die Sache. Sie legten
unserm Helden sehr übel aus, daß er, anstatt den Prinzen von
Ausschweifungen abzuhalten, eine Creatur wie Bacchidion mit
so vielem Eifer in seinen Schutz genommen hätte. Man scheute
sich nicht, diesem Eifer sogar einen geheimen Beweggrund zu
leihen, und Philistus brachte unter der Hand Zeugen auf, die
in dem Cabinette des Prinzen verschiedene Umstände aussagten,
welche ein zweideutiges Licht auf die Enthaltsamkeit unsers
Helden und die Treue der schönen Bacchidion zu werfen schienen.
Der schlaue Höfling fand die Absichten seines Herrn auf seine
tugendhafte Gemahlin so rein und unschuldig, daß es anstößig
und lächerlich von ihm gewesen wäre, über die Freundschaft,
womit er sie beehrte, eifersüchtig zu sein. Ein täglicher Zu=
wachs der königlichen Gunst rechtfertigte und belohnte eine so
edelmüthige Gefälligkeit. Auch Timokrates erhielt bei diesen
Umständen Gelegenheit, sich wieder in das alte Vertrauen zu
setzen, und Beide vereinigten sich nunmehr mit der triumphi=
renden Kleonissa, den Fall unsers Helden desto eifriger zu be=
schleunigen, je mehr sie ihn mit Versicherungen ihrer Freund=
schaft überhäuften.

Siebentes Capitel.

Eine merkwürdige Unterredung zwischen Agathon und Aristippus. Entschließungen des Ersten, mit den Gründen für und wider.

Wir haben in den vorstehenden zwei Capiteln ein merk=
würdiges Beispiel gesehen (und wolte Gott, diese Beispiele
kämen uns nicht so oft im Leben selbst vor!) wie leicht es ist,
einem lasterhaften Charakter den Anstrich der Tugend zu geben.
Agathon erfuhr nunmehr, daß es ebenso leicht ist, die reinste
Tugend mit häßlichen Farben zu übersudeln. Er hatte dies zu
Athen schon erfahren. Aber bei der Vergleichung, die er
zwischen jenem Fall und seinem jetzigen anstellte, schienen ihm
seine Athenischen Feinde im Gegensatz mit den verächtlichen
Geschöpfen, denen er sich nun auf einmal aufgeopfert sah, so

weiß zu werden, als sie ihm ehmals schwarz vorgekommen
waren. Vermuthlich verfälschte die Lebhaftigkeit des gegen=
wärtigen Gefühls sein Urtheil über diesen Punkt ein Wenig.
Denn in der That scheint der ganze Unterschied zwischen der
republikanischen und höfischen Falschheit darin zu bestehen, daß
man in Republiken genöthigt ist, die ganze äußerliche Form
tugendhafter Sitten anzunehmen, da man hingegen an Höfen
genug gethan hat, wenn man den Lastern, welche des Fürsten
Beispiel adelt oder wodurch seine Absichten befördert werden,
tugendhafte Namen giebt. Allein im Grunde ist es nicht ekel=
hafter, einen hüpfenden, schmeichelnden, unterthänigen, ver=
goldeten Schurken zu eben der Zeit, da er sich vollkommen
wohl bewußt ist, nie eine Ehre gehabt zu haben, oder in diesem
Augenblick im Begriff ist, wofern er eine hätte, sie zu ver=
lieren, — von den Pflichten für seine Ehre reden zu hören, als
einen gesetzten, nüchternen, schwerfälligen, gravitätischen Schurken
zu sehen, der unter dem Schutz seiner Nüchternheit, Eingezogen=
heit und pünktlichen Beobachtung aller äußerlichen Formalitäten
der Religion und der Gesetze ein unversöhnlicher Feind aller
derjenigen ist, welche anders denken als er, oder nicht zu allen
seinen Absichten helfen wollen, und sich nicht das mindeste
Bedenken macht, sobald es seine Convenienz erfordert, eine gute
Sache zu unterdrücken oder eine böse mit seinem ganzen An=
sehen zu unterstützen. Unparteiisch betrachtet, ist dieser noch
der schlimmere Mann; denn er ist ein eigentlicher Heuchler, da
jener nur ein Komödiant ist, der nicht verlangt, daß man ihn
für das halten soll, wofür er sich ausgiebt, sondern vollkommen
zufrieden ist, wenn die Mitspielenden und Zuschauer nur der=
gleichen thun, ohne daß es ihm einfällt, sich zu bekümmern, ob
es ihr Ernst sei oder nicht.

Agathon hatte nun gute Muße, dergleichen Betrachtungen
anzustellen; denn sein Ansehen und Einfluß nahmen zusehends
ab. Aeußerlich zwar schien Alles noch zu sein, wie es gewesen
war. Dionysius und der ganze Hof liebkosten ihm so sehr
als jemals. Kleonissa selbst schien es ihrer unwürdig zu halten,
ihm einige Empfindlichkeit zu erkennen zu geben. Aber desto
mehr Mißvergnügen wurde ihm durch verborgene und schleichende
Wege gemacht. Er mußte zusehen, wie nach und nach unter
tausend falschen und nichtswürdigen Vorwänden seine besten
Anordnungen als schlecht ausgesonnen, überflüssig oder schädlich
wieder aufgehoben oder durch andere unnütz gemacht, — wie

die wenigen von seinen Creaturen, welche wirklich Verdienste
hatten, entfernt, — wie alle seine Absichten übel gedeutet,
alle seine Handlungen geflissentlich aus einem falschen Gesichts=
punkte beurtheilt, alle seine Vorzüge oder Verdienste lächerlich
gemacht wurden. Zu eben der Zeit, da man seine Talente
und Tugenden erhob, behandelte man ihn, als ob er nicht das
Geringste von den einen oder von den andern hätte. Man
behielt zwar noch aus politischen Absichten (wie man es zu
nennen pflegt) den Schein bei, als ob man nach den nämlichen
Grundsätzen haudle, denen er in seiner Staatsverwaltung ge=
folgt war; in der That aber geschah in jedem vorkommenden
Falle gerade das Widerspiel von dem, was er gethan haben
würde. Kurz, Dionysius sank wieder in seine alten Gewohn=
heiten und in die Gewalt der verderbtesten Menschen in ganz
Sicilien zurück.

Hier wäre es Zeit gewesen, die Clausel geltend zu machen,
welche er seinem Vertrage mit dem Dionysius angehängt hatte, —
sich zurückzuziehen, da er nicht mehr zweifeln konnte, daß er
am Hofe dieses Prinzen zu nichts mehr nütze sei; und dies war
auch der Rath, den ihm der einzige von seinen Hoffreunden,
der ihm getreu blieb, der Philosoph Aristippus gab. „Du
hättest", sagte er ihm in einer vertraulichen Unterredung über
den gegenwärtigen Lauf der Sachen, „Du hättest Dich entweder
niemals mit einem Dionysius einlassen oder an dem Platze,
den Du einmal angenommen hattest, Deine moralischen Be=
griffe — oder doch wenigstens Deine Handlungen — nach den
Umständen bestimmen sollen. Auf diesem Schauplatze der Ver=
stellung, des Betrugs, der Intriguen, der Schmeichelei und
Verrätherei, — wo Tugenden und Pflichten bloße Rechenpfennige
und alle Gesichter Masken sind, — kurz, an einem Hofe gilt
keine andre Regel als die Convenienz, keine andre Politik, als
einen jeden Umstand mit unsern eignen Absichten so gut zu
vereinigen, als man kann. Im Uebrigen ist es vielleicht eine
Frage, ob Du so wohlgethan hast, Dich um einer an sich wenig
bedeutenden Ursache willen mit Dionysen abzuwerfen? Ich ge=
stehe es, in den Angen eines Philosophen ist die Tänzerin
Bacchidion viel schätzbarer als diese majestätische Kleonissa, die
mit aller ihrer Metaphysik und Tugend weder mehr noch weniger
als ein falsches, herrschsüchtiges und boshaftes Weibsstück ist.
Bacchidion hat dem Staat keinen Schaden gethan; Kleonissa
wird unendlich viel Böses thun." — „Blos aus dieser Betrachtung,"

unterbrach ihn Agathon, „habe ich mich für Jeue und gegen Diese erklärt." — „Und doch war es leicht vorherzusehen, daß Kleonissa siegen würde", sagte Aristipp. — „Aber ein rechtschaffener Mann, Aristipp, erklärt sich nicht für die Partei, welche siegen wird, sondern für die, welche Recht oder doch am Wenigsten Unrecht hat." — „O Agathon, wie schwer ist es für den recht= schaffenen Mann, der an einem Hofe leben will, zwischen den Klippen, die ihn umgeben, unversehrt hindurchzukommen! Aber, sage mir, ist es nicht schade, daß so viel Gutes, das Du noch gethan haben würdest, blos darum verloren sein soll, weil Du eine schöne Frau nicht verstehen wolltest, da sie Dir's so deut= lich zu erkennen gab, daß sie schlechterdings von Dir — geliebt sein wollte? Doch dieser Fehler hätte sich vielleicht wieder gut machen lassen, wenn Du wenigstens gefällig genug gewesen wärest, ihre Absichten auf Dionysen. zu befördern. Wolltest Du auch dieses nicht, war es denn nöthig, ihr entgegen zu sein? Was für Schade würde daraus erfolgt sein, wenn Du neutral geblieben wärest? Die kleine Bacchidion würde nicht mehr ge= tauzt haben, und Kleonissa hätte die Ehre gehabt, ihren Platz einzunehmen, bis er ihrer ebensowol überdrüssig geworden wäre als so vieler Andrer. Dies wäre Alles gewesen. Und gesetzt, Du hättest auch die Gewalt über ihn mit ihr theilen müssen, so würdest Du ihr wenigstens das Gleichgewicht gehalten und noch immer Ansehen genug behalten haben, viel Gutes zu thun. Dem Schein nach in gutem Vernehmen mit ihr, würde Dir Dein Platz und die Vertraulichkeit mit dem Prinzen tausend Gelegenheiten gegeben haben, sie, sobald ihre Gunstbezeigungen den Reiz der Neuheit verloren hätten, mit der besten Art von der Welt wieder auf die Seite zu schaffen. Aber ich keune Dich zu gut, Agathon! Du bist nicht dazu gemacht, Dich zu Verstellung und Räuken herabzulassen. Dein Herz ist zu edel, und (wenn ich es sagen darf) Deine Einbildungskraft zu warm, um Dich jemals zu der Art von Klugheit zu gewöhnen, ohne welche es unmöglich ist, sich lange in der Gunst der Großen zu erhalten. Alles dies hätte ich Dir ungefähr vorhersagen können, als ich Dich überreden half, Dich mit Dionysen einzulässen; aber es war besser, durch Deine eigne Erfahrung davon über= zeugt zu werden. Ziehe Dich jetzt zurück, ehe das Ungewitter, das ich aufsteigen sehe, über Dich ausbrechen kann. Dionysius verdient keinen Freund wie Du bist. Wie sehr hättest Du Dich betrogen, wenn Du jemals geglaubt hättest, daß er Dich hoch=

achte! Woher sollte ihm die Fähigkeit dazu gekommen sein?
Selbst damals, da er am Stärksten für Dich eingenommen war,
liebte er Dich aus keinem andern Grunde, als warum er seine
Affen und seine Papageien liebt, — weil Du ihm Kurzweil
machtest. Seine Gunst hätte ebenso leicht auf einen andern
Neuangekommenen fallen können, der die Cither noch besser gespielt hätte als Du. Nein, Agathon, Du bist nicht gemacht,
mit solchen Leuten zu leben. Ziehe Dich zurück! Du hast genug
für Deine Ehre gethan. Die Thorheit der neuen Staatsverwaltung wird die Weisheit der Deinigen am Besten rechtfertigen. Deine Handlungen, Deine Tugenden und ein ganzes
Volk, welches Deine Zeiten zurückwünschen und Dein Andenken
segnen wird, werden Dich am Besten gegen die Verleumdungen
und den albernen Tadel eines Hofes voll Thoren und schelmi-
scher Sklaven vertheidigen, deren Haß Dir mehr Ehre macht
als ihr Beifall. Du befindest Dich in Umständen, daß Du in
einem unabhängigen Privatstande mit Würde leben kannst.
Deine Freunde zu Tarent werden Dich mit offenen Armen
empfangen. Ich wiederhole es, Agathon, verlaß' einen Fürsten,
der seiner Sklaven, und Sklaven, die eines solchen Fürsten
würdig sind, und denke nun daran, wie Du des Lebens selbst
genießen wollest, nachdem Du den Versuch gemacht hast, wie
schwer, wie gefährlich und wie vergeblich es ist, für Andrer
Glück zu arbeiten."

So sprach Aristipp; und Agathon würde wohlgethan haben,
seinem Rathe zu folgen. Aber, wir wiederholen es, wie sollte
es möglich sein, daß derjenige, welcher selbst eine Hauptrolle
in einem Stücke spielt, so gelassen davon urtheilen sollte als
ein bloßer Zuschauer? Agathon sah die Sachen aus einem
ganz andern Gesichtspunkte. Er betrachtete sich als einen Mann,
der sich selbst die Verbindlichkeit aufgelegt habe, die Wohlfahrt
Siciliens zu befördern. „Warum kam ich nach Syrakus?" —
sagte er zu sich selbst — „und mit welchen Absichten übernahm
ich das Amt eines Freundes und Rathgebers bei diesem
Tyrannen? That ich es, um ein Knecht seiner Leidenschaften
oder das Werkzeug einer willkürlichen Regierung zu sein? Hatte
ich nicht einen großen und rechtschaffenen Zweck? Würde ich
mich jemals mit ihm eingelassen haben, wenn er mir nicht
Hoffnung gemacht hätte, daß die Tugend endlich die Oberhand
über seine Laster erhalten würde? Er hat mich betrogen. Die
Erfahrungen, die ich von seiner Gemüthsart habe, überzeugen

mich, daß er unverbesserlich ist. Aber würde es edel von mir
gehandelt sein, ein Volk, dessen Wohlfahrt der Endzweck meiner
Bemühungen war, ein Volk, welches mich als seinen Wohlthäter ansieht und sein ganzes Vertrauen auf mich setzt, den
Launen eines grausamen Wollüstlings und der Raubsucht seiner
Schmeichler und Sklaven preiszugeben? Was für Pflichten
hab' ich gegen ihn, die sein undankbares, niederträchtiges Verfahren gegen mich nicht aufgehoben und vernichtet hätte?
Oder, wenn ich noch Pflichten gegen ihn habe, sind nicht diejenigen unendliche Mal heiliger, welche mich an ein Land binden,
das durch meine Wahl und die Dienste, die ich ihm geleistet
habe, mein zweites Vaterland geworden? — Wer ist denn
dieser Dionysius? Was für ein Recht hat er an die höchste
Gewalt, deren er sich anmaßt? Wem anders als dem Agathon
hat er das einzige Recht zu danken, worauf er sich mit einigem
Schein berufen kann? Seit wann ist er aus einem von aller
Welt verabscheuten Tyrannen ein König geworden, als seitdem
ich ihm durch eine gerechte und wohlthätige Regierung die Liebe
des Volks zugewandt habe? Er ließ mich arbeiten, er verbarg
seine Laster hinter meine Tugenden, eignete sich meine Verdienste
zu und genoß die Früchte davon, der Undankbare! — Und
nun, da er sich stark genug glaubt, mich entbehren zu können,
überläßt er sich wieder seinem eigenen Charakter und vernichtet
alles Gute wieder, was ich in seinem Namen gethan habe,
gleich als ob er sich schäme, eine Zeit lang sich selbst unähnlich
gewesen zu sein; als ob er nicht genug eilen könne, die ganze
Welt zu belehren, daß es Agathon, nicht Dionysius gewesen sei,
der den Siciliern eine Morgenröthe besserer Zeiten gezeigt, und
der ihnen Hoffnung gemacht hat, sich von den Mißhandlungen
einer Reihe schlimmer Regenten wieder zu erholen. — Was
würd' ich also sein, wenn ich sie in solchen Umständen verlassen
wollte, wo sie meiner mehr als jemals benöthigt sind? — Nein!
Dionysius hat Beweise genug gegeben, daß er unverbesserlich
ist; daß er durch Nachsicht gegen seine Laster nur in der lächerlichen Einbildung bestärkt wird, als ob man ihnen Ehrfurcht
schuldig sei. Es ist Zeit, der Komödie ein Ende zu machen und
diesem kleinen Theaterkönige den Platz anzuweisen, wozu ihn
seine persönlichen Eigenschaften bestimmen!"

Man sieht aus dieser Probe der geheimen Gespräche, welche
Agathon mit sich selbst hielt, wie weit er noch davon entfernt
war, sich von diesem enthusiastischen Schwung der Seele Meister

gemacht zu haben, der bisher die Quelle seiner Fehler sowol
als seiner schönsten Thaten gewesen ist. Wir haben keinen
Grund, in seine Aufrichtigkeit gegen sich selbst einigen Zweifel
zu setzen. Wir können demnach als gewiß annehmen, daß er
zu dem Entschluß, eine Empörung gegen den Dionysius zu er=
regen, durch ebenso tugendhafte Gesinnungen getrieben zu werden
glaubte, als diejenigen waren, welche funfz.hn Jahre später
einen der edelsten Sterblichen, die jemals gelebt haben, den
Timoleon von Korinth, aufmunterten, die Befreiung Siciliens
zu unternehmen. Allein es ist darum nicht weniger wahrschein=
lich, daß eine lebhafte Empfindung des persönlichen Unrechts,
welches ihm zugefügt wurde, der Unwille über die Undankbar=
keit des Dionysius und der Verdruß, sich einer verachtungs=
würdigen Buhlschaft aufgeopfert zu sehen, zur Entzündung dieses
heroischen Feuers, welches jetzt in seiner Seele brannte, nicht
wenig beigetragen habe. Im Grunde hatte er keine andern
Pflichten gegen die Sicilier, als welche aus seinem Vertrag mit
dem Dionysius entsprangen; sie hörten vermöge eben dieses
Vertrags auf, sobald dem Prinzen seine Dienste nicht mehr an=
genehm sein würden. Syrakus war nicht sein Vaterland.
Dionysius hatte durch die stillschweigende Anerkenntniß der
Erbfolge, kraft deren er nach seines Vaters Tode den Thron
bestieg, eine Art von Recht erlangt. Agathon selbst würde sich
nicht in seine Dienste begeben haben, wenn er ihn nicht für
einen rechtmäßigen Fürsten gehalten hätte. Die nämlichen
Gründe, welche ihn damals bewogen hatten, die Monarchie der
Republik vorzuziehen und aus diesem Grunde sich bisher den
Absichten des Dion zu widersetzen, bestanden noch in ihrer
ganzen Stärke. Es war sehr ungewiß, ob eine Empörung gegen
Dionysen die Sicilier in einen glücklichern Stand setzen oder
ihnen nur einen andern, vielleicht noch schlimmern Herrn geben
würde, da sie bereits durch so viele Proben bewiesen hatten,
daß sie die Freiheit nicht ertragen konnten. Ueberdies hatte
der Tyrann Macht genug, seine Absetzung schwer zu machen,
und die verderblichen Folgen eines Bürgerkriegs waren die einzigen
gewissen Folgen, welche man von einer so zweifelhaften Unter=
nehmung voraussehen konnte. Alle diese Betrachtungen würden
kein geringes Gewicht auf der Wagschale einer kalten, unpar=
teiischen Ueberlegung gemacht und vermuthlich den entgegen=
stehenden Gründen das Gleichgewicht gehalten haben. Aber
Agathon war weder kalt noch unparteiisch; er war ein Mensch, —

deſſen Eigenliebe an ihrem empfindlichſten Theile verletzt worden
war. Der Affect, in welchen ihn dies ſetzen mußte, gab den
Gegenſtänden eine andre Farbe. Dionyſius, deſſen Laſter er
ehmals mit freundſchaftlichen Augen als Schwachheiten betrachtet
hatte, ſtellte ſich ihm jetzt in der häßlichen Geſtalt eines
Tyrannen dar. Je beſſer er vorhin von Philiſtus gedacht hatte,
deſto abſcheulicher fand er jetzt den Charakter dieſes Miniſters,
nachdem er ihn einmal falſch und niederträchtig gefunden hatte;
es war nichts ſo ſchlimm und ſchändlich, das er einem ſolchen
Manne nicht zutraute. Die reizenden Bilder der Glückſeligkeit
Siciliens unter einer wohlthätigen Staatsverwaltung erhielten
durch den Unmuth, ſie vor ſeinen Augen vernichten zu ſehen,
eine deſto größere Gewalt über ſeine Einbildungskraft. Es
war ihm unerträglich, Leute, welche nur darum ſeine Feinde
waren, weil ſie Feinde alles Guten, Feinde der Tugend und
der öffentlichen Wohlfahrt waren, einen ſolchen Sieg davontragen zu laſſen. Er hielt es für eine öffentliche Pflicht, ſich
ihren Unternehmungen zu widerſetzen; und die Stelle, die er
beinahe zwei Jahre lang in Sicilien behauptet hatte, machte
(wie er glaubte) ſeinen Beruf zur beſondern Ausübung dieſer
Pflicht im gegenwärtigen Falle unzweifelhaft. Alle dieſe Betrachtungen hatten außer ihrer eigenthümlichen Stärke noch ſein
Herz und ſeine Einbildungskraft auf ihrer Seite. Mußten ſie
alſo nicht nothwendig Alles überwiegen, was die Klugheit dagegen einwenden konnte?

* ————

Achtes Capitel.

Agathon verwickelt ſich in einen Anſchlag gegen den Tyrannen und wird in
Verhaft genommen.

Sobald Agathon ſeinen Entſchluß genommen hatte, ſo arbeitete er an der Ausführung deſſelben. Dion, der ſich damals
zu Athen befand, hatte einen beträchtlichen Anhang in Sicilien,
durch welchen er bisher alle möglichen Bewegungen gemacht
hatte, ſeine Zurückberufung von dem Prinzen zu erhalten. Er
hatte ſich deshalb vorzüglich an den Agathon gewandt, ſobald
ihm berichtet worden war, in welchem Anſehen dieſer bei dem
Fürſten ſtehe. Aber Agathon dachte damals nicht ſo gut von
dem Charakter Dion's als die Akademie zu Athen. Eine
Tugend, welche mit Stolz, Unbiegſamkeit und Härte vermiſcht

war, schien ihm, wo nicht verdächtig, doch wenig liebenswürdig. Er besorgte mit einiger Wahrscheinlichkeit, daß die Gemüthsart dieses Prinzen ihn niemals ruhig lassen würde, und daß er (ungeachtet seiner republikanischen Grundsätze) ebenso ungeneigt sein würde, das höchste Ansehen im Staat mit Jemand zu theilen, als ohne Ansehen zu leben. Er hatte also, anstatt seine Zurückberufung zu befördern, wenig oder nichts gethan, um die äußerste Abneigung, welche Dionysius dagegen zeigte, zu bestreiten, und durch dieses Benehmen sich einiges Mißvergnügen von Seiten der Freunde Dion's zugezogen, die es ihm ebenso übelnahmen, daß er nichts für diesen Prinzen that, als ob er gegen ihn gearbeitet hätte.

Allein seitdem seine eigene Erfahrung das Schlimmste, was Dionysens Feinde von dem Tyrannen denken konnten, rechtfertigte, hatte sich auch seine Gesinnung gegen den Dion gänzlich umgewandt. Dieser Prinz, welcher unstreitig große Eigenschaften besaß, stellte sich ihm jetzt unter dem Bilde eines rechtschaffenen Mannes dar, in welchem der langwierige Anblick des gemeinen Elendes unter einer heillosen Regierung und die immer vergebliche Bemühung, dem reißenden Strome der Verderbniß entgegenzuarbeiten, einen anhaltenden gerechten Unmuth erzeugt hat, der ungeachtet des Scheins einer gallsüchtigen Grämlichkeit im Grunde die Frucht der edelsten Menschenliebe ist. Er beschloß also, mit ihm gemeine Sache zu machen, und entdeckte den Freunden Dion's seine veränderte Gesinnung. Erfreut über den Beitritt eines Mannes, der durch seine Talente und seine Gunst beim Volke ihrer Partei das Uebergewicht zu geben vermögend war, eröffneten ihm diese hinwieder die ganze Beschaffenheit der Angelegenheiten Dion's, die Anzahl seiner Anhänger und die geheimen Anstalten, welche in Erwartung irgend eines günstigen Zufalls bereits zu seiner Zurückkunft nach Sicilien gemacht worden waren. Und so wurde Agathon in kurzer Zeit aus einem Freund und ersten Minister des Dionysius das Haupt einer Verschwörung gegen ihn, an welcher alle diejenigen Theil nahmen, die aus edlen oder eigennützigen Beweyursachen mit der gegenwärtigen Verfassung unzufrieden waren. Er entwarf einen Plan, wie die ganze Sache geführt werden sollte, und dies setzte ihn in einen geheimen Briefwechsel mit Dion, wodurch die bessere Meinung, welche sie von einander zu fassen angefangen, immer mehr befestigt wurde.

Der Hof, in Lustbarkeiten und ein wollüstiges Vergessen aller Gefahren versunken, begünstigte den Fortgang der geheimen Unternehmung durch eine Sorglosigkeit, welche so wenig natürlich schien, daß die Zusammenverschwornen dadurch beunruhigt wurden. Sie verdoppelten ihre Wachsamkeit, und (was bei Unternehmungen von dieser Art am Meisten zu bewundern und dennoch sehr gewöhnlich ist) ungeachtet der großen Anzahl derjenigen, die um das Geheimniß wußten, blieb Alles so verschwiegen, daß vielleicht Niemand auf einigen Argwohn verfallen wäre, wofern gewisse Umstände den von Natur mißtrauischen Philistus nicht endlich aufmerksam gemacht hätten. Auf der einen Seite fand er gar zu unwahrscheinlich, daß Agathon seinen Fall so gleichgiltig ansehen sollte, als er es zu thun schien. Auf einer andern kamen ihm Nachrichten von gewissen Zurüstungen des Dion zu, welche eine sehr ernsthafte Absicht verriethen. Der Gedanke: wie, wenn Agathon und Dion gemeine Sache machten? war hier zu natürlich, um sich ihm nicht darzustellen, und zu furchtbar, um ihn nicht äußerst zu beunruhigen. Von diesem Augenblick an wurde sowol Agathon als die bekannten Freunde Dion's von tausend unsichtbaren Augen aufs Schärfste beobachtet, bis es endlich dem Philistus glückte, sich eines Sklaven zu bemächtigen, der mit Briefen an Agathon von Athen gekommen war.

Aus diesen Briefen (welche die Ursachen enthielten, warum Dion die vorhabende Landung in Sicilien nicht so bald, als es zwischen ihnen verabredet war, ausführen könne) erhellte, daß Agathon und die übrigen Freunde Dion's an der eigenmächtigen Wiederkunft desselben Antheil hätten. Allein von einem Anschlag gegen die Regierung und die Person des Tyrannen war (außer einigen unbestimmten Ausdrücken, welche ein Geheimniß zu verbergen schienen) nichts darin enthalten.

Diese Entdeckung verursachte große Bewegungen im Cabinet des Diomysius. Man war sich Ursachen genug bewußt, um das Aergste zu besorgen. Aber eben darum hielt Philistus für rathsam, die Sache als ein Staatsgeheimniß zu behandeln. Agathon wurde unter dem Vorwande verschiedener Verbrechen, die er während seiner Staatsverwaltung begangen haben sollte, in Verhaft genommen, ohne daß dem Publikum etwas Bestimmtes, am Allerwenigsten die wahre Ursache, bekannt wurde. Man fand für besser, die Partei des Dion (welche man sich im Schrecken größer vorstellte, als sie wirklich war) in Verlegenheit

zu setzen, als zur Verzweiflung zu treiben; und indessen man
sich begnügte, sie aufs Genaueste zu beobachten, gewann man
Zeit, sich gegen einen Ueberfall in Verfassung zu setzen.

Wir sind es schon gewohnt, unsern Helden niemals größer
zu sehen als im widrigen Glücke. Auf das Aergste gefaßt,
was er von seinen Feinden erwarten konnte, setzte er sich vor,
ihnen den Triumph nicht zu gewähren, den Agathon zu etwas,
das seiner unwürdig wäre, erniedrigt zu haben. Er weigerte
sich schlechterdings, dem Philistus und Timokrates, welche zu
Untersuchung seiner angeblichen Verbrechen ernannt waren,
Antwort zu geben. Er verlangte, von dem Prinzen selbst
gehört zu werden, und berief sich auf den Vertrag, der zwischen
ihnen errichtet worden war. Aber Dionysius hatte den Muth
nicht, eine geheime Unterredung mit seinem ehmaligen Günstling
auszuhalten. Man versuchte es, Agathon's Standhaftigkeit durch
harte Begegnung und Drohungen zu erschüttern; ja, die schöne
Kleonissa würde ihre Stimme zu dem strengsten Urtheil gegeben
haben, wenn die Furchtsamkeit des Tyrannen und die Klugheit
seines Ministers gestattet hätten, ihren Eingebungen zu folgen.
Sie mußte sich also durch die entfernte Hoffnung zufrieden
stellen lassen, sobald man sich nur erst den Dion auf eine oder
andere Art vom Halse geschafft haben würde, den verhaßten
Agathon zu einem öffentlichen Opfer ihrer nach Rache dürstenden
Tugend zu machen.

Neuntes Capitel.
Dermaliger Gemüthszustand unsers Helden.

Da wir uns zum Gesetz gemacht haben, die Leser dieser
Geschichte nicht blos mit den Begebenheiten und Thaten unsers
Helden zu unterhalten, sondern ihnen auch von dem, was bei
den wichtigern Abschnitten seines Lebens in seinem Innern
vorging, Alles mitzutheilen, was die Quellen, woraus wir
schöpfen, uns davon an die Hand geben, so erwartet man mit
Recht, daß wir diese Pflicht am Wenigsten vergessen werden,
da wir ihn am Ende der merkwürdigsten Epoche seines Lebens
nun zum zweiten Male von großen Erwartungen getäuscht und
aus einer ruhmvollen Laufbahn plötzlich herausgeworfen sehen,
ihn, — vor Kurzem noch durch das unbegrenzte Vertrauen eines
sich selbst erwählten Gebieters und die beinahe abgöttische Liebe
eines durch seine Staatsverwaltung glücklichen Volkes den ersten

Mann in Sicilien, — auf einmal in einer Lage sehen, worin ihm vielleicht weder seine Verdienste, noch die vermeinte Lauterkeit seiner Absichten ohne die Dazwischenkunft irgend eines hilfreichen Genins gegen die Anschläge seiner Feinde und die Folgen seiner eigenen Unvorsichtigkeit zu Statten kommen werden.

Natürlicherweise kann man erwarten, daß der Ueberblick der ganzen Reihe neuer Erfahrungen, die er in so kurzer Zeit gemacht, und die Reflexionen über sich selbst, die sich ihm in der Stille und Einsamkeit seines Verhafts aufdringen mußten, einen Mann, der von seinen frühesten Jahren an mehr in seiner eigenen Ideenwelt als außer sich zu leben gewohnt war, um so stärker beschäftigt haben werden, da er weder auf Rechtferti= gung oder Bemäntelung begangener Uebelthaten zu denken hatte, noch die geringste Versuchung in sich fühlte, auf Mittel und Wege zu sinnen, wie er sich mit dem Thrannen aussöhnen oder wenigstens seine Freiheit auf eine andere Art als durch öffent= liche Anerkennung seiner Unschuld wiedererlangen könnte.

Man erinnert sich vielleicht noch, daß Agathon schon bei seiner Erscheinung am Hofe zu Syrakus lange nicht mehr so erhaben von der menschlichen Natur dachte als zu Delphi, wo er, mit den wirklichen Menschen noch wenig bekannt, seine erste Jugend unter Bildsäulen von Göttern und Halbgöttern zu= gebracht hatte. Athen und Smyrna hatten seinen Standpunkt unvermerkt herabgesetzt; aber nachdem er die an diesen beiden Orten gesammelten Bemerkungen noch durch nähere Bekanntschaft mit den Großen und den Hofleuten zu Syrakus bereichert hatte, sank seine Meinung von der angebornen Schönheit und Würde der menschlichen Natur so tief herab, daß er zuweilen in Ver= suchung gerieth, Alles, was der göttliche Plato Hohes und Herrliches davon gesagt und geschrieben hatte, für wenig besser als eine edlere Art Milesischer Märchen anzusehen. Unvermerkt kamen ihm die Begriffe, welche Hippias ihm vor einigen Jahren beizubringen gesucht hatte, nicht mehr so ungeheuer vor als damals, da er sich in den Gärten dieses wollüstigen Sophisten in den Mondschein setzte und, im Geist an der Seite seiner ge= liebten Psyche, Betrachtungen über den Zustand entkörperter Seelen anstellte. Nach und nach fand er diese Begriffe immer weniger ungereimt; ja, sie däuchten ihm, nachdem er die Menschen um ihn her genauer kennen gelernt hatte, wahrscheinlich genug, um sich vorstellen zu können, wie ein Mann, der in seinem eigenen Herzen nichts fände, das ihn edlere Gedanken von seiner Natur zu fassen nöthigte, durch einen langen Umgang mit der Welt dahin gebracht werden könnte, sich gänzlich von der Wahrheit derselben zu überreden.

Aber auch hierbei blieb es nicht, nachdem er sich das Ver= trauen des Dionysius, um welches er (wie er sich bewußt zu sein glaubte) aus den reinsten Beweggründen, durch die schuld= losesten Mittel und zu den edelsten Zwecken sich beworben hatte, ohne die geringste Verschuldung auf seiner Seite, durch so ver= ächtliche Menschen und auf eine so unwürdige Art entrissen sah. Der Gedanke, seine schönsten Hoffnungen durch die Thorheit oder Bosheit solcher Menschen vor seinen Augen vernichtet zu sehen, erfüllte ihn mit einem Unmuth, der sich nach und nach über die ganze Gattung ausbreitete, und es kamen Augenblicke, wo er in dieser grämlichen Verdüsterung seiner Seele geneigt schien, sich selbst von der Wahrheit der Hippiassischen Theorie zu überreden. „Nein," dachte er dann, „die Menschen sind das nicht, wofür ich sie hielt, da ich sie nach mir selbst, und mich selbst nach den jugendlichen Empfindungen eines gefühl= vollen, wohlmeinenden Herzens und nach einer noch ungeprüften Unschuld beurtheilte. Meine Erfahrungen bestätigen das Aergste, was Hippias von ihnen sagte. Und wenn sie denn wirtlich nichts Besseres sind, was für Ursache habe ich, mich zu be= schweren, daß sie sich nicht nach Grundsätzen behandeln lassen, welche in keinem Ebenmaß mit ihrer Natur stehen? An mir lag der Fehler, der sie zu etwas Besserm machen wollte, als sie sein können, der sie glücklicher machen wollte, als sie selbst zu sein wünschen. Dies ist nun das zweite Mal, daß Philistus, ein ächter Anhänger des Systems meines Sophisten, über Weisheit und Tugend den Sieg davongetragen hat. Hätte er das gekonnt, wofern nicht die Unredlichkeit, der Eigennuß, die Feigheit, der Leichtsinn, die thierische Sinnlichkeit, kurz, alle die unzähligen Blößen, die der schwache Mensch dem boshaften, der unbesonnene dem schlauen, der niederträchtige dem ehr= geizigen giebt, ihn beinah in jedem Menschen, auf den er die Augen warf, ein bereitwilliges oder doch um irgend einen Preis erkäufliches Werkzeug seiner Plane hätten finden lassen? Bedarf es noch einer neuen Erfahrung, um mich zu überzeugen, daß er ebenso gewiß über einen andern Plato, über einen andern Agathon siegen würde? Wie viel ließ ich von der Strenge meiner Grundsätze nach, wie tief stimmt' ich mich selbst herunter, da ich die Unmöglichkeit sah, diejenigen, mit denen ich's zu thun

hatte, zu mir hinaufzuziehen! Wozu half es mir? Ich konnte
mich nicht entschließen, niederträchtig zu handeln, ein Schmeichler,
ein Kuppler, ein Verräther an dem wahren Interesse des Landes
und des Fürsten zu werden; und so verlor ich die Gunst des
Letztern und mit ihr die einzige Belohnung, die ich für meine
Arbeiten verlangte, die Vortheile, die dieses Land von meiner
Verwaltung zu genießen anfing; verlor sie, weil ich nicht von
mir erhalten konnte, Alles recht und anständig zu finden, was
nützlich ist! — O, gewiß, Hippias, Deine Begriffe, Deine
Maximen, Deine Moral, Deine Staatskunst gründen sich auf
die Erfahrung aller Zeiten! Wann haben die Menschen jemals
die Tugend hochgeschätzt, als wenn sie ihrer Dienste benöthigt
waren? Wann ist sie ihnen nicht verhaßt gewesen, sobald sie
dem Vortheil ihrer Leidenschaften im Lichte stand?"

Man begreift leicht, daß diese Betrachtungen, denen Agathon
seit seinem Fall bei Hofe mehr, als seiner Gemüthsruhe zuträglich war, nachhing, während seines Verhaftes mit verdoppelter
Stärke wiederkamen und durch die anscheinende Gleichgiltigkeit
der Syrakuser über das Schicksal eines Mannes, der so viele
Rechte an ihre Zuneigung und Dankbarkeit hatte, mit jedem
Tage und bei jeder neuen Kränkung, die ihm von seinen Feinden
widerfuhr, tiefer und schmerzlicher in sein Gemüth eindrangen.
War es schon ein so peinliches Gefühl, als er sich gezwungen
sah, seine gute Meinung von der schönen und so sehr geliebten
Danae, die doch nur eine einzelne Person war, aufzugeben,
wie marternd mußte erst das Gefühl sein, in seiner Meinung
von der ganzen menschlichen Gattung, die er mit so inniger
Liebe umfaßt hatte, sich betrogen zu haben! Kein Wunder,
wenn jener kosmopolitische Enthusiasmus, der bei seiner Flucht
aus Smyrna seine ganze Seele durchglühte, bis auf den letzten
glimmenden Funken erloschen zu sein schien! Was für einen
Reiz könnte der Gedanke, für das Glück des Menschengeschlechts
zu arbeiten, für denjenigen haben, der in den Menschen nichts
Edleres sieht als eine Herde halbvernünftiger Thiere, deren
größter Theil den letzten Zweck aller seiner Bemühungen auf
seine körperlichen Bedürfnisse einschränkt, in Befriedigung derselben seinen höchsten Genuß setzt und dabei noch dumm genug
ist, durch feigherzige Unterwürfigkeit unter eine kleine Anzahl
der schlimmsten seiner Gattung sich in den Fall zu setzen, auch
dieses armseligen Lebensgenusses nur unter den härtesten Bedingungen und im kärglichsten Maße habhaft zu werden? —

Das Thier sucht seine Nahrung, gräbt sich eine Höhle oder baut sich ein Nest, wird von einem blinden Triebe zur Erhaltung seiner Gattung genöthigt, schläft und stirbt. Was thut der größte Theil der Menschen mehr? Das beträchtlichste Geschäft, das sie vor den übrigen Thieren voraus haben, ist die Sorge sich zu bekleiden, die allein viele Millionen Hände auf dem Erdboden beschäftigt. „Und ich," sagte Agathon in einer dieser übellaunigen Stunden zu sich selbst, „ich sollte meine Vergnü-gungen, meine Kräfte, mein Dasein der Sorge aufopfern, damit irgend eine besondere Herde dieser edlen Creaturen besser esse, bequemer wohne, sich häufiger vermehre, sich zierlicher kleide und weicher schlafe als zuvor? Ist das nicht, was sie wünschen? Und gebrauchen sie etwa mich dazu? Oder, wenn dies auch wäre, was sollte mich bewegen, mir diese Verdienste um sie zu machen? Ist vielleicht nur ein Einziger unter ihnen, der bei Allem, was er unternimmt, eine edlere Absicht hat als seine eigne Befriedigung? Bin ich ihnen Dank dafür schuldig, wenn sie für meine Bedürfnisse oder für mein Vergnügen arbeiten? Ich bin schuldig, sie dafür zu bezahlen; dies ist Alles, was sie wollen, und Alles, was sie an mich fordern können."

Sobald es mit Agathon erst dahin gekommen war, daß er verächtlich von der Gattung dachte, zu welcher er gehörte, so tonnt' es wol nicht anders sein, als daß er zuletzt auch an sich selbst irre werden und in starke Zweifel gerathen mußte, ob es nicht bloße Täuschung einer überspannten Eigenliebe sei, eine höhere Meinung von seiner eigenen Natur zu hegen, als mit dem Begriffe, den er sich von der menschlichen Natur zu machen genöthigt war, verträglich zu sein schien. Oder sollte er etwa sich selbst für ein höheres Wesen, für irgend eine Art guter Dämonen halten, die aus dem reinern Elemente des überhimm-lischen Raums in menschliche Leiber herabgesenkt worden, um durch ihre wohlthätigen Einwirkungen die Menschen aus dem Staube der Thierheit, der ihr natürlichster Zustand zu sein scheint, nach und nach zur Würde vernünftiger Wesen zu er-heben? — Diese Hypothese, die ein Bewohner der Delphischen Haine sich wahrscheinlich genug hätte machen können, hatte zu wenig haltbaren Grund, als daß ein Mann, dessen Phantasie unter Staatsgeschä ten und Hofzerstreuungen abgekühlt worden war, sich bei ihr hätte beruhigen können. Was blieb also übrig als der Gedanke, die Vorzüge, deren er sich vor dem großen Haufen der Menschen bewußt war, möchten wol nichts Andres sein als bloße Blüthen einer feinern Organisation und Früchte einer höhern Cultur, die ihm durch einen günstigen Zusammenfluß äußerer Umstände zu Theil geworden? Glücklich für ihn und Andere, daß er dadurch eines schönern, ausgebreitetern, vollkommnern Lebensgenusses fähig wurde! Aber warum sollte er sich selbst mit ebenso undankbaren als vergeblichen Bemühungen verzehren, andere Leute besser und glücklicher zu machen, als sie sein wollten? Wozu mit Aufopferung seiner Ruhe und Freiheit unmögliche Dinge unternehmen, Mohren weiß waschen und das Faß der Danaiden füllen? Wie groß auch für ihn der Reiz jener idealischen Plane gewesen war, die er in Sicilien auszuführen hoffte, wie sehr sie die Anstrengung aller seiner Kräfte und die Aufopferung aller geringern Freuden des Lebens verdient hätten: waren diese Plane darum weniger chimärisch? Hatte er nicht alles Mögliche gethan, sie gelingen zu machen? Könnte er mehr thun, wenn er — selbst mit allen den Kenntnissen, die ihm die Erfahrung über die Ursachen, warum sie fehl geschlagen, verschafft hatte — wieder von Neuem an ihnen zu arbeiten anfangen sollte? Waren sie nicht einem weisern Mann als er mißlungen? — Und wenn diese Plane eben darum, weil sie einige Millionen Menschen zu einem höhern Grade von Glückseligkeit erheben sollten, als sie fähig sind, bloße Dichterträume waren: was sollte er von den Triebfedern und Bewegungsgründen halten, die ihn verleitet hatten, diese hochfliegenden Phantasien wirklich machen zu wollen? Sollte nicht auch das Streben nach einer mehr als menschlichen Größe, Stärke und Erhabenheit der Seele bloße Täuschung und subtiles Gaukelwerk eines sich selbst vergötternden Egoismus sein? Wie, Agathon, wenn Hippias auch hierin am Ende Recht behielte, und diese idealische Tugend, der Du schon so viel Opfer brachtest, selbst die größte, wenn auch die schönste aller Chimären wäre?

Wir können nicht leugnen, diese und ähnliche Gedanken waren in einer trübsinnigen Stunde in unserm Helden aufgestiegen; und wofern sie mehr als bloße Mißklänge einer durch gereizte Empfindlichkeit und gerechten Unwillen verstimmten Seele gewesen, wofern sie gar in Gesinnungen übergegangen wären, so schwebte er am äußersten Rande des Abgrunds, der zwischen Weisheit und Tugend und dem System des Hippias liegt, und seine Feinde hätten einen allzu fürchterlichen Sieg über ihn erhalten, wenn sie ihn nicht blos vom Gipfel seines Glücks in Syrakus, sondern sogar von der moralischen Höhe,

auf der er so weit über sie erhaben stand, hätten herabstürzen
können. Aber dieser Triumph sollte ihnen nicht zu Theil werden;
denn der Genius seiner Tugend führte in eben dieser Stunde,
da sein Gemüthszustand eine neue Probe seiner bis in ihrem
Grund erschütterten Rechtschaffenheit gefährlicher als jemals zu
machen schien, einen Zufall herbei, der gerade das, was ihren
Fall beschleunigen konnte, zum Mittel machte, ihr das Ueber=
gewicht wiederzugeben, welches sie unter allen seinen Schwach=
'heiten und Verirrungen bisher noch immer glücklich behauptet hatte.

Zehntes Capitel.

Agathon erhält einen sehr unvermutheten Besuch und wird auf eine neue
Probe gestellt.

Wiewol die Feinde Agathon's keine Maßregel der Vor=
sichtigkeit vergessen hatten, ihm eine heimliche Entweichung oder
seinen Anhängern eine gewaltsame Entführung unmöglich zu
machen, so hatte man doch, da die schärfste Untersuchung nichts,
das eine allzu große Strenge rechtfertigen konnte, gegen ihn auf=
gebracht und der erste Zorn des Tyrannen sich wieder ab=
gekühlt hatte, sich nicht entbrechen können, ihn nach Verfluß
einiger Wochen gelinder zu behandeln; und sein Verhaft war
nicht mehr so enge, daß man irgend einem von seinen ehe=
maligen Bekannten, auf den kein Verdacht von geheimem Ein=
verständniß mit ihm oder Dion fiel, besonders denen von der
gelehrten Zunft, die Erlaubniß, ihm seine gezwungene Einsamkeit
zu erleichtern, schwer gemacht hätte.

Unter diesem Titel hatte er schon mehrere Besuche von
seinem Freund Aristippus erhalten; und dieser war es auch,
den er vermuthete, als die Thür seines Zimmers aufgeschlossen
wurde, und — anstatt desselben — wer anders? als eben dieser
nämliche Hippias hereintrat, den er noch vor wenigen Minuten,
da er ihn mehr als hundert Meilen von Syrakus entfernt
glaubte, so lebhaft apostrophirt, eben dieser Hippias, zu dessen
antiplatonischer Philosophie er bereits mit so stark gefühlter
Ueberzeugung, wie es schien, sich zu bekehren angefangen hatte.

Berge kommen nicht zusammen, sagt ein sehr altes Sprich=
wort, aber Menschen, wie weit sie auch getrennt sein mögen,
sind nie sicher, einander unverhofft zu finden oder wiederzusehen.
Hippias, nachdem er den Olympischen Spielen (deren Begehung
in dieses Jahr fiel) seiner Gewohnheit nach beigewohnt hatte,

war, sei es nun aus Vorwitz oder um gelegenheitlich eine kleine
Rolle zu spielen, nach Syrakus herübergekommen; und wiewol
er unsern Helden in einer ganz andern Lage zu finden geglaubt
hatte, so schien er doch nichts Befremdendes zu hören, als man
ihm sagte, daß Agathon in Ungnade gefallen und sogar wegen
einer vermuthlichen geheimen Verbindung mit dem Schwager
des Tyrannen in Verhaft gekommen sei. Hippias wollte sich
das Vergnügen nicht versagen, seine Angen an dem Falle dieses
politischen Ikarus zu weiden, dem seiner Meinung nach nichts
begegnet war, als was er durch seine Ungelehrigkeit und durch
die Vermessenheit, sich auf den Wachsflügeln der Schwärmerei
in die sonnigen Höhen des Hofes und der Fürstengunst zu
wagen, mehr als zu wohl verschuldet hatte. Er eilte also, sobald
er binnen einigen Tagen die nöthigen Vorkenntnisse von
Agathon's Umständen eingezogen hatte, unter dem Titel eines
alten Bekannten sich bei ihm einführen zu lassen.

Nach der Stimmung zu urtheilen, worin wir unsern Helden
wenige Minuten vor dem Eintritt des Sophisten verlassen haben,
sollte man mit Grund erwarten dürfen, daß ihm diese so ganz
unverhoffte Erscheinung eines Mannes, mit dessen Denkart er
sich so gut ausgesöhnt zu haben schien, vielmehr angenehm als
unwillkommen hätte · sein sollen. Gleichwol zeigte sich, sobald
ihm die wohlbekannte Gestalt des hereintretenden Hippias in
die Augen fiel, das Gegentheil auf eine Art, die für diesen
nicht sehr schmeichelhaft war. Eine plötzliche Röthe glühte in
seinem bleichen Gesicht auf; er fuhr betroffen und beinahe bestürzt
zurück, und alle Züge seines Gesichts verriethen jene Art von
Verlegenheit, in welche man geräth, wenn man sich unversehens
von einem Menschen überfallen sieht, den man nicht gern zum
Zeugen seiner Gedanken haben möchte, und vor dessen Scharfsichtigkeit man doch nicht sicher zu sein glaubt. Hippias, der
mit allem Scharfblick seines Schalksauges die wahre Ursache
dieser Verlegenheit unmöglich erspähen konnte, schrieb sie einer
in Agathon's Lage (seiner Meinung nach) sehr natürlichen Verwirrung zu und ging nur desto zuversichtlicher, mit aller anscheinenden Offenheit einer Person, die sich zum freundlichsten
Empfang berechtigt hält, auf ihn zu. Agathon fand sich durch
diese Vertraulichkeit um so mehr beleidigt, da er Schadenfreude
und Triumph unter den buschigen Augenbrauen des Sophisten
hervorblicken zu sehen glaubte. Auf einmal standen alle seine
ehmaligen Verhältnisse zu ihm mit allen den Scenen, worin

Hippias sich ihm als ein Gegenstand der tiefsten Verachtung und des innigsten Abscheues dargestellt hatte, im wärmsten Colorit der Gegenwart vor seiner Seele; ihm war, als sähe er seinen bösen Genius vor sich, und dieses seltsame Gefühl warf ihn auf einmal wieder in sich selbst zurück. Die Theorie des Sophisten verlor im unmittelbaren Anblick seiner verhaßten Gestalt alles Täuschende, was ihr Agathon's eigne verstimmte Phantasie geliehen hatte, und sobald er in dem Manne, den er vor sich sah, den ganzen leibhaften Hippias, wie er ihn zu Smyrna verlassen hatte, wiederfand, fühlte er auch in sich den ganzen Agathon.

Unser Sophist war mit allem seinem Stolz nicht gesonnen, sich durch einen unhöflichen Empfang irre machen zu lassen. „Ei, ei!" rief er in einem Tone von ironischer Verwunderung, „was ist das? Ich komme nach Syrakus, um ein Augenzeuge des glänzenden Glückes und der ruhmvollen Staatsverwaltung meines Freundes Agathon zu sein, und ich treffe ihn in einem Gefängniß an! Wie geht das zu, Agathon? Sollte Dir etwa Dein Platonism auch an Dionysens Hofe einen seiner alten Streiche gespielt haben? Ich hoffte was Besseres von den Schulen, die Du zu Smyrna durchgegangen bist, und ich beklage sehr, daß ich, der nach Sicilien gekommen war, sich Deines Glücks zu erfreuen, Dir in der Lage, worin ich Dich finde, vielleicht mit nichts als einem unfruchtbaren Mitleiden dienen kann."

„Erspare Dir auch dies, Hippias," erwiderte Agathon mit einem Blick der kältesten Verachtung; „oder, wenn Du ja so gutherzig bist, mir mit etwas, das mir noch lieber als Dein Mitleiden wäre, dienen zu wollen, so suche Dir eine Gesellschaft, für die Du Dich besser schickst, und überlaß' mich der meinigen."

„Lieber Agathon," versetzte Hippias, ohne die geringste Empfindlichkeit über einen so unfreundlichen Empfang zu verrathen, „ich begreife, daß man mit einem so zarten Gefühl wie das Deinige in einer solchen Lage nicht immer bei guter Laune sein kann. Wir kennen uns, und unter alten Freunden kommt es auf eine saure Miene mehr oder weniger nicht an. Ich bin nicht hier, Deines Unglücks zu spotten —"

„Wirklich nicht?" fiel ihm Agathon mit einem bittern Lächeln ins Wort.

„Es ist doch noch nicht so lange her," fuhr Hippias fort,

„daß Du Dich nicht solltest erinnern können, auf welchem Fuß
wir einst zu Smyrna lebten; daß ich von dem ersten Augen=
blick an, da der Zufall uns zusammenbrachte, Dich lieb gewann,
und daß es an mir nicht lag, wenn Du nicht einer der glück=
lichsten Menschen wurdest, auf welche jemals die jonische Sonne
geschienen hat. Aber Du wolltest lieber Deinen eigenen Weg
gehen. Ich sagte Dir voraus, wohin er Dich führen würde;
aber Du hörtest nicht auf mich, und ich mußte mir's gefallen
lassen. Da ich mir selbst und meinen Grundsätzen immer getreu
bleibe — (das mag Dir leicht werden, dachte Agathon erröthend)
so blieb ich auch Dein Freund —"

„Du mein Freund? — Hippias der Freund Agathon's?"

„Warum nicht, wenn anders der unser Freund ist, der es
wohl mit uns meint und auch in einem Unglücke, das wir uns
selber zugezogen haben, herbeieilt, uns die Hand zu bieten?"

„Ich bin nicht unglücklich, Hippias; aber wenn ich es
wäre, was sollte mir das, was Du Deine Freundschaft nennst,
helfen können?"

„O, sehr viel, wenn Du nicht, noch so früh, schon ganz
unverbesserlich bist."

„Unverbesserlich? — Doch, ja! Verlaß' Dich darauf, daß
ich es bin, und ziehe Deine bessernde Hand von mir ab! Je
eher je lieber! Du würdest Zeit und Mühe umsonst verschwen=
den. Ich bin in der That unverbesserlich."

„Das kann und will ich nicht glauben, Agathon! Du bist
übellaunig, verdrießlich, siehst jetzt gerade Alles braungelb,
weil Dir ein Wenig Galle ins Blut getreten ist. Aber — wir
sind Männer; Du bist Agathon, ich bin Hippias — Warum
sollten wir einander nicht Gerechtigkeit widerfahren lassen können?"

„O! die laß' ich dem Hippias gewiß widerfahren," sagte
Agathon, indem er ihm einen verachtenden Blick zuwarf und
dann nach der Thür hinsah.

„Höre, Agathon," erwiderte der weise Hippias mit der
ganzen unanfechtbaren Jovialität, die er zu allen Zeiten in
seiner Gewalt hatte, und indem er sich zugleich mit aller Be=
haglichkeit eines Mannes, der zu Hause ist, auf einen Polstersitz
niederließ; ich hoffe Dir einen Beweis zu geben, daß ich gerecht
gegen den Mann zu sein weiß, welcher Zaubermacht genug in
sich hatte, um sogar einen der Tiger, die den Wagen des
Dionysos ziehen, zahm zu machen, gegen den Mann, der das
goldne Alter nach Sicilien zurückgebracht — haben würde, wenn

die Menschen nicht wären — was ich Dir schon zu Smyrna
sagte, daß sie seien, und was sie so lange bleiben werden, als
sie nichts als ein Paar seiner organisirte Vorderpfoten und die
Gabe der Sprache vor den übrigen Thieren voraus haben."

Agathon fing jetzt an, sich als einen Menschen zu betrachten,
den ein Zufall auf einem Marktschiffe mit einer schlimmen
Gesellschaft zusammengebracht hat, die er für gut nehmen muß
und, in Hoffnung, sich bald wieder von ihr zu trennen,
duldet, so gut er kann. Er zuckte die Achseln und ließ den
Sophisten reden.

„Gewiß ist es nicht Deine Schuld," fuhr Hippias lächelnd
fort, „wenn Dionysius nicht der tugendhafteste und weiseste aller
Tyrannen, sein Hof nicht ein Tempel aller Musen, seine Räthe
und Diener alle nicht ebenso uneigennützig als Du selbst,
sein Volk nicht das glücklichste Volk unter der Sonne und —
sogar die kleine Bacchidion nicht die harmloseste aller jungen
Dirnen ist, die sich jemals in die Arme eines Königs hinein=
getauzt haben."

Agathon erröthete abermal, schlug die Augen nieder und
schwieg fort. Was sollte er auch gesagt haben? Hippias hatte
ihn nun einmal in seiner Gewalt; und immer war es ein Vor=
recht der Leute seiner Art, gute Menschen nicht nur über das,
was sie sich bewußt sind, sondern noch öfter über das, was
jene von ihnen zu denken scheinen, schamroth zu machen.

„Gewiß," fuhr Hippias fort, „kamst Du mit solchen Absichten
nach Syrakus; gewiß hattest Du Dir den schönsten Plan von
der Welt darüber gemacht und gabst Dir alle Mühe, ihn zur
Wirklichkeit zu bringen. Wie kam es denn, Agathon, daß Dir
die Ausführung nicht besser gelang?"

„Vermuthlich, weil man nicht Alles kann, was man will,"
antwortete Agathon; „oder, Du hörtest wol lieber, wenn ich
sagte: weil ich nicht klug genug war, von den Grundsätzen der
geheimen Philosophie Gebrauch zu machen, in deren Mysterien
Du mich einzuweihen gewürdigt hattest?"

„Mein lieber Agathon," versetzte der Sophist mit einem
schalkhaft mitleidigen Lächeln, „man kann Alles, was man will,
sobald man nichts will, als was man kann; und was den andern
Punkt betrifft, so sollt' ich beinahe selbst glauben, Du würdest
mit meinen Maximen zwar keines der Wunderwerke, die Du
hier verrichten wolltest, weder gethan noch unternommen haben,
aber dafür auch höchst wahrscheinlich noch zu dieser Stunde der

Günstling des Dionysius sein und das Vergnügen haben, die Philiste und Timokraten, ja die majestätische Kleonissa selbst nach jeder Melodie, die Du ihnen vorspielen wolltest, tanzen zu sehen."

„Ohne Zweifel," sagte Agathon, „würde sich der weise Hippias an meinem Platze ganz anders benommen haben als ich. Er würde Mittel gefunden haben, den Tiger des Dionysos mit lauter Rosenketten vor seinen eigenen Wagen zu spannen; die Philiste und Timokraten, und wer nur irgend schlau genug gewesen wäre, Euch seinen Antheil an der gemeinsamen Beute abzuverdienen, würden sich willig haben finden lassen, Dir Deinen Plan ausführen zu helfen, und bei Gelegenheit ihren Beschützer wieder beschützt haben. Diese schöne Harmonie hätte so lange gedauert, als Jedes bei der stillschweigenden Uebereinkunft, sich von den Andern betrügen zu lassen, seine Rechnung gefunden hätte; und Niemand hätte sich bei Eurer Eintracht übel gestanden als der Staat und das Volk von Sicilien und die kleine Zahl der ehrlichen Leute, deren Dasein Euern Blicken entgangen wäre. Nicht wahr?"

„O Agathon, Agathon," rief der Sophist mit dem theilnehmenden Ton eines Mannes aus, der seinen oft gewarnten Freund eigensinnig auf einem Wege, der ihn ins Verderben führen wird, fortgehen sieht, — „so sollen denn auch diese neuen Erfahrungen, die Du auf Deine eignen Kosten gemacht hast und vielleicht nur zu theuer bezahlen wirst, so sollen denn auch diese für Dich verloren sein!! — Aber lassen wir jetzt das, was ich an Deiner Stelle gethan hätte, und bleiben bei dem stehen, was Du gethan hast. Obgleich das Geschehene nicht mehr zu ändern ist, so kann Dir doch die Erkenntniß Deiner Verirrungen künftige Fehler ersparen. Wie gesagt, ich hoffe Dich zu überzeugen, daß ich Dein Freund bin; denn ich will Dir einen Spiegel vorhalten, der Dir nicht schmeicheln soll. Wenn Agathon seinen herrlichen Plan vereitelt, seinen Zweck verfehlt, seine Arbeit verloren und seine Verdienste mit Undank belohnt sieht, so hat er Niemand die Schuld beizumessen als — sich. Erkenne an diesem Zuge den Charakter der Freundschaft, die sich nicht scheut, dem Freunde zu seinem Besten wehe zu thun und ihn strenger zu beurtheilen als er selbst. Ich will nichts von der Vermessenheit sagen, womit Du Dich an ein Werk wagtest, wozu Dir gerade die einzigen Erfordernisse fehlten, ohne welche es nicht gelingen konnte, an ein Werk, das dem

6*

weisen Plato selbst mißlungen war! Arm an Weltkenntniß, aber
desto reicher an Idealen, glaubtest Du, aus der Regierung eines
Dionysius ebenso leicht das Muster einer vollkommnen Mo=
narchie machen zu können, als es Dir zu Smyrna in einem
Hause, wo Dir Alles zu Gebot stand und wo Du Alles fandest,
ein Leichtes gewesen war, jeden schönen Dichtertraum zu reali=
siren, woran Deine Phantasie zur Belustigung der schönen
Danae so fruchtbar war. Ohne den Charakter des Tyrannen
und seiner Günstlinge durch Dich selbst zu kennen, geschweige
sie lange und scharf genug beobachtet zu haben, um zu wissen,
wie viel ein Mann von Deiner Denkart von jenem zu hoffen
und von diesen zu fürchten habe, unternahmst Du, was kein
weltkluger Mann jemals auf sich genommen hätte, — jenen
zu einem guten Fürsten umzubilden, diese von ihm zu ent=
fernen und unschädlich zu machen. Den Dionysius zu einem
guten Fürsten! Es ist, als wenn Alkamenes seine Aphrodite
aus einem knotigen Stück Feigenholz hätte schnitzen wollen.
Einen Philistus unschädlich! Giftiges Gewürm muß man aus=
rotten, um es unschädlich zu machen. Dir selbst solche Wunder
zuzutrauen, war allerdings große Vermessenheit; indessen dient
Dir hier die Schönheit Deines Plans, der Reiz eines so ruhm=
würdigen Unternehmens und Deine Unbekanntheit mit dem
Hofe, als einer für Dich ganz neuen Welt, allenfalls zur Ent=
schuldigung. Aber daß Du Dein eignes Herz nicht besser
kanntest; daß Du, um die Gunst oder (wenn Du es lieber so
nennen willst) das Zutrauen des Tyrannen zu gewinnen, so
gefällig warst, einen Theil von Dir selbst zu verleugnen; daß
Du immer so viel von Deinen Grundsätzen nachgabst, als Du
für Deinen Zweck zu gewinnen hofftest; daß Du Dich zu einem
schimpflichen Vergleich mit dem, was Du selbst Laster nennst,
erniedrigtest, durch Nachgiebigkeit gegen gewisse Leidenschaften
des Tyrannen Meister von den übrigen zu werden hofftest, eine
Bacchidion in Deinen Schutz nahmst, um eine Kleonissa durch
sie zu verdrängen — und daß Du, wie natürlich, mit aller
dieser Halbheit Deinen Plan doch nicht auszuführen vermochtest;
daß alle diese unzulänglichen Aufopferungen am Ende vergebens
gemacht waren; daß Du Deinen Feinden eine Blöße über die
andere gabst und die Gruben nicht gewahr wurdest, in welche
Du durch Deine eignen Leidenschaften fallen mußtest; daß Du
Deine Urtheile von den Menschen, deren Laufbahn die Deinige
durchkreuzte, so oft ändertest, als sich ihr zufälliges Verhältniß

gegen Dich veränderte; daß Du mit eben diesem Dion, den
Du noch kurz zuvor ruhig seinen Feinden preisgabst, gemeine
Sache gegen einen Fürsten machtest, von dem Du mit Gunst=
bezeigungen überschüttet worden warst, und dem Du so viele
Ursache gegeben hattest, Dich für seinen Freund zu halten: —
dies, Agathon, sind Abweichungen von Deinen eigenen Grund=
sätzen, deren Du Dich billig vor Dir selbst anzuklagen hast, und
die dadurch nur desto verdammlicher werden, weil sie ebenso
sehr gegen die Gesetze der Klugheit verstoßen als gegen jenes
hohe Ideal der Tugend, dem Du in Deinen schwärmerischen
Stunden Alles aufzuopfern bereit warst. Daß Du den Muth
nicht hattest, entweder Deinen Grundsätzen ganz getreu zu
bleiben oder, wenn Erfahrung und zunehmende Menschen=
kenntniß Dich von der Richtigkeit der meinigen überführte, Dich
gänzlich von diesen führen zu lassen: das ist es, was Dich
hierher gebracht hat und vielleicht am Ende für allen Deinen
guten Willen, das Reich der Themis und des Kronos nach
Sicilien zurückzubringen, Dich zum Opfer Deiner Feinde
machen wird, ohne daß Dir nur der Trost Deines eigenen
Beifalls bliebe, nur das Recht, Deinen Richtern und der ganzen
Welt mit dem stolzen Bewußtsein, immer Dir selbst gleich
geblieben zu sein, in die Augen zu sehen. Alle diese Kränkun=
gen von außen und innen hättest Du Dir ersparen können,
mein guter Agathon, wenn Du Dich, da Du die schlüpfrigste
aller Bahnen zu betreten wagtest, jener Theorie hättest erinnern
wollen, die ich Dir als das Resultat der Erfahrungen und
Beobachtungen eines an Begebenheiten und Glückswechseln sehr
reichen Lebens in wenig Stunden mit einer Offenheit und Gut=
müthigkeit mittheilte, die einer bessern Aufnahme werth waren.
Deine eigene Erfahrung ist nun die sicherste Probe über die
Richtigkeit meiner Rechnung; und ich kann die Anwendung
meiner Maximen auf die besonderen Fälle, worin Du Dich seit
Deiner Entfernung von Smyrna befunden hast, um so eher
Deinen eigenen Betrachtungen überlassen, da ich gewiß bin,
daß sie Dir auch nicht einen von Dir begangenen Fehler zeigen
werden, den Du nicht durch die Befolgung dieser Maximen ver=
mieden haben würdest."

Hier hielt Hippias ein, als ob er seinem in Gedanken (wie
es schien) verlornen Zuhörer Zeit lassen wollte, das Gehörte zu
Herzen zu nehmen. Aber, es sei nun, daß er in der Absicht,
noch mehr zu sagen, gekommen war, oder daß seine alte Zu=

neigung zu unserm Helden in diesem Augenblicke wieder erwachte,
indem er einen der liebenswürdigsten und vorzüglichsten Sterb=
lichen dem Ansehen nach so gedemüthigt vor sich sah, — genug,
da dieser noch immer mit gesenktem Haupt in tiefem Stillschweigen
verharrte, nahm er das Wort wieder und sagte, indem er auf=
stand und den zu ihm aufblickenden Agathon bei der Hand
nahm, mit einem Tone der Stimme, der aus dem Herzen zu
kommen schien: „Vergieb mir, Agathon, wenn ich Dir weher
gethan habe, als meine Absicht war! Ich bin in einer sehr
guten Meinung zu Dir gekommen; und wiewol ich, wenn ich
gewissen Erinnerungen Gehör geben wollte, vielleicht mit Dir
zürnen sollte, so ist es mir doch weit angenehmer, mich dem
Hang zu überlassen, der mich seit dem Anfang unsrer Bekannt=
schaft immer zu Dir zog. Gieb meiner Dir entgegenkommenden
Freundschaft eine freundliche Antwort, und Alles ist auf immer
vergessen; ich gebe Dir meine ganze Liebe für einen Antheil an
der Deinigen! Du kehrst mit mir nach Smyrna zurück; Dein
Umgang verschönert den Rest meines Lebens; Du theilst Alles,
was ich besitze, mit mir und bist, wenn ich ausgelebt habe, der
Erbe meiner Talente und meiner ganzen Verlassenschaft.“

Hippias hatte beim letzten Theile dieser Anrede Agathon's
halb verweigerte Hand abermals mit einer Wärme ergriffen,
die dem ganzen Ausdruck seines Gesichts die Wahrheit seiner
Worte bekräftigen half. „Laß' Dich,“ setzte er hinzu, „den Con=
trast meines Anerbietens mit Deiner gegenwärtigen Lage nicht
beunruhigen. Ich bin, wie Du schon gemerkt haben mußt, mit
allen Umständen Deines hiesigen Lebens bekannt und weiß
ziemlich genau, wie weit Deine Feinde allenfalls gehen dürften
Aber ich habe Ursache zu glauben, daß ich bei dem Fürsten und
selbst bei der tugendhaften Kleonissa (die, unter uns gesagt, einst
eine meiner gelehrigsten Schülerinnen war), ja, auf alle Fälle,
bei dem ganzen Syrakusischen Volke so viel vermag, daß Deine
Aussöhnung mit Dionysius und Deine Freiheit mir nur wenig
Mühe kosten werden.“

Agathon, von einem so ganz unerwarteten Ausgange dieses
Besuchs mehr gerührt, als er wollte, wand seine von zwei sehr
verschiedenen Regungen nach zweierlei Richtungen gezogene Hand
nur langsam aus der stärkern Faust des Sophisten und bat ihn
mit einem Blicke, der durch zwei große Thränen, die ihm in die
Augen getreten waren, hindurchschimmerte, sich wieder nieder=

zulassen und nun auch an seiner Seite anzuhören, was er ihm
aus vollem Herzen antworten würde.

Hippias, der einen Antrag gemacht zu haben glaubte, den
in Agathon's Lage nur ein Wahnsinniger abweisen könne, schien
sich von dem, was ihn der feierliche Ernst in Agathon's Augen
erwarten hieß, wenig Gutes zu versprechen; er biß sich schwei=
gend in die Oberlippe, ließ Agathon's sich sanft zurückziehende
Hand plötzlich fahren, nahm seinen vorigen Platz wieder und
hörte mit angenommener Zerstreuung, was der eigensinnige
Schwärmer gegen einen Vorschlag, womit er ein Recht an seine
wärmste Dankbarkeit erlangt zu haben glaubte, einzuwenden
haben konnte.

Elftes Capitel.

Agathon's Schutzrede für sich selbst und Erklärung auf den Antrag des
Hippias.

„Vor allen Dingen, Hippias," fing Agathon an, „bekenne
ich mich von ganzem Herzen zu den Absichten, die Du mir zu=
schreibst, als ich den Entschluß faßte, mich dem Dionysius zu
widmen. Wie schwärmerisch auch der Plan, den ich nach
Syrakus mitbrachte, in Deinen Augen erscheinen mag, es war
der meinige; und in der That, es bedurfte keines geringern,
um den Zauber zu entkräften, der mich, als ich aus Smyrna
entfloh, noch immer mit kaum widerstehlicher Gewalt nach dem
jonischen Ufer zurückzog; es bedurfte des ganzen Schwunges,
den mein Geist in diesen gefährlichen Augenblicken durch den
Gedanken erhielt, eine neue Laufbahn nach dem edelsten Ziele
seiner nur zu lange durch üppige Trägheit gebundenen Kräfte
vor sich eröffnet zu sehen. Lege mir's nicht als Uebermuth aus,
Hippias, wenn ich sage: wer, der in dem Alter, wo der Jüng=
ling sich in den Mann verliert, solcher Kräfte sich bewußt ist,
könnte bei einem solchen Gedanken, bei einer so schönen und
großen Unternehmung vor Schwierigkeiten zittern oder ängstlich
das ihm selbst unbekannte Maß seiner Stärke ausrechnen?
Wenn Eitelkeit, Ruhmdurst oder irgend eine andere unlautere
Triebfeder damals an meinen Entwürfen für die Zukunft An=
theil hatte, so war ich mir dessen nicht bewußt; meine Absichten
waren rein, mein Zweck der edelste, auf den ein menschliches
Wesen seine Thätigkeit richten kann; denn ich hatte keinen
andern, oder (was doch wol bei Menschen für das Nämliche

gelten muß) ich erkannte keinen anderen in mir, als das mög=
lichste Gute in dem ganzen Umfange des Wirkungskreises, der
sich meinen Hoffnungen aufthat, hervorzubringen. Für den
Erfolg konnte weder mein Wille noch mein Verstand die Gewähr
leisten; und mir einen solchen Ausgang zu weissagen, würde,
wenn es damals auch möglich gewesen wäre, eher Feigheit als
Behutsamkeit gewesen sein. Wer mit reinen Gesinnungen und
mit unbedingter Bereitwilligkeit zu jeder Aufopferung seines
besondern Vergnügens oder Vortheils für das allgemeine Beste
arbeitet, wird schwerlich, wie groß auch sein Wirkungskreis sei,
durch die Fehler, in die er fallen mag, einem Andern schaden
als sich selbst. Niemand Unrecht zu thun und immer das, was
wir in den gegebenen Umständen für das möglichste Gute
erkennen, zum Zweck zu haben, ist ganz in unsrer Gewalt; uns
nie hierin zu irren, ist mehr, als von einem Sterblichen gefor=
dert werden kann. Ohne Zweifel habe ich während meines
öffentlichen Lebens zu Syrakus manchen Irrthum dieser Art
begangen, auch vielleicht manchen, den ein erfahrnerer und
weiserer Mann als ich vermieden hätte. Fern sei es von mir,
mich hierüber selbst täuschen oder in Anderer Augen besser
scheinen zu wollen, als ich bin. Aber eine Stimme, deren ernsten
Ton ich zu gut kenne, um ihn jemals mit dem schmeichelnden
Gelispel des Eigendünkels zu verwechseln, spricht mich im Inner=
sten meines Gemüthes von der Schuld eines unredlichen Willens
oder einer sträflichen Nachlässigkeit los; und ist nicht schon allein
der Umstand, daß ich hier bin, ein Beweis meiner Unschuld? —
Mehr Gelehrigkeit gegen Deine Theorie der Lebensweisheit hätte
mir, sagst Du, die falschen Schritte erspart, die mich hierher
gebracht haben. O gewiß! Aber nur, weil sie mich zum Mit=
schuldigen derer gemacht hätte, die blos darum meine Feinde
wurden, weil sie keine Lust hatten, mir auf Unkosten ihrer Selbst=
heit Gutes wirken zu helfen, und ich ihnen im Bösesthun weder
zum Gehilfen noch zum Werkzeug dienen wollte.

„Doch, gerade in diesem Stücke, glaubst Du, habe ich mich
von der unerkannten Schwäche meines Herzens betrügen lassen.
Ich hatte nicht Muth genug, sagst Du, meinen Grundsätzen
getreu zu bleiben; ich schwankte zwischen der Rechtschaffenheit,
die ich mir selbst zur Maxime gemacht hatte, und der Klugheit,
worin nach Deiner Theorie die Tugend des Weisen besteht,
unbeständig hin und her. Daher die Nachgiebigkeit gegen die
Ausschweifungen des Tyrannen, die Du mir Schuld giebst;

daher diese Halbheit und der schimpfliche Vergleich mit dem, was ich selbst Laster nenne, wozu ich mich erniedrigt haben soll. — In der That steht es übel mit mir, Hippias, wenn ich diese Beschuldigungen verdient habe, ohne mir dessen bewußt zu sein, und Du hast mir den größten aller Dienste erwiesen, daß Du gekommen bist, mein Gewissen aus einem so gefährlichen Zauber= schlaf aufzurütteln. Nun wäre ich nicht länger zu entschuldigen, wenn ich fortfahren wollte, mich selbst zu hintergehen. Allein, wie sehr Du Dich auch durch einen so uneigennützigen Liebes= dienst als meinen Freund bewiesen hast, so erwartest Du doch nicht, daß ich mich gegen mein eigenes Bewußtsein zu irgend einer Schuld bekenne, von welcher mich der Richter in meinem Busen freispricht. Als ich, — im Gedränge zwischen der Wahl, entweder meinen ganzen Plan aufzugeben oder mich zu einiger Nachsicht gegen die verderbten Menschen, mit denen ich es zu thun haben mußte, zu bequemen, — als ich da dem Gedanken Platz gab, daß es nicht unmöglich sei, die Räthe der Klugheit mit den Forderungen der Rechtschaffenheit zu vereinigen, glaubte ich mir bewußt zu sein, daß die Unmöglichkeit, meinen Plan ohne diese Nachgiebigkeit auszuführen, mein einziger Bewegungs= grund sei, und erlaube mir Dich zu erinnern, daß es ein Plan war, in welchem mein Privatinteresse in ganz und gar keine Betrachtung kam. Ich beruhigte mich damit, daß ich nicht gegen mich selbst, sondern nur gegen Andere etwas von der Strenge meiner Grundsätze nachließ, und nicht mehr als mir unvermeidlich schien, wenn ich sie nicht gänzlich von dem guten Wege zurückschrecken wollte, auf welchen ich sie zu bringen hoffte, auf einen Weg, von dem sie zu weit verirrt waren, als daß ich, um sie dahin zu bringen, alle Krümmungen und Seitenpfade hätte vermeiden können. Dies allein, Hippias, war die Ursache der Halbheit', deren Du mich mit mehr Strenge als Billigkeit beschuldigst. Daß ich durch ein solches Benehmen meinen Feinden Blößen geben mußte, war, wie ich jetzt bei kälterm Blute sehe, unvermeidlich; aber ich bitte Dich, nicht zu vergessen, daß ich keine andern Feinde hatte, noch haben konnte, als die Feinde des Guten, das ich schaffen wollte, und das mit den Forderungen ihrer Leidenschaften unverträglich war. Ihnen diese Blößen nicht zu geben, waren nur zwei Wege: entweder den Hof zu verlassen oder die Rolle an demselben zu spielen, welche Hippias an meinem Platze gespielt hätte. Das Erste wollte ich nicht, weil ich die Hoffnung eines guten Erfolgs nicht

zu früh aufgeben wollte; das Andere konnte ich nicht, weil ich
nicht aufhören konnte, Agathon zu sein. — Doch es gab noch
einen dritten Weg, sagst Du: ich hätte Muth genug haben
sollen, meinen Grundsätzen ganz getreu zu bleiben und dem
Ideal der Tugend Alles aufzuopfern. Wenn ich Dich recht
verstehe, so heißt dies: ich hätte meinen Wirkungskreis an
Dionysens Hofe für einen Kampfplatz auf Leben oder Tod ansehen sollen; hätte Alles darauf anlegen und mich nicht eher
zufrieden geben sollen, bis ich über der Ausführung meines
Plans entweder selbst die Seele ausgeblasen oder meine Gegenkämpfer leblos zu meinen Füßen hingestreckt hätte. Aber dies,
weiser Hippias, war mehr, als wozu der strenge Plato selbst
sich verbunden geglaubt hatte, war etwas, was sogar der noch
strengere Dion nicht eher unternahm, als bis er, durch die
empfindlichsten Beleidigungen herausgefordert, Gewalt für das
einzige Mittel hielt, Sicilien zu retten und — sich selbst Genugthuung zu verschaffen. Wenn Du neugierig genug bist, Dich
nach allen Umständen, unter welchen ich mit dem Dionysius
und seinem Hofe in Bekanntschaft kam, zu erkundigen, — wozu
Dir, wie es scheint, Deine hiesigen Verhältnisse überflüssige
Gelegenheit geben, — so wirst Du finden, daß der Gedanke,
als ein Athlet aufzutreten und diejenigen mit Faust und Ferse
zu bekämpfen, die ich zu gewinnen hoffen konnte, unter jenen
Umständen nicht natürlich war und einem rechtschaffenen Manne,
der zugleich an den Namen eines vernünftigen Anspruch machte,
nicht eher einfallen konnte, bis er erst alle gelinderen Mittel
vergebens versucht hatte, den Tyrannen und seine Rathgeber
und Günstlinge so unschädlich zu machen, als es einem Jeden
möglich scheinen konnte, der, wie ich, des Gegentheils erst durch
Erfahrung überwiesen werden mußte. Daß ich, nachdem mich
diese große Lehrerin, die uns ihre Schule so theuer bezahlen
läßt, endlich von der Unzulänglichkeit jener gelindern Mittel
überzeugt hatte, daß ich da die Partei nahm, die ich (Deiner
Meinung nach) gleich anfangs hätte nehmen sollen, hat mich —
freilich nur zufälligerweise — hierher gebracht; mein Anschlag
mißlang; allein über das Vorhaben selbst und den Zweck desselben macht mein Herz mir die Vorwürfe nicht, die mir Hippias
macht. Wenn sich mein Urtheil von Dion änderte, oder, richtiger zu reden, wenn ich mich in eine Verbindung mit ihm ein-
ließ, der ich ehmals ausgewichen war, so kam es nicht daher,
weil sein zufälliges Verhältniß gegen mich, sondern weil die

Umstände sich dergestalt verändert hatten, daß mir, den Staat vom Verderben zu retten, kein anderer Weg übrig schien, als mich zu einer offenen Fehde gegen die Verführer des Dionysius, nicht gegen seine Person, mit Dion zu vereinigen. Wer nach einerlei Grundsätzen und zu ebendemselben Zweck unter veränderten Umständen blos die Art zu verfahren und die Mittel ändert, kann ebenso wenig einer Veränderlichkeit beschuldigt werden als derjenige, der sein Urtheil von Personen und Sachen nach Maßgabe des Wachsthums seiner durch Erfahrung, Nachdenken oder bessern Unterricht berichtigten Kenntniß derselben genauer zu bestimmen sucht.

„Bei der günstigen Gesinnung, die Dich zu mir geführt hat, Hippias, wirst Du es hoffentlich sehr natürlich finden, daß ich nicht gern schlechter in Deiner Meinung sein möchte, als ich mir selbst vorkomme; aber noch weniger möchte ich in meiner eigenen besser erscheinen, als ich wirklich bin. Zu diesem Behuf ist mir Dein unerwarteter Besuch wohlthätiger gewesen, als Du vermuthlich wolltest, wenigstens in einem ganz andern Sinne, als Du wolltest, daß er es sein sollte. Mir war, als Du hereintratst, beim ersten Anblick, als ob ich meinen bösen Dämon auf mich zukommen sähe. Wie sehr irrte ich mich! Jetzt fühle ich mich im Gegentheil geneigt zu glauben, daß mein guter Genius Deine Gestalt angenommen habe, um mich einer gefährlichen Täuschung zu entreißen, in welcher die Eigenliebe mein besseres Selbst zu verstricken angefangen hatte. Nur zu wahr sagtest Du, Hippias, mit einem Herzen wie das meinige sollte sich Niemand auf die schlüpfrige Bahn des Hofes wagen. Nur zu wohl erkenne ich jetzt, daß es thöricht war, mit der Cyther in der Hand der Mentor eines Dionysius werden zu wollen. Die Schönheit, die Größe, die Wohlthätigkeit meines Zwecks riß mich dahin; ich kannte die Menschen zu wenig und traute mir selbst zuviel. Ich wurde nicht gewahr, wie viel Antheil eine zu lebhafte Empfindung meines eignen Werths an der eitlen Hoffnung hatte, höchst verderbte Menschen entweder durch meine Talente, meine Beredsamkeit, mein Beispiel zu gewinnen oder — warum sollt' ich Dir nicht die reine Wahrheit bekennen? — durch die Ueberlegenheit meines Genius zu überwältigen. Ich wurde nicht gewahr, wie ungleich größer die Vortheile waren, die ihnen eben diese durch eine gefällige Außenseite bedeckte Verdorbenheit über mich gab, und wie wenig meine Aufrichtigkeit, mein Edelmuth und die Gewohnheit, immer

mit dem Herzen in der Hand zu reden und zu handeln, es
gegen ihre Gewandtheit, ihre Verstellungskunst, ihre Mänke, ihre
Gleißnerei, ihre gänzliche Gefühllosigkeit für allen Unterschied
zwischen Recht und Unrecht in die Länge aushalten konnte.
Kurz, ich wurde nicht gewahr, daß ein Mensch wie ich am Hof
eines Dionysius immer der Betrogne sein wird, und daß es
viel leichter ist, daß er (wie Du nur zu richtig bemerkt hast)
durch die Nothwendigkeit, sich immer zu den Andern herabzustimmen, unvermerkt vom innern Gehalt seines eigenen
Charakters verliere, als daß es ihm gelänge, den ihrigen umzuschaffen. Seltsam genug, daß es Hippias sein mußte, der meine
in der betäubenden Hofluft unvermerkt eingeschläferte Wachsamkeit erwecken und mir die Augen über Gefahren öffnen
sollte, die ich aus zu großem Vertrauen in die Unschuld meines
Herzens entweder übersah oder verachtete! In diesem Augenblick erst fühl' ich, wie viel der Feind schon über mich gewonnen
haben mußte, da ich mir selbst nicht verbergen kann noch will,
daß die Gewohnheit mir bereits Menschen erträglich, ja beinahe
angenehm zu machen anfing, die ich zu Smyrna, als ich noch
unter dem Zauber der süßesten Schwärmerei und — der schönen
Danae lebte, unausstehlich gefunden hätte. Mein Auge, mein
Ohr, mein Geschmack machte sich unvermerkt einer Gefälligkeit
oder wenigstens einer Duldsamkeit schuldig, über die ich wenige
Jahre zuvor erröthet wäre. Wie sollte es möglich gewesen sein,
daß die Nothwendigkeit, von jedem Guten, das ich bewirken
wollte, immer etwas nachzulassen, um nicht Alles aufzugeben —
die Nothwendigkeit, kleinere Uebel zu dulden, um größeren den
Zugang zu sperren — die Nothwendigkeit, bei tausend Gelegenheiten von gering scheinender Wichtigkeit meine wahren Gesinnungen zu verbergen, mein Mißfallen in ein erzwungenes
Lächeln zu hüllen oder kalt zu loben, was ich, wenn keine
Rücksichten mir die Zunge banden, sehr lebhaft getadelt hätte —
wie wär' es möglich gewesen, daß diese so häufig wieder-
kommende Gewalt, die ich meiner Denkart, meinem Gefühl,
meiner Freiheit anthun mußte, nicht zuletzt meine Grundsätze
selbst angegriffen haben sollte?

„Du siehst, Hippias, daß ich mich in Deinen Augen so
wenig als in meinen eigenen zu einem größern und bessern
Menschen zu machen begehre, als ich bin; und die Offenheit
dieser freiwilligen Geständnisse könnte Dir zugleich für meine
Aufrichtigkeit in Allem, was ich zu meiner Rechtfertigung an-

geführt habe, bürgen, wenn die Sache selbst nicht schon zu laut
für mich spräche. Denn gewiß bedarf es keines andern Beweises, daß ich mich wissentlich nie zu einem schimpflichen Vergleich mit dem Laster erniedrigt habe, als das Schicksal, das
ich mir blos dadurch zuzog, weil ich mich zu einem solchen Vergleich nicht erniedrigen wollte. Indessen, da ich einmal im Bekennen bin, will ich Dir noch mehr gestehen, Hippias! Daß
das bittre Gefühl des Undanks, womit Dionysius meine Freundschaft und (wie ich wol ohne Selbstschmeichelei sagen kann)
meine Verdienste um ihn belohnte; — daß der Verdruß, mich
in meiner allzu guten Meinung von ihm so häßlich betrogen
zu haben und alle meine schönen Entwürfe durch die Ränke
nichtswürdiger Höflinge auf einmal wie bunte Seifenblasen
zerplatzen zu sehen; — daß das Brüten über solchen Erinnerungen in der Einsamkeit einer unerwarteten Einkerkerung mein
Gemüth mit einem Trübsinn umzog, der in den dunkelsten
Stunden meine Vernunft selbst verfinsterte und sogar meinen
Glauben an eine allgemeine, nach Gesetzen der höchsten Weisheit geführte Weltregierung wanken machte: dies könnte vielleicht mit der Schwäche der menschlichen Natur entschuldigt werden
und würde bei einem unverdorbenen Herzen von keinen dauernden
Folgen gewesen sein. Aber daß dieser Trübsinn endlich gar
mein Herz ergriff; daß ich mich's reuen ließ, so viel für die
Menschen gethan zu haben, die mir in dieser Zerrüttung meines
innern Sinnes so vieler Sorge für ihre Wohlfahrt und so
vieler Aufopferungen unwürdig schienen; daß es so weit kam,
daß ich sogar dem Hippias bei mir selbst gewonnen zu geben
anfing und seine egoistische Lebensphilosophie, als auf die allgemeine Erfahrung gegründet, bereits in einem günstigen Lichte
betrachtete: — dies überzeugt mich, daß der verpestete Dunst-
kreis eines verdorbenen Hofes bereits, wiewol mir selbst unbemerkt, die Gesundheit meiner Seele angegriffen haben mußte,
und daß ich der Gefahr nur zu nahe war, das letzte und
höchste Gut des Menschen, das Einzige, was ihn über den
Verlust alles Andern trösten kann, zu verlieren. In einer
solchen Stunde war es, Hippias, da Deine unvermuthete Erscheinung,
Dein ironisches Mitleiden, die Strenge Deines Tadels, die
Schärfe, womit Du mein Benehmen an diesem Hofe gegen
meine eigenen Grundsätze abwogst, und, was Deinem Werke
die Krone aufsetzte, Dein großmüthiger Antrag — von dessen
Annahme zugleich meine Befreiung und (nach Deiner Schätzung)

ein beneidenswerthes Glück die Folge sein soll, — eine Um=
wälzung in meinem Gemüthszustand hervorbrachte, die Dich,
wiewol gegen Deine wirkliche Absicht, zu meinem größten
Wohlthäter macht. Deine Gegenwart stellte plötzlich unser
wahres Verhältniß wieder her. Ich fühlte mich wieder den=
selben, der ich war, da Du mich in Deinem Hause zu Smyrna
verließest, um mit der schönen Danae den Anschlag, der Euch
gleichwol nur zur Hälfte gelang, abzureden. Dein selbst in
seiner Strenge hinterlistiger Tadel (vergieb mir dieses Wort!)
wirkte mehr, als Du wolltest, und wurde mir zwiefach heilsam.
Er weckte das volle Bewußtsein in mir auf, daß mein Wille
immer redlich und mein Zweck rein gewesen war; aber mitten
unter der Bestrebung, das Ganze meines Lebens in Syrakus
gegen Deine Anklagen zu rechtfertigen, öffneten sich meine
Augen für die feinen, unsichtbaren Schlingen der Eitelkeit, des
zu sichern Vertrauens auf meine eigene Stärke und der über=
mäßigen Selbstschätzung, worin meine Lauterkeit sich unge=
wahrsam verstrickte; und indem mir mein Gewissen Zeugniß
gab, daß ich nie so schwach gewesen sei, als Du mich be=
schuldigtest, sagte mir eben diese innerliche Stimme, daß ich
auch so untadelhaft nicht gewesen sei, als die Eigenliebe mir
geschmeichelt hatte.

„Und nun, mein lieber Hippias, höre, nachdem Du so lange
Geduld gehabt hast mich anzuhören, höre nun auch meine
letzte, feste, unerschütterliche Erklärung. Dein Antrag verdient,
insofern er aus einem wohlwollenden Herzen zu kommen scheint,
meine wärmste Dankbarkeit; aber annehmen kann ich ihn nicht.
Es ist eine Kluft zwischen uns, die uns so lange trennen wird,
als Jeder von uns ist, was er ist. Du siehst, meine Er=
fahrungen, meine Verirrungen, meine Fehltritte selbst dienten
am Ende nur, mein Gemüth zu läutern, mich in meinen
Grundsätzen zu befestigen und über das, was die Würde meiner
Natur und der Zweck meines Daseins ist, mir immer mehr
Licht zu geben. Nie hab' ich inniger empfunden als in diesem
Augenblicke, daß unverwandte und unabsichtliche Anhänglichkeit
an das, was ewig wahr und recht und gut ist, das einzige
Bedürfniß und Interesse meines edlern unsichtbaren Ich's ist,
dem dieses sichtbare Ich mit allen seinen Bedürfnissen, Neigungen,
Leidenschaften, Wünschen und Hoffnungen immer untergeordnet
sein muß, wenn es in mir selbst wohl stehen, oder, was eben=
dasselbe ist, wenn ich in diesem großen All, worin wir zur

Beförderung seines allgemeinen Endzwecks thätig zu sein be=
stimmt sind, das zu sein wünsche, was ich soll. Nur indem
ich der gekränkten Eigenliebe des sichtbaren Agathon Gehör
gab, der im Zorn, sein Werk von frevelhaften Händen zerstört
zu sehen, diesen Frevel an der ganzen Menschheit rächen wollte,
sauk mein besseres Ich einen Augenblick unter sich selbst herab
und vergaß, daß es seine Natur ist, immer das Gute zu wollen
und zu thun, unbekümmert, ob es erkannt oder verkannt, mit
Dank oder Undank, mit Ruhm oder Schande belohnt werde,
unbekümmert, was es fruchte, wie lang' es dauern und von
wem es wieder zerstört werden könne. Dies, Hippias, ist es,
was ich Tugend nenne; und dieser Tugend schwöre ich hier in
Deiner Gegenwart von Neuem unverbrüchliche Treue, fest ent=
schlossen, jede neue Laufbahn, die sie mir eröffnen wird, muthig
anzutreten, sollte auch etwas viel Aergeres, als was ich bereits
erfahren habe, am Ziel derselben auf mich warten. Noch einmal,
Hippias, ich erkenne das Wohlwollende in Deinem Antrage
mit einem Dankgefühl, dem ich mich nicht ganz überlassen darf,
weil ich Deine Wohlthat nicht annehmen kann. Was mein
Schicksal sein wird, weiß ich nicht, wiewol mir kaum zweifel=
haft ist, was meine Feinde über mich beschlossen haben. Eine
höhere Macht gebietet über sie und mich. Uebrigens fehlt es
mir nicht an Freunden, die sich für meine Befreiung verwenden
werden; und ich vertraue zu Deinem Edelmuth, Hippias, daß
Du, unbeleidigt von meiner Aufrichtigkeit, ihnen hierin eher
beförderlich sein als im Wege stehen wirst. Indessen will ich
meine Freiheit weder unrechtmäßigen Mitteln, noch der Gnade
des Tyrannen zu danken haben. Wie weit ich auch unter dem,
was ich sein sollte und sein konnte, geblieben bin, die Sicilier,
Dionysius und seine Hofleute haben sich nicht zu beklagen,
irgend ein Unrecht von mir erlitten zu haben; und in diesem
Bewußtsein meiner Unschuld erwart' ich mit Ruhe, was über
mich verhängt ist."

Hier hörte Agathon zu reden auf; und Hippias, der ihm
mit anscheinender Unbefangenheit bald mehr, bald weniger auf=
merksam zugehört hatte, erhob sich von seinem Sitz und sagte
in dem jovialischen Tone, der ihm eigen war: „Wir sind also
geschiedene Leute, Agathon? — Ich muß es mir gefallen lassen,
weil Du es so willst. Wie wunderlich auch diese schwärmerische
Vorstellungsart in meinen Augen ist, genug, sie scheint Dir
zur andern Natur geworden zu sein; ich ehre Deine Aufrichtig=

teit und verlasse Dich ohne Groll. Mein Aufenthalt zu
Syrakus wird von keiner langen Dauer sein; denn ich liebe
die Tyrannen so wenig wie Du und bin glücklich genug, ihrer
nicht zu bedürfen; sollt' ich aber Gelegenheit finden, Dir meinen
guten Willen zu beweisen, so soll mich die Kluft, die zwischen
uns liegt, nicht verhindern, dem Gefühl gemäß zu handeln,
welches mich zu dem Antrage, den Du ausschlugst, bewogen
hat." Mit diesen Worten ergriff er Agathon's dargebotne
Hand, schüttelte sie mit einem leisen Druck und entfernte sich
dem Ansehen nach ebenso vergnügt und frohen Muthes, als
er gekommen war. Was, nachdem Hippias abgetreten war, in
dem Gemüthe unsers sich selbst wieder überlassenen Helden
vorging, zu errathen, überlassen wir nun der eigenen Divina-
tionsgabe unsrer Leser um so ruhiger, da wir sie auf den
Weg gebracht haben, auf dem sie es nicht verfehlen können.
Alles, was wir davon sagen wollen, ist: daß ihm in langer
Zeit nie so leicht ums Herz gewesen war, und daß alle Betrachtungen, wozu ihm diese so unverhoffte und für ihn so wichtige
Scene Anlaß gab, ihn in der edlen Gesinnung und Entschließung
bestärkten, mit welchen er den Versucher Hippias auf immer
von sich entfernt hatte.

Zwölftes Capitel.

Agathon wird wieder in Freiheit gesetzt und verläßt Sicilien.

Inzwischen waren die Freunde Agathon's seiner Rettung
wegen in desto größerer Verlegenheit, da sie sich von allen
Seiten zu scharf beobachtet sahen, um in Syrakus selbst etwas
unternehmen zu können. Denn wiewol man ziemlich sicher auf
die Liebe des Volks zu ihm rechnen konnte, so war doch die
Wahrscheinlichkeit, einen Aufstand zu seinem Vortheil zu erregen,
ungewiß, und ein verunglückter Versuch würde das Schlimmste,
was sie von der Bosheit seiner Feinde und der Schwäche des
wollüstigen Tyrannen befürchteten, beschleunigt und unvermeidlich gemacht haben. Man hatte sogar Ursache zu glauben, daß
der Hof — der seit Agathon's Verhaftnehmung eine besondere
Wachsamkeit zeigte und in der Stille allerlei Vorkehrungen für
seine eigene Sicherheit machte — einen Schritt, der ihn in den
Augen der Welt zu der größten Strenge berechtigt haben
würde, eher wünsche als befürchte.

In dieſer mißlichen Lage entſchloß ſich Dion ſelbſt zu einer
Maßregel, von welcher man ſich Alles verſprach, und die von
ſeiner Seite um ſo großmüthiger war, je weniger perſönliche
Beweggründe er hatte, ſich dem gefallenen Günſtling beſonders
verbunden zu halten. Er ließ ein ſehr dringendes Schreiben
an den Dionyſius ab, worin er ſich verbindlich machte, ſeine
Kriegsvölker ſogleich wieder abzudanken und ſeine Zurück=
berufung als eine bloße Gnade von dem guten Willen des
Fürſten zu erwarten, wofern Agathon freigeſprochen würde,
deſſen einziges Verbrechen darin beſtehe, daß er ſich für ſeine
Zurückkunft in ſein Vaterland beeifert habe. So edel dieſer
Schritt von Dion's Seite war, ſo würde er doch vielleicht die
gehoffte Wirkung nicht gethan haben, wenn Agathon's Freunde
in Italien nicht geeilt hätten, dem Tyrannen einen noch
dringendern Beweggrund vorzulegen. Aber um eben die Zeit,
da Dion's Schreiben ankam, langten auch Geſandte von Tarent
an, deren Auftrag war, im Namen des Archytas und der
Republik die Freilaſſung ſeines Freundes aufs Ernſtlichſte zu
bewirken. Sie waren angewieſen, im Nothfall zu erklären, daß
die Republik ſich genöthigt ſehen würde, die Partei Dion's mit
ihrer ganzen Macht zu unterſtützen, wofern Dionyſius ſich länger
weigern würde, dieſem Prinzen ſowol als dem gleich unſchuldigen
Agathon vollkommene Gerechtigkeit widerfahren zu laſſen.
Dionyſius kannte den Charakter des Archytas zu gut, um den
Ernſt dieſer Drohung, die ihm nicht anders als fürchterlich ſein
konnte, im Geringſten zu bezweifeln. Er hoffte ſich alſo am
Beſten aus der Sache zu ziehen, wenn er unter der Verſiche=
rung, von einer Ausſöhnung mit ſeinem Schwager nicht ab=
geneigt zu ſein, in die Entlaſſung des Agathon einwilligte.
Aber dieſer erklärte ſich, daß er ſeine Freiheit weder als eine
Gnade annehmen, noch allein der Fürbitte ſeiner Freunde zu
danken haben wolle. Er verlangte, daß die Verbrechen, um
derentwillen er in Verhaft genommen worden, angezeigt und
in Gegenwart des Dionyſius, der Tarentiniſchen Geſandten
und der Vornehmſten zu Syrakus öffentlich unterſucht, ſeine
Rechtfertigung gehört und ſein Urtheil nach den Geſetzen aus=
geſprochen werden ſollte. Aber dazu durften es Kleoniſſa,
Philiſt und der Tyrann ſelbſt nicht kommen laſſen; und da die
Tarentiner ihnen keine Zeit ließen, die Sache in die Länge zu
ziehen, ſo ſah man ſich endlich genöthigt, öffentlich zu erklären:
daß eine ſtarke Vermuthung, als ob Agath n ſich in eine Ver=

schwörung gegen den Staat habe verwickeln laſſen, die einzige
Urſache ſeines Verhafts geweſen ſei; da ſich aber indeſſen keine
hinlänglichen Beweiſe vorgefunden, ſo ſei man bereit, ihn wieder
auf freien Fuß zu ſtellen, ſobald er unter Verbürgung der
Tarentiner ſich durch ein feierliches Verſprechen, nichts gegen
den Dionyſius zu unternehmen, von dieſem Verdacht gereinigt
haben werde. Die Bereitwilligkeit, womit die Geſandten von
Tarent ſich dieſen Antrag gefallen ließen, bewies, daß es dem
Archytas blos um Agathon's Befreiung zu thun war; und wir
werden in der Folge den Grund entdecken, warum dieſer Vor=
ſteher einer in die Sache nicht unmittelbar verwickelten Republik
ſich unſers Helden, der ihm von Perſon noch unbekannt war,
mit ſo außerordentlichem Eifer annahm. Allein Agathon konnte
lange nicht dazu gebracht werden, eine Erklärung von ſich zu
geben, die den Anſchein eines Geſtändniſſes hatte, daß er ſeiner
Partei untreu geworden ſei. Indeſſen mußte doch dieſe in
Anſehung der Umſtände vielleicht allzu große Bedenklichkeit
endlich der Betrachtung weichen, daß er durch Ausſchlagung
eines ſo billigen Vergleichs ſich ſelbſt in die größte Gefahr
ſetzen würde, ohne ſeiner Partei einigen Vortheil dadurch zu
verſchaffen, indem Dionyſius viel eher einwilligen würde, ihn
heimlich aus dem Wege räumen zu laſſen, als zugeben, daß er
mit ſo viel Reizungen zur Rache die Freiheit erhalten ſollte,
der Faction Dion's neues Leben zu geben und ſich mit dieſem
Prinzen zu ſeinem Untergange zu vereinigen. Die lebhaften
Schilderungen, welche die Tarentiner ihm von dem glücklichen
Leben machten, das im ruhigen Schooß ihres Vaterlandes und
in der Geſellſchaft ſeiner dortigen Freunde auf ihn warte,
vollendeten endlich die Wirkung, die der gewaltſame Zuſtand,
worin er ſeit einiger Zeit gelebt hatte, auf ein Gemüth wie
das ſeinige machen mußte, indem ſie ihm zugleich den ganzen
Widerwillen, den er nach ſeiner Verbannung von Athen gegen
den Staub eines Staatsmannes gefaßt hatte, und ſeinen ganzen
Hang zur Abgeſchiedenheit von der Welt und zum Leben mit
ſich ſelbſt und mit guten Menſchen wiedergaben, welches ihm,
wie er glaubte, jetzt um ſo nöthiger war, da er ſein Gemüth
auch von den geringſten Roſtflecken, die von ſeinem Syrakuſi=
ſchen Hofleben zurückgeblieben ſein könnten, zu reinigen wünſchte.
Er bequemte ſich alſo endlich zu einem Schritte, der ihm von den
Freunden Dion's für eine feigherzige Verlaſſung der guten
Sache ausgedeutet wurde, wiewol er das Einzige war, was

ihm in seiner Lage vernünftigerweise zu thun übrig blieb. Aber wie viele dunkle Stunden würde er sich selbst und wie viele Sorge und Mühe seinen Freunden erspart haben, wenn er dem Rathe des weisen Aristippus etliche Monate früher gefolgt hätte! Es ist unstreitig einer von den zuverlässigsten und seltensten Beweisen der Rechtschaffenheit eines Ministers, wenn er ärmer, oder doch wenigstens nicht reicher in seine Hütte zurückkehrt, als er gewesen war, da er auf den Schauplatz des öffentlichen Lebens versetzt wurde. Agathon hatte über den Sorgen für die Wohlfahrt Siciliens sich selbst so vollkommen vergessen, daß er ebenso arm aus Syrakus gegangen wäre, als er vor einigen Jahren aus Athen ging, wofern ihm nicht bald nach seiner Erhebung zu einer Würde, die ihm kein geringes Ansehen in allen griechischen Staaten gab, ein Theil seines väterlichen Vermögens unvermuthet wieder zugefallen wäre. Die Athener, die eben damals der Freundschaft des Dionysius zu gewissen Handlungsentwürfen nöthig hatten, fanden für gut, ehe sie sich bei Agathon um seine Vermittlung bewarben, ihm ein Decret überreichen zu lassen, kraft dessen sein Verbannungsurtheil aufgehoben, der ganze Prozeß, wodurch er seines Erbgutes beraubt worden war, vernichtet, und der unrechtmäßige Inhaber des letztern zur gänzlichen Wiederherstellung verurtheilt war. Agathon hatte großmüthig nur die Hälfte davon angenommen, welche zwar für die Bedürfnisse eines Alcibiades oder Hippias nicht zureichend gewesen wäre, aber doch weit mehr war, als ein weiser Mann bedarf, um unabhängig und sorgenfrei zu leben; und so viel war für einen Agathon genug.

Unser Held verweilte sich, nachdem er seine Freiheit wiedererlangt hatte, nicht länger in Syrakus, als nöthig war, sich von seinen Freunden zu beurlauben. Dionysius, der (wie wir wissen) den Ehrgeiz hatte, Alles mit guter Art thun zu wollen, verlangte, daß er in Gegenwart seines ganzen Hofes Abschied von ihm nehmen sollte. Er überhäufte bei dieser Gelegenheit seinen ehmaligen Günstling mit Lobsprüchen und Liebkosungen und glaubte den feinsten Staatsmann zu machen, indem er sich stellte, als ob er ungern in seine Entlassung einwilligte, und als ob sie als die besten Freunde von einander schieden. Agathon trug um so weniger Bedenken, diesen letzten Auftritt der Komödie mitspielen zu helfen, da es vermuthlich die letzte Gefälligkeit dieser Art war, zu welcher er sich jemals wieder herabzulassen gemüßigt sein würde. Und so entfernte er sich in Gesellschaft

7*

der Gesandten von Tarent, von Jedermann beurtheilt, von Vielen getadelt, von den Wenigsten (selbst unter denen, welche günstig von ihm dachten) gelaunt, aber von allen Redlichen vermißt und oft zurückgewünscht, aus einer Stadt und einem Lande, worin er die Zufriedenheit hatte, viele Denkmäler seiner ruhmwürdigen, wiewol kurzen Staatsverwaltung zu hinterlassen, und aus welchem er nichts mit sich hinausnahm als eine Reihe von Erfahrungen, die ihn in dem lobenswerthen Entschluß bestärkten, ohne dringenden Beruf keine andere von dieser Art mehr zu machen.

Dreizehntes Buch.

Agathon kommt nach Tarent, wird in die Familie des Archytas eingeführt, entdeckt in der wiedergefundenen Psyche seine Schwester und findet unverhofft die schöne Danae wieder.

Erstes Capitel.

Archytas und die Tarentiner. Charakter eines seltnen Staatsmanns.

Archytas von Tarent, durch dessen nachdrückliche Verwendung Agathon den Händen seiner Feinde zu Syrakus entrissen wurde, war ehmals ein vertrauter Freund seines Vaters Stratonikus, und beide Familien waren durch die Bande des Gastrechts von uralten Zeiten her verbunden gewesen. Der ausgebreitete Ruhm, welchen der Weise von Tarent als der würdigste unter den Nachfolgern des Pythagoras, als ein tiefer Kenner der Geheimnisse der Natur und der Kunst, als ein kluger Staatsmann, als ein geschickter und glücklicher Feldherr und, was allen diesen Vorzügen die Krone aufsetzt, als ein rechtschaffener Mann in der vollkommensten Bedeutung dieses Worts sich erworben, hatte seinen Namen dem Agathon schon lange ehrwürdig gemacht. Hierzu kam noch, daß dessen jüngerer Sohn, Kritolaus, in den Zeiten des höchsten Wohlstandes unsers Helden zu Athen zwei Jahre in seinem Hause zugebracht und, mit allen möglichen Freundschaftserweisungen überhäuft, eine Zuneigung von derjenigen Art für ihn gefaßt hatte, welche in schönen Seelen sich nur mit dem Leben endet. Diese Freundschaft war zwar durch verschiedene zufällige Umstände eine Zeit lang unterbrochen worden; aber kaum hatte Agathon den Entschluß gefaßt, sich dem Dionysius zu widmen, so war eine seiner ersten Angelegenheiten gewesen, diese Verbindung wieder zu erneuern. Er hatte während seiner Staatsverwaltung sich öfters bei der weisen Erfahrenheit des Archytas Raths erholt, und die

Verhältnisse, worin die Tarentiner und Syrakuser standen, hatten ihm mehrmals Gelegenheit gegeben, sich um die Erstern einiges Verdienst zu machen. Bei allen diesen Umständen ist leicht zu ermessen, daß er in seiner gegenwärtigen Lage den dringenden Einladungen seines Freundes Kritolaus um so weniger wider=stehen kounte, da schon die Pflicht der Erkenntlichkeit gegen seine Erretter ihm keine Freiheit zu lassen schien, andere Beweg=gründe bei der Wahl seines Aufenthalts in Betrachtung zu ziehen.

In der That hätte er sich keinen zu seinen nunmehrigen Absichten bequemern Ort erwählen können als Tarent. Diese Republik war damals gerade in dem Zustande, worin jeder patriotische Republikaner die seinige zu sehen wünschen muß, zu klein, um ehrgeizige Entwürfe zu machen, zu groß, um den Ehrgeiz und die Vergrößerungssucht ihrer Nachbarn fürchten zu müssen, zu schwach, um in andern Unternehmungen als in den Künsten des Friedens ihren Vortheil zu finden, aber stark genug, sich gegen jeden nicht allzu übermächtigen Feind (und einen solchen hatte sie damals noch nicht) in ihrer Verfassung zu erhalten. Archytas hatte sie (in einem Zeitraume von mehr als dreißig Jahren, in welchem er siebenmal die Stelle eines obersten Befehlshabers bekleidete) an die weisen Gesetze, die er ihnen gegeben, so gut angewöhnt, daß sie mehr durch die Macht der Sitten als durch das Ansehen der Gesetze regiert zu werden schienen. Fabrikanten und Handelsleute machten den größern Theil der Tarentiner aus. Die Wissenschaften und schönen Künste standen daher in keiner besondern Hochachtung bei ihnen; aber sie waren auch nicht verachtet. Diese Gleichgiltigkeit be=wahrte die Tarentiner vor den Fehlern und Ausschweifungen der Athener, bei denen Jedermann bis auf die Gerber und Schuster ein Philosoph und Redner, ein witziger Kopf und ein Kenner sein wolite. Sie waren eine gute Art von Leuten, einfältig von Sitten, emsig, arbeitsam, regelmäßig, Feinde der Pracht und Verschwendung, leutselig und gastfrei gegen die Fremden, Hasser des Gezwungenen, Spitzfindigen und lieder=triebenen in allen Sachen und, aus eben diesem Grunde, Lieb=haber des Natürlichen und Gründlichen, die bei Allem mehr auf die Materie als auf die Form sahen und nicht begreifen konnten, daß eine zierlich gearbeitete Schüssel aus Korinthischem Erz besser sein köune als eine schlechte aus Silber, oder daß ein Narr liebenswürdig sein konne, weil er artig sei. Sie liebten ihre Freiheit wie eine Ehegattin, nicht wie eine Beischläferin, —

ohne Leidenschaft und ohne Eifersucht. Sie setzten ein gerechtes Vertrauen in diejenigen, denen sie die Vormundschaft über den Staat anvertrauten; aber sie forderten auch, daß man dieses Vertrauen verdiene. Der Geist der Emsigkeit, der dieses achtungswürdige und glückliche Volk beseelte, — der unschuldigste und wohlthätigste unter allen sublunarischen Geistern, die uns bekannt sind, — machte, daß man sich zu Tarent weniger, als in den meisten mittelmäßigen Städten zu geschehen pflegt, um Andre bekümmerte. Insofern man sie nicht durch eine gesetz= widrige That oder durch einen beleidigenden Widerspruch ihrer Sitten ärgerte, konnte Jeder leben, wie er wollte. Alles dies zusammengenommen machte, wie uns däucht, eine sehr gute Art von republikanischem Charakter aus, und Agathon hätte schwerlich einen Freistaat finden können, welcher geschickter gewesen wäre, seinen gegen dieselben gefaßten Widerwillen zu besänftigen. Ohne Zweifel hatten die Tarentiner auch ihre Fehler wie alle andern Erdenbewohner; aber der weise Archytas, unter welchem ihr Nationalcharakter erst eine gesetzte und feste Gestalt gewonnen hatte, wußte die Temperamentsfehler seines Volkes so klüglich zu behandeln, daß sie durch die Vermischung mit ihren Tugenden · beinahe aufhörten Fehler zu sein: eine nothwendige und vielleicht die größte Kunst des Gesetzgebers, deren genauere Untersuchung wir denjenigen empfohlen haben wollen, die an Auflösung der schweren Aufgabe, welche Gesetz= gebung unter gegebenen Bedingungen die beste sei, zu arbeiten sich berufen fühlen.

Das Erste, was unserm Helden, als er ans Land stieg, in die Augen fiel, war sein Freund Kritolaus, der mit einem Gefolge der edelsten Jünglinge von Tarent ihm entgegen= geflogen war, um ihn in freundschaftlichem Triumph in eine Stadt einzuführen, welche sich's zur Ehre rechnete, von einem Manne wie Agathon vor andern zu seinem Aufenthalt erwählt zu werden. Der Anblick eines der schönsten Länder unter der Sonne und das Wiedersehen eines Freundes, von dem er aufs Zärtlichste geliebt wurde, machten ihn in einem einzigen Augenblicke al... Ungemach vergessen, das er in Sicilien und in seinem ganzen Leben erlitten hatte. Eine frohe Vor= empfindung der Glückseligkeit, die in diesem zum ersten Mal betretenen Lande auf ihn wartete, verbreitete ein unbeschreibliches Behagen durch sein ganzes Wesen. Diese unbestimmte Wollust, welche alle seine Empfindungskräfte zugleich einzunehmen schien,

war nicht das seltsame Zaubergefühl, womit ihn die Schönheiten
der Natur und die Empfindung ihrer reinsten Triebe in seiner
Jugend durchdrungen hatten. Diese Blüthe der Empfindlichkeit,
diese zärtliche Sympathie mit Allem, was lebt oder zu leben
scheint, der Geist der Freude, der uns aus allen Gegenständen
entgegenathmet, der magische Firniß, der sie überzieht und uns
über einem Anblick, von dem wir zehn Jahre später kaum noch
flüchtig gerührt werden, in stillem Entzücken zerfließen macht, —
dieses beneidenswürdige Vorrecht der ersten Jugend verliert sich
unvermerkt mit dem Anwachs unsrer Jahre und kann nicht
wiedergefunden werden. Aber es war doch etwas, das diesem
ähnlich war. Seine Seele schien dadurch von allen verdüstern=
den Flecken ihres unmittelbar vorhergehenden Zustandes aus=
gewaschen und zu den schönen Eindrücken vorbereitet zu werden,
welche sie in dieser neuen Periode seines Lebens bekommen sollte.

Eine der glückseligsten Stunden desselben (wie er in der
Folge öfters zu versichern pflegte) war diejenige, worin er die
persönliche Bekanntschaft des Archytas machte. Dieser ehr=
würdige Greis hatte der Natur und einer Mäßigung, die von
seiner Jugend an ein unterscheidender Zug seines Charakters
gewesen war, den Vortheil einer Lebhaftigkeit aller Kräfte zu
danken, welche in seinem Alter etwas Seltnes ist, aber es doch
bei den alten Griechen lange nicht so sehr war als bei den
meisten europäischen Völkern unsrer Zeit. So abgekühlt die
Einbildungskraft unsers Helden war, so konnte er doch nicht
anders als etwas Idealisches in dem Gemische von Majestät
und Anmuth, welches sich über die ganze Person dieses liebens=
würdigen Alten ausbreitete, zu empfinden, und es desto stärker
zu empfinden, je stärker dieser Anblick von Allem demjenigen
abstach, woran sich seine Augen seit geraumer Zeit hatten
gewöhnen müssen. — „Und warum konnte er nicht anders?"
— Die Ursache ist ganz einfach: weil dieses Idealische nicht in
seinem Gehirne, sondern in dem Gegenstande selbst lag. Man
stelle sich einen großen, stattlichen Mann vor, dessen Ansehen
beim ersten Blick ankündigt, daß er dazu gemacht ist, Andre zu
regieren, und der ungeachtet seiner silbernen Haare die Miene
hat, vor funfzig Jahren ein sehr schöner Mann gewesen zu sein.
Vermuthlich giebt es Wenige unter unsern Lesern, denen im
ganzen Lauf ihres Lebens nicht einmal ein solcher Mann vor=
gekommen wäre. Aber nun stelle man sich auch vor, daß dieser
Mann von früher Jugend an ein tugendhafter Mann gewesen

war; daß eine lange Reihe von Jahren seine Tugend zu Weis=
heit gereift hatte; daß die unbewölkte Heiterkeit seines Geistes,
die Ruhe seines Herzens, die allgemeine Güte, wovon es beseelt
war, das stille Bewußtsein eines schuldlosen und mit guten
Thaten erfüllten Lebens sich in seinen Augen und in seiner
ganzen Gesichtsbildung mit einer Wahrheit, mit einem Ausdruck
von stiller Größe und Würde abmalte, dessen Macht unwider=
stehlich war. — Dies ist, was man vielleicht noch nicht gesehen
hat, was gewiß unter die seltensten Erscheinungen unter dem
Monde gehört, und wovon Agathon so stark gerührt wurde.
Er hatte nun endlich gefunden, was er so oft gewünscht, aber
noch nie gefunden zu haben vermeint hatte, ohne in der Folge
auf eine oder die andere Art seines Irrthums überführt worden
zu sein, — einen wahrhaftig weisen Mann, einen Mann, der
nichts scheinen wollte, als was er war, und an welchem das
scharfsichtigste Auge nichts entdecken konnte, das man anders
hätte wünschen mögen. Die Natur schien sich vorgesetzt zu
haben, in ihm zu beweisen, daß die Weisheit nicht weniger ein
Geschenk von ihr sei als der Genie, und daß, wofern es gleich
der Philosophie nicht unmöglich ist, ein schlimmes Naturell zu
verbessern, ja wol gar aus einem Silen (so der Himmel will)
einen Sokrates zu machen, es dennoch der Natur allein zukomme,
diese glückliche Temperatur der Elemente der Menschheit hervor=
zubringen, welche unter einem Zusammenfluß ebenso glücklicher
Umstände endlich zu dieser vollkommenen Harmonie aller Kräfte
und Bewegungen des Menschen, worin Weisheit und Tugend
zusammenfließen, erhöht werden kann. Archytas hatte niemals
weder eine glühende Einbildungskraft noch heftige Leidenschaften
gehabt. Eine gewisse Stärke, die den Mechanismus seines
Kopfes und seines Herzens auszeichnete, hatte von seiner Jugend
an die Eindrücke der Gegenstände auf seine Seele gemäßigt.
Diese Eindrücke waren deutlich und stark genug, um seinen
Verstand mit wahren Bildern zu erfüllen und die Verwirrung
zu verhindern, welche in dem Gehirne derjenigen zu herrschen
pflegt, deren allzu schlaffe Spannung nur eine schwache und
matte Einwirkung der Gegenstände zuläßt. Aber sie waren
nicht so lebhaft und von keiner so starken Erschütterung begleitet
wie bei denen, welche, durch zartere Organe und reizbarere
Sinne zu den enthusiastischen Künsten der Musen bestimmt, den
zweideutigen Vorzug einer zaubernden Einbildungskraft und
eines unendlich empfindlichen Herzens theuer genug bezahlen

müssen. Archytas hatte es dem Mangel dieses ebenso schim=
mernden als wenig beneidenswerthen Vorzugs zu danken, daß
es ihm wenig Mühe kostete, Ruhe und Ordnung in seiner inner=
lichen Verfassung zu erhalten; daß er, anstatt von seinen Vor=
stellungen und Gefühlen beherrscht zu werden, immer Meister
von ihnen blieb und die Verirrungen des Geistes und des Her=
zens, von denen das schwärmerische Volk der Helden, Dichter
und Virtuosen aus Erfahrung sprechen kann, nur aus fremden
Erfahrungen kannte. Daher kam es auch, daß die Pythagoräische
Philosophie, in deren Grundsätzen er erzogen worden war, —
eben diese Philosophie, welche in dem Gehirne so vieler Andrer
zu einem abenteuerlichen Gemisch von Wahrheit und Träumerei
wurde, — sich durch Nachdenken und Erfahrung in dem seinigen
zu einem System von ebenso einfachen als fruchtbaren und
praktischen Begriffen ausbildete, zu einem System, welches der
Wahrheit näher als irgend ein anderes zu kommen scheint;
welches die menschliche Natur veredelt, ohne sie aufzublähen,
und ihr Aussichten in bessere Welten eröffnet, ohne sie fremd
und unbrauchbar in der gegenwärtigen zu machen; ein System,
das durch das Erhabenste und Beste, was wir von Gott, von
der Welt und von unsrer eigenen Natur und Bestimmung zu
denken fähig sind, unsre Leidenschaften reinigt, unsre Gesinnungen
verschönert und (was das Wichtigste ist) uns von der tyran=
nischen Herrschaft dieser pöbelhaften Begriffe befreit, welche die
Seele verunstalten, sie klein, niederträchtig, furchtsam, falsch und
sklavenmäßig machen, jede edle Neigung, jeden großen Gedanken
abschrecken und ersticken, und doch darum nicht weniger von
politischen und religiösen Demagogen unter dem größten Theile
des menschlichen Geschlechts (aus Absichten, woraus diese Herren
billig ein Geheimniß machen) eifrigst unterhalten werden.

Die zuverlässigste Probe über die Güte der Philosophie des
weisen Archytas ist, wie uns däucht, der moralische Charakter,
den ihm das einstimmige Zeugniß der Alten beilegt. Diese
Probe, es ist wahr, würde bei einem System von bloßen meta=
physischen Speculationen betrüglich sein; aber die Philosophie
des Archytas war durchaus praktisch. Das Beispiel so vieler
großen Geister, welche in der Bestrebung, über die Grenzen
des menschlichen Verstandes hinauszugehen, verunglückt waren,
hätte ihn in diesem Stücke vielleicht nicht weiser gemacht, wenn
er mehr Eitelkeit und weniger kaltes Blut gehabt hätte. Aber
so wie er war, überließ er diese Art von Speculationen seinem

Freunde Plato und schränkte seine eigenen Nachforschungen über
die intellectualen Gegenstände lediglich auf diese einfältigen
Wahrheiten ein, welche das allgemeine Gefühl erreichen kann,
welche die Vernunft bekräftigt, und deren wohlthätiger Einfluß
auf den Wohlstand unsers Privatsystems sowol als auf das
allgemeine Beste allein schon genugsam ist, ihren Werth zu
beweisen. Von dem Leben eines solchen Mannes läßt sich ganz
sicher auf die Güte seiner Denkungsart schließen. Archytas ver=
band alle häuslichen und bürgerlichen Tugenden mit dieser
schönsten und göttlichsten unter allen, welche sich auf keine andre
Beziehung gründet als das allgemeine Band, womit die Natur
alle Wesen verknüpft. Er hatte das seltene Glück, daß die
untadelige Unschuld seines öffentlichen und Privatlebens, die
Bescheidenheit, wodurch er den Glanz so vieler Verdienste zu
mildern wußte, und die Mäßigung, womit er sich seines An=
sehens bediente, endlich den Neid selbst entwaffnete und ihm
die Herzen seiner Mitbürger so gänzlich gewann, daß er (un=
geachtet er sich seines hohen Alters wegen von den Geschäften
zurückgezogen hatte) bis in seinen Tod als die Seele des Staats
und der Vater des Vaterlandes angesehen wurde. In der That
fehlte ihm zum Könige nichts als die äußerlichen Zeichen dieser
Würde. Niemals hat ein Despot unumschränkter über die Leiber
seiner Sklaven geherrscht als dieser ehrwürdige Greis über die
Herzen eines freien Volkes; niemals ist der beste Vater von
seinen Kindern zärtlicher geliebt worden.

Glückliches Volk, welches von einem Archytas regiert wurde
und den ganzen Werth dieses Glücks so wohl zu schätzen wußte!
Und glücklicher Agathon, der in einem solchen Mann einen
Beschützer, einen Freund und einen zweiten Vater fand!

Zweites Capitel.

Eine unverhoffte Entdeckung.

Archytas hatte zwei Söhne, deren wetteifernde Tugend die
seltene und verdiente Glückseligkeit seines Alters vollkommen
machte. Diese liebenswürdige Familie lebte in einer Harmonie
beisammen, deren Anblick unsern Helden in die selige Einfalt
und Unschuld des goldnen Alters versetzte. Niemals hatte er
eine so schöne Ordnung, eine so vollkommne Eintracht, ein so regel=
mäßiges und schönes Ganzes gesehen, als das Haus des weisen

Archytas darstellte. Alle Hausgenossen bis auf die unterste
Classe der Bedienten waren eines solchen Hausvaters würdig.
Jedes schien für den Platz, den es einnahm, ausdrücklich gemacht
zu sein. Archytas hatte keine Sklaven. Der freie, aber sittsame
Anstand seiner Bedienten, die Munterkeit, die Genauigkeit, der
Wetteifer, womit sie ihre Pflichten erfüllten, das Vertrauen,
welches man auf sie setzte, bewies, daß er Mittel gefunden hatte,
selbst diesen rohen Seelen ein Gefühl von Ehre und Tugend
einzuflößen. Die Art, wie sie dienten, und die Art, wie ihnen
begegnet wurde, schien das Unedle und Demüthigende ihres
Standes auszulöschen. Sie waren stolz darauf, einem so vor=
trefflichen Herrn zu dienen, und es war nicht Einer, der die
Unabhängigkeit, selbst unter den vortheilhaftesten Bedingungen,
angenommen hätte, wenn er der Glückseligkeit, ein Hausgenosse
des Archytas zu sein, hätte entsagen müssen. Das Vergnügen
mit ihrem Zustande leuchtete aus jedem Gesicht hervor, aber
keine Spur dieses üppigen Uebermuths, der gemeiniglich den
müßiggängerischen Haufen der Bedienten in großen Häusern
bezeichnet. Alles war in Bewegung, aber ohne dieses lärmende
Geräusch, welches den schweren Gang der Maschine ankündigt.
Das Haus des Archytas glich der innerlichen Oeconomie des
animalischen Körpers, in welchem Alles in rastloser Arbeit
begriffen ist, ohne daß man eine Bewegung wahrnimmt, wenn
die äußern Theile ruhen.

Agathon befand sich noch in diesem angenehmen Erstaunen,
welches in den ersten Stunden seines Aufenthalts in einem so
sonderbaren Hause mit jedem Augenblick vermehren mußte,
als er auf einmal durch eine Entdeckung überrascht wurde,
welche ihn beinahe dahin gebracht hätte, Alles, was er sah, für
einen Traum zu halten.

Das Gynäceon (oder das Innerste des Hauses, welches von
dem weiblichen Theile der Familie bewohnt wurde) war, wie
man weiß, bei den Griechen einem Fremden, der in einem
Hause aufgenommen wurde, ordentlicherweise ebenso unzu=
gangbar als der Harem bei den Morgenländern. Aber Agathon
wurde in dem Hause des Archytas nicht wie ein Fremder
behandelt. Dieser liebenswürdige Alte führte ihn also, nachdem
sie sich einige Zeit mit einander besprochen hatten, in Begleitung
seiner beiden Söhne in das Gynäceon, um (wie er sagte) seinen
Töchtern ein Vergnügen, worauf sie sich schon so lange gefreut
hätten, nicht länger vorzuenthalten. Man stelle sich vor, was

für eine süße Bestürzung ihn befiel, da die erste Person, die ihm beim Eintritt in die Augen fiel, — seine Psyche war! Augenblicke von dieser Art lassen sich besser malen als beschreiben. Die Erscheinung war zu unerwartet, als daß er durch die Aehnlichkeit dieser jungen Dame mit seiner geliebten Psyche nicht getäuscht zu werden hätte glauben sollen. Er stutzte; er betrachtete sie von Neuem; und wenn er nunmehr auch seinen Augen nicht hätte trauen wollen, so ließ ihm das, was in seinem Herzen vorging, keinen Zweifel übrig. Und doch kam es ihm so wenig glaublich vor, daß er glücklich genug sein sollte, nach einer so langen Abwesenheit und bei so wenigem Anschein, sie jemals wiederzusehen, seine Psyche in dem Hause seiner Freunde zu Tarent wiederzufinden.

Ein andrer Gedanke, der in diesen Umständen sehr natürlich war, vermehrte seine Verwirrung und hielt ihn ab, sich der Freude zu überlassen, die ein ebenso erwünschter als unverhoffter Anblick über seine Seele ergoß. Psyche hatte nicht das Aussehen, eine Sklavin in diesem Hause vorzustellen. Was konnte er also anders denken, als daß sie die Gemahlin eines von den Söhnen des Archytas sein müßte? Es ist wahr, er hätte ebenso wohl denken können, daß sie seine wiedergefundene Tochter sein könnte. Aber in solchen Umständen bildet man sich immer das ein, was man am Meisten fürchtet. In der That errieth er die Sache aufs erste Mal. Psyche war seit einigen Monaten die Gemahlin seines Freundes Kritolaus.

Unsere Leser sehen auf den ersten Blick, was für eine schöne Gelegenheit zu rührenden Beschreibungen und tragischen Auftritten uns dieser kleine Umstand geben könnte. Welche Situation! den Gegenstand der zärtlichsten Neigung seines Herzens, seiner ersten Liebe nach einer langen schmerzlichen Trennung unverhofft wiederfinden, aber nur dazu wiederfinden, um ihn in den Armen eines Andern, und (was uns nicht einmal das Recht zu klagen, zu wüthen und Rache zu schnauben übrig läßt) in den Armen unsers liebsten Freundes zu sehen!

Zu gutem Glücke für unsern Helden und für seinen Geschichtsschreiber waren diejenigen, welche in diesem Augenblicke Zeugen seiner Bestürzung waren, keine so großen Liebhaber stürmischer Auftritte, daß sie, blos um sich an seiner vergeblichen Qual zu ergetzen, grausam genug hätten sein können, Tragödie mit ihm zu spielen, wie glücklich auch am Ende die Entwicklung immer hätte sein mögen. Die zärtliche Psyche sah ein paar Augen-

blicke seiner Verwirrung zu; aber länger konnte sie sich nicht
zurückhalten. Sie flog ihm mit offenen Armen entgegen, und
indem ihre Freudenthränen an seinen glühenden Wangen herab-
rollten, hörte er sich mit einem Namen benennen, der ihre
zärtlichsten Liebkosungen, selbst in Gegenwart eines Gemahls,
rechtfertigte.

Wäre die Liebe, welche sie ihm im Hain zu Delphi eingeflößt hatte, weniger rein und tugendhaft gewesen, so würde
die Entdeckung einer Schwester in der Geliebten seines Herzens
so erfreulich nicht gewesen sein, als sie ihm war. Aber man
erinnert sich vermuthlich noch, daß diese Liebe allezeit mehr derjenigen, welche die Natur zwischen Geschwistern von überein-
stimmender Gemüthsart stiftet, als der gemeinen Leidenschaft
geglichen hatte, die sich auf den Zauber eines andern Instincts
gründet. Die ihrige war von den fieberischen Symptomen
des letztern allezeit freigeblieben. Sie hatten immer ein sonder-
bares Vergnügen daran gefunden, sich einzubilden, daß wenigstens ihre Seelen einander verschwistert seien, da sie nicht
Grund genug hatten (so sehr sie es auch wünschten), die unschuldige Anmuthung, welche sie für einander fühlten, der Sympathie des Blutes zuzuschreiben. Agathon befand sich also über
alle seine Hoffnung glücklich, da er nach den Erläuterungen,
welche ihm gegeben wurden, nicht mehr zweifeln konnte, in
Psyche eben diese Schwester, welche er nach der ehemaligen Erzählung seines Vaters für todt gehalten hatte, wiederzufinden
und durch sie ein Theil einer Familie zu werden, für welche
sein Herz bereits so eingenommen war, daß der Gedanke, sich
jemals wieder von ihr zu trennen, ihm unerträglich gewesen
sein würde.

Und nun, zärtliche Leserinnen, was mangelte ihm noch, um
so glückselig zu sein, als es Sterbliche sein können, — als daß
Archytas nicht irgend eine liebenswürdige Tochter oder Nichte
hatte, mit der wir ihn vermählen könnten? — Unglücklicherweise für den armen Agathon hatte Archytas keine Tochter; und
wofern er Nichten hatte (welches wir nicht für gewiß sagen
können), so waren sie entweder schon verheirathet oder nicht
geschickt, das Bild der schönen Danae und die Erinnerungen
seiner ehemaligen Glückseligkeit mit ihr, welche von Tag zu Tag
wieder lebendiger in seinem Gemüthe wurden, auszulöschen.

Diese Erinnerungen hatten schon zu Syrakus in trüben
Stunden wieder angefangen, einige Gewalt über sein Herz zu

bekommen. Der Gram, wovon seine Seele in der letzten Periode seines Hoflebens öfters ganz verdüstert und nieder= geschlagen wurde, veranlaßte ihn, Vergleichungen zwischen seinem vormaligen und nunmehrigen Zustande anzustellen, welche unmöglich anders als zum Vortheil des ersten ausfallen konnten. Er machte sich selbst Vorwürfe, daß er das liebenswürdigste unter allen Geschöpfen — aus so schlechten Ursachen — auf die bloße Anklage eines so verächtlichen Menschen als Hippias, eine An= klage, über welche sie sich vielleicht, wenn er sie gehört hätte, vollkommen hätte rechtfertigen können — verlassen habe. Diese That, auf welche er sich damals — da er sie für einen herr= lichen Sieg über die unedlere Hälfte seiner selbst, für ein großes, der beleidigten Tugend gebrachtes Söhnopfer ansah — so viel zu gut gethan hatte, schien ihm jetzt eine undankbare und niederträchtige That. Es schmerzte ihn, wenn er dachte, wie glücklich er durch die Verbindung seines Schicksals mit dem ihrigen hätte werden können, und er zürnte nur desto mehr auf sich selbst, wenn er sich zugleich erinnerte, durch was für chimärische Vorstellungen und Hoffnungen ihn seine damalige Schwärmerei um ein so großes Gut gebracht habe. Aber der Gedanke, daß er durch ein so schnödes Verfahren die schöne Danae gezwungen habe, ihn zu verachten, zu hassen, sich ihrer Liebe zu ihm blos als einer unglücklichen Schwachheit zu erinnern, deren Andenken sie mit Gram und Reue erfüllen mußte, — dieser Gedanke war ihm ganz unerträglich. Danae, wie gröblich sie auch beleidigt war, konnte ihn unmöglich so sehr verab= scheuen, als er in Stunden, da diese Vorstellungen seine Ver= nunft überwältigten, sich selbst verabscheute.

Allein diese Stunden gingen endlich vorüber; und wie wär' es auch möglich gewesen, daß die glückliche Veränderung, welche die Versetzung in den Schooß der liebenswürdigsten Familie, die vielleicht jemals gewesen ist, in seinen Umständen hervor= brachte, nicht auch die Farbe seiner Einbildungskraft verändert und die Vorwürfe, die er sich selbst machte, gemildert haben sollte? Hätte er Danae nicht verlassen, so würde er weder seine Schwester gefunden, noch mit dem weisen Archytas persönlich bekannt worden sein. Mußten diese Folgen seiner tugendhaften Untreue den Wunsch, sie nicht begangen zu haben, nicht unmög= lich machen? Aber sie beförderten dagegen einen andern, der in seiner gegenwärtigen Lage sehr natürlich war. Die heitre Stille, welche in seinem ohnehin zur Freude aufgelegten Gemüth

in Kurzem wiederhergestellt wurde, die Freiheit von allen
Geschäften und Sorgen, der Genuß Alles dessen, womit die
Freundschaft ein gefühlvolles Herz beseligen kann, der Anblick
der Glückseligkeit seines Freundes Kritolaus, welche im Besitz
der liebenswürdigen Psyche alle Tage zuzunehmen schien, der
Mangel an Zerstreuungen, wodurch das Gemüth verhindert wird,
sich in seine angenehmsten Ideen und Empfindungen einzuhüllen,
und die natürliche Folge hiervon, daß diese Ideen und Empfin=
dungen desto lebhafter werden müssen: Alles dies vereinigte sich,
ihn nach und nach wieder in eine Fassung zu setzen, welche die
zärtlichsten Erinnerungen an die einst so sehr geliebte Danae
erweckte und ihn von Zeit zu Zeit in eine Art von sanfter
Melancholie versetzte, worin sein Herz sich ohne Widerstand in
jene zauberischen Scenen von Liebe und Wonne zurückführen
ließ, Scenen, welche — aus Ursachen, die wir den Psychologen
zu entwickeln überlassen — durch die in seiner Seele vor=
gegangene Revolution ungleich weniger von ihrem Reize ver=
loren hatten als die abgezogenern und blos intellectualen Gegen=
stände seines ehemaligen Enthusiasmus. Können wir ihm ver=
denken, daß er in solchen Stunden die schöne Danae unschuldig
zu finden wünschte? daß er dieses so oft und so lebhaft wünschte,
bis er sich endlich überredete, sie für unschuldig zu halten? und
daß die Unmöglichkeit, ein Gut wieder zu erlangen, dessen er
sich selbst so leichtgläubig und auf eine so verhaßte Art beraubt
hatte, ihn zuweilen in eine Traurigkeit versenkte, die ihm den
Geschmack seiner gegenwärtigen Glückseligkeit verbitterte und sich
desto tiefer in sein Gemüth eingrub, weil er sich nicht entschließen
konnte, sein Anliegen denjenigen anzuvertrauen, denen er (diesen
einzigen Winkel ausgenommen) das Innerste seiner Seele auf=
zuschließen pflegte?

„Wohin uns diese Vorbereitung wol führen soll?" werden
vielleicht einige von unsern kritischen Lesern denken. „Ohne
Zweifel wird man nun auch die Dame Danae von irgend
einem dienstwilligen Sturmwind herbeiführen lassen, nachdem uns,
ohne zu wissen, wie? das gute Mädchen Psyche durch einen
wahren Schlag mit der Zauberruthe aus dem Gynäceon des
alten Archytas entgegengesprungen ist."

Und warum nicht, da wir nun einmal wissen, wie glücklich
wir unsern Freund Agathon dadurch machen könnten?

„Aber wo bleibt alsdann das Vergnügen der Ueberraschung,

welches andre Verfasser ihren Lesern mit so vieler Mühe und Kunst zuzuwenden pflegen?"

Es bleibt aus; und wenn Diderot Recht hat (wie uns däucht), so ist wenig oder nichts dabei zu verlieren. Inzwischen ist uns lieb, erinnert worden zu sein, daß wir einige Nachricht schuldig sind, wie Psyche (welche wir in einen Ganymed verkleidet in den Händen eines Seeräubers verlassen hatten) dazu gekommen sei, die Gemahlin des Kritolaus und die Schwester Agathon's zu werden. Ein kurzer Auszug aus der Erzählung, welche dem Letztern theils von seiner Schwester selbst, theils von ihrer Pflegemutter gemacht wurde, wird hinlänglich sein, die gerechte Wissensbegierde des Lesers über diesen Punkt zu befriedigen.

Drittes Capitel.
Begebenheiten der Psyche.

Ein heftiger Sturm ist ein sehr unglücklicher Zufall für Leute, die sich mitten auf der offenen See nur durch die Dicke eines Brettes von einem feuchten Tode geschieden finden. Aber für die Geschichtsschreiber der Helden und Heldinnen ist es beinahe der glücklichste unter allen Zufällen, welche man herbeibringen kann, um sich aus einer Schwierigkeit herauszuhelfen.

Es war also ein Sturm (und wir hoffen, Niemand wird sich darüber zu beschweren haben, denn es ist unsers Wissens der erste in dieser Geschichte), der die liebenswürdige Psyche aus der furchtbaren Gewalt eines verliebten Seeräubers rettete. Das Schiff scheiterte an der italienischen Küste, einige Meilen von Capua, und Psyche, von den Nereiden oder Liebesgöttern beschirmt, war die einzige Person auf dem Schiffe, welche, vermuthlich auf einem Brette, wohlbehalten von den Zephyrn ans Land getragen wurde. Die Zephyrn allein wären hierzu vielleicht nicht hinreichend gewesen; aber mit Hilfe einiger Fischer, welche glücklicherweise bei der Hand waren, hatte die Sache keine Schwierigkeit.

Dies war nun Alles sehr glücklich; aber es ist nichts in Vergleichung mit dem, was folgen wird. Einer von den Fischern, weil er zum Glück sehr mitleidig war, trug die verkleidete Psyche, welche nichts so sehr vonnöthen hatte, als sich zu trocknen und von dem ausgestandenen Ungemach zu erholen, zu seinem Weibe in seine Hütte. Die Fischerin (eine gute, runde Frau von etwa vierzig Jahren) bezeigte ungemeines Mit=

leiden mit dem Unglück eines so liebenswürdigen jungen Herrn; sie pflegte seiner, so gut es nur immer möglich war, und konnte sich nicht satt an ihm sehen. Es war ihr immer, sagte sie, als ob sie schon einmal ein solches Gesicht gesehen hätte wie das seinige, und sie konnte es kaum erwarten, bis der schöne Fremd= ling im Stande war, nach eingeführter Gewohnheit seine Ge= schichte zu erzählen. Aber Psyche hatte der Ruhe vonnöthen; sie wurde also zu Bette gebracht, und bei dieser Gelegenheit entdeckte die besorgte und aufmerksame Fischerin, daß der ver= meinte Jüngling ein überaus schönes Mädchen, aber doch nicht ganz so schön mehr war als in ihren Mannskleidern.

Es war natürlich, über diese Verwandlung im ersten Augen= blick ein Wenig mißvergnügt zu sein; doch der kleine vorüber= gehende Unmuth verwandelte sich bald in die lebhafteste und zärtlichste Freude. — Denn, kurz, es entdeckte sich, daß die Fischerin Klonarion die ehmalige Amme der schönen Psyche war, welche (mit Hilfe dieses Namens) sich ihrer ebenso gut wieder erinnerte, als diese aus den Gesichtszügen der Psyche, aus ihrer Aehnlichkeit mit ihrer Mutter Musarion, — besonders aus einem kleinen Maale, welches sie unter der linken Brust hatte — ihre liebste Pflegetochter erkannte.

Klonarion war die vertrauteste Sklavin der Mutter unsrer Heldin gewesen, und ihrer Pflege wurde nach dem Tode der= selben die kleine Psyche, oder Philoklea (wie sie eigentlich hieß), anvertraut. Denn Psyche war nur ein Liebkosungsname, den ihr die Amme aus Zärtlichkeit gab, und welchen die kleine Philoklea (weil sie sich niemals anders als Psyche oder Psycharion nennen gehört hatte) in der Folge als ihren wirklichen Namen angab. Stratonikus hatte der guten Klonarion mit der noch unmündigen Psyche eine hinlängliche Summe Goldes übergeben und ihr befohlen, sie in der Nähe von Korinth zu erziehen, weil er dort die beste Gelegenheit hatte, sie von Zeit zu Zeit unerkannt zu sehen. Die junge Psyche, die Freude und der Stolz ihrer zärtlichen Amme, wuchs so schön heran, daß man nichts Liebenswürdigeres sehen konnte. Die Hoffnung des Ge= winnstes reizte endlich einige Bösewichter, sie, da sie ungefähr fünf bis sechs Jahre alt war, heimlich wegzustehlen und an die Priesterin zu Delphi zu verkaufen. Ein Halsgeschmeide, woran ein kleines Bildniß ihrer Mutter hing, und womit die junge Psyche allezeit geschmückt zu sein pflegte, wurde zugleich mit ihr verkauft und diente in der Folge zur Bestätigung, daß sie wirklich die verlorne Tochter des Stratonikus sei. Klonarion raufte sich

einen guten Theil ihrer Haare aus, da sie ihre Psyche vermißte,
und nachdem sie eine ziemliche Zeit zugebracht hatte, sie allent=
halben (außer da, wo sie war) zu suchen, wußte sie kein andres
Mittel, sich bei ihrem Herrn von der Schuld einer strafbaren
Nachlässigkeit zu entledigen, als vorzugeben, daß sie gestorben
sei; und Stratonikus konnte desto leichter hintergangen werden,
weil er damals eben in Geschäfte verwickelt war, welche ihn
lange Zeit hinderten, nach Korinth zu kommen.

Inzwischen hatte die allenthalben herumirrende Klonarion
eine Menge Abenteuer, welche sich endlich damit endigten, daß
sie die Gattin eines schon ziemlich bejahrten Fischers aus der
Gegend von Capua ward, in dessen Augen sie damals wenigstens
so schön als Thetis und Galatea war. Sie hatte ihre geliebte
Pflegetochter in so zärtlichem Andenken behalten, daß sie einer
Tochter, von der sie selbst entbunden wurde, den Namen Psyche
gab, blos um sich derselben beständig zu erinnern. Der Tod
dieses Kindes, der beinahe in eben dem Alter erfolgte, worin
ihr Jene geraubt worden war, riß die alte Wunde wieder auf;
und da ihr durch diese Umstände das Bild der jungen Psyche
immer gegenwärtig blieb, so hatte sie desto weniger Mühe, sie
wiederzuerkennen, ungeachtet vierzehn oder funfzehn Jahre einige
Veränderung in ihren Gesichtszügen gemacht haben mußten.

Unsre Heldin vermehrte also nunmehr die kleine Familie
des alten Fischers, welcher seinen Aufenthalt veränderte und
in die Gegend von Tarent zog, wo er die schöne Psyche für
seine Tochter ausgab. Psyche bequemte sich so gut in die ge=
ringen Umstände, worin sie bei ihrer Pflegemutter leben mußte,
als ob sie niemals in bessern gelebt hätte, und ließ sich nichts
angelegener sein, als ihr durch emsiges Arbeiten die Last ihres
Unterhalts zu erleichtern.

Endlich fügte es sich zufälligerweise, daß der junge Kritolaus
unsre Heldin zu sehen bekam, welche, in ihrem bäurischen,
aber reinlichen Anzug und mit frischen Blumen geschmückt,
demjenigen, dem sie in einem Haine begegnete, eher eine von
den Gespielen der Diana als die Tochter eines armen Fischers
zu sein scheinen mußte. Der junge Mann faßte die heftigste
Leidenschaft für sie. Weil seine Liebe ebenso tugendhaft als
zärtlich war, so brachte er bald die mitleidige Klonarion auf
seine Seite; und da Psyche selbst nunmehr wußte, daß Agathon
ihr Bruder sei, so war nichts vorhanden, was sie gegen
die Zuneigung eines so liebenswürdigen jungen Menschen un=
empfindlich hätte machen können. In der That war Kritolaus

8*

in mehreren Absichten der zweite Agathon. Allein die Umstände ließen so wenig Hoffnung zu, daß eine Verbindung zwischen ihnen möglich sein könnte, daß Psyche sich verbunden hielt, ihm Alles, was zu seinem Vortheil in ihrem Herzen vorging, desto sorgfältiger zu verbergen, je entschlossener er schien, seiner Liebe alle andern Betrachtungen aufzuopfern.

Endlich mußte er sich nicht anders zu helfen, als daß er das Geheimniß seines Herzens demjenigen entdeckte, dessen Beifall er am Wenigsten zu erhalten hoffen konnte. Die ganze Vered=samkeit der begeisterten Liebe würde über einen Archytas wenig vermocht haben, wenn Kritolaus nicht so viel Außerordentliches von dem Geist und der Tugend seiner Geliebten gesagt hätte, daß sein Vater endlich aufmerksam zu werden anfing.

Archytas hatte die Macht des Dämons der Liebe nie er=fahren; aber er war menschlich, gütig und über die in solchen Fällen gewöhnlichen Vorurtheile und Absichten weit erhaben. Ein schönes und tugendhaftes Mädchen war in seinen Augen ein sehr edles, sehr vornehmes Geschöpf, dessen Werth durch den Schatten der Niedrigkeit und Armuth nur desto mehr er=hoben wurde.

Kaum wurde der junge Kritolaus gewahr, daß sein Vater zu wanken anfing, so wagte er's, ihm das Geheimniß der Geburt seiner Geliebten zu entdecken, welches ihm Klonarion ohne Wissen der schönen Psyche vertraut hatte. Archytas, der sich erinnerte, ehmals aus des Stratonikus eigenem Munde die ganze Geschichte seiner Liebe zu Musarion vernommen zu haben, war über diesen Zufall nicht wenig erfreut. Er wünschte nichts mehr, als daß diejenige, für welche sein Sohn so heftig eingenommen war, die Tochter seines liebsten Freundes sein möchte. Aber er wollte gewiß sein, daß sie es sei, und hierzu schien ihm das bloße Zeugniß eines Fischerweibes zu wenig. Er veranstaltete es, daß er Psychen und ihre angebliche Amme selbst zu sehen bekam. Er glaubte in der Gesichtsbildung der Ersten einige Züge von ihrem Vater zu entdecken. Eine Unter=redung mit ihr bestätigte den günstigen Eindruck, den ihr Anblick auf sein Gemüth gemacht hatte. Er ließ sich ihre Geschichte mit allen Umständen erzählen und fand immer weniger Ursache, an der Wahrheit dessen zu zweifeln, was sein Sohn ohne die mindeste Untersuchung für ausgemacht hielt. Das Halsgeschmeide, welches Psyche in den Händen der Pythia hatte zurücklassen müssen, schien allein noch abzugehen, um ihn gänzlich zu über=zeugen. Er schickte deswegen einen seiner Vertrauten nach Delphi

ab; und die Pythia, da sie sah, daß ein Mann von solcher
Wichtigkeit sich des Schicksals ihrer ehemaligen Sklavin annahm,
machte keine Schwierigkeiten, dieses Merkzeichen der Abkunft der=
selben auszuliefern. Nunmehr glaubte Archytas berechtigt zu
sein, Psychen als die Tochter eines Freundes, dessen Andenken
ihm theuer war, anzusehen; und nun hatte er selbst nichts An=
gelegneres, als sie je eher je lieber in seine Familie zu ver=
pflanzen. Sie wurde also die Gemahlin des Kritolaus; und
diese Verbindung gab ihm natürlicherweise neue Beweggründe,
sich der Befreiung Agathon's mit so lebhaftem Eifer anzunehmen,
als es oben erzähltermaßen geschehen war.

Viertes Capitel.
Etwas, das man vorhersehen konnte.

Agathon hatte zwar viel früher zu leben angefangen, als es
gemeiniglich geschieht; aber er war doch noch lange nicht alt genug,
um sich ganz der Welt zu entäußern. Indessen glaubte er, nachdem
er schon zweimal eine nicht unansehnliche Rolle auf dem Schau=
platz des öffentlichen Lebens gespielt und sie, für einen jungen
Mann, ziemlich gut gespielt hatte, berechtigt zu sein, — so lange
er keinen besondern Beruf erhalten würde, seiner Nation zu
dienen, oder so lange sie seiner Dienste nicht schlechterdings von=
nöthen hätte, sich in den Cirkel des Privatlebens zurückzuziehen;
und hierin stimmten die Grundsätze des weisen Archytas völlig
mit seiner Art zu denken überein. Ein Mann von mehr als
gewöhnlicher Fähigkeit, sagte Archytas, hat zu thun genug, an
seiner eigenen Besserung und Vervollkommnung zu arbeiten.
Er ist am Geschicktesten zu dieser Beschäftigung, nachdem er
durch eine Reihe beträchtlicher Erfahrungen sich selbst und die
Welt kennen zu lernen angefangen hat; und indem er solcher=
gestalt an sich selbst arbeitet, arbeitet er zugleich für die Welt.
Denn um so viel geschickter wird er, seinen Freunden, seinem
Vaterlande und den Menschen überhaupt nützlich zu sein und
auf jeden Wink der Pflicht, — es sei nun in einem größern
oder kleinern Kreise, mit mehr oder weniger Gepränge, öffentlich
oder im Verborgnen, — zum allgemeinen Besten des Ganzen
mitzuwirken.

Dieser Maxime zufolge beschäftigte sich Agathon, nachdem
er zu Tarent einheimisch zu sein angefangen hatte, hauptsächlich
mit den mathematischen Wissenschaften, mit Erforschung der

Kräfte und Eigenschaften der natürlichen Dinge, mit der Astronomie, kurz, mit demjenigen Theile der speculativen Philosophie, welcher uns auf dem Wege der Beobachtung zu einer zwar mangelhaften, aber doch zuverlässigen Erkenntniß der Natur und ihrer majestätisch einfältigen, weisen und wohlthätigen Gesetze führt. Er verband mit diesen erhabenen Studien, worin ihm die Anleitung des Archytas vorzüglich zu Statten kam, das Lesen der besten Schriftsteller von allen Classen (insonderheit der Geschichtsschreiber) und das Studium des Alterthums und der Sprache, welches er für eines der edelsten oder der nichtswürdigsten hielt, je nachdem es auf eine philosophische oder blos mechanische Art getrieben werde. Nicht selten setzte er diese anstrengenden Beschäftigungen bei Seite, um, wie er sagte, mit den Musen zu scherzen, und der natürliche Schwung seines Genies machte ihm diese Art von Gemüthsergetzung so angenehm, daß es ihm oft schwer wurde, sich wieder von ihr loszureißen. Auch die Musik und die bildenden Künste, die Schwestern der Dichtkunst, deren höhere Theorie sich in den geheimnißvollen Tiefen der Philosophie verliert, hatten einen Antheil an seinen Stunden und halfen ihm, das allzu Einförmige in den Beschäftigungen seines Geistes und die schädlichen Folgen, die aus der Einschränkung desselben auf eine einzige Art von Gegenständen entspringen, vermeiden.

Die häufigen Unterredungen, welche er mit dem weisen Archytas hatte, trugen viel und vielleicht das Meiste dazu bei, seinen Geist in dem tiefsinnigen Erforschen der übersinnlichen Gegenstände vor Abwegen zu bewahren. Agathon, welcher ehmals, da Alles in seiner Seele zur Empfindung wurde, seinen Beifall zu leicht überraschen ließ, fand jetzt, seitdem er mit kälterm Blute philosophirte, beinahe Alles zweifelhaft. Die Zahl der menschlichen Begriffe und Meinungen, welche die Probe einer ruhigen, gleichgiltigen und genauern Prüfung aushielten, wurde alle Tage kleiner für ihn; die Systeme der dogmatischen Weisen verschwanden nach und nach und zerflossen vor den Strahlen der prüfenden Vernunft wie die Luftschlösser und Zaubergärten, welche wir zuweilen an Sommermorgen im düftigen Gewölke zu sehen glauben, vor der aufgehenden Sonne.

Der weise Archytas billigte zwar den bescheidnen Skepticismus seines Freundes; doch — indem er ihn von allzu kühnen Reisen im Lande der Ideen zu den wenigen einfachen, aber desto schätzbarern Wahrheiten zurückführte, die der Leitfaden zu sein scheinen, an welchem uns der allgemeine Vater der

Wesen durch die Irrgänge des Lebens sicher hindurchführen
will — verwahrte er ihn zugleich vor jener gänzlichen Ungewißheit
des Geistes, die durch Unentschlossenheit und Muthlosigkeit
des Willens für die Ruhe und Glückseligkeit unsers Lebens so
gefährlich wird, daß der Zustand des bezaubertsten Enthusiasten
dem Zustand eines solchen Weisen vorzuziehen zu sein scheint,
der, aus lauter Furcht zu irren, sich endlich gar nichts mehr
zu bejahen oder zu verneinen getraut. In der That gleicht die
Vernunft in diesem Stück ein Wenig dem Doctor Peter Rezio
von Aguero. Sie hat gegen Alles, womit unsre Seele genährt
werden soll, so viel einzuwenden, daß diese endlich ebensowol
aus Inanition verschmachten müßte als die unglücklichen
Statthalter der Insel Barataria bei der Diät, wozu sie das
verwünschte Stäbchen ihres allzu bedenklichen Leibarztes ver=
urtheilte. Das Beste ist in diesem Falle, sich wie Sancho zu
helfen. Der allgemeine Menschensinn, dieses am Wenigsten
betrügliche Gefühl des Wahren und Guten, und dieses innigste
Bewußtsein dessen, was Recht und also Pflicht für vernünftige
Wesen ist, welches die Natur allen Menschen zugetheilt hat,
können uns am Besten sagen, woran wir uns halten sollen;
und dahin müssen früher oder später die größten Geister zurück=
kommen, wenn sie nicht das Schicksal haben wollen, wie die
Taube des Altvaters Noah allenthalben herumzuflattern und
nirgends Ruhe zu finden.

Fünftes Capitel.

Agathon verirrt sich auf der Jagd und stößt in einem alten Schlosse auf ein
sehr unerwartetes Abenteuer.

Bei allen diesen mannichfaltigen Beschäftigungen, womit
unser ehmaliger Held seine Muße zu seinem eignen Vortheil
erfüllte, blieben ihm doch viele Stunden übrig, welche der
Freundschaft und dem geselligen Vergnügen gewidmet waren,
und für seine Ruhe nur allzu viele, worin eine Art von zärt=
licher, unwiderstehlicher Schwermuth seine Seele in die Zauber=
gegenden zurückführte, deren wir im zweiten Capitel dieses Buches
schon Erwähnung gethan haben.

In einer solchen Gemüthsfassung liebt man vorzüglich den
Aufenthalt auf dem Lande, wo man Gelegenheit hat, seinen
Gedanken ungestörter nachzuhängen, als unter den Pflichten und
Zerstreuungen des geselligern Stadtlebens. Agathon zog sich
also öfters in ein Landgut zurück, welches sein Bruder Kritolaus

etliche Stunden von Tarent besaß, und wo er sich in seiner Gesellschaft zuweilen mit der Jagd belustigte.

Hier geschah es einsmals, daß sie von einem Ungewitter überrascht wurden, welches wenigstens so heftig war als das- jenige, wodurch, auf Veranstaltung zweier Göttinnen, Aeneas und Dido in die nämliche Höhle zusammengescheucht wurden. Aber da zeigte sich nirgends eine wirthbare Höhle, welche ihnen einigen Schirm angeboten hätte. Das Schlimmste war, daß sie sich von ihren Leuten verloren hatten und eine geraume Zeit nicht wußten, wo sie waren; ein Zufall, der an sich selbst wenig Außer- ordentliches hat, aber, wie man sehen wird, eines der glücklichsten Abenteuer veranlaßte, das unserm Helden jemals zugestoßen ist.

Nachdem sie sich endlich aus dem Walde herausgefunden, erkannte Kritolaus die Gegend wieder; aber er sah zugleich, daß sie etliche Stunden weit von Hause entfernt waren. Das Un- gewitter wüthete noch immer fort, und es fand sich kein näherer Ort, wohin sie ihre Zuflucht nehmen konnten, als ein einsames Landhaus, welches seit mehr als einem Jahre von einer fremden Dame von sehr sonderbarem Charakter bewohnt wurde. Man vermuthete aus einigen Umständen, daß sie die Wittwe eines Mannes von Ansehen und Vermögen sein müsse; aber es war bisher unmöglich gewesen, ihren Namen und vorigen Aufent- halt auszuforschen, oder was sie bewogen haben könnte, ihn zu verändern und in einer gänzlichen Abgeschiedenheit von der Welt zu leben. Das Gerücht sagte Wunder von ihrer Schönheit; indessen war doch Niemand, der sich rühmen konnte, sie gesehen zu haben. Ueberhaupt hatte man eine Zeit lang viel und desto mehr von ihr gesprochen, je weniger man wußte. Allein da sie fest entschlossen schien, sich nichts darum zu bekümmern, so hatte man endlich auf einmal aufgehört, von ihr zu reden, und es der Zeit überlassen, das Geheimniß, das unter dieser Person und ihrer sonderbaren Lebensart verborgen sein möchte, zu ent- decken. „Vielleicht," sagte Kritolaus, „ist sie eine zweite Artemisia, die sich, ihrem Schmerz ungestört nachzuhängen, in dieser Einöde lebendig begraben will. Ich bin schon lange begierig gewesen, sie zu sehen. Dieser Sturm soll uns, wie ich hoffe, Gelegenheit dazu geben. Sie kann uns eine Zuflucht in ihrem Hause nicht versagen; und wenn wir nur einmal über die Schwelle sind, so wollen wir wol Mittel finden, vorgelassen zu werden, wiewol wir die Ersten in dieser Gegend wären, denen dieses Glück zu Theil würde."

Man kann sich leicht vorstellen, daß Agathon, so gleichgiltig er

auch seit seiner Entfernung von der schönen Danae gegen ihr
ganzes Geschlecht war, dennoch begierig werden mußte, eine
so außerordentliche Person kennen zu lernen. Sie kamen vor
dem äußersten Thor eines Hauses an, welches einem ver-
wünschten Schlosse ähnlicher sah als einem Landhause in
jonischem oder korinthischem Geschmacke. Das schlimme
Wetter, ihr anhaltendes Bitten und vielleicht auch ihre gute
Miene brachte zuwege, daß sie eingelassen wurden. Einige alte
Sklaven führten sie in einen Saal, wo man sie mit vieler
Freundlichkeit nöthigte, alle die kleinen Dienste anzunehmen,
welche sie in ihrem Zustande nöthig hatten.

Die Figur der Fremden schien die Leute des Hauses in Verwunderung zu setzen und die Meinung von ihnen zu erwecken,
daß es Personen von Bedeutung sein müßten. Aber Agathon,
dessen Aufmerksamkeit bald einige Gemälde an sich zogen, womit
der Saal ausgeziert war, wurde nicht gewahr, daß er von einer
Sklavin mit noch weit größerer Aufmerksamkeit betrachtet werde.
Diese Sklavin schien einer Person gleich zu sehen, welche nicht
weiß, ob sie ihren Augen trauen soll; und nachdem sie ihn
einige Minuten mit verschlingenden Blicken angestarrt hatte,
verlor sie sich auf einmal aus dem Saale.

Sie lief so hastig dem Zimmer ihrer Gebieterin zu, daß sie
ganz außer Athem kam. „Und wer meinen Sie wol, meine
Gebieterin (keuchte sie), daß unten im Saal ist? Hat es Ihnen
Ihr Herz nicht schon gesagt? Diana sei mir gnädig! Was
für ein Zufall das ist!. Wer hätte sich das nur im Traum
einbilden können? Ich weiß vor Erstaunen nicht, wo ich bin.“

„In der That däucht mich, Du bist nicht recht bei Sinnen,“
versetzte die Dame ein Wenig betroffen; „und wer ist denn
unten im Saale?“

„O! Bei den Göttinnen! Ich hätte es beinahe meinen eignen
Augen nicht geglaubt. Aber ich erkannte ihn auf den ersten
Blick, ob er gleich ein Wenig stärker geworden ist. Es ist nichts
gewisser; er ist es, er ist es!“

„Plage mich nicht länger mit Deinem geheimnißvollen Unsinn,“
rief die Dame immer mehr bestürzt. „Rede, Närrin! Wer ist es?“

„Aber Sie errathen doch auch gar nichts, gnädige Frau! —
Wer es ist?. — Ich sage Ihnen ja, daß Agathon unten im Saal ist!
— Ja, Agathon; es kann nichts gewisser sein! Er selbst oder sein
Geist, Eines von Beiden unfehlbar. Denn die Mutter, die ihn
geboren hat, kann ihn nicht besser kennen, als ich ihn erkannt habe, so-
bald er den Mantel von sich warf, worin er anfangs eingewickelt war.“

Das gute Mädchen würde noch länger in diesem Tone fort=
geplaudert haben (denn ihr Herz überfloß von Freude), wenn
sie nicht auf einmal gesehen hätte, daß ihre Gebieterin ohn=
mächtig auf ihr Sopha zurückgesunken war. Sie hatte einige
Mühe, sie wieder zu sich selbst zu bringen. Endlich erholte sich
die schöne Dame wieder, aber nur, um über sich selbst zu
zürnen, daß sie sich so empfindlich fand.

„Sie machen Einem ja ganz bange," rief die Sklavin.
„Wenn Sie schon bei seinem bloßen Namen in Ohnmacht fallen,
wie wird es erst werden, wenn Sie ihn selbst sehen? — Soll
ich gehen und ihn geschwinde heraufholen?"

„Ihn heraufholen?" versetzte die Dame; „nein, wahrhaftig;
ich will ihn nicht.sehen!"

„Sie wollen ihn nicht sehen? Was für ein Einfall! Aber
es kann nicht Ihr Ernst sein. O, wenn Sie ihn nur sehen sollten!
Er ist so schön, so schön, als er noch nie gewesen ist, däucht
mich. Sie müssen ihn sehen! — Es wäre unverantwortlich,
wenn Sie ihn wieder fortgehen lassen wollten, ohne daß er Sie
gesehen hätte. Wofür hätten Sie sich denn —"

„Schweige! Nichts weiter!" rief die Dame. „Verlaß' mich!
Aber unterstehe Dich nicht, wieder in den Saal hinunterzugehen.
Wenn er's ist, so will ich nicht, daß er Dich erkennen soll.
Ich hoffe doch nicht, daß Du mich schon verrathen hast?"

„Nein, gnädige Frau," erwiderte die Vertraute; „er hat
mich noch nicht wahrgenommen; denn er schien ganz in die
Betrachtung der Gemälde vertieft, und mich däuchte, ich hörte
ihn ein= oder zweimal seufzen. Vermuthlich —"

„Du bist nicht klug," fiel ihr die Dame ins Wort; „verlaß'
mich! Ich will ihn nicht sehen, und er soll nicht wissen, in
wessen Hause er ist. Wenn er's erfährt, so — hast Du eine
Freundin verloren!"

Die Vertraute entfernte sich also, in Hoffnung, daß ihre
Gebieterin sich wol eines Bessern besinnen würde, und — die
schöne Danae blieb allein.

Eine Erzählung Alles dessen, was in ihrem Gemüthe vor=
ging, würde etliche Bogen ausfüllen, wiewol es weniger Zeit
als sechs Minuten einnahm. Welch ein Streit! Welch ein Ge=
tümmel von widerwärtigen Bewegungen! — Sie hatte ihn bis
auf diesen Augenblick so zärtlich geliebt und glaubte jetzt zu
fühlen, daß sie ihn hasse. Sie fürchtete sich vor seinem Anblick
und konnte ihn kaum erwarten. Was hätte sie vor einer
Stunde gegeben, diesen Agathon zu sehen, der, auch undankbar,

auch ungetreu, über ihre ganze Seele herrschte! dessen Verlust ihr alle Vorzüge ihres ehmaligen Zustandes, den Aufenthalt zu Smyrna, ihre Freunde, ihre Reichthümer unerträglich gemacht hatte! dessen Bild mit allen den zauberischen Erinnerungen ihrer ehmaligen Glückseligkeit das einzige Gut war, was noch einen Werth in ihren Augen hatte! Aber nun, — da sie wußte, daß es in ihrer Gewalt stehe, ihn wiederzusehen oder nicht, — wachte auf einmal ihr ganzer Stolz auf und schien sich nicht entschließen zu können, ihm zu vergeben. Wenn auch einen Augenblick lang die Liebe die Oberhand erhielt, so stürzte sie die Furcht, ihn unempfindlich zu finden, sogleich wieder in die vorige Verlegenheit.

Zu Allem diesem kam noch eine andre Betrachtung, welche vielleicht für eine Danae allzu spitzfindig scheinen könnte, wenn wir nicht zu ihrer Rechtfertigung entdecken müßten, daß die Flucht unsers Helden, die Entdeckung der Ursachen, welche ihn zu einem so gewaltsamen Entschluß getrieben, der Gedanke, daß ihre eigenen Fehltritte sie in den Augen des einzigen Mannes, den sie jemals geliebt hatte, verächtlich gemacht, — eine merkwürdige Revolution in ihrer ganzen Denkungsart hervorgebracht hätten. Danae ließ sich durch die Vorwürfe, welche sie sich selbst zu machen hatte, und wovon vielleicht ein guter Theil auf ihre Umstände fiel, nicht von dem edlen Vorsatz abschrecken, sich in einem Alter, wo dieser Vorsatz noch einiges Verdienst in sich schloß, der Tugend zu widmen. Wir wollen nicht leugnen, daß eine Art von verliebter Verzweiflung den größten Antheil an dem außerordentlichen Schritt hatte, sich aus einer Welt, worin sie angebetet wurde, in eine Einöde zu verbannen, wo die Freiheit, sich mit ihren Empfindungen zu unterhalten, das einzige Vergnügen war, welches sie für so große Opfer entschädigen konnte. Aber es gehörte doch keine gemeine Seele dazu, um in den glänzenden Umständen, worin sie zu leben gewohnt war, einer solchen Verzweiflung fähig zu sein und in einem Vorsatz auszuhalten, unter welchem jede schwächere Seele gar bald eingesunken wäre. Hätte es ihr zu Smyrna und allenthalben an Gelegenheit mangeln können, den Verlust eines Liebhabers zu ersetzen, wenn es ihr blos um einen Liebhaber zu thun gewesen wäre? Aber ihre Liebe zu Agathon war von einer edlern Art, war so nahe mit der Liebe der Tugend selbst verwandt, daß wir Ursache haben zu vermuthen, daß in der gänzlichen Abgeschiedenheit, worin unsre Heldin lebte, jene sich endlich gänzlich in dieser verloren haben würde. Und eben

darum, weil ihre Liebe zur Tugend aufrichtig war, machte sie
sich ein gerechtes Bedenken, bei dem Bewußtsein der unfreiwilligen
Schwachheit ihres Herzens für den allzu liebenswürdigen Agathon,
sich der Gefahr auszusetzen, durch eine nur allzu mögliche Wieder=
kehr seiner ehmaligen Empfindungen mit dahingerissen zu werden:
ein Gedanke, der ohne eine übertriebene Meinung von ihren
Reizungen in ihr entstehen konnte und durch das Mißtrauen in
sich selbst, womit die wahre Tugend allezeit begleitet ist, kein
geringes Gewicht erhalten mußte.

Solchergestalt kämpften Liebe, Stolz und Tugend für und
wider das Verlangen, den Agathon zu sehen, in ihrem un=
schlüssigen Herzen. Mit welchem Erfolg, läßt sich leicht errathen.
Die Liebe müßte nicht Liebe sein, wenn sie nicht Mittel fände,
den Stolz und die Tugend selbst endlich auf ihre Seite zu
bringen. Sie flößte jenem die Begierde ein, zu sehen, wie sich
Agathon halten würde, wenn er so plötzlich und unerwartet
der einst so sehr geliebten und so grausam beleidigten Danae
unter die Augen käme, und munterte diese auf, sich selbst
Stärke genug zuzutrauen, von den Entzückungen, in welche er
vielleicht bei diesem Anblick gerathen möchte, nicht zu sehr ge=
rührt zu werden. Kurz, der Erfolg dieses innerlichen Streites
war, daß sie eben im Begriff war, ihre Vertraute (die einzige
Person, welche sie bei ihrer Entfernung von Smyrna mit sich
genommen hatte) hereinzurufen, um ihr die nöthigen Verhaltungs=
befehle zu geben, als diese Sklavin selbst hereintrat, um ihrer
Gebieterin zu melden, daß die beiden Fremden auf eine sehr
dringende Art um die Erlaubniß anhalten ließen, vor die Frau
des Hauses gelassen zu werden.

Neue Unentschlossenheit, über welche sich Niemand wundern
wird, der das weibliche Herz kennt. In der That klopfte der
guten Danae das ihrige in diesem Augenblicke so stark, daß sie
nöthig hatte, sich vorher in eine ruhigere Verfassung zu setzen,
ehe sie es wagen durfte, eine so schwere Probe zu bestehen.

Sechstes Capitel.

Ein Studium für die Seelenmaler.

Unterdessen, bis sie mit sich selbst einig sein wird, wozu sie
sich entschließen, und wie sie sich bei einer so erwünschten und
gefürchteten Zusammenkunft verhalten wolle, kehren wir einen
Augenblick zu unserm Helden in den Saal zurück.

Je mehr Agathon die Gemälde betrachtete, womit die Wände desselben behängt waren, je lebhafter wurde die Einbildung, daß er sie — in dem Landhause der Danae zu Smyrna ge= sehen habe. Allein er konnte sich so wenig vorstellen, durch was für einen Zufall sie von Smyrna hierher gekommen sein sollten, daß er für weniger unmöglich hielt, von seiner Ein= bildung betrogen zu werden. Zudem konnte ja ebenderselbe Meister unterschiedliche Copien von seinen Stücken gemacht haben. Aber wenn er wieder die Augen auf eine Luna heftete, die mit Augen der Liebe den schlafenden Endymion betrachtete, so glaubte er es so gewiß für das nämliche zu erkennen, vor welchem er in einem Gartensaale der Danae oft Viertelstunden lang in bewundernder Entzückung gestanden, daß es ihm un= möglich war, seiner Ueberzeugung zu widerstehen. Die Ver= wirrung, in die er dadurch gesetzt wurde, ist unbeschreiblich. „Sollte Danae — aber wie könnte das möglich sein?" — Und doch schien alles das Sonderbare, was ihm Kritolaus von der Frau dieses Hauses gesagt hatte, den Gedanken zu bekräftigen, der jetzt in ihm aufstieg, und den er sich kaum auszudenken getraute. Die schöne Danae hätte zufrieden sein müssen, wenn sie gesehen hätte, was in seinem Herzen vorging. Er hätte nicht erschrockner sein können, vor das Antlitz einer beleidigten Gottheit zu treten, als er es vor dem Gedanken war, sich dieser Danae darzustellen, welche er seit geraumer Zeit gewohnt war sich wieder so unschuldig zu denken, als sie ihm damals, da er sie verließ, verächtlich und hassenswürdig schien. Allein das Verlangen, sie zu sehen, verschlang endlich alle andern Gefühle, von denen sein Herz erschüttert wurde. Seine Unruhe war so sichtbar, daß Kritolaus sie bemerken mußte. Agathon würde besser gethan haben, ihm die Ursache davon zu entdecken. Aber er that es nicht, sondern behalf sich mit der allgemeinen Ausflucht, daß ihm nicht wohl sei. Demungeachtet bezeigte er ein so un= geduldiges Verlangen, die Frau des Hauses zu sehen, daß sein Freund aus Allem, was er an ihm wahrnahm, zu muthmaßen anfing, es müßte irgend ein Geheimniß darunter verborgen sein, dessen Entwicklung er begierig erwartete. Inzwischen kam der Sklave, den sie abgeschickt hatten, mit der Antwort zurück, daß er Befehl habe, sie in ihr Zimmer zu führen.

Hier ist es, wo wir mehr als jemals zu wünschen versucht sind, daß dieses Buch von Niemand gelesen werden möchte, der keine schönen Seelen glaubt. Die Situation, worin man unsern Helden in wenig Augenblicken sehen wird, ist unstreitig eine

von den schwierigsten, in welche man in seinem Leben kommen
kann. Wäre hier die Rede von phantasirten Charakteren, so
würden wir uns kaum in einer kleinern Verlegenheit befinden
als Agathon selbst, da er mit pochendem Herzen und schwer=
athmender Brust dem Sklaven folgte, der ihn in das Vorgemach
einer Unbekannten führte, von der er fast mit gleicher Heftig=
keit wünschte und fürchtete, daß es Danae sein möchte. Allein
da Agathon und Danae so gut historische Personen sind als
Brutus, Porcia und hundert Andere, welche darum nicht weniger
existirt haben, weil sie nicht gerade so dachten und handelten
wie gewöhnliche Leute, so bekümmern wir uns wenig, wie
dieser Agathon und diese Danae, vermöge der moralischen Be=
griffe des Einen oder Andern, der über dieses Buch gut oder übel
urtheilen wird, hätten handeln sollen oder gehandelt haben würden,
wenn sie nicht gewesen wären, was sie waren. Unsre Pflicht
ist, zu erzählen, nicht zu dichten; und wir können nichts dafür,
wenn Agathon bei dieser Gelegenheit sich nicht weise und helden=
mäßig genug verhalten, oder Danae die Rechte des weiblichen
Stolzes nicht so gut behaupten sollte, als viele Andre — welche
dem Himmel danken, daß sie keine Danaen sind — an ihrem
Platze gethan haben würden.

Die schöne Danae erwartete, auf einem Sopha sitzend, ihren
Besuch mit so vieler Stärke, als eine weibliche Seele nur
immer zu haben fähig sein mag, die zugleich so zärtlich und
lebhaft ist, als eine solche Seele sein kann. Aber was in ihrem
Herzen vorging, mögen Leserinnen, welche im Staube sind, sich
an ihre Stelle zu setzen, in ihrem eigenen lesen. Sie wußte,
daß Agathon einen Gefährten hatte. Dieser Umstand kam ihr
zu Statten; aber Agathon befand sich wenig dadurch erleichtert.
Die Thür des Vorzimmers wurde ihnen von der Sklavin er=
öffnet. Er erkannte beim ersten Anblick die Vertraute seiner
Geliebten; und nun konnte er nicht mehr zweifeln, daß die
Dame, die er in einigen Augenblicken sehen würde, Danae sei.
Er raffte seinen ganzen Muth zusammen, indem er zitternd
hinter seinem Freunde Kritolaus herwankte. Er sah sie —
wollte auf sie zugehen — konnte nicht — heftete seine Augen
auf sie — und sank, vom Uebermaß seiner Empfindlichkeit über=
wältigt, in die Arme seines Freundes zurück.

Auf einmal vergaß die schöne Danae alle die großen Ent=
schließungen von Gelassenheit und Zurückhaltung, welche sie mit
so vieler Mühe gefaßt hatte. Sie lief in zärtlicher Bestürzung
auf ihn zu, nahm ihn in ihre Arme und ließ dem ganzen Strom

ihrer Empfindungen den Lauf, ohne daran zu denken, daß sie
einen Zeugen hatte, der über Alles, was er sah und hörte, er=
staunt sein mußte.

Allein die Güte des Herzens und diese Sympathie, durch
welche schöne Seelen in wenig Augenblicken vertraut mit ein=
ander werden, machte, daß Kritolaus in einer Lage, auf die er
so wenig vorbereitet war, sich gerade so benahm, als ob er schon
viele Jahre der Vertraute ihrer Liebe gewesen wäre. Er trug
seinen Freund auf das Sopha, auf welches sich Danae neben
ihn hinwarf; und da er nun schon genug wußte, um zu sehen,
daß er hier zu nichts mehr helfen könne, so entfernte er sich
unvermerkt weit genug, um unsre Liebenden von dem Zwang
einer Zurückhaltung zu entledigen, welche in so sonderbaren
Augenblicken ein größeres Uebel ist, als unempfindliche Leute
sich vorstellen können.

Allmählig bekam Agathon, an der Seite der gefühlvollen
Danae, und von einem ihrer schönen Arme umschlungen, das
Vermögen zu athmen wieder. Sein Gesicht ruhte an ihrem
Busen, und die Thränen, welche ihn zu benetzen anfingen,
waren das Erste, was ihr seine wiederkehrende Empfindung
anzeigte. Ihre erste Bewegung war, sich von ihm zurückzuziehen;
aber ihr Herz versagte ihr die Kraft dazu. Es sagte ihr, was
in dem seinigen vorging, und sie hatte den Muth nicht, ihm
eine Linderung zu entziehen, welche er so nöthig zu haben
schien und in der That nöthig hatte. In wenigen Augenblicken
machte er sich selbst den Vorwurf, daß er einer so großen Gütig=
keit unwürdig sei. Er raffte sich auf, warf sich zu ihren Füßen,
umfaßte ihre Knie, versuchte es, sie anzusehen, und sank, weil er
ihren Anblick nicht auszuhalten vermochte, mit einem von Thränen
überschwemmten Gesicht auf ihren Schooß nieder. Danae
konnte nun nicht zweifeln, daß sie geliebt werde, und es kostete
ihr Mühe, die Entzückung zurückzuhalten, worein sie durch diese
Gewißheit gesetzt wurde. Aber es war nöthig, dieser allzu zärt=
lichen Scene ein Ende zu machen.

Agathon konnte noch nicht reden. Und was hätte er reden
sollen? — „Ich bin zufrieden, Agathon", sagte sie mit einer
Stimme, welche wider ihren Willen verrieth, wie schwer es ihr
wurde, ihre Thränen zurückzuhalten. — „Ich bin zufrieden!
Du findest eine Freundin wieder, und ich hoffe, Du werdest
sie künftig Deiner Hochachtung weniger unwürdig finden als
jemals. Keine Entschuldigungen, mein Freund (denn Agathon
wollte etwas sagen, das einer Entschuldigung gleich sah, und

woraus er sich in der heftigen Bewegung, worin er war,
schwerlich zu seinem Vortheile gezogen hätte) — denn Du
wirst keine Vorwürfe von mir hören. Wir wollen uns des
Vergangenen nur erinnern, um das Vergnügen eines so unverhofften Wiedersehens desto reiner zu genießen." — „Großmüthige, göttliche Danae!" rief Agathon in einer Entzückung
von Dankbarkeit und Liebe. — „Auch keine Beiwörter, Agathon",
unterbrach sie ihn, „keine Schwärmerei! Du bist zu sehr gerührt. Beruhige Dich! Wir werden Zeit genug haben, uns
von Allem Rechenschaft zu geben, was, seitdem wir uns zum
letzten Male gesehen haben, vorgegangen ist. Laß' mich das
Vergnügen, Dich wiedergefunden zu haben, unvermischt genießen! Es ist das erste, das mir seit unserer Trennung zu
Theil wird."

Mit diesen Worten — (und in der That hätte sie die
letztern für sich selbst behalten können, wenn es möglich wäre,
immer Meister von seinem Herzen zu sein) — stand sie auf,
näherte sich dem Kritolaus und ließ dem mehr als jemals bezauberten Agathon Zeit, sich in eine ruhigere Gemüthsfassung
zu setzen.

Was diese zärtliche Scene für Folgen haben mußte, ist leicht
vorauszusehen. Danae und Kritolaus wurden gar bald traute
Freunde. Dieser junge Mann gestand, seine Psyche ausgenommen, nichts Vollkommneres gesehen zu haben als Danae;
und Danae erfuhr mit vielem Vergnügen, daß Kritolaus der
Gemahl der schönen Psyche, und Psyche die wiedergefundene
Schwester Agathon's sei. Sie hatte nicht viel Mühe, ihre Gäste
zu bereden, ein Nachtlager in ihrem Hause anzunehmen. Sie
meldete ihrem Freunde, daß sie die Ursache seiner heimlichen
Entweichung bei ihrer Zurückkunft nach Smyrna bald entdeckt habe. Sie verbarg ihm nicht, daß der Schmerz, ihn verloren zu haben, sie zu dem seltsamen Entschluß gebracht, der
Welt zu entsagen und in irgend einer entlegenen Einöde sich
selbst für die Schwachheiten und Fehltritte ihres vergangenen
Lebens zu bestrafen. Jedoch, setzte sie hinzu, hoffe sie, daß,
wenn sie einmal Gelegenheit haben würde, ihm eine ganz auf-
richtige und umständliche Erzählung der Geschichte ihres Herzens
bis auf die Zeit, da sein Umgang ihrer Seele wie ein neues
Wesen gegeben habe, zu machen, — er Ursache finden würde,
sie, wo nicht immer zu entschuldigen, doch mehr zu bedauern
als zu verdammen.

Die Furcht, den Gedanken in ihr zu veranlassen, als ob sie

durch das, was ehmals zwischen ihnen vorgegangen war, von seiner Hochachtung verloren hätte, zwang unsern Helden eine geraume Zeit, die Lebhaftigkeit seiner Empfindungen in seinem Herzen zu verschließen. Danae wurde indessen mit der Familie des Archytas bekannt, nachdem vorher zwischen Agathon und Kritolaus verabredet worden war, daß dem Letztern entdeckte vormalige Verhältniß des Erstern zu dieser Dame vor der Hand noch ein Geheimniß sein zu lassen. Man mußte sie lieben, sobald man sie sah; und sie gewann desto mehr, je besser man sie kennen lernte. Es war überdies eine von ihren Gaben, daß sie sich sehr leicht und mit der besten Art in alle Personen, Umstände und Lebensarten zu schicken wußte. Wie konnte es also anders sein, als daß sie in Kurzem durch die zärtlichste Freundschaft mit einer solchen Familie verbunden wurde? Sogar der weise Archytas liebte ihre Gesellschaft; und Danae machte sich ein Vergnügen daraus, einem Greise von so seltnen Verdiensten die kleinen Beschwerden des Alters durch die Annehmlichkeiten ihres Umgangs erleichtern zu helfen. Aber nichts war der Zuneigung zu vergleichen, welche Psyche und Danae einander einflößten. Niemals hat vielleicht unter zwei Frauenzimmern, welche so geschickt waren, Rivalinnen zu sein, eine so vollkommne Freundschaft geherrscht.

Man kann sich einbilden, ob Agathon dabei verlor. Er sah die schöne Danae alle Tage; er hatte alle Vorrechte eines Bruders bei ihr; aber — wie sollte es möglich gewesen sein, daß er sich immer daran begnügt hätte?

Siebentes Capitel.
Vorbereitung zur Geschichte der Danae.

Wenn wir Alles, was im zweiten Capitel dieses Buchs von den Dispositionen unsers Helden in Absicht auf die schöne Danae gesagt worden ist, mit den Wirkungen zusammenhalten, welche das unvermuthete Wiederfinden derselben und der tägliche Umgang, der nun wieder zwischen ihnen hergestellt war, auf sein Herz und vermuthlich auch auf seine Sinne machen mußte; wenn wir überdies erwägen, daß für eine so gefühlvolle Seele wie die seinige in der Muße und Freiheit, worin er zu Tarent lebte, die Liebe eine Art von Bedürfniß war, so werden wir sehr begreiflich finden, daß es nur von Danae abhing, Alles aus ihm zu machen, was sie wollte.

Dies vorausgesetzt, werden vielleicht Wenige sein, welche nicht erwarten sollten, daß sie ihre wiedererlangte Gewalt dazu angewendet haben werde, einen Gemahl aus ihm zu machen: eine Vermuthung, welche durch viele Umstände wahrscheinlich gemacht wird und beinahe zur Gewißheit steigt, wenn wir den Umstand hinzuthun, daß sie fest entschlossen war, in einem gewissen Sinne nicht mehr Danae für ihren Freund zu sein.

Dieser letzte Umstand läßt vermuthen, ñe müsse Veranlassungen gehabt haben, eine für unsern Helden so ungemächliche Entschließung zu fassen; und dies bringt natürlicherweise auf den Gedanken: Agathon werde Versuche gemacht haben, die Rechte eines begünstigten Liebhabers wieder bei ihr geltend zu machen. Gleichwol würde ihm ein solcher Gedanke Unrecht thun. Nicht als ob es ihm in Augenblicken der Schwachheit an derjenigen Art von Regungen des Willens gefehlt hätte, welche (nach dem Urtheil der Sittenlehrer) mehr mechanisch als freiwillig und von der weisen Natur blos dazu veranstaltet worden sind, uns vor Gefahr zu warnen und zum Widerstand aufzufordern; aber die Hochachtung, die ihm das ganze Betragen seiner schönen Freundin einflößte, die Vergütung, die er ihr schuldig zu sein glaubte, die Besorgniß, daß sie sogar solche Freiheiten, welche die Vertraulichkeit der Freundschaft rechtfertigen konnte, weniger für Ergießungen der Empfindung als für Vorboten demüthigender Unternehmungen ansehen möchte: Alles dies gab seinem Umgang mit ihr die ganze Schüchternheit einer ersten Liebe. Allein eben dies machte ihn in Augenblicken, wo die gegenwärtige Empfindung, durch die Erinnerungen des Vergangenen verstärkt, ihr eigenes Herz schmelzte, nur desto gefährlicher; und es war mehr gegen sich selbst als gegen ihn, daß sich Danae durch Entschließungen waffnete, deren Standhaftigkeit sie vielleicht ebenso viel seiner Zurückhaltung als ihrer Tugend zu danken hatte.

Nichts ist wol gewisser, als daß sie sich gerade so hätte betragen müssen; wenn sie die vorhin erwähnte Absicht gehabt hätte. Allein demungeachtet ist ebenso gewiß, daß sie sich blos darum so betrug, weil sie diese Absicht nicht hatte, sondern trotz allen Bemühungen ihres Liebhabers und allen Versuchungen ihres eigenen Herzens fest entschlossen war, keinen Gebrauch von seiner Schwäche zu machen.

Wir haben uns vergebens Mühe gegeben, den Grund einer so außerordentlichen Entschließung in irgend einer eigennützigen Neigung oder Leidenschaft zu entdecken. Sie liebte den Agathon;

sie wurde wiedergeliebt, mehr als jemals geliebt; das ganze
Haus des Archytas war von ihr eingenommen. Ihre Geschichte
war zu Tarent unbekannt; und wem sollte träumen, daß sie
selbst treuherzig genug habe sein können, sie zu erzählen?
Agathon wandte alle Beredsamkeit der Liebe, alle zärtlichen
Verführungen der Sympathie, er wandte Alles an, was eine
schöne Seele versuchen und ein halb besiegtes Herz völlig ent=
waffnen kann, um ihren Entschluß zu erschüttern. Mit welcher
Begeisterung schilderte er ihr die Seligkeiten einer von der
Tugend geheiligten Liebe — und einer Liebe wie die ihrige —
vor! Wie schwer ward es ihr in solchen Stunden, durch das
Feuer, womit er sprach, durch das Entzücken, das alle seine
Züge schwellte, durch die Ueberwallungen des Herzens, welche
oft mitten im Bestreben, sie zu überreden, die Worte auf seinen
Lippen erstickten und ein Stillschweigen hervorbrachten, dessen
stumme Beredsamkeit einem mitgerührten Herzen unaussprech=
liche Dinge sagt, — wie schwer ward es ihr da, oder vielmehr,
wie war es ihr in solchen Augenblicken möglich, nicht über=
wältigt zu werden? Was, um aller Liebesgötter willen, konnte
sie bewegen zu widerstehen, sie fähig machen auszuhalten? —
„Eigensinn?" — Gesetzt auch, es wäre wahr, daß die wichtigsten
Entschließungen der Schönen oft keine andre Triebfeder hätten:
bloßer Eigensinn konnte es hier wol nicht sein. Gleichwol sehen
wir uns genöthigt, entweder zu dieser verborgenen Qualität
unsre Zuflucht zu nehmen oder zu gestehen, daß es eine höhere
Art von Liebe, daß es die Leidenschaft der Tugend war, was
sie fähig machte, einen so heldenmüthigen Widerstand zu thun. —
Aber welche neue Schwierigkeiten! — Die Tugend einer Danae!
Wer kann nach den Proben, die wir mit der Tugend einer
Priesterin und einer Schülerin des Plato gemacht haben, zu
der Tugend einer Danae Vertrauen fassen? Können wir er=
warten, daß diese Leidenschaft der Tugend, wovon wir die ge=
lehrige Schülerin eines Hippias begeistert zu sein voraussetzen,
für etwas Besseres als für eine Göttin aus einer Wolke von
Leinewand werde angesehen werden?

Wir gestehen es, insoweit ein Vorurtheil gerecht heißen kann,
ist nichts gerechter als das Vorurtheil, welches der schönen
Danae entgegensteht. Allein demungeachtet würde es sehr un=
gerecht sein, wenn wir sie zum Opfer eines allgemeinen Satzes
machen wollten, der unstreitig einige Ausnahmen leidet. Eine
schöne Seele, welcher die Natur die Lineamenten der Tugend
(wie Cicero es nennt) eingezeichnet hat, begabt mit der zartesten

9*

Empfindlichkeit für das Schöne und Gute und mit angeborner
Leichtigkeit, jede gesellschaftliche Tugend auszuüben, kann durch
einen Zusammenfluß ungünstiger Zufälle an ihrer Entwicklung
gehindert oder an ihrer ursprünglichen Bildung verunstaltet
werden. Ihre Neigungen können eine falsche Richtung be=
kommen. Die Verführung, in der einnehmenden Gestalt der
Liebe, kann sich ihrer Unerfahrenheit zur Wegweiserin auf=
dringen. Niedrigkeit und Mangel können in ihr diesen edeln
Stolz niederschlagen, der so oft die letzte Brustwehr der Tugend
ist. Erziehung und Beispiele können sie über ihre wahre Be=
stimmung verblenden. Die unschuldigsten, ja selbst die edelsten
Regungen des Herzens, Gefälligkeit, Dankbarkeit, Großmuth,
können durch Umstände zu Fallstricken für sie werden. Hat sie
sich einmal auf dem blumichten Pfade des Vergnügens den
Liebesgöttern, Scherzen und Freuden als Führern vertraut,
wie sollte sie gewahr werden, wohin sie der sanfte Abhang
eines so lustigen Weges führen kann? zumal, wenn sich die
Grazien und Musen selbst zu der fröhlichen Schaar gesellen,
und der sophistische Witz, in den Mantel der Philosophie ge=
hüllt, Gefühle zu Grundsätzen und die Kunst zu genießen zu
Weisheit adelt? Eine lange Reihe angenehmer Verirrungen
kann die Folge des ersten Schrittes sein, den sie auf einem
Wege gethan hat, der ihrem bezauberten Auge der gerade Pfad
zum Tempel der Glückseligkeit schien. — Aber warum sollte sie
nicht von ihrem Irrwege zurückkommen können? Die Umstände
können der Tugend ebensowol beförderlich als nachtheilig sein.
Ihre Augen können geöffnet werden. Erfahrung und Sätti=
gung lehren sie anders von den Gegenständen urtheilen, in
deren Genuß sie ehmals ihre Glückseligkeit setzte. Andre Begriffe
zeugen andre Gesinnungen oder, deutlicher zu reden, richtige
Begriffe geben auch den Neigungen ihre wahre Richtung. Die
Grundzüge der Seele bleiben unveränderlich. Eine schöne Seele
kann sich verirren, kann durch Blendwerke getäuscht werden;
aber sie kann nicht aufhören, eine schöne Seele zu sein. Laß't
den magischen Nebel zerstreut werden, laß't sie die Gottheit der
Tugend kennen lernen! Dies ist der Augenblick, wo sie sich
selbst kennen lernt, wo sie fühlt, daß Tugend kein leerer Name,
kein Geschöpf der Einbildung, keine Erfindung des Betrugs, —
daß sie die Bestimmung, die Pflicht, die Wollust, der Ruhm,
das höchste Gut eines denkenden Wesens ist. Die Liebe zur
Tugend, das Verlangen, sich selbst nach diesem göttlichen Ideal
der moralischen Schönheit umzubilden, bemächtigt sich nun aller

ihrer Neigungen; es wird zur Leidenschaft; in diesem Zustande, mehr
als in irgend einem andern, ist es, wo man sagen kann, daß
die Seele von einer Gottheit besessen ist; und welche Probe ist
so schwer, welches Opfer so groß, um zu schwer, zu groß für
den Enthusiasmus der Tugend zu sein?

Ob dieses nicht ganz eigentlich der Fall der schönen Danae
gewesen sei, darüber sollen unsre Leser selbst urtheilen, sobald
sie ihre Geschichte aus ihrem eignen Munde vernommen haben
werden. Danae fand sich in der Nothwendigkeit sie zu erzählen, weil ihr Agathon kein andres Mittel übrig ließ, ihre
standhafte Weigerung gegen eine Verbindung, welcher nichts im
Wege zu stehen schien, vor den Augen der Familie des Archytas
und vor den seinigen zu rechtfertigen. In ihre Wahrhaftigkeit
scheinen wir nicht Ursache zu haben, einigen Zweifel zu setzen.
Ihre Absicht war es wenigstens, die Wahrheit, selbst auf Unkosten ihrer Eigenliebe, zu sagen. Freilich ist diese Eigenliebe
eine ganz vortreffliche Coloristin, wenn wir in der Abschilderung unsers lieben Selbst auf diejenigen Theile kommen, welche
wir in den dunkelsten Schatten zu stellen Ursache haben. Sie
besitzt ganz eigene Geheimnisse, diese Theile, wenn sie ja nicht
ganz versteckt werden können, so zu beleuchten und zu nüanciren,
daß sie dem Ganzen den möglichst kleinsten Schaden thun; ja,
sie findet wol gar Mittel, die schönern Theile dadurch zu erheben und uns glauben zu machen, das Ganze gewinne durch
die Fehler selbst. Danae hätte mehr als eine Sterbliche sein
müssen, um auch gegen die unmerklichen Drücke dieser ersten
Springfeder der menschlichen Natur immer auf der Hut zu
sein. Aber uns däucht, man kann mit dem Grade von Glaub-
würdigkeit zufrieden sein, der daher entspringt, wenn der Er-
zähler seiner eignen Geschichte die Wahrheit sagen will.

Hören wir also immer, was sie uns von einem Gegenstande
sagen wird, von dem sie mit der vollständigsten Kenntniß
sprechen konnte, und dem sie bei aller ihrer Aufrichtigkeit gewiß
nicht zuviel geschehen lassen wird!

Vierzehntes Buch.

Geheime Geschichte der Danae.

Erstes Capitel.

Danae beginnt ihre geheime Geschichte zu erzählen

Wir überlassen es dem Leser selbst, sich die Scene, wo die schöne Danae ihrem Freunde die geheime Geschichte ihres Lebens mittheilte, nach eignem Gefallen vorzustellen. Er kann sie auf einen Sopha oder unter eine Sommerlaube oder unter den Schatten einer hohen Cypresse an den Staub eines rieselnden Baches versetzen: für die Hauptsache — Doch nein! ich irre mich; die Scene ist bei einer solchen Erzählung (und überhaupt bei welcher Art von Handlung es immer sein. mag) niemals gleichgiltig. Hätte Danae irgend einen geheimen Anschlag auf die Sinne oder auf das Herz unsers Helden gehabt, so würde sie vermuthlich Mittel gefunden haben, es so einzuleiten, daß sie sich zufälligerweise entweder in einem artigen Boudoir (denn die Griechen hatten auch ihre Boudoirs) oder unter einer lieblich dämmernden Rosenlaube ihm gegenüber befunden hätte. Aber da sie schlechterdings keine Nebenabsichten hegte, so ist eine gemächliche Rasenbank im Schatten eines freien Baumes unter den ehrwürdigen Augen der Natur, — so ein Platz wie der, wo Sokrates mit dem schönen Phädrus über das wesentliche Schöne philosophirte, — unstreitig der schicklichste.

Es war also am Abend eines schönen Sommertages, der Himmel heiter, nur hier und da ein leicht schwebendes Wölfchen, von sanften Lüftchen getragen; Danae schön und rührend wie die Natur, deren Anblick Ruhe und allgemeines Wohlwollen über ihre Seele verbreitete; doch milderten einige ernste Züge diese schöne Heiterkeit, und eine sanfte Schamröthe, die ihre reizenden Wangen überzog, indem sie die schönsten Augen, die

jemals gewesen sind, auf ihren erwartungsvollen Freund heftete,
schien den Inhalt ihrer Rede anzukündigen. Agathon ihr gegenüber, seine ganze in ihr Anschauen ergossene Seele im Begriff,
sobald sie die Lippen öffnen würde, lauter Ohr zu werden! —
Ich wünschte Apelles oder Raphael zu sein, um dieses Gemälde
zu malen und dann Palette und Pinsel auf immer an den
Altar der Grazien aufzuhängen!

Danae spricht — und der Gedanke an den Ton ihrer
Stimme, den ich nicht malen könnte, an den Ausdruck, der unter
dem Reden mit jedem Augenblick ihrem Gesichte Reizungen gab,
die mein Pinsel nicht schaffen könnte, dieser Gedanke tröstet mich
wieder, daß ich nicht Apelles noch Raphael bin.

„So schwer es mich ankommt, mein lieber Agathon," sprach
sie, „Dir eine ungeschmeichelte Abschilderung von meinem vergangenen Leben zu machen, so wenig ist es doch in meiner
Gewalt, mich dieser Demüthigung zu überheben. Es war eine
Zeit, da Du zu gut von mir dachtest, und damals war es mir
vielleicht zu verzeihen, daß ich den Muth nicht hatte, Dich aus
einem süßen Irrthume zu ziehen, der uns Beide glücklich machte.
Hippias nahm diesen Dienst über sich; aber es ist mehr als
wahrscheinlich, daß er nicht einmal den Willen hatte, mir
Gerechtigkeit zu erweisen. Und wenn er ihn auch gehabt hätte,
was würde ich dabei gewonnen haben? Er kannte nur die
Hälfte von Danae — und war unfähig, mehr von ihr zu
kennen. Deine plötzliche Flucht von Smyrna entdeckte mir Alles,
was er Dir gesagt haben konnte. Wie tief mußte ich in Deiner
Meinung gefallen sein! Das Bewußtsein, es nicht zu verdienen,
daß Du so übel von mir dächtest, war damals nur ein schwacher
Trost! Das Schicksal hat es auf sich genommen, mich an Dir
zu rächen — wenn ich so sagen kann; denn ich liebe diese Vorstellung nicht. Ohne Bedenken gesteh' ich es Dir, es ist keine
Glückseligkeit für mich, wenn Agathon nicht glücklich ist. —
Seitdem wir uns so unverhofft wiedergefunden, hat mir Dein
ganzes Betragen die vollkommenste Genugthuung gegeben. Nur
ein Herz wie Deines ist eines so edelmüthigen Verfahrens,
einer so feinen Empfindsamkeit, eines so zärtlich abgewogenen
Gleichgewichts zwischen einer Freiheit und einer Zurückhaltung,
welche mich in gleichem Grad erniedrigt haben würden, fähig.
Von dieser Seite hast Du mir nichts zu wünschen übrig gelassen.
Wollte der Himmel für die Ruhe Deines Herzens und des
meinigen, daß Agathon — dessen Freundschaft zu verdienen der
äußerste Wunsch meiner Eigenliebe ist — sich hätte begnügen

lönnen, gerecht gegen seine Freundin zu sein! Ich rufe nicht
die Götter zu Zeugen der Aufrichtigkeit dieses Wunsches an:
meine ganze Seele liegt aufgeschlossen vor Dir, und keine Regung,
die mir selbst noch merklich ist, soll Dir ein Geheimniß bleiben.
Mitten in dem Wunsche, daß Du mich weniger lieben möchtest,
begreife ich, daß ich etwas Unmögliches wünsche, so lange Du
diese Danae nicht völlig kennst, die Du liebst. Ich habe wohl
überlegt, was ich zu thun im Begriff bin. Was ich selbst dadurch
verliere, ist das Wenigste. Aber ich gestehe Dir's, Agathon, es
kostet mir Ueberwindung, Dich aus Deinem schönen Traum
aufzuwecken. Die Danae Deines Herzens und die Danae, die
Du hier vor Dir siehst, sind nicht ebendieselbe. Die Zerstreuung
eines Irrthums, den Du liebst, kann nicht anders als schmerzhaft sein. Aber sie ist zu Deiner Ruhe, sie ist für den Ruhm
Deines künftigen Lebens nothwendig. Höre mich also, bester
Agathon!"

Zweites Capitel.

Erste Jugend der Danae bis zu ihrer Bekanntschaft mit dem Alcibiades.

„Meine Abkunft ist niedrig, und diejenigen, die mir das
Leben gaben, kannten nie, was Gemächlichkeit, Ueberfluß und
Ansehen ist. Meine erste Erziehung war diesen Umständen
gemäß; die Natur mußte Alles thun. Und in der That — es
wäre Undank, es nicht bekennen zu wollen — sie hatte so viel
für die kleine Myris (so nannte man mich damals) gethan, daß
es vielleicht am Besten war, ihr Alles zu überlassen. Die kleine
Myris hatte eine Figur, von der man sich große Hoffnungen
machte, und schon damals, wenn sie unter andern Kindern
ihres Alters im Reihen hüpfte, pflegte man sie die Grazie zu
nennen; die kleine Myris hatte auch ein Herz; aber darum
bekümmerte sich Niemand. Ihre Mutter war eine Flötenspielerin.
Sie mochte vielleicht den Entwurf ihres eigenen Glückes auf die
Gaben, die sich in dem jungen Mädchen entwickelten, gegründet
haben; denn ihr einziges Bemühen war, sie von ihrem siebenten
oder achten Jahre an zur Bestimmung einer dem öffentlichen
Vergnügen gewidmeten Person zu bilden. Alle meine kleinen
Fähigkeiten wurden angebaut, so gut als es die Umstände zu-
ließen, und so weit als meiner Mutter eigene, vermuthlich sehr
eingeschränkte Geschicklichkeit reichte. Man fand, daß ich in der
Musik und im Tanzen den Unterricht und das Beispiel, so sie
mir geben konnte, bald überholte. Nun bildete ich mich selbst,

so gut ich kounte; denn ich fand etwas in mir — ohne zu wissen oder mich zu bekümmern, was es war, — das mich weder mit dem, was ich um mich her sah, noch mit mir selbst und mit dem Beifall, den ich erhielt, zufrieden sein ließ. Die Natur hatte die Idee des Schönen in meine Seele gezeichnet; noch sah ich sie blos durch einen Nebel; aber auch das Wenige, was ich davon erblickte, that seine Wirkung.

"Ein Umstand, der bei diesem Allem zur Ehre meiner guten Mutter gereicht, ist zu wichtig, als daß ich ihn vorbeigehen könnte. Wenn sie, wie ich schon bemerkte, nichts that, um mein Herz zu bilden, so that sie doch auch wenig oder nichts, um es zu verderben. Sie schien (so viel ich mich ihrer erinnern kann) über diesen Punkt ohne alle Sorgen. Die ihrigen gingen blos auf die körperliche Hälfte meiner Person, auf die Erhaltung meiner feinen Haut und schönen Gesichtsfarbe, auf die Ent= wicklung aller der Reizungen, die sie an mir zu sehen glaubte, und in welche sie um so viel verliebter war, je weniger sie selbst jemals Ansprüche von dieser Seite zu machen gehabt hatte. Sie that sich viel auf eine Menge kleiner kosmetischer Geheim= nisse zu gut, in deren ausschließendem Besitz sie zu sein versicherte; und ich bin gewiß, daß die junge Myris die nachmals so sehr gepriesene Schönheit ihrer Hand und ihres Fußes und das, was man die Eleganz ihrer Leibesgestalt nannte, der außer= ordentlichen Sorgfalt der guten Frau zu danken hatte.

"Unter den Hausgöttern, an welche sie mich meine Andacht richten lehrte, war eine Venus, die von den Grazien geschmückt wird, der vornehmste Gegenstand ihrer eigenen. Sie bat diese Göttinnen für ihre Töchter um Schönheit und um die Gabe zu gefallen. Nach ihrer Meinung war das Beste, was sie mir von den Unsterblichen erbitten konnte, in diese beiden Eigen= schaften eingeschlossen; wenigstens that sie Alles, was sie konnte, um diese Meinung in mir zu erwecken.

"Diese Venus und diese Grazien, die ich alle Morgen mit frischen Rosen oder Myrtenzweigen bekränzen mußte, waren das Werk eines sehr mittelmäßigen Bildschnitzers und nichts weniger als geschickt, die Idee göttlicher Vollkommenheit in einer jungen Seele zu entzünden. Diese Betrachtung entstand oft in der jungen Myris, wenn sie sich selbst mit diesen Bildern verglich, und war allemal von dem Wunsche begleitet, die Göttin der Schönheit und ihre Gespielen in ihrer wahren Gestalt zu sehen. Diesem Wunsche folgten oft Bestrebungen der Einbildungskraft, ein ihrer würdigeres Bild in sich selbst zu erschaffen, und diese

Bestrebungen schienen zuweilen von den Göttinnen begünstigt zu werden. Ein Zufall machte ihr einst aus dem Munde eines Sängers von Theben Pindar's erhabnen Gesang auf die Grazien bekannt. Ein himmlischer Lichtstrahl schien ihr, da sie ihn hörte, in ihre Seele zu fallen. Ihr war, als würde ein dichter Schleier vor ihren Augen weggezogen, und nun sah sie „diese Grazien, von welchen alles Angenehme und Liebliche zu den Sterblichen ausfließt, unter deren Einfluß der Weise, der Tugendhafte, der Held und der Liebhaber des Schönen sich bildet, diese himmlischen Grazien, ohne welche die Götter selbst keine Freuden kennen, und durch deren Hände Alles geht, was im Himmel geschieht; sie, die neben dem Pythischen Apollo thronend nie aufhören, die unvergängliche Majestät des Olympischen Vaters anzubeten." Von diesem Augenblick an blieb das göttliche Bild meiner Seele eingedrückt. Ich konnte mir selbst nicht entwickeln, was ich dabei fühlte; aber ich schwur den Grazien einen heiligen Schwur, sie in allem meinem Thun zu meinen Führerinnen zu erwählen. Wie Du siehst, Agathon, hatte die junge Myris einen feinen Ansatz zu eben dieser schönen Schwärmerei, welche in den Hainen und Lorbeerhainen von Delphi Deiner Seele die erste Bildung gab. Die Umstände machten den ganzen Unterschied. Zu Delphi erzogen, würde sie eine Psyche geworden sein.

„Ich hatte nun ungefähr dreizehn Jahre, als meine Mutter sich entschloß, mich zu einer alten Vatersschwester nach Athen zu bringen, dem einzigen Ort in der Welt, wo ihrer Meinung nach Talente, Jugend und Schönheit die Ungerechtigkeiten des Glücks verbessern konnten. Dort hoffte sie die Früchte einer Erziehung einzuernten, durch welche sie sich das größte Verdienst um mich gemacht zu haben glaubte. Aber das Schicksal gönnte ihr diese Freude nicht. Sie starb, und ich ging nun in den Schutz eines Bruders über, der, um sich der Sorge für mich zu entledigen, nichts Angelegneres hatte, als den Wunsch unsrer sterbenden Mutter in Ansehung meiner zu erfüllen.

„Ich kam also nach Athen, das nun den Namen der Hauptstadt von Griechenland behaupten konnte, nachdem es von Perikles zum Sitze der Musen und der Künste erhoben worden war. Die Anverwandte, zu der man mich brachte, schien über das Vermächtniß, das ihr meine Mutter in meiner kleinen Person gemacht hatte, sehr erfreut zu sein. Sie baute die nämlichen Hoffnungen auf meine Gaben und gab sich alle mögliche Mühe, mich zu unterrichten, wie ich's anfangen müsse,

um sie zu meinem Glücke anzuwenden. Witz und eine gewisse
Feinheit der Sitten, des Geschmacks und der Sprache sind in
Athen sogar den niedrigsten Classen des Volkes eigen. Meine
neue Pflegemutter, wiewol sie nur eine Kräuterhändlerin war,
gab mir Lehren, welche einer in den Geheimnissen der schlauesten
Koketterie eingeweihten Schülerin der Aspasia nicht unwürdig
gewesen wären. Aber ein mir selbst unbekanntes innerliches
Widerstreben machte mich ungelehrig für ihren Unterricht. Mein
Herz schien mir zu sagen, daß ich für einen edlern Zweck gemacht
sei; aber wenn ich es weiter fragte, verstummte es. Die Pro=
fession einer Tänzerin, welche ich zu treiben genöthigt war,
wurde mir verhaßt, so sehr ich die Kunst an sich selbst liebte;
allein dieser Widerwille nahm unvermerkt ab, je mehr der
Anblick so vieler mir ganz neuer Gegenstände und die unmerk=
liche Ansteckung mit dem Geiste des Leichtsinns und der Ueppig=
keit, der das Volk zu Athen beherrschte, ihren Einfluß auf mich
äußerten. Die Unschuld, die ich aus meiner armen väterlichen
Hütte mitgebracht hatte, lief nun immer größere Gefahr, so wie
die Unwissenheit sich verlor, von der sie ihre Sicherheit zog.
Eine schöne Wohnung, ein prächtiger Putz, ein glänzendes
Gefolge, eine niedliche Tafel, Gemälde, Bildsäulen, persische
Tapeten und Ruhebetten und tausend andre Bedürfnisse der
Gemächlichkeit und der Wollust fingen an, Reiz für meine Ein=
bildungskraft zu bekommen und mir ihre Entbehrung zur Qual
zu machen; und nun gab es Augenblicke, wo das Verlangen
nach einer in meinem Wahne so beneidenswerthen Glückseligkeit
mich zu Allem bereitwillig zu machen schien, was ein Mittel
dazu werden konnte.

„Die alte Krobyle war zu meinem Unglück die Person nicht,
die mich richtiger denken lehren konnte. Ihre eigenen Begriffe
von Glückseligkeit erstreckten sich nicht über den Kreis der
gröbern Sinnlichkeit, und sie ließ sich gar nicht einfallen, daß
außer der Armuth und Dürftigkeit etwas schändlich sei. Sie
unterhielt mich also in einem Taumel, von dem sie selbst große
Vortheile zu ziehen hoffte. Der gute Erfolg meiner ersten
Versuche in der pantomimischen Tanzkunst machte unsre beider=
seitige Bethörung vollkommen. Das gedankenlose Mädchen sog
mit wollüstigen Zügen das Vergnügen eines Beifalls ein, der
sie hätte demüthigen sollen; und die geldgierige Alte berechnete
Tag und Nacht die Schätze, die sie mit meiner Gestalt und mit
meinem Talent gewinnen könnte. Ungewohnt, sich jemals im
Besitz einer größeren Summe als einer Hand voll Obolen zu

sehen, verwandelte sich beim Anblick ebenso vieler Drachmen
Alles um sie her in Gold und Silber. Unsre Lebensart wurde
sofort nach unsern Hoffnungen eingerichtet.

„Aber ein kleiner Zufall, den, so gewöhnlich er auch war,
die äußerste Unerfahrenheit der jungen Myris sie nicht hatte
voraussehen lassen, warf sie gar bald wieder so weit als jemals
von dem Ziele ihrer Wünsche zurück. Sie liebte zwar die Freude
und mochte gern gefallen und bewundert werden, aber wollte
sich von der vornehmen Jugend in den Häusern, wohin sie
ihre Kunst auszuüben berufen wurde, nicht so begegnen lassen,
wie man jungen Nymphen von ihrem Range zu begegnen pflegt.
Ein gewisser Stolz empörte sich in ihrem kleinen Herzen, der
allen unbesonnenen Wünschen ihrer jugendlichen Eitelkeit das
Gegengewicht hielt. Die Jünglinge aus dem Stamme der
Theseen und Alkmäonen fanden lächerlich, daß eine kleine
Tänzerin sich durch ihre Lebhaftigkeiten beleidigt finden sollte;
und die kleine Tänzerin fühlte eine Seele in sich erwachen, die
den Gedanken, diesen Heldensöhnen zum Spielwerk zu dienen,
unerträglich fand.

„Die wirthschaftliche Krobyle wollte über eine so unzeitige
Spitzfündigkeit von Sinnen kommen; aber Myris dachte an das
Gelübde, das sie den Grazien geschworen hatte, und blieb
unbeweglich. Nicht, als ob sie nicht bereits zu fühlen angefangen
hätte, daß ihr Herz seine eigenen Bedürfnisse habe: die kleinen
halb verschwiegenen Geständnisse, die es ihr that, gaben ihr
immer mehr Licht über diesen Punkt. Sie fühlte Fähigkeiten
in sich, welche entwickelt zu werden strebten, und einen Schatz
von Zärtlichkeit, womit sie nichts anzufangen wußte. Ihre
Seele verlor sich in den Träumen einer angenehmen Schwermuth;
sie gab ihren Wünschen Gestalten und versuchte, sich Gegen=
stände in sich selbst zu bilden, in deren Anschauen sie ein Ver=
gnügen fände, das die verhaßten Eindrücke derjenigen, wovon
sie sich umgeben sah, auslöschen möchte. Aber alle diese Be=
strebungen dienten nur dazu, ihr das Gefühl ihres gegenwär=
tigen Zustandes unerträglicher zu machen. Ihre Umstände paßten
nicht zu ihren Gesinnungen; sie stellten sie in ein falsches Licht;
Alles, was die Göttin der Schönheit und die Grazien für sie
gethan hatten, verlor seinen Werth dadurch; und wie konnte sie
hoffen, daß Amor den Verlust ersetzen würde? Wie konnte ein
Geschöpf, das seinen Unterhalt damit verdienen mußte, die
Reichen zu Athen bei ihren Gastmählern durch üppige Tänze
zu vergnügen, sich träumen lassen, jemals der Gegenstand einer

zärtlichen Leidenschaft zu werden? Die arme Myris ermüdete
sich vergebens mit Nachsinnen, wie sie es anfangen könnte,
ihrem Schicksal, dessen Schwere sie täglich schmerzlicher fühlte,
eine andre Gestalt zu geben; indessen bestärkte sie sich doch in
dem Entschlusse, nicht mehr bei den Gastmählern der Athener
zu tanzen.

„Die alte Krobyle, die ihre Rechnung gar nicht dabei fand,
erschöpfte ihre ganze Beredsamkeit, sie auf andre Gedanken zu
bringen, und da das eigensinnige Mädchen unbeweglich blieb,
erklärte sie ihr endlich mit dürren Worten, daß sie entweder
gefälliger sein oder selbst für ihren Unterhalt sorgen müßte.
Die Unglückliche hatte, da es Ernst wurde, nicht Muth genug,
sich zum Spinnrocken zu entschließen. Sie bequemte sich also
endlich, wiewol mit Widerwillen, dem Antrage des Malers
Aglaophon Gehör zu geben, dem sie zum Modell einer für den
Alcibiades bestellten Hebe dienen sollte.

„Der Maler schien mit seinem Modell außerordentlich zu=
frieden zu sein. Ich weiß nicht, wie er es machte; aber seine
Hebe wurde so schön, daß die junge Myris in Gefahr kam,
gleich dem Narcissus der Dichter in ihr eigenes Ebenbild verliebt
zu werden.

„Alcibiades gerieth (wie er ihr in der Folge glauben machen
wollte) beim Anblick dieses Gemäldes außer sich. Er wollte
wissen, wer die Sterbliche sei, die dem Maler die Grundzüge
zu einem so schönen Ideal geliehen habe. Aglaophon versicherte,
daß es ein bloßes Geschöpf seiner Einbildungskraft sei. In der
That hatte er eine besondere Absicht bei diesem Vorgeben; denn
es war ihm mit seiner Hebe ergangen wie dem Pygmalion mit
seiner Bildsäule; und wiewol die Statue, für die er brannte,
schon beseelt war, so fand er dennoch, daß es ihm vielleicht
nicht weniger Mühe kosten würde, sie für ihn zu beseelen; und
um so viel weniger war er geneigt, sie den Augen eines
Alcibiades auszusetzen.

„Inzwischen bestellte dieser eine Danae bei ihm, welche das
Seitenstück der Hebe werden sollte, und Myris mußte sich aber=
mal gefallen lassen, das Urbild dazu abzugeben. Ihre durch
den glücklichen Erfolg des ersten Versuchs gereizte Eitelkeit —
eine jugendliche Thorheit, die ich nicht damit entschuldigen will,
daß sie in ihren Umständen natürlich war — half ihr über die
Bedenklichkeiten weg, die sie dabei zu überwinden hatte.
Auch war sie noch weit entfernt, die ganze Stärke der Rolle,
die sie übernahm, zu kennen. Gegen den Künstler, dessen

Augen verdächtig zu werden anfingen, schützte ñe die Gegenwart
der alten Krobyle, welche so ziemlich die Miene eines Drachen
hatte, der zum Hüter eines bezauberten Schatzes bestellt ist; und
überdies hatte Aglaophon schwören müssen, so lange die Ver=
suchung dauern würde, lauter Auge zu sein. Demungeachtet
setzte es einen großen Streit ab, da die neue Danae sich zu
einem Wurf des Gewandes bequemen sollte, der dem Maler
einen zu großen Vortheil über sie einzuräumen schien. Aglaophon
führte zu seinem Behuf an, daß er für den Alcibiades malen
müsse, für einen Kenner, der ihm nicht verzeihen würde, wenn
er die Vollkommenheit seines Stücks Bedenklichkeiten aufopfern
wollte, die er sich die Freiheit nahm übertrieben zu finden.
Die Alte, die des Preises halben bereits mit ihm übereingekommen
und wenig geneigt war, der seinern Denkungsart ihrer Unter=
gebenen zu schonen, unterstützte ihn mit ihrem ganzen Ansehen.
Gleichwol würde vielleicht Alles dies nicht hinreichend gewesen
sein, wenn nicht ein Gedanke, der aus dem eigenen Busen der
jungen Myris aufstieg, ihren Eigensinn überwältigt hätte. Die
kindische Thörin besorgte, der Künstler — denn für sie war
Aglaophon sonst nichts — möchte ihre Weigerung einem Miß=
trauen in sich selbst beimessen, dessen sie sich nicht schuldig
wußte. Sie überredete sich, daß es undankbar wäre, der Natur
nicht Ehre machen zu wollen, und willigte also endlich ein, weil
sie doch einmal Danae sein sollte, es ganz zu sein. Gleichwol
behauptete Alcibiades (der ohne des Malers Vorwissen einen
verstohlenen Zuschauer bei dieser Scene abgab), daß sie mehr
einer Grazie, die mit einem Amor spielt, als derjenigen, welche
sie hätte vorstellen sollen, gleich gesehen habe.

„Dieser von der Raserei der Sinnlichkeit und der Ruhmsucht
in gleichem Grade beherrschte junge Mann hatte sich bei seinem
Maler ein kleines Cabinet blos zu dem Ende verfertigen lassen,
um, so oft es ihm einfiel, die Modelle desselben heimlich in
Augenschein zu nehmen und sich darunter, was ihm beliebte,
auszulesen. Eben darum hatte Aglaophon vorgegeben, daß er
seine Hebe ohne Modell verfertigt habe. Aber Alcibiades war
ein zu seiner Kenner, um sich hintergehen zu lassen. Er glaubte
in dieser Hebe Reize zu sehen, welche man nur von der Natur
abstehlen könne; und blos, um sich seine Vermuthungen wahr
zu machen, bestellte er eine Danae. Der Eindruck, den das
Modell derselben auf ihn machte, war zu stark, als daß ein
verzärtelter Günstling der Natur und des Glücks, der nicht
wußte, was das wäre, eine Begierde aufzuopfern, sich durch

irgend eine Bedenklichkeit hätte zurückhalten lassen sollen, sichtbar zu werden und den bestürzten Maler mitten in seinen Beschauungen zu unterbrechen. — „Du kannst Deine Pinsel nur auswaschen, Freund Aglaophon," sagte er zu ihm; „Deine Danae — würde zwar etwas sehr Schönes, aber doch — keine Danae werden. Ueberlaß' mir die Sorge, das reizende Modell erst dazu zu bilden! Sobald es Zeit sein wird, will ich Dich rufen lassen; dann sollst Du malen! wenn Du anders bei ihrem Anblick fähig bleiben wirst, einen Pinsel in der Hand zu halten." —

„Die Verwirrung der jungen Myris bei einer so unerwarteten Erscheinung würde noch schwerer zu malen sein als das, was Alcibiades zu einer vollkommnen Danae an ihr vermißte. Sie selbst hätte sich in den ersten Augenblicken von dem Tumult von Regungen, der ihr Herz bestürmte, keine Rechenschaft geben können. Aber endlich drang das Gefühl des Uebermuths in dem Betragen des jungen Herrn mit ihrer eigenen Erniedrigung allen andern vor, und das gekränkte Mädchen brach in Thränen aus. Alcibiades war nicht zärtlich genug, davon gerührt zu werden, aber zu höflich, um sie nicht durch eine plötzliche Aenderung seines Bezeigens wieder zu beruhigen. Niemals besaß ein Sterblicher eine größere Leichtigkeit, von einem Ton in einen andern überzugehen und, ohne sich darauf vorbereitet zu haben, die widersprechendsten Rollen zu spielen. Er entschuldigte seine Dazwischenkunft mit einer so feinen Art, sagte der kleinen Myris so verbindliche Sachen und sagte sie mit einem so gutherzigen Ton und offnen Gesicht, daß es ihr unmöglich war, ungehalten auf ihn zu bleiben. Was sie am Meisten mit ihm aussöhnte, war, daß er ihr nun mit einer Achtung begegnete, welche kaum größer hätte sein können, wenn sie ihm an Stande gleich gewesen wäre. Von einem Manne, der an Adel der Geburt und persönlichen Eigenschaften in Griechenland nichts über sich sah, den seine Reichthümer in den Staub setzten, den Aufwand eines Fürsten zu machen, und dem das von ihm bezauberte Athen, ohne es selbst recht zu merken, die Vorrechte eines unumschränkten Gebieters einräumte, war ein solches Bezeigen wirklich mehr, als die Eitelkeit eines jungen Geschöpfes, wie die arme Myris war, ertragen konnte. Sie vergab ihm nicht nur bei sich selbst, das unerfahrne Mädchen sah ihn sogar mit Blicken an, welche, wiewol sie nur Dankbarkeit ausdrücken sollten, Feuer genug hatten, um von dem zuversichtlichsten Manne, der je gewesen ist, für etwas noch Schmeichelhafteres aufgenommen zu werden. „Sie verdient, Aspasien bekannt zu werden," sagte er, indem er sich mit einer ihm eigenen reizenden Lebhaftigkeit zu Aglaophon und Krobyle wandte. „Aber — Myris nennt sie sich, sagt Ihr? Welch ein Name für so viel Reizungen! Von nun an soll sie Danae heißen! Noch diesen Abend soll Aspasia ihre neue Freundin unter diesem Namen kennen lernen! — Ein Wort, gute Mutter!" — Und nun nahm er die Alte auf die Seite, sprach mit ihr, drückte ihr vertraulich die Hand, flog zurück, küßte die meinige und verschwand."

Drittes Capitel.

Alciblades macht seine junge Geliebte mit Aspasien bekannt.

„Ich bin, wie Du siehst, auf den Zeitpunkt meiner Geschichte gekommen, der für mein ganzes übriges Leben entscheidend gewesen ist, und ich halte mich um so mehr verbunden, Dir genauere Rechenschaft davon zu thun, da es mir (ungeachtet mich dieses Geständniß Deiner Liebe unwürdig macht) noch immer unmöglich ist, an diesen Alcibiades, durch den ich Danae wurde, ohne Vergnügen zu denken. Erwarte nicht, daß ich mich rechtfertigen werde, bester Agathon! Ich würde es versuchen, wenn ich eine andre Absicht haben könnte, als Dich zu überführen, daß Danae die Ehre, die Du ihr zugedacht hast, nicht annehmen kann. Ihr ist genug, wenn sie nicht unwürdig ist, eine Freundin Agathon's zu sein. Aber sie ist zu stolz, auch diese Ehre durch Entschuldigungen erschleichen zu wollen, und die bloße Erzählung ihrer Geschichte ist die ganze Apologie, die sie jemals für ihre Schwachheiten machen wird.

„Nach allen den Geständnissen, die ich Dir über meine Herkunft, Erziehung und übrigen Umstände gethan habe, wirst Du es, denke ich, sehr begreiflich finden, daß ein Mann wie Alcibiades einen außerordentlichen Eindruck auf ein so unerfahrnes, rohes, vernachlässigtes Geschöpf, wie ich war, machen mußte. Es würde mir damals schwer gefallen sein, zu sagen, ob meine Sinne, mein Herz oder meine Einbildung am Meisten eingenommen waren. Jetzt, da ich mit mehr Kenntniß des Herzens und mit kälterm Blut in die Abenteuer meiner Jugend zurücksehe, glaube ich ziemlich zuverlässig sagen zu können, daß Sinne und Einbildung den meisten Antheil an dem Irrthum meines Herzens hatten.

„Ich habe in meinem Leben nur einen Mann gesehen,

der ihm den Vorzug der Gestalt, des Anstandes und der männ=
lichen Grazie hätte streitig machen können. Die Gaben seines
Geistes waren ebenso glänzend als seine Außenseite. Nichts
war lebhafter als sein Witz, nichts überredender als seine Bered=
samkeit, nichts einschmeichelnder als sein Umgang. Alle Herzen
flogen ihm entgegen. Unwiderstehlich, wenn er gefallen wollte,
tapfer wie ein Theseus, freigebig, als ob er Königreiche zu
verschenken hätte, stolz wie ein Halbgott, in Allem, was er that,
von den übrigen Menschen unterschieden und über sie erhaben,
und (was ihn am Gefährlichsten machte) selbst in seinen Lastern
liebenswürdig, riß er durch eine Art von Uebermacht, deren er
sich nur gar zu wohl bewußt war, Alles mit sich fort. Er
wußte nicht, was Widerstand war, denn er hatte nie einen
erfahren; und der Uebermuth, den ihm dieser Umstand gab,
half nicht wenig dazu, seine Siege zu beschleunigen und glän=
zender zu machen. Zum Unglück für eine Jede, die in seinen
Wirbel gezogen wurde, war dieser Mann, der so viel Liebe ein=
flößte, selbst unfähig, Liebe zu empfinden. Er spielte nur mit
den Herzen, die er von allen Seiten an sich zog; und nie hat
ein Mann mit feurigern Sinnen und einer größern Gabe, sich
selbst und (wenn er wollte) auch Andre über diesen Punkt zu
täuschen, eine der Zärtlichkeit unfähigere Seele gehabt. Fiel
ihm irgend ein neues Gesicht oder eine Figur, die seine Phan=
tasie reizte, in die Augen, so hätte die ganze Welt glauben
müssen, Amor mit allen seinen Flammen sei in seinen Busen
gefahren. Er glaubte es zuweilen selbst. Aber der Irrthum
dauerte nur so lange, als er noch etwas zu wünschen hatte.
Von dem Augenblick an, da das Räthsel aufgelöst, und seiner
Einbildung nichts mehr zu rathen übrig war, verschwand die
Bezauberung; und der Verräther hatte nicht einmal die Geduld,
von seinen Schauspielergaben Gebrauch zu machen und das
arme betrogene Geschöpf durch verstellte Zärtlichkeit in seinem
süßen Irrthum zu unterhalten.

„So war der Mann beschaffen, den mein Schicksal in meinen
Weg brachte, um mich aus Umständen, die so wenig mit dem,
wozu mich die Natur gemacht hatte, zusammenstimmten, in
einen Kreis zu versetzen, wo ich vielleicht mehr, als ich jetzt
wünschen sollte, geglänzt habe, aber durch den ich doch, wie mich
däucht, nothwendig gehen mußte, um das werden zu können,
was ich bin.

„Die alte Krobyle fand nicht für gut, ihrer Pflegetochter
zu entdecken, wie theuer sie dem Alcibiades ihre anmaßlichen

Rechte über sie verhandelt habe. Sie sagte ihr von dem ganzen
Vertrage nichts, als daß sie sich anschicken sollte, noch diesen
Abend vor Aspasien zu erscheinen.

„Das außerordentliche Ansehen, worin diese Dame lebte,
welche durch den Tod des Perikles wenig oder nichts von ihrem
Einfluß über Athen verloren hatte, machte die junge Danae
vor dem bloßen Gedanken eines solchen Besuchs zittern. In=
dessen wurde doch jeder Augenblick dazu angewandt, ihre kleine
Person in ein Licht zu setzen, welches ihr den ersten Blick
einer so berühmten Kennerin des Schönen günstig machen
möchte. Beinahe bin ich versucht zu sagen, sie hatte, wie
Sokrates, eine Art von Genius, der ihr bei solchen Gelegen=
heiten sagte, was sie nicht thun sollte. Krobyle, welcher die
Casse des Alcibiades zu Dienste stand, war der Meinung,
ihre Reizungen müßten durch einen schimmernden Putz der
Aufmerksamkeit einer so großen Dame, wie Aspasia wäre,
empfohlen werden. Aber Danae verstand ihren Vortheil
besser. Nichts konnte einfacher und ungekünstelter sein als ihr
Kopfputz und ganzer Anzug; aber anziehender hätte er nicht
sein können, wenn die Grazien selbst ihre Aufwärterinnen ge=
wesen wären.

„Niemals in meinem Leben schlug mir das Herz wie in
dem Augenblicke, da ich von einer lieblichen jungen Sklavin
durch Gemächer, die den Aufenthalt einer Königin ankündigten,
in das Zimmer der Aspasia geführt wurde. Verblendet von
dem Glanze, der meinem schüchternen Blick allenthalben ent=
gegen schimmerte, glaubte ich, da ich es endlich wagte, die
Augen zu ihr zu erheben, daß ich eine Göttin vor mir sehe.
Sie saß auf einem persischen Ruhebette und schien sich mit
beobachtendem Blick an meiner Verwirrung zu ergetzen. Aber sie
hatte in einer Gesichtsbildung, die ausdrücklich für die Majestät
ihrer Figur gemacht war, etwas so unwiderstehlich Reizendes,
und dieser forschende Blick war durch ein so einnehmendes
Lächeln gemildert, daß es unmöglich war, sie ohne Liebe anzu=
sehen. Was in diesen Augenblicken in meiner Seele vorging,
ist wirklich über alle Beschreibung. Ich fühlte ein neues Wesen,
eine andere vollkommnere Art von Dasein, gleich der Versetzung
in die Wohnung der Götter oder in Elysium. Meine durch
das Anschauen eines Gegenstandes, der alle Träume meiner
Phantasie auslöschte, befriedigte Seele schwamm in einem Aether
von Liebe und Wonne. Ich warf mich zu ihren Füßen und
hob Augen zu ihr auf, in welchen, wie ich glaube, Alles, was

ich fühlte, ausgedrückt war, Augen, die von Thränen der süßesten Empfindlichkeit glänzten.

„Aspasia fuhr noch etliche Augenblicke fort, der sympathe= tischen Wolluft, die ihr mein Entzücken mittheilte, zu genießen; aber endlich warf sie ihre schönen Arme um meinen Leib, hob mich zu sich auf, drückte mich an ihren Busen und sagte: „Liebenswürdiges Mädchen, diese Empfindlichkeit hat Dir in Aspasien eine Freundin mit der ganzen Zärtlichkeit einer Mutter gewonnen."

„Was ich ihr antwortete, erräth Agathon. Keine Worte — ich hatte keine; und Worte würden auch nicht ausgedrückt haben, was ich empfand — aber sie war mit mir zufrieden. Und nun mußte ich mich neben sie auf das Ruhebette setzen.

„Welch eine Veränderung in meinem Zustande hatten diese wenigen Minuten hervorgebracht! Wie hätte die Tochter einer armen Flötenspielerin von Chios, die Pflegetochter der alten Krobyle, die vor Kurzem noch genöthigt war, dem Maler Aglaophon die Dienste einer beweglichen Statue zu thun, sich träumen lassen dürfen, in wenigen Stunden an Aspasiens Seite zu sitzen und mit den zärtlichsten Liebkosungen von ihr überhäuft zu werden? Aber wie unglücklich würde sie sich auch gefühlt haben, hätte sie nach einem so wonnevollen Zustande wieder in die Hütte der alten Krobyle zurückkehren und sich selbst sagen müssen, daß Alles nur ein entzückender Traum gewesen sei! Dies nur zu denken, hätte die glückliche Danae auf einmal aus dem Sitze der Götter in den Tartarus herab= gestürzt. Aber ihre ganze Seele war von dem gegenwärtigen Anblicke verschlungen; sie konnte jetzt an nichts Künftiges denken.

„Die großmüthige Aspasia vermied Alles, was das arme Mädchen aus ihrer angenehmen Bezauberung hätte erwecken können. Sie fragte nicht nach ihren vorigen Umständen und ließ ihr auch nicht merken, daß sie davon unterrichtet sei. Sie sprach nicht einmal von ihren Talenten; und um sogar der Besorgniß, daß ihr Glück nur von kurzer Dauer sein möchte, zuvorzukommen, stand sie nach einer kleinen Weile auf und führte mich in ein sehr schönes Gemach, wovon das Cabinet unmittelbar an ihr eignes Schlafzimmer stieß. „Dies, meine liebste Dänae," sagte sie, „ist Dein eignes Zimmer und wird es so lange sein, als es Dir gefällt, und als Dir Aspasia lieb genug bleiben wird, um sie nicht ohne Schmerz verlassen zu können." — So werd' ich es ewig bewohnen, rief die entzückte Dänae."

Viertes Capitel.

Charakter des Alcibiades, von Aspasien geschildert   Wie die junge Danae
in Aspasiens Hause erzogen wird.

„Bald darauf kam Alcibiades. Er that nicht, als ob er
mich kennte, und ersparte mir dadurch die Fortdauer der Verlegenheit und des Erröthens, worein mich seine Erscheinung
setzte. Sein Bezeigen gegen mich war zurückhaltend und voll
von dieser ungezwungenen Urbanität, die den Athener von
den übrigen Griechen ebenso sehr unterscheidet, als die Griechen
überhaupt allen andern Völkern an Witz und Lebensart vorgehen. Die Unterredung zwischen ihm und Aspasien war lebhaft
und so neu für mich, daß ich lauter Ohr und Auge war. Er
sprach von Staatssachen und Liebeshändeln mit dem gleichen
muntern Ton und mit dem Leichtsinne, dessen verführerischer
Reiz ihn für die Ruhe seines Vaterlandes ebenso gefährlich
machte als für die Ruhe der weiblichen Herzen. Nach einiger
Zeit stand er auf, entschuldigte sich, daß er den Abend nicht
mit ihr zubringen könnte, und gab zur Ursache davon eine
Lustbarkeit vor, die zwischen ihm und einigen jungen Herren
von seiner Bekanntschaft angestellt sei. Die schöne Spartanerin wird dabei sein, setzte er hinzu, indem er einen beobachtenden Seitenblick auf mich warf; und so verschwand er.

„Der leichtsinnigste, witzigste, verwegenste, aber liebenswürdigste Bösewicht, auf den je die Sonne geschienen hat!" —
sagte Aspasia, nachdem er fortgegangen war. „Ich weiß keine
Tugend, keine Vollkommenheit, wovon er nicht entweder den
Schein oder die Wirklichkeit besäße; aber er allein hat das
Mittel gefunden, mit Allem, was einen Mann schätzbar und
liebenswürdig macht, alle Laster, deren die menschliche Natur
fähig ist, zu verbinden. Perikles, dessen Pflegesohn er war,
hat in seinem ganzen Leben nichts Tadelnswürdigeres gethan,
als daß er durch zu viel Nachsicht diesen verzärtelten Menschen
aus ihm gemacht hat, der er nun ist. Doch das ganze Athen,
der weise Sokrates selbst, machte es nicht besser. Von seiner
Kindheit an wurde er angewöhnt, der allgemeine Liebling aller
Welt zu sein. Alles, was er that, gefiel, seine Unarten waren
angenehme Lebhaftigkeiten, seine Wildheit das Feuer einer
Heldenseele, seine muthwilligsten Ausschweifungen witzige Einfälle und Ergießungen eines fröhlichen, nichts Arges denkenden
Herzens. Immer hatte er das Glück oder vielmehr das Un-

glück, daß man seine Untugenden um der schönen Form willen,
die er ihnen zu geben wußte, entschuldigte oder gar für Ver=
dienste gelten ließ. Er übte seine Leichtfertigkeiten mit einer
so guten Art aus, gab seinen Lastern eine so angenehme
Wendung, eine so eigene Grazie, daß man ihn auch da, wo er
Tadel und Bestrafung verdiente, immer liebenswürdig fand.
Dinge, die man einem Andern nie vergeben hätte, wurden an
ihm bewundert oder wenigstens dadurch, daß man blos da=
rüber lachte, gebilligt und aufgemuntert. Nun, da es zu spät
ist, fangen die Athener an gewahr zu werden, daß sie übel
daran gethan haben. Aber sein Genius überwältigt sie auch
wider ihre bessere Ueberzeugung, und die Bezauberung wird
nicht eher völlig aufhören, als wenn er sie zu Grunde gerichtet
haben wird. Es geht ihnen nicht besser mit ihm als unsern
Schönen. Seine Unbeständigkeit, seine Treulosigkeit, sein Ueber=
muth gegen unser Geschlecht sind weltkundig. Tausend warnende
Beispiele sollten uns klug gemacht haben. Aber Alles ist um=
sonst. Eine Jede, die es noch nicht erfahren hat, eilt, was sie
eilen kann, die Zahl der Betrogenen zu vermehren. Jede
schmeichelt sich, reizender oder geschickter oder wenigstens glück=
licher zu sein als ihre Vorgängerinnen. Man thut Alles, ihn
zu gewinnen, Alles, ihn zu erhalten; er wird mit der pünkt=
lichsten Treue geliebt; kein Opfer, das er fordern kann, ist zu
groß; man glaubt nie zu viel für ihn thun zu können; man
verblendet sich über seine Untreue; und zuletzt, wenn man nicht
mehr daran zweifeln kann, tröstet man sich wenigstens mit dem
süßen Gedanken, daß man doch einmal vom Alcibiades geliebt
worden sei, und Jede schmeichelt sich, es mehr gewesen zu sein
als die Uebrigen. Ich habe es für nöthig gehalten, Danae",
fuhr sie fort, „Dir den gefährlichen Menschen in seiner wahren
Gestalt zu zeigen; denn Du wirst ihn täglich in meinem Hause
sehen. Ich selbst erfahre das allgemeine Loos; ich liebe ihn,
wiewol die Zeit, da er mir gefährlich war, schon lange vorüber
ist. Die Deinige, meine liebe Danae, wird noch kommen. Ich
mußte Dich warnen, weil ich Dich liebe. Aber nun überlaß' ich
Dich Deinem Herzen. Alles, was ich um Dich zu verdienen
wünsche, ist, daß Du mich zu Deiner Vertrauten machst, sobald
Du eine Vertraute nöthig haben wirst."

„Ich versprach es ihr mit einer Naivetät, über die sie lächeln
mußte, und setzte hinzu, die Begierde, mich ihrer Liebe würdig
zu machen, würde meinem Herzen keine Zeit lassen, sich mit
einem andern Gegenstande zu beschäftigen. — „Du hast noch

nicht lange genug gelebt, meine Tochter", erwiderte sie, "um Dein Herz zu kennen, und noch weniger, um alle die Gefahren zu kennen, wovon es umgeben ist. In einigen Jahren wird Dich Deine eigene Erfahrung gelehrter gemacht haben. Indessen wird es nur auf Dich ankommen, Dich der meinigen zu Deinem Vortheil zu bedienen. Ein gefühlvolles Herz ist sehr zu beklagen, wenn es blos auf eigene Unkosten lernen muß, sich gegen ein Geschlecht zu verwahren, das bei uns nichts als seine Befriedigung sucht, und von dem wir immer betrogen werden, so lange wir es nach uns selbst beurtheilen." — Ich versicherte sie mit einem Ton, in den mein ganzes Herz einstimmte, daß von nun an mein angelegenstes Geschäft sein würde, mich nach ihr zu bilden und ihren Lehren zu folgen.

„Meine Erfahrung, bester Agathon, hat mich gelehrt, wie wichtig es für ein junges Mädchen ist, frühzeitig eine Person ihres Geschlechts kennen zu lernen, welche vortrefflich genug ist, sich ihres Herzens zu bemächtigen. Vor wenigen Stunden war das meinige noch ganz von dem Bilde des verführerischen Alcibiades erfüllt. Wie leicht würde ihm sein Sieg geworden sein, wenn er damals, anstatt mich in Aspasiens Schutz zu bringen, sich der Mittel, woran er nur allzu reich war, hätte bedienen wollen, mich in seine eigene Gewalt zu bekommen! Aber er wollte sich seinen Sieg schwer machen; wiewol er in der Folge mehr als einmal Ursache fand zu wünschen, daß er sich weniger auf die Unwiderstehlichkeit seiner Verdienste und Gaben verlassen haben möchte. Der erste Augenblick, da ich Aspasien sah, schien mich zu einer andern Person umzuschaffen. Der Wunsch, dem Ideal weiblicher Vollkommenheit, welches ich in ihr zu erblicken glaubte, ähnlich zu werden, wurde die herrschende Leidenschaft meiner Seele. Mir war, als ob mein Herz mir sagte: diese Göttin ist doch immer nicht mehr, als was Du auch werden kannst; sie ist — doch nur ein Weib. Dieser Gedanke machte mich stolz auf mein Geschlecht; und ohne diesen Stolz, womit sollten wir uns gegen den Uebermuth des Eurigen schützen? Alcibiades schien mir nun ein ganz andrer Mann, da ich ihn neben Aspasien sah. Ihr Glanz verdunkelte den seinigen; ich konnte ihn ungeblendet ansehen. Meine Augen verweilten darum nicht mit minderm Vergnügen auf seiner Gestalt; ich fühlte seine Reizungen nicht schwächer; aber ich empfand stärker den Werth der meinigen.

„Aspasia pflegte beinahe alle Abende Gesellschaft zu sehen, und an gewissen Tagen versammelte sich Alles, was in Athen durch Stand, Schönheit, Geist und Talente vorzüglich war,

in ihrem Hause. Sie sagte mir, wenn ich lieber allein sein
wollte, sollten einige von ihren Mädchen mir den Abend an=
genehm zubringen helfen. Ich ersuchte sie darum. Sie verließ
mich unter neuen Ausdrücken einer Zärtlichkeit, die mich über
allen Ausdruck glücklich machte. Bald darauf traten drei an=
genehme junge Mädchen in mein Zimmer, wovon die Aelteste
kaum vierzehn Jahre hatte. Sie glichen in ihrer leichten und
niedlichen Kleidung den Freuden, welche die Dichter und Maler
in Gestalt junger Mädchen vor dem Wagen der Liebesgöttin
hertanzen lassen. Wir wurden in kurzer Zeit vertraut mit ein=
ander; denn sie begegneten mir, als ob wir uns immer gekannt
hätten. Sie waren Sklavinnen der Aspasia, in ihrem Hause
geboren und, da sie vorzügliche Gaben zu den Künsten der
Musen zeigten, zu ihrem Vergnügen erzogen. Es befanden
sich noch mehrere von dieser Art im Hause, die an Reizungen
und Geschicklichkeiten vollkommen genug gewesen wären, den
Hof eines Königs zu zieren; und dies mag wol in einer Stadt,
wo der zaumlose Muthwille der Komödienschreiber weder Talente
noch Tugend, weder Götter noch Menschen schont, Gelegenheit
zu gewissen Verleumdungen gegeben haben, die Dir nicht un=
bekannt sein können. Es ist wahr, die Freiheit eines Hauses,
welches eine Art von Tempel aller Musen und Götter der
Freude war, schien den Aristophanen einigen Vorwand zu geben.
Aber um diesem Vorwand alle Scheinbarkeit zu benehmen,
braucht man nur zu bedenken, daß Aspasia die Gemahlin des
Ersten unter allen Griechen war; daß Sokrates seine jungen
Freunde und die edelsten Athener ihre Gemahlinnen in keine
bessere Gesellschaft führen zu können glaubten, und daß man
die verdorbenen Sitten eines Aristophanes haben mußte, um
die Akademie des Geschmacks, der Philosophie, der Wohlreden=
heit und der feinsten Lebensart dem niedrigsten Pöbel, der das
nicht kennt noch kennen kann, was edle Seelen Freude nennen,
als ein Gelag von Bacchanten und Mänaden oder als eine
Schule der Ausschweifung und Liederlichkeit vorzuschildern.

„Dieser erste Abend, da ich mit den liebenswürdigen Skla=
vinnen der Aspasia Bekanntschaft zu machen anfing, lehrte mich,
wie weit ich noch in der einzigen Kunst, in welcher ich mir
einige Stärke zugetraut hatte, von der Vollkommenheit entfernt
war. Einige Tage darauf machte Aspasia Gelegenheit, daß es
schien, als ob sie von ungefähr dazu komme, als ich mich mit
den drei Mädchen in pantomimischen Tänzen übte. Sie setzte
sich unter uns hin und wurde unsre Lehrmeisterin, indem sie

scherzend vorgab, blos unsre Richterin sein zu wollen. Sie gab uns Fabeln aus der Göttergeschichte oder Begebenheiten aus der Heldenzeit zu Tänzen auf. Meine Gelehrigkeit und seine Empfindung erhielt ihren Beifall. In der That verstand ich ihre leisesten Winke; und da sie sich eine Ergetzlichkeit daraus machte, diese Uebungen fortzusetzen, so erreichte ich in kurzer Zeit eine Fertigkeit darin, die vielleicht nicht wenig dazu beitrug, mich zu ihrem Liebling zu machen. Denn sie selbst hatte ehmals den Ruhm der vollkommensten Tänzerin; und noch jetzt liebte sie diese Kunst so sehr, daß sie, wenn sie mich einen Charakter oder eine Situation vorzüglich gut machen sah, in einem augen-blicklichen Vergessen dessen, was sie jetzt war, ausrief: „Mich däucht, ich sehe mich selbst in meine Jugend zurückversetzt!"

„Mit diesen Uebungen wurden alle andern verbunden, die man bei uns Griechen zur vollkommnen Erziehung einer Schönen rechnet. Aspasia, welche so viele Ursache hatte, die meinige als ihr eignes Werk anzusehen, schien den ganzen Umfang ihres Vermögens in Vervollkommnung eines Werkes, worin sie sich selbst gefiel, erschöpfen zu wollen. Die Virtuosen von allen Arten, die das Haus des Perikles als ihr eigenes anzusehen gewohnt waren, eiferten in die Wette, diese Absicht meiner edlen Wohlthäterin befördern zu helfen. Ein J schien seinen größten Stolz darin zu suchen, wenn er sich rühmen könnte, etwas zu Verschönerung und Vollendung dieser Danae, in welcher Aspasia sich selbst wieder hervorbringen wollte, bei-getragen zu haben. Alles Verdienst, was ich mir selbst dabei zueignen kann, war Gelehrigkeit und brennende Begierde, einer Wohlthäterin zu gefallen, die Alles für mich that, was die beste Mutter für eine einzige Tochter thun kann, und die ich, auch ohne Rücksicht auf das, was ich ihr schuldig war, um ihrer selbst willen unaussprechlich liebte. Und war nicht auch diese Gelehrigkeit, dieser Enthusiasmus für das Schöne, dieses Verlangen, einer Wohl-thäterin, deren Güte ich durch nichts Anders vergelten konnte, das Vergnügen, ihre Absicht mit mir erreicht zu sehen, zu ge-währen — war nicht auch dies ein bloßes Geschenk der Natur?"

Fünftes Capitel.

Absichten des Alcibiades mit der jungen Danae. Er umringt seinen Plan mit selbstgemachten Schwierigkeiten und wird in seiner eigenen Schlinge gefangen.

„Alcibiades — denn zu ihm müssen wir doch wieder zurück-kehren; er spielt eine Hauptrolle in meiner Geschichte, und in der That, er war nicht gemacht, in irgend einer Sache eine andere zu spielen — Alcibiades sah mit Vergnügen, wie seine Danae (er zählte gänzlich darauf, daß sie es sei) unter den Händen der Musen und Grazien täglich sich verschönerte. So stark der Eindruck gewesen zu sein schien, den sie in dem Arbeits= saale des Malers Aglaophon auf ihn gemacht hatte, so war gleichwol sein Entwurf, nicht eher ernsthafte und entscheidende Anfälle auf ihr Herz zu thun, bis sie unter Aspasiens Augen Alles, was sie werden könnte, geworden wäre. Seinem Stolze schmeichelte kein geringerer Sieg. Die Gefälligkeit der Schönen zu Athen setzte ihn in den Staub, diesen Zeitpunkt ganz ge= mächlich abzuwarten; und wenn es auch eine kleine Ueberwin= dung gekostet hätte, so hielt er sich durch das Vergnügen, ein noch so neues Herz zu beobachten, und so viel Versuche, als ihm belieben könnten damit anzustellen, reichlich entschädigt.

„Die junge Danae, so sehr sie ein Neuling war, unterließ doch nicht, in dem Betragen ihres Liebhabers etwas wahrzu= nehmen, welches ihr, es mochte nun natürlich oder gekünstelt sein, von seiner Art zu lieben nicht die vortheilhafteste Meinung gab. Sie bemerkte in seinen Augen weniger Vergnügen an ihrem Anschauen als Begierde, in ihrer Seele zu lesen, und in den Momenten, wo er mehr als gewöhnlich gerührt schien, weniger Zärtlichkeit als Feuer. Sie machte nach und nach ausfündig, daß es ihm weit mehr darum zu thun wäre, sie von der Macht seiner eignen Reizungen als von den Wirkungen der ihrigen zu überzeugen, und daß diejenige, welche schwach genug wäre, sich von ihm einnehmen zu lassen, ihre gefährlichste Neben= buhlerin in seiner Eitelkeit finden würde. Ein junges Mädchen von lebhaftem Geist und feiner Empfindung, zumal wenn es sich vorzüglicher Reizungen bewußt zu sein glaubt, hat selbst zu viel Eitelkeit, um einem Liebhaber die seinige zu übersehen. Sie sah das Betragen des Alcibiades als eine Art von Aus= forderung an und nahm so starke Entschließungen gegen ihn, als ein Mädchen von funfzehn Jahren nehmen kann. Aber was das gute Mädchen selbst nicht wußte und also auch dem erfahrnen und scharfsichtigern Alcibiades nicht verbergen konnte, war, daß sie dessenungeachtet lebhaft genug von ihm eingenommen war, um nichts Schöneres zu finden als seine Figur, nichts Reizen= deres als Alles, was er sagte oder that, sich nirgends besser zu g ll , als wo er war, durch Niemands Beifall mehr geschmeichelt zu sein als durch den seinigen, und für seinen Ruhm und für den Erfolg seiner Unternehmungen sich so leb=

haft zu interessiren, daß in der That nur eine sehr alte Freund=
schaft oder eine sehr junge Liebe die Quelle davon sein konnte.

„Der Vortheil, welchen Alcibiades dadurch über sie gewann,
war zu groß, als daß er Aspasiens Aufmerksamkeit hätte ent=
gehen können; aber Danae täuschte sich selbst, weil die schein=
bare Freiheit, die er ihrem Herzen ließ, sie sicher machte. Sie
war gewohnt, sich die Liebe unter einer ganz andern Gestalt
vorzustellen, als diejenige war, in welcher sie von ihr über=
schlichen wurde. Ernsthaft, tiefsinnig, zerstreut, unruhig in der
Gegenwart des Geliebten, traurig in seiner Abwesenheit sein;
sich über nichts erfreuen, das sich nicht auf ihn bezieht; die
Einsamkeit suchen oder mitten in Gesellschaft sich einbilden, man
habe blos Bäume und Felsen und rieselnde Quellen zu Zeugen
seiner Empfindungen; staunen, ohne zu wissen, was, seufzen,
ohne zu wissen, warum; — dies waren ihrer Meinung nach
die wahren Symptome der Liebe; und da sie von Allem diesem
seit ihrer Bekanntschaft mit dem Alcibiades nichts an sich be=
merkte, so ließ sie sich gar nicht einfallen, das geringste Miß=
trauen in ihr Herz zu setzen. Alcibiades belustigte sie. Seine
Lebhaftigkeit, seine Launen, sein Witz, sein Talent, das
Lächerliche an allen Leuten ausfündig zu machen und auf die
feinste Art zu verspotten, seine Geschicklichkeit in Erzählungen
und Abschilderungen, die ihm eigendGabe, aus einer Kleinigkeit
durch die Wendung, die er ihr ga , etwas Unterhaltendes zu
machen, kurz, alle diese Eigenschaften, die ihn zur Lust aller
Leute von Verstand und zum Schrecken aller Thoren machten,
machten auch ihr seinen Umgang angenehm. Sie gestand den
Geschmack, den sie an ihm fand; aber sie konnte nicht begreifen,
was der Mann so Gefährliches haben sollte; und dies war es
eben, was er zu seinen Absichten vonnöthen hatte. Niemand,
der ihn nicht genau kannte, hätte nur vermuthen können, daß
er Absichten auf Danaen habe. Sein einziges Bemühen schien,
ihr Kurzweile zu machen, und er unterhielt sie oft stundenlang
von den Mängeln andrer jungen Frauenzimmer in der Stadt,
ohne daß er ein Wort von ihren eigenen Vorzügen mit ein=
fließen ließ. Freilich sagte er ihr zuweilen sehr schmeichelhafte
Dinge vor; aber dies geschah mit einem so freien, so auf=
geweckten Wesen, in einem so leichtsinnigen, unempfindsamen
Tone, daß er ihr in diesem Tone die stärkste Liebeserklärung
hätte machen können, ohne daß sie für nöthig gehalten hätte,
einen Augenblick ernsthaft dabei auszusehen.

„Durch diese Aufführung erhielt der schlaue Mann einen

doppelten Vortheil: Danae gewöhnte sich, keine Vorsichtigkeit gegen ihn zu gebrauchen; und er durfte sich unter dem Vorrecht eines Freundes, eines nahen Verwandten der Aspasia, eines Mannes, den man täglich sah, allerlei kleine Freiheiten herausnehmen, welche in der Vertraulichkeit, worin sie mit einander standen, von keiner Bedeutung zu sein schienen. Unvermerkt erweiterte er seine Vorrechte, aber mit einer so guten Art, mit Beobachtung einer so feinen Gradation, daß Danae, da sie weder in ihn noch in sich selbst das mindeste Mißtrauen setzte, die Veränderung nicht einmal gewahr worden wäre, wenn Aspasia (welche, ohne sich's anmerken zu lassen, Beide genau beobachtete) ihr über seine Absichten und ihre Gefahr die Augen nicht geöffnet hätte.

„Der Gedanke, sich wie eine unbesonnene Thörin fangen zu lassen, beleidigte den Stolz des jungen Mädchens. Sie wurde aufmerksamer. Sie untersuchte ihr eignes Herz und fand, daß sie fähig wäre, den bösen Mann zu lieben, wenn die Natur, die in allen andern Stücken so verschwenderisch gegen ihn gewesen war, nicht unglücklicherweise sein Herz allein verwahrlost hätte. Aber diese Entdeckung bestärkte sie nur desto mehr in dem Vorsatze, ihn dafür zu bestrafen, daß er zwischen ihr und einer Nemea keinen bessern Unterschied zu machen wußte. Aspasia, welche aus besondern Ursachen seinen Uebermuth gedemüthigt zu sehen wünschte, unterrichtete sie, wie sie sich betragen sollte, um ihm, wenn er den glücklichen Moment gefunden zu haben glauben würde, das Fehlschlagen seiner Hoffnung desto empfind= licher zu machen. Es war Gefahr dabei, und Aspasia machte ihr kein Geheimniß daraus; aber die Ehre, die Erste zu sein, die ihr Geschlecht an dem muthwilligsten und gefährlichsten Verächter desselben rächen würde, war zu groß, um nicht Alles zu wagen.

„Alcibiades, wenig besorgend, daß man solche Anschläge gegen ihn schmiede, rechtfertigte in Kurzem die Vermuthungen der klugen Aspasia. Er glaubte seine Maßregeln aufs Schlaueste genommen zu haben. Alles schien sein Vorhaben zu begünstigen und ihm einen glücklichen Erfolg zu weissagen. Danae selbst war in einer Laune, die einem minder unternehmenden Lieb= haber Muth gemacht hätte. Ihre Munterkeit grenzte an den reizenden Muthwillen, der in ihrem Alter den Gaben der Aurora und der Venus etwas so Anlockendes giebt. Ihr Blut schien in ihren Adern zu tanzen, und ihre Augen versprachen Alles — was sie nicht zu halten entschlossen war. Alcibiades, ein zu feiner Wollüstling, um durch Uebereilung sich des kleinsten Vergnügens zu berauben, das den Werth seines Sieges voll=

kommen machen konnte, wollte sie durch stufenweise Vorbereitun-
gen führen, in deren Theorie und Ausübung er Niemand über
sich zu haben stolz war. Eine von seinen Regeln war: daß
man weniger darauf bedacht sein müsse, die Sinne, als die
Einbildungskraft einer Schönen, auf die man Absichten habe,
ins Spiel zu ziehen. Diesem Grundsatze gemäß nahm er von
einem Discurs des Sokrates über die Grenzen des Schönen
Gelegenheit, die Frage aufzuwerfen: wie weit die pantomimische
Tanzkunst in Vorstellung gewisser aus der ärgerlichen Chronik
des Olymps genommenen Begebenheiten gehen dürfte? Er sprach
über diesen Gegenstand wie ein zweiter Sokrates und affectirte
(ohne Zweifel, um Danaen zum Widerspruch zu reizen) eine
Strenge, welche in dem Munde dieses weisen Mannes vielleicht
ehrwürdig gewesen wäre, aber in des Alcibiades seinem lächerlich
war. Eine Ariadne, die sich von dem schönen Bacchus trösten
läßt, war von Sokrates selbst gebilligt worden. So weit, meinte er,
möchte in Sachen dieser Art die Kunst aufs Höchste gehen dürfen;
aber eine Leda! — eine Leda könnte ohne Beleidigung der Grazien
nicht getanzt werden. Der Verräther kannte die schwache Seite
der jungen Person, die er vor sich hatte. Danae liebte den
pantomimischen Tanz bis zur Ausschweifung. Man legte ihr
darin ein mehr als gewöhnliches Talent bei —"

„Man hatte nur zu viel Ursache dazu," sagte Agathon —
„Und besonders erhob man ihre Delicatesse im Ausdruck
der feinsten Grade und Schattirungen der Leidenschaften. Gereizt
von seiner Strenge, die ihr übertrieben schien, vielleicht auch
aus jugendlicher Eitelkeit, eine Kunstprobe abzulegen, deren
Schwierigkeiten unleugbar waren, behauptete sie, daß es nicht
unmöglich wäre, den Schleier der Sokratischen Grazien um die
Fabel der Leda zu ziehen, ohne der Wahrheit des Ausdrucks
in der Vorstellung Abbruch zu thun. Alcibiades behauptete die
Unmöglichkeit so zuversichtlich, daß kein anderes Mittel ihn zu
widerlegen übrig blieb als der Augenschein. Ihres Sieges
gewiß, unternahm sie es, Leda zu sein; — und wenn ihr
Aspasia (welche bei dieser ganzen Scene eine ungesehene Zu-
schauerin abgab) nicht geschmeichelt hat, so führte sie aus, was
sie versprochen hatte. Wenn eine Grazie an der Stelle der Leda
sein oder sich einfallen lassen könnte, sie vorzustellen, so würde
sie es gerade so gemacht haben, sagte Aspasia. Aber Alcibiades,
wiewol er von dem Tanze der jungen Thörin und von den Reizen,
die sie dabei entwickelte, ganz entzückt zu sein vorgab, wollte nicht
eingestehen, daß Wahrheit in ihrem Spiele gewesen sei.

„Der kleine Streit, der sich darüber zwischen ihnen erhob, wurde zuletzt lebhaft genug, um (seiner Meinung nach) das Zeichen zu einem andern zu sein, wobei er unfehlbar den Sieg davonzutragen hoffte. Was seine junge Freundin verhinderte, dieses Stück wirklich zum Triumph ihrer Kunst zu machen, wäre blos der Mangel an Erfahrung, meinte er. Unmöglich kann man seine Dienste mit einer bessern Art anbieten, als er that; und, ungewarnt, möchte es der neuen Leda vielleicht nicht besser als ihrem Urbild ergangen sein. Aber Aspasiens Warnungen und Unterricht — und, was unstreitig ihrer Schwäche am Meisten zu Hilfe kam, das Bewußtsein der heim- lichen Gegenwart Aspasiens — gaben ihr eine Stärke, auf welche freilich Alcibiades nicht gerechnet hatte. Gleichwol hatte ihr Widerstand zu viel Anlockendes, um von einem so geübten Helden, wie er war, für Ernst genommen zu werden. Er ver- folgte also seinen vermeintlichen Sieg; aber da er sich's am Wenigsten versah, entschlüpfte ihm die ungelehrige Leda aus den Händen. Er kannte Aspasiens Haus zu wohl, um nicht zu wissen, daß der Weg, den sie im Fliehen nahm, in ein kleines Cabinet führte, dessen Einrichtung zu den Unterweisungen, die er ihr geben wollte, noch bequemer war als der Ort, wo sie sich be- fanden. Dies schien ein Umstand von guter Vorbedeutung zu sein. Er hielt sich also, da er ihr nacheilte, seiner Sache wenigstens so gewiß als Apollo, da er die fliehende Daphne an das Ufer des Peneus verfolgte. Aber wie groß war seine Betroffenheit, als er sie beim Eintritt ins Cabinet in — Aspasiens Arme fliegen sah, einer Person, deren Gegenwart er hier ebenso wenig erwartete, als sie ihm willkommen war!

„Die Sache sah einer Abrede zu ähnlich, um für einen Zufall gehalten zu werden; und niemals vielleicht in seinem Leben hatte es ihm so viel gekostet, den Unmuth, sich so unbedachtsam in seinen eignen Schlingen gefangen zu haben, nicht ausbrechen zu lassen. Indessen war doch weiter nichts zu thun, als, mit Danaen einstimmig, aus der ganzen Sache einen Scherz zu machen und, so gut er konnte, mitzulachen, da die beiden Damen über die Mißlingung des Anschlags, dessen sie ihn be- schuldigten, mit aller Schärfe des attischen Witzes so lange kurz- weilten, bis er, der ungemächlichen Rolle, die er dabei spielte, überdrüssig, sich zurückzog, sehr ungewiß, wie er die Rache nehmen wollte, die er der kleinen Betrügerin und ihrer unzeiti- gen Schutzgöttin in seinem Herzen angelobte.

„Ob übrigens die schöne Aspasia wohl oder übel daran ge=
than habe, daß sie ein junges Mädchen, bei welchem sie die
Stelle einer Mutter zu vertreten übernommen hatte, einer
Gefahr aussetzte, aus der es immer unmöglich war ganz un=
beschädigt zu entkommen, dies kann wol keine Frage sein.
Ohne Zweifel that sie übel; aber vermuthlich war es gar nie
in ihre Gedanken gekommen, aus der jungen Danae etwas
Vollkommneres als eine zweite Aspasia zu machen. Vielleicht
sah sie auch die Eindrücke, welche von dieser Scene in ihrer
Einbildung zurückbleiben könnten, nicht für so bedeutend an,
daß sie den Vortheil überwiegen sollten, den ihr eine solche
Uebung in der Kunst, List durch List zu vereiteln, bringen
würde, einer Kunst, worin man (ihrer Meinung nach) in Danae's
Umständen und mit den Gaben, die man ihr zuschrieb, nicht
anders als auf Unkosten seiner Sicherheit ein Fremdling sein
konnte.

„Wie dem auch sein mochte, dies ist gewiß, daß Danae
durch ihr gutes Benehmen in dieser Begebenheit in Aspasiens
Augen unendlich viel gewann. Von dieser Zeit an begegnete
sie ihr als einer Person, welcher sie alle ihre Geheimnisse ver=
trauen und alle ihre Kenntnisse mittheilen könnte. „Du bist
dazu gemacht,“ sagte sie ihr unter der zärtlichsten Umarmung,
„Aspasiens Nachfolgerin zu sein; der Antheil, den ich daran
haben werde, befriedigt meinen Stolz genug, um ohne Neid
mich von Dir sogar übertroffen zu sehen.“ Sie machte sich
jetzt mehr als jemals ein Geschäft daraus, meinen Verstand
auszubilden, mich den Menschen und die Welt kennen zu lehren,
und besonders, mich in den Geheimnissen der Kunst zu initiiren,
welche einen Sokrates zu ihrem Schüler, einen Perikles zu
ihrem Gemahl und sie selbst, ohne andere Vorzüge als ihre
Gaben und Geschicklichkeiten, zur Seele der öffentlichen An=
gelegenheiten ihrer Zeit in Griechenland gemacht hatte.

„Danae's eigne Sinnesart, welche sie von dem Gedanken,
jemals eine große Rolle auf dem Schauplatze der Welt zu spielen,
gänzlich entfernte, erlaubte ihr nicht, sich Aspasiens Beispiel
und Unterricht so vollkommen, als es diese zu wünschen schien,
zu Nutze zu machen; aber gleichwol gesteht sie gern, daß sie
beiden die Ausbildung ihres Geistes, die Verfeinerung ihres
Geschmacks und Kenntnisse, deren Werth die Erfahrung sie erst
recht schätzen lehrte, zu danken gehabt hat. Soll sie Dir noch
mehr gestehen, Agathon? Die Unterredungen, welche Aspasia
mit mir pflog, oder wobei mir erlaubt war, eine Zuhörerin

abzugeben, schienen mir so wichtig, daß ich nicht ein Wort davon zu verlieren wünschte. Ich schrieb sie also, da sie mir frisch im Gedächtnisse lagen, damals heimlich auf, und ich brachte nach und nach eine Sammlung von Discursen dieser außerordentlichen Frau zusammen, die ich immer für meinen größten Schatz angesehen habe. Dieser Schatz ist, wie Du ver= muthen kannst, noch in meinen Händen. Es war eine Zeit, da ich sie als Geheimnisse ansah, die ich, so standhaft als eine Pythagoräerin die ihrigen, vor ungeweihten Augen verwahrte. Aber außerdem daß die Absichten, die ich hierbei haben konnte, nicht mehr stattfinden, warum sollte ich sie vor einem Freunde wie Agathon verbergen wollen? Du sollst sie also sehen, Agathon; und ich bin gewiß, daß ich dem Andenken meiner Freundin — der vollkommensten Sterblichen, die jemals den Ruhm unsers Geschlechts an dem Eurigen gerochen hat — keine größere Ehre erzeigen kann."

Sechstes Capitel.

Neue Kunstgriffe des Alcibiades. Eine Philippika gegen das männliche Geschlecht, als eine Probe der Philosophie der schönen Aspasia.

Da dem Leser wenig daran gelegen sein muß, wie oft Danae in ihrer Erzählung entweder durch die Zwischenreden ihres Zuhörers oder durch irgend einen andern Znfall unter= brochen worden, so glauben wir am Besten zu thun, wenn wir annehmen, als ob sie niemals unterbrochen worden sei, und sie so lange fortreden lassen, als es ihr beliebt, einbedun= gen, daß wir nicht verbunden sind, ihr länger zuzuhören, als sie uns interessiren wird.

„Alcibiades", fuhr sie fort, „empfand es sehr hoch, nicht allein, daß ihm sein Anschlag auf die junge Danae, die er als sein rechtmäßiges Eigenthum ansah, mißlungen war — denn dies hätte sich wol leicht wieder gut machen lassen, dachte er — sondern, daß es auf eine Art geschehen war, die, wenn er auch hoffen könnte, nicht die Fabel von ganz Athen dadurch zu werden, ihn wenigstens in seinen eignen Augen herabsetzte. Er glaubte sich an Danaen nicht besser dafür rächen zu können, als indem er ihr eine Gleichgiltigkeit zeigte, die ihr, wofern sie sich jemals geschmeichelt hätte, sein Herz ge= rührt zu haben, auch nicht den Schatten einer solchen Ein= bildung übrig ließe.

„Zu diesem Ende entführte er so öffentlich und mit so vielem Geräusch, als nur immer zu machen möglich war, eine junge Sklavin der Aspasia, die (außer einem vortrefflichen Ansatz zur Ausgelassenheit) nichts hatte, was die ungeheure Leiden= schaft, die er für sie affectirte, rechtfertigen konnte, als eine sehr mittelmäßige Stimme und einiges Talent zur Pantomimik. Seine Absicht dabei war, Aspasien und ihre junge Freundin recht empfindlich zu kränken, indem er diese licine Creatur zu der bewundernswürdigsten Person von Griechenland machte oder wenigstens die Welt beredete, daß sie es sei. Da er schon lange im Besitz war, in allen Sachen den Ton anzugeben; da er einen ganzen Hof von Freunden, Schmeichlern und Parasiten um sich hatte, die sich ohne Bedenken zu blinden Werkzeugen aller seiner Einfälle gebrauchen ließen; da er, um eine Ab= sicht, so unbedeutend auch ihr Gegenstand sein mochte, durch= zusetzen, keine Mühe zu groß, keinen Aufwand zu kostbar, kein Mittel zu ausschweifend fand: so gelang es ihm auch, wiewol mit vieler Mühe, die kleine Pannychis auf etliche Augenblicke zum Abgott der Athener zu machen. Aber der Triumph, Aspasien und ihre junge Freundin dadurch so sehr zu demüthigen, als er sich geschmeichelt hatte, wurde ihm durch die unbegrenzte Gelehrigkeit der Letztern gegen die Anweisungen der Erstern vereitelt.

„Um so aufrichtig zu bleiben, als ich bisher in meiner Er= zählung gewesen bin, darf ich nicht verbergen, daß die junge Danae das muthwillige Vergnügen, dem Alcibiades einen kleinen Streich gespielt zu haben, durch die Eindrücke, welche diese Scene in ihrem Gehirne zurückließ, weit über seinen Werth bezahlen mußte. Sobald sie allein war, drangen sich die verführerischen Bilder ihrer Einbildung auf. Ein beunruhigender Vorwitz machte sie lüstern zu wissen, was daraus erfolgt sein möchte, wenn sie dem Alcibiades mehr Gelehrigkeit gezeigt hätte. Sie erröthete vor sich selbst, wie sie sich bei dem Wunsch ertappte, noch einmal eine solche Gelegenheit zu bekommen; aber es war nicht in ihrer Gewalt — und in der That wandte sie auch keine große Gewalt an — diesen Wunsch zu unterdrücken. Das Bild des Alcibiades stellte sich ihr von dieser Zeit an mit so lebhaften Farben, mit so besiegenden Reizungen dar, daß die Ruhe ihres Herzens darunter zu leiden anfing. Urtheile selbst, wie empfindlich es ihr in einer solchen Lage des Gemüths sein mußte, sich um eine Pannychis verachtet und verlassen zu sehen! Ohne Aspasiens Beistand würde sie viel zu schwach gewesen sein,

dem Verräther ihren Schmerz darüber zu verbergen, zumal da
selten ein Tag vorbeiging, ohne daß er gekommen wäre, um
sie mit Beweisen seiner vollkommensten Gleichgiltigkeit und mit
Abschilderungen der unendlichen Reizungen ihrer Nebenbuhlerin
und seiner Leidenschaft zu quälen.

„Aber Aspasia, die das Vertrauen, womit ihr Danae ihr
Innerstes aufzuschließen pflegte, nicht nöthig hatte, um jede Bewegung ihrer Seele wahrzunehmen, kam ihr noch zu rechter
Zeit zu Hilfe. Da sie bald entdeckte, daß die Krankheit ihrer
jungen Freundin mehr in der Einbildung als im Herzen ihren
Sitz habe, so schien ihr die Cur desto leichter zu sein; und,
wiewol das Mädchen die Offenherzigkeit nicht völlig so weit
gegen sie trieb als gegen sich selbst, so glaubte sie doch zu
sehen, daß die Erhitzung ihrer Phantasie und die Empfindlichkeit ihrer beleidigten Eigenliebe einem jeden liebenswürdigen
Manne, der sich den Augenblick zu Nutze zu machen wüßte, zu
Statten kommen und ihr wenigstens Stärke genug geben würde,
der Gleichgiltigkeit des Alcibiades so viel Kaltsinn entgegenzusetzen, als vonnöthen wäre, um ihn über seine abermals fehl-
geschlagene und so theuer erkaufte Erwartung zur Verzweiflung
zu bringen.

„Axiochus, ein junger Mann, der in jeder Betrachtung
Niemand als den Alcibiades über sich sah, und auch diesem
(wiewol er einer von seinen Freunden war) ungern den Vorzug
eingestand, war der Mann, durch den sie ihre Absichten am
Gewissesten zu erreichen hoffte. Er hatte für Danaen vom ersten
Anblick an eine heftige Leidenschaft gefaßt, welche durch den
Widerstand, den er in ihrem Vorurtheile für seinen Freund
gefunden, nur desto heftiger geworden war. Zwanzig Andere
befanden sich ungefähr in dem nämlichen Falle; aber Alcibiades
hatte sie Alle in einer gewissen Entfernung gehalten. Sein
Abenteuer mit der Tänzerin Pannychis erneuerte ihre Ansprüche.
Der Gedanke, diesen ganzen Schwarm von Rivalen zu zerstreuen und den Alcibiades selbst — der seiner Gewohnheit
nach seinen Sieg über Danae's Herz für vollständiger ausgegeben hatte, als er war — aus ihrem Andenken auszulöschen,
däuchte dem schönen Axiochus würdig, alle seine Reizungen
gegen die nichts Uebels besorgende Danae aufzubieten.

„Aspasia, deren Verwandter er war, unterstützte seine Hoffnungen; und Danae, ohne sich selbst das, was in ihr vorging,
recht entziffern zu können, rechtfertigte in Kurzem die Vermuthungen ihrer weiseren Freundin. Ohne das Geringste von

diesen zärtlichen Regungen, die allein des Namens der Liebe
würdig sind, für Axiochus zu empfinden, fühlte sie sich unver=
merkt von den Reizen seiner Person getroffen; und wiewol sie
den Vorsatz nicht hatte, ihm Aufmunterungen zu geben, so
neigte sich doch ihr williges Ohr zu seinen verliebten Beschwö=
rungen, und ihr Ange verweilte mit Vergnügen auf seiner Ge=
stalt, welche — den unerklärbaren Zauber, der dem Alcibiades
eigen war, ausgenommen — als Statue betrachtet, von Vielen
der seinigen selbst vorgezogen wurde. Ohne voraussehen zu
wollen, wohin diese Sorglosigkeit sie führen könnte, überließ sie
sich dem angenehmen und ihr neuen Spiele des Instincts und
der Eitelkeit, welche sich vereinigten, sie über den Verlust eines
Liebhabers zu trösten, dessen Betragen die hassenswürdige Ab=
schilderung, welche ihr Aspasia von ihm gemacht hatte, so sehr
zu rechtfertigen schien.

„Axiochus schmeichelte sich, mit jedem Tag einen neuen Vor=
theil über Danae's Herz erhalten zu haben, und wurde mit
aller Kenntniß unsers Geschlechts (eines Zweiges von Gelehr=
samkeit, worauf er sich viel zu Gute that) nicht gewahr, daß er
alle diese vermeintlichen Vortheile nicht sich selbst, sondern ganz
allein eben diesem Alcibiades, den er verdrängt zu haben glaubte,
zu danken hatte. Indessen würde er vielleicht am Ende durch
den Irrthum der von sich selbst betrognen Danae glücklich ge=
worden sein, wenn Aspasia nicht abermal die Stelle ihres guten
Genius vertreten hätte. Diese außerordentliche Frau wachte zu
eben der Zeit, da sie ihre Untergebene auf die schlüpfrigen
Wege leitete, wo die Unschuld bei jedem Schritt in Gefahr ist
auszuglitschen, über jede ihrer Bewegungen und bediente sich
aller Scharfsichtigkeit, die ihr ein durchdringender Geist und eine
große Kenntniß des Herzens gab, sie vor Fehltritten zu be=
wahren. — Warum, o Agathon! warum mußte jemals der
Augenblick kommen, wo die vereinigten Verführungen des
Herzens, der Einbildung und der Sinne die Wirkung ihrer
Lehren unkräftig machten!

„Die Männer", sagte Aspasia zu ihr, „haben aus einer ange=
maßten Machtvollkommenheit, für welche sie nicht den mindesten
Titel aufweisen können, die ungerechteste Theilung mit uns ge=
macht, die sich denken läßt. Nicht zufrieden, uns von allen
andern wichtigen Geschäften auszuschließen, haben sie sich sogar
der Gesetzgebung einseitig bemächtigt, sie gänzlich zu ihrem
eignen Vortheil eingerichtet, uns hingegen tyrannischerweise ge=
nöthigt, Gesetzen zu gehorchen, zu denen wir unsre Einwilligung

nicht gegeben haben, und die uns beinahe aller Rechte ver=
nünftiger und freigeborner Wesen berauben. Nachdem sie
Alles gethan, was nur immer zu thun war, um uns des
bloßen Gedankens einer Empörung gegen ihre unrechtmäßige
Herrschaft unfähig zu machen, sind sie unedelmüthig genug,
unsrer Schwäche, die ihr Werk ist, noch zu spotten, nennen uns
das schwächere Geschlecht, behandeln uns als ein solches, fordern
zum Preis alles Unrechts, das wir von ihnen leiden, unsre
Liebe, wenden alle nur ersinnlichen Verführungen an, uns zu
überreden, daß sie ohne uns nicht glücklich sein können, und
bestrafen uns gleichwol dafür, wenn wir sie glücklich machen.
Doch in diesem einzigen Punkte sind' ich sie lobenswürdig.
Wir verdienen bestraft zu werden, wenn wir blöde genug sind, die
Feinde unsrer Ruhe, die Tyrannen unsers Lebens, die Räuber
unsrer angebornen Rechte zu lieben. Warum fühlen wir nicht
die Vortheile, die uns die Natur über sie gegeben hat? Warum
bedienen wir uns derselben nicht? Wir sollten das schwächere
Geschlecht sein? Sie das stärkere? Die lächerlichen Geschöpfe!
Wie sein steht es ihnen an, mit ihrer Stärke gegen uns zu
prahlen, da die Schwächste aus unserm Mittel es in ihrer Ge=
walt hat, ihre Helden, ihre eingebildeten Halbgötter selbst mit
einem lächelnden oder sauren Blick zu ihren Füßen zu legen!
In der Güte unsers Herzens liegt unsre Schwäche; die schönste
unserer Tugenden ist es, die uns von den Unverschämten zum
Verbrechen gemacht wird. — Sie das stärkere Geschlecht? Wo
ist eine Fähigkeit, ein Talent, eine Kunst, eine Vollkommenheit,
eine Tugend, in der sie nicht weit hinter uns zurückblieben?
An Schönheit, an Reiz, an feinem Gefühl, an Behendigkeit
und Feuer des Geistes, an Großmuth, sogar an Entschlossenheit
und Standhaftigkeit übertreffen wir sie unleugbar; — und ich
möchte den Mann sehen, der den Muth hätte, zu thun oder zu
leiden, was eine Frau zu thun oder zu leiden fähig ist. Unter
welchem Geschlechte haben wir die meisten und außerordentlichsten
Beispiele von Thaten, die nur eine große Seele unternehmen
kann? Und alle diese Vorzüge — sind gleichwol nur der
Ueberrest dessen, was sie uns genommen haben! Aller Hilfs=
mittel zur Vervollkommnung, so viel an ihnen liegt, beraubt,
haben wir nichts, als was uns die Tyrannen nicht nehmen
konnten; und dies beweist, was wir sein würden, wenn die Er=
ziehung, die sie uns geben, die Vorurtheile, womit sie uns
fesseln, der Zirkel von Kleinigkeiten, in den sie uns einsperren,
die Entwicklung und den freien Schwung unsrer Fähigkeiten

nicht verhinderte. — Aber unsre Tyrannen haben uns zu bloßen Werkzeugen ihres Vergnügens herabgewürdigt. Sie fürchteten die Macht unsrer Reizungen, wenn sie durch die Vollkommenheiten des Geistes unterstützt würden; sie fühlten, daß es ihnen alsdann unmöglich sein würde, eine Herrschaft zu behaupten, zu der sie, außer der Stärke ihrer Knochen, nicht das mindeste natürliche Vorrecht haben. Kurz, es ist ihnen gelungen, uns zu unterjochen, und ihre Usurpation ist durch die Länge der Zeit zu sehr befestigt, als daß die Wenigen unter uns, welche durch irgend einen günstigen Zufall zum Besitz ihrer natürlichen Vorzüge gelangen, daran denken könnten, die Befreiung ihres Geschlechts zu unternehmen. Alles, was uns also übrig bleibt, ist, daß Jede, so gut sie kann, für sich selbst sorge; und wenn sie glücklich genug gewesen ist, es so weit als Aspasia zu bringen: warum sollte sie nicht geneigt sein, jungen Personen ihres Geschlechts, die durch vorzügliche Gaben von der Natur zu einer edlern Rolle ausgezeichnet sind, durch Mittheilung einer vielleicht theuer genug erkauften Weisheit nützlich zu werden? Zumal da ihr kein andrer Weg, sich um ihre Gattung verdient zu machen, übrig gelassen ist?

„Höre mich also, liebste Danae", fuhr sie fort, „und sei versichert, daß das Glück Deines Lebens von dem Gebrauch abhangen wird, den Du von dem, was ich Dir sage, machen wirst.

„Eine Person unsers Geschlechts, die sich mit dem zweideutigen Vorzuge begabt sieht, durch einen mehr als gewöhnlichen Grad von Liebenswürdigkeit die Augen der Männer auf sich zu heften, hat alle ihre Sorgen und Bemühungen auf den gedoppelten Zweck zu richten — sich selbst von diesen Herren der Schöpfung unabhängig zu erhalten und so viel Gewalt über sie zu bekommen, als nur immer möglich ist. Zu dem Letztern hat uns die Natur mit einer Art von bezauberten Waffen versehen, gegen welche alle ihre eingebildete Stärke und Weisheit ohne Wirkung bleibt. Hier ist der Vortheil ganz auf unsrer Seite. Aber unglücklicherweise scheint sie über der Sorge, uns zum Angriff auf die Herzen unsrer Gegner zu bewaffnen, vergessen zu haben, unsre eignen gehörig zu verschanzen. Die Vertheidigung, liebste Danae, ist unsre blinde Seite; und hier ist es, wo wir am Meisten vonnöthen haben, den Fehler der Natur durch Kunst zu verbessern.

„Sehr reizbare Sinne, eine warme, immer geschäftige Einbildung und ein Herz voll sympathetischer, zärtlicher Gefühle sind auf einer Seite das, was unsern größten Werth ausmacht, aber auf einer andern gerade das, was uns den Nachstellungen unsrer Feinde am Gewissesten preisgiebt. Wundre Dich nicht, daß ich ein so hartes Wort gebrauche; nichts ist nöthiger, als daß Du Dich angewöhnest, Dir die Männer unter diesem verhaßten Bilde vorzustellen. Eine junge Person ist durch die Güte und Aufrichtigkeit ihres eigenen Herzens nur zu sehr geneigt, Jeden, der ihr liebkoset, für einen Freund anzusehen. Da sie, in glücklicher Eintracht mit der ganzen Natur, lauter wohlwollende Blicke um sich her wirft: woher sollte sie in einem Geschöpfe, dessen Annäherung ihr Herz in so angenehme Regungen setzt, dessen Worte sich so sanft in ihre Seele einschmeicheln, den Zerstörer ihrer Glückseligkeit argwohnen? Gleichwol ist dies die wahre Gestalt des gefallenden Betrügers, der, wenn unsre gutherzige Thorheit ihm nichts mehr zu wünschen übriggelassen hat, von der Person, die er vorstellte, da ein einziger Hoffnung gebender Blick ihn in Entzückung setzen könnte, so verschieden ist, als es zwei Wesen von ganz verschiedner Gattung nur immer sein können.

„Die sichersten Mittel, unser Herz gegen ihre Verführungen zu bewahren, sind — wenn wir sie so gut kennen lernen, daß sie uns keine Hochachtung einflößen können; denn dies ist doch gewöhnlich die Empfindung, unter deren Schutz sie unsre Liebe erschleichen; — wenn wir eine große Meinung von der Würde unsers eignen Geschlechts und eine geringe von dem ihrigen fassen; — wenn wir ihre anmaßlichen Vorzüge auf ihren wirklichen Werth heruntersetzen und einsehen lernen, daß es der Gipfel der Thorheit wäre, sie für die Vortheile, die sie von unsrer Unterdrückung ziehen, noch belohnen zu wollen; — wenn wir, anstatt uns selbst über die Quelle ihrer vorgeblichen Empfindungen für uns zu verblenden, aufrichtig genug sind, uns zu gestehen, daß es bloß die Befriedigung ihrer Begierden oder ihrer Eitelkeit ist, was sie bei uns suchen; — wenn wir, ohne uns albernerweise der Natur zu schämen, uns selbst über diesen Punkt ebenso viel Gerechtigkeit widerfahren lassen als ihnen; — und endlich, wenn wir durch Beschäftigungen und Zerstreuungen die Schärfe unsrer Empfindlichkeit stumpfer zu machen suchen und, indem wir unser Gemüth auf einmal so vielen und mannichfaltigen Eindrücken, als nur immer möglich ist, aussetzen, verhindern, daß kein besonderer Gegenstand sich unsrer ganzen Empfindlichkeit bemächtige.

„Die Belohnung, die uns für das Beschwerliche dieser Wachsamkeit über unser Herz entschädigt und uns die angenehmen

Täuschungen, deren wir uns berauben, indem wir der Liebe entsagen, reichlich ersetzt, ist das Vergnügen, uns durch das Verdienst unsers eignen Betragens in alle Vorrechte unsers Geschlechts eingesetzt zu sehen. Denn je weniger Gewalt wir unsern Verehrern über unser Herz gestatten, je größer ist die= jenige, die wir über das ihrige erlangen. Ich setze zum Voraus, was sich von selbst versteht, daß wir nie zu viel Reizungen und Talente, nie zu viel Eigenschaften haben können, wodurch wir anlocken, gefallen, bezaubern, uns den Reiz der Neuheit geben und durch die Mannichfaltigkeit und Größe der Vortheile, die sie in unserm Umgang finden, uns ihnen unentbehrlich machen können. Die ganze Theorie, von der ich Dir spreche, ist nur für die Danaen und Ihresgleichen gemacht. Aber außerdem, daß es uns ungleich leichter als den Männern wird, in allen Dingen die Vollkommenheit zu erreichen: sollte der gedoppelte Vortheil, den wir durch Ausbildung unsers Geistes erhalten, nicht fähig sein, uns auch die größten Schwierigkeiten, die damit verbunden sein könnten, übersteigen zu helfen? Die Schönheit ist ein vortrefflicher Firniß, um den Vorzügen des Geistes und den Talenten einen höhern Glanz zu geben; aber nichts ist gewisser, als daß sie von ihnen mehr zurück empfängt, als sie ihnen giebt, und daß die Vorzüge eines durch schöne Kenntnisse, Philosophie und Geschmack aufgeklärten, erhöhten und verfeinerten Geistes, verbunden mit den Reizungen eines schimmernden Witzes und eines gefälligen Umgangs, hinlänglich sind, um die unbedeutendste Figur über jedes belebte Venus= bild, dem diese innere Quelle mannichfaltiger und nie veraltern= der Reizungen mangelt, triumphiren zu machen. Die Schönheit thut ihre stärkste Wirkung beim ersten Anblick und verliert ihre anziehende Kraft in dem Maße, wie man mit ihr bekannter wird. Ueberdies giebt es Stunden, Tage, ganze Perioden des Lebens, wo besondere Beschaffenheiten des Leibes oder der Seele — Sättigung — Launen — erschöpfte Lebensgeister — oder Sorgen und Unruhe des Gemüths — oder ernsthafte Geschäfte — oder der Frost des Alters allem Zauber der Schön= heit Trotz bieten. Vergebens berührt die schöne Circe den von Minerva mit einem Gegenmittel versehenen Ulysses mit ihrem Zauberstab und befiehlt ihm, die Gestalt anzunehmen, die sie ihm geben will: unverwandelt bleibt Ulysses vor ihr stehen, und Circe ist für ihn keine Zauberin, sondern eine gemeine Frau. Aber sobald ihn die Sirenen unter seinen Schmeicheleien seiner Ruhmbegierde zu Vergnügungen des Geistes einladen, ihm sagen, „daß sie Alles wissen, was geschehen ist und geschehen wird:" — dann fühlt er einen unwiderstehlichen Hang, verliert alle Gewalt über sich selbst und würde in die Wellen springen, um zu den Ufern dieser Seelenbezwingerinnen hinüberzu= schwimmen, wenn seine Gefährten die Bande nicht verdoppelten, womit er an den Mast gebunden ist. Ich weiß nicht, ob Homer die Absicht hatte, unter diesen Bildern die Wahrheit anzu= deuten, von der ich rede; aber dies ist gewiß, daß sie sich nicht besser dazu schicken könnten, wenn er sie ausdrücklich dazu gewählt hätte. Die Schöne, welche, ohne darum weniger ein Gegenstand angenehmer Empfindungen zu sein, den Verstand eines Liebhabers oder — was im Grunde auf dasselbe hinaus= kommt — eines Freundes zu interessiren weiß, die sich ihm durch ihren Rath in Geschäften, durch ihren Witz in Verlegen= heiten, durch ihre Scherze in trübsinnigen Stunden, durch ergetzende Talente, wenn er belustigt, durch ernsthafte Gespräche, wenn er unterhalten sein will, nothwendig machen kann; — die Schöne, die eine Schülerin und Gespielin der Musen ist und von den Charitinnen die Gabe empfangen hat, Anmuth und Gefälligkeit über Alles, was sie sagt und thut, zu gießen, — glaube mir, Danae, diese Schöne ist mehr Königin als die oberste Sklavin des Despoten von Persien. Sie herrscht über die Herzen. Alles, was Empfindung und Verstand hat, huldigt ihr. Die Philosophen, die Helden, die Virtuosen machen ihren Hof aus. In ihren Augen, von ihren Lippen erwartet Jeder die Bestätigung seiner eignen Vorzüglichkeit. Der Dichter, der Künstler ist nicht eher mit seinem Werke zufrieden, bis er ihres Beifalls gewiß ist; und der Weise selbst erröthet nicht, sich für ihren Schüler anzugeben. Aber nicht nur über das Reich des Schönen erstreckt sich ihre Herrschaft, ihr Einfluß über diejenigen, die am Ruder der Staaten sitzen, macht sie zur ersten Bewegerin der Triebräder der politischen Welt; und öfter, als es diejenigen vermuthen, die nicht in das Innere der Maschine sehen, ent= scheidet sie, wohl oder übel, das Schicksal der Völker.

„Wir sind allein, Danae — warum sollte mich eine falsche Bescheidenheit zurückhalten, Dir über Alles dieses mich selbst zum Beispiel aufzustellen? Die schöne Thargelia, die, nachdem sie in Jonien lange eine glänzende Rolle gespielt hatte, in Thessalien endlich einen Thron bestieg, diese Thargelia ist mir eben das gewesen, was ich Dir zu sein wünsche. Ihr Unter= richt und ihr Beispiel bildeten mich. Der Ruhm, den ich mir schon zu Milet erworben hatte, bahnte mir den Weg nach Athen.

Eine Frau, die mit Allem, was die Männer bei unferm Ge=
fchlechte fuchen, alle die Eigenfchaften verband, die fie als ein
Eigenthum des ihrigen anzufehen gewohnt find, war in Athen
eine Art von Wunder. Afpafia erregte die allgemeine Auf=
merkfamkeit; in Kurzem wurde fie der Gegenftand der Bewun=
derung der Einen und der Mißgunft der Andern. Man machte
ihr ein Verbrechen daraus, daß fie die edelften und wichtigften
Perfonen des Staats durch den Reiz der Vergnügungen in ihr
Haus zöge; und eben davon, daß es nur Perfonen vom erften
Rang oder von dem ausgezeichnetften Verdienfte offen war,
nahm der große Haufe der Ausgefchloffenen Anlaß, ihre Sitten
zu läftern. Aber fie ging ihren Weg fort. Zufrieden, die erften
Männer der Nation unter ihren Freunden zu fehen, verachtete
fie die Urtheile des Pöbels und die Spöttereien der Athenifchen
Poffenfpiele. Ihr Haus war eine Art von Akademie der fchönften
Geifter und der größten Künftler Gräciens. Staatsmänner
befuchten es, um im Schooße der Mufen und Grazien auszu=
ruhen; die Anaxagoras und Sokrates, um ihre Philofophie
aufzuheitern; die Phidias und Zeuxis, um fchöne Ideen zu
hafchen; die Dichter, um ihren Werken die letzte Politur zu
geben; die edelfte Jugend von Athen, um fich zu bilden oder
wenigftens, um fich rühmen zu können, in Afpafiens Schule
gebildet zu fein. Viele der erften Redner Griechenlands fchätzten
fich's zur Ehre, die Geheimniffe ihrer Kunft von Afpafien
gelernt zu haben; und diefe Afpafia — die in ihrem erften
Anfange nichts mehr gewefen war, als was Danae war, da der
fchöne Alcibiades fie aus der Werkftätte des Malers Aglaophon
und den Klauen der alten Krobyle rettete — endigte damit,
die Gemahlin des Perikles zu werden und einige Jahre, ohne
Diadem, unumfchränkter in Griechenland zu herrfchen, als ihre
Lehrmeifterin Thargelia mit einem Diadem in Theffalien ge=
herrfcht hatte.

„Aber laff' mich Dir zum zweiten Mal fagen, was nicht
oft genug wiederholt werden kann: Afpafia würde diefe edle
Rolle nicht gefpielt haben, würde höchftens eine Nemea, eine
Theodota gewefen fein, wenn fie weniger Meifter von ihrem
Herzen, weniger vorfichtig in ihrer Aufführung und (ungeachtet
einer überlegten Verachtung der Urtheile des Pöbels) weniger
forgfältig gewefen wäre, fich die Hochachtung derjenigen zu
erwerben, deren Beifall für den öffentlichen Bürge ift. Glaubft
Du, Perikles würde fich haben einfallen laffen, fie zu feiner

Gemahlin zu machen, wenn er Ursache gefunden hätte, nur zu vermuthen, daß sie um einen andern Preis zu haben wäre?"

„Ich habe mich," fuhr Danae nach einer kleinen Pause fort, „von der Gelegenheit und von dem Eindrucke, den diese Rede in mein Gedächtniß gemacht, verleiten lassen, Dir durch diesen Auszug davon eine Probe von den Discursen der Aspasia zu geben, die ich Dir schriftlich mitzutheilen versprochen habe. Ihre Neigung zu mir, welche täglich zunahm, ging zuletzt so weit, daß sie mir ihre Geschichte, ohne selbst den geheimsten Theil davon auszunehmen, mit einer Offenherzigkeit vertraute, die durch Einwebung einer Menge feiner und lehrreicher Anmerkungen sie für mich unendlich interessant machte."

Hier unterbrach sie Agathon, um sie zu versichern, daß diese Geschichte es ebenso sehr für ihn sein würde, und er setzte hinzu, er hoffe, Danae werde sie nicht weniger als die übrigen Unterredungen der schönen Aspasia aufgeschrieben haben. Ihre Antwort gab ihm einige Hoffnung, daß sie seine Neugier vielleicht auch in diesem Stücke würde befriedigen können, und nun setzte sie auf sein Bitten ihre eigene Geschichte folgendermaßen fort:

Funfzehntes Buch.

Verfolg und Beschluß der geheimen Begebenheiten der Danae.

Erstes Capitel.

„Danae hätte in den Händen einer so vortrefflichen Frau, als die Wittwe des Perikles war, billig eine zweite Aspasia werden sollen. Man schmeichelte ihr auch in der Folge mit diesem Namen, der in ihren Augen Alles, was Schönes, Liebens= würdiges und Großes von einem weiblichen Wesen gedacht werden kann, in sich schließt. Aber wenn sie gleich, weder durch ihre persönlichen Eigenschaften noch durch ihr Betragen, sich einer solchen Lehrmeisterin unwürdig zeigte, so ist doch gewiß, daß die Natur eine Quelle von Schwachheit in ihr Herz gelegt hatte, die den Lehren und Warnungen der weisen Aspasia den größten Theil von ihrer Kraft benahm und Ursache war, daß sie so weit hinter ihrem geliebten und bewunderten Urbilde zurückgeblieben ist. Der Verfolg ihrer Geschichte wird mehr als zu deutliche Beweise davon enthalten.

„Da sie sich seit jener großen Unterredung Aspasiens Füh= rung mehr als jemals überließ, so wurde es ihr nun um so viel leichter, den Anschlag des schönen Ariochus gegen sie zu vereiteln, weil die Eindrücke, die er auf sie machte, nicht stark genug waren, um bis zu ihrem Herzen einzudringen. Indessen begegnete sie ihm doch nach Aspasiens eignem Rathe so wohl, daß alle Welt und sogar Alcibiades (der ungeachtet seiner scheinbaren Sorglosigkeit kein Auge von ihr verwandte) ihn für glücklicher hielt, als er war. Ariochus selbst dachte zu gut von seinen eignen Vollkommenheiten, um nicht jeden Blick, jedes Wort und sogar die Strenge, die man ihn erfahren ließ, zu

seinem Vortheil auszulegen; und so vermehrte er den Argwohn
und die Eiferſucht ſeines Freundes durch die vertraulichen Eröffnungen, die er ihm von ſeinen vermeinten Progreſſen machte.
Kaum bildete ſich Alcibiades ein, daß ein Andrer im Begriff
ſei, ſich eines Gutes zu bemächtigen, welches er dem Jupiter
ſelbſt nicht abzutreten entſchloſſen war, ſo kehrte ſeine Neigung
mit verdoppelter Lebhaftigkeit wieder. Die kleine Pannychis
wurde mit ebenſo vielem Geräuſche, als womit man ſie angenommen hatte, wieder abgeſchafft; und anſtatt daß ſeine erſte
Liebe zu Danaen mehr Geſchmack als Leidenſchaft geweſen war,
ſo ſchien hingegen das, was er jetzt für ſie empfand oder zu
empfinden vorgab, alle Kennzeichen derjenigen Art von Liebe
zu tragen, die von der Göttin zu Paphos denen zugeſchickt wird,
welche ſie für die Verachtung ihrer Macht beſtrafen will. Wenn
wahre Sympathie wenig oder keinen Antheil an dieſen ſeinen
Empfindungen hatte, ſo iſt doch gewiß, daß er ſelbſt mehr von
ſeinem eignen Herzen betrogen wurde, als daß er den Vorſatz
gehabt hätte zu betrügen. Gewohnt, überhaupt Alles, was er
wollte, mit feuriger Ungeduld zu wollen, und in einem Augenblick mit der größten Leichtigkeit die Farbe des Gegenſtandes
anzunehmen, dem er zu gefallen wünſchte, ſetzte er alle ſeine
Freunde und vielleicht ſich ſelbſt durch eine Verwandlung in
Erſtaunen, die er für ein Wunder der Liebe hielt, wiewol ſie,
wenn ja Liebe Theil daran hatte, gewiß nur ein Wunder ſeiner
Eigenliebe war. Mit einem Worte, die Furcht vor Ariochus
(einem Rival, dem er eben darum weniger als irgend einem
Andern aufgeopfert werden wollte, weil er fähig ſchien, ihm
den Vorzug ſtreitig zu machen) ſcheuchte ihn eine Zeit lang aus
ſeinem eigenthümlichen Charakter heraus; er wurde zärtlich,
aufmerkſam, beſcheiden, hatte keine Augen als für ſeine Geliebte,
keinen Gedanken, den nicht die Begierde ihr zu gefallen zeugte,
und (was in der That einem Wunder nahe kam) ſchien alle
ſeine hohen Einbildungen von ſich ſelbſt zu den Füßen ſeiner
Göttin niedergelegt zu haben. Zum Unglück für ihn ließ
Aſpaſia ihre junge Freundin den kleinen Triumph, den ihre
Eigenliebe über alle dieſe vermeinten Siege ihrer Liebenswürdigkeit zu halten bereit war, nicht ungeſtört genießen. Sie
entwickelte ihr die wahren Urſachen davon mit ſo vieler Scharf-
ſichtigkeit, daß Alcibiades (wiewol er demungeachtet einen
geheimen Fürſprecher in Danaens Herzen behielt) die Vortheile
wenigſtens nicht einerntete, die er ſich davon hätte verſprechen
können.

„Um Dir nicht mit einer wenig interessirenden Umständ=
lichkeit beschwerlich zu sein, begnüge ich mich zu sagen: daß
Aspasia durch ihre unermüdeten Bemühungen, den Hang ihrer
Freundin zur Zärtlichkeit zu vermindern — ihre Eigenliebe (das
natürliche Gegengewicht desselben) zu verstärken — ihrer Ein=
bildung tausend Zerstreuungen zu geben — und ihre Liebhaber
durch die mannichfaltigen Operationen, wodurch einer des
andern Absichten zu vernichten bemüht war, für sie zu Gegen=
ständen einer das Herz freilassenden Belustigung zu machen, —
daß, sage ich, Aspasia durch alle diese Bemühungen so viel
erhielt, daß, so lange sie lebte, keiner von den gefährlichen Leuten,
von denen ihre junge Freundin umringt war, sich eines ent=
scheidenden Vortheils über ihr Herz rühmen konnte. Alcibiades
— der niemals einen Begriff davon gehabt hatte, wie man
ihm so lange widerstehen könnte, — nachdem er alles Mögliche
versucht hatte, den Sieg über Aspasiens Einfluß (denn er sah
nur zu wohl, daß Danae alle ihre Stärke aus dieser Quelle
zog) zu erhalten, that nun ebenso viel, um über eine Leiden=
schaft zu siegen, welche durch Schwierigkeiten, die sich täglich
erneuerten und vermehrten, wider seinen Willen ernsthaft gewor=
den war. Aber alle seine Bestrebungen schienen vergeblich.
Je leichter es ihm die Schönen von Athen machten, je mehr sie
in die Wette stritten, ihn zu entschädigen, je gewisser kam er
nach jeder kleinen Untreue zu seiner Unerbittlichen zurück, deren
kleinste Gunstbezeigungen, weil sie Alles waren, was er von
ihr erhalten konnte, mehr Reiz für ihn hatten als die vollstän=
digsten Siege, die er täglich ohne Mühe über Personen erhalten
konnte, welche in ihrem Stand und Rang ein Recht zu finden
glaubten, den Trieben dessen, was sie ihr Herz zu nennen
beliebten, freien Lauf zu lassen. Er endigte endlich damit, allen
andern Verbindungen gänzlich zu entsagen und mit einer Regel=
mäßigkeit, welche Aspasien selbst in Erstaunen setzte, alle Stun=
den, die er den Geschäften entziehen konnte, einer Liebe zu
widmen, welche nunmehr bei der armen Danae ansteckend zu
werden anfing. In der That war er damals so liebenswürdig,
daß ich — wiewol ich hierin zu parteiisch sein mag, um Glau=
ben zu verdienen — selbst jetzt, nachdem meine Einbildung in
mehr als zwanzig Jahren Zeit genug gehabt hat sich abzu=
kühlen, nicht begreife, wie es möglich gewesen sein sollte, nicht
von ihm eingenommen zu werden.

„Aspasia — laß' mich dem Andenken der vollkommensten
Frau, die jemals gewesen ist, diese Thräne opfern — Aspasia

ftarb um diefe Zeit. Der Schmerz über den Verluft einer
Befchützerin von fo unerfetlichem Werthe verfchlang eine Zeit
lang alle andern Gefühle in meiner Seele. Alcibiades fchien
feiner felbft zu vergeffen, um die Traurigfeit mit mir zu theilen,
in welche fich mein erfter Schmerz nach und nach auflöfte. Er
felbft hatte Afpafien ciuft geliebt; und wiewol ihm feine unüber=
windliche Unbeständigkeit nicht geftattet hatte, ihr fo zu begegnen,
wie fie es verdiente, fo behielt er doch immer einen Grad von
Hochachtung für fie, den einem Manne wie er nur eine Afpafia
einflößen founte. Die zarte, achtungsvolle Zurückhaltung, welche
feit ihrem Tode in feinem Betragen gegen Dauae herrfchte; die
aus einem felbft gerührten Herzen entfpringende Theilnehmung
an ihrer Traurigfeit; die Gefälligkeit, womit er fich dazu bequemte,
daß Afpafia viele Tage lang der einzige Inhalt ihrer Gefpräche
war; furz, ein Benehmen, worin die befcheidenfte Liebe nur
unter dem Schutze der zärtlichften Freundfchaft um Duldung zu
bitten fchien, ftellte unvermerft ein Verftändniß zwifchen ihnen
her, an deffen Folgen Danaë nicht dachte. Da fie fein Bedenfen
trug, ihm ihre Empfindungen für ihre verftorbene Freundin
ohne einige Zurückhaltung zu zeigen, fo gewöhnte fie fich nuver=
merft, ihn in ihrer Seele lefen zu laffen. Alcibiades gewann
täglich mehr Raum in ihrem Herzen; und da das Bedürfniß,
etwas zu lieben, welchem durch Afpafiens Tod feine gewohnte
Nahrung entzogen war, hinzufam, wie hätte fie fich erwehren
fönnen, endlich von der Leidenfchaft eines Mannes gerührt zu
werden, der in ihren Augen der liebenswürdigfte unter allen
Sterblichen war?

„Es würde unfreundlich fein, lieber Agathon, wenn ich Dich
mit einer Abfchilderung der Glückfeligkeit meiner erften Liebe
unterhalten wollte. Aber dies bin ich doch feinem Andenfen
fchuldig, zu geftehen, daß, fo lange der füße Irrthum unfrer
Herzen dauerte — und nie hatte er bei Alcibiades fo lange
gedauert — mein ganzes Dafein ein einziger Augenblick von
Entzücken war.

„Nichts fcheint gewiffer zu fein, als daß·die Seele nach dem
Grade der Intenfion, womit fie liebt, fich in den Gegenftand
ihrer Liebe zu verwandeln fucht. Mich dünkt, dies ift es, was
unfre Dichter durch die Fabel von der Nymphe Salmacis haben
andeuten wollen. Alcibiades legte, während feine Liebe fich
dem äußerften Punkt ihrer Höhe näherte, unvermerft feinen
eigenthümlichen Charakter ab, und der flatterhaftefte, muth=
willigfte, ungezähmtefte unter den Männern wurde fanft, zärt=

lich, empfindfam. Aber fobald auch die erfte Trunfenheit der
glüdlichen Liebe vorüber war, trat er durch ebenfo numerf=
liche Stufen in feine eigne Perfon zurüd, und fo verlor er
wieder, was er durch Danaens Einfluß auf fein Herz ge=
wonnen hatte.

„Die arme Danae, welche natürlicherweife ftärfer liebte als
er, mußte alfo auch defto mehr durch jene Wirfung der Liebe
verlieren; und was fie dadurch gewann, wiewol ich nicht fo
ftrenge fein möchte, ihm allen Werth abzufprechen, war doch in
aller Betrachtung nur ein fchlechter Erfat. Alcibiades theilte
ihr nach und nach fo viel von feiner leichtfinnigen Fröhlich=
feit — wozu er ohnehin Anlage genug in ihrer Sinnesart
fand — und durch diefe fo viel von feiner Art zu denfen mit,
daß fie unvermerft über die feinen Grenzlinien hinweg fam,
in welche Afpafiens Unterricht den Plan ihres fittlichen Ver=
haltens eingefchloffen hatte. Die Abweichungen waren flein;
aber es waren doch immer Abweichungen, woburch fie um fo
viel, als fie von ihrem Urbilde fich entfernte, den Nemeen und
Theodoten — mit denen fie doch verglichen zu werden erröthet
hätte — näher fam.

„Eine der wichtigften Folgen diefer Untreue an den Grund=
fäßen ihrer Lehrmeifterin, wozu der reizende Verführer fie ver=
leitete, war wol diefe: daß fie, auch nachdem fie fich felbft nicht
mehr verbergen fonnte, daß alles Geiftige von feiner Liebe
gänzlich verraucht war, gleichwol fchwach oder leichtfinnig genug
blieb, fich an dem zu begnügen, was nur für eine Nemea
ein würdiges Opfer fein fonnte. Zwei Betrachtungen fönnten
ihr vielleicht zu einiger Entfchuldigung dienen: — die eine, daß
er Achtung genug für fie hegte, um das Auffallende in feinem
Betragen durch fehr feine Gradationen zu vermindern; — die
andre, daß ihre Neigung zu ihm niemals auf wirfliche Sym=
pathie gegründet, fondern bloßer Gefchmad war, dem die Um=
ftände die Geftalt der Liebe gaben.

„Aber ich felbft, mein lieber Agathon, fühle zu fehr, daß
Entfchuldigungen eine fchlimme Sache nicht beffer machen, als
daß ich von diefen einigen Vortheil zu ziehen hoffen follte. In=
deffen bin ich doch der Wahrheit das Geftändniß fchuldig, daß
diefer Irrthum nicht lange genug dauerte, um Danaen in den
Augen ihres flatterhaften Lieblabers oder (was noch fchlimmer
gewefen wäre) in ihren eignen verächtlich zu machen. Und wie
vielleicht fein Uebel ift, das nicht zu etwas gut fein follte, fo
diente er wenigftens dazu, daß fie unvermerft auf den Augen=

blick vorbereitet wurde, der bei einem Liebhaber wie Alcibiades
früher oder später nothwendig kommen mußte, und daß sie die
angenehme Bezauberung, unter welcher sie sich befunden hatten,
mit einer Art von Gleichgiltigkeit verschwinden sah, die zwar
der Eitelkeit ihres Ungetreuen nicht sehr schmeichelte, aber ihm
doch auch die tragischen Auftritte ersparte, womit gewöhnlich die
Heldinnen verliebter Geschichten den Ausgang derselben veredeln
zu können glauben.

„Danae war durch Aspasiens Tod ohne Zweifel zu früh
einer Führerin beraubt worden, deren Aufsicht und Gewalt
über ihr Herz sie vielleicht vor den Verirrungen, deren sie sich
anklagen muß, bewahrt hätte. Aber wenigstens hatte diese
großmüthige Freundin dafür gesorgt, daß die Noth — unter
allen Ursachen, die uns in Abwege stürzen können, die grau=
samste — nicht die Schuld tragen möchte, wenn die junge
Danae ihrer Lehren jemals vergessen sollte; und Alcibiades, der
bei allen seinen Fehlern ein königliches Herz besaß, hatte Mittel
gefunden, dieses Vermächtniß auf eine so edle Weise zu ver=
doppeln, daß er ihr keinen Vorwand ließ, seine Wohlthaten aus=
zuschlagen. Sie sah sich dadurch im Stande, die Lebensart
fortzuführen, an welche sie in Aspasiens Hause gewöhnt worden
war. Aber demunzeachtet wurde ihr der Aufenthalt an einem
Orte, der das Grabmal ihrer Freundin in sich hielt, von dem
Augenblick an verhaßt, da die Letheische Kraft der ersten Liebe
zu wirken aufhörte.

„Ein Umstand, der ihren Entschluß, Athen zu verlassen,
nothwendig machte und beschleunigte, war das Verlangen, sich
dem Ungestüm des großen Haufens ihrer Liebhaber zu ent=
ziehen, welche ihre Anmaßungen wieder erneuerten, sobald es
bekannt war, daß Alcibiades sich zurückgezogen habe. Die Art,
wie diese Herren sich dabei benahmen, bewies ihr, wie viel sie
durch ihre Schwachheit (welche, Dank ihrer eigenen Unvorsichtig=
keit, ganz Athen zum Zeugen hatte) in den Augen der Welt
verloren haben mußte. Diese Vorstellung war ihr um so un=
erträglicher, je weiter sie von dem Gedanken entfernt war, durch
einen zweiten freiwilligen Fehltritt die Schuld des ersten, der
gewissermaßen unvorsätzlich genannt werden konnte, zu vergrößern.
Denn ungeachtet ihre Verbindung mit dem Alcibiades den
Namen der Liebe in der edelsten Bedeutung dieses Wortes
nicht verdiente, so machten doch alle die besondern Umstände,
die dabei vorgewaltet hatten, daß sie als eine Ausnahme von
der gemeinen Regel angesehen werden konnte. Das Herz hatte

wenigstens vielen Antheil an ihrem Irrthume gehabt, und die außerordentlichen Eigenschaften ihres Besiegers entschuldigten sie einigermaßen in den Augen derjenigen, die in solchen Fällen irgend eine Entschuldigung gelten lassen. Aber was hätte sie entschuldigen können, wenn sie die Zahl derjenigen hätte vermehren wollen, welche ihre Niederlage voraussehen, den ganzen Plan ihres Verfahrens zu diesem Endzweck anordnen und dem Wohlanstande völlig genug gethan zu haben glauben, wenn sie nicht zu wissen scheinen, was nur einer gänzlichen Unerfahrenheit unbekannt sein kann.

„Nicht wenige von den vornehmsten Frauen in Athen befanden sich damals in diesem Falle. Aber Danae erinnerte sich zu lebhaft wieder des Gelübdes, welches sie in ihrer ersten Jugend den Grazien gethan, und der Lehren, die sie von Aspasien empfangen hatte, um in fremden Beispielen ein Heilungsmittel wider die Verachtung ihrer selbst zu finden.“

„Aber das Bedürfniß, etwas zu lieben?“ sagte Agathon. — Gestehen wir, es war ein Wenig hart von ihm (wiewol er's nur mit leiser Stimme that), diesen aus ihrem eigenen Munde aufgefaßten Einwurf gegen sie geltend zu machen. Auch schien die gute Danae die ganze Grausamkeit desselben zu empfinden. Sie schwieg etliche Augenblicke, doch nicht lange genug, daß es das Ansehen hätte haben können, als ob sie auf Ausflüchte denken müsse. — „Wenn Agathon noch nicht müde ist, meiner Erzählung zuzuhören,“ versetzte sie, „so wird ihm der Verfolg meiner Begebenheiten die Antwort auf eine Frage geben, welche, so natürlich sie an sich selbst ist, aus dem Mund eines Freundes unerwartet sein könnte.“

Agathon fühlte die Stärke dieses Vorwurfs desto tiefer, je sanfter er war. Er war nicht mehr jung genug, um seine Sache durch Entschuldigungen schlimmer zu machen. Sie schwiegen. Er wagte es eine gute Weile nicht, Danaen anzusehen. Endlich hob er die Augen zu ihr auf, um sie mit einem von diesen Blicken, womit eine Seele die andre zu durchdringen scheint, um Vergebung zu bitten. Er sah eine Thräne in ihren schönen Augen zittern und sank unaussprechlich gerührt zu ihren Füßen.

Dies war ein gefährlicher Augenblick! Danae fühlte es und hatte Stärke genug, ihn nicht länger als wenige Augenblicke dauern zu lassen. Sie stand auf, indem sie zugleich seine Hand ergriff. — Sie befanden sich eben damals in einem kleinen Gartensaale, welchem hohe Gebüsche von wilden Lorbeern und

Myrten Schatten und Kühlung gaben. — Die Scene (wie wir
schon einmal erinnerten) ist in solchen Umständen nicht gleich=
giltig. — „Komm, Agathon," sagte sie, „wir wollen unsre Psyche
aufsuchen. Wir werden sie ganz gewiß mit ihren Kindern unter
den Blumen sitzend finden. Ich fühle, daß ich eines solchen
Anblicks vonnöthen habe."

Agathon drückte zitternd ihre Hand an seinen Mund und
folgte ihr stillschweigend, ohne Widerstand.

Zweites Capitel.
Danae und Cyrus.

„Wir haben", so fuhr Danae, als sie sich wieder dazu auf=
gelegt fand, in ihrer Geschichte fort, „einen Mann aus dem
Gesichte verloren, der nicht die Miene hatte,. aufzutreten, um
nur wieder zu verschwinden.

„Axiochus, als der erste unter des Alcibiades Freunden und
als Aspasiens Erbe, hatte zu viel Veranlassung, auch nach dem
Tode derselben die mit Danaen in ihrem Hause gemachte Be=
kanntschaft zu unterhalten — und hatte vormals schon zu viel
Hoffnung, glücklich bei ihr zu werden, gehabt, als daß er sich
nicht vor allen Andern mit einem Vorrecht an die von seinem
Freunde erledigte Stelle in ihrem Herzen hätte schmeicheln
sollen. Die Schwierigkeiten, die seinen erneuerten Bemühungen
entgegengesetzt wurden, verdoppelten seinen Muth, so lange er
sie für bloße Grimassen ansah; aber da er sie endlich für Ernst
erkennen mußte, wurde er behutsamer. Er betrachtete sie als
Schlingen, wodurch man ihn dahin zu bringen hoffte, wohin
Aspasia den großen Perikles gebracht hatte. Es war natürlich,
daß er alles Mögliche anwandte, seine Leidenschaft um einen
geringern Preis zu befriedigen. Allein, da ihm Danae mit
einer Vorsichtigkeit, die der Schülerin Aspasiens würdig war,
alle Gelegenheit, ihr mit einigem Schein von Wohlanstand andre
Vorschläge zu thun, abschnitt, so stimmte er zuletzt sein Betragen
und seine Sprache auf einen solchen Ton, daß sie unrecht zu
thun geglaubt hätte, ihm nicht wenigstens so gut zu begegnen,
als es die scheinbare Anständigkeit seiner Absichten zu er=
fordern schien.

„Axiochus hatte den größten Theil seines Vermögens in der
Nachbarschaft von Milet; und in eben dieser Gegend lag ein
kleines Gut, welches Aspasia ihrer jungen Freundin hinterlassen

hatte. Danae beschloß (unter dem Schutz einer ehmaligen ver=
trauten Freundin ihrer Wohlthäterin, welche gewöhnlich zu Milet
wohnte) sich dahin zu begeben. Axiochus, welcher vermuthlich
auf eine oder andre Art Vortheil davon zu ziehen hoffte, be=
stärkte sie in diesem Vorsatz und half ihr die Ausführung
desselben beschleunigen.

„Danae befand sich jetzt in dem Alter, wo ihr Spiegel mit
ihrer Eitelkeit so gut einverstanden war, daß sie die Lobsprüche,
die man ihren Reizungen gab, für etwas mehr als Schmeicheleien
halten mußte. In der That, Agathon, ich würde mir selbst
noch lächerlicher scheinen als Dir, wenn ich von dem, was ich
damals in meinen eignen Augen war, eine Abschilderung zu
machen versuchen wollte. Indessen, wenn ich mir zu viel
schmeichelte, bin ich mir wenigstens die Gerechtigkeit schuldig,
zu sagen, daß Alle, die mich sahen, es verabredet zu haben
schienen, mich des Gegentheils zu überreden. Und wie hätte
eine Person von zwanzig Jahren, die unter der Form bald
einer Aurora oder Latona, bald einer Diana oder Venus oder
einer von den Nymphen, für welche sich Jupiter verwandelte,
allenthalben ihr eignes Bildniß erblickte, wie hätte sie nicht in
gewissen Augenblicken so vielen Versuchen zur Eitelkeit unter=
liegen sollen? Wie natürlich war es, wenn sie zuweilen dachte,
was eine Semiramis, eine Rhodope, eine Thargelia ursprüng=
lich gewesen, und wodurch sie sich bis zu dem, was das äußerste
Ziel der menschlichen Wünsche ist, hinaufgeschwungen hatten, —
daß sie sich alsdann in Träume verirrte, die zu Wünschen und
aus Wünschen oft zu Entwürfen wurden! — So viel Thörichtes
auch immer in allen diesen Dingen sein mochte, so fand sie doch
darin ein mächtiges Gegenmittel gegen die Versuchungen, von
denen sie umgeben war, und selbst gegen das Bedürfniß, etwas
zu lieben, dessen Du neulich erwähntest. Dieses Bedürfniß
müßte außerordentlich dringend sein und wenigstens seinen
Grund nicht im Herzen haben, wofern es nicht eine Zeit lang
von Eitelkeit und Ehrbegierde überwogen werden könnte. „Je
mehr wir in uns selbst verliebt sind", pflegte Aspasia zu sagen,
„je weniger sind wir fähig, etwas außer uns zu lieben."

„Das Schicksal spielt zuweilen so wunderlich mit den Sterb=
lichen, daß Danae in der Folge nahe dabei war, dasjenige er=
füllt zu sehen, was sie selbst für den ausschweifendsten Traum
gehalten hatte.

„Um die Zeit, da ich nach Asien überzugehen beschloß, machten
die cilicischen und pisidischen Seeräuber unter dem Schutze, den

ihnen die Statthalter des Königs von Persien gegen einen be=
trächtlichen Antheil an ihrer Beute angedeihen ließen, die
griechischen Meere mehr als jemals unsicher. Ich hatte das
Unglück, auf meiner Ueberfahrt nach Milet in die Hände eines
von diesen Corsaren zu fallen. Axiochus, der mich begleitete,
bezahlte meine Vertheidigung mit seinem Leben, und ich wurde
als Sklavin nach Sardes verkauft, wo sich damals Cyrus, der
jüngere Bruder des großen Königs, aufhielt.

„Die außerordentlichen Eigenschaften dieses Prinzen, sein
Entwurf, seinen Bruder vom Throne zu werfen, und sein un=
glückliches Ende sind Dir bekannt. Die Natur schien sich in
seiner Hervorbringung erschöpft zu haben. Eine barbarische Er=
ziehung hatte wenig gethan, seine Fähigkeiten auszubilden, und
daher behielten seine Tugenden selbst etwas Wildes, das ihnen
oft das Ansehen von Ausschweifungen gab. Aber die Majestät
seiner Gestalt, seine außerordentliche Leibesstärke, seine Geschick=
lichkeit in allen kriegerischen Uebungen, seine Großmuth und
Freigebigkeit, kurz, das Heldenmäßige, das die Morgenländer an
ihren Königen so sehr lieben, nahm die persischen Völker der=
gestalt für ihn ein, daß sie ihn allein für würdig hielten, den
Thron des Cyrus, dessen Namen er führte, auszufüllen.

„Dieser Prinz unterhielt nach der Gewohnheit seines Landes
ein zahlreiches Gynäceum, welches die Intendanten seiner Ver=
gnügungen mit Schönheiten aus allen Gegenden der Welt an=
zufüllen besorgt waren. Danae hatte die Ehre, zugleich mit fünf
oder sechs andern jungen Griechinnen für diese Sammlung
gekauft zu werden. Die Veränderung ihres Schicksals war zu
plötzlich und zu stark, um mit Gleichgiltigkeit ertragen zu werden.
Gleichwol kam ihr in diesen Umständen die Philosophie der
schönen Aspasia und (was nicht zu vergessen ist) eine Sinnesart,
die sehr gut zu ihr stimmte, nicht wenig zu Statten. „Sklavin
oder frei, ein schönes Weib, das seine Macht kennt und sie
geltend zu machen weiß, ist allenthalben Königin, wohin sie
kommt“, — war, wie Du Dich erinnerst, der erste Grundsatz
ihres Systems.

„Danaens neue Gespielen oder Rivalinnen (denn daß sie
das Letzte sein würden, kündigte ihr Betragen deutlich an)
kamen nicht aus Aspasiens Schule. Sie glaubten es vortreff=
lich gemacht zu haben, wenn sie die Sinne ihres neuen Herrn
mit allen ihren Reizen und Künsten auf einmal bestürmten.
Ihre Blicke, ihre Geberden, ihr Ton, ihr Putz erklärten ihm
in der ersten Minute, da wir ihm vorgestellt wurden, ihre Ab=

sichten auf eine so unzweideutige Art, daß der Prinz keinen
Augenblick zweifelhaft bleiben konnte, zu welchem Gebrauch er
sie zu bestimmen hätte. Danae, in ihren Schleier eingewickelt,
stand hinter den Uebrigen und wurde zuletzt bemerkt; aber
Cyrus schien von ihrem Anblick getroffen zu werden. Er be=
trachtete sie eine Weile mit einer Art von angenehmem Er=
staunen, welches an einem morgenländischen Fürsten, dessen
Augen sich vermuthlich an allen Arten der Schönheit satt=
gesehen hatten, schmeichelhaft sein mußte. Ein Wink mit der
Hand machte die Rivalinnen verschwinden, und Danae befand
sich mit ihrem neuen Gebieter allein.

„Gebieter! — dies Wort befand sich nicht in dem Wörter=
buch einer Schülerin der Aspasia. Auch wurde Cyrus bald
genug überzeugt, daß es unmöglich sein würde, sie jemals mit
der Bedeutung desselben zu versöhnen. Eine Schöne, die etwas
mehr Seele hat, als vonnöthen ist, um eine Bildsäule zu be=
leben, schien eine große Neuigkeit für ihn zu sein. — Ich hoffe,
Agathon, Du erlässest mir eine genaue Umständlichkeit in der
Erzählung dieser Scene und einiger folgenden, welche der Streit
zwischen den Anmaßungen eines despotischen Liebhabers und der
Ungeschmeidigkeit einer freigebornen und an die vorerwähnten
Grundsätze gewöhnten Griechin nothwendig veranlassen mußte.
Bei Gegenständen dieser Art ist es allzu schwer, seine eigne
Geschichte zu erzählen, wenn man, um der Wahrheit getreu zu
bleiben, sich den Schein der Parteilichkeit gegen sich selbst zu=
ziehen muß. Agathon weiß, daß ich weit von der Thorheit
entfernt bin, auf die Vorzüge, die ich der Natur und dem
Glücke zu danken haben kann, einbildisch zu sein. Und ebenso
wenig denke ich falsch genug, mir daraus ein Verdienst machen
zu wollen, daß ich keinen Beruf in mir spürte, mit den übrigen
demüthigen Werkzeugen der Vergnügungen eines üppigen
Barbaren, so blendend auch immer seine Geburt und seine
persönlichen Vorzüge sein mochten, in die nämliche Classe gestellt
zu werden. Genug, mein Betragen, worin Sprödigkeit und
Gefälligkeit, anziehende und zurückstoßende Kräfte seltsam genug
zusammenspielten, gab durch den Erfolg einen neuen Beweis
von der Richtigkeit des Systems der weiblichen Politik, wovon
Aspasia in gewissem Verstande als die Urheberin angesehen
werden kann.

„Cyrus hätte nur der Erziehung genossen haben sollen,
welche Perikles und Sokrates an den ausschweifenden Alci=
biades verschwendeten, und er würde der beste unter den Fürsten

geworden fein. Seine Fehler lagen weder in feinem Kopfe noch
in feinem Herzen; es waren Fehler eines zu leicht aufwallenden
Blutes oder Fehler feines Standes, feiner Nation, feiner
fchlechten Erziehung, und die von der letzten Art — nicht ein=
gewurzelt genug, um nicht noch einige Verbefferung zuzulaffen,
zumal da ihn feine natürliche Neigung zu Allem, was fchön
und gut und edel ift, hinzog. Es gelang alfo Danaen endlich,
den halb erftickten Keim von zärtlicher Empfindung, den die
Natur in feine Seele gelegt hatte, wieder aufleben zu machen.
Cyrus, der das bloße Spiel der Sinne fo lange für Liebe ge=
halten hatte, lernte lieben und wurde felbft liebenswürdig.

„Von diefem Augenblick an war Danae die einzige Befitzerin
feines Herzens; fie vermochte Alles über ihn und theilte feine
Zuneigung mit keiner Andern. Man fagte, fie hätte dies zur
unumgänglichen Bedingung ihrer Gefälligkeiten für ihn gemacht.
Aber diejenigen, die dies fagten oder glaubten, kannten fie
nicht. Sie verftand fich beffer auf ihre Vortheile, um etwas
zu fordern, das ihre Gefinnungen für ihn verdächtig hätt'
machen müffen. Aller Antheil, den fie an der Entlaffung feine
Beifchläferinnen hatte, war, daß fie das Geheimniß befaß, ihm
zu eben der Zeit, da fie ihm am Schlimmften zu begegnen
fchien, einen Grad von Hochachtung einzuflößen, den er noch
für keine Andre ihres Gefchlechts empfunden hatte. Die Ver=
gleichung, die er zwifchen ihr und ihren Rivalinnen anftellte,
war diefen nachtheilig, und er entfernte fie, weniger um Danaen
ein Opfer zu bringen, als um fich felbft von befchwerlichen
Gegenftänden zu entledigen. Die allzu willigen Gefchöpfe hatten
fich an der demüthigen Ehre begnügt, feine Begierden zu er=
wecken; Danae hingegen ließ ihm keine Hoffnung, jemals
anders als durch Gewinnung ihres Herzens glücklich bei ihr zu
werden. Jeue hatten höchftens nur feine Perfou in ihm geliebt;
Danae überzeugte ihn, daß fie feine Glückfeligkeit fuche, an
feinem Ruhm Antheil nehme und, fobald fie den Prinzen Cyrus
eines fo glorreichen Namens würdig fähe, Alles für ihn zu
thun fähig fei. Natürlicherweife mußte feine Liebe zu ihr
mit diefer Ueberzeugung von ihren Gefinnungen in gleichem
Verhältniffe fteigen. Ebenfo natürlich ging es zu, daß fie, auch
nachdem fie aus Dankbarkeit und Neigung feine Liebe gekrönt
hatte, fich unverändert in dem Befitz feines Herzens erhielt.
Die Perferinnen konnten nicht begreifen, wie dies ohne Zauber=
mittel zugehen köune. Sie wußten nicht, daß man nach dem,
was bei ihnen die letzte Gunft war, noch unendlich viel zu be=

willigen haben könne. Danae hatte von Aspasien (und, um
aufrichtig zu sein, von einem noch größern Meister) die Kunst
gelernt, die man die Oekonomie der Liebe nennen könnte. Sie
wußte Kleinigkeiten einen Werth zu geben und verkleidete das
Vergnügen in so mancherlei Gestalten, daß es immer den Reiz
der Neuheit hatte. Cyrus fand in ihrem Geist, in ihrem Herzen,
in ihren Talenten, in ihren Launen selbst unerschöpfliche Quellen
gegen lange Weile und Ueberdruß; aber, was das Wichtigste
war, er fühlte, daß er besser durch sie wurde. Mit einem
Worte, sie wurde für ihn, was Aspasia für Perikles gewesen
war, und er gefiel sich selbst so wohl in dieser Vorstellung, daß
er sie gewöhnlich nur seine Aspasia zu nennen pflegte.

„Gewohnt, alle seine Geheimnisse, Anschläge und Sorgen
mit ihr zu theilen, entdeckte er ihr auch sein Vorhaben gegen
den König, seinen Bruder, und Danae, nachdem sie es lange
bestritten hatte, ergab sich endlich (es sei nun, daß sie recht oder
unrecht daran that) der Stärke seiner Gründe. In der That
konnte sie, die Sachen in dem Lichte, worin sie ihr dargestellt
wurden, nicht anders sehen. Cyrus hatte große Beschwerden
gegen Artaxerxes zu führen; sein Geburtsrecht zur Krone
war so unleugbar als seine persönlichen Vorzüge; die Herzen
der Völker waren für ihn; man hoffte die glücklichen Zeiten
des ersten Cyrus unter ihm wiederkommen zu sehen; überdies
war die Erbitterung zwischen dem König und ihm schon so weit
gekommen, daß nothwendig Einer von Beiden das Opfer davon
werden mußte. Und wie wollte ich einem Manne, der das
menschliche Herz so gut kennt wie Agathon, verbergen können,
daß die Parteilichkeit für einen Prinzen, den ich hochschätzte,
und die Aussichten, womit meiner Eigenliebe durch seine Ent=
würfe geschmeichelt wurde, mehr als hinlänglich waren, jenen
Betrachtungen ein überwiegendes Gewicht zu geben? Welches
Frauenzimmer würde, wenn es in ihrer Gewalt stände, den Mann,
von dem sie angebetet wird, nicht zum Monarchen des Erdbodens
machen?

„Danae, unter dem Namen Aspasia, den er ihr beigelegt
hatte, begleitete den Cyrus in den Feldzug, dessen Ausgang
alle ihre Hoffnungen mit seinem Leben endigte. Seine Liebe
zu ihr war so groß, daß sie ihn nur mit vieler Mühe dahin
bringen konnte, sie den Gefahren und der Ungewißheit seines
eigenen Schicksals auszusetzen. Der Gedanke, daß sie
im unglücklichen Falle die Beute des ihm so sehr verhaßten
Artaxerxes werden könnte, war ihm unerträglich; auch erhielt

sie seine Einwilligung nicht eher, bis alle mögliche Vorsicht für
ihre Sicherheit gebraucht worden war. Sie folgte ihm in
männlichen Kleidern. Unter ihren Begleiterinnen befand sich
eine junge Griechin, die ihr an Gestalt ähnlich genug und
überdies mit Vorzügen versehen war, welche sie im Nothfalle
fähig machten, die Aspasia des Prinzen in einem persischen
Harem vorzustellen. Der unglückliche Ausgang der entscheiden=
den Schlacht bei Kunaxa machte diese Vorsicht nur allzu noth=
wendig. Danae hatte den Muth — oder die Schwachheit — einen
Prinzen zu überleben, von dem sie so zärtlich geliebt worden,
und der eines glücklichern Schicksals so würdig war. Vielleicht
ist dies der schwärzeste Flecken in ihrem ganzen Leben; — aber
(setzte sie mit einem Blick hinzu, der fähig gewesen wäre, einen
noch schwärzern Flecken auszulöschen) ich überlasse es dem Agathon
selbst, mich hierüber zu entschuldigen." — Daß Agathon etwas
hierauf gesagt haben werde, läßt sich leicht vermuthen; aber es
gehört nicht zur Geschichte der Danae, und wir lassen sie selbst
fortreden.

Drittes Capitel.

Danae zu Smyrna. Beschluß ihrer Geschichte, mit dem schönen Siege, den sie
über Agathon erhält.

„Die List, die ich nicht weniger aus eigner Neigung, als
um den geliebten Schatten eines unglücklichen Prinzen zu be=
friedigen, dem Artaxerxes spielte, gelang vollkommen. Die
schöne Milto, meine Vertraute, ging an meiner Statt in die
Hände des Siegers über, flößte diesem Monarchen die heftigste
Leidenschaft ein und spielte unter dem Namen Aspasia viele
Jahre lang zu Babylon und Ekbatana eine Rolle, welche Stoff
genug für eine Milesische Fabel von zwanzig oder dreißig
Büchern geben könnte. Die wahre Danae hingegen, welche von
den Herrlichkeiten des Serails zu Babylon einen zu richtigen
Begriff hatte, um ihre Freiheit dagegen zu vertauschen, entkam
mit eben dem sonderbaren Glücke, welches alle Perioden ihres
Lebens bezeichnet, erwählte Smyrna — den reizendsten Ort
der Welt für eine Person, die noch nicht daran denken konnte,
den Vergnügungen des Lebens zu entsagen — zu ihrem be=
ständigen Aufenthalt und fand sich durch die Vorsorge des
Prinzen Cyrus in den Stand gesetzt, unter ihrem eigenen
Namen auf demjenigen Fuß daselbst zu leben, von welchem
Agathon ein Augenzeuge gewesen ist.

„Der Name Danae, unter welchem sie sich ankündigte, und
der zu Smyrna nicht unbekannt war, überhob sie der Mühe,
den Neugierigen von ihrer Person nähere Rechenschaft zu geben,
und ihre Lebensart besänftigte nach und nach das Vorurtheil,
das dieser Name gegen sie erwecken konnte. So leicht die
Fesseln gewesen waren, welche sie während ihrer Verbindung
mit dem Prinzen Cyrus getragen hatte, so waren es doch Fesseln
gewesen, deren Erinnerung ihr die wiedererlangte Freiheit
unschätzbar machte. Diese Freiheit, von Niemand als ihrem
eignen Herzen Gesetze anzunehmen, war in ihren Augen ein
so großes Gut, daß kein Glück in der Welt sie hätte in Ver=
suchung setzen können, es dagegen zu vertauschen. Nur die
öffentliche Hochachtung wollte sie dieser Freiheit nicht aufopfern;
und so schwer es vielleicht an jedem andern Orte der Welt ge=
wesen sein möchte, beide mit einander zu verbinden, so wohl
gelang es ihr zu Smyrna, wo der sanfteste Himmel den Geist
der Gefälligkeit und der Freude über ein glückliches Volk aus=
gießt, welchem das Geheimniß eigen ist, die Emsigkeit mit den
Vergnügungen und persönliche Freiheit mit politischer Ordnung
zu vereinbaren. Ohne zu irgend einer besondern Classe zu ge=
hören, genoß Danae des Vergnügens, für die Einzige in ihrer
Art erkannt zu werden; und, es sei nun mit Recht oder Unrecht,
ihre Eitelkeit fand sich durch diesen Gedanken geschmeichelt.
Wenn sie Aspasien — für deren Tochter man sie zu Smyrna
hielt — zu ihrem Muster nahm, so geschah es auf eine Art,
die ihr den Ruhm erwarb, selbst unnachahmlich zu sein, so wie
die vorzüglichsten Schüler des Sokrates ihren Meister von so
verschiedenen Seiten nachbildeten, daß jeder selbst ein Urbild
wurde.

„Eine ihrer ersten Verrichtungen, nachdem sie sich in Smyrna
festgesetzt hatte, war, den Grazien einen Tempel zu bauen. —
Du kennst ihn, Agathon!"

Hier bemühte sich die schöne Danae vergebens, einen Seufzer
zu unterdrücken, von dem sich ihr Herz bei diesen letzten Worten
erleichterte. Agathon sah ihn, wie er sich allmählig aus ihrem
schönen Busen emporarbeitete, und seufzte mit. „O, was für
Erinnerungen!" — rief er, indem er mit einem Blick, in
welchem alle diese Erinnerungen gemalt waren, ihre Hand
ergriff.

Danae — welche keinen Erinnerungen Platz lassen wollte,
die ihren Entschluß hätten erschüttern können — war grausam
genug, keine Antwort auf diese Ausrufung zu geben, und nach

einer kleinen Pause fuhr sie also fort: „Aber — laß' uns der
Wahrheit dies Opfer bringen! — die Grazien, zu deren Priesterin
sie sich weihte, waren nicht die Grazien des Pindarus, nicht
die Gespielen und Begleiterinnen der himmlischen Venus, nicht
die keuschen Göttinnen, denen Deine Psyche als Jungfrau, als
Freundin, als Gattin und als Mutter diente. Danae erröthet
weniger über das, was sie war, als über den Gedanken, sich
selbst oder ihrem Freunde verbergen zu wollen, wie weit sie,
selbst in dem höchsten Triumphe der Liebenswürdigkeit, die man
ihr damals zuschrieb, unter einer Psyche war. Die Tänzerin
der Leda beleidigt die Gottheit der Grazien eben dadurch, daß
sie ihren keuschen Schleier um einen solchen Charakter werfen
will. So empfinde ich's jetzt; und ich kann mir so gute Ursachen
geben, diese Empfindung zu rechtfertigen, daß ich nicht besorgen
darf, von ihr betrogen zu werden. Aber damals machte mich
eine angenehme Täuschung der Einbildung und des Herzens
anders denken.

„Drei oder vier Olympiaden, mein lieber Freund, können
den Gesichtspunkt, woraus wir die Sachen ansehen, sehr ver=
rücken. Wie natürlich ist es, wenn Jugend und blühende Ge=
sundheit den Geist der Freude über uns und Alles um uns
her ausgießt, daß wir dann Alles in einem zu milden Lichte
betrachten; daß alsdann die Grenzen des Wahren und Falschen,
des Guten und Bösen oft in unsern Begriffen schwimmen und
in einander fließen, und daß wir uns noch viel darauf zu gute
thun, wenn wir das Geheimniß gefunden zu haben glauben,
die Weisheit mit den Grazien und die Grazien mit der Wollust
in eine schöne, schwesterliche Gruppe zusammenzuschlingen!

„Zu Allem diesem kam noch die begeisternde Liebe der
Musenkünste, das Vergnügen, das mit der Besiegung großer
Schwierigkeiten verbunden ist, und der zauberische Reiz, womit
ein vielleicht blos eingebildetes Ideal der Vollkommenheit unsre
ganze Seele anzieht. Vergieb mir, Agathon, wenn ich selbst
jetzt, da ich das Unwesentliche dieser angenehmen Verblendungen
einzusehen glaube, noch schwach genug bin, mich's nicht gereuen
zu lassen, daß ich — Danae war."

Agathon fand nur zu viel Ursache in seinem Herzen, ihr
diese Schwachheit zu vergeben. — „Götter," — rief er, „Dich's
gereuen zu lassen, das liebenswürdigste unter allen Geschöpfen
gewesen zu sein! Brauchte es mehr als nur eine Danae an
jedem Orte, wo Menschen wohnen, um die Erde in ein Elysium
zu verwandeln?"

„Bester Agathon!" erwiderte sie, „in diesem Augenblicke
betrügt Dich doch wol Deine Phantasie sichtbarlich! — Archytas,
der mildeste Weise, den ich jemals gesehen habe, würde finden,
daß es an einer Danae schon zuviel sei; und Du willst ihrer
unzählige?

„Aber wie, wenn Du Dich besinnst, daß die Freiheit, in
welcher Danae lebte, eine Ausnahme von einem Grundgesetze
der Gesellschaft macht, welche sie zu machen nicht berechtigt war,
wiewol die Sitten der Griechen solche Ausnahmen dulden? Ich
wollte Dir einen ganz andern Wunsch anrathen, wenn jemals
die Erfüllung eines Wunsches in Deine Gewalt gestellt würde.
Nur eine einzige Familie wie diese, worin Du jetzt lebst, nur
einen Archytas, eine Psyche, einen Kritolaus und, laß' mich
hinzusetzen, einen Agathon, der, von den Irrungen der
Phantasie und der Empfindung zurückgekommen, weise genug
geworden ist, um sich dem höchsten Schönen, der Tugend, ganz
zu ergeben — nur eine solche Familie an jedem Orte, wo
Menschen wohnen, so können wir die Lykurge und Solonen
ihres Amts entlassen; Plato selbst würde keine Gesetze erfinden
können, welche mehr Gutes wirkten als ein solches Beispiel
der Tugend und der Glückseligkeit."

„Und warum, Danae, kannst Du ungerecht genug gegen
Dich selbst sein, Dich von dieser Familie auszuschließen?" sagte
Agathon lebhaft. „Durch Deinen Beitritt würde sie vollkommen
werden. Und ist nicht Danae, die in bittender Stellung die
Bildsäule der Tugend umfaßt, der herrlichste Triumph der
Tugend?"

„Die Freundschaft macht Dich vergessen," erwiderte sie, „daß
eine Person, die der Tugend so viel abzubitten hat als Danae,
sich niemals selbst würdig fühlen kann, der Familie eines Archytas
einverleibt zu werden. Und kannst Du ihr verdenken, wenn sie
zu stolz ist, als daß sie den Gedanken — alle Augenblicke vor
Personen, welche nichts abzubitten haben, erröthen zu müssen
— erträglich finden sollte? Glaube übrigens nicht, daß sie zu
strenge gegen sich selbst sei. Sie ist nur zu sehr geneigt, den
Entschuldigungen der Eigenliebe mehr, als sie vielleicht sollte,
Gehör zu geben. In der That sah sie damals, als sie kein
größeres Vergnügen kannte, als über die Herzen zu herrschen
und, wie Homer's Jupiter aus seinen beiden Urnen, Glück und
Unglück nach Gefallen auszutheilen, freilich sah sie damals die
Gegenstände ihrer jetzigen Verachtung mit ganz andern Augen
an. Sie gefiel sich selbst in ihren angenehmen Irrthümern. Ihr

Witz webte sie in ein System, welches ihren Empfindungen zu
sehr schmeichelte, um nicht für wahr gehalten zu werden. Zwar
konnte sie sich selbst nicht verbergen, daß die Regel, von welcher
sie die Ausnahme machte, ordentlicherweise keine Ausnahmen
leide; aber sie glaubte sich gerade in dem einzigen außerordent=
lichen Falle zu sehen, wo eine Ausnahme stattfinden könne.
Das Bewußtsein der Tugenden, welche sie hatte, weil sie ihr
nichts kosteten, der guten Handlungen, die sie eben darum desto
leichter, desto häufiger that, weil sie keinen andern als den ge=
fährlichen Beweggrund des Vergnügens, sie zu thun, kannte
— dieses Bewußtsein beruhigte sie über die einzige Tugend,
die ihr mangelte. Ja, ihr Selbstbetrug ging so weit, daß sie
sich nicht einmal diesen Mangel eingestand. „Gemeine Formen
sind keine Regeln für große Seelen, sagte sie zu sich selbst. Ist
wol unter allen diesen ehrbaren Geschöpfen, welche mich ver=
dammen, eine Einzige, welche nicht Danae wäre, wenn sie es
sein könnte? Sie machen ihr ein Verbrechen daraus, von einem
Hofe von Liebhabern umgeben zu sein? Aber sie vergessen,
daß diese Liebhaber die vortrefflichsten Männer von Jonien
sind oder, wenn sie es noch nicht waren, es in Danaens Um=
gang werden. Wo ist der wilde Jüngling, den sie nicht gesittet
gemacht, wo ist der Verdienstlose, den sie nicht zu edeln Unter=
nehmungen begeistert hätte? Wie viele Väter haben ihr die
Tugend ihrer Söhne, wie viele Frauen das gute Betragen
ihrer Männer zu danken! Wie manchen guten Bürger, wie
manchen großen Mann hat sie seinem Vaterlande gegeben!
Nur die Besten, nur die Verdienstvollsten und Vollkommensten
konnten sich Hoffnung machen, jemals ihr Herz zu rühren; und
wie viele Verwandlungen, wie manches sittliche Wunder wirkte
diese Hoffnung nicht! Wo ist in ganz Smyrna, in ganz Athen
die untadelhafte Matrone, die keusche Priesterin der Diana oder
Minerva, die sich rühmen könnte, der Tugend so gute Dienste
geleistet zu haben?" — Ich wolte nicht dafür stehen, mein lieber
Agathon, daß Alles dies sich immer im strengsten Verstande und
ohne alle Ausnahmen so befunden hätte. Aber es war doch
immer Wahrheit genug darin, um den Schlüssen, die sie daraus
zog, Scheinbarkeit zu geben. Ueberdies hatte sie an dem Sophisten
Hippias einen Freund —"

„O, nenne mir diesen Namen nicht!" rief Agathon mit
Ungeduld.

„Gleichwol," versetzte sie mit ebenso viel anscheinendem
Kaltsinn, „war diese Danae, mit welcher Du so große Absichten

haft, schwach genug, diesen Hippias in den Fall zu setzen, daß er sich eines Sieges über ihr Herz rühmen konnte, den er nie erhalten hatte."

„Der Unverschämte!" — rief Agathon — und hielt plötzlich inne, indem er Danaen mit Augen ansah, welche sie zu bitten schienen, daß sie ihm nicht den Schatten eines Argwohns über diesen Punkt übrig lassen möchte.

„Ich verstehe Dich," sagte Danae mit lächelnden Augen, aber mit einem Erröthen, welches von schlimmer Vorbedeutung war — „Hippias hatte kein Recht, sich eines Sieges über mein Herz zu rühmen, es ist wahr — aber —"

„Wie, Danae? Ist's möglich?" — rief Agathon.

„O, mein bester Agathon," versetzte sie — „Du hast die Menschen, Du hast Dich selbst kennen gelernt, und Du weißt nicht, was möglich ist? — Was können die Umstände, was kann der Augenblick nicht möglich machen?"

„Und was könnt' ich Dir nicht vergeben, Danae!" — seufzte Agathon.

„Zu viel Nachsicht könnte mir ebensowol schädlich sein als Andern," antwortete Danae in einem scherzenden Tone, der nicht zu dem seinigen stimmte. „Und dennoch muß ich Dir sagen, Agathon, daß Hippias vielleicht nicht das Schlimmste ist, was Du mir zu vergeben hättest."

„Nicht das Schlimmste!"

„Ich will sagen, nicht das, was Deiner Freundin am Wenigsten Ehre macht. Hippias war ein Mann von Talenten und ausgebreitetem Ruhme, dem — seine Grundsätze ausgenommen — alles Uebrige das Wort redete, der die Gabe hatte, selbst diesen Grundsätzen den lebhaftesten Anstrich von Wahrheit zu geben, und der überdies schon lange im Besitz war, selten abgewiesen zu werden. Ein solcher Mann konnte nach einem Umgang von etlichen Jahren gar wohl schlau oder glücklich genug sein, den Augenblick zu finden, der vielleicht in dem ganzen Lauf ihres beiderseitigen Lebens der einzige war, wo er durch Ueberraschung erhalten konnte, was er von ihrem Herzen nie erhalten hätte. Er hatte Unrecht, sich ein Verdienst aus einem Werke des Zufalls machen zu wollen; aber Danae würde vielleicht nicht weiser sein als er, wenn sie sich darüber mehr Vorwürfe machen wollte als über Schwachheiten, an denen die Ueberlegung mehr Antheil hatte."

„Du hast beschlossen, mich zum Aeußersten zu treiben, Danae."

„Nein, guter Agathon, blos, Dich auf ewig einem Entwurf
entsagen zu machen, der, wie Du siehst, auf falsche Voraussetzungen gegründet war. Glaube nicht, daß es mir keine Ueberwindung gekostet habe, so aufrichtig zu sein! Aber konnt' ich
weniger thun, da es darauf ankam, die verwundete Einbildung
eines Freundes von Deinem Werthe wiederherzustellen? Wenn
diese Danae, von der Du so günstig dachtest, und die (um
nicht ganz ungerecht zu sein) in der That in manchem Stücke
Deine Meinung rechtfertigt — wenn diese Danae von dem
Augenblick an, da sie durch den Tod des Cyrus wieder frei
wurde, glücklich genug gewesen wäre, in die Bekanntschaft einer
Familie zu kommen, wie die des Archytas ist, wenn sie damals
schon gedacht und gelebt hätte, wie sie jetzt thut, dann hätte sie
vielleicht, ohne zu viel zu wagen, der Stimme Deines Herzens
und ihres eigenen Gehör geben mögen! Aber — die Götter
selbst haben keine Gewalt über das, was geschehen ist. Laß'
es genug sein, bester Agathon! Fordere keine umständlicheren
Bekenntnisse! Unterwirf Dich mit mir einem gemeinschaftlichen
Schicksal; und wenn Du jemals bei der Erinnerung an unsre
Liebe erröthen solltest, so erinnre Dich auch, daß diese Liebe
Danaens Wiederkehr zur Tugend veranlaßte! Ohne Dich würde
sie noch immer Danae sein.

,Aber was hälfe ihr das Glück, Dich˙ gekannt zu haben,
wenn Du nicht großmüthig genug wärest, Deine Wohlthat zu
vollenden? — Von diesem Augenblick an werde ein Name nicht
mehr zwischen uns genannt, der uns Beide demüthigt! Laß'
Deine Freundin unter dem Namen Chariklea, unter dem sie
hier allein bekannt ist, sich des Glückes würdig machen, die
Schülerin eines Archytas und die Gespielin einer Psyche zu sein!
Und wenn Du sie liebst, so freue Dich mit ihr, daß sie dieses
Glück in einem Alter gefunden hat, wo die Opfer, die sie der
Tugend bringt, noch verdienstlich sind!"

Der Ton, womit sie diese letzten Worte sagte, rührte das
edle Herz unsers Helden. Er glaubte die Stimme einer Gottheit zu hören und fühlte in demselben Augenblicke, daß die
bessere Seele die Oberhand in ihm gewann. Er warf sich zu
ihren Füßen, ergriff ihre Hand, drückte sie an sein Herz. Die
Liebe, von welcher seine Seele in diesem Augenblick brannte,
war heiliges Feuer. „Ja," rief er, „bei dieser Hand schwör' ich
es, Chariklea, der Tugend, der Du Dich geweiht hast, und die
in diesem entscheidenden Augenblicke aus Deinem Munde zu
mir spricht, ewig getreu zu bleiben! Für sie, für sie allein sind

unfre Herzen gemacht! Wir verirrten uns von ihr — aber
nur, um weiſer zu werden, nur, um mit deſto mehr Ueber=
zeugung zu ihr zurückzukehren und deſto ſtandhafter bei ihr aus=
zuhalten. Ja, Chariklea, ich fühl' es, daß ich, indem ich hier
im Angeſichte des Himmels dieſer geliebten Hand entſage, glück=
licher bin durch das, was ich Dir und der Tugend aufopfre,
als ich durch die Befriedigung aller eigennützigen Wünſche
werden könnte! Niemals, niemals werd' ich aufhören, Dich zu
lieben, beſte Chariklea, — aber zu lieben, wie ich die Tugend
liebe, mit einer Liebe, die Deiner würdig, ſelbſt die ſchönſte der
Tugenden iſt."

Danae, — oder, um ſie nicht durch einen Namen zu belei=
digen, dem ſie nun auf ewig entſagt hat, — Chariklea, ſo an=
genehm ihrem mitempfindenden Herzen das ſchöne Feuer war,
welches ſie in dem Buſen ihres Freundes angezündet hatte,
fand doch nicht für gut, es in dieſem Augenblicke zu unterhalten.
Sie kannte die Gefahren ſolcher Aufwallungen; und ohne in
die Aufrichtigkeit ſeiner Empfindungen den mindeſten Zweifel
zu ſetzen, wußte ſie doch mehr als zu wohl, daß die Zeit noch
nicht gekommen war, wo ſie ſich ſchmeicheln konnte, von einem
Liebhaber für eine bloße Seele angeſehen zu werden. Sie hatte
nun ihren Zweck erreicht; und die Zufriedenheit, die aus ihren
ſchönen Augen leuchtete, bewies, daß wir nicht zu günſtig
von ihr urtheilten, da wir verſicherten, daß ihr Betragen
gegen unſern Helden wirklich ohne alle eigennützigen Abſichten
geweſen ſei.

Sechzehntes Buch.

Beschluß.

Erstes Capitel.

Agathon faßt den Entschluß, sich dem Archytas noch genauer zu entdecken und zu diesem Ende sein eigener Biograph zu werden.

Je näher Agathon mit dem Charakter des vortrefflichen Mannes bekannt wurde, in welchem sein glückliches Schicksal ihn einen zweiten Vater finden ließ, desto dringender wurde sein Verlangen, mit einem solchen Manne in ganz reinem Verhältnisse zu stehen. Zwar konnte er ziemlich sicher sein, daß ein Archytas in seiner guten Meinung von ihm weder aus Uebereilung noch aus Schwäche zu weit gehen werde; aber er fühlte nichtsdestoweniger, daß er nicht ganz ruhig sein könne, bis er selbst von Allem, was ihn vielleicht besser scheinen machte, als er in seinem eigenen Bewußtsein war, sich vor den Augen desselben entkleidet haben würde. Mit jedem Tage, den er in seinem Hause verlebte, bestärkte er sich in der Hoffnung, durch seinen Beistand wieder zu jener heitern Stille der Seele, jenem seligen Frieden in und mit sich selbst zu gelangen, die er zu Smyrna unvermerkt verloren, und deren Verlust er zu Syrakus zwar öfters lebhaft und schmerzlich empfunden, aber mit allem Bestreben, sich in seiner neuen Vorstellungsart fest zu machen, nicht zu ersetzen vermocht hatte. Archytas, oder sonst Niemand in der Welt, konnte ihn von den leidigen Zweifeln befreien, die ihm seit jenem Zeitraume die erhabenen Grundlehren der Orphischen Theosophie, in welchen er erzogen worden war, und mit ihnen die seligsten Gefühle seiner Jugend verdächtig gemacht hatten. Er betrachtete diesen ehrwürdigen Greis als einen Sterblichen, der den höchsten Punkt der Vollkommenheit, nach welchem ein menschliches Wesen streben kann, erreicht habe; ja,

wenn er ihn nach Beendigung der Geschäfte des Tages in der
Vorhalle seiner Wohnung an den Strahlen der untergehen=
den Sonne so traulich im Kreise seiner Kinder und Freunde
sitzen sah, schien er ihm oft weniger ein angesessener Einwohner
dieser Welt als ein Wesen von höherer Art, ein den Menschen
gewogener Genius zu sein, der sich freundlich zu diesen guten
Seelen herabgelassen, um sie durch die leise Einwirkung seiner
Gegenwart in der Liebe der Weisheit und der Tugend zu
befestigen und dadurch für jede schöne Freude des Menschen=
lebens desto empfänglicher zu machen. Auch er glaubte schon
allein dadurch, daß er ein Hausgenosse dieses göttlichen Mannes
war, sich in seinem Innern mit jedem Tage besser zu befinden;
aber nur um so fester wurde sein Entschluß, sich ganz vor ihm
zu enthüllen und ihm besonders von jener Veränderung in
seiner moralischen Verfassung, die sich während seines Aufent=
halts in Smyrna zugetragen hatte, die genaueste Rechenschaft
zu geben; denn sein Herz sagte ihm, daß er seit diesem Zeit=
punkt an innerem Werth eher ab= als zugenommen habe. Er
konnte und wollte die Lücken, die damals im System seiner
Meinungen und Ueberzeugungen entstanden waren, nicht länger
unberichtigt lassen. Die Uneinigkeit, die sich unvermerkt zwischen
seinem Kopf und seinem Herzen entsponnen hatte, mußte schlech=
terdings aufs Reine gebracht werden; und wer hätte ihn in dieser
für die Ruhe und Gesundheit seiner Seele so wichtigen An=
gelegenheit sicherer leiten, ihm gewisser zu einem glücklichen Ausgang
aus dem Labyrinth seiner Zweifel verhelfen können als Archytas?

Dieser Vorsatz auf der einen Seite, und auf der andern
die Besorgniß, daß ihm bei einer mündlichen Erzählung im
Feuer der unvermerkt sich erhitzenden Einbildungskraft mancher
erhebliche Umstand entfallen oder ohne seinen Willen Manches
in ein verschönerndes Licht, Manches in einen zu dunkeln
Schatten gestellt werden könnte, brachte ihn auf den Gedanken,
seine Beichte schriftlich abzulegen und die Geschichte seiner Seele
in den verschiedenen Epochen seines Lebens so getreu und
lebendig, als er sie in der Stille einsamer Stunden in sein
Gedächtniß zurückrufen könnte, zu Papier zu bringen. Er
wandte hierzu hauptsächlich die frühen Morgenstunden an, über
welche ihm sein Aufenthalt auf dem Lande freie Hand ließ, und
war größtentheils damit zu Stande gekommen, als das unver=
hoffte Wiederfinden der schönen Danae, das neue Verhältniß,
worein sie sich gegen ihn setzte, und sein Verlangen, sie in die
Familie des Archytas aufgenommen zu sehen, ihm zur Pflicht

zu machen schien, denjenigen Theil seiner Geschichte, worin sie
die Hauptrolle spielt, sorgfältiger zu bearbeiten, als er es anfangs
bei der Voraussetzung, daß die Heldin dieses erotischen Dramas
in Tarent persönlich unbekannt bleiben werde, für nöthig befun=
den hatte. Nicht, als ob er sich erlaubt hätte, der Wahrheit in
diesem Theile seiner Erzählung weniger getreu zu sein als in
allen übrigen. Bei solchen Personen wie Archytas, Kritolaus
und die übrigen Glieder dieser edeln Familie ließ eine Chariklea
auch als Danae keine Gefahr, durch die Aufrichtigkeit ihres
Biographen zu viel zu verlieren; denn wahre Weisheit ist immer
gerecht, und wahre Tugend immer geneigt, mehr Nachsicht gegen
Andere zu beweisen als gegen sich selbst. Aber es kommt doch
immer bei Gegenständen von so großer Zartheit sehr Vieles
auf die Darstellung an; und wer sollte es ihm verdenken können,
wenn er den Schleier der Grazien, dessen Danae in ihrer
Geschichte Erwähnung that, über einige Theile derselben warf,
die einer leichten Bedeckung nicht wohl entbehren konnten? —
Auf diese Weise entstand nun die von Agathon selbst auf=
gesetzte geheime Geschichte seines Geistes und Herzens, welche
aller Wahrscheinlichkeit nach die erste und reinste Quelle ist,
woraus die in diesem Werk enthaltenen Nachrichten geschöpft sind.

Es währte nicht lange, bis Agathon sowol in dem freund=
schaftlichen Verhältniß, in welches Chariklea durch ihn mit dem
Hause des Archytas gekommen war, als in seinem eigenen
Gefühle, daß er den Beistand eines solchen Freundes gegen sich
selbst vonnöthen haben würde, neue Bewegungsgründe fand,
so bald als möglich den Gebrauch von seiner Arbeit zu machen,
um dessentwillen er sie unternommen hatte. Er suchte also nur
eine bequeme Gelegenheit, und diese gab ihm Archytas selbst,
da er in einem traulichen Gespräche, worin Agathon der schönen
Schwärmerei seiner Jugend mit Bedauern, ihrer nicht mehr fähig
zu sein, erwähnte, ihm ein Verlangen zeigte, von den Umständen
und der Art und Weise, wie seine Seele von jenem hohen Ton
herabgestimmt worden, recht genau unterrichtet zu sein. „Dein
Wunsch, mein Vater, kommt dem meinigen entgegen," sagte
Agathon; „schon lange fühl' ich ein dringendes Bedürfniß, Dir
das Innerste meiner Seele aufzuschließen. Ich glaubte dies
durch eine schriftliche Darstellung Alles dessen, was ich mir seit
ihrer ersten Bildung von den verschiedenen Veränderungen,
durch welche sie bisher gegangen ist, bewußt bin, vollständiger
und getreuer als durch eine mündliche Erzählung bewerkstelligen
zu können. Diese Arbeit beschäftigt mich schon seit einiger Zeit;

ich bin vor Kurzem damit fertig geworden und wartete nur auf einen günstigen Augenblick, sie Dir zu übergeben." „Du kannst," versetzte Archytas, „keinen bequemern erwarten als den gegen= wärtigen, da ich gerade auf mehrere Tage ohne Geschäfte bin." — Und so eilte Agathon, seine Handschrift zu holen, stellte sie seinem ehrwürdigen Freunde zu und entfernte sich mit der sicht= baren Freude eines Menschen, der sich eines drückenden Geheim= nisses erledigt hat.

Archytas, dessen zärtliche Theilnehmung an unserm Helden durch das Lesen dieser Papiere noch inniger wurde, als sie bereits war, glaubte daraus zu sehen, daß es, um ihn auf den Weg zu bringen, auf welchem er das höchste Ziel menschlicher Vollkommenheit nicht verfehlen könnte, nur noch auf zwei Punkte ankomme: seine Liebe zu Chariklea auf immer vor einem Rück= fall in die Leidenschaft für Danae sicherzustellen, und durch un= erschütterliche Gründung seines Gedankensystems über das, was die wesentlichste Angelegenheit des moralischen Menschen aus= macht, seinen Kopf mit seinem Herzen auf ewig in Einverständniß zu setzen. Jenes war seiner Meinung nach nur durch eine ziemlich lange Entfernung möglich, auf deren Nothwendigkeit er aber aus eigner Bewegung kommen, und wobei ein großer Zweck seinen Geist in beständiger Thätigkeit erhalten müßte; zu diesem hoffte Archytas ihm selbst um so gewisser verhelfen zu können, da er noch nie einen Sterblichen gefunden zu haben glaubte, der einen heltern Sinn für Wahrheit mit einer so reinen Liebe zum Guten und mit einem so herzlichen Widerwillen gegen Sophisterei und Selbsttäuschung in sich vereinigt hätte als Agathon.

Dieses Letztere war nun von Stund' an sein Hauptaugen= merk und veranlaßte verschiedene Unterredungen zwischen ihm und seinem jungen Freunde, die es ohne Zweifel verdienten, denjenigen von unsern Lesern, denen es mehr um Unterricht und Besserung als um Kürzung der langen Weile zu thun ist, mit= getheilt zu werden, wenn sie — noch vorhanden wären. Daß dies nicht der Fall ist, davon liegt die Schuld blos an Agathon, der von allen diesen Gesprächen nur ein einziges — vermuthlich ihm selbst das wichtigste — zu Papier brachte und der mehr= erwähnten geheimen Geschichte, wovon die Handschrift (wie es scheint) sich lange Zeit bei seiner Familie erhielt, als einen Anhang beifügte. Glücklicherweise hat eben der gute Genius, der jene für uns aufbewahrte, sich auch des letztern angenommen und uns in den Stand gesetzt, dieses Werk mit einem Dialog

zu bereichern, welchem wir wünschen, daß er allen unsern
Lesern, oder doch einigen, allenfalls auch nur einem von ihnen,
ebenso nützlich sein möchte, als er unserm Helden war.

Zweites Capitel.

Eine Unterredung zwischen Agathon und Archytas.

Es war an einem paradiesischen Sommermorgen, als Agathon
den ehrwürdigen Alten, in welchem er immer seinen guten Dämon
zu sehen glaubte, in einem Saale, dessen Thüren gegen den
Garten und die aufgehende Sonne offen standen, mit einem
aufgeschlagenen Buch auf den Knien allein. und, wie es schien,
in Gedanken sitzen sah. Er wollte aus Bescheidenheit unbemerkt
vorübergehen; aber Archytas, der ihn schon von fern erblickt
hatte, stand auf, rief ihm, näher zu kommen, und bot sich ihm
auf seinem Spaziergang zum Begleiter an.

Die Wohnung, wo Archytas mit einem Theil seiner Familie
sich den Sommer über aufzuhalten pflegte, war ungeachtet ihrer
geringen Entfernung von der Stadt eine eigentliche Villa und
größtentheils mit weitläufigen Gärten umgeben, die sich auf
der einen Seite in einem sanften Abhang bis zum Meerufer
hinzogen, auf der andern ebenso unmerklich zu einer Anhöhe
emporstiegen, wo ein kleiner Tempel des Apollo, aus einem
Lorbeerwäldchen hervorglänzend, dem Aug' einen schönen Anhe=
punkt gab. Schlängelnde Gänge zwischen Hecken von Myrten,
hier und da von schlanken Pappeln und weinbekränzten Ulmen
unterbrochen und mit blühenden Lauben und Moosbänken zum
Ausruhen abgesetzt, führten von verschiedenen Seiten zu diesem
Tempel, dessen auf jonischen Säulen ruhende Vorhalle eine
herrliche Aussicht auf die Stadt Tarent, ihren Hafen und ihren
von allen Arten von Fahrzeugen, Handelsschiffen und Fischer=
barken belebten Meerbusen gewährte.

„Du hättest mir nicht gelegner begegnen können, Agathon,"
sagte Archytas, indem sie einen der Gänge einschlugen, die zu
dem Tempel führten; „ich war eben mit Dir beschäftigt, und
eine Stelle Deiner Lebensgeschichte, die ich schon zum zweiten
Male lese, erregte das Verlangen in mir, Dir die Gedanken,
auf welche sie mich führte, auf der Stelle mitzutheilen. Du
wirst Dich erinnern, daß es Dir schon mehr als einmal be=
gegnet ist, der schönen Schwärmerei Deiner Jugend gegen mich
zu erwähnen und von dem glücklichen Zustande, worein sie Dich
versetzte, als von etwas, dessen unwiederbringlichen Verlust Du

beklagteſt, zu ſprechen. Wie ich finde, trug Deine Verſetzung
aus der heiligen Stille des Delphiſchen Hains in das Getümmel
von Athen und eine allzu frühe Verwicklung in politiſche Ver=
hältniſſe und Geſchäfte allerdings etwas, aber doch im Grunde
nur ſehr wenig zu dieſem Verluſte bei; denn die Unfälle, die
dort auf Dich zuſammenſtürzten, ſchienen vielmehr Deiner Seele
ihren ganzen vorigen Schwung wiedergegeben zu haben. Das
Haus der ſchönen Dauae zu Smyrna war es, wo eine für Dich
ganz neue Art von Bezauberung Dein nichts Böſes beſorgendes
Herz unvermerkt auf den Ton der Perſonen und Gegenſtände,
die Dich umgaben, herabſtimmte. Ich finde ein ſehr treffendes
Bild der Täuſchung, die Du damals erfuhrſt, in dem Wettſtreite
der Sirenen und Muſen, den Dir Dauae in den erſten Tagen
einer noch ſchuldloſen Liebe zu hören — und zu ſehen gab.
Du glaubteſt durch den Geſang einer Muſe in den Tempel der
himmliſchen Aphrodite verſetzt zu ſein; und in der That war es
die gefährlichſte aller Sirenen, die Dich, an Aug' und Ohr
und Herz geſeſſelt, ohne Dein Wiſſen in ihre Klippen zog. Die
Verwandlung, die während dieſer ſüßen Bezauberung mit Dir
vorging, war in der That groß, Agathon, viel größer vielleicht
— als Du Dir ſelbſt vorſtellſt." —

„Du erſchreckſt mich, Archytas!" — rief Agathon erblaſſend,
indem er ſeine Angen mit verdoppelter Aufmerkſamkeit und Er=
wartung auf das freundlichernſte Geſicht des Atten heftete.

„Hier iſt die Stelle," fuhr Archytas fort, „deren ich vorhin
erwähnte, und die mich auf dieſe Vermuthung gebracht hat.
Du beſtrebteſt Dich, der ſchönen Danae — welcher wahrſcheinlich
Alles, was Du ihr damals vorſagteſt, ſeltſam und wunderbar
genug vorkommen mußte — einen Begriff davon zu geben,
wie es möglich geweſen ſei, daß die Orphiſche Theoſophie, in
welcher Du zu Delphi erzogen wurdeſt, ſich Deiner Seele ſo
gänzlich habe bemächtigen können; und Du thateſt dies mit
Wendungen und Ausdrücken, die, wenn ich nicht ſehr irre,
eine Art von falſcher Scham verrathen, als ob Du befürchteteſt,
Deiner Zuhörerin, wiewol Du ſie damals noch nicht als die
Pflegetochter Aſpaſiens kannteſt, lächerlich zu ſcheinen, wenn
Du jener ſchönen Schwärmerei, wie Du es nannteſt, einen
höhern Werth beilegteſt, als ſie (damals wenigſtens) in ihren
Angen haben konnte. Und doch hätte Orpheus und Pythagoras
ſelbſt das Wahre und Erhabne jener göttlichen Philoſophie nicht
ſtärker in ſo wenig Worten zuſammenfaſſen und darſtellen
können, als Du es in folgender Stelle thateſt: — „Wie will=

kommen ist uns in diesem Alter eine Philosophie, welche den Vortheil unsrer Wißbegierde mit der Neigung zum Wunderbaren, die der Jugend eigen ist, vereinigt, alle unsre Fragen beant=wortet, alle Räthsel erklärt, alle Aufgaben auflöst! — eine Philosophie, die alles Todte aus der Natur verbannt, jeden Atom der Schöpfung mit geistigen Wesen bevölkert, jeden Punkt der Zeit mit Begebenheiten befruchtet, die für künftige Ewigkeiten reisen! — ein System, in welchem die Schöpfung so unermeßlich ist als ihr Urheber, welches uns in der anscheinenden Verwir=rung der Natur eine majestätische Symmetrie, in der Regierung der moralischen Welt einen unveränderlichen Plan, in allen Classen und Geschlechtern der Wesen einen einzigen Staat, in den verwickelten Bewegungen aller Dinge einen allgemeinen Ruhe=punkt, in unsrer Seele einen künftigen Gott, in der Zerstörung unsers Körpers die Wiedereinsetzung in unsre ursprüngliche Voll=kommenheit und im finstern Abgrunde der Zukunft helle Aus=sichten in grenzenlose Wonne zeigt!" — Und von einer solchen Philosophie, Agathon, konntest Du der schönen Danae sagen: „Glückliche Erfahrungen" — welche andere als die, wozu sie selbst Dir verholfen hatte? — „hätten Dich das Schwärmende und Unzuverlässige derselben kennen gelehrt?"

Wiewol Archytas seinem jungen Freunde diesen in eine Frage an sein Herz gehüllten Vorwurf mit einem Blick und einem Tone der Stimme machte, die ihm die Hälfte seiner Strenge benahmen, so zeigte doch Agathon durch sein Erröthen und sein niedergeschlagenes Auge, daß er dessen ganze Stärke fühle. „Nur zu gewiß," sagte er, „befand ich mich damals unter einem gefährlichen Zauber, da ich meine Erfahrungen mit den Schlüssen, die ich daraus zog, verwechselte, ohne gewahr zu werden, wie viel Antheil die Verführung meiner Sinne an dessen Trugschlüssen hatte. Daß die Orphischen Geheimlehren so viel von der vollen Stärke ihrer vormaligen Wirkung auf mein Gemüth verloren hatten, bewies im Grunde nichts gegen ihre Zuverlässigkeit; es war die natürliche Folge unmerklich entgegenwirkender Einflüsse des täglichen Umgangs mit Danae und ihrer Gesellschaft, der für mich ganz neuen Welt, in der ich lebte, der neuen Sprache und Vorstellungsart, an die ich unvermerkt in ihr gewöhnt wurde, und der süßen Trunkenheit, in welche mich die Liebe zu einer in jeder Betrachtung so außer=ordentlichen Person gesetzt hatte. Noch jetzt fühle ich mich durch ich weiß nicht welche innere Gewalt genöthigt zu glauben, daß es damit ebenso natürlich zuging, als wenn das ganze majestä=

tische Heer der Sterne, dessen Anblick eine in sich gesammelte
Seele mit so großen Gefühlen und Ahnungen begeistert, vor
der Allgewalt der emporsteigenden Sonne aus unsern Augen
weggedrängt wird. Die Täuschung ist in beiden Fällen dieselbe,
wiewol wir unser Leben für die Wahrheit dessen, was wir dabei
fühlen, verbürgen könnten."

„Weil das, was wir fühlen, für uns wirklich wahr ist,"
versetzte Archytas. „Denn die Sterne bleiben zwar in Gegen=
wart der Sonne, wo sie sind, und funkeln immer mit gleicher
Lebhaftigkeit fort; aber da sie nicht mehr in unsre Augen funkeln,
sind sie für uns erloschen. Indessen läßt sich daraus nicht
folgern, wir hätten uns getäuscht, als wir sie sahen. Eher
ließe sich mit einigem Scheine vermuthen, daß die Sonne,
deren Licht das ganze Sternenheer in unsern Augen vernichtet,
ein mächtigeres Wesen sei als sie; und doch wäre auch dieser
Schluß trüglich; denn der kleinste dieser Sterne würde ebenso=
wol vermögend sein, die Sonne aus unsern Augen verschwin=
den zu machen, wenn er uns näher stände als sie. Auch bedarf
es, um den ganzen gestirnten Himmel auszulöschen, eben keiner
Sonne: ein so armseliges Ding als eine Pechfackel, wenn sie
unserm Auge nah' genug ist, vermag ebendasselbe, wo nicht
mit ihrem Scheine, wenigstens mit ihrem Dampfe. Aber wir
wollen der Würde unsrer Natur nichts vergeben, lieber Agathon.
Auch damals, da die Fackel in Amor's Hand, die Deinen be=
zauberten Augen eine Sonne schien, das erhabne System der
Orphischen Theosophie nach und nach in Deiner Seele ver=
schwinden machte, blieb doch noch etwas zurück, das ohne
Zweifel, wenn Du ihm getreuer gewesen wärest und Dich der
ganzen Kraft, die es Dir mittheilen konnte, hättest bedienen
wollen, Dich schon damals zum Herrn über Deine Leidenschaft
gemacht und Alles in Deinem Innern wieder in den vorigen,
oder vielmehr in einen noch bessern Stand gesetzt haben würde."

„O gewiß," fiel Agathon ein; „denn in dem nämlichen
Augenblicke, da ich schwach oder verblendet genug war, der
schönen Danae mit einem so großen Siege zu schmeicheln, war
dies Etwas mächtig genug, mir das Geständniß abzunöthigen:
ich fühlte, daß in jenen Ideen, — die dem sinnlichen Menschen
nichts Besseres als ausschweifende Träume scheinen, wiewol
ihre Uebereinstimmung mit unsern edelsten Neigungen der ächte
Stempel ihrer Wahrheit ist, — daß selbst in jenen Träumen
mehr Wirklichkeit, mehr Unterhaltung und Aufmunterung für
unsern Geist, eine Quelle reinerer Freuden und ein festerer

Grund der Selbstzufriedenheit liege als in Allem, was uns die Sinne Angenehmes anzubieten haben."

„Dies fühltest Du, mein Bester," sagte Archytas, — „und wie hättest Du nicht fühlen sollen, was die gewisseste aller Wahrheiten ist? — Du fühltest es selbst im Angesicht der reizenden und mit Schwärmerei geliebten Danae und unterlagst dennoch der Versuchung, dieses so mächtige, so wohlthätige, so heilige Gefühl unbenutzt wieder erkalten zu lassen? Oder ließest Du Dich wol gar durch die Sophistereien einer von Leidenschaft und Sinnlichkeit bestochenen Vernunft bereden, es für schwärmerisch und unzuverlässig zu halten?"

„In der That," erwiderte Agathon, „schwankte mein Gemüth in jenem Zeitraume zwischen zwei entgegengesetzten, gleich mächtigen Gefühlen, und ich mußte den Zwiespalt, der aus meiner veränderten Vorstellungsart in meinem Inwendigen entstanden war, zuletzt nicht anders beizulegen als durch einen gezwungenen Waffenstillstand, der eine bloße Folge der Erschöpfung beider streitenden Parteien ist und, da der Gegenstand des Kriegs unentschieden bleibt, die Gelegenheit zu neuen Fehden immer offen läßt. Nachdem einmal jene sublimen Ideen und Grundlehren in der Zauberluft, die ich in Danaens Hause athmete, ebenso viel von ihrer Macht über meine Seele verloren hatten, als Liebe und Befriedigung der feinsten und (wenn ich so sagen kann) geistigsten Sinnlichkeit über sie gewann, so war es nur allzu natürlich, daß die Allgewalt gegenwärtiger wirklicher Gefühle auch die lebhaftesten Erinnerungen ehmaliger Empfindungen, deren Gegenstände außerhalb dieser sichtbaren Welt lagen, verdunkelte und unvermerkt dem Gedanken Raum verschaffte, daß diese Empfindungen wol nur Kinder der Phantasie, schöne Träume und süße Täuschungen einer jugendlichen, nach hoher Glückseligkeit dürstenden Seele gewesen sein könnten. Die mannichfaltigen Vollkommenheiten der liebenswürdigen Daue, die Feinheit der Bande, womit sie mein ganzes Wesen umwickelte, die Natur meiner Liebe selbst, die mit der Liebe der Musen, mit dem reinsten Wohlgefallen an Allem, was Natur und Kunst dem feinsten Geschmack Schönes zu genießen geben können, so innig verwebt war und selbst an die edelsten Triebe und Gesinnungen des Herzens, an alles sittlich Schöne und Gute so sanft und gefällig sich anschmiegte, — Alles dies gab unvermerkt der Einbildung immer mehr Wahrscheinlichkeit, in Daue das wirklich gefunden zu haben, was ich in den Hainen von Delphi nur geahnt und aus Unerfahrenheit in die überirdischen Formen und Bilder, die durch die Orphischen Mysterien in meine Seele gekommen wären, gekleidet hätte. Und nun war es einer von Liebe und Vergnügen, wie Du sagtest, bestochenen Vernunft ein Leichtes, die Einwürfe eines Hippias gegen die Realität jener übersinnlichen Ideen und Lehrpunkte, zumal aus den reizenden Lippen einer Danae, immer scheinbarer und zuletzt gar unwiderleglich zu finden. Nun schien mir nichts überzeugender, als daß es Thorheit sei, von Plato's überhimmlischen Gegenden — einer Welt, die uns von allen Seiten verschlossen und unzugangbar ist — mehr wissen zu wollen, als daß wir nichts von ihr wissen. Unsre größte Angelegenheit (sagte ich mir) ist, zu wissen, wer wir selbst sind, wo wir sind, und wozu wir sind. Hierin führen uns unsre Sinne mit Hilfe unsrer Vernunft gerade so weit, aber nicht einen Schritt weiter, als nöthig ist, um einzusehen, daß wir in diesem kurzen Dasein unsern Wünschen und Bestrebungen kein höheres Ziel setzen können, als selbst glücklich zu sein und so viel Glück als möglich um uns her zu verbreiten. Weiter reicht unser Vermögen nicht. Den undurchdringlichen Schleier, der auf dem Geheimnisse der Natur liegt, aufdecken zu wollen, wäre ebenso vergeblich als vermessen. Ich soll nicht wissen, weder woher ich kam, noch wohin ich gehe; soll nicht wissen, wie und durch welche Kraft dieses unermeßliche All, worin ich der unbedeutende Bewohner eines Sonnenstaubes bin, zusammengehalten wird; und so will ich denn auch nichts von dem Allen wissen, was die Natur eben darum vor mir verborgen hat, weil ich nichts davon wissen soll! — Dies, mein ehrwürdiger Freund, waren die Resultate der Vorstellungsart, die sich während meines Aufenthalts in Smyrna meines Kopfes bemächtigte, ohne jedoch weder mein Herz gänzlich zu befriedigen, noch verhindern zu können, daß nicht von Zeit zu Zeit eine geheime Stimme in mir sich gegen die Gleichgiltigkeit erhob, mit welcher meine Vernunft dem Gebrauch ihrer wesentlichsten Kräfte so enge Grenzen setzte. Immer, so oft ich diese Stimme hörte, nahm ich mir vor, sobald ich wieder zu der Stille gelangen könnte, die zum Forschen in den Tiefen unsers eigenen Wesens nöthig ist, eine scharfe Untersuchung über mich selbst ergehen zu lassen und nicht eher zu ruhen, bis ich eine völlige Harmonie zwischen meinem Kopf und Herzen wiederhergestellt hätte. Aber der Wirkungskreis, worin ich mich zu Syrakus herumtrieb, ließ mich nie zu dieser Stille kommen. Ich lebte dort in einem Elemente, das meine Vorstellungsart, so zu sagen, immer noch mehr verdickte; die neuen Erfahrungen, die ich machte, waren der Hippiasssischen Theorie zu günstig, als daß die entgegenstehende nicht eher dadurch hätte verlieren als gewinnen sollen. Mein Herz blieb zwar noch immer mein einziger Führer; aber auch dieses gerieth durch allzu große Sicherheit in Gefahr sich selbst zu täuschen; und es beburfte des nuvermutheten Besuchs, den ich von Hippias in meinem Verhaft erhielt, mich aus dem Zauberschlummer einer allzu großen Selbstzufriedenheit zu erwecken. Denn dieser veranlaßte mich zu einer Prüfung meines Innern, wovon das Resultat war, daß ich zwar erfahrner und klüger, aber nicht besser von Syrakus weggehen würde, als ich gekommen sei. Ich fühlte nun mehr als jemals den Mangel der Unterstützung, die ein inniges Gefühl unsers Zusammenhangs mit der unsichtbaren Welt der Tugend giebt; meine zeitherige Vorstellungsart wurde mir zweifelhaft; und wiewol meine Ruhe nicht sehr dadurch gestört wurde, so war es mir doch zuweilen lästig, daß ich mir die Einwürfe meiner Vernunft gegen jene Lehrsätze, zu denen mein Herz eine so besondere Anmuthung hatte, auf keine befriedigende Weise aufzulösen vermögend war. In dieser Verfassung, bester Archytas, kam ich hierher, sah Dich, sah Dein Haus, Dein Privatleben, Dein öffentliches Leben und war so glücklich, in Verhältnisse mit Dir zu kommen, die mir Gelegenheit verschafften, mich zu überzeugen, daß diese moralische Vollkommenheit, die Dich so hoch über alle gewöhnlichen Menschen erhebt, die Frucht ebenderselben Ideen und Grundsätze ist, von denen ich noch im Hause des Sophisten zu Smyrna begeistert wurde, mit dem großen Unterschied zwischen uns, daß bei Dir Weisheit ist, was bei mir schwerlich für etwas Besseres als schöne Schwärmerei gelten konnte, da es mehr auf Gefühl und Phantasie als auf feste Ueberzeugung und deutlich gedachte Begriffe gegründet war und daher auch in der Probe, worauf Hippias und Danae diese vermeinte Weisheit setzten, so schlecht bestand. Nun, Archytas, habe ich Dir Alles gesagt, was Du wissen mußtest, um meinen Zustand gründlich zu beurtheilen und zu sehen (setzte er lächelnd hinzu), ob Hoffnung da ist, mich mit mir selbst in bessere Uebereinstimmung zu bringen."

„Die beste Hoffnung," erwiderte Archytas in einem ebenso muntern Tone, „sofern (wie ich bei Dir mit gutem Fug voraussetzen kann) der Grund des Uebels nicht im Willen sitzt. Denn dies haben die Krankheiten der Seele vor den körperlichen voraus, daß keine unheilbar ist, sobald der Patient geheilt sein will."

Unter diesen Reden waren sie unvermerkt bei dem Tempel
des Apollo angekommen, in dessen von Lorbeerbäumen um=
schatteter Vorhalle sie sich auf einen marmornen Sitz nieder=
ließen. Der herrliche Anblick des von der Morgensonne
angestrahlten Meerbusens hätte zu einer andern Zeit alle
andern Bilder in Agathon's Seele ausgelöscht; aber jetzt zog
er seinen nur flüchtig über diese prächtige Scene hinlaufenden
Blick gar bald wieder zurück, um ihn auf die ernstheitere Stirne
des alten Weisen zu heften und alle seine Sinne den Auf=
schlüssen zu öffnen, die er aus einem Mund erwartete, von
welchem man, wie von Homer's Nestor, sagen konnte:

„Daß von der Zunge ihm süßer als Honig die Rede dahinfloß.“

Nach einer kurzen Stille fuhr Archytas fort: „Nichts ist
gewisser, Agathon, als daß den heiligen Schleier, der das
Geheimniß der Natur verhüllt, kein Sterblicher aufzudecken
vermag, und daß es, wie Du sagtest, thörichte Vermessenheit
wäre, es versuchen zu wollen. Aber hieraus mit den Hippiassen
zu folgern, was über uns sei, gehe uns nichts an, wäre der
rasche Schluß einer zum Dienst der Sinnlichkeit erniedrigten
Vernunft, die sich selbst ihre verlorne Würde zu verbergen sucht
und auf ihr edelstes Vorrecht Verzicht thut. Denn wer, der
jenem goldenen, vom Delphischen Gotte dem Menschen empfohlnen
„Erkenne Dich selber“ gehorsam war, könnte leugnen wollen,
daß diese Vernunft, die uns über unsre thierischen Halbbrüder
so hoch erhebt, noch eine edlere Bestimmung habe als die bloße
Verschönerung unsers animalischen Lebens? Unstreitig ist der
Mensch, wenigstens in dieser Periode seines Daseins, nach
allen seinen Anlagen zu schließen, weniger zum Forschen als
zum Thun geboren. Aber wenn ihm gleich verborgen ist und
bleiben soll, woher er kam und wohin er geht (Beides ver=
muthlich, weil es für ihn selbst so besser ist), so steht es doch
in seiner Macht, zu wissen, wie und wodurch er mit dem großen
Ganzen, dessen Theil er ist, zusammenhängt, und wie er handeln
muß, um seiner Natur gemäß zu handeln und seine Bestim=
mung im Weltall zu erfüllen. Laß' ihn immerhin nur einen
beseelten Atom auf einem Planeten sein, der selbst nur ein
Atom im Unendlichen ist: der Geist, der in diesem Atom webt
und wirkt, strebt mit seinen Gedanken über Raum und Zeit
empor und ist stark genug, mit seiner Kraft einer über ihm
zusammenstürzenden Welt Trotz zu bieten. Seine Sinne be=
grenzen sich, so zu sagen, selbst und scheinen ihn in den engen
Kreis der Thierheit einzuschließen; aber wo sind die Grenzen

der Kraft und Thätigkeit jenes Geistes, der ihm Erde und
Meer unterwürfig gemacht hat? des Geistes, der ihm Mittel
entdeckt hat, in tausend Fällen die Unzulänglichkeit des äußern
Sinnes zu ersetzen, die Irrthümer desselben zu berichtigen
und selbst im Umfang der sichtbaren Natur, der durch ihn un=
ermeßlich erscheint, der wirklichen Beschaffenheit der Dinge viel
näher zu kommen, als der bloße Sinn vermögend ist?

„Doch laß' es auch sein, daß in der sichtbaren Welt das
Meiste für uns Täuschung, Alles nur Erscheinung ist; laß' sein,
daß wir mit unsern äußerlichen Sinnen so wenig in das innere
Wesen der Dinge als in Plato's überhimmlische Gegend
bringen können: liegt nicht unserm innern Sinn eine unsicht=
bare Welt in uns selbst aufgedeckt, deren Grenzen noch kein
Sterblicher erflogen hat? Und was liegt uns näher, geht uns
mehr an als diese nur dem Auge des Geistes anschauliche Welt
unsrer eigenen Gefühle, Gedanken, Ahnungen, Triebe und Be=
strebungen, in deren Mitte unser geistiges Ich, wie ein Gott
im Chaos, Gesetze giebt, Licht werden heißt, das Verschiedene
trennt, das Gleichartige zusammenordnet, Wirkungen mit Ur=
sachen, Mittel mit Zwecken verbindet, und indem er so ver=
möge seiner gottähnlichen Natur das Viele und Mannichfaltige
immer zu Einem zu verbinden und das Besondere dem Allge=
meinen, das Zufällige dem Nothwendigen, das Geringere dem
Bessern unterzuordnen beschäftigt ist, von Ursache zu Ursache,
von Zweck zu Zweck, von System zu System als auf einer von
der Erde über die Wolken emporsteigenden Leiter sich bis zur
Idee eines Alles umfassenden allgemeinen Systems und eines
Alles belebenden, Allem gesetzgebenden, Alles erhaltenden und
regierenden Geistes zu erheben fähig ist? Hier, in diesem heiligen
Kreise, Agathon, liegt unser wahres, höchstes, ja, genau zu
reden, einziges Interesse; dies ist der Kreis unsrer edelsten
und freiesten Thätigkeit; hier oder nirgends müssen wir die
Wahrheit suchen, die uns zum sichern Leitfaden durch diese
Sinnenwelt dienen soll; und hier ist für den, der sie redlich
sucht, keine Täuschung möglich!

„Diese Redlichkeit gegen mich selbst, dies unverwandte innere
Streben, dem, was ich für den Zweck meines Daseins erkenne,
genug zu thun, ist das, was Deine Liebe zu mir nur sehr un=
eigentlich Vollkommenheit nennt — denn diese ist ein Ziel, das
wir nie ergreifen werden, wiewol wir ihm ewig nähern. —
Aber es ist hinlänglich, Dein Zutrauen zu rechtfertigen; und mir
selbst legt es die Pflicht auf, Dir den ganz einfachen Weg vorzu=

zeichnen, auf welchem ich zu diesem Frieden mit mir selbst und der ganzen Natur, zu dieser mitten im Getümmel der Welt sich immer erhaltenden, nur selten durch vorübergehende Wolken leicht beschatteten Heiterkeit der Seele und zu dieser Ruhe, womit ich dem Ende eines langen, immer beschäftigten Lebens entgegensehe, gelangt bin, die von Allem, was ich besitze, das Einzige sind, was ich mein nennen kann, und denen ich den reinen Genuß alles andern Guten zu danken habe."

Drittes Capitel.
Darstellung der Lebensweisheit des Archytas.

„Meine erste Jugend, Agathon, hat dies mit der Deinigen gemein, daß ich in den Grundbegriffen und Maximen der Pytha-gorischen Philosophie, die in der Hauptsache von der Orphischen wenig unterschieden ist, erzogen wurde. Durch sie erhielt ich also insofern meine erste Bildung, als ihre Grundlehren eine besondere Empfänglichkeit in meiner Seele antrafen, auf welche es außerdem schwer war einen bleibenden Eindruck zu machen; aber demungeachtet kann ich sagen, daß ich zu meiner Theorie der Lebensweisheit auf einem ganz praktischen Wege gekommen bin. Von meiner Kindheit an war Aufrichtigkeit und ein tödtlicher Haß gegen Verstellung und Unwahrheit der stärkste Zug meines Charakters. Zu diesem gesellte sich gar bald ein ihm gleichartiger, ebenso lebhafter Abscheu vor Allem, was ich für unrecht und unbillig hielt, sollte es auch nur ein gering geachtetes Thier oder selbst ein lebloses Ding betroffen haben. Dieser entschiedene Hang für Wahrheit und Recht, der noch nicht durch die Nachsicht gemildert war, die wir den Fehlenden schuldig sind, zog mir viel Unangenehmes in und außer dem väterlichen Hause zu; und weil man keine Rücksicht auf die Wärme nahm, womit ich jedes Unrecht, das Andern widerfuhr, fast noch stärker empfand, als ob es mir selbst geschehen wäre, so setzte sich unvermerkt die Meinung fest, daß ein hartherziger, ungefälliger und hoffärtiger Mensch aus mir werden würde. Ich hatte daher unter den Knaben meines Alters nicht nur keinen Freund, sondern gewöhnlich vereinigten sich bei jeder Gelegenheit Alle gegen mich; und so wurde ich, wiewol es mir nicht an Neigung zur Geselligkeit fehlte, genöthigt, mich in mich selbst zurückzuziehen und beinahe alle meine Unterhaltung in dem Fleiße zu suchen, womit ich vorzüglich den mathematischen und mechanischen Wissenschaften oblag, die ich der Schärfe ihrer Beweise und des Gebrauchs wegen, der sich von ihnen bei so vielerlei Verrichtungen des Lebens machen läßt, allen andern vorzog, deren Nutzbarkeit weniger in die Augen fiel.

„So wie ich an Verstand und Alter zunahm, bildete sich durch die Aufmerksamkeit auf mich selbst, an die ich so früh gewöhnt worden war, auch die vorhin erwähnte Anlage meines Charakters aus; die Liebe zur Wahrheit machte, daß ich nichts so sehr scheute, als besser zu scheinen, als ich mich selbst fühlte; die Liebe zur Gerechtigkeit, daß ich mich immer sorgfältiger hütete, Andern durch rasche Urtheile oder zu scharfe Strenge Unrecht zu thun. Aber was ich am Stärksten scheute, war, durch eine zu schmeichelhafte Meinung von meinem eignen Werthe mich selbst zu hintergehen, und das Gefühl, vor mir selbst Unrecht zu haben, wurde der empfindlichste Schmerz, dessen ich fähig war; lieber hätte ich die schärfste körperliche Pein erduldet als einen Vorwurf von meinem eignen Herzen. Zu meinem Glücke trug ich einen Angeber in meinem Busen, dessen Wachsamkeit nicht der kleinste Fehltritt entging, und einen Richter, der sich durch keine Ausflüchte oder Entschuldigungen der Eigenliebe bestechen ließ. Ich mußte mich also, um Friede vor ihnen zu haben, der möglichsten Unsträflichkeit befleißigen; und so bewirkte die Scheu vor mir selbst, was bei Vielen keine andere Furcht erzwingen kann.

„Ich hatte kaum das zwanzigste Jahr zurückgelegt, als ein Krieg, der zwischen den Tarentinern und einem benachbarten Volke ausbrach, mir zur Pflicht machte, mit andern Jünglingen meines Alters ins Feld zu ziehen. Ich diente, wie es unsre Gesetze fordern, von unten auf und zog mir durch mein Verhalten im Lager sowol als bei allen gefährlichen Gelegenheiten, woran ich Theil nehmen mußte, die Aufmerksamkeit und den Beifall meiner Obern zu. Die Ruhmbegierde, die dadurch in mir erweckt wurde, durch die Grundtriebe meines Charakters geleitet und beschränkt, spornte mich zu mehr als gewöhnlichen Anstrengungen. Ich that mich hervor; und wiewol das Feuer, womit ich mehr als einmal, um einen meiner Kameraden zu retten, mein eignes Leben wagte, mir die Liebe der Menge zu erwerben schien, so zeigte sich doch bei Gelegenheit, daß nur Wenige mir das öffentliche Lob und die Preise, die ich mehrmals von unsern Obern erhielt, verzeihen konnten. Aber auch unter den Letztern waren einige, auf deren Söhne oder Anververwandte die öffentliche Meinung von meinen Vorzügen einen Schatten warf, der ihre Eitelkeit beleidigte oder ihren Entwürfen

nachtheilig sein mochte, und diese ermangelten nicht, mir bei
jedem Anlaß Beweise ihres bösen Willens zu geben. Man
stellte meine Handlungen in ein falsches Licht, verkleinerte meine
Verdienste, machte mich für fremde Fehler verantwortlich, kurz,
man ließ nichts unversucht, was meine Ruhmbegierde abzukühlen
und meinen Diensteifer zu ermüden und abzuschrecken dienen
konnte. Der Verdruß, der bei diesen Kränkungen mein Gemüth
bald empörte, bald verdüsterte, war um so lebhafter, da ich
aus eignem Gefühle nichts von Neid wußte und mir nicht vorstellen konnte, wie gerade das, was einem Menschen Achtung
und Liebe erwerben sollte, ihm Haß und Verfolgung zuziehen
könne. Indessen wußte mein guter Genius auch diese Widerwärtigkeiten zu meinem Besten zu kehren. Diese Ruhmbegierde,
welcher ich mich bisher mit zu vieler Sicherheit überlassen hatte,
und die mir jetzt so oft die peinlichste Unruhe verursachte, wurde
vor Gericht gefordert, um die Giltigkeit ihrer Ansprüche und
Beschwerden untersuchen zu lassen; und es befand sich, daß sie
nicht zu Recht bestehen konnten. „Was hat die Ungerechtigkeit
andrer Menschen mit Deiner Pflicht zu schaffen?" sagte der
Richter in meinem Busen; „wie? Du thust also Deine Schuldigkeit als Bürger, Du handelst edel und großmüthig als Mensch,
um durch fremden Beifall dafür belohnt zu werden? Erröthe
vor Dir selbst! Willst Du die Ruhe Deines Gemüths vor den
Pfeilen des Neides sicherstellen, so strebe nach jeder Tugend,
jedem Verdienst, weil es Deine Schuldigkeit ist! Thue bei jeder
Aufforderung zum Handeln das Beste, was Dir möglich ist,
weil Du nicht weniger thun könntest, ohne einen Vorwurf von
Deinem eignen Herzen zu verdienen, und laß Dir an dem
Bewußtsein genügen, Deine Pflicht gethan zu haben, Andere
mögen es erkennen oder nicht!" — Ich fühlte die Wahrheit
und Gerechtigkeit dieses Urtheils und bestrebte mich von diesem
Augenblick an, jede Empfindlichkeit über Beleidigungen meiner
Eigenliebe zu ersticken und ebenso gleichgiltig gegen unverdiente
Demüthigung als bescheiden bei verdientem Ruhme zu bleiben.

„Auf diese Weise, lieber Agathon, bildete und befestigte sich
mein moralischer Charakter, bevor ich mich noch in mir selbst
gedrungen oder von außen veranlaßt fand, über die theoretischen
Grundsätze, in welchen ich erzogen war, und an denen ich mehr
durch Gefühl und Glauben als durch wissenschaftliche Ueberzeugung hing, schärfer nachzudenken. Als der Friede in meinem
Vaterlande wiederhergestellt war, unternahm ich eine Reise nach
Griechenland, Asien und Aegypten. Ich ließ mich in den

Mysterien von Eleusis und Samothrake und zu Sais in den geheimen Orden der Isis und des Osiris initiiren und machte zufälligerweise Bekanntschaft mit verschiedenen Philosophen und Sophisten von Profession, deren Lehrsätze von den Pythago= rischen weit abgingen, und von welchen einige durch die Subtilität ihrer Unterscheidungen in Begriffen, worin ich nichts mehr zu unterscheiden fand, und durch die scheinbare Stärke ihrer Einwürfe gegen Sätze, die ich immer als ausgemacht an= genommen hatte, meine bisherige Sicherheit über diese Dinge um so mehr zu beunruhigen anfingen, da ich ebensowenig aufgelegt war, einen Schüler als einen Antagonisten dieser spitzfündigen Vernünftler abzugeben. Mein entschiedener Wider= wille gegen Alles, was nach Sophisterei schmeckte, und gegen alle Speculationen, die mir ins praktische Leben keinen Einfluß zu haben schienen oder das Gemüth nur in einen Labyrinth von Zweifeln führten, um es ihm dann selbst zu überlassen, wie es sich wieder herausfinden könnte, hatte mich immer von subtilen Nachforschungen über blos intelligible Gegenstände ent= fernt. Aber die Ideen von einem allgemeinen System der Wesen, von einem unendlichen Geiste, der diesen unendlichen Körper beseelt, und einer unsichtbaren Welt, die der Typus der sichtbaren ist, von Gott als dem obersten Gesetzgeber dieser beiden Welten, von der ewigen Fortdauer aller Bürger der Stadt Gottes und von den Stufen, auf welchen die verschiedenen Classen der Wesen sich dem unerreichbaren Ziele der Voll= kommenheit ewig nähern: diese erhabenen Ideen waren mir immer wichtig gewesen, hatten stark auf mein Gemüth gewirkt und, da sie durch die Pythagorische Erziehung zu Glaubens= punkten bei mir geworden waren, sich mit meiner ganzen Vor= stellungsart so verwebt, daß es mir jetzt, da ich dem Grund ihrer Wahrheit nachforschen sollte, beinahe ebenso vorkam, als ob man mir zumuthete, den Grund von meinem eigenen Bewußt= sein anzugeben. Indessen sah ich scharfsinnige und gelehrte Männer, denen diese Ideen unerweislich, andere, denen sie schwärmerisch und chimärisch vorkamen; und je mehr ich die Welt kennen lernte, desto augenscheinlicher bewies mir der ungeheure Contrast der gemeinen Vorstellungsart und Lebensweise der Menschen mit derjenigen, die unmittelbar aus jenen Ideen folgt, wie unendlich klein die Zahl derjenigen sein müsse, die von der Wahrheit derselben überzeugt genug wären, um sie zum Regulativ ihres Lebens zu machen. Gleichwol schienen unsere weisesten Gesetzgeber, so wie die Stifter unsrer ehrwürdigsten

Mysterien sie als etwas Ausgemachtes angenommen und entweder von ihnen ausgegangen zu sein oder auf sie hingeführt zu haben. Von jeher glaubten die besten unter den Menschen an sie und lebten nach Maximen, die sich auf diesen Glauben gründeten. Und Du selbst, sagte ich mir, würdest Du den Deinigen um irgend einen Preis aufgeben wollen? Dich nicht für höchst unglücklich halten, wenn es jemals einem Sophisten gelingen könnte, Dich zu bereden, daß er Täuschung sei? Wäre dies, wenn diese Ideen nicht in dem Innersten Deiner Natur gegründet wären? Und sind sie dies, sollte es wol so schwer sein, blos mit Hilfe des allgemeinen Menschenverstandes bis auf ihren Grund zu kommen?

„Ich beschloß, mich von dieser Möglichkeit durch die That selbst zu überzeugen.

„Die Wahrheit, sagte ich zu mir selbst, die für Alle wahr und Allen unentbehrlich ist, die den Menschen zu seiner Bestimmung, zu dem, was für ihn das höchste Gut ist, führen soll, kann nicht in dem Brunnen des Demokritus versenkt liegen; sie kann kein Arcanum sein, dessen Besitz die Natur einigen Wenigen ausschließlich anvertraut hätte, und welchem zu Liebe man nach Memphis oder Sais oder zu den Gymnosophisten am Ganges reisen müßte. Sie muß uns Allen nahe genug liegen, um durch bloße Aufmerksamkeit auf uns selbst, durch bloßes Forschen in unsrer eignen Natur, so weit das Licht in uns selbst den Blick des Geistes dringen läßt, gefunden zu werden.

„Das Erste, was die auf mich selbst geheftete Betrachtung an mir wahrnimmt, ist, daß ich aus zwei verschiedenen und einander entgegengesetzten Naturen bestehe: einer thierischen, die mich mit allen andern Lebendigen in dieser sichtbaren Welt in eine Linie stellt, und einer geistigen, die mich durch Vernunft und freie Selbstthätigkeit unendlich hoch über jene erhebt. Durch jene hange ich auf tausendfache Weise von Allem, was außer mir ist, ab, bin den Bedürfnissen, die allen Thieren gemein sind, unterworfen und selbst in der thätigen Aeußerung meiner Triebe an die Gesetze der Bewegung, der Organisation und des animalischen Lebens durch ebendieselbe Nothwendigkeit gefesselt, welcher jedes andere Thier unterthan ist. Durch diese fühle ich mich frei, unabhängig, selbstthätig und bin nicht nur Gesetzgeber und König einer Welt in mir selbst, sondern auch fähig, mich bis auf einen gewissen Grad zum Herrn über meinen Körper und über alles Andere, was innerhalb der Grenzen meines Wirkungskreises liegt, zu machen.

„Natürlicherweise wird durch diese wunderbare, mir selbst
unerklärliche Vereinigung zweier so ungleichartiger Naturen
die thierische auf tausendfache Weise veredelt, die geistige hin=
gegen, die ihrer Natur nach lauter Kraft, Licht und Feuer ist,
abgewürdigt, verdüstert, erkältet und, um mich eines sehr passen=
den Platonischen Bildes zu bedienen, durch die Verwicklung in
die niedrigen Geschäfte und Bedürfnisse des Thiers wie ein
Vogel, der an der Leimruthe hängen blieb, verhindert, ihren
natürlichen freien Flug zu nehmen und sich in ein reineres
Element zu gleichartigen Wesen aufzuschwingen.

„Gleichwol, da nun einmal diese Vereinigung das ist, was
den Menschen zum Menschen macht: worin anders könnte die
höchste denkbare Vollkommenheit der Menschheit bestehen als in
einer völligen, reinen, ungestörten Harmonie dieser beiden zu
einer verbundenen Naturen? — eine Vollkommenheit, welche,
wie unerreichbar sie auch mir und vermuthlich jedem andern
Menschen sein mag, dennoch, insofern ich sie durch getreue
Anwendung der Mittel, die in mir selbst liegen, befördern kann,
das unverrückte Ziel meiner ernstlichsten Bestrebung sein muß.

„Wenn aber eine solche Harmonie unter irgend einer Bedin=
gung stattfinden kann, so ist es gewiß nur unter dieser, daß
der thierische Theil meines Wesens von dem geistigen, nicht
umgekehrt der letztere von dem ersteren, regiert werde; denn
was kann widersinniger sein, als daß der Blinde den Sehenden
führe, und der Verständige dem Unverständigen gehorche?
Diese Unterordnung ist um so gerechter, weil der thierische Theil
bei der Regierung des vernünftigen keine Gefahr läuft und
nicht die geringste Beeinträchtigung in seinen rechtmäßigen For=
derungen von ihm zu besorgen hat, indem dieser zu gut erkennt,
was zum gemeinsamen Besten des ganzen Menschen erfordert
wird, um dem thierischen Theil etwas zu versagen, was die
Natur zu einer Bedingung seiner Erhaltung und seines Wohl=
seins gemacht hat. Das Thier hingegen weiß nichts von den
höhern Bedürfnissen des Geistes; es kümmert sich nichts darum,
ob sein unruhiges Bestreben, jede seiner Begierden zu befrie=
digen, den Geist in edlern Geschäften und reinern Vergnügun=
gen beeinträchtigt, und ist so wenig geneigt, seinen eigennützigen
Forderungen Ziel und Maß setzen zu lassen, daß es sich viel=
mehr jeder Einschränkung entgegensträubt und, sobald die Ver=
nunft einschlummert oder den Zügel nicht fest genug hält, sich
einer Willkürlichkeit und Oberherrschaft anmaßt, wovon die

Zerrüttung der ganzen innern Oekonomie des Menschen die unfehlbare Folge ist.

„Da nun dies (wie die Erfahrung zeigt) der Fall — wo nicht bei allen, doch gewiß bei der ungleich größern Zahl der Menschen auf dem ganzen Erdboden ist und von jeher gewesen zu sein scheint; und da nicht nur die allgemein anerkannte sittliche Verdorbenheit, sondern selbst der größte Theil der physischen Uebel und Leiden, die das Menschengeschlecht drücken und peinigen, nothwendige Folgen dieser Herrschaft des thierischen Theils unsrer Natur über den geistigen sind und der schändlichen Dienstbarkeit, zu welcher die Vernunft sich nur zu leicht bequemt, wenn der Sirenengesang der Leidenschaften einmal den Eingang zu unserm Herzen gefunden hat, so folgt hieraus als eine Regel, die — ohne Rücksicht auf mögliche, seltne Ausnahmen — mit gutem Fug für allgemein gelten kann: „daß ein rastloser Kampf der Vernunft mit der Sinnlichkeit oder des geistigen Menschen mit dem thierischen das einzige Mittel sei, wodurch der Verderbniß unsrer Natur und den Uebeln aller Arten, die sich aus ihr erzeugen, abgeholfen werden könne, und daß dieser innerliche Krieg in jedem Menschen so lange dauern müsse, bis das zum Dienen geborne Thier die weise und gerechte Herrschaft der Vernunft anerkennt und willig dulden gelernt hat," — eine Bedingung, wozu das thierische Ich, dessen Thätigkeit immer nur seine eigene Befriedigung zum Zweck hat, schwerlich auf eine andere Art zu bringen ist, als wenn das geistige durch jede mögliche Verstärkung seiner Kraft und Energie eine ganz entschiedene Uebermacht gewonnen hat.

„Wenn dies, wie ich innigst überzeugt bin, Wahrheit ist, so habe ich von diesem Augenblick an kein dringenderes Geschäft, als mich zu diesem Endzweck aller Kräfte und Hilfsquellen, die in der Natur meines Geistes liegen, in ihrer ganzen Stärke bedienen zu lernen; und nun begreife ich erst, warum der Delphische Apollo (hierin das Organ der höchsten Weisheit, die zu allen Menschen spricht) denen, die in seinen Tempel eingehen, nichts Wichtigeres zu empfehlen wußte als: kenne Dich selbst! Denn worin anders als in dieser Unbekanntheit mit der hohen Würde unsrer Natur, mit der unendlichen Erhabenheit des Unsichtbaren in uns über das Sichtbare und mit der unerschöpflichen Stärke unsrer blos durch Nichtgebrauch so wenig vermögenden Geisteskraft, worin anders liegt die erste Quelle aller unsrer Uebel? — Ich entschlage mich hierbei jeder Untersuchung, die aus Mangel eines festen Grundes, worauf die

Vernunft fußen könnte, sich in bloße Hypothesen verliert. Woher es auch komme — es sei nun, daß die Seele, wie Plato sagt, durch den Sturz aus jenen überhimmlischen Gegenden (dem Element ihres vorigen Lebens) in die Materie, wo sie in einen irdischen Körper gefesselt wird, betäubt, nur langsam und stufenweise wieder zur Besinnung kommen könne, oder daß die Schwäche des kindischen Alters, die langsame und meistens sehr mangelhafte Ausbildung des Instruments, von dessen Tauglichkeit und reiner Stimmung ihre eigene Entwicklung größtentheils abhängt, und die übrigen Umstände, deren Einfluß sich bei den Meisten auf ihr ganzes Leben erstreckt, hinlänglich sei, jene traurige Erfahrung zu erklären — genug, die Sache selbst liegt am Tage. Nur die Unkunde seiner eigenen Natur und Würde kann den Geist in einen so unnatürlichen Zustand versetzen, daß er, anstatt zu herrschen, dient, anstatt sich vom Stoffe loszuwinden, immer mehr in ihn verwickelt wird, anstatt immer höher emporzusteigen, immer tiefer herabsinkt, anstatt mit Götterspeise sich zu nähren, an thierischen Genüssen oder leeren Schaugerichten sich genügen läßt. Aber selbst in diesem schmählichen Zustande bringt sich ihm ein geheimes Gefühl seiner höhern Natur wider Willen auf; er ist weit entfernt, sich in seiner Erniedrigung wohl zu befinden; er macht sich selbst Vorwürfe über jede seiner unwürdige Gefälligkeit gegen die Tyrannen, deren Ketten er sich zu tragen schämt, und die ewige Unruhe in seinem Innern, das stete Bestreben, sein eigenes Bewußtsein zu übertäuben, das häufige Wechseln der Gegenstände seiner Begierden und Leidenschaften, das ewige Sehnen nach einem unbekannten Gute, dessen er bei jeder Veränderung vergebens habhaft zu werden hofft, beweist überflüssig, wie wenig Befriedigung er in jenen Genüssen findet, und daß keine Glückseligkeit für ihn ist, so lang' ihm ihre reinste Quelle im Grunde seines eigenen Wesens verborgen und verschlossen ist.

„Wohl mir, sagte ich bei diesen Betrachtungen zu mir selbst, daß ein Zusammenfluß günstiger Umstände, Erziehung, Unterricht, frühzeitige Anstrengung des Geistes und Aufmerksamkeit auf die Stimme meines guten Dämons mich davor bewahrt haben, diese unglücklichen Erfahrungen an mir selbst zu machen! Wohl mir, daß weder ein überwiegender Hang zur Sinnlichkeit, noch irgend eine andre selbstsüchtige Leidenschaft die Liebe zur Wahrheit und das Bestreben, den Beifall des Richters in meinem Herzen zu verdienen, in mir überwältigte! Aber darf ich mir darum schmeicheln, die Oberherrschaft der Vernunft in

mir sei nun auf immer so fest gegründet, daß es keiner Vorsicht
gegen den vielleicht nur versteckten Feind bedürfe, der, gerade
wenn ich mich seiner am Wenigsten versehe, aus irgend einem
Hinterhalt hervorbrechen und mein unbesonnenes Selbstvertrauen
zu Schanden machen könnte? Ich habe die Laufbahn des Lebens
kaum begonnen — Geburt, Erziehung, Verhältnisse und die
Erwartung meiner Mitbürger bestimmen mich zu den öffentlichen
Geschäften meines Vaterlandes — tausend Gelegenheiten, wo
meine Rechtschaffenheit, meine Geduld, meine Gewalt über mich
selbst, meine Beharrlichkeit im Guten auf unerwartete Proben
gesetzt werden mögen, stehen mir bevor — mancher schwere
Kampf, vielleicht mit einem mir noch unbekannten Gegenkämpfer
in meinem Busen oder doch gewiß mit den Leidenschaften,
Irrthümern und Lastern andrer Menschen, mit welchen mein
Lauf in der Republik oder meine Verhältnisse im bürgerlichen
Leben mich verwickeln werden, und — was von allen Gefahren
vielleicht die gefährlichste ist — der Geist der Welt, die unmerkliche Ansteckung herrschender Beispiele, Vorurtheile und Gewohnheiten! — Werde ich auf einer so schlüpfrigen Bahn nie aus-
glitschen? unter so mancherlei Geschäften, Sorgen und Zerstreuungen, bei einer so vielfach getheilten Aufmerksamkeit auf
die Dinge außer mir die Aufmerksamkeit auf mein Inneres nie
verlieren? unter dem lärmenden Getümmel von außen die
Stimme der Weisheit, die leisen Warnungen meines guten
Dämons nie überhören? — Es ist so schwer, emporzusteigen, so
leicht, herabzuschlüpfen; und auf der Bahn, die ich zu gehen
entschlossen bin, kommt man durch bloßes Stillstehen schon
zurück! — O gewiß, Archytas, hast Du jede mögliche Verstärkung, die Deinem Willen eine auf immer entschiedene Uebermacht geben kann, gewiß hast Du ein System von Lebensweisheit
vonnöthen, das auf einem Grunde stehe, den keine entgegenwirkende
Kraft weder von außen noch innen zu erschüttern vermögend sei!

„Aber warum solltest Du suchen, was Du bereits gefunden
hast? Oder wie wolltest Du unter den Träumereien müßiger
Grübler oder in den Schulen geschwätziger Sophisten, die aus
ihrer Denkkraft eine gymnastische Kunst machen und stolz darauf sind, mit gleicher Fertigkeit und gleichem Erfolg heute für
die Ideen des Parmenides, morgen für die Atomen des Leu-
cippus zu fechten, wie solltest Du bei ihnen eine bessere Norm
Deiner ganzen innern Verfassung, einen sicherern Leitfaden durch
den Labyrinth des Lebens, ein edleres Ziel Deines Daseins,
mehr Aufmunterung und Kraft zur Tugend und einen festern

Grund guter Hoffnungen finden können als in den Grund=
lehren eben dieser erhabenen Weisheit, in welcher Du erzogen
wurdest? dem Glauben, „daß dieses unermeßliche Weltall, —
worin die Vernunft, sobald ihr reiner Blick durch keine zufällige
Ursache verdüstert ist, selbst in den bloßen Schattenbildern der
wesentlichen Dinge, die durch die äußern Sinne in den innern
fallen, einen so genauen Zusammenhang von Ursache und Wir=
kung, Mittel und Endzweck, eine so schöne Einfalt in der uner=
schöpflichsten Mannichfaltigkeit, im ewigen Streit der verschieden=
sten Elemente und Zusammensetzungen so viel Harmonie, im
ewigen Wechsel der Dinge so viel Einförmigkeit, bei aller an=
scheinenden Verwirrung so viel Ordnung, im Ganzen einen so
reinen Zusammenklang aller Theile zu e i n e m gemeinschaftlichen
Zweck wahrnimmt, — nicht das Werk eines blinden Ungefährs
oder mechanisch wirkender plastischer Formen sei, sondern die
sichtbare Darstellung der Ideen eines unbegrenzten Verstandes,
die ewige Wirkung einer ewigen geistigen Urkraft, aus welcher
alle Kräfte ihr Wesen ziehen, eine einzige nach allerlei Gesetz
regierte Stadt Gottes, deren Bürger alle vernünftige Wesen,
deren Gesetzgeber und Regierer die Gerechtigkeit und Weisheit
selbst, deren ewiges Grundgesetz gemeinschaftliches Aufstreben
nach Vollkommenheit ist."

„Je mehr ich diesen großen, Alles umfassenden Gedanken
durchzudenken strebe, je völliger fühle ich mich überzeugt, daß
sich die ganze Kraft meines Geistes in ihm erschöpft, daß er
alle seine wesentlichen Triebe befriedigt, daß ich mit aller mög=
lichen Anstrengung nichts Höheres, Besseres, Vollkommneres
denken kann, und — daß eben dies der stärkste Beweis seiner
Wahrheit ist. Von dem Augenblick an, da mir dieser göttlichste
aller Gedanken in der ganzen Klarheit, womit er meine Seele
durchstrahlt, so gewiß erscheint, als ich mir selbst meiner ver=
nünftigen Natur bewußt bin, fühle ich, daß ich mehr als ein
sterbliches Erdenwesen, unendlich mehr als der bloße Thiermensch
bin, der ich äußerlich scheine; fühle, daß ich durch unauflösliche
Bande mit allen Wesen zusammenhange, und daß die Thätig=
keit meines Geistes, anstatt in die traumähnliche Dauer eines
halb thierischen Lebens eingeschränkt zu sein, für eine ewige
Reihe immer höherer Auftritte, immer reinerer Enthüllungen,
immer kraftvollerer, weiter grenzender Anwendungen eben dieser
Vernunft bestimmt ist, die mich schon in diesem Erdenleben zum
edelsten aller sichtbaren Wesen macht.

„Von diesem Augenblick an fühle ich, daß der Geist allein

mein wahres Ich sein kann, daß nur seine Geschäfte, sein
Wohlstand, seine Glückseligkeit die meinigen sind; daß es Unsinn
wäre, wenn er einen Körper, der ihm blos als Organ zur
Entwicklung und Anwendung seiner Kraft und zu Vermittlung
seiner Gemeinschaft und Verbindung mit den übrigen Wesen
zugegeben ist, als einen wirklichen Theil seiner selbst betrachten
und das Thier, das ihm dienen soll, als Seinesgleichen behan=
deln wollte, aber mehr als Unsinn, Verbrechen gegen das
heiligste aller Naturgesetze, wenn er ihm die Herrschaft über sich
einräumen oder sich in ein schnödes Bündniß gegen sich selbst
mit ihm einlassen, eine Art von Centaur aus sich machen und
die Dienste, die ihm das Thier zu leisten genöthigt ist, durch seiner
selbst unwürdige Gegendienste erwidern wollte.

„Von diesem Augenblick an, da mein Rang in der Schöpfung,
die Würde eines Bürgers der Stadt Gottes, die mich zum
Genossen einer höhern Ordnung der Dinge macht, entschieden
ist, gehöre ich nicht mir selbst, nicht einer Familie, nicht einer
besondern Bürgergesellschaft, nicht einer einzelnen Gattung, noch
dem Erdschollen, den ich mein Vaterland nenne, ausschließlich
an: ich gehöre mit allen meinen Kräften dem großen Ganzen an,
worin mir mein Platz, meine Bestimmung, meine Pflicht von
dem einzigen Oberherrn, den ich über mir erkennen darf, an=
gewiesen ist. Aber eben darum, und nur darum, weil in diesem
Erdenleben mein Vaterland der mir unmittelbar angewiesene
Posten, meine Hausgenossen, Mitbürger, Mitmenschen diejenigen
sind, auf welche meine Thätigkeit sich zunächst beziehen soll,
erkenne ich mich verbunden, alles mir Mögliche zu ihrem Besten
zu thun und zu leiden, sofern keine höhere Pflicht dadurch ver=
letzt wird. Denn von diesem Augenblick an sind Wahrheit,
Gerechtigkeit, Ordnung, Harmonie und Vollkommenheit, ohne
eigennützige Rücksicht auf mich selbst, die höchsten Gegenstände
meiner Liebe, ist das Bestreben, diese reinsten Ausstrahlungen
der Gottheit in mir zu sammeln und außer mir zu verbreiten,
mein letzter Zweck, die Regel aller meiner Handlungen, die
Norm aller Gesetze, zu deren Befolgung ich mich verbindlich
machen darf. Mein Vaterland hat Alles von mir zu fordern,
was dieser höchsten Pflicht nicht widerspricht; aber sobald sein
vermeintes Interesse eine ungerechte Handlung von mir forderte,
so hörten für diesen Moment alle seine Ansprüche an mich auf,
und wenn Verlust meiner Güter, Verbannung und der Tod
selbst auf meiner Weigerung stände, so wäre Armuth, Verban=
nung und Tod der beste Theil, den ich wählen könnte.

„Kurz, Agathon, von dem Augenblick an, da jener große Gedanke von meinem Innern Besitz genommen hat und die Seele aller meiner Triebe, Entschließungen und Handlungen geworden ist, verschwindet auf immer jede Vorstellung, jede Begierde, jede Leidenschaft, die mein Ich von dem Ganzen, dem es angehört, trennen, meinen Vortheil isoliren, meine Pflicht meinem Nutzen oder Vergnügen unterordnen will. Nun ist mir keine Tugend zu schwer, kein Opfer, das ich ihr bringe, zu theuer, kein Leiden um ihretwillen unerträglich. Ich scheine, wie Du sagtest, mehr als ein gewöhnlicher Mensch; und doch besteht mein ganzes Geheimniß blos darin, daß ich diesen Gedanken meines göttlichen Ursprungs, meiner hohen Bestimmung und meines unmittelbaren Zusammenhangs mit der unsichtbaren Welt und dem allgemeinen Geist immer in mir gegenwärtig, hell und lebendig zu erhalten gesucht habe, und daß er durch die Länge der Zeit zu einem immerwährenden leisen Gefühl geworden ist. Fühle ich auch (wie es kaum anders möglich ist) zuweilen das Loos der Menschheit, den Druck der irdischen Last, die an den Schwingen unsers Geistes hängt, verdüstert sich mein Sinn, ermattet meine Kraft, — so bedarf es nur einiger Augenblicke, worin ich den schlummernden Gedanken der innigen Gegenwart, womit die Alles erfüllende Urkraft auch mein innerstes Wesen umfaßt und durchdringt, wieder in mir erwecke, und es wird mir, als ob ein Lebensgeist mich anwehe, der die Flamme des meinigen wieder ansacht, wieder Licht durch meinen Geist, Wärme durch mein Herz verbreitet und mich wieder stark zu Allem macht, was mir zu thun oder zu leiden auferlegt ist.

„Und ein System von Ideen, dessen Glaube diese Wirkung thut, sollte noch eines andern Beweises seiner Wahrheit bedürfen als seine bloße Darstellung? Ein Glaube, der die Vernunft so völlig befriedigt, der mir sogar durch sie selbst aufgedrungen wird, und dem ich nicht entsagen kann, ohne meiner Vernunft zu entsagen; ein Glaube, der mich auf dem geradesten Wege zur größten sittlichen Güte und zum reinsten Genuß meines Daseins führt, die in diesem Erdenleben möglich sind; ein Glaube, der, sobald er allgemein würde, die Quellen aller sittlichen Uebel verstopfen und den schönen Dichtertraum vom goldnen Alter in seiner höchsten Vollkommenheit realisiren würde; — ein solcher Glaube beweist sich selbst, Agathon! und wir können alle seine Gegner getrost auffordern, einen vernunftmäßigern und der menschlichen Natur zuträglichern aufzustellen. Wirf einen Blick auf das, was die Menschheit ohne ihn ist, — was sie wäre, wenn sich nicht in den Gesetzgebungen, Religionen, Mysterien und Schulen der Weisen immer einige Strahlen und Funken von ihm unter den Völkern erhalten hätten, — und was sie werden könnte, werden müßte, wenn er jemals herrschend würde, — was sie schon allein durch bloße stufenweise Annäherung gegen dieses vielleicht nie erreichbare Ziel werden wird: und alle Zweifel, alle Einwendungen, die der Unglaube der Sinnlichkeit und die Sophisterei der Dialektik gegen ihn aufbringen können, werden Dich so wenig in Deiner Ueberzeugung stören, als ein Sonnenstäubchen eine vom Uebergewicht eines Centners niedergedrückte Wagschale steigen machen kann.

„Ich kenne nur einen einzigen Einwurf gegen ihn, der beim ersten Anblick einige Scheinbarkeit hat, den nämlich, daß er zu erhaben für den großen Haufen, zu rein und vollkommen für den Zustand sei, zu welchem das Schicksal die Menschheit auf dieser Erde verurtheilt habe. Aber, wenn es nur zu wahr ist, daß der größte Theil unsrer Brüder sich in einem Zustande von Rohheit, Unwissenheit, Mangel an Ausbildung, Unterdrückung und Sklaverei befindet, der sie zu einer Art von Thierheit zu verdammen scheint, worin dringende Sorgen für die bloße Erhaltung des animalischen Lebens den Geist niederdrücken und ihn nicht zum Bewußtsein seiner eignen Würde und Rechte kommen lassen: wer darf es wagen, die Schuld dieser Herabwürdigung der Menschheit auf das Schicksal zu legen? Liegt sie nicht offenbar an denen, die aus höchst sträflichen Bewegursachen alle nur ersinnlichen Mittel anwenden, sie so lange als möglich in diesem Zustande von Thierheit zu erhalten? — Doch diese Betrachtung würde uns jetzt zu weit führen. — Genug, wir, mein lieber Agathon, wir kennen unsre Pflicht; nie werden wir, wenn Macht in unsre Hände gegeben wird, unsre Macht anders als zum möglichsten Besten unsrer Brüder gebrauchen; und wenn wir auch sonst nichts vermögen, so werden wir ihnen, so viel an uns ist, zu jenem „Kenne Dich selbst" behilflich zu sein suchen, welches sie unmittelbar zu dem einzigen Mittel führt, wodurch den Uebeln der Menschheit gründlich geholfen werden kann. Freilich ist dies nur stufenweise, nur durch allmählige Verbreitung des Lichtes, worin wir unsre wahre Natur und Bestimmung erkennen, möglich; aber auch bei der langsamsten Zunahme desselben, wofern es nur zunimmt, wird es endlich heller Tag werden;

denn so lange die Unmöglichkeit einer stufenweise wachsenden Vervollkommnung aller geistigen Wesen unerweislich bleiben wird, können wir jenen trostlosen Cirkel, worin sich das Menschengeschlecht nach der Meinung einiger Halbweisen ewig herumdrehen soll, zuversichtlich für eine Chimäre halten. Bei einer solchen Meinung mag wol die Trägheit einzelner sinnlicher Menschen ihre Rechnung finden; aber sie ist weder der Menschheit im Ganzen zuträglich, noch mit dem Begriffe, den die Vernunft sich von der Natur des Geistes macht, noch mit dem Plane des Weltalls vereinbar, den wir uns als das Werk der höchsten Weisheit und Güte schlechterdings in der höchsten Vollkommenheit, die wir mit unsrer Denkkraft erreichen können, vorzustellen schuldig sind, und dies um so mehr, da wir nicht zweifeln dürfen, daß die undurchbrechbaren Schranken unsrer Natur auch bei der höchsten Anstrengung unsrer Kraft uns immer unendlich weit unter der wirklichen Vollkommenheit dieses Plans und seiner Ausführung zurückbleiben lassen.

„Auch der Einwurf, daß der Glaube einer Verknüpfung unsers Geistes mit der unsichtbaren Welt und dem allgemeinen System der Dinge gar zu leicht die Ursache einer der gefährlichsten Krankheiten des menschlichen Gemüthes, der religiösen oder dämonistischen Schwärmerei werden könne, ist von keiner Erheblichkeit. Denn es hängt ja blos von uns selbst ab, dem Hange zum Wunderbaren die Vernunft zur Grenze zu setzen, Spielen der Phantasie und Gefühlen des Augenblicks keinen zu hohen Werth beizulegen und die Bilder, unter welchen die alten Dichter der Morgenländer ihre Ahnungen vom Unsichtbaren und Zukünftigen sich und Andern zu versinnlichen gesucht haben, für nichts mehr als das, was sie sind, für Bilder übersinnlicher und also unbildlicher Dinge anzusehen. Verschiedenes in der Orphischen Theologie und das Meiste, was uns in den Mysterien geoffenbart wird, scheint aus dieser Quelle geflossen zu sein. Diese lieblichen Träume der Phantasie sind dem kindischen Alter der Menschheit angemessen, und die Morgenländer scheinen auch hierin, wie in allem Uebrigen, immer Kinder bleiben zu wollen. Aber uns, deren Geisteskräfte unter einem gemäßigtern Himmel und unter dem Einfluß der bürgerlichen Freiheit entwickelt und durch keine Hieroglyphen, heilige Bücher und vorgeschriebene Glaubensformeln gefesselt werden, — uns, denen erlaubt ist, auch die ehrwürdigsten Fabeln des Alterthums für — Fabeln zu halten, liegt es ob, unsre Begriffe immer mehr zu reinigen und überhaupt von Allem, was außerhalb des

Kreifes unfrer Sinne liegt, nicht mehr wiffen zu wollen, als
was die Vernunft felbft davon zu glauben lehrt und als für
unfer moralifches Bedürfniß zureicht. Die Schwärmerei, die
fich im Schatten einer unbefchäftigten Einfamkeit mit finnlich=
geiftigen Phantomen und Gefühlen nährt, läßt fich freilich an
einer fo frugalen Beköftigung nicht genügen; fie möchte fich
über die Grenzen der Natur wegfchwingen, fich durch Ueber=
fpannung ihres innern Sinnes fchon in diefem Leben in einen
Zuftand verfetzen können, der uns vielleicht in einem andern
bevorfteht; fie nimmt Träume für Erfcheinungen, Schattenbilder
für Wefen, Wünfche einer glühenden Phantafie für Genuß;
gewöhnt ihr Auge an ein magifches Helldunkel, worin ihm das
volle Licht der Vernunft nach und nach unerträglich wird, und
beraufcht fich in füßen Gefühlen und Ahnungen, die ihr den
wahren Zweck des Lebens aus den Augen rücken, die Thätigkeit
des Geiftes einfchläfern und das unbewachte Herz wehrlos jedem
unvermutheten Anfall auf feine Unfchuld preisgeben. Gegen
diefe Krankheit der Seele ift Erfüllung unfrer Pflichten im
bürgerlichen und häuslichen Leben das ficherfte Verwahrungs=
mittel; denn innerhalb diefer Schranken ift die Laufbahn ein=
gefchloffen, die uns hienieden angewiefen ift, und es ift bloße
Selbfttäufchung, wenn Jemand fich berufen glaubt, eine Aus=
nahme von diefem allgemeinen Gefetze zu fein. Die reine,
einfache, ganz und allein auf das Bedürfniß unfers Geiftes
gegründete Theofophie der Pythagoräer fetzt uns unmittelbar
in diefe Laufbahn; und weit entfernt, uns von den Gefchäften
des Lebens abzuziehen, unterweift und übt fie uns vielmehr in
der beften Art, fie auszurichten, und bewaffnet uns mit mora=
lifchen Kräften, die uns jede Tugend, jede Selbftüberwindung,
jedes Opfer, das wir der Pflicht zu bringen haben, nicht nur
möglich, fondern fogar leicht und natürlich machen. Meine
Erfahrung, liebfter Agathon, giebt mir das Recht, hierüber fo
zuverfichtlich zu fprechen. Wenn ich in funfzig den öffentlichen
Angelegenheiten meines Vaterlandes aufgeopferten Jahren,
worin ich alle Stufen durchgegangen und fünfmal die höchfte
Würde unfrer Republik in Krieg und Frieden bekleidet habe,
nie müde wurde, meine Schuldigkeit zu thun, wie mannichfaltig
und hartnäckig auch der Widerftand war, den ich zu bekämpfen
hatte; wenn ich jeden Wechfel des Glücks und der Volksgunft
mit Mäßigung und Geduld ertrug und aus jeder Prüfung
meiner Rechtfchaffenheit reiner und geläuterter hervorging;
wenn endlich, wie ich mit frohem Herzen fagen kann, die all=

gemeine Liebe und das unbegrenzteste Vertrauen meiner Mit=
bürger die einzige, wiewol in meinen Augen die reichste Be=
lohnung ist, die ich mit meinen Diensten gewonnen habe: so
sagt mir mein innerstes Bewußtsein, daß ich nicht dazu hätte
gelangen können, wenn meine Kräfte nicht immer durch den
Glauben an dieses geistige Band, das mich mit einer höhern
Ordnung der Dinge, mit der allgemeinen Stadt Gottes und
mit der Gottheit selbst verknüpft, — genährt, ermuntert, gestützt
und in besondern Lagen sogar über ihr gewöhnliches Maß
erhöhet worden wären. Indessen darf ich nicht vergessen hin=
zuzusetzen, daß mir in dem langen Laufe meines Lebens vor=
nehmlich zwei Maximen zu Statten gekommen sind, ohne welche
dieser Glaube seine ganze Wohlthätigkeit nicht erweisen, ja viel=
mehr in manchen Fällen eher nachtheilig wirken könnte. Die
erste war: bei jeder Aufforderung der Pflicht ebenso zu haudeln
und meiner selbst so wenig zu schonen, als ob Alles blos auf
meine eigenen Kräfte ankäme, und nur nach gewissenhaftester
Erfüllung dieser Bedingung mich eines höhern Beistandes
gewiß zu halten; die zweite: ungeachtet meines Glaubens an
den Zusammenhang unsers gegenwärtigen Lebens mit einem
zukünftigen, welches den Schlüssel zu Allem, was uns in jenem
unerklärbar ist, enthält — mein gegenwärtiges Leben als ein
Ganzes zu betrachten, ihm eine ebenso große Wichtigkeit bei=
zulegen und Allem, was meine jetzigen Verhältnisse von mir
forderten, ebenso sorgfältig genugzuthun, kurz, so viel möglich,
jeden Augenblick desselben ebenso wohl und weislich anzuwenden,
als ob mein ganzes Dasein auf die Dauer dieses Erdenlebens
eingeschränkt wäre. Du wirst bei eigenem Nachdenken diese
Maximen in der Anwendung auf die gemeinen und täglichen
Pflichten des Lebens so reich an praktischem Nutzen finden,
Agathon, daß ich nicht nöthig habe, sie Dir als die heilsamsten
Mittel gegen eine gewisse subtile Schwärmerei, die uns unsre
Schuldigkeit bequemer, als recht ist, zu machen sucht, anzupreisen.“

Hier hielt der ehrwürdige Greis ein, um seine noch nicht
dunkel gewordenen Angen auf dem Gesichte seines jungen
Freundes ruhen zu lassen, aus welchem ihm die reine Beistim=
mung seiner ganzen Seele lebendiger und stärker entgegen
glänzte, als er sie durch die beredtesten Worte auszudrücken
vermögend gewesen wäre. Agathon war um diese Zeit in jeder
Ansicht völlig dazu vorbereitet, durch eine solche Darstellung
von der Orphisch=Pythagorischen Glaubenslehre und Lebens=
philosophie überzeugt zu werden; und wofern auch noch einer

oder ein anderer Zweifelsknoten zurückgeblieben wäre, so wurde
er in den Unterredungen, welche sie in der Folge öfters über
diesen Gegenstand und einige besondere Punkte des Pythagori=
schen Systems mit einander pflogen, zu einer so völligen Be=
friedigung seiner Vernunft, als in Dingen dieser Art verlangt
werden kann, aufgelöst. Denn sobald das Herz keine geheimen
Einwendungen gegen eine Lehre zu machen hat, die uns so
schwere Pflichten auferlegt und die Aufopferungen, welche sie
fordert, blos durch Vortheile und Freuden, die nur ein
reines Herz dafür zu erkennen und zu genießen fähig ist, ver=
gütet, so fällt es einem gesunden Verstande so wenig schwer,
sich von ihrer Wahrheit gewiß zu machen, daß es ihm vielmehr
unmöglich ist, sie nicht zu glauben oder sich durch Zweifel und
Einwürfe, selbst im Falle, daß er sie nicht ganz aus dem Wege
räumen könnte, irre und ungewiß machen zu lassen.

Viertes Capitel.

Beschluß der Geschichte Agathon's.

Die Geschichte der ehmaligen Danae, ihre Verhältnisse gegen
Agathon, und Alles, was seit ihrem unverhofften Wiedersehen
zwischen ihnen vorgegangen, war nun, nachdem Agathon den
Archytas mit allen besondern Umständen der seinigen bekannt
gemacht hatte, für diesen Weisen und seine Familie kein Geheimniß
mehr. Es erfolgte, was Agathon vorausgesehen hatte. Charislea,
welche zu edel gesinnt war, um eine erschlichene Hochachtung
usurpiren zu wollen, fand, daß sie durch die Geständnisse, wozu
sie ihren Freund selbst aufgemuntert hatte, in den Augen dieser
im höchsten Grade gutartigen Menschen mehr gewonnen als ver=
loren habe; oder vielmehr, sie konnte dadurch, daß sie Alles von
ihr wußten, nicht anders als gewinnen, indem das, was sie
als Danae gewesen war, den Werth des Charakters erhöhte,
den sie als Charislea behauptete, und sie um so viel achtungs=
würdiger machte, je weniger ihr die Opfer, die sie der Tugend
brachte, zu kosten schienen.

Archytas belebte und stärkte, wie leicht zu erachten ist, die
lobenswürdige Entschließung, welche Charislea unserm Helden
abgedrungen hatte; und Psyche entschädigte Charisleen für das,
was sie dabei verlor, durch Verdoppelung der Freundschaft, die
sie einander gleich beim ersten Anblick einflößten. Die Letztere
erwählte nun Tarent zu ihrem gewöhnlichen Aufenthalte. Durch
die Bande der Sympathie mit der Familie des Weisen ver=

einigt, schien sie in kurzer Zeit einen Theil derselben aus=
zumachen. Ihre angenehmste Beschäftigung war, der Schwester
Agathon's drei Töchter erziehen zu helfen, über welche die
Grazien alle ihre Gaben ausgegossen hatten. Sie gewöhnte
sich unvermerkt, diese holdseligen Kinder als ihre eigenen an=
zusehen. Die Kinder wuchsen in der Ueberredung auf, als ob
sie zwei Mütter hätten, und Psyche fand das größte Ver=
gnügen daran, den angenehmen Irrthum, der aus ihr und
ihrer Freundin nur eine Person machte, in diesen jungen
Herzen zu unterhalten.

Agathon, dem Gelübde getreu, welches er der Tugend und
Charikleen gethan hatte, betrug sich von dieser Zeit an so vor=
sichtig, daß — den einzigen Archytas und vielleicht Chariklcen
selbst ausgenommen — Niemand gewahr wurde, wie viel ihm
die Gewalt kostete, die er sich dabei anthun mußte. Aber nach
Verfluß einiger Monate erfuhr er, daß er mehr versprochen
habe, als er halten köune. Es giebt Augenblicke von Begeiste=
rung, wo unsre Seele Kräfte in sich fühlt, die nicht ihre eigenen
slud, und auf dereu Fortwirken sie vergebens Rechnung macht.
Entfernung allein kounte ihn retten. Der Gedanke, sich von
seinen Freunden, von Psyche, von Chariklcen entfernen zu
müssen, war entsetzlich für ihn; aber von dem Augenblick an,
da er die Nothwendigkeit dieser Trennung fühlte, war sein Ent=
schluß gefaßt. Archytas billigte denselben, und die Schwestern
(so pflegten sich Psyche und Chariklea zu nennen) liebten ihren
Bruder zärtlich genug, um ihm eine Trennung, deren wahren
Beweggrund sie stillschweigend vermutheten, so viel, als nur
möglich war, zu erleichtern.

Agathon durchreisete in Gesellschaft eines gelehrten Freundes
aus der Pythagorischen Schule und eines Malers von Sicyon
alle Provinzen der damals bekannten Welt, in welchen die
griechische Sprache geredet oder wenigstens verstanden wurde.
Natur und Kunst, und was in beiden für den Menschen das
Wichtigste ist, der Mensch, waren die Gegenstände seiner auf=
merksamen Beobachtung.

Er nahm wenig Vorurtheile mit, da er auszog, und fand
sich auch von diesen wenigen entledigt, als er wieder zurückkam.
Da er während der ganzen Zeit seiner philosophischen Wander=
schaft einen bloßen Zuschauer des Weltschauspiels abgab, so
konnte er dcsto unbefangener von den Handlungen sowol als
von den handelnden Personen urtheilen.

Seine Beobachtungen vollendeten, was der Umgang mit

Archytas und anhaltendes Nachdenken über seine eigenen Er=
fahrungen angefangen hatten: sie überzeugten ihn, daß die
Menschen, im Durchschnitt genommen, überall so sind, wie
Hippias sie schilderte, wiewol sie so sein sollten, wie Archytas
durch sein Beispiel lehrte.

Er sah allenthalben, — was man bis auf diesen Tag sehen
kann, — daß sie nicht so gut sind, als sie sein könnten, wenn
sie weiser wären; aber er sah auch, daß sie unmöglich besser
werden können, ehe sie weiser werden, und daß sie nicht weiser
werden können, bis ihre Väter und Mütter, Ammen, Päda=
gogen, Lehrer und Priester, mit allen ihren übrigen Vorgesetzten
durch alle Stufen, vom Gassenvogte bis zum Könige, so weise
geworden sind, als Jedes nach dem Maße seiner Beziehung
und seines Einflusses sein müßte, um seiner Pflicht genug zu
thun und der menschlichen Gesellschaft wirklich nützlich zu sein.

Er sah also, daß wahre Aufklärung zu moralischer Besserung
das Einzige ist, worauf sich die Hoffnung besserer Zeiten, das
ist', besserer Menschen, gründet. Er sah, daß alle Völker, die
wildesten Barbaren so gut als die cultivirten und verfeinerten
Griechen, die Tugend ehren, und daß keine Gesellschaft, sollte
es auch nur eine Horde arabischer Räuber sein, ohne einigen
Grad von Tugend oder, richtiger zu reden, ohne etwas, das ihr
ähnlich ist und ihre Stelle vertritt, bestehen kann. Er fand
jeden Ort, jede Provinz, jede Nation, die er kennen lernte, desto
glücklicher, je besser die Sitten der Einwohner waren, und ohne
Ausnahme sah er die meiste Verderbniß, wo äußerste Armuth
oder äußerster Reichthum herrschte.

Er fand bei allen Völkern, die er durchwanderte, die Religion
in Aberglauben gehüllt, zum Schaden der burgerlichen Ge=
sellschaft gemißbraucht und durch Heuchelei oder offene Gewalt
zum Werkzeuge des Betrugs, der Herrschsucht, des Geizes, der
Wollust und des Müßigganges herabgewürdigt. Er sah, daß
einzelne Menschen und ganze Völker Religion ohne Tugend
haben können, und daß sie dadurch desto schlimmer sind; aber
er sah auch ohne Ausnahme, daß einzelne Menschen und ganze
Völker, wenn sie schon gut sind, durch Gottesfurcht desto besser
werden.

Er sah die Gesetzgebung, die Staatsverwaltung und die
Polizei allenthalben voller Mängel und Gebrechen; aber er sah
auch, daß die Menschen ohne eben diese Gesetze, Staatsverwal=
tung und Polizei noch weit schlimmer und unglücklicher wären.
Er hörte allenthalben über Mißbräuche klagen, sah, daß Jeder=

mann die Welt verbessert wissen wollte, sah eine Menge Leute, die an der Verbesserung derselben zu arbeiten bereit und an Vorschlägen unerschöpflich waren, aber keinen Einzigen, der die Verbesserung an ihm selbst anfangen lassen wollte; — und er erklärte sich ganz natürlich daraus, warum es nirgends besser werden wollte. Er sah die Menschen überall durch zwei einander entgegenstehende Triebe beherrscht, den Trieb zur Gleichheit und den Trieb, willkürlich über Andere den Meister zu spielen, und dies überzeugte ihn, daß es, so lange diesem Uebel nicht abge= holfen ist, durch keine Veränderung der Regierungsform besser mit den Menschen werden kann, sondern daß sie in einem ewigen Cirkel von königlichem Despotismus und aristokratischem Uebermuth — zu Volks= und Pöbels=Tyrannie und von dieser wieder zu jenen so lange herumgewälzt werden müssen, bis eine aus den Grundlehren der reinsten Religion und Moral abge= leitete Gesetzgebung und eine durch dieselbe veranstaltete Er= ziehung den thierischen Trieb zu gesetzloser Willkür in allen Menschen gebändigt haben wird.

Er sah, daß allenthalben Künste, Fleiß und gute Wirth= schaft den Reichthum, der Reichthum den Luxus, der Luxus verdorbene Sitten, verdorbene Sitten den Untergang des Staats zur Folge haben; aber er sah auch, daß die Künste, wenn sie ihre Richtung von der Weisheit erhalten, die Mensch= heit verschönern, entwickeln, veredeln; daß Kunst die Hälfte unsrer Natur, und der Mensch ohne Kunst das elendeste unter allen Thieren ist.

Er sah durch die ganze Oekonomie der Menschheit die Grenzen des Wahren und Falschen, des Guten und Bösen, des Rechts und Unrechts unmerklich in einander fließen und überzeugte sich dadurch immer mehr von der Nothwendigkeit weiser Gesetze und von der Pflicht des guten Bürgers, dem Gesetz mehr zu glauben als seinem eigenen Gefühle.

Alles aber, was er gesehen hatte, befestigte ihn in der Ueber= zeugung: „daß der Mensch — auf der einen Seite den Thieren des Feldes, auf der andern den höhern Wesen und der Gott= heit selbst verwandt — zwar ebenso unfähig sei, ein bloßes Thier als ein bloßer Geist zu sein; aber daß er nur alsdann seiner Natur gemäß lebe, wenn er immer emporsteige; daß jede höhere Stufe der Weisheit und Tugend, die er erstiegen hat, seine Glückseligkeit erhöhe; daß Weisheit und Tugend allezeit das richtige Maß sowol der öffentlichen als der Privat= glückseligkeit unter den Menschen gewesen, und daß diese einzige

Erfahrungswahrheit, welche kein Zweifler zu entkräften fähig ist, alle Trugschlüsse der Hippiasse zerstäube und die Theorie der Lebensweisheit des Archytas unerschütterlich befestige."

Diese Kenntnisse und diese Ueberzeugung waren die Früchte, welche Agathon in Stunden der einsamen Betrachtung oder des geselligen Nachforschens in freundschaftlichen Unterredungen zum Vortheil seines Moralsystems aus seinen Beobachtungen zog. Sie machten nur einen kleinen, aber in der That den wichtigsten Theil des Schatzes von schönen und nützlichen Kenntnissen aus, den er von einer dreijährigen Reise durch die vornehmsten Theile der damaligen Welt nach Tarent zurückbrachte.

Er hatte die überschwängliche Freude, seinen alten Freund Archytas und Alle, die er liebte, in eben dem glücklichen Zustande wieder anzutreffen, worin er sie verlassen hatte. Der Tag des Wiedersehens war ein Fest der Freundschaft, an welchem das ganze Tarent Antheil nahm. Was ihre Freude vollkommen machte, war die Bemerkung, daß Agathon zwischen Psyche und Chariklea keinen Unterschied machte und gänzlich vergessen zu haben schien, daß die Letztere — einst Danae, und wie sehr sie es für ihn gewesen war.

Er befestigte sich nunmehr in dem Entschlusse, Tarent zu seinem beständigen Sitze zu erwählen. Die Tarentiner beschenkten ihn mit ihrem Bürgerrecht; er verdiente das Glück, im Schooße der Freiheit und des Friedens unter gutartigen Menschen zu leben, und sie waren eines solchen Mitbürgers würdig.

Durch Alles, was er erfahren und beobachtet hatte, überzeugt, „daß man in einem großen Wirkungskreise zwar mehr schimmern, aber in einem kleinen mehr Gutes schaffen kann," widmete er sich mit Vergnügen und Eifer den öffentlichen Angelegenheiten dieser Republik; und so lange Kritolaus und Agathon lebten, glaubten die Tarentiner nichts dadurch verloren zu haben, daß Archytas in eine bessere Welt gegangen war.

CPSIA information can be obtained
at www.ICGtesting.com
Printed in the USA
BVHW061732051118
532204BV00010B/2636/P